경북대학교학술총서 29

동토(凍土)의 디아스포라

러시아 극동지역과 한인들에 관한 사회학적 연구

이 채 문 著

경북대학교출판부

이 채 문

E-mail: leecm@knu.ac.kr

경북대학교 사회학과,
하와이대학교 사회학과 대학원(석사),
미네소타대학교 사회학과 대학원(박사) 졸업.
현재 경북대학교 사회학과 교수로 재직 중이며
구소련권, 특히 러시아와 중앙아시아의 지역 및
민족 연구에 지속적인 관심을 가지고 있음.

경북대학교학술총서 29

동토(凍土)의 디아스포라

러시아 극동지역과 한인들에 관한 사회학적 연구

찍 은 날 2007년 7월 18일
펴 낸 날 2007년 7월 30일

지 은 이 이채문
펴 낸 이 노동일
펴 낸 곳 경북대학교출판부
출판등록 1973년 10월 ㉱97호
주 소 대구광역시 북구 산격동 1370번지
전 화 053-950-6741~3
팩 스 053-953-4692
E-mail press@knu.ac.kr
Homepage http://knupress.com

정 가 25,000원

ISBN 978-89-7180-206-9 93330

차 례

머 리 말

1863년 러시아의 연해주 지역으로 한인들이 처음으로 이주한 지 140여 년이 흘렀다. 이러한 측면에서 본다면 1903년 1,133명의 한인들이 하와이로 건너가 사탕수수 농장의 노동자로 일하면서 시작된 미주지역으로의 한인 이주 역사보다 러시아 지역 고려인들의 역사가 훨씬 장구하다고 할 수 있을 것이다. 그러나 한인 이주민에 대한 연구는 러시아보다 미국에서 훨씬 더 활발하게 진행되어 왔다. 따라서 독립국가연합의 고려인 이주민들에 대한 연구는 절실했다고 말할 수 있을 것이다. 본 연구는 이러한 러시아 극동지역 한인 이주민들과 이들의 거주지였던 러시아 극동지역에 대한 연구의 필요성에 부응하려는 조그만 시도이다.

시기적 측면에서도 21세기 초인 지금이야말로 19세기 후반부터 가속화되기 시작한 러시아 한인 이주민들에 대한 본격적인 연구가 절실히 요구되는 시점이다. 한편으로는 반세기 이상 우리에게 닫혀져 있던 구소련 체제가 해체되기 시작한 1990년대 이후부터, 러시아에 대한 과도하다 싶을 정도의 우리의 지나친 관심이 이제 어느 정도 가라앉고 있는 단계에 있다. 또한 21세기에 들어서면서 앞으로 러시아와의 관계에 대한 전망을 차분하게 생각해 볼 수 있는 시점이다. 따라서 현재 우리는 러시아의 한인 연구와 관련하여 닫혔던 과거와 펼쳐진 미래의 교차점에서 있다고도 볼 수 있다.

독립국가연합에 거주하는 고려인에 대한 연구는 최근 상당히 증가했다고 볼 수 있지만 아직도 여러 가지 점에서 미흡한 것이 사실이다. 특히나 연구의 대부분이 정치학・역사학・인류학적 분야이다. 정치학 분야에서는 고려인 이주와 관련된 구소련의 정치적 측면에 초점을 두고 있고, 역사학 분야에서는 기존의 역사적 사실을 보완하는 노력에서 러시아 극동지역의 한인 독립운동사 자료의 발굴에 주로 관심을 쏟고 있으며, 인류학적 연구는 러시아 극동지역보다는 현지 중앙아시아 지역의 고려인 생활사적인 측면에 연구의 초점을 맞추고 있다. 따라서 러시아 극동지역의 고려인 연구와 관련된 사회학적 측면의 연구는 상대적으로 부족한 감이 없지 않았다. 이는 최근 러시아 연구자들이 양적으로 증가했음에도 불구하고 사회학 전공자의 수는 겨우 손꼽을 수 있을 정도로 적다는 사실에서도 잘 드러난다.

최근 구소련의 자료 개방의 움직임에 발맞추어 고려인들에 대한 자료가 과거보다 양적으로 증가하는 추세에 있으나 연구의 관점 및 방향에서는 과거와 큰 차이를 보이지 않고 있다. 특히 러시아 극동지역의 한인들에 대한 역사적 사실 및 자료는 양적으로 풍부해졌다고 볼 수 있겠지만 이론적인 관점에서 이러한 사실과 자료를 유기적으로 연결하려는 노력은 상대적으로 부족했다고 이야기할 수 있을 것이다. 다시 말해서 단순히 역사적 사실을 제시하는 데 그침으로써 역사적 해석에 있어서의 유의미한 분석이 결여되고 있다. Jonathan Turner가 이야기하듯이 체계적으로 배열되지 않은 역사적 진술들을 효율적인 측면에서 검증하는 것이 불가능하다면, 러시아 극동지역 한인 이주민에 대한 역사적 사실들이 이론적인 바탕 위에서 상호 간 명확한 관계성과 조직성을 보여줄 때에만 한인 이주민에 대한 종합적 이해와 검증이 가능하다고 볼 수 있을 것이다.

물론 현재까지 러시아 극동지역 한인에 대한 종합적이고 포괄적인 연구의 결여는 불가피한 측면도 없지 않다. 먼저 1990년대 이전 폐쇄적인 구소련 체제하에서는 자료의 발굴이 용이하지 않았다는 점을 인정하지 않을 수 없다. 따라서 사회적 일반이론의 확립은 역사적 사실에 대한 세련화가 전제되어야 하고, 이러한 이론의 세련화는 풍부한 자료의 가용성에 크게 기인한다고 본다면 충분한 자료의 수집이 선행되지 않고서는 정제된 이론이 도출될 수 없을 것이다. 이러한 측면에서 이제는 풍부한 자료의 양적인 가용성이 어느 정도 허용되고 있다고 본다면 이러한 풍부한 사료를 바탕으로 러시아 극동지역 한인 이주민 연구에 대한 이론화의 작업에 착수해야 할 시점이 아닌가 하는 생각을 해 보게 된다. 이러한 측면에서 본 연구는 기존의 축적된 역사적 자료를 바탕으로 하여 사회학적 이론의 적합성을 검토하는 유의미한 역사해석의 시도로 간주될 수 있다. 또한 일반화를 추구하려는 사회학의 관점에서 '역사적 진술'과 '이론적 명제' 사이에 존재하는 고도의 상관관계를 추구하는 노력이라고도 볼 수 있다. 본 연구는 이러한 상관관계를 통하여 러시아 극동지역 한인 이주민에 대한 사실을 의미 있게 이해하고, 그에 따르는 인과적 규칙성을 발견하려는 조그만 시도이다.

이 책에 수록된 연구들은 필자가 몇 년간에 걸쳐 학회지에 발표했던 러시아 극동지역과 이 지역의 한인들에 관련된 논문들을 모은 것이다. 이러한 점을 감안하여 전체적으로 연결될 수 있게 수정 및 보완을 하였다.

본 서는 모두 4부 13장으로 구성되어 있다. 먼저 제1부에서는 제정 러시아 시대, 러시아가 아시아 및 러시아 극동지역으로 진출한 데 있어서의 사상적 배경, 그리고 당시 극동지역에 있어서의 러시아 민족 문제 및 러시아의 만주 진출과, 하얼빈을 중심으로 한 러시아인들의 디아스포라 형성 등을 고찰하고 있다. 구체적으로 제1장에서는 러시아의 아시아 진출에 따른 사상적 배경을 서구주의, 슬라브주의, 동방주의 및 유라시아주의 등에 따라 분석함으로써 제정 러시아와 구소련 시대의 러시아 극동지역에 대한 러시아 정책의 배경을 분석한다. 이는 본서에서 가장 중요한 주제 중의 하나인 러시아 극동지역에 거주했던 한인들의 토지문제에 대한 제정 러시아의 시각을 더듬어 볼 수 있다는 점에서 매우 중요하다.

제2장에서는 러시아 극동지역의 민족 문제, 특히 러시아 극동지역의 황화론을 다루었다. 이는 러시아 극동지역의 인구의 희소성과 맞물린 문제로서, 극동지역은 방대한 면적에 비해 인구가 적어 자국민만으로는 이 지역의 개발에 한계가 있으므로 인근 지역 중국인 노동자의 이용이 불가피하였다. 그러나 러시아 극동지역에서의 중국인들의 편재는 러시아인들의 인종편견, 즉 황화(黃禍)현상을 자극하였는데, 본 장에서는 19세기 말과 20세기 말에 주기적으로 등장했던 이 지역의 중국인들에 대한 러시아인들의 인종편견이 시대에 따라 어떻게 다른 양상을 보였는가를 고찰하고 있다. 즉 합리적 선택이론에 따라 소수민족의 인종편견이 지배집단이 처한 전략적 상황에 따라 어떻게 달리 나타날 수 있는지를 검토한다.

제3장에서는 20세기 초기 러시아의 동청철도 건설 당시, 러시아가 건설한 철도도시 하얼빈에 거주하였던 러시아인들을 초국적주의와 관련된 디아스포라의 관점에서 조명한다. 기존의 소수민족 유형을 개관하고 소수민족 집단으로서 하얼빈 러시아인 집단의 형성과정을 통하여 하얼빈 러시아인들의 민족정체성이 유입국 중국의 상황과 유출국 제정 러시아의 맥락에 의하여 영향을 받는지를 검토한다. 초국적 관점에 기인한 하얼빈 러시아인 디아스포라 문제는 소수민족으로서의 고려인에 대한 연구가 단지 구소련권 정착지의 맥락 속에서 파악되는 데 그치지 않고 유출국인 고국, 즉 한국과의 맥락 또한 고려되어야 함을 잘 말해주고 있다. 특히 초국적주의적 연결수단이 기존의 고국에 대한 향수, 과거의 집단적 기억 및 신화에만 그치는 것이 아니라, 최근 확산되고 있는 인터넷의 이용을 배경으로 하여 새로운 차원에서 접근할 필요가 있음을 잘 보여주고 있다.

제2부는 한인의 러시아 극동지역 이주와 생활을 조명한다. 제4장에서는 19세기 후반부터 시작된 러시아 극동지역에로의 한인 이주에 대한 역사적 사실을 바탕으로 신고전경제학이론을 적용하려고 시도하였다. 한인 이주의 주요요인이었던 조선의 자연적 상황, 정치적・경제적・사회적 모순, 러시아와의 지리적 근접성, 유입국 러시아의 인구흡인요인과 송출국 조선의 인구배출요인들을 모두 고려하였다. 그러나 한인의 러시아 이주의 과정에서 나타난 신고전경제학이론의

한계성, 즉 인구이동의 단위로서 기능하는 사회적 연결망으로서의 가족의 역할과 제국주의적 거시적 발전의 맥락에서 한인 노동력의 역할에 대한 설명력의 부족을 지적하였다.

제5장에서는 한인의 러시아 극동지역 이주를 좀 더 세밀하게 파악하기 위해서 한인의 만주 이주를 비교, 고찰하려 시도하였다. 문제의식은 러시아 극동지역 이주와 만주 이주에 있어서 여러 가지 공통점에서 제기된다. 예를 들어, 시기적으로 유사하고 대상 이주지역이 인접하고 있다는 등의 유사점에도 불구하고 이 두 지역의 이주민의 수는 엄청난 차이를 보이고 있는데 그 이유가 무엇인가를 규명하려고 하였다. 비교사에서 흔히 사용되는 거시인과분석의 방법을 이용하여 인구배출요인, 인구흡인요인, 인구배출・흡인 공통요인, 비용・편익요인 및 국제적 요인 등에 주목하였다. 특히 이들 요인들 중에서 만주에 대한 한민족의 애착과 관련된 문화적 요인과, 만주 이주를 위한 일본의 적극적 이주정책요인이 한인들로 하여금 어떻게 러시아 극동지역 이주보다 만주 이주를 더욱 선호하게 하였는지 그 과정을 밝혀 보려고 하였다.

제6장에서는 러시아 극동지역 한인 이주민의 직업을 비농업직을 중심으로 분석하였다. 이주민의 통합적 모형에 기초하여 이주민의 직업에 영향을 미치는 것은 인구 유출국인 조선의 공급적 측면만이 아니므로 인구유입국인 러시아 극동지역에서의 상황을 모두 고려할 필요가 있음을 지적하였다. 구체적으로 한인의 직업에 영향을 미친 요인으로는 조선에서의 인적자원의 공급적 측면과 관련된 요인이 중요하게 작용하였는데, 여기에는 한인의 농업 중심적 성격, 조선에서의 사회경제적 모순, 사농공상과 같은 문화적 요인 및 한인 이주민의 자급자족적 성향 등이 포함된다. 뿐만 아니라 유입국인 러시아의 이민정책의 변화, 즉 저임금 노동력으로서의 한인과 중국인 선호경향이나 특정 총독에 의한 한인의 특정 직업에의 제한 정책 등 현지 상황 또한 한인 이주민의 직업에 영향을 미쳤음을 보여주고 있다.

제7장에서는 농민층 분화에 관한 이론을 통해 러시아 극동지역 한인 농민층의 분화양상을 살펴보고 한인 농업이민을 둘러싼 여러 계급관계의 성격을 파악하려고 하였다. 토지의 할당량을 기준으로 살펴볼 때 한인 이주민들은 코사끄인, 러시아인 토박이들, 새로운 러시아 이주자들 다음으로 최하층을 형성하고 있음을 알 수 있다. 1917년 소비에트 혁명 이전 한인 이주민들은 중간층이 줄어드는 계급의 양분화 현상을 보였으나, 혁명 이후 중간층과 빈농의 비율이 늘어나는 하향중농비대화 경향을 보인다는 점이 특이하다. 더욱이 중농표준화와 관련하여 러시아 극동지역 한인 이주민의 경우 중농화의 원인이 체제 내의 내생적 요인에 의해서라기보다는 러시아 혁명이라는 외생적 요인에 더 많은 영향을 받았음을 알 수 있었고, 또한 중농표준화론을 주장하는 전제로서 생산력의 좌절을 받아들이기 어려운 점이 있음을 알 수 있었다.

제8장에서는 러시아 극동지역으로 이주한 초기 한인들의 농업집단화에 초점을 맞추고 있다. 본 장에서는 한인들이 농업집단화에 참여한 배경에 대해서 다음을 중점적으로 설명하였다. 먼저 러시아인과 한인 부농의 소작인으로 일하면서 한인 소작인들이 이들에게 적개심을 갖게 된 것과, 농업집단화에 참여함으로써 러시아 국적을 얻을 수 있었다는 점을 들 수 있다. 다음으로는 러시아 극동지역에서 벼농사를 주로 하면서 벼농사의 특성인 협동노동의 필요성을 만족시킬 수 있는 형태로서 농업집단화가 선호되었다. 또한 소비에트 정권이 집단농장에 여러 가지 농기구, 종자 및 신용대부를 주로 지원한 점도 한인 소작인들이 농업집단화를 선호한 중요한 요인으로 작용하였다.

제3부에서는 스탈린 체제하에서 발생했던 러시아 극동지역 한인의 중앙아시아 강제이주와 구소련의 해체 이후 중앙아시아 고려인들의 러시아 극동지역 귀환이주에 초점을 두고 있다. 특히 제9장과 제10장에서는 기존 문헌의 내용에서 제기된 강제이주의 원인으로서 일본첩자설만이 주로 거론되는 데에 문제가 있다고 보고, 강제이주의 거시적 원인을 좀 더 거시적으로 규명하기 위해 새로운 시도를 하였다. 먼저 제9장에서는 제8장의 농업집단화와 관련하여 한인 강제이주의 중요한 배경으로서 농업집단화와 관련한 문제를 집중적으로 규명하려고 하였다. 현재까지 대부분의 연구에서 강제이주의 중요한 요인으로 한인첩자설이 주로 인용되고 있는 것이 사실이다. 그러나 본 장에서는 미시적인 측면에서 조명할 경우 한인첩자설을 부인하는 것은 아니나, 좀 더 거시적인 측면에서는 한인첩자설만으로는 강제이주의 원인을 규명하기에는 부족하다는 인식을 바탕으로 하였다. 본 장에서는 농업집단화 과정을 전후로 하여 토지문제와 관련하여 발생한 한인과 러시아인 간의 누적된 갈등이 한인 강제이주의 중요한 원인으로 작용할 수 있었다는 점을 제시하려고 하였다. 좀 더 구체적으로 1917년 러시아 혁명 이후 소련은 무토지 한인들에게 러시아인들의 토지를 이전하려는 정책을 세웠으나, 이는 러시아인들의 한인 농업소작인들에 대한 가혹행위로 이어졌다. 이를 계기로 한인 농업이민자들은 소련당국으로서는 도저히 허용할 수 없는 반농업집단화 운동에 참여하게 되었고, 또 한편으로는 러시아인 부농들의 반한인 폭동으로 연결되면서 한인들의 조선귀국을 유발한 계기가 되었다. 대규모 한인들의 귀국 움직임은 국경지대를 사이에 두고 일본과 대치하고 있던 소련당국으로서는 도저히 묵과할 수 없는 것으로 본다면, 이러한 농업집단화와 관련된 움직임 또한 강제이주의 원인(遠因)으로서 경시할 수 없다고 보아진다.

제10장에서는 러시아와 소련의 중요한 특성으로 부각되고 있는 영토적 · 지리적 역할에 좀 더 무게를 두려고 시도하였다. 피드몬트 원칙, 즉 '국경 간의 민족관계를 이용하여 국경과 인접한

타국에 자국의 영향력을 높이려는 시도'를 소련 및 러시아에 의한 한인 이주에 적용하려고 하였다. 본 장에서는 제정 러시아 시대 러시아 한인의 하바로프스크 이주나 소련 스탈린 체제하의 한인들의 중앙아시아 강제이주가 피드몬트 원칙의 실패 또는 역(逆)피드몬트원칙하에 이루어졌다는 점을 지적하고 있다. 즉 한국・만주・소련 국경지대에 대한 러시아나 소련의 영향력 행사가 실패로 드러나고 상대적으로 당시 이 지역에서 지배적인 영향력을 행사했던 인근 적국인 일본의 영향력이 더 강대했을 때 한인 이주가 발생했다고 보면서 이를 증명하려는 시도를 하고 있다.

제11장에서는 1989년 구소련의 해체로 발생한 고려인들의 러시아 극동지역으로의 재이주를 다루고 있다. 1863년부터 시작된 조선에서 러시아 극동지역으로의 이주를 '제1의 이주', 1937년 한인들의 중앙아시아 강제이주를 '제2의 이주'라고 한다면 구소련 고려인들의 극동지역 재이주는 '제3의 이주'라고 할 만큼 그 의미가 깊다. '제1의 이주'와 '제2의 이주'에 대한 연구는 비교적 많이 이루어지고 있으나 '제3의 이주'에 대한 연구는 아직 상대적으로 부족하다는 것이 본 장에 나타난 문제의식이다. 본 장에서는 고려인들의 귀환이주를 분석함에 있어서 신고전경제학적 관점과 역사-구조적 관점의 한계성을 지적하고 그 대신 사례연구 접근법을 채택한다. 본 장에서 귀환이민은 민족 친화적인 성격을 띠고 있고, 귀환이민의 원인으로서 경제적 요인들보다 비경제적 요인의 비중이 상당히 크다는 점을 지적한다.

제4부에서는 러시아 극동지역에서의 북한 노동력을 주로 분석한다. 러시아 극동지역은 러시아 연방의 1/3 이상이나 되는 면적을 차지하고 있으면서도 인구는 800만 명 정도에 지나지 않아 항상 노동력 부족에 시달려 왔다. 특히 1989년 구소련의 붕괴 이전에는 높은 인구의 자연증가율과 정부의 임금유인정책에 의해 어느 정도의 노동력이 유지될 수 있었으나, 구소련의 해체를 계기로 역외로의 급속한 인구유출이 발생하였다. 이 지역에서 작업하는 북한 노동력도 이러한 점을 배경으로 한다. 제12장에서는 이러한 러시아 극동지역의 북한 노동력에 대한 개괄적 연구의 결과이다. 먼저 러시아 극동지역을 개관하고 이 지역에서의 외국인 노동력의 필요성을 살펴본다. 다음으로는 북한 노동력의 진출배경, 경과 및 실태를 어업노무자, 벌목작업 노무자, 건설노무자, 광산노무자, 농업노무자 등으로 나누어 고찰한다. 이어 북한 노동력의 급료지불문제와 대러시아 차관의 상환과의 연계관계를 검토한 후, 정책활용 방안으로서 한국, 러시아, 북한의 3각 구도 속에서 각국이 가진 장점을 살피고 상호 보완적인 협력방안을 제시한다.

제13장에서는 러시아 극동지역의 북한 노동력을 이 지역으로 몰려들고 있는 중국 노동력과의 관계 속에서 평가하려 시도하였다. 비교적인 관점에서 러시아 극동지역의 북한 노동력과 중국 노동력 이주의 역사적 배경을 기술하고, 구소련의 해체 이전과 이후로 나누어 중국과 북한

노동력의 실태를 분석한다. 또한 현지 극동지역 러시아 주민들이 중국 노동력과 북한 노동력에 대해서 느끼고 있는 점을 알아보기 위해, 정치적 관점, 경제적 관점, 사회문화적·심리적 관점 및 치안적 관점에서 비교 검토하였다. 결론적으로 북한 노동력, 중국 노동력, 러시아 주민의 3자 간의 역학관계에서 러시아 주민들과 북한 노동자들 간의 관계는 보완적 측면이 강하고, 중국 노동자와 북한 노동자들 간에는 경쟁의식이 두드러지며, 러시아 주민과 중국 노동자들 간에는 경계의식 및 보완성이 혼재한다는 점을 지적하였다. 이러한 분석결과를 통해서 러시아 극동지역 북한 노동력에 대한 정책과제와 기대효과를 제시하였다.

마지막으로 이 책이 나오기까지 교정에 수고를 아끼지 않고 많은 도움을 준 인도 뉴델리 대학 사회학과 대학원에 재학 중인 신진영 양과 본교 사회학과 조선영 양에게 감사하다는 말을 전하고 싶다. 그리고 바쁜 가운데서도 제시간에 출판을 할 수 있게 도와 준 경북대학교 출판부에도 감사의 뜻을 표한다.

2007년 7월

이채문

제 1 부

러시아의 아시아 및 극동지역 진출과 민족 문제

제1장

제정 러시아의 아시아 및 러시아 극동지역 진출 배경

본 장에서는 제정 러시아 시대 러시아의 아시아 진출에 대한 사상적 배경을 살펴보도록 한다. 주로 18세기에서 20세기 초에 이르기까지 러시아의 아시아 진출에 관한 사상적 배경에 관하여 제기된 각각의 학자들의 주장을 서구주의, 슬라브주의, 동방주의 및 유라시아주의 등의 분류에 따라 고찰한다.

아시아를 보는 러시아의 시각 혹은 관점은 제정 러시아 시대 때부터 다양하게, 그리고 끊임없이 표출되기 시작했으며, 이는 제정 러시아 및 구소련 시대의 아시아 정책을 결정하는 중요한 열쇠가 되어 왔다.[1] 멀리는 중소분쟁에서 시작하여 일본과 러시아의 영토분쟁, 북한과 소련 간의 관계, 그리고 최근 한인들의 러시아 극동지역 이주와 관련된 토지이용 문제에 이르기까지 중요한 사건들마다 러시아 측의 판단 및 행동 기저에는 이러한 시각 및 관점이 자리하고 있음은 주지의 사실이다. 그러므로 러시아 측의 행동 기저에 자리 잡은 이러한 고유한 시각 혹은 관점을 살펴본다면 한국과 국경을 접하고 있는 러시아의 과거행위를 좀 더 심층적으로 이해할 수 있을 것이다. 뿐만 아니라 장래 한국인 및 한반도와 관련하여 나타날 수 있는 러시아 및 러시아인의 행동양식을 예측하는 데에도 큰 도움이 될 것이라 생각된다. 따라서 아시아를 보는 러시아의 고유한 관점 및 시각의 생성 배경을 제정 러시아 시대의 아시아 진출과 관련하여 살펴보고자 한다.

---

1) 러시아의 지리적 위치가 관련된 많은 민족들에게 엄청난 영향을 미쳤다는 사실은 자유주의적 지리학자이자 통계학자였던 콘스탄틴 아르세니예프(Константин Арсеньев)의 지리학 저서 중 다음과 같은 언급에서도 잘 나타나 있다. “In a political respect, Russia's location is unique; not a single other state has such immediate influence on dry land. Bordering upon or neighboring with the most important powers of Europe and Asia, Russia by virtue of this fact alone should … strongly influence the fate of many peoples.” Константин Арсеньев, Статистический очерк России(Ст. Петербург: Имп. Академия Наук, 1848), p. 23. Cited in Mark Bassin, *Imperial Visions: Nationalist Imagination and Geographical Expansion in the Russian Far East, 1840-1865*(Cambridge University Press, 1999), p. 55, fn. 68.

본 장의 제1절에서는 제정 러시아의 아시아 진출배경에 관한 기존연구를 살펴보고, 제2절에서는 제정 러시아의 아시아 진출의 역사를 간략히 고찰한다. 제3절에서는 제정 러시아의 아시아 진출에 대한 다양한 학자들의 주장을 서구주의, 슬라브주의, 동방주의 및 유라시아주의 등으로 나누어서 고찰한 후, 마지막 제4절에서는 아시아에 대한 러시아의 사상적 배경과 관련된 논의를 하고자 한다.

I. 제정 러시아의 아시아 진출 배경에 관한 기존 연구

러시아의 아시아 지역 진출의 배경에 대한 기존의 연구는 역사적 관점, 정치적 관점, 경제적 관점 및 종교적 관점 등으로 나눌 수 있다. 역사적 관점에서는 주로 이민족의 침입에 대한 방어적 측면을 설명하고 있고, 정치적 관점은 러시아의 부동항 탐색과정을 아시아 진출의 주요한 동기로 조명하고 있으며, 경제적 관점에서는 모피 등의 교역을 통한 러시아 상인들의 이윤획득을 주요 동기로 다루고 있다. 마지막으로는 종교적 관점에서는 러시아 정교회의 성향과 아시아 진출동기를 관련시키고 있다. 이러한 점들을 다음에서 좀 더 구체적으로 살펴보기로 한다.

첫째, 역사적 관점에서의 설명은 주로 동양에서 스텝지역을 거쳐 러시아를 침입한 이민족에 대한 경계심을 기초로 하고 있다. 구체적으로는 몽고침입에 의한 러시아의 피해를 예로 들 수 있다. 즉 1243년 몽고의 장군 바투가 볼가 강의 사라이 지역을 수도로 하여 킵차크 한국(Золотая орда: 金帳部族: Golden Horde)을 건설한 이후부터 1480년 군대를 철수하기까지 무려 250여 년간 중세 러시아의 여러 공국(公國: principality)을 대상으로 점령과 약탈을 되풀이하면서 러시아를 간접 지배하였다. 러시아를 지배하는 동안에는 러시아 공국의 공(公)들에게 의무적으로 수도인 사라이로 문안을 드리게 하고, 세금 징수관이나 호구조사관 등의 관리들에게 세금을 징수하게 하였으며, 공출을 요구하고, 병사를 징집하였을 뿐만 아니라 러시아 지배층 세력을 약화시키기 위해 러시아 공국의 대공들을 살해하기도 하였다. 당시 몽고의 간접지배 기간 동안 몽고가 보여준 야만성과 잔학성은 타타르[2]의 멍에(Татарское иго)라고 불린다는 점에서도

2) 타타르(Татары)는 원래 내륙 아시아의 동부지역에 거주하던 사람들을 가리키는데 동양에서는 위구르의 달단(韃靼)을 지칭한다. 타타르라는 명칭은 13세기 몽고의 세력이 팽창하자 당시 동유럽에서는 킵차크 汗國(Золотая орда: Golden Horde)의 핵심을 이루었던 몽고인들과 터키인들을 지칭하는 용어로 사용되었다. 어원을 보면 바투가 이끄는 몽고군이 러시아와 동유럽으로 진격할 때 당시의 유럽인들에게 공포를 안겨 주었기 때문에 유럽인들은 그리이스어에서 지옥을 뜻하는 'tartaros'를 차용하여 몽고를 'Tatar'라고 부르게 되었다(平凡社, 『ロシア・ソ連を知る事典』(1989). 한길사 역, 『러시아와 독립국가연합을 아는 사전』(1992), p. 701; Karl A. Wittfogel, *Oriental Despotism: A Comparative Study of Total Power*(New

몽고지배로 인한 러시아인의 고통이 얼마나 극심하였는지 짐작할 수 있다.[3)]

따라서 러시아의 아시아 진출은 바로 몽고와 같은 아시아 지역의 유목민들이 다시 러시아를 지배하지 못하게 하는 방안 중 하나로 간주되었다. 특히 도스토예프스키(Ф. М. Достоевский) 같은 사람에게 러시아의 아시아 진출은 열등 민족 타타르에 의한 러시아의 지배(비록 그 지배가 간접적이었다 할지라도)에 대한 보상으로 간주되었다. 실제로 러시아의 이반 4세가 1552년 카잔을 점령하고, 뒤이어 1558년 카잔한국의 전 영토를 병합한 이후 1581년 서시베리아의 몽고계 시비르 한국(汗國)이 토볼스크에서 카자흐의 수장(атаман) 에르마크(Ермак)에게 패한 것과 동시에 러시아의 서시베리아 침공은 본격화되었다.[4)]

〈도표 1-1〉 아시아에서의 힘의 공백

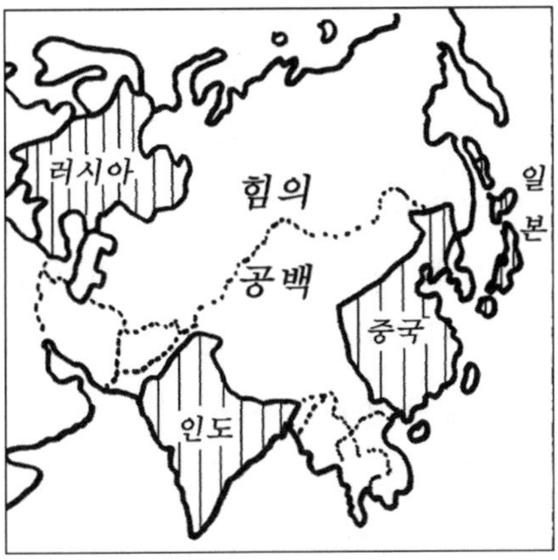

자료: David J. Dallin, 1949. The Rise of Russia in Asia (New Haven: Yale University Press, 1949). p. 2.

둘째, 아시아에 대한 정치적 관점은 러시아의 부동항 확보정책으로 설명될 수 있다. 부동항으로 간주될 수 있었던 발틱 해로의 진출 시도는 폴란드, 스웨덴 및 덴마크 등의 강한 반발에 직면하였다. 또한 흑해로의 진출 역시 터키, 영국 및 프랑스 등의 반대로[5)] 쉽게 이루어지지 못하였다.[6)]

Haven, Connecticut: Yale University Press, 1957), p. 219, fn. h.

3) 平凡社, 『ロシア・ソ連を知る事典』(1989). 한길사 역(1992), 『러시아와 독립국가연합을 아는 사전』, pp. 701-703.

4) Stuart Kirby, "Siberia: Heartland and Framework," pp. 140-158 in Curtis Keeble(ed.), The Soviet State: *The Domestic Roots of Soviet Foreign Polic.*(Aldershot, England: Gower, 1985), pp. 142-143; 平凡社, 『ロシア・ソ連を知る事典』(1989). 한길사 역(1992), 『러시아와 독립국가연합을 아는 사전』, pp. 701-703.

5) 동방정책을 추구하면서 러시아는 부동항을 찾아 흑해에서 지중해로 남하하기 위한 노력을 다하는데, 이 과정에서 오스만제국(터키)과 18세기에서 19세기에 걸쳐 크림전쟁(1853-1856)과 러시아・터키전쟁(1877) 등 여러 차례의 전쟁을 치렀다. 자세한 내용은 平凡社(1989:157-59) 참조.

이러한 가운데 러시아는 진출에 별다른 장벽이 없었던 태평양으로 눈을 돌리게 되었다. 특히 유라시아 대륙에서의 힘의 공백은 러시아의 아시아 진출에 탄력을 부여하였다. 당시 힘의 공백 상태가 발생했던 공간은 서쪽의 러시아, 남쪽의 인도, 동쪽의 중국 및 동북쪽의 일본 등에 의해 둘러싸인 지역이었다(〈도표 1-1〉 참조). 달린(David J. Dallin)[7]에 의하면 이러한 힘의 공백을 틈타 '정치적 러시아(political Russia)'가 형성된다. 〈도표 1-2〉를 보면 '정치적 러시아'는 아시아의 서쪽의 비옥한 지역에서 형성되어 우랄산맥과 바이칼호수를 거치면서 좁은 띠 모양을 이루다가 아무르강과 만나는 끝 지점에서 그 면적이 넓어지면서 태평양에 이르게 된다. 이 정치적 러시아는 러시아 전체 영토의 35%에 불과하였다. 그러나 인구 면에서는 러시아 전체 인구의 90% 이상이 이곳에 거주하고 있었다. 따라서 정치적 관점에 따른다면 부동항을 찾으려는 러시아의 시도가 유라시아 대륙에서의 힘의 공백 덕분에 아시아로 향하게 되었으며, '정치적 러시아'의 형성과정은 러시아의 아시아 진출과 불가분의 관계에 있다고 말할 수 있겠다.

셋째, 러시아의 아시아 진출을 설명하는 경제적 요인은 외지인들과의 교역에서 찾을 수 있다. 특히 북러시아의 노브고로드(Новгород) 상인들은 러시아의 아시아 진출에 개척자적인 역할을 수행하였는데, 이들은 이미 11세기에 시베리아의 토착민들과 교역을 하고 있었다. 노브고로드 대공국의 식민정책 목표 또한 시베리아 내부로의 진출이었다. 이는 물론 교역용 모피류 수집 때문이었다.[8] 지속적인 동진정책의 결과 1640년대에 접어들면 러시아의 세력은 아무르 지역에까지 미치게 된다. 이로써 중국과의 필연적인 만남이 이루어졌다.

제정 러시아의 시베리아 식민화 과정에서 중앙 정부의 팽창정책이 계획적인 것이었는지 아니면 자생적인 움직임의 결과였는지에 대해서는 아직 논란의 여지가 있다. 먼저 전자의 입장에서 이철은 그의 저서 『시베리아 개발사』(민음사, 1990)에서 "노보고로드 대공국이 펼친 식민정책의 목적은 우세한 권력을 이용하여 교역물자인 모피류를 용이하게 수집하고 또 이 지방을 발판으로 시베리아 안쪽 깊숙이 식민진출을 꾀하려는 것이었다"(p. 32)고 지적한다. 또 "예르마끄의 원정은 사적으로 기도되고 또 개인사업과 관련된 것이었으나, 그 진행과정에 있어서 정부의 지원군이 파견되었기 때문에 그것은 시비리국 원정에 대한 모스끄바 정부의 공식적인 관여라고 할 수 있겠다"(이철, pp. 39-40)고 서술하고 있다. 이에 대해 박태성은 제정 러시아의 시베리아 식민화 과정이 중앙정부의 계획적인 정책에 따라 수행되었다기보다는 자생적인 움직임의 결과라는

6) 김수희, "러시아의 극동·시베리아 지역 개발사," 『러시아연구』(대륙연구소) 2-1(1995), p. 22.
7) Dallin(1949), pp. 1-6.
8) 이철, 『시베리아 개발사』(서울: 민음사, 1990), pp. 30-33.

주장을 하고 있다.[9)]

18세기 후반에서 19세기 초반까지의 교역물로는 러시아인들의 모피류와 중국인들의 엽차(茶葉)와 대황(大黃)[10)]이 대부분을 차지하였다. 러시아 상인들은 이러한 교역을 통해 엄청난 이익을 얻을 수 있었다. 예를 들어 캄차카에서 해달(海獺) 모피 한 장당 40 내지 60루블에 구매하여 교역의 중심지였던 캬흐타에서 중국 상인에게 팔면 90 내지 100루블을 벌 수 있었고, 유럽에서는 더욱 높은 가격으로 팔 수 있었다.

당시의 교역의 중심지는 캬흐타였다. 1730~1740년 캬흐타의 연간 교역량은 30만 내지 40만 루블에 지나지 않았으나, 1755년과 1759년의 교역량은 각각 837,058루블과 1,417,130루블이나 되어[11)] 러시아 상인들에게 엄청난 이익을 가져다주었다.[12)] 이와 같이 중국 및 시베리아 변경지역 민족과의 교역은 러시아 변경지역에 거주하는 수렵민족들이 러시아에 대하여 문호를 개방하게

---

9) 박태성, "러시아의 시베리아 식민화 과정," 국제지역연구 제7권 2호(2003), pp. 139-159. 이 문제와 관련하여 풍부한 사료를 인용함으로써 시베리아 정복과 민족 연구에 있어서 기념비적 저작으로 간주되는 *A History of the Peoples of Siberia: Russia's North Asian Colony, 1581-1990*(Cambridge University Press, 1992)에서 James Forsyth는 1917년 러시아 혁명이 발생하기 전의 문헌들과 소비에트 시기의 문헌들에 있어서는 예르마끄 원정의 '非公式的 性格'(unofficial nature)이 훨씬 더 강조되고 있다는 점을 지적한다. 그러나 Forsyth는 이러한 시베리아 진출 과정에서 제정 러시아 정부가 손을 놓고 있었다고 추정하는 것은 잘못된 것이며, 그 한 예로서 1572년 스뜨로가노프가로 하여금 원정대를 이끌 수 있는 능력의 코사끄 대장(Cossack Ataman)을 찾아내도록 명령한 사람은 바로 이반 4세라는 점을 지적한다. 따라서 Forsyth는 제정 러시아 정부의 강력한 개입을 시사하고 있다(pp. 31-33). 이러한 점은 앞에서 언급한 이철의 저서 내용과 큰 차이가 없다. 그러나 한편으로 David Moon은 시베리아 정착과 관련한 그의 논문("Peasant Migration and the Settlement of Russia's Frontiers, 1550-1897," *The Historical Journal*, vol. 40, no. 4(1997), pp. 859-893)에서 시베리아 진출 과정에서 제정 러시아의 역할을 한 가지 측면에서만 조명하는 것에 대해 주의를 환기시키고 있다. 즉 제정 러시아와 인접민족이나 국가 간의 관계를 한 가지 측면에서가 아니라 여러 가지 측면에서 분석할 필요성을 지적하고 있다.

10) 대황(大黃)은 마디풀과(蓼科)에 속하는 여러해살이풀(宿根草)의 총칭으로, 중국의 감숙(甘肅)에서 청해(青海)에 이르는 지역을 원산지로 한다. 중국산 대황은 10세기 이래 이슬람교도가 주축이 된 상인들의 중계무역에 의해서 서아시아와 유럽에 공급되어 왔다. 근세에 이르러 러시아가 시베리아를 정복하는 과정에서 청나라와 통상관계를 맺고 캬흐타 무역로를 통해 청조의 주요 수출 산품이었던 청해의 대황을 시베리아로 이송하였는데, 여기에서 러시아인과 부하라(Bukhara)인 등이 중요한 역할을 하였다. 송균(松筠)의 수복기략(綏服紀略)에 의하면 시베리아에 거주하는 러시아인들이 물고기를 많이 잡아먹는데, 대황은 이 물고기에 의한 식중독의 중요한 치료제였다고 한다(佐口透, 『ロシアとアジア草原』(東京:吉川弘文館, 1966), pp. 148-154).

11) 盧明輝, 『東北亞硏究:北方民族史硏究(三)』(鄭州市:中州古籍出版社, 1994), p. 205.

12) 당시 러시아 황제는 무역의 중심지로서 캬흐타를 지극히 중시하였는데, 19세기 전반기에는 러시아의 매년 관세수입 총액 가운데 15~20%가 캬흐타에서 징수됨에 따라 어떠한 형태의 러시아 무역도 이에 견줄 수 없을 것이라고 하였다("恰克圖貿易是俄國獲利最大的貿易, 大概俄國人所從事的任何一種貿易都無法與它相比." … "俄國的常年關稅收入總額的15~20%, 是在恰克圖徵收的"). 盧明輝, 『東北亞硏究:北方民族史硏究(三)』(鄭州市: 中州古籍出版社, 1994), p. 210.

하고 결국 러시아에 동화되는 결과를 가져왔다.

넷째, 러시아의 아시아 진출에 대한 종교적인 배경은 러시아 정교회의 성향에서 찾아볼 수 있다. 서구의 카톨릭 교회와 아시아 근동지역의 이슬람 교회의 강력한 도전을 받고 있었던 러시아 정교회는 러시아의 아시아 지역 팽창정책을 강력히 지지하였다. 이는 물론 정치적 영향력 확대를 통한 교세 확장 기대심리 때문이었다. 실제로 초기 짜르 시대로부터 러시아에서는 정치와 종교를 분리하는 것이 거의 불가능하여 '국가의 이해관계뿐만 아니라 영혼의 구원까지도 러시아 황제에게 종속된다'[13]는 말이 있을 정도였다. 따라서 로마노프 왕조의 성립과 피터 대제의 재위 기간에도 시베리아와 아시아 극동지역으로의 진출은 러시아정교회의 교세(教勢)를 확장함에 있어서 중요한 상징적인 의미를 지니고 있었다.[14]

〈도표 1-2〉 정치적 러시아

자료: David J. Dallin, 1949. The Rise of Russia in Asia (New Haven: Yale University Press, 1949). p. 4.

13) "To the Tsar belonged not only care for the interests of the State but also care for the salvation of souls." Nicolas Berdyaev, *The Russian Idea*(Boston: Beacon, 1962), p. 9. Gary Hausladen, "Settling the Far East: Russian conquest and consolidation," pp. 5-35 in Allan Rogers(ed.) *The Soviet Far East: Geographical perspectives on development*(New York: Routledge, 1990), p. 11에서 재인용.

14) Gary Hausladen(1990), "Settling the Far East: Russian conquest and consolidation," p. 11.

앞에서 살펴본 바와 같이 러시아의 아시아 진출 배경에 대해 기존의 연구는 역사적, 정치적, 경제적 및 종교적 관점이 주류를 이루고 있다. 그러나 이러한 기존의 역사적, 정치적, 경제적 및 종교적 설명의 기초라고 할 수 있는 사상적 관점에서의 연구는 상당히 부족하다고 할 수 있다. 더욱이 기존의 관점과 같이 단순한 외면적 고찰만으로는 러시아의 아시아 진출을 설명할 수 없는 부분도 있다. 예를 들어 낙후된 아시아의 문명화는 러시아의 진출에 의해서만 가능하다는 제정 러시아 시대 슬라브주의자들의 메시아적인 주장, 또는 문명화된 유럽에 대한 열등의식이 러시아의 아시아 진출이라는 형태로 표출되었다는 주장 등은 기존의 관점만으로는 설명하기 어렵다.

따라서 다음 두 절에서는 이러한 부분을 메우려는 하나의 시도로서, 제정 러시아의 아시아 진출사를 간략히 살펴본 후 그 사상적 배경을 고찰하려고 한다.

Ⅱ. 제정 러시아의 아시아 진출의 약사

제정 러시아의 아시아 진출은 시베리아 및 극동지역과 중앙아시아의 두 방향으로 나누어 살펴볼 수 있다.

1. 시베리아와 극동지역 진출 과정

러시아가 우랄산맥 동쪽으로 진출[15]하기 시작한 것은 15세기 후반 무렵이었다. 본격적인 동진정책은 1499년과 1500년 모스크바 공국(Muscovy)의 유그라 지방 원정이 계기가 되었다. 이로 인해 시베리아의 북서지방 민족들과 모스크바 공국 간에는 예속관계가 확립되었다. 동진정책의 결과 러시아는 1501년 오브 강 주변지역을 복속시켰고, 1587년과 1604년에는 토볼스크 및 톰스크를 각각 건설하였다. 그리고 16세기 후반에는 시베리아의 일부 지역이 러시아의

15) 러시아의 시베리아 초기 진출에서 소비에트 정권의 수립 이전까지의 시기를 리마이시옌(李邁先)은 3개의 시기로 나누는데, 제1기는 개인적인 차원에서 우랄산맥을 거쳐서 시베리아로 진입하여 1637년 시베리아부(部)를 설립한 시기(私人活動時期), 제2기는 러시아 정부가 본격적으로 개입한 이후 19세기 중엽 아편전쟁(1840~1842)까지의 시기(政府接管時期), 그리고 제3시기는 무라비예프가 동시베리아의 총독으로 부임(1847)한 이후부터 제정 러시아가 붕괴된 시기(積極侵略時期)까지 등이다. 李邁先(1969), 「俄國對西伯利亞的拓展」『東亞季刊』第2期, p. 25.

지배하에 들어가게 되었다. 또한 1851년 러시아는 변경지역에서 식민사업을 계획하고 있던 상업가문 스트로가노프(Григорий Строганов)에게 식민사업 경영권을 부여함으로써 스트로가노프의 가문에 고용된 코사끄의 용병 예르마크의 원정이 실현되었다. 이후 식민사업은 더욱 가속화되어 1582년 씨비리를 점령하게 된다. 1584년 예르마크가 전사한 후에도 정복사업은 포야르코프, 하바로프, 스제파노프 및 아틀라소프 등에 의해 계속되었다. 한편 1588년 타타르의 세력이 약해진 틈을 타서 러시아는 유라시아 남부지역으로의 진출도 본격화할 수 있게 되었다(〈도표 1-3〉 참조).

17세기에 들어서도 지속적인 동진정책을 추진한 러시아는 1619년 예니세이 강, 1628년 크라스노야르스크, 1632년 야쿠트인이 살고 있던 레나 강 유역, 1648년 오호츠크 해, 1640년대 말에는 바이칼 호까지 정복하게 된다. 그리고 1649년 마침내 북해에 이르는 시베리아의 대부분을 정복하게 된다. 한편 1640년대 일부 러시아의 탐험가들에 의해 러시아 극동지역에 위치한 아무르강 유역과 연해주의 북부지방이 개척되었다. 구체적으로 러시아의 정치적 영역은 1644년 아무르강과 북극의 꼴르이마에, 그리고 1651년 이르쿠츠크에까지 미치게 되었다. 이후 청나라와의 분쟁상태에 있었던 아무르강 상류지역은 1689년 네르친스크조약에 의해 러시아 영토로 확정된다. 이 조약 덕분에 러시아와 청나라 양국의 여권을 가진 국민들은 국경을 넘나들며 자유롭게 무역을 할 수 있었다.[16] 17세기가 끝나갈 무렵인 1697년 러시아의 탐험대는 마침내 캄차카에 이르렀다. 이후 양국 국경문제에 관한 어떠한 회담도 없다가, 청나라의 국력이 약해지고 있던 1858년 양국 간에 아이훈 조약이 체결된다. 이 조약에 의해 러시아는 아무르강 이북지역을 획득하게 된다. 러시아는 또한 1860년 북경조약을 통해 우수리강 동부지역을 새로이 획득하게 된다(〈도표 1-3〉 참조). 시베리아 및 극동지역으로 러시아인들이 본격적으로 이동하게 되는 것도 이와 거의 때를 같이 하고 있다(〈표 1-1〉 참조).

2. 중앙아시아 진출 과정[17]

제정 러시아의 중앙아시아 진출은 16세기에 시작되었는데, 이반 4세의 군대가 몽고의 잔존세력을 소탕하기 위해 1552년 카잔과 1554년 아스트라한을 함락한 것이 그 시초였다. 당시 중앙아

16) “自和約已定之日起, 凡兩國人民持有護照者, 俱得過界往來, 幷許其貿易互市”(孟繁策, 1996:106)

17) 이 부분은 다음의 자료를 참고로 하였다: 우덕찬, 『중앙아시아史 概說』(부산: PUFS, 1998), pp. 167-171; 平凡社(1989), 『ロシア・ソ連を知る事典』. 한길사 역(1992), 『러시아와 독립국가연합을 아는 사전』, p. 371.

시아 지역에는 15~16세기에 걸쳐 존속하였던 티무르 제국이 멸망한 후 명목상 샤이바니드(Shaibanid) 왕조가 존재하였으나 그 힘이 미약하여 발흐, 부하라, 사마르칸드 및 타쉬켄트 등의 지역은 부족장 및 왕조의 친인척 등이 지배하는 군소 규모의 한(汗: Khan)으로 나누어져 있었다. 중앙아시아 지역에 대한 러시아 정부의 압박은 피터 대제 때부터 캐더린 2세 때까지 계속되었지만, 러시아의 중앙아시아 진출은 19세기 중반에 들어와서야 본격화된다(〈표 1-1〉 참조).

〈표 1-1〉 중앙아시아와 극동지역 제정 러시아인의 인구분포, 1678~1917(단위: 천 명, %: 전체인구 중 러시아인의 비율)

지역	1678	1719	1782	1795	1834	1858	1897	1916~1917
중앙아시아와 카자흐스탄	-	-	-	-	-	50 (1.0%)	588 (7.6%)	1,548 (14.3%)
시베리아와 극동지역	154 (51.8%)	323 (66.9%)	693 (67.6%)	819 (68.9%)	1,702 (73.8%)	2,259 (74.1%)	4,432 (76.9%)	7,425 (77.6%)

자료: С. Брук, В. Кабузан, "Динамика численности и расселения русского этноса(1678~1917),"(러시아 민족의 수효와 분포의 역학(1678~1917)) Советская этнография 1982(4), 17. Cited in Jeff Chinn and Robert Kaiser, Russians as the New Minority: Ethnicity and Nationalism in the Soviet Successor States(Boulder, Colorado: Westview Press, 1996), pp. 40-42.

19세기 중반부터 제정 러시아의 중앙아시아 진출이 본격화된 배경에는 크림전쟁(1853~1856)에서의 패배, 유럽에서 러시아의 정치적 실패와 그로 인한 러시아의 민족적 자긍심 및 명예 실추가 있었다. 1863년 폴란드 봉기를 잔인하게 진압함으로써 러시아가 서구무대에서 더욱 소외된 존재로 전락하게 된 점 역시 빼놓을 수 없는 중요한 요인으로 작용하였다.

러시아의 중앙아시아 진출에는 이 밖에도 여러 요인들이 복잡하게 얽혀 있다. 우선 세계 곳곳에서 러시아와 충돌을 계속해 온 영국의 중앙아시아 진출 시도와 이로 인한 러시아의 위기감, 1820년대 말~1930년대 초반부터 시작되었던 북카프카즈 지역에 대한 러시아의 식민지화 정책이 이슬람 해방투쟁 지도자 샤밀(Шамиль)의 항복(1859년)으로 성공을 거두게 된 점 등이 모두 러시아의 중앙아시아 진출에 영향을 미쳤다.

중앙아시아 진출의 전면에 나서 주도적인 역할을 한 인물이 골차코프(Александр Горчаков)[18]였다. 유럽중심의 정책에서 벗어나 아시아로의 진출을 꾀할 것을 주장한 그는 알렉산드르 2세

18) 골챠코프는 극동지역에서 청나라와 아이훈 조약(1858) 및 베이징 조약(1860)을 체결하였고, 1875년에는 일본과 사할린・쿠릴열도 교환조약을 체결하여 러시아 극동진출의 발판을 마련한 사람이다(平凡社, 1989:23).

(1855~1881)의 재위기간 중인 1856년 외무장관에 취임하여 거의 25년간 러시아의 정복전쟁을 주도하였다. 그가 활동하던 당시 중앙아시아에는 3개의 한국(汗國)이 존재하였는데 그 가운데 부하라 한국(Bukhara Khanate)은 사마르칸드 지역에, 히바 한국(Khiva Khanate)은 아무다리야(Амударья)강 하류에, 그리고 코칸드 한국(Kokand Khanate)은 오늘날 우즈베키스탄의 페르가나 지역에 위치하고 있었다. 이 세 개의 한국은 1865년 투르케스탄(Turkestan)의 타쉬켄트가 병합된 후 차례로 정복되었는데, 부하라 한국은 1867년에, 히바 한국은 1873년에, 그리고 코칸드 한국은 1876년에 각각 제정 러시아에 병합되었다. 1881년부터 건설작업이 시작된 카스피해 횡단철도는 이 지역에 대한 러시아의 지배를 더욱 강화하였고, 1900년 러시아가 파미르고원을 점령하는 토대가 되기도 하였다.

〈도표 1-3〉 러시아의 아시아 진출과정(1533~1944)

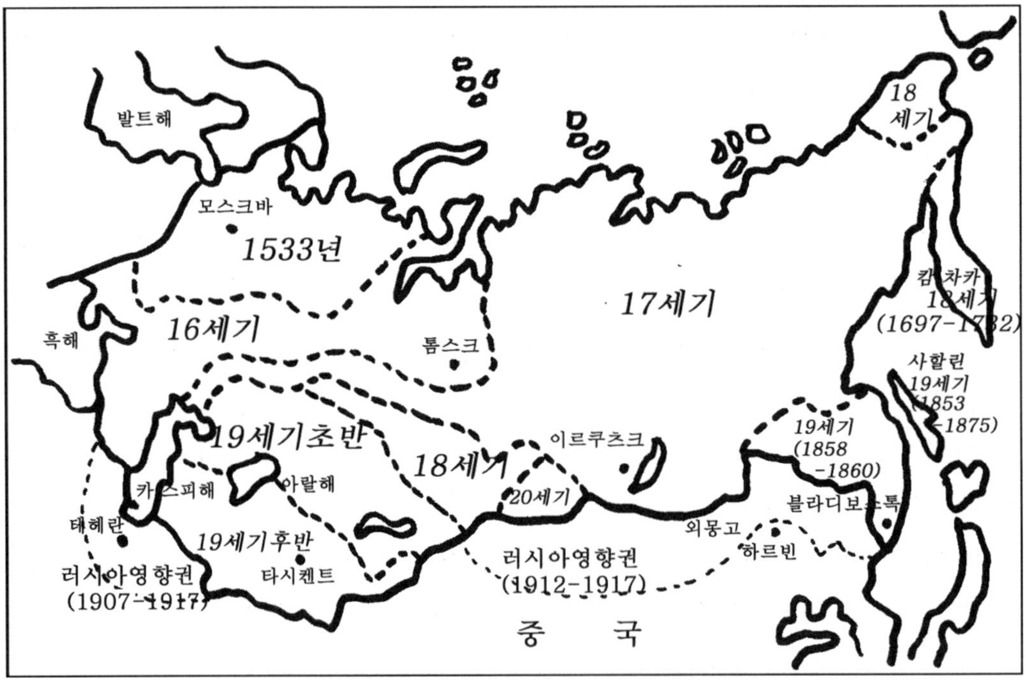

자료: Davidson-Houston(1960:94)과 Dmytryshyn(1974:435)을 참고로 하여 작성
(*톰스크(Томск)가 건설된 것은 1604년이었으나(李邁先, 1969:28; Dmytryshyn, 1974:435), Davidson-Houston(1960:94)이 그린 도표에는 위의 〈도표 1-3〉과 같이 16세기에 건설된 것으로 나타나 있는데 이것은 도표의 착오로 보인다.)

Ⅲ. 아시아 진출에 대한 사상적 배경

러시아의 아시아 진출의 사상적 배경은 서구주의, 슬라브주의, 동방주의 및 유라시아주의 등의 4가지로 분류해볼 수 있다. 먼저 서구주의자들은 러시아의 미래는 서구문명과 밀접하게 관련이 되어 있으므로 이러한 서구와의 관계를 기본으로 해야 함을 주장한다. 반면에 슬라브주의자들은 반서구적이며 제국주의적 입장에 서서 슬라브 국가들 간의 유대와 협력을 강조하며, 아시아에서 러시아의 운명은 서유럽과 동방 이슬람세계 양자에 대한 투쟁에 달려 있다고 보았다. 한편 크게는 슬라브주의의 한 분파로 볼 수 있는 동방주의의 경우 러시아는 문화와 역사적 경험에 있어서 아시아의 국가들과 밀접한 관계를 맺고 있으므로 이 지역과의 관계를 중시해야 한다고 보며, 서구와의 관계를 강조하는 것은 쓸데없는 허상에 불과하다고 본다.[19] 마지막으로 유라시아주의는 서구파와 동방학파의 사상적 혼합을 제시하며 서구와 아시아를 연결하는 러시아의 독특한 지정학적, 역사적, 문화적 입장을 강조한다. 또 유라시아주의는 서구와 아시아를 연결시킴으로써 러시아의 독특한 성격이 갖는 장점을 이용해야 한다고 보며, 따라서 러시아적인 가치관을 주장할 필요성을 제기하고, 러시아의 가치관을 서구파나 동방학파 그 어느 쪽에도 종속시켜서는 안 된다고 본다.[20] 이러한 각 관점의 특징을 아래에서 좀 더 자세히 살펴보기로 한다. 이러한 각 관점에 대한 세부적인 설명은 〈표 1-3〉에 요약되어 있다.

1. 서구주의

서구주의를 주장하는 사람들(западники)은 18세기 러시아의 대대적인 유럽화를 시도한 피터 대제의 사상[21]을 근간으로 하여 러시아가 유럽과 인류를 안내할 사명을 완수하기 위해 고립에서

---

19) Andrei Kortunov and Andrei Shoumikhin, “Russia and Central Asia: Evolution of Mutual Perceptions, Policies, and Independence.” Yongjin Zhang and Rouben Azizian(ed.) *Ethnic Challenges beyond Borders: Chinese and Russian Perspectives of the Central Asian Conundrum*(London: Macmillan Press Ltd, 1998), pp. 11-12.

20) Andrei Kortunov and Andrei Shoumikhin(1998), pp. 11-12.

21) 이러한 사상은 19세기에 들어와서 새로이 유럽화 된 러시아의 지식계층에 의해 계승되었다. 이들 지식계급은 알렉산드르 라디쉬체프(Alexander Radishchev)(1749~1802), 바실리 클류체프스키(В. О. Ключевский) 등을 필두로 하여 처음에는 작은 물줄기에 지나지 않았던 유럽성향의 개혁가 및 자유주의자들의 집단이 나중에는 도도한 큰 물결을 이룰 정도로 많이 늘어났다. 이들은 러시아 국가 및 사회의 후진성・냉혹함・잔인성을 폭로하기도 하고, 나중에 20세기 초에는 영국식의 헌법상 자유를 주장하고, 완고한 러시아의 독재정권과 싸우기도 하면서 러시아의 유럽화를 촉진시켰다(Kohn, 1946:157).

벗어나 먼저 유럽으로부터 배우고, 점차 유럽과 러시아가 통합해야 한다고 생각했다. 이러한 과정을 통해서만 러시아가 언젠가 유럽을 따라잡을 수 있고 더 나아가서 유럽을 능가할 수 있다고 주장했다.[22]

자유주의적인 서구파는 아시아에 대한 관심이 상대적으로 적었지만, 일부 서구파들은 슬라브주의자들과는 다른 이유에서 러시아의 극동진출을 인정하는 입장을 취하였다. 대표적인 서구파인 게르쩬(А. И. Герцен)[23]은 극동지역으로의 영토확장을 슬라브주의자들이 보는 러시아 제국의 영토확장이라는 관점에서가 아니라, 오히려 궁극적으로 새롭고 자유로운 영토인 아메리카로 접근하는 연결장소 또는 발판이라는 관점에서 접근하였다. 따라서 서구파에게는 극동지역으로의 진출이 러시아의 독재적인 성향을 감소시키는 정치적 자유의 신호탄으로 간주되었다.[24]

또한 아시아를 보는 시각 역시 기존의 유럽 중심적 사고를 벗어나지 못하였기 때문에 러시아 서구주의자들은 아시아가 모든 면에서 야만적 상태를 벗어나지 못하고 있다고 생각하였다. 따라서 일부 러시아의 자유주의적 지식인 집단(интеллигенция)이 터키 민족과 같은 야만적인 아시아인들을 슬라브 민족에 동화시키는 것을 긍정적으로 간주하였다고 할지라도 그것은 단지 19세기 말과 같이 러시아의 출생률이 높은 수준을 유지하는 한다는 조건하에서만 수용되었다.[25] 서구에서 교육을 받은 상당수의 러시아 사상가들이 유럽 제국주의의 영향하에 있었으므로 이들이 주장하는 아시아의 진출배경에 서구의 우월성이 자리하고 있음은 어쩌면 당연한 일이다.

2. 슬라브주의

슬라브주의(славянофильство)를 주장하는 사람들은 서유럽과 러시아의 차이를 러시아 정교와 카톨릭의 차이에서 찾는다. 따라서 슬라브주의자들은 서유럽 시민사회를 긍정하는 피터대제의 개혁노선을 따른 서유럽파(западники)를 거부한다. 오히려 개인주의, 무신론 및 물질주의 만연으로 서유럽사회가 신앙공동체로서의 유기적 통일성을 상실했다고 비판하며, 신에 대한 철저한 순종을 본령으로 하는 러시아 정교신앙을 강조한다. 이들은 또한 러시아 정교신앙이

22) Hans Kohn, *Basic History of Modern Russia*, Princeton(N.J.: Anvil Book, 1957). 金種心 역, 『近代 러시아 : 그 갈등의 歷史』(심설당, 1981), p. 38.

23) 게르쩬은 프랑스 계몽주의와 유토피아적 사회주의 그리고 독일의 이상주의적 철학사상에 영향을 받아 농민공동체에 기초를 둔 러시아 사회주의의 이론을 발전시켰다. 그의 이론은 1917년 러시아 혁명이 일어날 때까지 러시아의 급진적 인텔리겐차의 행동에 깊은 영감을 불러일으켰다(Dmytryshyn, 1974:232-33).

24) Dallin(1949), p. 23.

25) Ariel Cohen, *Russian Imperialism: Development and Crisis*(Westport, CT: Praeger, 1996), p. 58.

토대가 된 공동체적 원리가 - 피터 대제의 서유럽화 정책에도 불구하고 - 아직 러시아의 농촌공동체 속에 잘 보존되어 있다고 주장하였다.[26]

슬라브파는 서유럽에 대한 반대의 한 원천을 동양에서 찾고 있으며, 서구의 사상에 대한 반발로 동양으로의 복귀를 주장하였다. 이러한 슬라브파의 반서구적 사상을 차아다예프(Пётр Чаадаев)는 동양과의 관계 속에서 다음과 같이 설명하고 있다:

> "… 이 학파[슬라브주의파]는 서양을 더 이상 원치 않는다. 이 학파는 피터 대제의 업적을 파괴하고 또다시 불모의 길을 따르기를 원한다. 서양이 우리를 위해 해준 것을 잊고, 우리를 개화시켜 주었던 위인을 고맙게 생각하지도 않고 우리를 가르쳐 준 유럽을 고맙게 생각하지도 않는다. 이 학파는 유럽 및 그 위인과의 인연을 끊고 있다. 이 새로 태어난 애국심은 성급한 열정에 휩싸여 우리가 동양의 소중한 자손이라고 이미 선언하고 있다. 이 학파[슬라브주의파]는 반문한다. … 우리가 무엇 때문에 서양을 선망해야 한단 말인가? 그 종교전쟁, 그 교황, 그 기사도, 그 종교 재판소 때문인가? 정말 아름다운 것들이로군! 서양이 과학과 모든 심오한 것들의 고향인가? 우리가 잘 알고 있는 바와 같이 그것은 동양이다. 그러므로 우리는 어디서나 접촉할 수 있는 동양으로 돌아가야 한다. 동양은 이전부터 우리의 신념, 우리의 법칙, 우리 미덕의 원천이었고 우리를 이 세상에서 가장 강력한 민족으로 만들어 주었던 모든 것의 원천이었다. 고대의 동양은 저물어가고 있다. 그렇다면 우리는 동양의 상속자가 되어야 마땅하지 않겠는가"[27]

특히 범슬라브주의[28]의 이론가였던 다닐레프스키(Николай Я. Данилевский)는 러시아의 역사가 서유럽의 역사와는 다르다는 점을 들면서 러시아는 서구문제에 대해 초연해야 하며

---

26) 平凡社(1989), p. 424.

27) 이 글은 러시아의 서구화를 지지하고 슬라브주의에 반대한 서유럽파의 지도적 인물 중의 한 사람인 피터 차다예프(Пётр Чаадаев)가 1837년 러시아 역사에 있어서 서구화를 주도한 피터 대제의 역할에 관해서 쓴 글의 일부이다. Hans Kohn, *The Mind of Modern Russia*(New Brunswick, N.J.: Rutgers University Press, 1955), pp. 50f., 53f., 55f., Hans Kohn, *Basic History of Modern Russia*(Princeton, N.J.: Anvil Book, 1957) 재인용(김종심 역, 『근대 러시아: 그 갈등의 역사』, 심설당, 1981, pp. 164-165).

28) 슬라브운동이 정신적·종교적 운동이라면 범슬라브운동은 정치적 운동이라고 할 수 있다. 슬라브주의는 비잔틴-러시아 문명으로 대표되는 슬라브문명이 독일-라틴문명으로 대표되는 서구문명보다 우월하다고 본다. 그러나 범슬라브주의는 한 걸음 더 나아가서 이 두 문명권의 충돌은 불가피하며 그 결과로서 슬라브 세계의 승리를 점치고 있다. 범슬라브주의자들은 동로마 제국의 수도인 콘스탄티노플과 보스포르스해협을 중시하였는데, 이들 지역을 러시아의 지배하에 두려는 과정에서 1877년 러시아-터키 전쟁이 발생하였다. 범슬라브주의는 도스토예프스키에 의해서 러시아 민족감정을 불러일으키는 수단으로 이용되기도 하였다. Kohn(1955), pp. 66-68.

유럽과 슬라브 연맹 간의 대결은 필연적이며, 이 대결의 첫 단계로 모든 슬라브 국가가 연합해야 함을 역설하였다. 그는 또한 도스토예프스키 등이 주장하는 아시아정복과 같은 혁명적인 발상을 배격하고 콘스탄티노플(Царград)[29]을 그 근거지로 하여 아드리아 해에서 태평양에 이르는 거대한 지역의 모든 국가와 민족을 러시아가 지배하는 범슬라브 연맹(панславизм)을 구상하였다.[30] 또한 유럽의 영향력은 주로 아프리카, 오스트레일리아 및 남아시아에 집중될 것이지만, 슬라브 민족은 그 영향력을 동아시아, 중앙아시아, 중동 및 아메리카 대륙 등에서 떨치게 될 것이라고 예측하였고,[31] 유라시아의 인종과 종교가 모두 아시아에서 유래하였다는 점을 주장하기도 하였다.

극단적 슬라브주의자였고 스스로를 범슬라브주의적 기회주의자라고 불렀던 레온체프(K.H. Леонтьев)는 장래 아시아에서 러시아의 이미지는 기존 서구 제국주의의 이미지와는 다를 것으로 생각하였는데, 우랄알타이적인 요소가 흡수됨으로써 러시아의 슬라브 문화는 정신적으로 서구문화보다 더 독특하고 고상한 형태를 띠게 될 것으로 보았다.[32] 이러한 맥락에서 레온체프는 범슬라브연합(панславянская федерация)과 같은 형태가 실현 불가능한 것은 아니나 그 가능성은 상당히 적다고 보고 오히려 다른 형태, 예를 들어 '동방-슬라브연합'(восточно-славянский союз)과 같은 체제를 구상하였다. 이 '동방-슬라브연합'에서는 콘스탄티노플을 정치적, 종교적, 문화적 수도로 두는 것을 상정하지만 행정 수도로는 고려하지 않고 있으므로, 어떻게 보면 러시아의 지배하에 이루어지는 군주연방제(конфедерация монархия)와 유사한 정부연합이었다. 그는 이런 형태의 연합을 서유럽주의에 대항하는 중요한 보루로 생각하였다.[33]

열렬한 범슬라브주의자(Pan-Slavist)였던 포고진(М. П. Погодин)[34]은 아리안 족인 러시아인

---

29) 오늘날의 이스탄불(Istanbul)을 말한다.

30) Николай Я. Данилевский, Россия и Европа(Санкт-Петербург, 1871), pp. 407-408, 413-414, 421 and 436-438, Basil Dmytryshyn(ed.), *Imperial Russia: A Source Book, 1700-1917*(Hinsdale, IL: The Dryden Press, 1967) pp. 328-337 재인용; Джонг, Хи Сок, Идея *славянской интеграции в российской общественно-политической мысли xIx в.*(19세기 러시아 사회·정치사상에서의 슬라브 통합 이념)(Москва: Институт российской истории российской академии наук, 1996), p. 255.

31) Данилевский Н. Я., *Россия и Европа. Взгляд на культурные и политические отношен ия Славянского мира к Германо-Романскому*(러시아와 유럽: 독일-로마에 대한 슬라브 세계의 문화적·정치적 관계에 대한 개관)(СПБ, 1895), с. 463, Джонг(Москва: Институт российской истории российской академии наук, 1996) p. 257 재인용.

32) Milan Hauner, *WHAT IS ASIA TO US?: Russia's Asian Heartland Yesterday and Today*(London and New York: Unwin Hyman, Inc., 1992), pp. 22-23.

33) Джонг Хи Сок, *Идея славянской интеграции в российской общественно-политической мысли xIx в.*(Москва: Институт российской истории российской академии наук, 1996), pp. 301-302.

34) 포고진, 클류체프스키 및 도스토예프스키 등은 아시아 병합에 대한 러시아의 구세주적 임무를 주장한다

의 우수성을 강조하며 러시아인들이 유라시아를 지배할 운명을 타고났다고 보았다. 인종적 제국주의를 신봉하는 역사가였던 그는 특히 세포이 반란(Sepoy Mutiny)을 진압한 영국을 치하하였다. 그는 아시아인과 아프리카인을 교육시키는 것은 불가능하므로 유럽인들이 그곳에 질서를 세워야 한다고 믿었고, 인류의 행복은 바로 이 질서를 세우는 능력에 달려 있다고 보았다. 그는 비록 러시아가 크림전쟁(1853~1856)에서 패배하여 고립되어 있지만, 러시아국민들에게 동쪽으로의 진출(Стремление на Восток)을 계속하도록 촉구하였다.[35)]

한편 러시아의 역사를 식민(植民)과 동화(同化)의 역사로 보았던 저명한 역사가 클류체프스키(В. О. Ключевский)는 식민화는 국가의 역사를 이해하는 공통분모이며, 러시아가 유라시아의 스텝지역을 가로질러 아시아의 제 민족을 문명화시키는 것은 아주 당연한 공리(公理)라고 주장하였다. 클류체프스키에 중요한 것은 자연적 · 지리적 국경이 아니라 코사끄와 러시아인들에 의해 형성 · 확산되는 인종지적(人種誌的) 국경이었다. 그는 군사적 정복과 식민화를 통해 타민족(племена)과의 융합을 이룬 후에야 위대한 러시아의 형성이 가능할 것으로 보았다.[36)]

슬라브주의자들 중 팽창적 민족주의를 주장하는 사람으로는 도스토예프스키(Ф. М. Достоевский)를 들 수 있다. 도스토예프스키 자신뿐만 아니라 동시대의 러시아 국민들도 그를 러시아의 국민적 예언자로 생각하였는데, 그는 소설뿐 아니라 시사평론을 통해서도 러시아 국민의 이념을 대변하였다. 이러한 도스토예프스키의 사상은 아시아 문제를 이해하는 데도 중요한 관건으로서 간주된다.[37)]

팽창적 민족주의를 주장하는 도스토예프스키에게 아시아 진출은 유럽에 대한 열등의식을 극복하는 하나의 수단이었다. 유럽에 대한 러시아의 열등의식은 종교적으로 그리고 문화적으로 러시아보다 열등한 것으로 간주되던 타타르의 지배로 인해 250년 동안 러시아가 유럽의 기독교 세계와 단절되었던 데서 연유한다.[38)] 러시아 민족보다 열등하다고 생각된 타타르민족에게 굴복하여 오랫동안 수치심을 지니고 살아야 했던 러시아로서는, 타타르의 지배에서 벗어난 후 그들을 지배해왔던 열등의식에 대한 보상심리로 아시아민족에 대한 강한 선민의식을 가지게 되었다.[39)]

는 의미에서는 동방주의자들의 범주에도 속한다고 할 수 있을 것이다.

35) Hauner(1992), pp. 38-39.

36) Hauner(1992), p. 39.

37) Hans Kohn, *Prophets and Peoples: Studies in Nineteenth Century Nationalism*(N.Y.: The Macmillan Company, 1946). 長谷川松治 譯, 『民族的使命』(東京: みすず書房, 1953), p. 158; 진장철, 「소련의 초기 아시아정책형성의 배경과 동기에 관한 연구」(고려대 대학원 박사 학위 논문, 1987), pp. 24-27.

38) 이것은 타타르의 멍에(Татарское иго)라고 불리는데, 이는 킵차크 汗國이 1236~1241년부터 시작하여 몇 번씩 러시아를 침략하여 점령과 약탈을 되풀이하면서 모스크바로 진격했으나 결국 공격을 단념하고 군대를 철수한 1480년까지의 약 250년간을 가리킨다(平凡社, 1989:702).

39) Soloviev, "Peter's Reforms," *The Mind of Russia*, Hans Kohn(ed.), New York, 1955, p. 226, 이인호

이는 곧 러시아 역사를 통해서 면면히 이어져 온 집단적 고통(collective suffering)과 영토확장(territorial aggrandizement) 간의 교묘한 결합 논리와 맥을 같이 하고 있다.[40)]

다시 말하자면 아시아와 러시아 간의 특별한 관계는 몽고의 러시아 침략에 그 근거를 두고 있었는데, 그 내용인즉 러시아 측은 엄청난 희생을 통해 몽고의 지배를 벗어났을 뿐만 아니라 결과적으로 몽고의 침략으로부터 유럽을 보호하는 역할을 하였다는 것이다. 따라서 러시아가 아시아 지역에서 추구하는 영토확장[41)]은 러시아가 겪은 집단적 희생의 대가이며, 정당하다는 것이다. 아시아에서의 영토확장 계획은 당시 러시아 황제 니콜라이 2세가 러시아의 아시아 진출계획과 관련하여 추구하려던 것이었다. 러일전쟁 시기 러시아 극동군 총사령관이었던 크로파트킨(Алексей Куропаткин)에 의하면 니콜라이 2세의 원대한 계획은 만주를 점령하고, 조선을 병합시키고, 티벳을 통치하고, 페르시아를 점령함으로써 보스포러스 해협에서 다다넬스 해협에 이르는 모든 지역을 러시아의 통치하에 두는 것이었다.[42)]

이와 같이 도스토예프스키는 유럽에서 열등한 위치에 있던 러시아가 성공적인 아시아 진출을 통해 유럽열강과 동등하게 겨룰 수 있는 역량을 함양할 수 있다고 믿었다. 그는 러시아-터키 전쟁(1877)에 아시아 진출 교두보 확보란 중요한 의미를 부여하였다. 당시 크림전쟁에서의 패배로 러시아는 굴욕적인 파리조약(1856)을 맺게 되었고 이로 인해서 흑해 및 발칸지역에서의 모든 특권을 상실하게 되었다. 당시 급박한 러시아의 입장에서 그는 러시아-터키 전쟁을 슬라브 민족의 해방전쟁으로 규정하였고 이 전쟁에서의 승리를 이용하여 과거 러시아가 지니고 있었던 열등의식을 모두 털어 내려고 하였다. 이는 도스토예프스키의 '작가일기(Дневник писателя)'에도 잘 언급되어 있다.

도스토예프스키는 러시아-터키전쟁의 과정에서 그리스 정교의 상징이자 동로마 제국의 수도인

(1980:123) 재인용.

40) Hauner(1992), pp. 21-37.

41) 전통적으로 영토확장은 러시아 황제의 임무로 간주되어 왔다. 즉 러시아제국의 황제인 짜르(царь)는 한때 조그만 소공국이었던 러시아의 영토를 끊임없이 팽창시켜 온 수많은 황제 중 한 사람으로 간주되었으므로, 러시아 황제 된 자의 임무는 이러한 선조 황제들의 위업을 이어받아 러시아의 영토를 계속 확장시켜 영원한 러시아의 영광을 위해 계속 노력하는 것이라는 논리이다(Dallin, 1949:16-7). 이러한 영토확장의 논리가 아시아로의 러시아 진출의 이면에 감추어져 있다는 것이다. 이러한 러시아의 성향을 可動国境 또는 流動国境(подвижные границы)이라는 용어로 표현할 수 있는데, 콜라즈(Walter Kolarz)는 이러한 가동국경의 개념이 러시아의 사고를 지배하고 있다고 본다("海洋への衝動ではなくして, 可動国境という概念がロシアの地理的, 政治的思考を支配している"). 横手慎二(1999:71), "ロシア国境観の歴史的検討," 『ポスト冷戦時代のロシア外交』 伊東孝之・林忠行 編(東京:有信堂), p. 70. 러시아의 국경관과 민족 문제 간의 관계에 대해서는 제10장을 참조.

42) Алексей Куропаткин, "Memoirs," *Красный архив*, II and V, Dallin(1949:42) 재인용.

콘스탄티노플의 지배를 강조하였다.[43] 또한 아시아 지역인 콘스탄티노플을 지배함으로써 러시아는 근동지역에서 통일과 평화의 조정자 역할을 제대로 할 수 있으며, 더 나아가 이민족들에 대한 차별 없이, 모든 슬라브 민족들과 모든 동방의 민족들의 자유를 수호하는 역할을 할 수 있을 것으로 생각하였다. 특히 당시 오랫동안 군림해 왔던 이슬람의 지배가 붕괴되어 혼란상태가 발생할 경우 러시아만이 유일하게 이곳에서 동방민족들의 자유를 수호하는 역할을 할 수 있다고 보았다.[44]

3. 동방주의

동방주의는 넓은 의미에서 슬라브주의의 범주에 속한다고 할 수 있다.[45] 그러나 좁은 의미에서는 동방주의자들을 슬라브주의에 좌절된 일부 사람들의 집단으로 분류할 수도 있다. 슬라브주의자들의 관심은 발칸지역과 동유럽에 있지만 동방주의자들의 관심 지역은 아시아의 내륙지역과 동아시아 지역이었다. 황화론(Жёлтая Опасность)도 동방주의의 시각에서 살펴볼 수가 있다. 동방주의자들(Восточники)은 이슬람교에 대한 기독교의 투쟁과 세계를 지배하는 영국의 헤게모니에 대한 저항을 러시아의 신성한 임무라고 보았다. 이러한 임무는 범슬라브주의를 통해 오래전부터 범슬라브권으로 대표되는 발칸반도와 동유럽에서 성취될 수 있는 것이 아니라 그 반대로 멀리 떨어진 동아시아와 내륙 아시아 지역에서 이루어질 수 있다고 주장하였다. 또한 동방주의자들은 – 슬라브주의자들과 마찬가지로 – 러시아의 동방진출은 미개상태인 아시아를 구원하는 구세주적인 임무를 수행하기 위해서이므로 반드시 이행되어야 한다고 믿고 있었다.[46]

---

43) Джонг Хи Сок(1996), p. 287.

44) "Россия, – писал Достоевский, – владея Константинополем, будет стоять именно как бы на страже свободы всех славян и *всех восточных* народностей, не различая их с славянами. … А пока новой единительной для них силой и будет Россия, именно тем отчасти, что твердо станет в Константинополе. Она спасет их друг от друга и именно будет стоять на страже их свободы. Она будет стоять на страже всего Востока и грядущего порядка его."("도스토예프스키는 다음과 같이 쓰고 있다: 콘스탄티노플을 지배하고 있는 러시아는 동방민족들을 슬라브인과 차별하지 않고 어떻게든 모든 슬라브인들과 동방민족들을 수호할 것이다 … 러시아는 이들에 대해서 부분적이지만 새롭고 유일한 힘이 되고 있는 동안 콘스탄티노플을 굳게 지킬 것이다. 러시아는 이들을 서로로부터 구조하면서, 그들의 자유를 굳게 지킬 것이다. 러시아는 모든 동방과 이들 장래의 질서를 지킬 것이다.") Достоевский Ф.М. Полное собрание сочинений в 30 тт. Л., 1984. Т. 26, Джонг, Хи Сок, *Идея славянской интеграции в российской общественно-политической мысли xIx в.*(19세기 러시아 사회・정치사상에서의 슬라브 통합 이념)(Москва: Институт российской истории российской академии наук, 1996), p. 288 재인용.

45) Hauner(1992)를 제외한 대부분의 문헌에서는 동방주의를 별개의 주장으로 내세우기보다 동방주의의 주장을 슬라브주의에 포함시키고 있다.

이러한 성향을 대표하는 사람들로는 먼저 유자코프(Sergei Yuzhakov)와 피요도로프(Nilolai Fyodorov)를 들 수 있다. 유자코프(Sergei Yuzhakov)와 피요도로프(Nilolai Fyodorov)는 서구에 대항하여 아시아민족과의 연대를 주장하였다. 먼저 유자코프는 러시아의 식민주의가 영국의 식민주의와는 다르다는 점을 지적하고 있다. 즉 영국의 무역식민주의는 아시아의 자원을 무차별적으로 이용하는 데 그 목적을 두고 있으나, 러시아는 인도나 중국 등의 농촌공동체 속에서 농업사회주의를 전파함으로써 영국의 자본주의적 수탈로부터 아시아의 제 민족을 보호하며 아시아를 혁신할 수 있다고 보았다. 한편 피요도로프는 문명을 유목문화권과 농경 문화권으로 나누어 러시아와 이란, 중국 및 인도 등 아시아의 농업문명권은 영국을 대표로 하는 해양강국과 연계되어 있는 유목문명권과는 적대적인 입장에 있음을 지적하였다. 따라서 피요도로프에 의하면 러시아는 '유럽이나 미국의 강도들'과는 관계를 단절하고 약자인 아시아민족의 편에 서서 싸워야 한다고 역설하였다.[47]

지리학자들 중에도 그리고레프, 세묘노프, 베뉴코프처럼 러시아의 아시아 진출을 구세주적 임무수행이라 생각하는 이들이 있었다. 동방학자이자 지리학자였던 그리고레프(V. V. Grigorev)는 외국의 영향력으로부터 아시아인을 보호하는 것을 하느님의 섭리(Провидение)로 보고, 미개상태에 있는 아시아인들을 식민화하는 것을 러시아인들에게 주어진 임무로 간주하였다. 이와 관련하여 그리고레프는 "우리보다 더 아시아에 근접해 있는 자가 누구인가? 유럽의 여러 민족들 중 슬라브민족보다 더 아시아적 요소를 지닌 민족이 어느 민족인가?"라고 주장하면서 슬라브민족과 아시아 간의 밀접한 관계를 강조하였다.[48]

그리고레프와 유사한 사상을 가진 지리학자로는 1873년 이후 러시아 지리학협회 부총재를 역임한 세묘노프(Pyotr P. Semyonov)가 있다. 그는 러시아가 신에 의해 동양과 서양 간의 중재자로 선임되었고, 유럽과 아시아 모두에 대해 유사성을 가지고 있으며, 이 양 세계에 동일하게 속해 있다는 점을 강조하며 러시아와 아시아 간의 인접성을 주장하였다.[49]

또 다른 지리학자 베뉴코프(Mikhail I. Venyukov)는 우생학에 기반을 둔 러시아인과 중앙아시아인 간의 인종적 융합을 주장하였다. 비록 러시아인과 중앙아시아인 사이에 거대한 문화적 이질성이 있긴 하지만, 선택적 번식을 통해 아리안족과 우랄 알타이어족의 장점을 존속시키는 유용한 수단은 두 민족 간의 결혼이라는 사상을 신봉하였다.[50]

---

46) Hauner(1992), p. 49.
47) Hauner(1992), p. 53.
48) Hauner(1992), p. 42.
49) 平凡社(1989), p. 378; Hauner(1992), p. 42.

다음으로 러시아의 아시아 진출이 구세주적인 임무라는 생각에 대한 중요한 사상적 기반을 제공한 역사학자 및 정치가들을 살펴보자. 우선 세르게이 솔로비요프(C. Соловьев)과 블라지미르 솔로비요프(B. Соловьев)를, 그리고 정치가로는 위테를 이 부류에 포함시킬 수 있다.

세르게이 솔로비요프는 러시아 영토확장의 세 가지 특징으로 지리적 측면, 지형적 측면, 문화적 측면 등을 지적하였다. 다시 말해서 아시아 지역에 대한 러시아의 역사적 영토확장의 주요 결정요인으로 먼저 지리적 역할을 지적한 후, 둘째, 자연적 국경의 역할을 들었다. 이는 곧 유라시아 스텝지역에는 산악지형과 같은 장벽이 없으므로 러시아가 이 지역으로 진출하게 된 것은 유기체의 변화과정에서 보는 바와 같이 아주 자연스러운 것이라고 간주하는 것이었다. 셋째, 러시아에 의한 아시아 지역의 식민지화는 '아시아의 야만인들'에게 유럽의 수준 높은 문화를 전파하는 중요한 수단이며 궁극적으로 '위대한 러시아인'에 의한 아시아의 동화(同化)를 용이하게 할 것이라는 것이었다.[51)]

세르게이 솔로비요프의 아들이었던 블라지미르 솔로비요프의 입장도 그의 아버지의 입장과 크게 다르지 않았다. 블라지미르 솔로비요프는 '새로운 몽골인'이라는 개념을 사용하면서 12~13세기 유럽을 지배하였던 초기 몽고인에 이어 20세기 일본을 새로운 몽고인종의 하나로 간주하고 일본의 지휘 하에 새로운 몽고인들이 유럽을 다시 지배하려 한다고 주장하였다. 그는 또한 열등한 민족은 우월한 민족에게 복속되거나 그렇지 않을 경우 궁극적으로는 사라질 수밖에 없는 운명에 처해 있음을 강조하였다.[52)]

동방주의자들의 이러한 주장은 결국 아리안계인 러시아인과 아시아의 황색인종 간의 동화를 거부하는 인종적 제국주의론의 하나인 황화론(Жёлтая угроза)[53)]과도 연계되어 있음을 알 수 있다. 황화론은 러시아의 아시아 진출에 중요한 역할을 하였는데, 황화론과 관련하여서는 바쿠닌과 크로파트킨의 입장을 살펴볼 필요가 있다.

당시 러시아의 주도적인 무정부주의자이었던 바쿠닌(Михаил Бакунин)과 러일전쟁의 러시아 극동군 총사령관이었던 크로파트킨(Алексей Куропаткин)은 아시아 지역 거주 러시아인이 수적 열세에 처함으로써 엄청나게 몰려드는 황색인종의 이주공세를 견뎌내지 못할 것이라는 주장을 하고 있다. 특히 바쿠닌은 러시아가 러시아극동의 아무르 지역과 시베리아 지역을 통제하고 있다고 하더라도 이 지역에 거주하는 러시아인의 인구와 주변 중국인의 인구를 비교한다면

50) Hauner(1992), p. 43.
51) Hauner(1992), p. 39.
52) Hauner(1992), p. 54.
53) 황화론에 대해서는 이 책의 제2장 참조.

이 지역에 대한 러시아의 통제는 일시적 현상일 뿐 50년 이상 지속될 수 없으리라는 예측을 내놓고 있다.[54] 이 문제에 대한 해결책으로 바쿠닌은 인종 간의 차이를 무시하고, 가진 자와 가지지 않은 자로 나누어 계급투쟁의 기초 위에서 가지지 않은 자들끼리 뭉치는 국제적인 프롤레타리아 연대를 주장한 반면, 크로파트킨은 아시아의 비기독교국가에 대항하는 서구 기독교 강대국들의 연대를 주장하였다.[55]

황화론과 조금 다른 입장에 선 사람들로는 법학자였던 마틴스(Fyodor Martens)나 중국학 전문가였던 바실레프(Vasiliy Vasilev) 등이 있었다. 마틴스는 "반야만적인 국민을 대할 때 국제적인 권리는 고려될 수 없기 때문에 러시아가 중국과 중앙아시아를 정복한 것은 정당하다"고 주장하였다.[56] 그는 더 나아가서 "중국이 러시아 위에 군림하도록 내버려 두어서는 절대로 안 된다"고 주장하였다. "만약 중국이 러시아 위에 군림하도록 내버려 둔다면 중국인의 야만성을 더욱 부추기는 것이 되고, 이는 곧 중국으로부터 모든 외국인의 강제적인 추방으로 이어질 수도 있다"고 주장하였다.[57]

비슷한 맥락에서 바실레프도 몽고의 재침 가능성[58]을 제기하였다. 그는 중국이 태평양의 여러 지역을 지배할 경우 러시아를 비롯하여 미국, 인도 및 서유럽에 큰 위협이 될 것이며, 궁극적으로 세계 도처에 중국인들의 거주지를 마련해주는 계기가 될 것이므로 결과적으로 전 세계가 파멸의 구렁텅이로 전락할 수 있음을 경고하고 있다.[59]

황화론과는 조금 다른 관점에서 황색러시아운동(Жёлтороссия)을 주장하는 사람도 나타났는데 그 대표자로는 극단적인 동방주의자였던 우흐톰스키(Esper Ukhtomsky)를 들 수 있다. 시베리아 횡단철도의 유용성을 선전하였던 위테(Сергей Витте)의 추종자였던 그는 시베리아 횡단철도 건설을 통해 중국을 가로질러 만주까지 러시아의 경제적 지배권이 확산될 것을 기대하면서 중국과 러시아의 유기적 근접성을 주장하였다. 그는 영국의 인도 합병, 중국 혁명 등과 같이

---

54) 동방주의자들의 황화론에 대한 우려는 생물학적 · 경제적인 결정론, 즉 기하급수적으로 증가하는 과잉인구와 산술급수적으로 증가하는 식량 간의 불균형에 대한 경고로 나타나고 있고, 결국 이러한 황화론에 대한 우려는 비러시아계 황색인들이 시베리아 지역에서 토지를 소유하지 못하게끔 하는 1882년 짜르의 칙령으로 나타났다(Hauner, 1992:52).

55) Hauner(1992), pp. 50-51.

56) Andrew Malozemoff, Russian Far Eastern Policy 1881~1904: With Special Emphasis on the Causes of the Russo-Japanese War(Berkeley, CA: University of California Press, 1958), p. 42.

57) Hauner(1992), p. 50.

58) 1237년부터 1480년까지 250여 년간, 현재 러시아 영토의 핵심적인 부분은 대부분 몽고의 지배하에 있었다 (Cohen, 1996:30).

59) Hauner(1992), p. 50.

아시아에서 발생하는 복잡한 문제들을 러시아가 간과하거나 묵인해서는 안 되며, 오히려 아시아적 보수주의를 추구하는 동양의 미개인들을 배척하여 동양에서 러시아의 길을 개척할 것을 역설하였다.[60] 그는 이 과정에서 동양 민족들이 자신들의 의식을 되찾게 될 것이며, 혈연적・전통적・사상적으로 러시아에 친밀감을 느끼게 되며, 궁극적으로 러시아에 통합될 것으로 보고 있다. 우흐톰스키가 주장하는 러시아의 극동정책의 사상은 다음에서 잘 알 수 있다:

> "아시아 - 우리는 언제나 여기에 속해 있다. 우리는 아시아적 삶을 살았고 그 이해관계를 느껴왔다. 우리[러시아]를 통해서 동양은 점차적으로 우월한 생활에서 그 자체의 의식을 되찾는다. … 이들 다양한 [동양]민족들은 혈연적, 전통적, 그리고 사상적으로 우리에게 이끌리고 있다. 우리는 단지 좀 더 친숙하게 그들에게 다가간다. 이 위대하고 신비스러운 동양은 우리의 소유물이 될 준비가 되어 있다."[61](괄호: 필자 삽입)

제정 러시아 말기의 정치가였던 위테는 아시아에서 서구문명을 대표하는 영국의 아시아 진출은 순전히 경제적 약탈을 위한 상업적 영토확장에 그 목적이 있다고 보았다. 이에 반하여 러시아의 임무는 아시아인들을 문명화시키고 교육시키는 데 있다고 주장하며 서구국가들의 동양진출과는 차별화된 러시아의 역할을 강조하였다.[62] 그러면서도 위테는 러시아가 중국의 일부를 흡수하는 것을 지리적으로나 역사적으로 볼 때 당연한 과정이라 생각하였다. 위테는 1891년 황태자 니콜라이 II세의 극동방문에 동행하였던 사람으로서 러시아의 아시아 팽창정책에 찬성하였다. 그는 러시아가 아시아로 진출하기 위해서는 시베리아 횡단철도 건설이 꼭 필요하다고 주장하였다.[63] 시베리아 횡단철도가 동양의 저개발민족을 지배하고, 경쟁 상대였던 영국의 영향력을 침식시키

---

60) 大日本文明協會, 『歐美人の極東研究』(東京: 報文社, 1912), pp. 456-463; Hauner(1992), p. 56.

61) Andrew Malozemoff(1958), pp. 43-44.

62) Dallin(1949), pp. 35-36.

63) 동청철도가 완성될 경우 러시아는 언제나 최단거리를 통해 병력을 블라디보스토크로 이동시켜 장차 만주, 황해 연안 및 청나라의 수도 근처에까지 병력을 집중시킬 수 있었다. 그리고 이것은 청나라뿐만 아니라 극동 전체에 러시아의 위신과 영향력을 강화시키는 데 도움이 될 것이고, 결과적으로 아직 청나라에 종속된 여러 민족들이 러시아에 보다 친숙해질 수 있는 이점이 고려되었다. "Таким образом, для того чтобы мы могли поддерживать целость Китая, нам прежде всего необходима железная дорога, и железная дорога, проходяща я по кратча йшему направлению во Владивосток; для этого она должна пр ойти через северную часть Монголии и Маньчжурии; наконец, дорога эта нужна и, … ". Сергей Юльевич Витт, *Воспоминания Мемуары*(Том I), Минск, Белоруссия: Издательство АСТ(2002), p. 123.

고, 동양에 이르는 대무역로인 수에즈운하를 대신할 수도 있다고 그는 생각하고 있었다.[64]

또한 위테의 사상은 그의 대외관계를 담당하던 관리 브룬호프(Hermann Brunnhofer)의 주장을 통해서도 잘 나타나고 있다. 즉 브룬호프는 시베리아 횡단철도를 통해서 우랄 알타이어족과 슬라브민족은 서로 혈통이 뒤섞여 양 민족들 간에 새로운 매개체가 형성될 것으로 생각하였고 발트 해와 흑해로부터 태평양연안에 이르기까지의 모든 민족들이 짜르의 통치 아래 완전한 조화를 이루며 살아갈 것이라고 주장하였다.[65] 인도에 있던 영국인들과는 달리 러시아의 병사와 농민들은 아시아인들의 인종적 우월성에 대해서 아무런 열등감을 갖지는 않을 것이라고 보았다.

4. 유라시아주의

유라시아주의(евразийство)는 1920년대와 1930년대 러시아의 망명 지식인들을 중심으로 활발하게 전개되었다. 이들은 슬라브 문화의 독자성과 서구문화에 대한 우월성을 토대로 러시아 국민을 유럽인이나 아시아인과는 다른 유라시아인으로 규정하였는데, 특히 서구문명에 대해 비판적인 관점에서 러시아의 독자적인 역사 발전방향을 제시하였다.[66] 사실 유라시아운동은 1905년 러시아 제1차 혁명 좌절을 계기로 태동하게 되었다. 이들에게 혁명 실패는 러시아 서구화 과정의 종결을 의미하였으며, 서구관념의 틀로부터 이탈하는 시발점이 되었다. 유라시아주의는, 슬라브주의와는 달리, 동양적이라 할 수 있는 우랄-알타이적 요소와 유라시아문화권으로 이루어진 몽고제국의 유산이 러시아의 생활양식에 지대한 영향을 미쳤음을 인식하는 것으로부터 시작한다. 여기에 대해 지리학자인 사비츠키(П. Н. Савицкий)는 다음과 같이 언급하고 있다: "… 러시아는 위대한 칸들의 후계자이며, 징기스칸과 티무르의 업의 계승자이며, 심화된 문화적 전통의 통합자이다. 러시아 안에서 역사적인 정착민과 대초원의 자연이 하나로 합쳐졌다."[67]

---

64) Hans Kohn, *The Mind of Modern Russia*(New Brunswick, N.J.: Rutgers University Press, 1955), pp. 50f., 53f., 55f., Hans Kohn, *Basic History of Modern Russia*(Princeton, N.J.: Anvil Book, 1957) 재인용(김종심 역, 『근대 러시아: 그 갈등의 역사』(심설당, 1981), p. 87).

65) 이에 대하여 브룬호프는 다음과 같이 주장하고 있다: "Slavic and Turanian blood will soon mix together, new border people of half European and half Asian stock will grow up and orm a connective bond through which the Slavs will make the higher forms of life of the Christian-European culture acceptable to the still enclosed heart of Inner Asia." Hermann Brunnhofer, *Russlands Hand über Asien. Historisch-geographische Essays zur Entwick lungsgeschichte des russichen Reichsdenkens*(St. Petersburg, 1897), preface, (Hauner, 1992:58) 재인용.

66) 平凡社(1989), p. 545.

67) П.Н. Савицкий, "Степь и оседлость,"(스텝과 정착) *На путях: Утверждение евразийцев*(도상(途

유라시아주의자들은 유라시아를 "러시아도 아니고 유럽도 아닌 자연적인 속성으로 인해 그들과는 구분되는 중간자적인 또 하나의 세계라고 규정했을 때 그 독특한 공간"[68]으로 부른다. 그들에 의하면 유라시아란 유럽과 아시아의 단순한 합이 아니다. 그들은 서부 유럽, 이슬람권의 서남아시아, 인도를 포함한 남아시아, 인도차이나 반도와 말레이 제도를 포함하는 동남아시아 그리고 중국 및 인근 제도, 한국, 일본 등을 포함한 동아시아 등을 모두 제외한 대륙의 중심 지역만을 유라시아라고 부른다.[69]

유라시아운동은 세계적인 보편성을 주장하는 서구중심주의에 반대할 뿐 아니라 또한 러시아가 서구화되는 것에 대해서도 반대하고 있는데, 이는 사비츠키의 다음과 같은 주장에서도 잘 알 수 있다.

> "유라시아주의의 개념은 문화적-역사적 '유럽중심주의'로부터의 완전한 단절을 의미한다. (여기서) 단절이라는 것은 어떠한 감정적 경험으로부터의 단절이 아니라, 결정적인 과학적 · 철학적 전제로부터의 단절을 의미한다. 이러한 단절 중 하나가 보편적 문화관념으로부터의 단절이다."

유라시아주의는 경계선 문제에 있어서도 아시아 지역과의 경계선 지역을 유럽과의 경계선 지역보다 중요하게 생각하였다.[70]

민족 문제에 있어서도 유라시아주의에서는 유럽식 민족국가라는 개념이 러시아 국경 밖에 거주하는 많은 러시아인 문제를 다루는 데 별 도움이 되지 못한다고 보고, 다민족국가이자 다문화국가인 러시아로서는 유럽과의 관계뿐 아니라 아시아와의 관계도 중요시해야 한다고 본다.[71]

따라서 유라시아 운동[72]은 민족적인 측면에서도 '대러시아 문화'(Великорусская культура)

上)에서: 유라시아인들의 주장), Москва-Берлин, 1922, Кн. 2. с. 342, 신범식, "고전적 유라시아주의의 두 측면에 대한 일 고찰," 『러시아연구』(서울대 러시아연구소, 1998), p. 266 재인용.

68) 신범식(1998), p. 251.

69) Бе Гю Сонг, *Концепция евразийства в России: истоки и современность*(러시아의 유라시아주의: 기원과 시대성), Кандидатская диссертация, Московский государственный университет имени М.В. Ломоносова РФ, Москва, 1997, с. 211.

70) Hans Kohn, *Prophets and Peoples: Studies in Nineteenth Century Nationalism.*(N.Y.: The Macmillan Company, 1946), 長谷川松治 譯(1953), 『民族的使命』(東京: みすず書房, 1953), p. 253, fn. 23.

71) 고상두, 「러시아의 동아시아 정책과 중국」 『한국과 국제정치』 13-1(1997), pp. 299-320.

72) 유라시아운동의 취지는, 짜르의 통치하에서는 공식적인 정부의 의사결정과정에서 한 번도 제기된 적이 없었지만 러시아의 인구증가율이 세계에서 가장 높은 수준을 유지한다는 전제하에 러시아의 자유주의적

를 형성하는 과정에서 다양한 민족집단의 융합(слияние)과 혼합(перемешивание)을 주장하였고, 러시아의 그리스-비잔틴 문화유산과 몽고-터키적 유산의 융합뿐만 아니라[73] 더 균일적인 유라시아를 위해 슬라브계와 우랄알타이어계 간의 인종적 융합과 동화까지도 주장하였다.

민족의 융합에 있어서도 형제애(братство)가 특히 강조되었는데 게르만족, 슬라브족, 핀족, 터키족, 몽고족 및 퉁구스-만주족 등 여러 민족들은 이 형제애를 가지게 됨으로써 인종의 우열로 인한 갈등은 없어지며, 상호배타성보다 유인성이 더 강하므로 공동의 작업을 도모하기가 용이하다고 하였다.[74] 또한 트루베츠코이(Н. С. Трубецкой)는 유라시아 민족들에게 있어 민족 간의 형제애는 언어적 또는 종교적 집단에 대한 소속감보다 더 강하다고 주장하였다. 그 이유는 유라시아 민족들은 한두 가지의 일면적인 특징에 의해서가 아니라 지리적・경제적・역사적 특징에 의해 상호 밀접하게 거대한 집단으로 연계되어 있기 때문이며, 이를 분리하는 것은 강제적인 방법에 의해서만 가능하다고 보았다.[75]

이와 같이 다양한 민족집단의 융합(слияние)과 혼합(перемешивание)에 대해서 역사학자였던 베르나드스키(Georg Vernadsky)는 '외부의 다양성 속에 내부의 통일성이 내재해 있다'는 표현을 쓰고 있는데 이는 소련시대의 '다양성속의 통일성'(единство в многообразии)이라는 개념과 상통하는 것이었다. 이러한 의미에서 유라시아주의는 후일(1961년) 후르시쵸프 시대의 민족정책으로 채택되었던 3단계 모형 "개화-접근-융합"(расцвет-сближение-слияние)정책에 많은 영향을 주었다.[76]

유라시아주의자들은 볼셰비키혁명이 위대하게 평가받는 이유가 러시아에서 유럽이라는 구세계의 체제를 붕괴시킨 점 때문이라고 보았다. 또한 이 볼셰비키혁명이 러시아 민중들로 하여금 동양의 제 민족들과 서로 협력하게 만들었고, 또한 동양과의 연계에 촉매제 역할을 하였다고 평가하였다. 그 대표적인 사람으로서 트루베츠코이와 사비츠키를 들 수 있다.

언어학자였던 트루베츠코이는 알타이어적 요소를 중시하여 언어와 문화적인 측면에서

인 지식인들 사이에서는 상당한 지지를 받았다. Hauner(1992), pp. 58-59.

73) Ariel Cohen, *Russian Imperialism: Development and Crisis*(Westport, CT: Praeger, 1996), p. 58.

74) П.Н. Савицкий, "Степь и оседлость,"(스텝과 정착) *На путях: Утверждение евразийцев*(도상(途上)에서: 유라시아인들의 주장), Москва-Берлин, 1922, Кн. 2, 신범식, "고전적 유라시아주의의 두 측면에 대한 일 고찰," 『러시아연구』(서울대 러시아연구소, 1998), p. 251 재인용.

75) Н.С. Трубецкой, Общеевразийский национализм(全 유라시아 민족주의), *Евразийская хроника*(유라시아 연대기), 1927, Вып. 9, 신범식, "고전적 유라시아주의의 두 측면에 대한 일 고찰," 『러시아연구』(서울대 러시아연구소, 1998), p. 252 재인용.

76) Cohen(1996), p. 58; Hauner(1992), pp. 29-30, p. 62.

유라시아주의를 옹호하였다. 그는 아시아에 대한 유럽 중심적인 접근을 거부하였고, 또한 유럽에서의 혁명과 전쟁을 통하여 비(非)러시아 민족들에 대한 러시아인들의 태도를 근본적으로 바꿀 수 있다고 생각하였다. 다시 말해, 그는 러시아가 로마-독일계의 식민지주의자들과의 투쟁과정에서 기타 아시아의 식민지 자매민족들을 도와줄 수 있는 특별한 기회를 제공받았다고 보았다.[77] 그는 "다민족적 유라시아 국가의 통합이라는 관점에서 우리는 모든 일련의 과학을 재점검하고, 낡고 쓸모없는 과학제도를 대체하기 위한 새로운 제도를 건설해야 한다"[78]고 주장하였다.

또한 저명한 지리학자였던 사비츠키(П. Н. Савицки)는 지리학적이고 문화적인 실체에 영토확장(месторазвитие)이라는 개념을 첨가한 사람이었다. 그는 러시아의 영토확장에 유기체 개념을 도입하여 16세기 이래 계속된 러시아의 남하정책과 동진정책뿐만 아니라 극동지역과 중앙아시아에서 발생했던 강대국들 간의 제국주의적 경쟁도 생태학적 과정으로 간주하였다. 그리고 이러한 과정은 정치적인 의도가 없는 연속적이며 자연적인 유기체(有機体)의 발전과정의 하나로 보았다. 다시 말해서 사비츠키에 의하면 러시아에게 있어서 유라시아는 "정복이나 파괴에 의한 것이 아니라, 유전적인 변이(генетическая мутация)라는 문화적 과정에 의해서 발생된 지정학적인 단위(геополитическое единство)"로 간주되었다.[79]

유라시아주의를 주장하던 베르나드스키(Georg Vernadsky)는 다민족제국인 유라시아에 비러시아민족을 편입시킴에 있어 자발성을 강조하였다. 비록 러시아민족이 유라시아제국의 주체가 되어야 하고, 러시아어가 유라시아 문화의 기초가 되어야 하지만 타민족에게 이것을 강요해서는 안 된다는 것이었다. 그러나 실제로 폴란드인이나 우크라이나인 등은 유라시아주의의 진정한 의도에 대해서 불신하였고, 따라서 유라시아주의에 대해서 찬성하지는 않았다.[80]

이와 같이 유라시아주의의 큰 틀 속에서도 학자들마다 강조점은 조금씩 달랐다. 다음의 표에서 보듯이 거의 대부분의 유라시아주의자들은 종교-문화적, 지리적 측면과 역사-철학적 측면에 중점을 두는 경우가 많았다. 구체적인 사항은 다음의 〈표 1-2〉와 같이 정리할 수 있다.

---

77) Hauner(1992), p. 60.

78) "С точки зрения единства много-народной евразийской нации надо пересмотреть ц елый ряд наук и построить новые научные системы в замену старых, обветшавших." Н.С. Трубецкой, "Россия между Европой и Азией," *Евразийский соблазн*(Москва, 1993).

79) Hauner(1992), pp. 60-61.

80) Hauner(1992).

〈표 1-2〉 유라시아주의의 여러 측면들

측 면 인 물	역사-철학적	정치적	경제적	종교-문화적, 지리적
사비츠끼 П. Н.			지역발전, 국가-개인간의 시스템, 대륙경제, 예속적·전투적 경제 원칙, 주인과 경제, 주인-국가	지역발전의 이해, 러시아-유라시아의 지리학적 개관
숩친스끼 П. П.	러시아 역사철학			종교문화의 관념
플라롭스끼 Г. В.	러시아 역사철학, 발전론 대신 後生說 주장			인간의 의식적·창조적 조건으로서 헌신적 행위에 대한 기독교적 인식
트루베츠코이 Н. С.		全유라시아 민족주의, 지배기구와 형태, 관념론	자급자족론	언어통합의 관념
베르나드스끼 Г. В.	유라시아의 역사적 과정			유라시아의 공간적, 지리적 조건, 러시아 및 유라시아 문화형성에 대한 동방의 영향
엘렉세예프 Н. Н.	법철학	유라시아주의의 정치적·법적 연구, 러시아-유라시아 정치체제의 유라시아적 모형, 의무와 負債의 이해, 이상적 정부-정의	유라시아 사회 경제 프로그램 연구, 경영의 국가-개인 제도에 대한 관념	
카르사빈 Л. П.	全一的 形而上學, 교향악적 개성, 러시아 역사철학	사회주의		러시아 인민과 문화의 임무
레리흐 Н. К.		쇼비니즘		러시아·동방·서구의 문화통합론
구밀료프 Л. Н.	러시아 역사철학			민족발생, 민족발생제도, 민족성, 민족적 自己指稱, 超인종

자료: Бе Гю Сонг, Концепция евразийства в России: истоки и современность, Кандидатская диссертация, (Московский государственный университет имени М.В. Ломоносова РФ, Москва, 1997), с. 31.

지금까지 설명한 서구주의, 슬라브주의, 동방주의 및 유라시아주의에 대한 개괄적인 설명과 대표적 인물은 다음의 〈표 1-3〉과 같이 나타낼 수 있다.

〈표 1-3〉 제정 러시아의 아시아 진출에 대한 사상의 유형 및 그 요약

유형	주요 주장 및 아시아 진출과 관련된 이념적 성향	대표적 인물
서구주의	· 러시아의 서구화 주장 · 서구와의 통합 주장 · 서구에의 접근 수단으로서의 아시아 진출 권장	게르쩬(А. И. Герцен) 차아다예프(Пётр Чаадаев)
슬라브주의	· 서구문명과 슬라브문명 간의 이질성 강조 · 범슬라브연합 구상 · 아시아에 대한 팽창적 민족주의 · 아시아민족에 대한 슬라브민족의 메시아적 임무를 주장	다닐레프스키(Н. Я. Данилевский) 레온체프(К. Н. Леонтьев) 포고진(М. П. Погодин) 호미야코프(А. С. Хомяков) 클류체프스키(В. О. Ключевский) 도스토예프스키(Ф. М. Достоевский)
동방주의	· 아시아 진출에서 러시아의 구세주적인 임무 강조 · 슬라브주의의 한 분파로 볼 수 있음 · 발칸지역보다 동아시아 지역에 관심 · 문화적, 역사적 측면에서 아시아와 러시아의 밀접한 관계 강조 · 황화론 표명	그리고레프(В. В. Григорьев) 마르텐스(Fyodor Martens) 바실레프(Vasiliy Vasilev) 유자코프(Sergei Yuzhakov) 피요도로프(Nilolai Fyodorov) S. 솔로비요프(С. Соловьев) V. 솔로비요프(В. Соловьев) 세묘노프(П. П. Семёнов) 베뉴코프(М. И. Венюков) 우흐톰스키(Esper Ukhtomsky) 바쿠닌(Михаил Бакунин) 크로파트킨(Алексей Куропаткин) 위테(Сергей Витте)
유라시아주의	· 유라시아인으로서의 독특한 러시아인 강조 · 서구파와 동방학파의 사상적 혼합 강조 · 러시아의 그리스-비잔틴 문화유산과 몽고-터키 문화유산의 융합을 강조 · 서구와 아시아를 연결하는 러시아의 독특한 지정학적, 역사적, 문화적 입장 강조	사비츠키(П. Н. Савицкий) 슙친스키(П. П. Сувчинский) 플로롭스키(Г. В. Флоровский) 트루베츠코이(Н. С. Трубецкой) 베르나드스키(Г. В. Вернадский) 알렉세예프(Н. Н. Алексеев) 카르사빈(Л. П. Карсавин) 레리흐(Н. К. Рерих) 구밀료프(Л. Н. Гумилёв)

Ⅳ. 소결

이 절에서는 먼저 슬라브주의의 사상적 기초가 무엇인가에 대해서 고찰하고, 다음은 심리학적 관점에서 슬라브주의와 동방주의를 조명한다. 그리고 마지막으로 제정 러시아 시기의 아시아 진출의 사상적 배경이 오늘날에는 어떻게 나타나며 또한 이것이 갖는 함의를 살펴보고자 한다.

첫째, 슬라브주의는 서구사상을 거부하고, 서구문명과 슬라브문명 간의 이질성을 강조한다. 그리고 이것을 기초로 러시아의 아시아 복귀 내지는 아시아에서의 팽창주의적 입장을 주장하고 있으나, 궁극적으로 볼 때 슬라브주의의 깊숙한 내부에는 항상 서구에 대한 관념이 자리 잡고 있음을 알 수 있다. 즉 아시아에 대한 메시아적인 정복사상이나 범슬라브연합과 같은 슬라브주의의 주장은 서구에 대한 감정을 항상 그 바탕에 두고, 그에 대한 대응 내지는 반작용의 측면에서 표출되는 것으로 볼 수 있다. 따라서 이러한 관점에서 볼 때, 러시아의 아시아 진출과 관련하여 슬라브주의가 서구에 대한 감정을 떨쳐내려 하면 할수록 오히려 서구사상으로부터 이격(離隔)될 수 없는 측면을 이해하게 된다. 이러한 점은 팽창적 민족주의를 주장하는 슬라브주의자 도스토예프스키의 주장에서도 잘 알 수 있다.

도스토예프스키에 의하면 유럽에 대한 러시아의 감정은 동경심과 증오심, 열등감과 우월감이 교차된 복잡한 차원의 것이었다. 러시아인은 유럽의 자유로운 문명사회 앞에서는 굴욕감을 느꼈고, 유럽의 위대함을 선망의 눈초리로 갈망하였다. 도스토예프스키는 이를 위해 러시아가 유럽에게 등을 돌리고 아시아로 진출하여 아시아를 개화시켜야 한다고 생각하였다. 그러나 도스토예프스키에게는 아시아의 개화만이 러시아인의 임무는 아니며, 러시아가 아시아로 진출하는 것은 궁극적으로 이것이 서구에 도달하기 위한 하나의 과정이라고 간주하였다. 따라서 이러한 점을 이해한다면 아시아 진출에 관한 슬라브주의의 주장도 유럽에 대한 러시아인의 감정과는 완전히 분리될 수 없음을 알 수 있다.

둘째, 앞에서 논의한 것과 관련하여 슬라브주의 및 동방주의를 고찰할 때, 유럽에 대한 열등의식이 러시아의 아시아 진출과 밀접하게 연계되어 있음을 알 수 있다. 즉 서구의 선진화된 문화에 대한 선망과 이것에 대해 러시아가 느끼는 굴욕감이 아시아 지역으로의 팽창전략으로 나타나고 있음을 알 수 있는데, 이는 슬라브주의자 도스토예프스키가 쓴 다음의 논문에 잘 나타나 있다.

> " … 아시아를 장악해야 할 필요는 어디에 있는가? 아시아에서 우리의 할 일은 무엇인가? 그것은 러시아가 지역적으로 유럽뿐만 아니라 아시아 지역에도 존재하기 때문이고, 러시아인이 유럽인

일 뿐만 아니라, 아시아인이기도 하기 때문이다. 그뿐 아니라 다가올 장래에는 아시아가 우리의 주요 출구가 될 것이기 때문이다. … 유럽에서는 우리는 거지와 노예(奴隸)였던 반면에, 아시아에서 우리는 주인(主人)이 될 것이다. 유럽에서는 우리는 아시아系로 취급되지만 아시아에서는 우리는 유럽系로 취급될 것이다. 아시아에서 우리의 임무는 우리의 기상(気像)을 더 높이는 것으로 이것은 지금 당장 시작되어야 한다. 두 개의 철로를 건설하라: 하나는 시베리아에 이르는 것이고, 다른 하나는 중앙아시아에 이르는 것으로, 조만간 우리는 그 결과를 목격하게 될 것이다."[81]

따라서 유럽인들은 러시아인을 열등한 민족으로, 아시아인으로 멸시하며 결코 동등한 인간으로 간주하지 않고 있지만, 반면에 아시아에서 러시아인은 열등자도 모방자도 아니고 아시아를 지배하는 자이며 개화시키는 자로 간주될 수 있다는 것이다.[82] 이러한 슬라브주의의 주장은 1930년대 사회심리학자인 달라드(J. Dollard) 등이 주장하는 욕구불만-공격 가설(frustration-aggression hypothesis)과도 관련이 있다.

욕구불만-공격의 가설에 따르면 인간이 공격행위에 나서도록 유도하는 것은 생득적 본능이 아니라 좌절에 의하여 유도되는 충동이며, 좌절은 목표달성이 방해를 받을 때 나타난다.[83] 이 가설을 적용한다면 러시아의 아시아 진출을 촉발시킨 원인들 중 하나는 바로 선진화된 서구문명 추구시도의 좌절과 이로 인한 열등의식이다. 따라서 러시아는 서구에서 열등한 민족이나 노예로 취급받기보다는 아시아에서 개화자나 주인으로 취급받기를 원했고, 이러한 충동이 아시아 진출의 주요한 동인으로 작용했다고 볼 수 있을 것이다.

셋째, 제정 러시아 시기 아시아 진출의 사상적 배경이 되었던 것들 중 일부는 제정 러시아가 붕괴된 19세기 말~20세기 초에 완전히 사라지지 않았고 오늘날에도 여전히 살아 있다는 점을 눈여겨볼 필요가 있다. 대표적인 예가 동방주의에서 나타나고 있는 황화론에 대한 우려와 슬라브주의에 보이는 러시아 영토와 관련된 민족주의적 성향이다. 여기에서는 먼저 다시 살아나고 있는

81) 1881년 스코벨레프(Skobelev) 장군에 의한 투르크멘인들의 학살 사태 이후, 도스토예프스키가 쓴 논문 "Гоек-Тере. Что такое Азия для нас?"(우리에게 아시아는 도대체 무엇인가?), Hauner(1992), p. 1 재인용.

82) 더 나아가서 도스토예프스키 같은 슬라브주의자는 서구의 맥락에서 아메리카가 하고 있는 역할을 아시아가 궁극적으로 하게 될 것이라고 보았다. 즉 아시아는 러시아의 아메리카가 되어 러시아인은 아시아에서 막대한 부를 창출하고 자원을 개발하며, 인구를 증대시켜 거대한 산업을 일으킬 수 있으리라는 예언자적 꿈을 가졌다. 그 결과 아시아제국의 생산력과 인구에 의하여 러시아는 물질적으로도 정신적으로도 그의 세계적 사명을 충족시킬 수 있는 힘을 얻을 수 있다고 생각하였다(Kohn, 1946:180-181).

83) 이동원 · 박옥희, 『사회심리학』(학지사, 2000), pp. 271-272; 정철수, 『社會心理學』(법문사, 1995), pp. 105-106.

황화론에 대해 논의한 후, 영토문제와 관련된 민족주의적 성향이 가지는 함의를 살펴보도록 한다.

슬라브주의의 한 지류인 동방주의가 주장하는 황화론(黃禍論: Жёлтая Опасность)에 의하면 러시아의 아시아 진출은 모든 면에서 열등하지만 수적으로는 우세한 황색인종에 대한 대비책이며, 이런 점에서 러시아의 아시아지배는 정당화되고 있다. 동방주의가 주장하는 황화론에 대한 우려가 러시아에서 완전히 사라지지 않을 것임을 알 수 있는 조짐이 요즘 여러 곳에서 나타나고 있다. 예를 들어 중앙아시아에서 러시아는 체첸의 분리주의 성향으로 여러 가지 문제점에 부딪치고 있으며[84] 아프가니스탄의 탈레반 원리주의자들에 대한 미국의 공습과 관련하여 중앙아시아의 회교도에 대해서도 러시아에서는 우려의 목소리가 높아지고 있다. 문제는 회교인구의 급증과 러시아인구의 감소로 현재 러시아에 2천만 명의 회교도가 거주하고 있다는 데 있다. 20년 후 이 회교도의 수는 러시아 전체인구의 1/3이 넘을 것이며 또한 러시아 군인의 절반이 회교도로 채워질 것이라는 우려 섞인 전망[85]은 황화론에 대한 우려가 러시아에서 쉽사리 사라지지 않을 것임을 짐작케 한다.

러시아 극동지역에서의 상황은 좀 더 심각하다. 이 지역은 과거부터 황색인종, 특히 수적으로 압도적인 인근 중국인에 대한 우려가 강하게 남아 있고 이런 우려는 최근 들어 더욱 거세어지고 있다.[86] 이를 좀 더 구체적으로 살펴보면 최근 10년간 러시아 체류 중국인의 수가 20배 이상 증가하였다. 10년 전 약 10여만 명 수준이던 중국인 수가 최근 200만~300만 명으로 늘어난 것으로 추정되고 있다.[87] 이는 러시아 극동지역의 전체 인구가 800여만 명에 지나지 않는다는 점을 고려한다면 엄청난 비율이라 아니할 수 없다. 어떤 지역에서는 중국인의 수가 현지 러시아 주민의 수와 비슷해졌는데,[88] 예를 들어 러시아 극동지역의 뽀그라니쯔니에서는 18,000명의

---

84) 여기에 대해서는 다음의 연구를 참조: Алексей Малашенко и Дмитрий Тренин, *Время Юга: Россия в Чечне, Чечня в России*(Москва: Гендальф, 2002); Tracey C. German, *Russia's Chechen War*(London and N.Y.: Routledge, 2003).

85) 白嗣宏, "穆斯林英雄還是狗熊?"(무슬림의 영웅은 아직도 겁쟁이인가?), 『亞洲週刊』 2002年 1月 7日~1月 13日, p. 21.

86) 극동 러시아에서의 황화론의 현 실태 및 황화론과 관련하여 러시아 극동지역에서 한인 노동력과 중국인 노동력 간의 미묘한 입장의 차이에 대해서는 제2장을 참조하시오.

87) "Китайцы в России: Второе пришествие(러시아의 중국인들: 재림(再臨))" *Известия* 1999년 9월 30일.

88) 러시아 내의 중국인 불법이민 문제는 장기간에 걸친 중·러 관계의 모순을 잘 보여주고 있다. 러시아 측의 통계에 의하면 현재 백만 명 이상의 중국인들이 러시아 영토 내에서 거주하고 있으며 그중 대부분은 불법으로 입국한 사람들이다. 러시아 극동과 시베리아의 어떤 도시와 시골 지역에서는 중국인이 현지의 러시아인들을 수적으로 능가하는 경우도 있다("中共在俄羅斯的非法移民問題, 也另凸顯出中共與俄羅斯長程關係的矛盾. 俄羅斯方面估計, 目前共有一百多萬的中國大陸人民居留在俄羅斯境內, 其中多數係非法入境. 據傳在俄羅斯遠東及西伯利亞的某些城鎮和村莊, 來自中國大陸的人口甚至超過當地俄羅斯人")(戴萬欽,

주민 가운데 중국인 이주자 수가 8,000명이나 된다고 한다.[89] 이 때문에 러시아 극동지방 선거 때에는 중국인에 대한 규제를 주장하는 민족주의적 색채가 강하게 나타나곤 한다.

그러나 현재 러시아 극동의 지방정부 차원에서 간헐적으로 시행되고 있는 외국인에 대한 감정적인 대응, 즉 추방이나 배척과 같은 극단적인 조치는 이 문제의 해결책으로는 적절치 않아 보인다. 무엇보다도 다민족적인 해결책이 필요한데, 여기에 대해서는 19세기의 유라시아주의자 트루베츠코이의 주장을 되새겨볼 필요가 있다. 그는 유라시아에 있어서 언어적 또는 종교적 특성에 의한 소속감보다는 민족 간의 형제애를 강조하였다. 따라서 그는 유라시아 민족들이 일면적인 특징보다는 공유된 역사적 운명체에 의해 서로 연계되어 있음을 주장함으로써 다양한 민족 간의 융합과 혼합을 주장하였다.[90] 이는 오늘날 러시아 중앙정부와는 멀리 떨어져 있으나 인근 중국과는 밀접한 관계에 있는 러시아 극동지역이 처해 있는 지정학적 상황을 살펴볼 때 시사하는 바가 크다고 생각된다.

넷째, 다음으로 고찰하고자 하는 것은 영토문제와 관련된 현재 러시아의 민족주의적 성향이다. 19세기 아시아 진출 과정에서 슬라브주의와 동방주의가 보여준 러시아의 민족주의적인 성향은 현재 러시아 극동지역의 여러 가지 상황에서도 상당부분 그대로 재현되고 있다. 대표적인 예로 19세기 범슬라브주의자였던 포고진이 러시아인은 유라시아를 지배할 운명을 타고났다고 주장한 점이라든가, 도스토예프스키가 아시아 지역을 근거지로 하고 있던 몽고의 침략에 의해 러시아가 겪은 집단고통을 생각한다면 러시아가 아시아로 영토 확장을 추구하는 것은 당연하다는 등의 주장이 그것이다. 이와 같은 러시아인의 영토에 대한 민족주의적 성향은 현재 일본과 러시아 간에 현안으로 대두되고 있는 일본 북방 4개 섬의 반환문제나 한인의 러시아 극동지역 진출에서도 볼 수 있다.

홋카이도 북방 4개 섬은 1945년 소련이 점령하였으나 그 후 일본 측의 반환주장이 끊임없이 제기되어 왔다. 특히 보리스 옐친 대통령이 집권한 후 일본은 러시아에 대한 경제원조 제공과 북방 4개 도서의 반환을 연계시키는 전략을 구사하여 왔다. 그러나 그때마다 영토문제에 대한 러시아인들의 강력한 민족감정 때문에 성사되지 못하고 있다.

1996:72-73).

89) О.Д.Захарова, В.В. Миндогулов и Л.Л. Рыбаковский, “Нелегальная иммиграция в при граничных районах дальнего востока,” Социологические исследования № 12(1994), стр. 16.

90) “В евразийском же братстве народы связаны друг с другом не по тому или иному одностороннему ряду признаков, а по общности исторических судеб” А. С. Панарин, “Россия и Евразии: геополитические вызовы и цивилизационные ответы(러시아와 유라시아: 지정학적 호출과 문명화된 응답)” Вопросы и Философии № 12(1994:29).

러시아 민족주의 표출의 또 다른 예는 고려인의 러시아 극동지역 귀향과도 관련된 것이다. 최근 현지의 어려운 여건으로 중앙아시아에서 다시 연해주로 되돌아오는 고려인들이 늘어나고 있다. 이들은 이곳 연해주에 버려진 막대한 토지를 경작하려 했으나 이런 시도는 현지 콜호즈 대표들의 반대로 대부분 무산되었다.[91] 이들은 타인종인 고려인을 두려워하며, 이들에게 공터를 제공하여 이들이 러시아인의 경쟁상대가 되는 것을 강력히 반대하고 있기 때문이었다.

영토에 대한 러시아인들의 민족주의적 감정은 1850년 러시아 황제 니콜라이 I세가 했던 말에서 잘 나타나 있다. 당시 러시아 극동지역의 탐험을 지휘하고 있던 러시아 해군장교 네벨스코이(Г. И. Невельской)[92]가 아무르 강가에 러시아의 깃발을 게양함으로서 청나라와의 복잡한 외교문제가 발생하였다. 이때 니콜라이 I세는 이를 단호히 일축하면서 "러시아의 국기가 한 번 게양된 후에 내려지는 것은 결코 있을 수 없다"라고 말했다.[93] 지금부터 1, 2세기 전 슬라브주의와 동방주의가 보여준 러시아의 민족주의적 성향은 오늘날에도 여전히 그 맥을 잇고 있다고 보아야 할 것이다.

---

91) 『동아일보』 1999. 2. 4.(http://www.donga.com/fbin/searchview, 검색일 2001. 2. 9.)

92) 네벨스코이(Г. И. Невельской)는 무라비요프(Н. Н. Муравьёв)와 함께 1847년부터 10여 년 동안 극동지역에서 러시아 영토를 극동지역으로 확장시키려는 러시아 황제의 극동지역 외교정책의 기초를 입안하는 중요한 역할을 하였다. 특히 이들은 1853년까지 극동지역 러시아 영토확장에 있어서 '신중한 정책'을 선호했던 외무상 네셀로드(К. В. Нессельрод)와 재무상 브론첸코(Ф. П. Вронченко)의 입장에 상반되는 행동을 하면서 당시 러시아 중앙정부의 소극적인 영토확장정책에 대해 반기를 들었던 주요 인물들이다. 무라비요프가 철저하게 영국을 혐오하면서 러시아의 시베리아 선점을 강력히 주장하는 동안, 네벨스코이는 러시아 중앙정부의 조심스러운 정책을 거역하면서 1849년 독자적으로 아무르강을 탐사한 행동 때문에 1850년 중앙정부에 소환되어 추궁당하면서 명령불복종이라는 죄명으로 일반 선원으로 강등되기도 하였다. 그 후 네벨스코이는 자신의 회고록에서 당시 자신의 입장을 다음과 같이 옹호하였다: "명령 없이 행동할 것을 나는 결심했다. 두 가지 중 하나를 선택해야 한다. 지시에 따라 행동함으로써 러시아가 영원히 아무르 지역과 우수리 지역을 포기하도록 할 것인가. 아니면 내게 부여된 지시와는 반대로, 그러나 상황에 맞게 독자적으로 행동할 것인가. 나는 후자를 선택한다."(Г. И. Невельской, *Подвиги русских морских офицеров на Крайнем Востоке России*, (러시아 극동지역에서의 러시아 해군장교들의 공적) С.П., 1897, p. 156(민경현(1999:156-157) 재인용))

93) Prince A. Lobanov-Rostovsky, *Russia and Asia*(New York, 1933:137-138), Clubb(1971), p. 80 재인용.

제2장

러시아 극동지역의 발전과 민족 문제

지난 수십 년 동안 세계에서 가장 긴 국경의 하나를 공유하고 있던 중국과 러시아의 관계는 협력과 경쟁으로 점철되어 있었다고 할 수 있다. 이러한 양국 간의 관계는 구소련의 붕괴를 분수령으로 더욱 밀접하게 되었다. 이는 러시아 극동지역의 광대한 자연자원에 비해 이를 개발할 러시아 인력의 절대적인 부족에서 그 원인을 찾을 수 있을 것이다. 더욱이 이러한 인력의 동원을 위해서 구소련 시대에는 여러 가지 강제적인 수단의 사용이 가능하였으나 권위적인 소비에트 체제의 붕괴로 이는 더 이상 가능하지 않게 되었다. 따라서 러시아 극동지역의 여러 공화국들은 이러한 노동력을 자체적으로 조달할 수밖에 없게 됨에 따라, 이 지역의 지정학적 특성으로 인한 인근 중국인 노동자들의 이용이 절박한 현실로 다가서게 되었다. 그러나 이러한 중국인 노동력의 이용은 중국으로부터의 러시아 극동지역에 대한 심각한 인구압력으로 나타나게 되었고, 결과적으로 중국인들에 대한 극동 러시아인들의 인종편견을 자극하게 되었다. 이러한 인종편견과 관련된 황화(黃禍: Yellow Peril: Жёлтая опасность)현상은 최근 더욱 심하게 나타나는 조짐을 보이고 있다.[1] 그러나 이와 같은 경향은 러시아가 극동지역을 처음 병합하면서 인근의 중국 노동력을 이용하여 러시아 극동지역을 경영하였던 19세기 말에도 이미 그 조짐을 보이고 있었다.[2]

---

1) "극동인들의 역사, 고고학, 인종지 연구소"(Institute of History, Archaeology and Ethnography of the Far Eastern People)의 소장인 Dr. Victor Larin에 의하면, 1993년에서 1996년까지 러시아 언론에서 황화론과 관련하여 언급된 출판물이 약 150개에 이른다고 한다. Viacheslav V. Karlusov(2001), "Chinese Presence in the Russian Far East: An Economic Perspective"([http://gsti.miis.edu/CEAS-PUB/200104Karlusov.pdf], 2003. 11. 18. 검색).

2) 러시아 외무성 직원이었던 B. B. Граве는 러일전쟁 이후 沿黑龍 지방 총독이었던 곤다찌 주재하에 작성된 연해주·아무르주 조사사업 보고서(1912)에서, 黃禍는 러시아에 있어서 急性病이 아니라 만성적인 질병이며, 따라서 이러한 만성병을 치유하기 위해서는 끈기 있게 노력하여야 하는데 이를 방치한 결과 오늘날과 같은 지경에 이르렀다고 쓰고 있다. 근본적인 황화의 원인으로는 ① 극동러시아의 인구가 희박하고 문화가 개방되지 않은 점, ② 국경선의 경계와 국내의 감시를 소홀히 한 점, 그리고 ③ 러시아 관료들

본 장에서는 19세기 말과 20세기 말에 걸쳐서 러시아 극동지역에 거주하는 중국인들에 대한 러시아인들의 인종편견이 어떻게 나타났는가를 살펴보는 것을 목적으로 하고 있다.

이를 위해 먼저 인종편견에 관한 이론적 관점을 살펴보면서 소수민족에 대한 인종편견이 지배집단이 처한 전략적 상황에 따라 달리 나타날 수 있다고 주장하는 합리적 선택이론의 관점을 제시한다. 다음으로는 19세기 말과 20세기 초에 걸쳐 이루러진 러시아의 극동지역 경영의 초기에 중국인 노동력을 이용하는 과정에서 이들 중국인들의 경제적 역할과 그에 따른 황화론[3]에 관한 러시아인들의 시각을 살펴본다. 마지막으로 20세기 말 구소련체제의 붕괴와 성공적인 중국개혁을 배경으로 하는 또 다른 상황에서, 러시아 극동지역에 출입하는 많은 중국인들에 대한 현지 러시아인들의 인종편견이 어떻게 나타나는지를 살펴보려고 한다.

I. 인종편견에 관한 이론적 관점

인종편견에 관한 논의는 주로 개인적 관점과 집단적 관점에 의해 진행되어 왔다. 개인적 관점에서의 인종편견의 원인을 규명하는 연구로는 심리 역학적(心理力學的) 연구, 인종편견에 관한 개인적 상관성에 관한 연구 및 이기주의이론 등이 있다.

첫째, 심리 역학적 연구(psychodynamic perspective)는 편견을 의식적인 통제의 범위를 벗어난 개인감정이나 인지과정에서 연유하는 것으로 간주하고, 인종편견의 원인을 타자(他者)에 대한 두려움으로 본다. 이러한 측면에서 결국 편견을 타자에 대한 일종의 대치(代置)된 공격(displaced

---

이 황색인종 거주규정을 알지 못하여 이들이 치외법권 상태에 있었다는 점 등을 들고 있다. 그리고 이러한 황화의 해결책으로서 다음과 같이 주장하였다: “(一) 極東露領の內制を改革し, (二) 黃色人種の監督を嚴にし, (三) 極東露領の經濟的發展に黃色人種を利用し, (四) 露人事業の發達擴大を害する如き黃色人種の活動を禁止する方針を取らねばならない.” В. В. Граве, Труды Командированной по Высочайшему повелению Амурской Экспедиции: Выпускъ XI. Китайцы Корейцы и Японцы въ Приамурье (Санкт-Петербург: В.Ф. Киршбаум, 1912). (「極東露領に於ける黃色人種問題」. 『露・亞經濟調査叢書』 第49卷. pp. 1-214 南滿洲鐵道株式會社 庶務部調査課編譯, 昭和四年, 大阪: 大阪每日新聞社), p. 183.

3) 황화(黃禍: желтая опасность)라는 용어는 시대나 상황에 따라 여러 가지 의미로 해석되었다. 일반적으로 서구에 대한 위협 또는 혐오의 대상으로서 지칭되는 동양인들이 서구의 여러 국가에게 가하는 위협을 가리키는 말로 사용되었다. 그러나 러일전쟁 당시에는 러시아에 적대적이었던 일본인들과 당시 일본의 통치를 받았던 조선인들이 러시아에 대해서 야기하는 위험성을 경고하는 의미로 사용되었다. 본 연구에서는 극동지역에 거주하는 러시아인들이 인근 중국인들에 대해 가지는 심리적 위협을 총체적으로 지칭하는 말로 사용하고자 하는데, 여기에는 러시아 극동지역에 거주하는 러시아 일반국민뿐만 아니라, 지도층 러시아 인사들이 가지는 혐오적 감정도 포함된다고 볼 수 있다.

aggression)으로 취급한다.[4] 이러한 관점에 의하면 욕구불만의 원인이 된 대상이 공격하기에는 너무 벅차거나 또는 당시의 상황이 불명확할 때 화풀이의 대상으로서 소수집단을 속죄양(scape-goats)으로 삼아 이들에게 감정을 폭발시키는 경우라고 할 수 있다. 이러한 과정에서 다수 집단 성원들의 눈에 잘 띄고, 또한 약하고 보복할 능력이 부족한 대상이 자주 속죄양이 된다.[5]

둘째, 인종편견과 관련한 개인적 상관성(相關性)에 대한 연구는 주로 인종에 대한 태도를 연령이나 학력과 같은 개인적인 특성과 관련시킨다. 예를 들어 노동자계급이나 상대적으로 높은 연령층 또는 교육수준이 낮은 사람들이 인종편견의 성향이 높다는 주장 등이 그것이다.[6]

셋째, 인종편견에 관한 이기주의이론(self-interest theory)에 의하면, 인간들은 그들과 갈등이나 경쟁관계에 있는 개인들에 대해 부정적인 감정과 편견을 갖게 된다. 예를 들어 미국 남부지역에서 인종차별폐지에 대해 가장 적극적으로 반대하는 백인들은 교육, 수입 및 직업상의 지위가 하위부류에 속하고 있어, 흑인들의 지위상승에 의해 자신들의 지위가 가장 위협을 받는 사람들임이 밝혀진 경우가 바로 여기에 해당된다고 할 수 있다.[7]

그러나 일부 경험적인 연구에 의하면 개인의 이익과 편견과의 관계는 아주 미미하다. 즉 인종편견 측면에 있어서는 개인의 이익이 상대편에 의해 위협을 받는 사람들과 그들의 이익이 위협을 받지 않는 사람들 사이에 큰 차이가 없다는 것이 밝혀지고 있다.[8] 따라서 이 인종편견에 관한 이기주의이론의 약점은 편견의 대상이 되는 집단과 이해관계가 얽히지 않은 성원들의 인종편견을 명확하게 설명하지 못한다는 것이다. 이와 관련하여 흔히 보는 예로서 낮은 임금의 노동력을 제공하는 이민자들로 인하여 실제로 이득을 보고 있는 일부 지배집단의 성원들이 인종편견에 대한 견해를 표명하거나 이민제한법을 옹호하는 경우를 들 수 있다.

결론적으로 개인적 관점에서의 인종편견에 관한 연구는 주로 인종편견을 개인적인 성향 또는 경험에서 연유하거나 지배집단과 하위집단에 존재하는 개인들 간의 이해관계에서 연유하는

4) John Dollard, Leonard Doob, Neal E. Miller, O.H. Mowrer, and Robert R. Sears, *Frustration and Aggression*(New Haven, CT: Yale University Press, 1939); Curt Hoffman and Nancy Hurst, "Gender Stereotypes: Perception or Rationalization?" *Journal of Personality and Social Psychology* vol. 58(1990), pp. 197-208.

5) G. E. Simpson and J. M. Yinger, *Racial and Cultural Minorities*(New York: Harper & Row, 1958).

6) Charles Case, Andrew Greely, and Stephen Fuchs, "Social Determinants of Racial Prejudice." *Sociological Perspectives* vol. 32(1989), pp. 469-483.

7) M. M. Tumin, "Readiness and Resistance to Desegregation," *Social Forces* vol. 36(1958), pp. 256-263.

8) Sears, David O. Sears and Carolyn L. Funk. 1991. "The Role of Self-Interest in Social and Political Attitutes." *Advances in Experimental Social Psychology* vol. 24(1991), pp. 1-91.

것으로 본다. 이러한 연구들은 인종편견에 대한 개인적인 수준의 변수들에 관한 이해를 높이는 데 많은 도움을 준다고 할 수 있지만, 집단적인 수준에서의 인종편견을 설명하는 데는 무리가 따른다는 점을 간과할 수 없다. 왜냐하면 인종편견은 편견을 갖기 쉬운 개인의 특성에 의해서 설명될 수도 있으나, 그 개인이 속한 집단이나 준거집단의 특유한 규범에 의해서 습득되는 경우도 많기 때문이다. 바로 이런 점에서 집단적인 관점에서의 인종편견이론의 필요성이 제기된다.

특히 본 장의 주요 연구대상인 극동지역 러시아인과 중국인의 경우 문화나 역사, 인종 등의 내면적 및 외향적 성격상 상이한 점이 유사한 점보다 훨씬 많다고 본다면, 개인적 관점보다는 집단적 관점에서 인종편견을 조명할 필요성이 더욱 높아진다고 할 수 있을 것이다.

집단적인 관점에서의 인종편견이론은 편견의 원인으로, 하위집단 또는 소수집단이 지배집단에게 가하는 위협을 주로 거론하고 있다. 이러한 관점을 대표하는 사람으로는 블루머[9]를 들 수 있다. 블루머는 지배집단이 가지는 인종편견을 집합적인 위협(collective threat)의 산물인 것으로 간주하여, 타 집단에 대한 자기집단의 상대적인 위치를 통해서 편견이 표면화된다고 본다.

블루머는 인종편견을 가져올 수 있는 지배집단 성원들의 감정을 다음과 같이 제시하고 있다: (1) 우월감, (2) 하위집단은 본질적으로 지배집단과 다르다는 감정, (3) 특권이나 이권의 영역에서 소유권과 관련된 감정 및 (4) 하위집단이 지배집단의 특권에 반대하는 음모를 꾸미고 있다는 감정. 그리하여 지배집단은 그들의 특권에 대해 위협을 많이 느끼면 느낄수록 외부집단에 대한 편견이 심해진다는 것이다. 이러한 블루머의 이론은 집단의 특권에 관한 위협의 감정을 강조하므로 퀼리안[10]은 이 이론을 집단위협이론(group-threat theory)이라고 부르고 있다.

이와 같은 블루머의 이론과 관련하여, 보보(Lawrence Bobo)[11]는 하위집단이 지배집단의 실제적인 자원에 위협이 된다고 가정하여 현실적 갈등이론(realistic conflict theory)을 제시하고 있다. 현실적 갈등이론에서는 지배집단의 현실적 이해관계와 이러한 이해관계에 대한 하위집단의 감정 간에 명백한 관련성이 있음을 지적한다. 즉 위의 블루머의 이론에서는 인종편견이 실질적인 집단의 이해관계와 관련성이 없는 타 집단의 감정적 또는 인지적 이해관계에 기초한

9) Herbert Blumer, "Race Prejudice as a Sense of Group Position." *Pacific Sociological Review* vol.1(1958), pp. 3-7.

10) Lincoln Quillian, "Prejudice as a Response to Perceived Group Threat: Population Composition and Anti-Immigrant and Racial Prejudice in Europe." *American Sociological Review* vol. 60(1995), pp. 586-611.

11) Lawrence Bobo, "Whites' Opposition to Busing: Symbolic Racism or Realistic Group Conflict?" *Journal of Personality and Social Psychology* vol. 45(1983), pp. 1196-1210.

것으로 볼 수 있으나, 보보의 현실적 갈등이론에 의하면 편견은 지배집단의 현실적인 이해관계에 대한 하위집단의 집합적 반응이라고 보는 점에 있어 차이가 있다고 할 수 있을 것이다.

이러한 집단적 관점에서의 인종편견이론은 개인적 관점이 지적하지 못했던 집합적인 관점에서의 인종편견이 어떻게 발생될 수 있는가를 잘 설명하고 있다. 즉 개개인으로서 느끼지 못하였던 집단에의 소속성과 관련한 인지된 위협이 인종편견의 원인이 될 수 있음을 보여주고 있다. 그러나 본 장에서 말하고자 하는 바는 집단적 관점에서의 인종편견이론과 관련하여 보충되어야 할 점은 상황과 관련한 인종편견의 변이(variations)라는 것이다.

상황의 변동에 따른 인종편견의 변이는 합리적 선택이론(rational choice theory)에 의해서 자주 논의되고 있다. 합리적 선택이론에 따르면, 인간의 행동은 목적의 성취를 극대화하는 것으로 목적 지향적이고 도구적인 성격을 갖는다는 가정하에,[12] 인간은 이익의 극대화를 위해 행동한다.[13] 예를 들어 서로 다른 민족에 속해 있는 갑(甲)과 을(乙)의 관계에서, 갑은 을이 특정의 소수민족에 속해 있다는 이유로 항상 을을 차별화하려는 경향을 보인다. 그러나 갑이 을을 차별대우 하지 않을 때 이에 대한 보상이 주어진다면, 실제로 갑은 을을 차별적으로 대하지 않으려는 경향을 나타낼 것이라고 본다. 그리하여 합리적 선택이론에서는 (1) 갑의 을에 대한 차별성향, (2) 갑과 을이 개인 혹은 집단의 성원으로서 행동하는 정도, (3) 갑과 을이 속한 집단 간의 협상 등과 같은 요인들에 대해서 얼마만큼의 대가(cost)를 지불해야 하고 또한 이러한 요인들에 의해서 얼마만큼의 이익(benefit)을 가져올 수 있는지를 설명하려고 한다.[14]

이러한 개인과 관련된 합리적 선택이론의 기본적 논리를 소수인종집단과 지배집단 간의 관계에 적용시킨 사람이 후턴[15]이다. 후턴은 소수민족과 지배집단 간의 갈등의 발생여부는 이들 집단이 처한 전략적인 상황에 대한 합리적 반응의 측면에서 결정된다고 본다.[16] 이러한 상황과

12) G. Tsebelis, *Nested Games: Rational Choice in Comparative Politics*(Los Angeles: University of California Press, 1990).

13) E. R. Ostrom, Gardner and J. Walker, *Rules, Games, and Common-Pool Resources*(Ann Arbor: University of Michigan Press, 1994).

14) Michael Banton, "Rational Choice Theories(Theories of Ethnicity)," *American Behavioral Scientist* vol. 38, no. 3(1995), pp. 478-497 [On-line: http://web7.infotrac.apla.galegroup.co.0048 & dyn=5!xrn].

15) Pieter Van Houten. 1998. "The Role of a Minority's Reference State in Ethnic Relations." *European Journal of Sociology* vol. 39, no. 1(1998), pp. 110-146.

16) 후턴(Houten, 1998:119)은 소수민족과 지배집단 간의 분쟁발생에 관한 설명에서, 소수민족의 모국이라 할 수 있는 준거국의 회복주의와 국력이라는 2개의 변수에 따른 다음과 같은 결과를 상정하고 있다: 칸 (1)에서처럼 준거국의 회복주의와 국력이 모두 강할 경우에는 세르비아와 같이 전쟁이 유발되고, 칸 (2)나 (4)처럼 준거국의 국력이 약할 경우에는 역사상의 헝가리와 같이 동족문제에 준거국이 개입할 때 전쟁이 발생하고, 그렇지 않을 때에는 전쟁도 소수민족에 대한 억압도 유발되지 않는다고 보며, 칸 (3)과

관련하여 본 연구에서 고려되어야 할 요인은 러시아 극동지역의 특수한 지정학적인 성격, 예를 들어 초기 러시아 극동지역이 러시아에 편입되는 과정에서 소수민족인 중국인들의 경제적 역할, 러시아 극동지역과 서구적 성격을 띠는 모스크바 중앙정부와의 현격한 지역적 차이 및 러시아 중앙정부와 극동지역 지방정부 간의 갈등 등이다. 지역성과 관련하여 미들턴[17]은 미국 남부와 북부의 지역 간 인종편견의 차이를 설명할 필요성을 지적하였지만, 본 장에서는 러시아 극동지역의 특유한 러시아인들이 중국인에 대해 갖는 인종편견이 유라시아 대륙전체에 걸쳐 있는 러시아의 보편적 인종편견과는 성격을 달리한다는 것을 전제로 하고 있다.

따라서 본 장은 19세기 말과 20세기 말, 극동지역의 러시아인들이 이 지역의 소수민족인 중국인을 대하는 태도가 그들 앞에 놓인 상황에 따라 어떻게 달리 나타났는지 고찰하는 것을 목적으로 하고 있다. 다시 말해서 동일 지역 즉 러시아 극동지역에서의 인종관계라는 게임에서, 게임주체의 하나인 극동지역 러시아인들이 게임의 대상이 되는 이 지역 중국인들에 대해 갖는 인종편견인 황화론이 어떻게 그 시대가 직면하고 있는 전략적 상황에 따라 달리 나타났는가를 살펴보려고 한다.

Ⅱ. 러시아 극동지역의 중국인 이주사(移住史)

역사적으로 볼 때 러시아 극동지역은 중국과는 떼어놓고 이야기 할 수 없을 정도로 아주 밀접한 연관을 맺으며 형성된 지역이라고 할 수 있다. 러시아가 아이훈(愛琿: 지금의 黑河(Хэйхэ)) 조약(1858)과 베이징(北京)조약(1860)을 통해 아무르 지방과 우수리 지역을 중국으로부터 획득한 이후, 많은 중국인들이 농업에서의 계절노동자 또는 산업 관련 노동자로서 러시아 극동지역으

같이 준거국의 회복주의는 약한 반면 국력이 강할 경우 전(前) 소련 연방에 흩어져 있는 소수민족으로서의 러시아인들의 준거국인 러시아의 경우를 예로 들어 전쟁도 억압도 발생하지 않는다고 가정한다.

〈표 2-1〉 준거국의 형태에 따른 인종관계와 관련한 후턴의 가설

준거국의 회복주의 / 준거국의 국력	강(强)	약(弱)
강(强)	(1)	(3)
약(弱)	(2)	(4)

자료: Houten, 1998:119

17) Russell Middleton, “Regional Differences in Prejudice.” *American Sociological Review* vol.41(1976), pp. 94-117.

로 밀려들기 시작하였다.

이들은 대부분 국경감시가 소홀한 틈을 타서 불법체류자의 신분으로 사슴을 사냥하거나, 인삼, 야생동물의 가죽, 사금 및 진주 등을 채취하고 있었는데, 새로이 건설된 러시아의 도시들에 있어서 이들이 제공하는 값싼 노동력에 대한 수요는 급증하였다. 특히 이들 중국인들과 한인(韓人)들은 유럽 지역의 러시아인 노동자들보다 임금이 낮아,[18] 이 지역 러시아인 고용주들이 선호하였다. 또한 산업노동자로서 러시아 극동지역의 금광채취와 1905년에 완공된 시베리아 횡단철도의 건설과정에서 중국인 노동력이 큰 역할을 하였음은 잘 알려져 있다.[19] 그중에서도 우수리철도를 완공하는 데 이용된 17,000명의 중국인 이주자들의 역할이 컸는데 이들의 일부는 귀국하고 일부분은 철도완공 이후에도 러시아 극동지역에 그대로 눌러 있었다.[20]

따라서 19세기 말기에서 20세기 초기에 중국인들은 러시아 극동지역의 경영에 없어서는 안 될 중요한 노동력 공급의 원천이었고, 러시아 극동지역의 발전에서도 필수적 존재였다. 또한 연해주에서는 중국인들이 무역회사를 소유하여 이 지역의 상업활동에 큰 역할을 하였다. 1910년 중국인들은 러시아 극동지역의 블라디보스토크의 상권을 거의 지배하다시피 하였다. 당시 러시아인 상점의 수가 단지 181개였는데 반해서, 중국인들은 러시아인 상점수의 3배가 넘는 625개를 운영하고 있었고, 건설사업의 경우 80%를 중국인업자들이 경영하고 있었다.[21] 러시아 극동지역에서의 이러한 상황은 끊임없이 중국대륙을 놓고 경쟁하던 일본에 의한 대륙침략이 노골화되던 1930년대 중반, 정확히 말하자면 1938년, 러시아 극동지역에 거주하는 대부분의 중국인들이 러시아 군대에 의해 본국으로 쫓겨 갈 때까지 계속되었다. 이후 1970년대 후반까지 거의 반세기 동안 러시아 극동지역은 거의 중국인들에게는 닫혀진 지역으로 남아 있었다.

양국 간의 화해분위기로 러시아 극동지역이 다시 중국인에게 문호를 개방한 계기가 된 것은 1985년 고르바초프의 등장이었다. 뒤이어 양국은 1988년 7월 공식비자협정을 체결함으로써 양국 국민들이 상호 방문할 수 있는 문호가 확대되었다. 중국의 경제발전이 가속화됨에 따라 동북3성의

18) 러시아인과 중국인 및 한인의 임금에 대해서는 〈표 2-4〉를 참조하시오.

19) Lewis H. Siegelbaum은 19세기 말 중국인들을 러시아에 끌어들인 가장 중요한 2가지 요소로서 금광채취와 시베리아 횡단철도 건설을 들고 있다. 이에 대해서는 다음을 참조. Lewis H. Siegelbaum, "Another 'Yellow Peril': Chinese Migrants in the Russian Far East and the Russian Reaction before 1917," Modern Asian Studies vol. 12, no. 2(1978), pp. 307-330.

20) David Wolff, "Russia Finds Its Limits: Crossing Borders into Manchuria," pp. 40-54 in Rediscovering Russia in Asia: Siberia and the Russian Far East, edited by Stephen Kotkin and David Wolff(Armonk, N.Y.: M.E. Sharpe, 1995), p. 42.

21) James Clay Moltz, "Regional Tension in Russo-Chinese Rapprochement." *Asian Survey* vol. 35, no. 6(1995), p. 513.

중국인들은 만성적 소비재 상품의 부족을 겪고 있는 러시아 극동지역으로 몰려들기 시작했다. 러시아 극동지역의 주민들은 중국인들의 쇄도에 두려움을 느끼고 있었지만, 이들은 이미 지구의 건너편에 있는 모스크바 중앙정부보다 인근의 중국 동북(東北)지방과의 경제적 관계에 점점 더 의존하게 되었다. 최근의 자료에 의하면 러시아 극동지역은 대외무역의 80%를 중국의 동북부 지방에 의존하고 있고, 이 러시아 극동지역에 대한 외국인 투자액의 절반이 중국에서 온 것으로 되어있다.[22] 경제적으로 어려움을 겪고 있는 이 지역은 중국산 소비재와 식품에 의존하지 않을 수 없었고, 노동력이 부족해 쉽게 구할 수 있는 중국의 값싼 노동력을 외면할 수 없었다.[23]

그러나 이러한 과정에서 중국인에 대한 러시아 극동지역 주민들의 태도는 이전과는 상당히 다르게 나타나고 있었다. 무엇보다도 오랫동안 외부세계와는 단절되어 있었던 러시아 극동주민들은 이 지역을 압도하는 중국의 경제적 영향력에 큰 우려를 나타냈다. 이런 우려는 사업 또는 방문 목적으로 이곳에 물밀 듯이 몰려드는 불법적 중국인들의 존재에 의해 더욱 악화되었다. 한 예로 1992년 한해에만 이곳 러시아 극동지역의 국경선을 넘은 중국인들의 수는 50만 명이었다.[24] 정확한 통계는 아직 없지만 현재 러시아 극동지역에는 합법적 또는 불법적으로 체류하고 있는 중국인의 수가 20만 명에서 200만 명까지로 추산될 정도이다.[25] 이렇게 급증하는 중국인에 대한 우려의 밑바닥에는 러시아 중앙정부와는 멀리 떨어진 러시아 극동지역이 경제적으로 급성장하고 있는 인근 중국에 경제적으로 그리고 인종적으로 동화(同化)되지 않을까 하는 두려움 때문이라고 말할 수 있을 것이다.[26]

---

22) Eric Hyer, 1996. "Dreams and Nightmares: Chinese Trade and Immigration in the Russian Far East," *Journal of East Asian Affairs* vol. 10, no. 2(1996), pp. 289-308.

23) 필자는 2003년 7월 21일에서 8월 10일까지 제1기 경북대학교 러시아 봉사단 단장으로서 호롤군(Хорольский район)의 봐즈니센카(Вознесенка)에서 현지 러시아인들을 상대로 봉사활동을 하면서, 러시아 연해주를 자세히 관찰할 기회가 있었다. 특히 黃禍論과 관련하여 중국인의 존재에 대해서 말한다면, 연해주에 중국인이 많은 것은 사실이었다. 블라디보스토크를 두 번 방문했는데 그때마다 상당수의 중국인 관광객들을 볼 수 있었다(물론 큰 도시인 블라디보스토크의 건설공사에서 일하고 있는 북한 근로자를 보는 것은 드물지 않았지만). 특히 여행의 성수기에는 블라디보스토크 대부분의 호텔은 중국인 여행객의 방문으로 아주 일찍 예약을 하지 않으면 예약이 불가능할 정도인데, 특히 여행시즌인 여름에는 더욱 그러하다고 한다. 그리고 우리가 탐방한 우수리스끄의 중국인 시장은 너무 커서 잘못 들어갔다가는 빠져나오는 길을 찾기 힘들 정도이며, 여기서 판매되고 있는 생필품, 농기구, 섬유 등은 거의 모두가 중국제품인 듯했다. 또한 블라디보스토크와 우수리스끄 지역에서 상당부분의 간판 및 안내문에는 러시아어에 중국어가 병기되어 있어서 현지에 중국인들이 얼마나 많은가를 실감할 수 있었다.

24) RA Report, no. 17(July, 1994), p. 43.

25) Moltz(1995), p. 521.

26) 최근 일부 언론의 보도는 이러한 중국인들의 잠재적 위협을 더욱 확대 해석하는 경향을 보여주고 있다(Алексей Распутный, "Железный занавес в Находке"(나홋카에서의 철의 장막) Вл адивосток, 29 июля 1999

다음 절에서는 19세기 말과 20세기 말의 두 시기를 비교함으로써, 러시아 극동지역의 상황에 따라 중국인에 대한 인종편견이 어떻게 달리 나타났는가를 살펴볼 것이다. 특히 19세기 말 러시아 극동지역의 경영 초기에 중국인에 대해 비적대적이었던 러시아인들의 태도가 20세기 말에는 완전히 적대적 태도로 돌변하였다.[27] 이러한 러시아인들의 태도변화를 상황에 따른 합리적 반응의 관점에서 고찰할 것이다.

Ⅲ. 러시아 극동지역 발전 초기의 인구·사회·경제적 상황과 황화론(19세기 말~20세기 초)

황화(黃禍: желтая опасность)라는 용어는 1890년대에 등장한 용어로 러일전쟁 당시 일본이 중국인들과 한국인들을 첩자로 고용하고 있다는 소문이 퍼지면서[28] 러시아 문헌에서 더욱 빈번하게 인용이 되었다. 19세기 말 러시아에 유행했던 황화론에 의하면, 동양의 한인, 중국인 및 일본인들은 모두 경계해야 할 대상으로서 간주되었고, 문화적 · 사상적인 측면에서 이들과 러시아인들이 공존하기 힘들다는 것이었다. 따라서 이들 황인종의 평화적인 러시아 극동지역의 점령을 막기 위해 이들을 러시아 극동지역에서 추방해야 한다는 주장이 제기되었다. 그러나 상트페테르부르크를 중심으로 한 유럽성향의 러시아에서 인식하고 있는 황화론과는 달리, 러시아 극동지역에서는 중국인들에 대한 황화론이 그렇게 심하지 않은 걸로 나타나고 있었다. 이는 당시 이 지역의 러시아인들이 느끼는 중국의 국력이 인근 지역의 러시아인들이 우려할 정도로

г.[On-line: http://vl.vladnews.ru/9907/current/news/news01.asp]; Сергей Че, "Китайское наводнение"(중국인 홍수) Ежедневные Новости, 28 июля 1999г.[On-line:http://www.novosti..../query.pl?sub=sreport & text=280799sr0]).

27) 본 연구에서 제시하고 있는 이러한 가설은 실제로 러시아의 문헌에서도 확인할 수 있다. 러시아의 주간지〈Аргументы и факты〉는 19세기 말이나 20세기 초기에는 러시아 극동지역의 중국인들에 대한 러시아인들의 태도가 극히 실용적이었지만, 20세기 말기에는 이런 태도가 우려스러운 방향으로 바뀌게 되었다고 보도하고 있다. "Хотя о 'желтой опасности' для Сибирии Дальнего Востока предупреждал в 1909 г. еще П. Столыпин, к китайцам, японцам и прочим 'гостям' из дальнего зарубежья наши предки относились гораздо прагма тичнее, чем мы. В конце XIX века китайцев специально привлекали осваивать Приамурье, давали им во владение землю и даже освобождали на 20 лет от налогов. … Сегодня амурские фермеры охотно нанимают китайцев-они выращивают большие урожаи арбузов, которые сроду здесь не росли. Эти края издавна считались зоной рискованного земледелия, и россияне, не чувствуя себя хозяевами, не хотели особенно и выкладываться." "Дальний Восток. Как нам ужиться с китайцами," Аргум енты и факты, выпуск 07(1060), 14 февраля 2001г.[http://www.aif.ru/online/aif/1060/08_01].

28) *Правда,* April 23, 1937, p. 5.

크지 않았던 상태에서, 러시아 극동지역의 상황이 중국인 노동자들을 극히 필요로 하는 상태였기 때문이라고 할 수 있을 것이다.

19세기 말에서 20세기 초에 이르는 시기는 중국과 러시아의 국력이 극명한 대조를 이루었다고 할 수 있는 시기였다. 중국에서는 청나라가 아편전쟁(1840~1842)을 계기로 국력의 급격한 쇠퇴를 겪기 시작하였다. 이어 1850년대부터 1860년대까지 영국, 프랑스 등과의 전쟁 및 태평천국의 난 등으로 이 동양의 대국은 무력한 실체로 변하였다. 뒤이어 1860년의 북경조약 이후 열강의 제국주의적 자본에 의한 경제적 침투가 급격히 확대되었다.[29] 특히 1870년대 이후의 시기는 자본주의 공업국에서 철강을 중심으로 하는 중공업의 발전, 금융자본의 집중・독점과 자본수출, 또한 독일・미국 자본주의의 약진에 따른 영국 우위의 동요라는 세계적인 새로운 동향을 배경으로, 강국이 식민지의 독점지배와 분할을 목표로 하여 항쟁하는 제국주의 시대가 서막을 알리고 있는 시기였다. 아시아에서의 열강의 제국주의정책은 마지막으로 중국에 집중되어 이른바 중국분할을 가져왔다. 에로우호사건과 프랑스선교사 살해사건을 구실로 제국주의의 침투가 노골적이 되어 무역・군사적 측면에서의 이권뿐만 아니라 철도・광산의 이권 획득, 은행경영과 금융지배 등이 추진되었고, 이러한 일련의 사태들의 급속한 전개와 함께 청일전쟁에서의 패배로 사실상 중국은 반식민지상태로 전락하였다. 이와는 대조적으로 국력이 팽창하고 있던 러시아는 세력을 강화시켜 동양으로 진출하면서 군함으로 청을 굴복시키고, 아이훈 조약(1858)에서 아무르강의 좌측 해안일대 45만 평방킬로미터와 우수리강의 동안(東岸) 지역인 연해주 지역을 공유하기로 하였다. 뒤이어 청에 북경조약(1860)을 강요하여 공유지로 남아있던 연해주 일대를 장악함으로써 중국은 서쪽 신장(新疆) 지역까지 모두 150만 평방킬로미터를 러시아에 양도하였다. 그 후 중국은 1881년 상트페테르부르크조약에서 신장 지역의 일부 6만 평방킬로미터도 러시아에 양보해야 했다.[30]

내치(內治)에서도 19세기 말 러시아의 산업발전은 현저하였다. 단적으로 보아서 알렉산드르 2세(1855~1881)의 대개혁(大改革)시대 이후 1887년과 1896년의 10년 사이에 공장노동자의 수는 1,300만으로부터 2,100만으로 증가하였고, 선철(銑鐵)생산량은 60만 톤에서 200만 톤으로 늘어났다.[31] 이 숫자는 서구와 미국보다는 뒤떨어지지만, 증가의 속도에 있어서는 세계 1위에

29) 예를 들어 1864년부터 1894년까지 중국으로의 수입액이 2.5배나 늘어나고 특히 면사(綿絲)의 수입이 격증하여 1870년대 이후는 입초(入超)가 만성화되었을 뿐만 아니라 매년 증가하여 갔다. 小島晋治・丸山松幸(1988),『中國近現代史』, 朴元熇 譯(知識産業社, 1997).

30) 毛里和子(1989),『中國とソ連』岩波書店. 김하림 역,『중국과 소련: 그 300년의 역사 그리고 사회주의는 재생할 것인가』(서울: 사민서각, 1990), pp. 21-22.

해당하는 것이었다. 이러한 발전은 프랑스를 비롯한 외국자본의 도입으로 이루어졌으며, 이어서 1891년의 관세인상과 함께 동방경영의 큰 의미를 갖는 시베리아 횡단철도 부설[32)]을 통해 러시아 제국주의는 급속한 발전단계에 들어섰다.

1. 중국인 노동력에 대한 필요성

중국과 러시아 양국의 대조적인 발전단계에서 중국인 노동자에 대한 수요 또한 높아졌다. 이에 따라 러시아 극동지역의 중국인은 지배집단인 러시아인들의 제국주의적 야심의 달성을 위한 현지 러시아인들의 하류계급으로서 러시아 극동지역의 경제적 상황에 극히 필요한 집단으로 간주되었다. 다시 말해서 19세기 말기에서 20세기 초기까지 러시아 극동지역의 중국인들은 블렐록(Herbert M. Blalock)이 말하는 소위 '중개인소수민족'(仲介人少數民族: middleman minority)[33)]으로서의 역할을 잘 수행함으로써 지배계층인 러시아인들로부터 환영을 받았다.[34)] 그 당시 중국인들은 극동지역에 필요한 물자를 공급하는 상인으로써의 역할뿐만 아니라, 또한 이 지역에 필요한 노동력 공급의 원천으로서의 역할에 있어서도 중요한 존재였다. 물론 '중개인소수민족'으로써의 중국인들은 상류계층의 러시아인들에 대한 하류계층의 불만의 대치(代置)된 표적[35)]이 된 경우도 전혀 없지는 않았으나, 전반적으로 극동지역의 러시아인들에게서

31) 고려대학교 세계문화사연구실, 『世界文化史槪說』(고려대학교 출판부, 1993), p. 215.

32) 1892년 12월 10일 황태자 니콜라이를 위원장으로 하고, 수상・재무상・내무상・국유재산상・교통상・육군상・해군상 및 회계검사원을 위원으로 하는 철도위원회를 임명함에 있어서, 황제 알렉산드르 III세는 시베리아 철도건설의 의미를 다음과 같이 표명하였다: (1) 동방에 있어서 평화적・문화적 사업이며, (2) 시베리아 식민지개발을 촉진시키기 위한 사업이다. Н. А. Гаврилов, Н. С. Норкин & В. П. Волков, *Пути Сообщения-Железные Дороги,* Переселенческое Управление Главного Управления Землеустройства и Земледелия, Азиатская Россия, Том. II(Петербург, 1914), pp. 517-518.

33) 블렐록은 대표적인 중개인소수민족으로서 유럽의 유태인들, 동남아시아의 중국인들, 미얀마와 아프리카의 東印度人들, 그리고 미국의 일본인들을 들고 있다. Hubert M., Blalock, *Toward a Theory of Minority-Group Relations*(N.Y.: Capricorn Books, 1967), p. 81.

34) 예를 들어, 밀수와 관련하여 러시아인들의 '仲介人少數民族'(middleman minority)으로서의 중국인에 대한 태도는 다음에서 잘 알 수 있다: "… Chinese entrepreneurship found an outlet in smuggling, which flourished along (Russian) Far Eastern frontiers with little interference from authorities. Neither border guards, deployed only in ports and towns, nor the understaffed Amur Flotilla presented much of an obstacle. Instead of guarding the frontiers against smugglers, Cossacks relied on them and contrived to import contraband spirits from Manchuria … " John J. Stephan, The Russian Far East: A History(Stanford, CA: Stanford University Press, 1994), p. 73.

35) 좌절-공격이론에 따르면 사람들은 어떤 장애에 의하여 그들의 요구가 좌절이 될 경우 욕구불만에 빠지게 되는데, 이때 그 원인이 된 대상에 대하여 공격을 하는 경향이 있으나, 그 욕구불만의 대상이 공격하

우호적으로 받아들여졌다.[36] 따라서 후술하듯이 이 당시 중국인의 위협에 대해서 러시아인들이 느끼는 황화의 정도는, 후술하듯이 20세기 말기에 느꼈던 황화에 비해 훨씬 약했다고 할 수 있다.

황화론의 가장 직접적 대상이 되는 중국인들은 연해주가 러시아로 편입되기 이전에는 러시아 극동지역에 거의 거주하지 않았다. 그 주된 이유로는 만주국(滿洲國) 정부가 한인(漢人)들의 이주를 금지하였기 때문이었고 또한 중국상품이나 중국인 노동력에 대한 수요가 이곳에서 거의 없었기 때문이었다.[37] 그러나 19세기 후반 러시아가 우수리강 우안(右岸)을 편입시키고 난 후 중국인들은 주로 계절노동자로서 이 지역에 유입되었다. 이들은 국경수비대가 존재하지 않는 틈을 타서 불법적인 신분으로 이곳에서 사슴을 잡거나, 인삼을 캐기도 했고, 금광을 찾는 등 여러 가지 활동에 종사하였다. 이들은 러시아인들이 새로 건설한 도시에서 품팔이 노동에도 열심이었다.[38]

당시 러시아 극동지역에 거주하는 중국인의 수는 여타 다른 아시아인의 수를 훨씬 능가하였는데, 이것은 러시아 극동지역의 일부가 일찍이 중국의 영토였다는 점과 이 지역이 중국과의 접경지대에 위치한다는 점이 그 원인이었을 것이다. 이후 러시아 극동지역의 중국인의 수는 이 지역에서의 노동력의 수요와 극동지역의 정치적 상황에 따라 끊임없이 변화하였다.

기에 너무 벅찰 때 화풀이의 대상으로서 소수민족에게 공격의 화살을 돌린다. John Dollard, John, Leonard Doob, Neal E. Miller, O.H. Mowrer, and Robert R. Sears. *Frustration and Aggression*(New Haven, CT: Yale University Press, 1939).

36) 당시 러시아인들의 중국인에 대한 이러한 용인적인 태도는 중국에 대한 강경한 입장을 대변하였던 러시아 동시베리아 총독 무라비요프(Николай Н. Муравьёв)의 태도에서도 잘 나타난다: “俄國自穆拉斐耶夫入侵黑龍江以北, 烏蘇里江以東地區後, 對於華商向持鼓勵態度. 當時, 穆拉斐耶夫曾數度向俄國當局或其友人, 稱許華商的合作態度 … 穆拉斐耶夫甚至在書信中聲稱「這些中國人民熱愛我們, 也尊敬我們」… 在同治年間(1860年代)的中俄貿易談判中, 俄國曾協助華商取得經營遠東地區中俄貿易的特權. 華商與俄國當局間的合作關係一直維持到二十世紀初. 在這期間, 不少華商在俄國遠東當局的支持下, 成爲富甲一方的鉅商大買”(무라비요프가 흑룡강 이북과 우수리강 동부지역을 침입한 후 러시아는 중국상인을 용인하는 태도를 취하였다. 당시에 무라비요프는 수차례에 걸쳐 러시아 당국과 그의 친구들에게 중국 상인과의 합작사업을 승인할 것을 요청하였다 … 무라비요프는 심지어 그가 쓴 편지 속에서 ‘이 중국인들은 우리를 사랑하고 또한 존경하고 있다’라고 썼다. 1860년대 러시아와 중국의 무역회담에서 러시아는 중국 상인이 극동지역의 중러 무역을 경영할 수 있는 특권을 취득할 수 있도록 협조하였고, 러시아 당국과 중국 상인 간의 합작관계는 20세기 초기까지 지속되었다. 이 기간 동안 적지 않은 중국 상인들이 러시아 극동지역 당국의 지지를 얻어 갑부가 되었다). 何萍, 「二十世紀初俄國遠東地區的華商活動概況」『中國歷史學會史學集刊』第三十期(1998), p. 274.

37) 國永春, 「沙俄在遠東的擴張與日俄戰爭」『社會科學戰線』(吉林省社會科學院) 第4期(1996), pp. 224-231.

38) 呂一燃, 「清俄合作開采外蒙古金鑛初探」『中國邊境史地研究』 第4期(1992), pp. 1-9; 勞農露國の極東地方の勞動統計局(1923), *Состав Профсоюзов Дальнего Востока*(極東露領に於ける職業組合の組成), 『露・亞經濟調査叢書』 第67卷(南滿洲鐵道株式會社 庶務部調査課編譯. 昭和四年. 大阪: 大阪每日新聞社, 1929), pp. 54-60, 194-224.

1858년 아이훈 조약과 1960년 베이징(北京)조약에 의해 연해주와 아무르 지역이 러시아에 편입되었을 때 이 새로운 러시아 영토에 대한 본국 러시아인들의 이주는 극히 부진하여, 1869년 바이칼호의 동쪽지방(Забайкалье)으로부터 이주해 온 코사끄인은 남녀 모두 합하여 18,500여 명에 지나지 않았으며 러시아에서 이곳으로 이주해온 농민의 수는 3,500명을 넘지 않았다.[39] 따라서 이러한 노동력 부족을 해소하기 위하여 1870년대 중반에 중국의 산동성으로부터 150명의 중국인 막노동자(苦力: Кули)를 불러들인 것을 시발로, 포시예트의 항만건설, 우수리철도 부설공사, 동청(東淸)철도 및 뤼순(旅順)·다롄(大連)의 건설 등 공사가 진행됨에 따라 중국인 노동자의 수는 급증하였다.[40]

1893년 바이칼 호수 동쪽과 연해주 및 아무르주를 포함한 러시아 극동지역의 남부에 거주하는 인구는 대략 908,400명이었다. 이 가운데 외국인 수는 35,500명으로, 여기에는 중국인이 28,900명(총 인구의 3.2%), 한인(韓人) 5,500명, 700명 이상의 일본인 그리고 500여 명의 유럽인 등이 포함되어 있었다.[41]

1905년에서 1910년 사이 러시아 극동의 우수리 지역을 예로 볼 때, 이 지역의 중국인들의 수는 대략 345,000명으로[42] 이들 중 130,000명은 근로자 또는 장사꾼들이었고, 200,000명은 러시아인들의 농지를 소작하는 소작인들이었으며, 나머지 15,000명은 인삼채취자 및 비농업계절 노동자들이 주종을 이루었다. 그러나 이 지역에서 상주하는 중국인들은 약 80,000 내지 90,000명

39) В. Граве(1912), Труды Командированной по Высочайшему повелению Амурской Экспедиции: Выпускъ XI. Китайцы Корейцы и Японцы въ Приамурье(Санкт-Петербург:В.Ф. Киршбаум). (「極東露領に於ける黄色人種問題」. 『露・亞經濟調査叢書』 第49卷(pp. 1-214)(南滿洲鐵道株式會社 庶務部 調査課編譯, 昭和四年, 大阪: 大阪每日新聞社, 1929), p. 5.

40) Andrew Malozemoff, *Rissian Far Eastern Policy* 1881-1904: *With Special Emphasis on the Causes of the Russo-Japanese War*(Berkeley, CA: University of California Press, 1958).

41) Всеподданнейший отчет приамурского генерал-губернатора генерал-лейтенанта Д уховского за 1892-1894 гг(Сант Петерсбург, 1896), cited in Viacheslav V. Karlusov(2001), "Chinese Presence in the Russian Far East: An Economic Perspective"([http://gsti.miis.edu/CEAS-PUB/200104Karlusov.pdf], 2003. 11. 18. 검색), p. 45.

42) 일부 통계에 의하면 1900~1910년 사이 러시아 극동지역의 중국인 수는 계절노동자를 포함하여 매년 75,000~200,000명으로, 이 기간의 마지막에는 러시아 극동지역 총 인구의 약 12%에 해당하는 약 150,000명의 중국인이 영구 정착한 것으로 추산되고 있다(*Россия и Китай на дальневосточных рубежах* vol. 2(Благовещенск, 2001), pp. 4-6). 또 다른 통계는 1910~1914년 사이 러시아 극동지역의 중국인 수를 80,000명으로 추산하고 있다. Л.Л. Рыбаковски, *Народонаселение Дальнего Востока за 100 лет*(Москва, 1969), cited in Viacheslav V. Karlusov, "Chinese Presence in the Russian Far East: An Economic Perspective"([http://gsti.miis.edu/CEAS-PUB/200104Karlusov.pdf], 2003. 11. 18. 검색), p. 54, fn. 5.

이었고, 나머지는 겨울에 중국으로 돌아갔다가 이듬해 봄이 되면 다시 러시아 극동지역으로 되돌아오는 식이었다.[43] 또한 1910년 아무르 지역의 일부 조사에 의하면, 이 지역의 중요한 산업이었던 금광에서 일하는 근로자들의 83~87.6%가 중국인이었던 것으로 나타나고 있다.[44] 뿐만 아니라 연해주의 규산염업(silicate) 노동력의 92.5%(1911), 항만작업 노동력의 57.8%, 우수리스끄 철도건설사업 노동력의 53.3%, 그리고 아무르강의 선박에서 작업하는 인력의 32.8% 등을 중국 노동력이 차지하였다.[45] 중국인 근로자들의 중요성은 1914년 건강한 러시아인들이 대부분 징집되고 난 후 더욱 절실해졌다. 공식적인 러시아의 중국인에 대한 여권 승인 건수는 1906년부터 1910년 9월 1일까지 약 16만 건으로 나타났지만,[46] 실제로 이 기간 동안 극동 러시아 지역에 밀입국한 중국인 노동자까지 합하면 최고 35만 명에 달한다는 이야기도 있다.[47] 러시아 정부에 의한 중국인 노동자의 공식적인 입국허용을 틈타 러시아 민간업자들의 중국인 노동력에 대한 의존도 증가하여, 중국인 노동자들이 없이는 러시아 극동지역의 어떠한 공사도 쉽게 진행될 수 없는 정도의 상황에 이르렀다.

2. 러시아 극동지역의 경영과 중국인 노동력에 대한 태도

다음에서는 지배집단인 러시아인들에게 중요한 과업이었던 초기 러시아 극동지역의 경영에서 중국인의 기여과정을 노동력의 업종별로 살펴보고, 이러한 상황에 따른 러시아인들의 중국인에 대한 인종적 관점을 고찰한다.

43) Larin(1995), p. 296.

44) Larin(1995), p. 297; *Россия и Китай на дальневосточных рубежах* vol. 2(Благовещенск, 2001), pp. 30-34, cited in Viacheslav V. Karlusov(2001), p. 46.

45) *Россия и Китай на дальневосточных рубежах* vol. 2(Благовещенск, 2001), pp. 30-34, cited in Viacheslav V. Karlusov(2001), p. 46.

46) 〈표 2-2〉 러시아의 중국인에 대한 여권 승인 건수

연도	승인 건수
1906년	54,883
1907년	37,857
1908년	22,642
1909년	15,865
1910년 9월 1일까지	28,831
총계	160,078

자료: Граве, 1912:10

47) Граве(1912), p. 12.

19세기 말에서 20세기 초에 이르는 기간 동안 러시아 극동지역의 중국인을 업종별로 분류하면 크게 다음의 3부류로 나눌 수 있다. 첫째 부류는 조금이라도 정착생활을 하는 중국인들로서 상인, 공업종사자 및 농민 등이 여기에 속한다. 둘째 부류는 계절노동자들을 포함하는 막 노동자들로서 이들 중 일부는 수확기에 러시아로 건너와서 일을 하고 그 밖의 기간에는 다시 중국으로 귀환하는 노동자들이며, 마지막 부류는 떠돌아다니는 사금(砂金)업자들이다.

첫 번째 부류에 속하는 중국인의 대부분은 상공업자들이다. 러시아 극동지역에서의 중국인기업의 수는 전체 상공업자들 중 약 33% 내지 35% 정도라고 할 수 있는데, 정확한 숫자는 〈표 2-3〉에서 나타나는 황색인종의 상공업자수로부터 일본인 상공업자 600여 명을 제외한 것이라고 할 수 있다.[48] 물론 여기에 영업세를 납부하지 않은 중국인 사업자는 포함되지 않은 것이다.

〈표 2-3〉 러시아 극동지역의 상공업자 수

구 분 \ 연 도	1909년	1910년
러시아 및 기타 외국의 상공업자	5,266 (77,167,951)	7,027 (158,303,954)
황색인종의 상공업자	3,528 (24,939,670)	4,818 (38,815,038)
총계	8,794 (102,107,621)	11,845 (197,118,992)

(* 괄호 안은 매상고를 나타낸 것임(화폐 단위는 루블))
자료: Граве, 1912:26

중국인 상공업자들은 기질적으로 장사에 능하였다. 특히 러시아 상인들이 중국 상인들과 도저히 경쟁할 수 없는 여러 가지 이유 중에서는 중국인들이 종업원들을 기업에 참가시키는 점, 최소한의 이윤을 남기고도 판매를 하여 자본을 원활히 소통하도록 하는 점, 그리고 중국인 상공업자들끼리의 자본의 원활한 대여 등을 들 수 있다.[49] 이러한 중국인들의 능수능란한 사업기질이 선천적으로 타고난 것으로 러시아인들은 믿고 있었다. 그러면서도 이러한 러시아 극동지역의 중국상인들로 하여금 이곳에서 계속 장사를 하도록 허용하는 이유로서 다음과 같은 것을 들 수 있다.

먼저 중국상인들은 러시아 극동지방 물가의 조절자 역할을 한다는 점이 인정되고 있었다.

48) Граве(1912), pp. 26-27.

49) 玄圭煥, 『韓國流移民史』(上卷) 蘇聯篇(極東地方)(서울: 語文閣, 1967), pp. 740-976.

또한 이렇게 최소한의 이윤만을 남기고 물건을 판매함으로써 러시아 상인들에 의한 폭리를 막을 수 있다는 점, 그리고 이들 중국인 상인들이 판매하는 물건의 종류가 다양하고 유행에 민감하다는 점도 고려되고 있었다.[50] 따라서 중국상인들이 있는 곳이면 러시아 상인들은 도저히 장사를 할 수 없을 정도지만, 그럼에도 불구하고 극동지역 러시아인들에게 이와 같은 긍정적인 기능을 하기 때문에 중국인들로 하여금 이곳 러시아 극동에서 장사를 하도록 내버려둔 것으로 보인다.[51]

이러한 중국인 상인들의 역할에 대해 러시아 극동지역의 러시아인들은 대체로 우호적이었다. 특히 당시 아무르주, 사할린주, 연해주의 총독을 지낸 무라비예프는 본국 러시아의 친구들에게 보낸 편지에서 중국인 상인들에 대한 칭찬을 몇 차례나 언급하였고, 이들이 러시아 극동지역의 발전에서 중요한 일익을 담당한다면서 이들에 대한 러시아 정부의 적극적인 지지를 아끼지 않았다.[52] 이러한 우호적인 러시아인들의 태도 및 러시아 정부의 적극적인 지지에 힘입어 이 지역의 일부 중국인 상인들은 소금, 식량, 차, 의류, 가축 등을 거래하면서 거부(巨富)가 되는 경우도 적지 않았다.[53]

두 번째 부류에 속하는 중국인들은 계절노동자들을 포함한 막노동자들(苦力: Кули)로 초기 러시아의 극동지역 경영에 아주 중요한 존재로 취급되었다. 이들 막노동자들은 연해주・아무르주에 와서 농사일에 종사하다 매년 가을의 수확기가 끝나면 중국으로 되돌아갔다. 이러한 중국인에 의한 출가노동(出稼勞動)은 극동지역의 타 인종, 즉 한인(韓人)들보다도 중국인들에 대해 러시아인들이 관대한 태도를 보여주는 하나의 중요한 이유가 된다. 즉 중국인들은 출가노동을 주로 함으로써 러시아인들에게 정착노동(定着勞動)을 주로 하는 한인들보다도 훨씬 우호적인 대우를 받았는데, 이는 러시아인들이 궁극적으로 지향하는 바가 바로 러시아인들에 의한 극동지역의 완전한 정착이었기 때문이었다. 따라서 이러한 목표를 가진 러시아인들에게는 정착성향의 한인들보다는 이동성향의 중국인들이 훨씬 다루기 용이한 존재였고 이러한 연유로 해서 중국인에 대한 태도는 훨씬 관대했다. 이는 다음과 같은 러시아의 지방관료의 말에서 잘 알 수 있다.

---

50) Граве(1912).

51) 예를 들어 러시아 극동의 우수리 지역 같은 곳에서 중국인들은 생산되는 상품을 해외로 수출하는 중요한 수출업자였을 뿐만 아니라, 이곳에 거주하는 러시아인들과 중국인들에게 중요한 소매상품 공급자의 역할까지 하고 있었다. Malozemoff(1958), p. 11.

52) 何萍(1998), p. 274.

53) 何萍(1998), p. 273.

"… 때가 오면 일거리를 좇아 流浪하는 中國人들은 極東에서 자취를 감출 것이다. 그러나 韓人은 이와는 다르다. 그들은 中國人과 같이 出稼勞動에만 依存하지 않고 大槪는 田地를 開墾하고 家屋을 지어서 土着永住를 뜻하고 있는 만큼 韓人 勞動者의 使用禁止後에도 如前히 殘留할 것이다. 즉 이것이 總督이 韓人에 대하여 嚴格하고 中國人에게 대하여 寬大한 理由이다."[54)]

이런 부류의 중국인들은 주로 여름이 되면 농부 또는 제조업 근로자나 주택건설, 토목공사 등의 인부로 일하기도 하고, 부두의 하적(下積)인부나 선원으로도 일을 하였다. 중국인 막노동자들의 러시아 극동지역 입국은 황화와 관련된 민감한 문제로서 다루어지기는 하였지만, 러시아인들의 극동지역에의 이주가 지지부진함에 따라서 산업의 정체를 면하기 위해서는 중국인 노무자들이 필수적이었고,[55)] 이러한 필요성에 중국인은 성격적으로도 잘 부응하는 편이어서 중국인들은 대체로 러시아인들에게 환영을 받는 편이었다.

더욱이 중국인 노무자들은 유순하고, 또한 낮은 임금으로도 작업을 시킬 수가 있었으므로, 서구 러시아에서 극동러시아의 풍부한 자원에 관심을 가지고 투자할 여력은 전혀 없으면서도 일확천금을 노리고 극동러시아로 온 많은 러시아 기업가들에게는 아주 중요한 존재였다. 아래 〈표 2-4〉에서 보듯이 러시아인 노무자에 비해 중국인 노무자들의 임금은 훨씬 싼 것이 장점이었다.

〈표 2-4〉 러시아인과 중국인 및 한인의 일용(日傭)임금[식비(食費) 불포함] (단위: 루블)

노동자별 \ 시기	파종기(播種期)	예초기(刈草期)	수확기(收穫期)	가을	겨울
러시아인 노무자	0.85	1.05	1.05	0.70	0.60
중국인 및 한인노무자	0.55	0.80	0.80	0.50	0.45

자료: 玄圭煥, 1967:872

특히 극동지역의 러시아근로자들 중에는 상당수가 죄수였거나, 사금(砂金)광산투기에서 실패한 사람, 또는 파업을 자주 하거나 알콜 중독자 등이 포함되어 있어 이들에게 작업을

54) 玄圭煥(1967), p. 790.

55) С.П. Шликевичъ(1911), *Труды командированной по ВЫСОЧАЙШАЙШЕМУ повеления в ПРИАМУРЬЕ.* Выпускъ V. КОЛОНИЗАЦИОННОЕ ЗНАЧЕНИЕ ЗЕМЛЕДЕЛИЯ в ПРИАМУРЬЕ. Составилъ Начальикъ отряда земледельческой колонизации(「極東露領の農業と植民問題」. 『露・亞經濟調査叢書』 第8卷. pp. 1-175 南滿洲鐵道株式會社 庶務部調査課編譯. 大正 15年. 大阪:大阪毎日新聞社).

맡길 경우 기한 내에 완성하리라는 보장을 할 수 없는 경우가 다수였다. 뿐만 아니라 러시아 근로자들 중의 상당수는 극동지역 이주지의 여러 가지 열악한 조건 때문에[56] 정착하지 못하고 유럽의 러시아로 귀환하는 경우가 상당수에 달했는데, 중국인 근로자들은 이들에 의한 노동력의 공백을 메우는 데 중요한 역할을 하였다. 참고로 1906년에서 1910년까지 극동지역에 거주하는 러시아인들의 본거지로의 귀환율을 보면, 아무르주의 경우 약 7.5%였고, 연해주의 경우는 더욱 높아 14.19%나 되었고, 특히 1910년에는 26%를 상회하기까지 하였다(〈표 2-5〉 참조).

〈표 2-5〉 극동 아무르주의 러시아계 이주민의 귀환율(괄호 안은 연해주)

이주 연도	도착자 수	귀환자 수	귀환비율(%)
1906년	4,585(6,548)	193(265)	4.2(4)
1907년	13,179(61,722)	861(8,114)	6.5(13)
1908년	9,644(22,370)	1,097(2,801)	11.3(12)
1909년	21,049(23,772)	997(3,297)	4.7(13.8)
1910년	20,935(14,416)	2,079(3,801)	9.9(26.3)
계	69,392(128,828)	5,227(18,278)	7.5(14.2)

자료: Шликевичъ, 1911:137-138

전반적으로 보아 노동의 질적인 면에서는 중국인들이 러시아인에 비해 떨어진 것이 사실이었지만 일의 종류에 따라서는 오히려 중국인노무자들에게 적합한 일이 없지 않았고 이러한 연유로 해서 러시아인들은 중국인에 대해서 적대적인 태도를 취할 필요는 전혀 없었다. 예를 들어 러시아인 근로자들에게는 숙련, 민첩함, 기지(機智)나 모험을 필요로 하는 일이 적합하지만, 단조롭고 단순한 일을 하는 데는 오히려 중국인 노무자들이 적격이었다. 특히 중국인 근로자들은 놀랄 만큼 인내력이 있어서 휴식 없이도 일할 수 있는 탁월한 능력을 보유하고 있었다. 블라고베쉬첸스크(Благовещенск) 증권거래소의 보고에 의하면 러시아근로자들은 섬유공업, 동물생산품공업, 금속공업 등에 많이 종사하고 있었다. 반면 대부분이 중국인 근로자들로 구성되어있는 황색근로자들은 광물정제, 화학 및 화학과 관련 있는 생산, 즉 제염(製鹽), 포도주 및 맥주제조, 제분업과 같은 식료정제 등의 작업에서는 러시아인들보다 훨씬 뛰어난 능력을 발휘하였다.[57] 비록 중국인들이 러시아 극동지역으로 이주를 하면서 아편과 마약의 유포, 도박장과 유흥업소의 운영, 밀수,

56) 이주지의 열악한 조건으로는 러시아 극동지역의 기후상의 문제, 토질상의 문제, 도로의 미비상태, 가족성원들 간의 불화, 질병 및 사망과 같은 여러 문제 등을 들 수 있다. Шликевичъ(1911), pp. 140-141.
57) Граве(1912).

비밀결사의 조직, 간첩활동 등의 문제를 가져오긴 했지만, 앞서 지적한 중국인 노동자들의 특성으로 인해 극동지역의 러시아 당국자들은 중국인들에 대한 태도가 우호적이었다.[58)]

마지막 부류의 중국인 근로자들은 사금(砂金)업에 종사하는 사람들이다. 광대한 러시아 극동지역의 밀림에서 금광업(金鑛業)의 덕분에 부락이 생겼고, 도로, 전신, 전화가 개통되어 주민들이 혜택을 입었으며, 항해할 수 없었던 하천에 선박이 항행하였고, 우체국이 개설되었으며, 병원이 건설되기도 하였다.

연해주·아무르주의 금광업자는 매년 500뿌드[59)]의 금을 채취하여 러시아 국가경제에 막대한 공헌을 해왔다. 특히 중국인 근로자의 러시아 금광으로의 유입은 러일전쟁 이후 철로의 부설과 함께 급증하였는데, 사금장(砂金場)의 중국인 노무자들에 관한 공식통계에 따르면 1906년의 5,935명에서 1909년에는 30,429명으로까지 증가하였다 (〈표 2-7〉). 〈표 2-7〉은 사금장(砂金場)에서 일할 수 있도록 공식적으로 허가 받은 근로자들의 통계이므로, 실제의 중국인 근로자들의 수는 이보다 훨씬 더 많았다고 할 수 있다. 이러한 사실은 1913년 시베리아 채광장에서 작업하는 각국 근로자들의 분포에서 더욱 명확하게 드러난다. 〈표 2-6〉에서 보듯이 렌 관구(Ленский округ)를 제외한 모든 작업장에서 중국인 노동자들의 비율이 과반수를 넘고 있다.

〈표 2-6〉 시베리아 채광장 근로자들의 국적 분포(1913)

관구 (округ)	근로자 총수	러시아인		중국인		한인	
		인원수	비율(%)	인원수	비율(%)	인원수	비율(%)
아무르(Амурский)	5,431	560	10	4,624	85	247	5
제야(Зейский)	8,977	1,592	18	6,513	72	872	10
부레인(Буреинский)	6,847	465	7	5,698	83	648	10
연해지방(Приморский)	3,306	500	15	1,806	55	1,000	30
보스또츠노 자바이깔 (Восточно-Забайкальский)	4,456	1,524	34.3	2,911	65.3	21	0.4
우수리스끄(Уссурийский)	291	53	19	236	81	2	-
렌(Ленский)	3,514	1,984	56	232	7	1,298	37
합 계	32,822	6,678	20.3	22,020	67.1	4,124	12.6

자료: Общий обзор главных отраслей горной и горно-заводской промышленности, с. 23. С.Ф. Хроленок, “Китайские и корейские отходники на золотых приисках русского дальнего востока (конец XIX - начало XX в.).” Восток, № 6(1995), стр. 75.

58) Victor L. Larin, “‘Yellow Peril’ Again?: The Chinese and the Russian Far East,” pp. 290-301 in *Rediscovering Russia in Asia: Siberia and the Russian Far East*, edited by Stephen Kotkin & David Wolff(Armonk, N.Y.: M.E. Sharpe, 1995), p. 297.

59) 1뿌드(пуд) = 16.38kg.

또한 금광업의 특성상 많은 유동자본을 필요로 하였기 때문에 〈표 2-8〉에서 보듯이 노임이 싼 중국노무자들은 러시아 극동지역에서 더욱 환영을 받았다.

〈표 2-7〉 사금장(砂金場)의 중국인 근로자 수

연도	중국인 근로자 수
1906	5,935
1907	7,041
1908	17,460
1909	30,429

자료: Граве, 1912:54

물론 중국인 근로자들보다 한인(韓人)근로자들의 임금이 더 저렴하였으나 1909년 이후 정치적 이유로 한인의 사금장에서의 노동은 금지되었다. 금광업자가 사금장(砂金場)에 중국인 근로자들을 참여시킨 것은 광업법 제661조 부칙 제5항의 민간금광업노동자 고용규칙에 의거한 것이다.[60] 이 규정에 의하면 연해주・아무르주의 외국노동자의 고용은 중국인에 국한한다고 되어 있고, 그 밖의 외국인근로자들은 연해주・아무르주의 총독의 허가를 받도록 되어 있었다.

〈표 2-8〉 사금장(砂金場) 근로자들의 임금(1906년)[61]

민족구분	임금	임금 중 현금지급액
러시아인 근로자	109,709루블 50꼬뻬이까	46,352루블 12꼬뻬이까
중국인 근로자	23,329루블 89꼬뻬이까	7,687루블 13꼬뻬이까
한인(韓人) 근로자	5,079루블 49꼬뻬이까	1,251루블 16꼬뻬이까

자료: Граве, 1912:55(1꼬뻬이까(копейка) = 1/100루블(рубль))

당시 아무르 총독을 지낸 곤다치 총독과 같은 사람은 합법적인 중국인들에게 팔찌를 채움으로써 불법적으로 입국한 중국인들을 가려낼 수 있다는 법안을 제안하였으나, 유순하고 일을 시키기가 용이했던 중국인들의 값싼 노동력을 중시하던 금광업계와 중국인에 대한 비인격적인 대우에

60) Граве(1912).

61) 당시 사금장에서 노동자에 대한 임금을 지불하는 방법에는 다음의 3가지가 있었다(Граве, 1912:55):
① 현금 또는 현물(現物)에 의한 보수
② 채금(採金) 1 「조로도니크(=0.15047온스)」마다 채금자에게 일정한 비율로써 보답하는 소위 「조로도니크」 제도
③ 광업주(鑛業主)가 사금장의 일정구획을 노동자에게 대여(貸與)하여 매년 일정량의 금(金)을 광업주에게 제공케 하는 소위 「대여제도」

반발하는 대다수 볼셰비키 대의원들의 격렬한 반대에 부딪쳐 그 법안을 철회하여야만 하는 경우도 있었다.[62)]

특히 러시아의 국가경제적 차원에서 금태환제도 실시 이후 금광업은 더욱 중요시되었다. 따라서 러시아 중앙정부는 이곳에 종사하는 황색근로자들을 고용에 신중을 기함으로써 금광업에 차질을 빚지 않도록 할 것을 요구하였다.[63)] 그러나 극동지역의 러시아 사업가들과 당국자들이 여전히 중국근로자를 고용하였다. 이는 통화의 해외유출과 황색근로자들의 러시아 유입을 조장할 수도 있다는 점에 대한 우려를 감안한다면, 중국인 근로자들의 금광업에 대한 참여허용은 상당히 놀라운 일이라고 할 수 있다.

뿐만 아니라 1904~1905년에 걸친 러일전쟁 중에 중국인들은 일본의 승리를 암묵적으로 지지하였음에도 불구하고, 금광, 철도, 항만 등을 포함한 여러 작업장에서 러시아인들은 중국인들에 대한 심한 차별대우는 하지 않았다. 오히려 이들과 함께 평화적으로 작업을 진행하였을 뿐만 아니라, 대부분의 일용품들을 이들 중국인 상인들로부터 구입하였다.[64)]

결론적으로 위의 여러 부류의 중국인의 경우에서 보듯이, 19세기 말에서 20세기 초에 이르는 기간 동안 극동지역의 러시아인들의 중국인들에 대한 태도는 사람에 따라 각양각색이었지만, 전반적으로 중국인들에 대한 인종편견, 즉 황화론이나 적개심의 정도는 그리 높지 않은 편이었다. 그 주된 이유로는 위에서 보았다시피 유순하고, 값싼 중국인들의 노동력이 당시 러시아 극동지역의 발전을 위한 합리적 전략으로서 아주 중요한 역할을 하였기 때문으로 본다. 따라서 이들 양 민족간의 인종갈등은 없다고는 할 수 없지만, 그 정도 면에서는 그렇게 심각할 정도의 수준은 아니었다고 할 수 있다.

심지어 1883년과 1887년 사이에 약 7,000명 내지 12,000명의 러시아인들과 중국인들은 금광업자 및 관련 노동자들과 함께 힘을 합쳐 흑룡강성 최북단 지역에 '아무르 지역의 캘리포니아'(California on the Amur)라고 불리는 자치집단인 젤투진스카야공화국(Желтугинская Республика)을 세우기까지도 했다.[65)] 이 집단은 상당한 영향력을 미치게 되는데, 그것은 이 지역에서 금광업자들이 불법적으로 판매한 금에 대해서 당국에 세금을 내지 않아도 되었기 때문이었다. 이 공화국은 비록 단명하기는 했지만 러시아와 중국의 행정기관에서 해체하라는 요구를 무시하

---

62) John J. Stephan, *The Russian Far East: A History*(Stanford, CA: Stanford University Press, 1994), p. 80.
63) Stephan(1994).
64) Stephan(1994), p. 74.
65) Д. М. Позднеев, "Вокерское движение как етап освободительной борьбы в Китае," *Звезда,* 10, no.4(1925), pp. 156-172.

면서 민주적인 원칙과 엄격한 법에 따라 통치되었다. 결국은 엄한 처벌을 가하겠다는 정부의 위협하에, 이 공화국의 러시아인들은 대부분 고국으로 되돌아갔고 중국인들은 중국 당국에 쫓겨 흩어졌다.[66]

당시 일상생활의 측면에서도 극동지역 러시아인들의 토지에서 일하는 중국인 세입자들은 이곳에서 생산한 그들의 야채를 러시아인 주인들에게 판매하였으며 러시아인 주인들은 세든 중국인들에게 러시아에서 수입한 농기계를 제공하기도 하였다. 중국인 이주자들은 이 러시아 극동지역에서 러시아인들과 동화하기는 쉬운 일이 아니었지만 이들 중국인들의 2세들은 러시아 복장을 하고 또 러시아어를 구사하였다. 블라디보스토크에 거주하는 부유한 중국인들이 러시아인을 그들의 자녀의 러시아어 학습을 위한 가정교사로 채용하는 일도 보기 드문 것은 아니었다. 러시아인들과 중국인들 간의 국제결혼에 대한 정확한 통계는 없지만, 제1차 세계대전 직전 이곳을 방문한 영국인에 의하면 러시아 여성들이 중국인들을 남편으로 맞아들이는 데 대해서뿐만 아니라 러시아 남성들이 중국인인 여성들을 아내로 맞아들이는 데 대해서도 큰 거부감은 없었다.[67]

Ⅳ. 중국인의 러시아 극동지역 재정착과 황화론(20세기 말)

19세기 말에서 20세기 초에 걸쳐서 나타났던 러시아 극동지역 중국인들에 대한 러시아인들의 비(非)적대적 내지 우호적 감정은 약1세기 후인 20세기 말에는 전혀 다른 양상을 띠게 되었다. 이미 앞에서 살펴본 바와 마찬가지로 19세기 말에서 20세기 초, 러시아 극동지역 당국이 실시한 식민정책의 근본취지는 이주해오는 중국인을 비롯한 극동의 황색인종에 의한 값싼 노동력을 러시아 극동지역의 경영에 이용하는 것이었다고 할 수 있다.

그러나 20세기 말 러시아는 1세기 전 그들이 이용했던 중국인 노동자들의 모국인 중국이 국력에 있어서 쇠퇴하는 러시아를 넘보게 되자 상황은 달라졌다. 러시아 극동지역의 도처에서 편재하는 중국인들의 존재는 황색인종에 의한 러시아 극동지역의 평화적 점령의 시초로 인식되어, 러시아인들의 집단적 이익에 대한 심각한 위협으로 간주되었다. 이에 따라 소수민족 중국인에

66) Lewis H. Siegelbaum, "Another 'Yellow Peril': Chinese Migrants in the Russian Far East and the Russian Reaction before 1917," *Modern Asian Studies* vol. 12, no. 2(1978), p. 315.

67) Stephan(1994).

대한 편견인 황화론 또한 급격히 강화되는 조짐을 보여주기 시작하였다.

중국은 이미 19세기 말의 제국주의 열강들에 의해 경제적 식민지로 전락한 국가가 아니었다. 중국은 성공적인 경제개혁과정에서 미국과 일본의 뒤를 이어 세계 제3위의 경제대국으로 부상하고 있었다. 소련이 마르크스-레닌주의에 의거한 이상적인 사회건설을 위해 생산력 증대 및 계획경제에 많은 노력을 한 바 있으나 축적된 내부모순과 외부모순을 타개하지 못하고 마침내 무너진 것과는 대조적이었다. 오히려 중국은 중국특색의 사회주의를 따라 전진할 것[68]을 외치면서 당11기 3중 전회 이후, 개혁·개방을 실시함으로서 그 경제발전속도가 러시아뿐만 아니라, 주요한 자본주의 국가들을 훨씬 앞지르게 되었다. 구체적인 수치를 보면 1979년부터 1989년까지, 국민총생산액의 연평균 성장률은 미국이 2.6%, 일본이 4.3%, 독일 연방이 2.1%인 데 비해 중국은 9.1%였다. 1979년부터 1990년까지 공업생산의 연평균 성장률은 미국이 2.2%, 일본이 4.1%, 독일 연방이 1.9%인 데 반해서 중국은 12.0%였다.[69] 계획경제와 시장기능의 상호결합을 견지하면서,[70] 생산력 증대를 가장 중요한 목표로 삼고 있는 중국은 이제 과거 19세기 말의 러시아를 비롯한 제국주의 열강들의 반식민지상태로 전락한 국가가 아니었다.

이러한 중국과 러시아의 국력에서의 뒤바뀜으로 인해 러시아 극동지역의 중국인에 대한 황화론 또한 새로운 전기를 맞게 되었다. 성장하는 국력을 배경으로 한 러시아 극동지역에서의 중국인의 존재는 러시아인들의 이익을 위협하는 것으로 간주되었고,[71] 이러한 위협에 대한 인식은 러시아 극동지방의 지역주의로 인해 더욱 악화되기 시작하였다. 인종적인 관점에서 러시아인들이 가장 우려하는 것은 중국인에 의한 러시아 극동지역의 점진적 또는 평화적 합병(присоединение) 내지 동화(ассимиляция)였다.

1. 러시아 극동지역에서의 외국인 노동력의 필요성

러시아 극동지역은 러시아 연방 전체영토의 1/3 이상을 차지하고 있는 방대한 지역으로서 러시아 연방 11개 경제지역 중의 하나로서, 사하공화국, 연해주, 하바로프스크 지방, 아무르주,

68) "沿着有中國特色的社會主義道路前進."
69) 『人民日報』1991年 9月 11日, 第3版.
70) "堅持計劃經濟和市場調節相結合."
71) 따라서 러시아 극동지역에서 중국인들과 러시아인들 간의 상호보완적인 협력의 가능성에 대해서 비관적인 견해를 가진 러시아인들이 늘어나게 되었다. 孫長雄·婉睿, 「中俄經貿應走開發性結構互 補合作之路:對中俄經貿發展戰略的探索與研究」『國際經濟合作』第9期(1996), pp. 16-20.

캄차카주, 마가단주, 사할린주를 포함하는 지역이다. 러시아 극동지역의 전체면적은 약 620만 평방킬로미터로서 러시아 전체영토의 36.4%를 차지하고 있으나, 인구는 약 8백만 정도로 러시아 전체인구 1억 5천만여 명의 5.4%에 불과하다.[72)]

따라서 이렇게 부족한 인력을 메우기 위해 구소련 시대에는 여러 가지 인력 유인(誘引)정책을 썼다. 예를 들어 이 극동지역의 농산물 등에 대한 면세정책, 아파트의 임대료를 비롯한 주거비의 인하, 극동지역으로의 무료 이사비용 등이 여기에 포함된다. 또 한편으로는 이 지역 거주자에게 돌아가는 혜택의 범위를 넓힌다거나 추가소득을 지급하는 등의 정책이 사용되기도 했다.[73)] 그러나 구소련이 해체되고 러시아의 탄생을 계기로 이러한 유인정책을 포기함에 따라, 다시금 이 극동지역의 노동력 부족은 심각한 인구유출의 양상을 띠게 되었다.[74)]

따라서 극동지역의 자체노동력만으로는 이 지역개발에 필요한 인력을 더 이상 충당할 수 없게 됨에 따라 외국인 노동력을 필요로 하게 되었다.[75)] 소련에서의 외국인 근로자의 고용은

---

72) 對外經濟政策研究院 地域情報센타, 『러시아 極東地域 便覽』(1994).

73) Г. Мильнер, "Проблемы обеспеченности трудовыми ресурсами районов Сибири и Дальнего Востока." *Экономические науки,* no. 2(1979), pp. 61-68.

74) 다음에서 보는 것처럼 1989년에서 1995년 사이에 전체적으로 43만여 명이 러시아 극동지역을 빠져나갔음을 알 수 있다.

〈표 2-9〉 러시아 극동지역의 인구변화, 1989~1995(단위: 천 명)

러시아 극동지역	총 인구 (1989)	총 인구 (1995)	퍼센트 변화 (1989~1995)	절대수 변화 (1989~1995)	자연증가 (1989~1995)	순인구 이동 (1989~1995)
극동지역(합계)	7,941	7,667	-3.4	-274	160	-434
사하 공화국	1,081	1,035	-4.3	-46	65	-111
연해주	2,258	2,278	0.9	20	19	0
하바로프스크주	1,609	1,601	-0.5	-9	21	-29
유태인 자치구	216	216	0.2	0	3	-3
아무르주	1,058	1,051	-0.7	-7	21	-28
캄차카주	466	423	-9.3	-43	9	-52
마가단주	386	282	-26.9	-104	10	-114
츄코트카 자치구	157	101	-35.5	-56	4	-60
사할린주	710	681	-4.2	-30	8	-37

자료: Госкомстат 1990; Госкомстат 1994; Госкомстат 1995(Heleniak(1995:457)에서 재인용)

75) 최근의 한 자료에 의하면 아무르 지역의 생산분야에만 약 20,000명의 인력이 부족하다고 한다(Vardomsky 1992:82). 이러한 러시아 극동지역의 노동력의 필요성에 대해서 소련의 저명한 정치주간지 '노보예 브레미야'(Новое время)의 기자 알렉산드르 구벨(1989:53-54)은 다음과 같이 말한다: "우리들은 이미 외국의 노동력을 쓰고 있으나 현재로서 그것은 대해(大海)의 물 한 방울에 불과하다. 우리들은 현재 수백 명의 중국인·베트남인·북한인을 쓰고 있으나, 우리한테는 수천 명 어쩌면 수만 명이 필요하다. 그리고 이에 관한 관심은 상호적인 것이다. 지도를 보라. 이곳에서 중국까지는 손을 뻗으면 닿을 정도이다. 베트남까지는 좀

1980년대 말까지는 주로 사회주의 국가 간의 인구이동양상으로 보여지는데, 이 사회주의 국가 간의 인구이동은 자본주의 국가들 간의 인구이동과는 몇 가지 차이점을 가지고 있다. 먼저 사회주의 국가 간의 인구이동은 이들 국가 간의 계획과 규제에 의한 일시적인 노동력 이동이라는 점이 많이 강조되고 있다. 이러한 인구이동은 이들 국가 간의 상호협력과 상호원조의 한 형태의 표현으로서 강조되며, 정치적, 문화적, 이데올로기적인 면에서 사회주의 국가들의 단합을 고양시키고, 각국의 기술수준을 높일 뿐만 아니라, 완전히 자발적인 국내적 및 국제적인 이해관계의 조화로운 결합이라고 간주된다.[76]

사회주의 국가들 간 인구이동의 대표적인 예로서 1967년 10,000명 내지 12,000명의 헝가리 근로자들과 35,000여 명의 폴란드 근로자들이 동독에서 작업을 하였다. 그 이후 20,000여 명의 폴란드 및 불가리아 근로자들이 체코슬로바키아에서 일한 예도 있고, 수천 명의 불가리아 노무자들이 소련에서 일한 사례나 사회주의 국가들로부터 선발된 국제사회주의연합근로자 수천 명이 몽고에서 일한 경우도 여기에 속한다고 할 수 있다.[77] 뿐만 아니라 가까이는 북한의 노동자들이 1945년 해방 이후부터 최근까지 러시아 극동지역에서 일하고 있는 사례[78]도 이러한 사회주의 국가 간의 인구이동의 일환으로 볼 수도 있을 것이다.

1989년 현재 소련전역에서 일하고 있는 사회주의 근로자의 규모는 10개의 사회주의 국가들에서 약 160,000명으로 알려지고 있는데 이들 중 대부분은 북한, 베트남 및 불가리아 출신들로서 '자유고용'(free hire) 방식으로 일하게 된 근로자들이다.[79] 현재 러시아 극동지역에서 일하고 있는 사회주의 국가들의 인력규모는 정확히 알려지고 있지는 않으나 미나키르[80]에 의하면 1989년

멀기는 하나 그래도 거리는 모스크바-블라디보스토크 간과는 비교할 것이 못 된다. 뿐만 아니라 직통인 해로(海路)가 있다. 그런데 중요한 점은 딴 데 있다. 우리들은 소련유럽부에서 그곳에서도 필요한 일손을 끊임없이 불러대고 있으나 중국이나 베트남에는 남아도는 인력이 있다. 그쪽에서는 이들 일손에게 어떻게 일거리를 줄 것인가 고민하고 있다."

76) T. Ваис, "Проблемы сотрудничества стран СЭВ в использовании трудовых ресурсов" *Вопросы экономики*, No. 9(1975).

77) Ваис(1975).

78) 러시아 극동지역의 북한 노동력에 관해서는 이 책의 제4부 "러시아 극동지역과 북한 노동력"을 참고.

79) George Ginsburgs, "Imported Asian Labor in the USSR." Asian Perspective vol. 14, no. 2(1990), p. 7. 또 다른 자료에 의하면 1989년 현재 10개의 사회주의 국가들에서 온 120,000명가량의 근로자들이 소련에서 일하고 있는데, 이들은 자연자원이나 자연연료를 채취하는 작업을 주로 하고 또 일부는 소련측과의 합작기업 등에서 연수를 받고 있다. 특히 베트남 근로자 60,000명 가운데 절반이 소련의 섬유산업공장에서 일하고 있으며 나머지는 기계제작과 건설분야에서 일하고 있다고 한다. И. Ушкалов, "Человеческий фактор интеграции" *Экономическое сотрудничество стран-членов СЭВ*, no. 6(1989).

80) Pavel A. Minakir, *The Russian Far East: An Economic Handbook*, trans. by Gregory L. Freeze(Armonk,

현재 26,000여 명이 있다고 하며 이들은 대부분 중국, 북한, 쿠바, 베트남 등지에서 온 근로자들이다.

2. 러시아 극동지역에서의 중국인의 맹류현상

1980대 후반 구소련 연방의 붕괴를 전후하여, 중・러무역이 늘어남에 따라 빈곤으로부터 탈출하기 위해 많은 중국인들이 농촌에서 대도시로 몰려드는 소위 '맹류(盲流)'현상[81]이 이곳 러시아 극동지역에도 나타나기 시작하였다. 이러한 맹류를 뒷받침할 수 있는 대표적인 예로서 1988년 4월 흑룡강성(省) 성장(省長)인 호우지애(侯捷)는 성급(省級)차원에서 러시아 극동지역 개발을 위해 흑룡강성의 300만 명의 실업자들 중 100만 명은 러시아 극동지역에서 건설과 삼림노동에 종사할 수 있다고 밝힌 사실도 있다.[82] 그러나 실제로 정확히 얼마만큼의 중국인들이 러시아 극동지역에 거주하는지에 관한 정확한 통계는 없으나 대략 수십만 명에서 수백만 명이라고 알려지고 있다.[83] 좀 더 구체적인 러시아 극동지역의 중국인 영주자 추세를 보면 1989년에 1,742명이었으나, 1990년에는 15,000명, 1993년에는 100,000명, 그리고 2001년에는 237,000명으로 늘어났다.[84] 다만 여기서는 1994~2000년 사이 연해주를 방문한 중국인들과 관련된 통계를

N.Y.: M.E. Sharpe, 1994), p. 183.

81) 毛里和子(1989), p. 132. '맹류(盲流)'의 정식명칭은 '노동인구의 맹목적 유동'(勞動人口的盲目流動)으로, 노동인구의 유동은 중국대륙에서 개혁과 개방정책을 실시한 이후에 나타난 현상이다. 중국경제가 과열되면서 도시지역의 건축업 등이 성황을 이룸과 동시에 농촌의 인구가 도시로 몰려들어 도시를 더욱 번창하게 하였으나 적지 않은 사회적 문제도 발생시키고 있다. 江振昌, 「大陸社會的民工'盲流'問題」『中國大陸研究』民國78年 第31卷 第12期(1989), pp. 47-53.

82) 특히 흑룡강성은 등소평의 「남순강화(南巡講話)」를 계기로 중국 남부지역과 러시아 극동지역을 연계시키려는 경제발전정책의 하나인 「남련북개(南聯北開)」의 전략을 적극 추진하고 있다("…自從92年鄧小平「南巡講話」以後, 中國以此作爲積極地發展市場經濟的一次機會. 當時中國各省市都相繼制定了各自的 「改革・開放」戰略, 中國邊境的黑龍江省走的是加强和遠東俄羅斯的經濟交流之路. 黑龍江省提出 「南聯北開」的戰略, 從中國南方購進商品, 以發展和俄羅斯的貿易來推動經濟發展" 1992년 등소평의 남순강화 이후 중국은 이것을 적극적으로 시장경제를 발전시킬 수 있는 좋은 기회로 간주하였다. 당시 중국의 각 지방정부에서는 각자의 개혁개방전략을 잇달아 제정하였고 중국변경의 흑룡강성은 극동 러시아와의 경제교류를 더욱 강화하는 노선을 채택하였다. 흑룡강성은 '남련북개' 전략을 제출하고, 중국 남부지역으로부터 상품을 구매하여 러시아와의 무역을 더욱 진전시킴으로써 경제발전을 더욱 가속화하려 하였다). 岩下明裕(1997)「從遠東俄羅斯看中國(1992~1996)」([http://www.cis.yamauchi-pu.ac.jp/~iwachita/page/index/fore.../01.htm], 검색일 1999. 7. 23.), p. 2.

83) Alexander Lukin, "The image of China in Russian border regions." *Asian Survey* vol. 38, no. 9(1998), pp. 821-835.

84) О.Д, Захарова, В. В. Миндагулов, *Нелегельная миграция в пограничных районах Дальнего Востока: история, современность и последствия*(Москва, 1994), pp. 15-19. Cited in Viacheslav V. Karlusov (2001), "Chinese Presence in the Russian Far East: An Economic Perspective"([http://gsti.miis.edu/CEAS-PUB/200104Karlusov.pdf],

살펴보도록 한다.

〈표 2-10〉 연해주 방문 중국인 수

연도	연해주 방문 중국인			위반자에 대한 처벌		
	총 수	무비자입국자	미귀환자	행정재제	추방명령	강제추방
1994	40,000	18,500	14,400	9,500	2,700	1,500
1995	35,000	18,500	11,200	12,300	6,600	4,500
1996	35,500	21,000	1065	8,250	3,700	1,900
1997	52,000	39,000	468	8,250	4,000	2,100
1998	73,000	61,000	292	8,250	3,200	1,190
1999	80,287	n.d.	105*	n.d.	n.d.	n.d.
2000*	41,355	n.d.	n.d.	n.d.	n.d.	n.d.

(* 1999년 1월~3월 및 2000년 1월~6월)

자료: Отдел виз и разрешений Приморского края(ОВИР), Справка, 연해주 비자허가국(OVIR) 부국장 Виктор М. Плотников 제공(블라디보스토크, 1999년 6월 2일). Cited in Mikhail Alexseev, "Chinese Migration in the Russian Far East: Security Threats and Incentives for Cooperation in Primorskii Krai," pp. 319-347 in Judith Thornton and Charles E. Ziegler(eds.), Russia's Far East: A Region at Risk(Seattle: University of Washington, 2002), p. 321.

〈표 2-10〉에 따르면 연해주 방문 중국인 수는 1995년의 35,000명에서 1998년 73,000명으로 증가했다. 또한 1994년과 1995년 연해주 방문 중국인들 총 75,000명 중 약 34%에 해당하는 25,600명이 중국으로 귀국하지 않은 것으로 나타났다. 그러나 1994년부터 비자규제를 강화하고, 또 거리, 시장 및 작업장에서 현장감시가 강화됨에 따라 미귀환자는 전반적으로 많이 줄어든 것을 볼 수 있다. 그 외 불법이주의 주범으로 지목되어 온 무비자 관광은 1996년에서 1998년 사이 거의 3배나 늘었음을 알 수 있다.

문제는 지역에 따라 다양한 편차를 보이고 있는 중국인들의 비율이 때로는 러시아주민들에게 심각한 우려를 자아내고, 이것이 중국인에 대한 인종편견으로 종종 전화(轉化)된다는 점이다. 예를 들어 러시아 극동지역의 블라디보스토크에만 약 7,000명의 외국인 거주자들이 있는데[85] 이들의 대부분은 중국인들로써, 약 200여개의 기업에서 일하고 있다.[86] 인근 소도시 나홋카에서는

2003. 11. 18. 검색).

85) 또 다른 통계에 의하면 블라디보스토크시의 경우 전체 외국인 근로자 3,147명 중 68%가 중국인이라고 한다. 구체적으로 이 지역에서 북한 근로자를 포함한 외국인 노동자의 분포를 보면 북한(842명), 중국(2,146명), 베트남(60명), 불가리아(32명), 한국(45명), 일본(9명), 캐나다(5명), 미국(2명), 뉴질랜드(2명), 몽고(2명), 영국(2명) 등의 순으로 나타난다. 블라디보스토크의 노동시장에 관해서는 Ю.Н. Казаков, "Рынок труда во Владивосток"블라디보스토크의 노동시장), *Социологические исследования* no. 7(1996), pp. 112-115를 참조할 것.

등록된 외국인 근로자 820명 가운데 중국인이 659명으로, 압도적인 다수를 점하고 있다.[87] 연해주의 뽀그라니츠니(Пограничный)[88] 같은 지역에서는 18,000여 명의 주민들 가운데 8,000명이 중국인이며, 러시아 이민국에 의하면 연해주의 어떤 지역에는 중국인 거주자들의 수가 러시아인의 수와 비슷한 곳도 있다고 한다.[89] 더 나아가 심지어 중국인의 수가 그 지역의 러시아인 주민들의 수를 능가하는 곳도 있다. 예를 들어 연해주의 파르티잔스크(Партизанск) 지역에는 러시아 주민이 7,000명인 반면에, 중국인 이주자들의 수가 15,000여 명이나 된다.[90] 또 하바로프스크의 라조(Лазо)라는 지역의 한 사영(私營)농장에서 50명의 중국인노무자들을 고용하고 있으나 러시아인 노무자들은 단 3명뿐으로, 이 지역에 거주하는 100여 명의 러시아 주민들은 중국인들의 정착을 두려워하고 있다.[91]

러시아 극동지역의 중국인 노동자는 주로 계절노동자인 경우도 많았으나, 최근에는 농업과 건설 분야에 집중되어 있다. 1989년 이후 약 10,000여 명의 흑룡강성 중국인 농부들이 러시아 극동지역에서 농사를 짓기 위하여 러시아로 떠났다고 하며, 이러한 중국인 농부들의 유입도 러시아 극동지역 주민들과 갈등을 유발시키는 한 요인이 되고 있다.[92] 이는 거주하는 중국인들의 수에 비해 오히려 극동지역의 전체 러시아주민들의 수가 감소하는 것에도 그 원인이 있다. 예를 들어 러시아 극동의 하바로프스크 지역에서는 최근 10년간 이 지역의 전체인구의 약 6%에 해당하는 10만 명이, 그리고 러시아 극동지역 전체에서는 약 100만 명 감소한 것으로 나타나고 있는데,[93] 이는 이 지역의 공업생산의 60%를 차지했던 軍産복합체(ВПК: военно-промышленный комплекс)가 문을 닫으면서 발생한 현상이다.[94]

---

86) *Известия*, 14 мая 1994г., стр. 2.

87) Алексей Распутный, "'Железный занавес' в Находке"(나홋카에서의 철의 장막), Владивосток, 29 июля 1999г.[On-line: http://vl.vladnews.ru/9907/current/news/news01.asp].

88) 연해주와 중국의 대표적인 접경도시이다.

89) 戴萬欽, 「對俄羅斯「中國政策」的展望」『問題與硏究』第35卷 第2期(1996年 2月), p. 72.

90) *Известия*, 14 мая 1994г., стр. 2.

91) 러시아 극동지역에서 중국인의 이주에 대한 당국의 강력한 규제요구는 중국인들의 평화적 점령에 대한 두려움에 기인하는 바가 큰 것으로 알려지고 있는데, 여기에 대해서는 戴萬欽, 「對俄羅斯「中國政策」的展望」『問題與硏究』第35卷 第2期(1996), pp. 65-77을 참조할 것.

92) 러시아 하바로프스크 지역의 한 집단농장에서는, 중국인 농부들이 러시아 경찰이 그들의 농작물을 도둑으로부터 지키지 못했다고 하여 인근의 경찰서를 습격하였고, 이에 놀란 경찰이 분개한 중국인들을 진압하기 위해 데모진압경찰을 불러들인 일도 있었다(Известия, 4 февраля 1994г., стр. 3).

93) "Желтым по белому: Несмотря на ужесточение правил въезд, Дальний Восток все равно может стать китайским," *ИЗВЕСТИЯ*(14 марта 2003)[http://www.izvestia.ru/community/article31210].

94) Борис Резник, "Китайские туристы хотели бы остаться в России"(중국 여행자들은 러시아에 남기를 원한다), *Известия*, 4 марта 1999г., стр. 1.

또한 건설근로자에 관한 공식적인 통계에 의하면 1989년 중국인 근로자의 수는 총 외국인 노동자의 2.4%를 차지하였으나 1992년에는 16%로 급격한 증가세를 보였다.[95] 이러한 러시아 극동지역으로의 대대적인 중국인 이동은 이 지역과 주변지역 간의 격심한 인구밀도의 차이에서[96] 오는 당연한 결과일지도 모른다. 이들은 러시아 극동지역 곳곳에 합법적 또는 불법적으로 거주함으로서 러시아인들로 하여금 반화(反華)감정을 불러일으키고, 그로 인하여 다시 황화론(黃禍論)의 정서가 점점 강해지고 있다.

현재 중국 통계에 의하면 러시아 극동지역에 공식적으로 약 3만 명에서 20만 명 정도의 중국 근로자들이 주로 아파트 건설 작업장에서 일하고 있다고 한다.[97] 비록 일부에서는 이러한 중국 노동자에 의한 극동 러시아 지역에서의 기여도와 이에 대한 러시아 기술자들의 중국 교환파견에 대해 긍정적 전망이 없지는 않으나,[98] 이러한 중국근로자들의 인구압력에 대한 러시아 극동지역 주민의 반발과 우려는 다양한 형태로 표출되고 있는데, 모든 범죄의 근원에는 항상 중국인들이 그 속에 관여하고 있다는 식의 논지를 주장한다.

---

95) Minakir(1994), pp. 183-184.

96) 다음의 표에서 러시아 극동지역과 인근 주변국들 간의 인구밀도는 엄청난 차이를 보이고 있다.

〈표 2-11〉 러시아 극동지역 및 주변국들의 인구밀도(1990)

지역	면적(1,000km^2)	인구(100만 명)	인구밀도(人/km^2)
러시아 극동지역	6,216	7.9	1.3
중국 동북(東北)지역*	1,970	121.6	60.5
북한	125	21.4	170.6

(*중국 東北지역은 길림성, 요녕성, 흑룡강성 및 내몽고를 포함)

자료: 對外經濟政策硏究院 地域情報센터, 1994:21

97) 畢英賢, 「俄羅斯與中共關係的建立與發展」『問題與硏究』第32卷 民國82年 第4期(1993), pp. 1-11. 러시아 측 통계에 의하면 약 15만 명의 중국인이 연해주에 거주하고 있다고 추산하고 있으나(Коммерсантъ, 26 мая 1994г., стр. 14), 일부 통계에 의하면 중국인의 수가 백만 명이 넘는다고 주장하고 있다(戴萬欽, 1996:72).

98) 정부 간 레벨에서 양국 간의 노동력 교환에 대한 논의는 아래에서 보다시피 없지는 않았다: 「…中俄勞務合作也有進展, 僅在西伯利亞和遠東地區的赤塔, 阿穆爾等州就約有三萬中國工人, 他們主要是從事房舍建設. 相反地, 俄羅斯也有專家到中國大陸工作, 但人數不詳. 不過, 去年雙方曾爲此簽署了兩個相關文件: 一是「中俄政府關於派遣和吸收中國公民在俄羅斯聯邦企業, 聯合公司及機械工作的原則協定」, 一是俄羅斯聯邦勞務就業部與中共外國專家局簽署「派遣俄羅斯專家去中國工作的協定」. 後者, 係去年底俄總統訪平期間所簽訂」(…중·러 노무합작 또한 진전이 있었는데, 시베리아와 러시아 극동지역의 치타, 아무르 등의 주에는 약 3만 명의 노동자들이 있으며, 이들은 주로 아파트 건설에 종사하고 있다. 이와는 반대로 러시아 또한 전문가들을 중국에 보내고 있으나 그 수는 알 수 없다. 그러나 작년 양측은 이를 위해 2개의 문서에 서명하였다. 하나는 '중국공민을 러시아 연방기업에서 파견·흡수하여 기업과 기계건설을 합작하는 원칙에 관한 협정'이고, 또 하나는 '러시아 연방노무취업부와 중국 외국전문가청이 러시아 전문가를 중국에 파견하여 합작하는 협정'인데 이는 지난해 말 러시아 대통령이 북경을 방문하였을 때 서명한 것이다)(畢英賢, 1993:8).

하나의 예로, 러시아인들은 러시아와 합작하는 중국의 기업들은 항상 규모가 작고, 러시아 극동지역에서 거의 투자는 하지 않는다고 주장할 뿐만 아니라, 턱없이 높은 가격을 매긴 소비재와 식료품을 제공하는 대신 러시아 극동지역의 목재, 비료, 시멘트, 석탄, 금속 및 어류 등의 비싼 원자재를 중국으로 빼돌리고 있다고 비난한다.[99]

또한 러・중 국경의 개방으로 자유기업에 사로잡힌 중국인들의 대량유입을 가져와 결과적으로 이들로 하여금 화폐위조, 투기 및 밀수에 빠져들게 되었다고 믿는다. 이러한 러시아 극동지역에서의 중국인에 대한 혐오감을 '극동인민의 역사, 고고학 및 인종학 연구소 블라디보스토크 지부(IHAE)'의 지부장인 라린(Viktor Larin)은 다음과 같이 설명하고 있다:

> "중국과 러시아 간에 성행한 짧은 기간의 초보적 물물교환은 러시아의 전 주민들에게 개혁의 초기에 생존할 수 있는 기회, 물자부족의 시기를 견딜 수 있는 기회, 그리고 어떤 사람들에게는 자본을 키울 수 있는 기회 등을 부여하였으나, 전반적으로 러시아 극동의 주민들의 마음속에 혐오감을 남겨 준 것도 부인할 수 없다."[100]

99) Lukin(1998). 중국과 러시아의 경제협력에 대한 부정적인 측면보다 긍정적인 측면을 강조하는 주장도 많이 있다. 경제협력의 결과 양측이 얻을 수 있는 긍정적인 효과는 다음과 같이 제시할 수 있을 것이다.

〈표 2-12〉 러시아 극동지역과 중국 북·동부지역 간 경제협력의 긍정적 효과

러시아 극동지역에 있어서의 이점	중국 북동지역에 있어서의 이점
상품공급(특히 식료품)의 측면에서 중앙으로부터의 분배의 동결과 병행 가능	지역공산품을 러시아 극동지역에서 판매, 생산의 발전과 고용의 확보 가능
지역의 외화비축, 지역의 무역에 의한 무역흑자, Transit 수출로부터의 이윤 획득	원료와 에너지 문제의 해결
건설업과 농업에 있어서 만성적 인력부족 해소	러시아 영토로의 경제적 진출 및 정착 추진
연해주의 항구를 이용하여 중국동북지방기업 제품의 수출을 위한 수송 서비스 제공	軍産복합기업이 향상시킨 기술 수용, 러시아 극동의 보다 발전된 기술 이용 가능
아시아 지역의 농업기술 유치로 극동지역 조건에 보다 적합한 식량문제의 해결 가능, 이것은 소련시대의 이주자들이 가지고 왔던 기술보다 나음	러시아 극동지역, 특히 연해주 남부와 아무르주의 운송시스템을 북동지역의 화물수송에 이용
러시아 극동지역 기업의 기술을 1950년대 소련의 원조로 건설된 중국 북부의 공업생산 설비재건설 및 기술 재정비에 이용	중국 남부와 중부로부터 수송되어 온 물자를 구소련 제국에 전달하는 중개업무 가능

자료: 大津定美, "ロシア極東への中國人勞動力の流入は威脅か: 北東アジア國際勞動力移動の一側面," Journal of International Cooperation Studies, vol. 8, no. 2(2000), p. 71.

100) "a short epoch of ..." wild barter "[that flourished] in the relations between Russia and China gave entire groups of the Far Eastern population an opportunity to survive at the first stage of reforms, to live through and overcome the shortage of commodities, and for some even [the chance] to acquire starting capital, but on the whole it left [memories of] an unpleasant taste in the minds of the people of the Far East" *Проблемы дальнего востока*, no. 1, 1997, p. 25. Lukin(1998:824)에

또한 극동지역의 중국인 기업가들은 중국의 팽창하는 경제력으로 러시아 시장을 독점하려고 하고, 또한 러시아의 금융시스템을 교란하려 한다고 간주된다. 이와 관련하여 비공식적 통계에 의하면 1993년 한 해 동안에만 총 5천만 달러가 러시아에서 중국으로 이체(移替)되었는데, 이 금액의 대부분은 러시아내에서의 중국인들의 자유로운 출입을 보장하는데 필요한 여권과 문서의 위조에 사용되었다는 주장도 제기되고 있다.[101]

중국인에 의한 러시아법의 위반은 경제적인 영역에만 국한되는 것은 아니다. 러・중 국경지역의 중국인들은 러시아의 비자나 위생규정 및 관세규정을 위반하는 경우가 종종 발생하였는데, 이러한 사건을 보도하는 러시아 극동지역의 언론의 근원에는 중국인에 대한 깊은 혐오와 불신, 그리고 중・러 국경분쟁을 둘러싸고 여전히 해결되지 않은 국경문제에 대한 러시아 주민들의 반감 등이 도사리고 있다.[102]

최근 들어 극동지역 러시아인들의 가장 노골적인 중국인에 대한 혐오는 중국에서 러시아 국경지역으로 수입된 육류(肉類)의 전염병감염과 관련된 사건에서 잘 알 수 있다. 중국에서 유입되는 가축을 검사하는 러시아 극동지역의 검역소장 비야체슬라바 아빌로프는 아무런 증거도 없음에도 불구하고, 러시아에서 발생했던 돼지 페스트와 모스크바 근교에서 발생했던 구제역병(口蹄疫病)과 선모충(旋毛蟲)의 진원지로서 중국을 지목하였고, 이는 중국의 근로자들이 손을 씻지도 않은 채 수출용 육류를 다루었기 때문이라고 주장하였다. 이에 따라 중국산 육류의 러시아 극동지역 수입을 일시 정지한다는 발표를 하여 관련 당사자를 경악시킨 일도 있었다.[103]

구소련 연방의 붕괴를 전후하여, 중・러무역이 늘어남에 따라 실제로 여기서 일하고 있는 대부분의 중국인들이 중국 동북부 지역에서 빈곤으로부터 도피하기 위해 온 것이지만, 이들 중국인들에 대한 극동지역 러시아인들의 시선은 그렇게 단순한 것만은 아니다. 예를 들어 연해주 지방정부는 러시아 중앙정부와 자치권 획득을 위한 줄다리기를 하는 과정에서, 이들 극동지역

서 재인용.

101) Larin(1995).

102) 예로서 다음과 같은 이즈베스치야 기사를 들 수 있다: Борис Резник, "Русский с китайцем... Игра без правил. Кто в выигрыше?"(러시아인과 중국인, 규칙 없는 경기, 누가 이득을 볼 것인가), Известия, 11 ноября 1996г. стр. 4. 또한 최근 2003년 중국에서 발생한 사스(SARS)와 관련하여서도 다음의 신문기사에서 보여준 러시아의 반응은 과거와 거의 유사하였다. "Россия может закрыть границу с Китаем из-за SARS," *ГазетаСНГ*[http://www.gazetasng.ru, April 30, 2003].

103) Владимир Михеев, Геннадий Чародеев, "Авилов подверг Китай двойной проверке, но кто даст гарантии, что ящур нз-за Великой стены не гуляет по Сибири и Дальнему Востоку?"(아빌로프는 중국을 이중으로 검사하게 하지만, 누가 만리장성으로부터 온 구제역이 시베리아와 극동지역에 난무하지 않는다는 보장을 할 것인가?), *Известия*, 14 марта 1997г., стр. 1.

중국인들이 연해주 지역에 중국자치정부를 세우기 위한 중국정부의 계획적인 파견의 일환이라고 주장하고[104] 중국이 실제로 연해주를 합병하려한다는 주장까지 하고 있다.[105]

3. 러시아 극동의 지역주의

구소련체제의 붕괴이후 느슨해진 중앙정부의 통제를 틈타 공화국의 자치권을 주장하는 각 공화국 지방자치단체들은 모스크바 중앙정부와 끊임없이 힘겨루기를 하면서[106] 각 지역 주민들의 외국인에 대한 배타적 감정을 이용하기도 한다. 대표적인 예가 연해주에서 자주 거론되고 있다. 연해주의 경우 이 지역을 장악하고 있는 엘리트층은 거의 구소련시대의 공산당관료들로서 이들은 모스크바 중앙정부의 시장경제정책에 대하여 반발하면서, 구소련시대의 특권을 지키기 위해서 안간힘을 쓰고 있다. 특히 구연해주 주지사였던 나즈드라텐코(Евгений Наздратенко)와 하바로프스크 주지사인 이샤예프(Виктор Ишаев)를 비롯한 과거 공산당의 관료들은 러시아 극동지역의 지정학적인 특성, 즉 중앙정부와의 현격한 지리적인 격리성과 중국을 비롯한 인근 국들과의 근접성을 이용하려고 하였다. 이들 극동지역의 지방정부지도자들은 중앙정부의 간섭을 배제한 완전한 지방자치를 노리는 한편, 이 지역의 주택부족문제에서부터 빈발하는 범죄문제에 이르기까지 이 문제에 대한 속죄양으로 중국인들을 지목하며,[107] 이 지역주민들이 인근 중국에 대해서 느끼는 잠재적 위협, 즉 황화를 부풀려 그들의 목적에 이용한 측면이 상당히 있다.

이렇게 황화가 실제보다 훨씬 더 부풀려졌다는 것은 러시아에 거주하는 중국인의 비율을 비교해 보면 알 수 있다. 실제로 러시아에 거주하는 중국인들의 비율은 다른 나라의 경우와 비교할 때 결코 높은 편은 아니다. 러시아 극동지역의 경우 현지 주민 10,000명당 중국인 비율은 31.25명에 지나지 않는다. 반면 기타 세계의 여러 지역에서는 훨씬 더 많은 중국인들이 거주하는

---

104) *Утро России*, 15 февраля 1995г., стр. 2.

105) 최근에 블라디보스토크 시장인 코피로프(Yuri Kopylov)는 러시아 중앙정부가 러시아 극동지역에서의 중국의 활발한 경제활동과 인구팽창정책에 대하여 필요한 조치를 취하지 않는다면 러시아 극동지역은 반드시 중국의 수중으로 넘어갈 것이라고 주장하고 있다. 코피로프는 그 전조의 하나로, 중국 교과서에서 극동지역의 러시아 영토를 중국의 영토로 색칠하고 블라디보스토크를 옛 중국 지명인 해삼위로 표시하고 있는 것을 구체적인 예로 들고 있다("中國教科書裡把俄國遠東領土塗成中國的顏色, 把符拉迪沃斯托克稱作海參葳"). "俄情報首腦視察中俄邊境," 『亞洲週刊』(2002年9月16日~9月22日), p. 17.

106) 러시아 중앙정부와 지방정부 간의 관계에 대한 자세한 설명은 조우정(Cho, 2000:14-36)을 참조하시오. 조우정은 전체 러시아 연방의 관점을 고려하여 분석하는 맥락적 분석(context analysis)을 시도하면서 연해주와 러시아 중앙정부 간의 엘리트 협상관계를 사례연구로서 분석하고 있다.

107) Menon(1997), p. 5.

것을 볼 수 있는데, 예를 들어 캐나다에는 현지인 10,000명당 259명의 중국인이 있고, 오스트레일리아에는 현지인 10,000명당 178.5명의 중국인이, 그리고 미국에는 현지인 10,000명당 65.9명의 중국인이 있다.[108)]

또한 연해주에서는 인근 중국에 대한 연해주 주민의 반감에 편승하여 지역주민들의 배외감정, 특히 반한(反漢)감정을 과거 주지사였던 나즈드라텐코가 주도하는 권위주의 정권을 합법화하기 위한 수단으로 이용하였으며,[109)] 이를 빙자하여 중앙정부의 개혁 지향적인 시장경제계획에 대해 브레이크를 건 일도 있었다.[110)] 그 대표적인 예가 두만강 개발계획과 러・중 국경문제이다. 즉 연해주 주정부관료들은 중앙정부가 참여하고 있는 국제적인 두만강개발계획 또한 중앙정부와 지방정부의 줄다리기 속에서 파악하여 이러한 계획을 지방정부에 유리하게 이용하려 하고 있는 것이다.[111)] 두만강개발계획은 1980년대 후반에 들어서서 유엔개발계획(UNDP)의 주도로 중국, 러시아, 북한의 영토가 만나는 두만강 유역에 일본과 한국으로부터의 자본과 중국과 북한의 노동력 및 러시아의 풍부한 자원을 이용하여 다국적 자유무역단지를 설립하려는 것이었다.[112)] 그러나 인근 중국 동북부 지역의 보이지 않는 압력에 두려움을 느끼는 러시아 주민들의 우려를 이용하여, 연해주의 관료들은 러시아 중앙정부의 견해와는 정반대로 한국, 중국, 일본, 몽고, 러시아 등에 의해 시작된 두만강개발계획은 오히려 중국에만 득이 될 뿐[113)] 러시아에게는 결코

108) *Population and Development Review*, vol. 20, no. 3(1994), pp. 636-638, cited in Viacheslav V.Karlusov(2001).

109) 연해주 주민들이 중국인들의 황화에 대한 우려를 정파적(政派的) 목적에 이용하려는 시도는 지방정부뿐만 아니라, 러시아 연방하원의 각 정당들, 특히 극우정당에서 많이 볼 수 있다. 1999년 12월의 연방하원선거를 앞두고 선거 유세차 블라디보스토크를 방문한 러시아 자유민주당(ЛДПР)의 대표 지리노프스키(Владимир Жириновский)는 중국의 군장성들이 2008년 러시아를 러시아 극동지역에서 몰아내기 위한 전쟁을 계획하고 있다는 소문을 퍼뜨리면서 연해주 주민들의 반(反)중국인 정서를 선거에 이용하려 하였다(Марина Лобода, Александр Мальцев, Вячеслав Воякин, "Жаркие речи Владимира Жириновского"(블라지미르 지리노프스키의 선동적인 발언) *Владивосток*, 12 августа 1999г.[On-line:http://vl.vladnews.ru/9908/641_12/polit/polit01.asp]).

110) James Clay Moltz, "Regional Tension in Russo-Chinese Rapprochement." *Asian Survey vol*. 35, no. 6(1995), pp. 511-527; Peter Kirkow, "Regional Warlordism in Russia: The Case of Primorskii Krai," *Europe-Asia Studies* vol. 47, no. 6(1995), pp. 923-947.

111) 이행경제체제하에서의 러시아 중앙정부와 연해주 주정부와의 갈등에 대해서는 이채문(1998)과 조우정(Cho, 2000)을 참조하라.

112) 두만강계획에 대한 러시아의 입장에 대해서는 삐난소비에 이즈베스치야(Финансовые извести я)에서 상세히 다루고 있다(Андрей Родионов, "Страны Северо-Восточной Азии ищут пути к экономическому сотрудничеству," 동북아시아 국가들은 경제적인 협력의 길을 가고 있다). *Финансовые известия*, 30 ноября 1995г., стр. 4.

113) 두만강 개발계획에 대한 중국 측의 입장에 대해서는 다음의 문헌에서 상세히 다루고 있다: 東安, 「東北圖們江計劃」 『中國大陸』 民國 83年 2月(1994), pp. 38-40; 高長, 「論東北亞區域經濟 合作及基發展前景」

이득이 될 수 없고 오히려 연해주에서 시작한 '광역(廣域)블라디보스토크'(Большой Владивосток) 개발계획에 차질을 가져올 것이라는 견해를 지지하고 있다.[114] 따라서 이 두만강개발계획에 따라 중국 측은 중국의 훈춘 지역에서 러시아 국경선까지의 철로를 부설해 놓고 있지만 연해주 지방정부 측이 이 지역의 통행을 원하지 않고 있음으로 해서 이 철로는 개통이 되지 않았던 일도 있었다.[115]

두만강개발계획에 대한 연해주 주정부의 이러한 반대 입장의 뒤에는 점증하는 중국의 국력에 따른 중국인에 의한 황화에 대한 우려가 짙게 깔려 있다고 볼 수 있는데, 이러한 입장은 나즈드라텐코와 함께 연해주 지역관료의 한 축을 형성하고 있는 연해주의 주하원인 두마(дума)의장인 리비지네츠의 주장에서도 잘 드러나고 있다:[116]

> "두만강 개발계획은 연해지방에 가혹하지는 않다고 하더라도 심대한 손실을 입히고 새로운 문제를 낳을 것이다. (중국인들에 의해) 두만강 하구를 점령하자는 구호가 나올지도 모른다. 물론 오늘 내일이 아니고 멀지 않은 미래에 강(江)하구에 강력한 중국의 항구가 생겨날 것이다. 중국인들은 벌써 내륙으로부터 북동지역으로 철도를 건설하고 있다. 우리는 그렇게 많이 시장에 대해서 이야기하고 있지만 현재와 같은 조건에서는 자루비노, 나홋카, 블라디보스토크, 바스토츠니, 뽀르뜨 등 항구발전에 관한 계획과 작업들이 헛일이 되어버릴 것이다. 이 항구들은 지금도 충분한 적재화물이 없는 상태이다. 두만강 하구의 항구까지 철길을 냄으로써 중국인들은 화물의 전달 및 운반비용을 절약하고 유럽으로 가는 화물의 흐름을 쉽사리 자기에게로 돌려놓을 것이다. 더 짧아지고 이득이 되는 육상대로가 건설되면 우리의 시베리아 횡단철도나 밤(БАМ:Байкало-Амурская магистраль)철도는 더욱 더 화물적재량이 적어질 것이고 이것은 비단 연해주 하나

『問題與硏究』 第33卷 第4期(1994), pp. 1-19; 于文生, 「東北亞次區域經濟合作的現狀及發展模式」 『社會科學戰線』 第3期, pp. 13-19(1994); 趙連鈞, 「沿邊地區開放的若干重要問題」 『國際經濟合作』 第2期(1996), pp. 27-30.

114) *Владивосток*, 20 марта 1992г., стр. 3.

115) 이러한 연해주 관료들의 반대는 대다수의 전문가들의 의견과는 완전히 상치되는 것이다. 특히 블라디보스토크 주재 미국 총영사인 밀리켄(Desiree Milliken)을 비롯한 대다수의 전문가들은 두만강개발계획이 완성됨으로써 중국뿐만 아니라 러시아를 포함한 동북아시아 지역에서 각국 간의 상호무역관계가 더욱 원활해질 뿐만 아니라 특히 지금 침체상태에 있는 러시아 극동지역에도 외국인의 관심과 투자가 이어질 것으로 예측하고 있다(Moltz, 1998). 따라서 두만강개발계획에 대한 연해주 지방정부의 이러한 반대 의견은 계획에 참여함으로써 유엔개발계획(UNDP)으로부터 상당한 무상원조를 받을 것을 기대하고 있는 러시아 중앙정부의 입장과는 완전히 상치되는 것이다(Известия, 12 октября 1992г., стр. 2).

116) V. S. 먀스니코프, 「러시아 중앙정부와 극동지방정부관계의 최근 변화」 『中蘇硏究』 제7권(1996년 여름), p. 121 재인용.

만의 손실이 아닐 것이다. (러시아 중앙정부의) 외무부에서는 어떨지 모르지만 나로서는 우리 이웃 (중국)에게 모든 존경을 바치는 조건에서는 두만강하구에 아무것도 건설되지 않으리라는 중국의 보증을 믿기가 어렵다. 몇 년이 지나면 모든 것이 말과는 달리 진행될 것이다. 획득한 바다에로의 출구를 방어해야 한다. 말하자면 처음에는 (중국의) 근거지가 등장할 것이다. 그 다음에는 아마도 (중국의) 해군기지가 건설될 것이다. 그러는 사이에 중국 사람들의 분위기는 충분히 단호해질 것이다."

이와 같은 극동지역 러시아인들의 중국인의 황화에 대한 우려는 연해주 주정부의 두만강계발 계획에 대한 반대의 입장에서뿐만 아니라, 또한 중국과의 국경문제타결에 대한 중앙정부의 해결책에 대한 반발에서도 나타났다. 이들은 러시아와 중국 간 국경문제의 해결과정에서 러시아 중앙정부의 대(對)중국 유화정책(宥和政策)을 강도 높게 비난하였다.[117] 이는 중소 간에 오랜 기간 계속 되어온 국경분쟁을 종식시키기 위한 1992년 중소 양국 정부의 최종합의에서 러시아 정부가 연해주의 일부 지역에서 수백 헥타르의 영토를 돌려받는 대신 연해주의 우수리스끄 지역에서 1930년대 소련군이 점령한 약 1,500헥타르의 영토를 중국에 양도하기로 한 것과 관련이 있는 것으로 파악된다.[118] 그리하여 이들은 러시아 중앙정부가 러시아 영토를 포기한 것이라고 비난하며, 이 지역으로 쇄도하고 있는 중국인들에 대한 강한 혐오감을 보이는 지역주민들의 환심을 사기 위해 중앙정부를 고소하겠다는 연해주 주지사 나즈드라텐코를 연해주 하원이 지지하기로 한 동의안을 통과시키기까지 하였다.[119]

V. 소결

본 장에서는 러시아 극동지역의 인종편견인 황화론이 19세기 말과 20세기 말에 걸쳐 그 강도에서 달리 나타났다는 점을 설명하였다. 19세기 말 황화론의 약화는 주로 러시아에 의한 극동지역 경영에서 중국인들의 경제적인 기여가 중요한 역할을 했다는 점이 제시되었고, 반면

117) 戴萬欽(1996), pp. 72-73.

118) 이러한 중소 국경문제에 관한 러시아의 민족주의적인 감정은 종종 극우적인 입장을 취하는 '리테르투르나야 가제타' 등에서 잘 나타나고 있다(Мумин Шакиров, "Таинственные острова"(신비의 섬) *Литературная газета*, 11 февраля 1998г., стр. 8).

119) *Сегодня*, 22 марта 1996г., стр. 2.

20세기 말에 보여진 동일한 지역에서의 황화론의 강화조짐은 러시아 극동지역에서의 중국인에 의한 맹류현상과 러시아 극동지역 정부의 지역주의에 연유한 바가 컸다는 점이 지적되었다. 그리고 합리적 선택이론의 관점에 따라 러시아 극동지역에서 러시아인들이 보여준 인종편견의 강약은 이들이 처한 상황적 요인에 상당히 기인한다는 점을 설명하였다.

다시 말해서 19세기 말에서 20세기 초에 걸친 기간 동안 러시아 극동지역의 관심사는 식민지 상태에 있던 러시아 극동지역의 경영이었고, 따라서 이러한 급선무에 중국인들이 긍정적인 역할을 하고 있었다는 사실에서 그들이 보인 중국인에 대한 인종편견의 약화를 설명하다. 그러나 20세기 말에 와서 러시아 극동지역으로의 중국인들의 쇄도는 팽창해가는 중국의 경제력을 바탕으로 중국인에 의한 러시아 극동지역 병합으로 간주되어 러시아인들의 인종편견이 더욱 강화되는 조짐이 나타났다. 또한 이 조짐은 구소련의 붕괴 이후 모스크바 중앙정부와 러시아 극동의 지방정부 간의 권력갈등에 의해 더욱 심화되었다는 점이 논의되었다.

그러나 본 연구가 합리적 선택이론에 따라 중국인에 대한 러시아인들의 황화론을 설명하면서 가지는 한계점 또한 간과할 수 없음은 사실이다. 특히 논지를 뒷받침할 자료의 선정에 있어서 가급적으로 관점의 다양화를 위해 러시아 측의 자료뿐만 아니라 중국 측의 자료 또한 참조하려고 하였으나 이 방면에서의 자료입수가능성과 기존 연구성과의 부족 등으로 만족할 만한 수준이라고 하기는 어려울 것이다. 무엇보다도 자료선정에 있어서 엄밀하고도 객관적인 기준에 의하기보다 저자의 주관이 좀 더 중요시 된 점이 한계점이라고 할 수 있는데, 이러한 점을 어떻게 극복하는가는 앞으로의 연구과제로 남게 될 것이다.

여기서 다시 인종편견을 설명하는 합리적 선택이론에 대해서 좀 더 부연할 필요성을 느끼게 된다. 다시 말해서 지배집단이 소수민족에게 보이는 인종편견은 지배집단이 처한 전략적인 상황에 대한 반응이라고 설명하는 합리적 선택이론의 설명에 따른다면,[120] 20세기 말 극동지역의 러시아인들에게서 나타나는 중국인에 대한 인종편견의 강화는 먼 장래를 내다볼 때 합리적이지 않을지도 모른다. 오히려 러시아 극동지역의 먼 미래를 위해서 중국인들을 더 잘 이용하는 것이 필요할지도 모르고, 그러기 위해서는 혐오스러운 인종편견의 표출 대신, 중국인들을 잘 포용하는 정책이 바람직할 수도 있을 것이다. 그러나 오스트롬[121]이 주장하듯이, 합리적 선택이론은 '완벽한 합리성(complete rationality)'을 주장하기보다는 인간을 '복잡하고 실수할 가능성이

---

120) Houten(1998).

121) E. R. Ostrom, "A Behavioral Approach to the Rational Choice Theory of Collective Action." *American Political Science Review* vol. 92, no. 1(1998), p. 9.

있는 학습자(complex, [and] fallible learners)'로서 주어진 여건 하에서 최선을 다하려고 노력하는 존재라고 가정한다고 한다면, 러시아 극동지역에서 보여지는 황화론의 강화는 적어도 현재 상황에서는 합리적일지도 모른다.

현재 러시아 극동지역에서 보여지는 인종편견이 이 지역에 국한된 문제만이 아닐 수도 있다. 독일에서 보여지는 터키노동자들에 대한 차별과 편견, 그리고 북아프리카 아랍인들의 프랑스 이주에 대한 프랑스인들의 반발 등이 이들 국가에서 극우정당에 대한 선호를 가져온 것도 같은 맥락에서 고찰할 수 있을 것이다. 특히 멕시코와의 경계지역에 거주하는 미국인들이 많은 멕시코인들의 이주로 이들 지역이 히스패닉화(化)(Hispanization) 함으로써 이 지역에 대한 새로운 영토분쟁을 가져오지 않을까 하는 두려움이 점차 거세어지고 있는 것도 사실이다.

이러한 상황은 러시아 극동지역의 경우와 유사하다고 할 수 있으나, 한 가지 분명한 차이가 있다. 그것은 상황적인 변화의 측면에서 본다면 러시아의 국력이 점차 약화되고 있는 반면에 중국의 국력이 점차 커져가지만,[122] 예를 들어 재미(在美) 멕시코인들의 준거국인 멕시코의 경우와 비교해 볼 때, 미국의 국력이 약해지리라는 전망은 보이지 않는다는 점이다. 따라서 예를 들어, 미국인들의 멕시코인 들에 대한 두려움과 비교해 볼 때, 러시아 극동지역 주민들이 중국인들에 대한 인종편견인 황화론은 전혀 근거가 없다고 할 수 없는 이유가 바로 여기에 있다.

122) 이런 양국 간의 불균형에 대한 우려는 하바로프스크의 언론인 막심 글라드끼(Максимий)의 다음과 같은 말에서도 잘 나타난다. "Если здесь не удастся создать естественного противовеса, с достаточно серьезной экономикой и серьезным населением, а не то лько с Дальневосточным военным округом, тогда мы осознаем, что мы просто потеряли этот регион." "Россия-Китай: стратегические подозрения" BBC[http://news.bbc.co.uk/hi/russian, 01 декабря 2003г.].

제3장

러시아의 만주 진출과 러시아 디아스포라의 형성

본 장에서는 20세기 초기 하얼빈(哈爾濱)에 거주하였던 러시아인들을 초국적주의와 관련된 디아스포라의 관점에서 고찰한다. 시기적으로 볼 때 2003년은 러시아인들이 하얼빈에 거주하는 데 중요한 계기가 되었던 동청철도(東淸鐵道)[1]가 완성된 지 100주년이 되는 해다. 따라서 이 시점에서, 동양 속에서 서양인 소수민족집단을 형성하였던 독특한 성격을 지닌 하얼빈의 러시아인들을 다시 조명해 보는 것은 중요한 의의를 지닌다고 생각된다. 이는 이스라엘의 한 대학에서 2003년, 러일전쟁 100주년을 맞이하여 러일전쟁과 관련된 대규모 국제학회를 계획했던 취지와도 무관하지 않다.[2]

그동안 하얼빈의 러시아인들에 대한 연구는 국내외적으로 상당히 소홀하였다. 필자가 가진 정보가 제한적임을 감안한다 하더라도 국내에서 하얼빈 러시아인들을 민족적 관점에서 조명한 연구는 거의 없었다고 생각된다. 국제적으로는 사정이 조금 나은 편이라고 할 수 있겠지만 초국적주의와 관련하여 연구된 것은 많지 않아 보인다. 여기에서는 하얼빈 러시아인들과 관련된 문헌을 간략하게 정리하도록 한다.

하얼빈 러시아인들에 대한 연구는 극히 제한된 범위 내에서만 이루어졌는데, 본 저자에게 입수된 것만을 기준으로 분류해 본다.[3] 먼저 하얼빈의 러시아인과 관련하여서는 데이비드 울프

1) 원래의 동청철도의 러시아 철도명은 КВЖД (Китайско-Восточная железная дорога)이며 영어로는 Chinese Eastern Railway로 불린다.

2) 히브류대학과 하이파대학이 공동 주최하는 학술대회(February 10~12, 2003) "The Russo-Japanese War and the 20th Century: An Assessment from a Centennial Perspective," 자세한 내용은 [http://clover.slavic.pitt.edu/~aatseel/conferences/confdetail.html#russo~japanese] 참조. 러일전쟁을 둘러싼 여러 가지 배경을 논함에 있어서 하얼빈 러시아인 집단의 형성과 밀접하게 관련된 동청철도 또한 중요하게 취급되어야 할 부분으로 생각된다.

3) 망명 러시아인에 대한 관련 자료를 입수하기가 쉽지는 않지만 그 분량이 적은 것은 아니라고 보여진다. 예를 들어, 중국으로 이주한 망명 러시아인에 관한 자료 40,000여 건이 마이크로필름에 수록되어 샌프란시스코의 러시아 문화박물관(the Museum of Russian Culture of San Francisco)과 스탠포드대학 내 후

(David Wolff)의 연구들이 단연 두드러진다. 그의 연구 중에서 최근 발간된 『하얼빈 역으로: 러시아 만주에서의 자유주의적 대안(1898~1914)』[4]은 주로 하얼빈 건설 당시 러시아 행정부서 간의 갈등, 만주의 식민지화, 1904~1905년 사이에 발생한 러일전쟁, 혁명과 내전, 그리고 러시아 극동지역에서의 러시아의 동양학 등을 다룬 것으로, 하얼빈 러시아인들에 대한 내용이 가장 풍부한 저서라 생각된다. 울프의 다른 논문 중에는 하얼빈과 관련하여 러시아 극동지역에서의 제정 러시아 군민(軍民) 간의 갈등을 다룬 논문[5]이 있다. 다음으로 학자이자 여행가인 뻬뜨로프(Виктор П. Петров)는 여러 가지 자료를 이용하여 러시아의 극동지역 진출 역사를 기술하면서, 동청철도 건설 및 러시아 혁명을 전후로 한 하얼빈에 대하여 언급하였다.[6] 또한 페트릭키프(Felix Patrikeeff)는 1924년부터 1931년까지의 시기만을 집중적으로 다루면서, 러시아 내란과 중국의 내전 및 뒤이어 만주에서 각축하던 중국, 러시아, 일본 등 3개국의 복잡한 관계 속에서 러시아의 망명정치가 어떻게 형성되었는가를 조명하고 있다.[7] 다음으로 『"마테이" 제국주의자들? 만주의 제정 러시아인들, 1895~1917』 퀘스테드(R. K. I. Quested)가 쓴 만주의 제정 러시아인들에 관한 저서로서, 이는 주로 제정 러시아 시기의 전성기에 러시아인들의 만주 식민지 경영에 대한 내용을 담고 있다.[8] 오네기나(Svetlana V. Onegina)는 그의 연구에서 1935~1936년 하얼빈을 포함한 만주에서 소련으로 재이주한 사람들의 운명과 처벌 등에 관하여 기술하고 있다.[9] 러시아 극동지역 전체의 역사적 맥락 속에서 하얼빈의 러시아인들을 부분적으로 고찰한 것으로는 스테판(John Stephan)의 연구[10]가 있으며, 제임스 카터는 1920년대 국제적 지정학관계가 어떻게

버연구소(the Hoover Institute)에 소장되어 있는 것으로 알려져 있다. 또한 구소련의 자료, 예를 들어 Центральный Архив Федеральной Службы Безопасности Российской Федерации(ЦА ФСБ РФ) 등도 앞으로 이용해야 할 중요한 자료로 보인다.

4) David Wolff, *To the Harbin Station: The Liberal Alternative in Russia Manchuria, 1898~1914* (California: Stanford University Press, 1999).

5) David Wolff, "Russia Finds Its Limits: Crossing Borders into Manchuria," *Rediscovering Russia in Asia: Siberia and the Russian Far East*, Stephen Kotkin and David Wolff(eds.)(Armonk, N.Y.: M.E. Sharpe, 1995), pp. 40-54.

6) Виктор Петров, *Россия на Дальнем Востоке,* Hermitage Publishers(1996).

7) Felix Patrikeef, *Russian Politics in Exile: The Northeast Asian Balance of Power, 1924~1931*(Oxford, England: Palgrave, 2002).

8) R. K. I. Quested, *"Matey" Imperialists? The Tsarist Russians in Manchuria, 1895~1917*(Hong Kong: University of Hong Kong Centre of Asian Studies(Occasional Papers and Monographs, No. 50), 1982).

9) Svetlana V. Onegina, "The Resettlement of Soviet Citizens from Manchuria in 1935~36: A Research Note," *Europe-Asia Studies*, vol. 47, no. 6(1995), pp. 1043-1050.

10) John J. Stephan, *The Russian Far East: A History*(Stanford, CA.: Stanford University Press, 1994).

하얼빈에서 표출되었는가를 다루고 있고,[11] 그 외 정기적 학술저널인 『*The South Atlantic Quarterly*』는 2000년 겨울호 특집으로 하얼빈의 러시아 망명자들과 하얼빈의 도시문화에 대한 논문을 싣고 있다.[12] 또한 하얼빈의 러시아인 거주자 또는 그 후손들의, 하얼빈에 관한 개인적 경험을 다룬 소논문도 일부 보인다.[13] 그 밖에 하얼빈의 러시아인들을 본격적으로 다루기보다는 만주의 러시아 식민지 경영이나 동청철도의 건설과 관련한 내용을 다룬 저서에서 하얼빈 러시아인들의 생활상이 간략하게 언급된 경우도 있다.[14] 그리고 1930년대 후반, 1940년대와 1950년대에 국적을 잃은 망명자들의 법적 상태를 다루는 몇몇 논문에서 하얼빈의 러시아인들에 관해 간략히 언급되었고,[15] 하얼빈을 소재로 한 일부 문학과 건축물의 연구물에도 이들의 생활상태에 대한

---

11) James Carter, "Struggle for the soul of a city: Nationalism, imperialism, and racial tension in 1920s Harbin," *Modern China*, vol. 27, no. 1(2001), pp. 91-116[http://proquest.umi.com/pqdweb].

12) Olga Bakich, "Emigre identity: The case of Harbin," *The South Atlantic Quarterly*, vol. 99, issue 1(2000), pp. 51-73[http://proquest.umi.com/pqdweb]; Thomas Lahusen, "Introduction," *The South Atlantic Quarterly*, vol. 99, issue 1(2000)[http://proquest.umi.com.pdqweb]. 이 외에도 라후센(Thomas Lahusen)은 1998년 100주년을 맞는 하얼빈의 역사를 간략히 기술하기도 하였다. Thomas Lahusen, "A place called Harbin: Reflections on a centennial," *The China Quarterly*, issue 154, pp. 400-410(1998)[http://proquest.umi.com/pqdweb].

13) Sabine Breuillard, "General V. A. Kislitsin: From Russian monarchism to the spirit of Bushido," *The South Atlantic Quarterly*, vol. 99, issue 1(2000), pp. 121-142; Maggie Riechers, "Fleeing revolution," *Humanities*, vol. 22, issue 3(May/June, 2001), pp. 24-27.

14) Борис Александрович Романов, *Россия в Маньчжурии(1892~1906)* (Ленинград: Издание Ленинградского Восточного Института, 1928) (日譯版, 滿洲に於ける露國の利權外交史); David J. Dallin, *The Rise of Russia in Asia*(New Haven, Yale University Press, 1949); O. Edmund Clubb, *China and Russia: The "Great Game,"*(Columbia University Press, 1971); Andrew Malozemoff, *Russian Far Eastern Policy, 1881~1904*(Berkeley, University of California Press, 1958); Aitchen K. Wu, *China and The Soviet Union: A Study of Sino-Soviet Relations*(N.Y.: The John Day Company, 1950); "Manchoukuo-Union of Soviet Socialist Republic: Agreement for the Cession to Manchoukuo of the Rights of the Union of Soviet Socialist Republics Concerning the North Manchuria Railway(Chinese Eastern Railway)," *American Journal of International Law*, vol. 30, issue 2, Supplement: Official Documents(Apr., 1936), pp. 85-104; A. J. Kantorovich, "The Sale of the Chinese Eastern Railway," *Pacific Affairs*, vol. 8, issue 4(Dec., 1935), pp. 397-408; Norton S. Ginsburg, "Manchurian Railway Development," *The Far Eastern Quarterly*, vol. 8, issue 4(Aug., 1949), pp. 398-411.

15) 澤田和彦, "日本における白系ロシア人史の斷章:プーシキン沒後100年祭(1937, 東京)" 『スラブ硏究』 47号(2000), pp. 327-353; George Ginsburgs, "The Soviet Union and the Problem of Refugees and Displaced Persons, 1917~1956," *American Journal of International Law*, vol. 51, no. 2(Apr., 1957), pp. 325-361; Jane Perry Clark Carey, "Some Aspects of Statelessness Since World War I," *The American Political Science Review*, vol. 40, no. 1(Feb., 1946), pp. 113-123; Louise W. Holborn, "The Legal Status of Political Refugees, 1920~1938," *American Journal of International Law*, vol. 32, no. 4(Oct., 1939), pp. 680-703.

간략한 설명이 있다.[16)]

이상에서 보듯이 하얼빈의 러시아인들에 대한 국외 연구는 적지 않았으나, 국내의 연구는 거의 전무하다시피 하다. 또한 기존 국외의 연구물도 역사적 또는 사회사적 관점에서 조명한 것이 대부분이라고 할 수 있다. 본 장에서는 기존의 관점과는 달리 초국적주의(transnationalism)와 관련된 디아스포라의 관점에서 이 주제를 다룸으로써 20세기 초기 하얼빈의 러시아인들(Харбинцы)에 대한 이해를 높이고자 한다.

먼저 제1절에서는 기존의 소수민족연구의 유형을 개관하고 초국적주의의 관점에서 디아스포라를 연구해야 할 필요성을 고찰하고, 제2절에서는 소수민족집단으로서 하얼빈의 러시아인 집단이 형성된 과정을 살펴본다. 제3절에서는 하얼빈 러시아인들의 민족정체성이 민족의 유입국 및 유출국 맥락과 관련하여 어떻게 형성이 되었는지를 알아본다. 마지막으로 제4절에서는 앞서 제시된 개념을 기초로 하얼빈 러시아인에 관해 논의하려고 한다.

I. 초국적주의와 디아스포라

이 장에서는 먼저 세계화가 초국적주의에 미친 영향을 설명하고, 소수민족연구가 왜 초국적주의적인 관계 속에서 규명되어야 하는지를 살펴본다. 그리고 초국적주의에 대한 개념틀로서 디아스포라의 개념을 정의하고, 민족연구에 있어서 디아스포라가 가지는 특성을 고찰한다. 마지막으로 왜 하얼빈의 러시아인 집단이 디아스포라의 분석틀에서 논의되어야 하는지를 검토한다.

1980년대 후기와 1990년대 초기에 발생한 공산권 세계의 붕괴는 그동안 논의되어 온 세계화(globalization)를 더욱 가속화시켰다. 이러한 세계화 추세는 초국적주의(transnationalism)[17)]와 직접 관련되어 민족연구에도 상당한 영향을 미쳤다. 울리히 벡(Ulrich Beck)이 주장하듯이,

16) 佐野正人, "一九三0年代東アジア文學とデイアスポラ: 滿州, ハルビンを中心に" 『日本語文學』第11卷(2001), pp. 327-346; 越澤 明, 『植民地滿洲の都市計劃』(亞細亞經濟硏究所), 張俊鎬 編譯 『中國의 計劃都市: 滿洲의 都市論』(泰林出版社, 2000), p. 52.

17) 용어 'transnational'은 'international'과는 좀 다른 의미로 사용되는데, Hannerz에 의하면 'international'이라는 용어는 국가가 하나의 주체로서 나타나는 맥락을 주로 고려하는 데 반해, 'transnational'은 국가 이외의 주체들, 예를 들어 개인, 종족집단, 소수민족집단, 회사, 사회운동 등이 국가의 경계를 초월하는 행위나 관계 등에 관련성을 가지고 있다는 점에서 차이가 있다. Ulf Hannerz, "Transnational Research," *Handbook of methods in cultural anthropology*, H. Russell Bernard(ed.)(London: Sage Publications, Inc., 1998), p. 237.

세계화는 "초국적주의자들이 주권국가들을 휘젓고 다니면서 이들 국가의 토대를 훼손하는 과정"[18]이었다. 1950년대와 1960년대 아시아나 아프리카 또는 라틴 아메리카에서 민족연구의 중요한 한 분야인 소수민족의 이주문제는 주로 국가 내의 또는 식민지 내의 이동에 초점이 맞추어져 있었다. 그러나 그 이후 세계화추세가 시작되던 시기를 전후로 하여 민족연구도 초국적주의 경향을 띠면서 점차 국가 간의 연구로 확장되어 갔다.[19] 예를 들어 한인들의 미국이나 라틴 아메리카로의 이주, 중국인의 미국이나 유럽으로의 이주, 일본인의 브라질 이주, 터키인의 독일 이주, 북아프리카인들의 프랑스 이주 등이 이러한 범주에 속한다고 할 수 있을 것이다.

쉴러(Nina G. Shiller) 등은 이주자들이 그들의 연결망, 활동 및 생활유형이 유입지와 유출지를 모두 포괄하며 국가 간의 경계를 가로지른다고 하여 이들을 초이주자(transmigrants)라 부르고 있다.[20] 이러한 초이주자들에 대한 연구는 노동자나 서비스직종에 집중되는 경향도 없지 않았으나, 두뇌유출로 일컬어지듯이 고도의 기술자나 고소득자 및 자본이동 등에 대해서도 이루어지고 있다.[21]

이러한 초국적주의는 소수민족의 이동뿐만 아니라 이들의 국외거주에도 중요한 함의를 지니고 있다. 즉 와흘벡(Osten Wahlbeck)[22]이 주장하듯이 과거의 소수민족연구는 주로 유입지(정착지) 내에서의 지배민족과 이곳으로 이주해 온 소수민족 간의 관계의 틀에만 국한되어 있었다. 다시 말해서 소수민족관계를 바라보는 전통적인 관점에서는 주로 이주민의 목적지나 정착지에서의 소수민족과 지배민족 간, 또는 하나의 민족과 여타 민족 간의 상호작용만을 중요하게 다루었다. 소수민족 또한 주어진 사회 속에서 지배민족과의 관계로만 정의되는 것이 일반적이었다. 그러나 초국적주의는 이주민이 현재 거주하는 유입지(정착지)뿐만 아니라, 이들 소수민족으로 하여금 이들의 고국 내지는 유출지와의 관계를 계속 유지하도록 함으로써 기존의 소수민족연구의 지평을 넓히는 데 크게 기여하였다. 이 점에 대해서는 뒤에서 좀 더 상술하도록 한다.

---

18) 울리히 벡은 세계화(globalization)를 "the processes through which sovereign national states are criss-crossed and undermined by transnational actors"로 표현하였다. Ulrich Beck, *What is Globalization?*(Cambridge: Polity, 1999), p. 11.

19) Ulf Hannerz, "Transnational Research," *Handbook of Methods in Cultural Anthropology*, H. Russell Bernard(ed.)(London: Sage Publications, Inc., 1998), pp. 235-256.

20) Shiller, Nina Glick, Linda Basch and Cristina Blanc-Szanton(eds.), *Towards a Transnational Perspective on Migration*, vol. 645(New York: Annals of the New York Academy of Sciences, 1992), p. 1.

21) Hannerz(1998), pp. 240-241.

22) Osten Wahlbeck, "The Concept of diaspora as an analytical tool in the study of refugee communities." *Journal of Ethnic and Migration Studies*, vol. 28, issue 2(2002)[http://infotrac.apla.galegroup.com/itw/infomark/153/227/27364532w6, 2002-10-25].

먼저 기존의 소수민족연구는 전통적인 민족연구에서 논의되는 정착지 내에서의 민족관계 틀을 거의 벗어나지 못했다. 특히 고전적인 소수민족의 연구에서 소수민족 이주민의 직업과 노동시장에서의 위치를 설명하는 경우에는 더욱 그러하였다. 정착지 내에서의 민족관계 틀에서는 민족관계가 유입국에서의 지배민족과 새로 이주해 온 소수민족 양자 간의 상호관계에 의해서 이루어지거나, 또는 유입국 속에 존재하는 다민족 간의 다차원적인 관계 속에서만 이루어짐을 의미한다.[23)]

예를 들어 소수민족이 유입지에서 직면하고 있는 차별적 성향을 강조하는 반응적 문화이론(reactive cultural theory)이나, 노동시장에서 소수민족이 겪는 차별적 성향을 강조하는 노동시장분절론(labor market segmentation theory) 등이 바로 정착지라는 틀 속에서 민족관계를 설명하는 이론이다. 구체적으로 반응적 문화이론에 따르면, 이주자들은 유입국 지배민족들이 잘 선택하지 않는 직업을 택하려는 경향이 강한데 이는 유입국에서는 소수민족에게 주어지는 기회가 제한적이기 때문이라고 이 이론은 설명한다. 따라서 이주민들은 그들이 직면하는 차별적 상황을 극복하기 위해 자신들만의 배타적인 경계를 설정하는데,[24)] 예를 들어 미국이민의 초기에 한인들이나 중국인들이 세탁업, 야채상 등의 소규모 상업에 주로 종사한 것은 바로 이러한 정착지 내에서의 적대적인 상황에 대한 반응이라 보는 것이다.[25)]

노동시장분절론 또한 정착지 내에서의 민족관계 틀로 설명될 수 있다. 이 이론에 따르면 소수민족이 불평등한 취급을 받는 것은 지배집단이 자신들의 기득권을 유지하기 위해 노동시장을 분할하기 때문이라고 보며, 이러한 노동시장의 여건 때문에 소수민족집단은 수입 및 직업의 안정성이 낮거나 승진에 있어서 불리한 2차 노동시장에 소속될 수밖에 없다는 것이다.[26)]

이러한 기존의 정착지 내에서의 민족관계 틀에서는 이주민이 가질 수 있는 과거의 모국과의 관계가 완전히 무시된다. 그러나 오늘날 세계화 또는 초국적 시대에서는 민족관계가 단순한 정착지 내에서의 민족관계 틀 속에서만 이루어지는 것이 아니라, 이주민은 과거의 모국과도 강하게 연계되어 있는 경우가 많다. 이런 경향은 최근의 연구에서 특히 두드러진다.

예를 들어, 아벨만(Nancy Abelmann)과 리에(John Lie)[27)]는 로스앤젤레스 폭동 당시의 한국계

---

23) F. Barth, *Ethnic Groups and Boundaries*(Bergen: Universitetsforlaget, 1969), pp. 9-38.

24) Michael Hechter, "Ethnicity and Industrialization: On the Proliferation of the Cultural Division of Labor," *Ethnicity*, vol. 3(1976), pp. 214-224.

25) 이는 반드시 미국 이민의 경우에만 적용되는 것은 아니고 한인의 러시아 이민사에서도 이러한 경향을 볼 수 있다. 한인의 러시아 이주민의 직업에 대해서는 제6장을 참조하시오.

26) Edna Bonacich, "A Theory of Ethnic Antagonism: The Split Labor Market," *American Sociological Review*, vol. 37(1972), pp. 547-559.

미국인을 연구하면서 어떻게 미국의 한인타운이 한국의 "식민지"가 될 수 있는지를 설명하고 있다. 당시 한국의 주요 지도자들은 폭동 피해를 입은 한인 상가 주인들이 경제적 지원과 피해 보상을 받도록 미국정부에 강한 외교적 압력을 가함으로써, 한국계 미국인들이 거주하는 한인타운이 미국 내에서 한국의 "식민지"로 전락한 것이 아니냐는 인상을 강하게 심어 주었다고 분석하였다. 이와 같은 일례는 한국계 미국인들이 비록 이주민으로서 유입국에서 생활을 하고 있으나 유출국과의 연계관계가 여전히 강하게 작용하고 있음을 설명해 준다고 할 것이다.

또 다른 초국적주의의 한 예로 멕시코의 경우를 들 수 있다. 멕시코정부는 1998년 3월, 미국의 시민권을 취득함으로써 멕시코 국적을 상실한 자국민들로 하여금 멕시코 국민으로서의 경제적·사회적 권리를 되찾는 것을 허용하였다. 이러한 조치는 미국의 시민권을 획득한 멕시코계 미국인들이 멕시코 국적을 되찾는 데 도움이 될 수도 있겠지만, 또한 멕시코 국민으로서의 권리를 상실할 위험이 없는 멕시코인들로 하여금 미국국적을 더욱 많이 신청하도록 유도할 수도 있을 것이다.[28]

마찬가지로 이러한 초국적주의는 유럽의 쿠르드족 난민들의 연구에서도 잘 나타나고 있다. 유럽에 거주하는 소수민족으로서의 쿠르드족을 연구하면서 와흘벡(Osten Wahlbeck)은 영국과 핀란드로 이주한 쿠르드 난민의 민족관계는 영국이나 핀란드 사회의 맥락 속에서 결정되는 것이 아니라, 쿠르드족들이 빈번하게 고국과 접촉한 결과 때문에 형성되는 것이라 주장한다. 이들 난민들은 고국의 친구, 친척들과 초국적 접촉을 계속함으로써 고국 동포들과의 정치적·경제적 및 사회적 연결망을 강하게 형성하고 있다. 따라서 이들 쿠르드족 난민들은 자신들의 고국인 쿠르디스탄(Kurdistan)에 대한 강한 귀소본능을 가지고 있기 때문에 이들을 망명국이나 정착지 맥락 속에서의 소수민족으로만 간주하기 어렵다는 것이다.[29]

초국적주의의 정의에 대해서 바스치(L. Basch) 등은 미국에 이주해 온 필리핀과 카리브해 연안국가들의 이주민을 연구하면서, 이들 이주민들은 사회적·경제적·정치적 및 문화적 연결망을 통해 유입국 및 유출국 양국에 연결될 수 있음을 설명하고 있다. 이러한 맥락에서 그는 초국적주의를 다음과 같이 정의하였다.

---

27) Nancy Abelmann and John Lie, *Blue Dreams: Korean-Americans and the Los Angeles Riots*(Cambridge, Mass: Harvard University Press, 1995), pp. 26-27.

28) Yossi Shain, *Marketing the American Creed Abroad: Diasporas in the U.S. and Their Homelands*(N.Y.: Cambridge University Press, 1999), p. 5.

29) Osten Wahlbeck, "The Concept of diaspora as an analytical tool in the study of refugee communities." *Journal of Ethnic and Migration Studies*, vol. 28, no. 2(2002)[http://infotrac.apla.galegroup.com/itw/infomark/153/227/27364532w6, 2002-10-25].

> 우리는 이주자들이 유입국과 유출국 사회들을 모두 연결하는 여러 가닥의 사회적 관계를 형성하고 유지하는 과정을 '초국적주의'(transnationalism)로 정의한다. 우리는 오늘날 많은 이주자들이 지리적, 문화적 및 정치적 국경을 가로지르는 사회적 장(fields)을 건설하는 것을 강조하기 위한 이러한 과정을 초국적주의라고 부른다.[30)]

이러한 측면에서 볼 때, 세계화가 더욱 가속화되는 오늘날의 민족관계는 초국적인 관계 속에서 규정되어야 함이 더욱 명확해진다. 이러한 경향은 아파두라이(A. Appadurai)에 의해 다음과 같이 잘 지적되고 있는데, 그것은 즉 "한때 지역성이라는 병 속에 갇혀 마귀 지니(genie)[31)]와 같은 신세였던 민족성은 이제 국가와 국경 간의 틈새로 빠져나가는 세계적인 세력이 되었다"[32)]라는 것이다.

초국적주의를 더욱 활발하게 하는 요인으로 최근에는 교통과 통신수단의 발달을 들 수 있다. 교통과 통신수단의 발달로 국가 간의 이주가 원활해졌고 또한 유출국과의 접촉이 더욱 활발해져 이주민들은 그들의 고국에서도 여전히 강력한 정치적·경제적·사회적 세력으로 남을 수 있게 되었다. 유럽의 쿠르드족 난민의 경우 편지, 전화, 방문, 인터넷뿐만 아니라 신문, 라디오 위성방송 등의 대중매체가 유입국과 유출국을 연결하는 중요한 수단이었다.[33)]

그러면 이러한 민족성에 관한 초국적주의의 개념적인 틀은 어디에서 찾아야 할 것인가? 다시 말해서 이는 실제의 연구에서 초국적주의와 관련한 민족성이 가장 적절하게 기술될 수 있는 개념틀이 무엇이 될 수 있는가의 문제인데, 이 문제에 대한 해답의 하나서 등장하는 것이 바로 디아스포라(diaspora)의 개념이다.

디아스포라(diaspora)라는 단어는 성경의 신명기(申命記)에 등장한다. 이는 고국 팔레스티나에서 추방당한 유대인들의 민족이산(離散) 또는 이산된 유대인, 유대인들이 이산된 지역을 뜻하는 말로서, 추방된 경험을 가진 여러 형태의 공동체를 의미하는 용어로 널리 사용되어 왔다. 디아스포라의 예로 쿠르드난민, 팔레스타인 난민, 망명상태에 있는 아르메니아인들 및 해외의 중국인들 등을 들 수 있다.

---

30) L. Basch., N. Glick Schiller and C. Szanton Blanc, *Nations Unbound: Transnational Projects, Postcolonial Predicaments and Deterritorialized Nation-States*(Basle: Gordon & Breach, 1994), p. 7.

31) 아라비안나이트에 등장하는 마귀 지니(genie)를 말한다.

32) "Ethnicity, once a genie contained in the bottle of some sort of locality(however large), has now become a global force, forever sliping in and through the cracks between states and borders." A. Appadurai, *Modernity at Large: Cultural Dimensions of Globalization*(Minneapolis: University of Minnesota Press, 1996), p. 41.

33) Wahlbeck(2002).

이와 관련하여 사프란(William Safran)은 디아스포라의 개념을 다음과 같이 좀 더 구체적으로 밝히고 있다. 첫째, 이산민 자신 또는 그들의 조상이 조국에서 몇 개의 변방 또는 외국으로 이산되었고, 둘째, 고국에 대한 집단적 기억이나 신화를 보유하고 있으며, 셋째, 이산민들 스스로가 자신들이 유입지에서 수용되지 못하거나 소외되어 있다고 느끼면서, 넷째, 조상들의 거주지를 이상적인 고향으로, 그리고 언젠가는 자신들 또는 후손들이 되돌아가야 할 곳으로 간주하고, 다섯째, 자신들의 고국을 유지 내지는 복원해야 한다고 믿으며, 마지막으로, 어떠한 형태로든지 자신의 고국과 연계성을 가지면서, 자신들의 공동체적 의식과 결속은 바로 이러한 조국과의 관계에 의해서 정의된다고 믿는 경우이다.[34] 일반적으로 디아스포라는 국외로 이주 또는 탈출한 소수민족 공동체로서, 위에서 언급한 것들 중 몇 개의 특징을 공유한다는 것이 사프란의 견해이다.

이와 같은 디아스포라의 개념정의에서 보듯이, 초국적주의를 논함에 있어서 디아스포라의 개념은 유출국(또는 기원지, the country of origin)과 유입국(또는 목적지, the country of destination)을 연결하는 초국적인 사회조직으로 이해될 수 있는데, 이는 기존의 문헌에서 유입지라는 틀 속에서만 논의되었던 민족성의 개념보다 훨씬 더 깊은 이해를 가져다 줄 수 있다.

구체적으로 초국적주의의 성격과 관련하여, 디아스포라는 민족연구에 있어서 다음과 같은 이점을 가지고 있다.[35] 첫째, 디아스포라의 개념은 민족과 관련하여 지리적 추방(geographical displacement)이나 민족의 정체성이 지역성을 벗어나는 경우(deterritorialisation of identities)를 설명하는 데 유용하다. 둘째, 디아스포라의 개념은 문화적 생산양식과 관련하여 초국가적인 문화나 혼성문화(hybrid cultures) 또는 언어혼합(creolization)의 재생산을 설명하는 데 도움이

34) 디아스포라의 개념을 더욱 명확히 하기 위해서는 Safran의 다음 원문을 참조할 필요가 있을 것이다. "Expatriate minority communities whose members share several of the following characteristics: 1) they, or their ancestors, have been dispersed from a specific original 'center' to two or more 'peripheral', or foreign, regions; 2) they retain a collective memory, vision, or myth about their original homeland – its physical location, history, and achievements; 3) they believe that they are not – and perhaps cannot be – fully accepted by their host society and therefore feel partly alienated and insulated from it; 4) they regard their ancestral homeland as their true, ideal home and as the place to which they or their descendants would (or should) eventually return – when conditions are appropriate; 5) they believe that they should, collectively, be committed to the maintenance or restoration of their original homeland and to its safety and prosperity; 6) they continue to related, personally or vicariously, to that homeland in one way or another, and their ethnocommunal consciousness and solidarity are importantly defined by the existence of such a relationship." William Safran, "Diasporas in modern societies: myths of homeland and return," *Diaspora*, vol. 1, no. 1(1991), pp. 83-84.

35) Wahlbeck(2002), p. 9.

된다. 셋째, 오늘날 초국가적 공동체나 그 성원들이 정치적으로도 활발하게 활동을 하고 있다는 점에서 디아스포라의 개념은 이산민과 이들의 고국 혹은 정착지 간에 발생하는 복잡한 상호의존성을 설명하는 데 유용할 수도 있다. 넷째, 사회조직의 측면에서 디아스포라는 중요한 함의를 지니는데, 이는 특히 국제적 이동의 가속화와 인터넷과 같은 기술의 진보로 인해 초국적 사회관계의 형성이 용이한 점과 맥락을 같이한다고 볼 수 있다.

본 장의 목적은 이러한 디아스포라의 분석틀을 이용하여 20세기 초기 하얼빈의 러시아인 집단(Харбинцы)을 연구함으로써 이들에 대한 이해를 높이는 것이다. 이미 앞에서 논의되었듯이 하얼빈의 러시아인들을 기존의 소수민족 연구틀 속에서, 예를 들어 유입국(정착지)의 배경 속에서만 연구하는 것은 초국적성과 관련된 중요한 면을 놓치기 쉬운 일이라고 본다. 후술하겠지만, 하얼빈의 러시아인들은 동청철도의 부설과 함께 형성되었으나 이들을 거주지 중국의 하얼빈 속에서만 연구할 수 없는 여러 가지 측면이 있다. 비록 하얼빈에서 생활을 하였으나 이들은 고국 제정 러시아와 끊임없이 연계를 맺고 있었고, 제정 러시아의 붕괴 이후에도 제정 러시아에 대한 향수나 이미지가 남아있어 향후 이들 집단의 정체성 형성에 중요한 역할을 하였음은 잘 알려져 있다. 이 때문에 하얼빈의 러시아인들을 망명지 속에서의 소수민족으로만 간주하기 어려운 측면이 있고, 오히려 유입국뿐만 아니라 유출국(고국)이라는 사회관계의 맥락 속에서 이들을 규정하는 것이 훨씬 더 적절할지도 모른다.

Ⅱ. 동청철도와 하얼빈 러시아인 집단의 형성

하얼빈이라는 도시와 하얼빈의 러시아인 집단의 형성은 동청철도와 밀접한 관련을 가지고 있다. 먼저 여기서 동청철도와 관련된 사항을 간략히 언급하는 것이 좋을 것이다. 1800년대 후반 제정 러시아정부는 중부 러시아 지역과 블라디보스토크를 잇는 최단거리의 철도를 만들기 위해 여러 가지 노력을 하였다.

시베리아 횡단철도의 연장선으로서 동청철도가 가지는 이점은 여러 가지 측면에서 지적되고 있었다. 당시 제정 러시아 재무장관이었던 세르게이 비테(Сергей Витте)의 회고록[36]에도 언급

36) "Таким образом, для того чтобы мы могли поддерживать целость Китая, нам прежде всего необходима железная дорога, и железная дорога, проходящая по кратчайшему направлению во Владивосток; для этого она должна пройти через северную часть Монголии и Маньчжурии; наконец, дорога эта нужна и в экономическом отношении, так как она подымет производительность и

되어 있듯이, 동청철도가 지니게 될 정치적 · 전략적 · 재정적 이점들이 철도건설의 계획 시에 많이 고려되었다. 먼저 정치적 견지에서 보자면 동청철도가 완성될 경우 러시아는 언제나 최단거리를 통해 병력을 블라디보스토크로 이동시켜 장차 만주, 황해 연안 및 청나라의 수도 근처에까지 병력을 집중시킬 수 있었다. 그리고 이것은 청나라뿐만 아니라 극동지역 전체에 러시아의 위신과 영향력을 강화시키는 데 도움이 될 것이고, 결과적으로 당시 청나라에 종속된 여러 민족들이 러시아에 보다 친숙해 질 수 있다는 점도 고려되었다. 재정적인 측면에서 보더라도 만주를 횡단하는 동청철도를 거칠 경우 치타(Чита)에서 블라디보스토크까지의 거리는 2,100베르스타(верста)[37]가 된다. 이는 쉴카강(Шилка р.)과 아무르강(Амур р.)을 따라서 하바로프스크를 거쳐 블라디보스토크까지 계획되고 있던 철도의 거리 3,080베르스타보다 약 980베르스타 단축된 거리로서, 이에 따르는 비용절감 또한 중요하게 고려할 만한 사항이었다. 또한 끄라스니 아르히브(Красный архив)[38]에 따르면 기술적인 측면에서 볼 때에도 동청철도는 시베리아철도보다 낮은 위도의 토지를 통과하게 되므로 건설상의 여러 가지 조건 또한 유리하다는 점도 고려되었다(〈도표 3-1〉 참조).[39]

러시아는 프랑스, 독일과 함께 청일전쟁 후 시모노세키조약에서 인정된 랴오둥 반도의 일본영유(領有)를 반대하면서(1895년 三國干涉) 동청철도(東清鐵道) 부설권을 획득하였다. 이에 따라 1897년 러시아 정부가 전액 출자하여 창립된 중동철도회사에 의해 동청철도는 1898년에 착공되어 1903년에 완공되었다. 동청철도는 중국 동북부의 주요 간선철도로, 1901년에 일부 구간인

наших русских владений, где она пройдет, …". Сергей Юльевич Витте, *Воспоминания Мемуары* (Том I), Минск, Белоруссия: Издательство АСТ(2002), p. 123.

37) 1 верста = 1.067 km.

38) 『Красный архив』는 소연방의 정부기관이었던 중앙문서국이 비공개 사료의 게재를 주 목적으로 하였던 잡지로서, 1922년 제1권이 발행된 이후 1941년 제106호를 마지막으로 폐간되었다. 중앙문서국장이었던 M. H. Покровский가 창간호부터 시작하여 1932년 자신이 사망할 때까지 본 잡지의 간행을 주도하였고, 그 외에도 총 360명 이상의 역사학자들이 게재사료의 편찬과 서문 및 해설논문의 집필에 참여하였다. 『Красный архив』에는 17세기경부터 러시아 혁명, 내전기에 이르는 시기의 정치사, 외교사, 혁명운동사 및 문학사 등의 분야에 걸쳐서 공문서, 서간, 일기 등의 사료가 정리 및 편찬의 절차를 거쳐 게재되었다. 그 가운데 특히 19세기 후반부터 제1차 세계대전에 이르기까지 소위 제국주의 시대의 외교사에 관련된 사료는 전체 간행물 중에서도 가장 중요한 위치를 점하고 있는 것으로 알려지고 있다. 본 연구에서는 *Красный архив, Исторический журнал, Москва*, 1922~1941의 日譯版 『19世紀末におけるロシアと中國 :'クラースヌイ・アルヒーフ'所收史料により』 佐佐木 揚 編譯(東京: 巖南堂書店, 1993)을 참고로 하였다.

39) Красный архив, pp. 75-80. 동청철도 건설과 관련된 상세한 설명에 대해서는 Виктор Петров, *Россия на Дальнем Востоке*(Tenafly, N.J.: Hermitage Publishers, 1998)의 관련 부분, 특히 "Постройка КВЖД", pp. 104-114 등을 참조할 수 있다.

하얼빈-뤼순(旅順: Port Arthur) 간의 남부선이 개통됨으로써, 1903년부터는 본격적으로 영업을 시작하였다.[40]

그 이후 동청철도의 운명에 관해서 간략히 요약한다면, 러일전쟁(1904~1905) 이후 체결된 포츠머스조약(1905년)에 의해 제정 러시아는 동청철도의 남부지역 철도, 즉 장춘-뤼순 간 철도에 부속된 권익을 일본에 양도하였고, 1906년 일본은 남만주철도(ЮМЖД)[41] 주식회사를 설립하여 이것을 경영하였다(〈도표 3-1〉 참조). 그 후 동청철도는 1924년 중국과 소련이 공동으로 경영하였으며, 1931년 만주사변 후 소련정부의 제의에 따라 1935년 만주국 정부가 1억 4천만 엔의 가격에 인수하였다.

〈도표 3-1〉 20세기 초기 중국 동북부의 철도

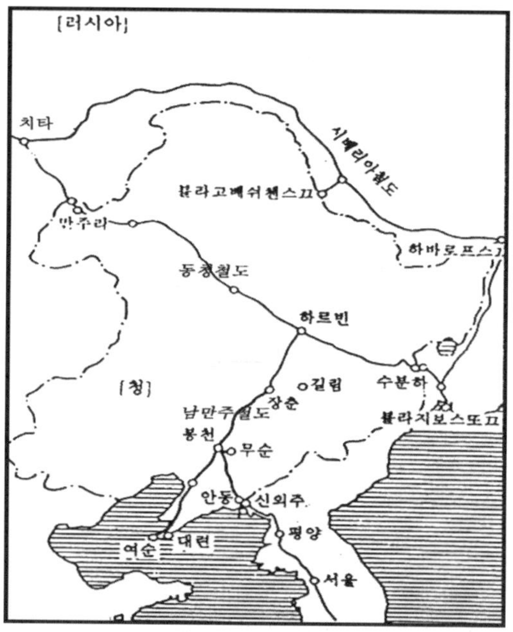

일본의 패배 후, 1945년 8월부터 남만주철도와 동청철도는 중국-장춘철도(КЧЖД)[42]라는 이름으로 소련과 중국정부의 공동 관리하에 있다가 1952년 소련정부는 중국-장춘철도에 대한 모든 권리를 신중국정부에 무상으로 양도하였다.[43]

40) 平凡社, 『ロシア・ソ連を知る事典』. 한길사 역(1992), 『러시아와 독립국가연합을 아는 사전』(1989), p. 118.

41) ЮМЖД(Южно-Маньчжурская железная дорога).

42) КЧЖД (Китайская Чанчуньская железная дорога)

43) 平凡社(1989), p. 118.

도시 하얼빈(哈爾濱)은 동청철도와 쑹화강(松花江: Сунгари) 그리고 남만주철도가 T자형으로 교차하는 지점에 위치한 북만주의 중심지였다. 동청철도의 부설본부로 건설된 하얼빈은 짧은 시일 내 급성장하였고, 높은 보수를 받던 엔지니어, 청부업자, 노동자 및 철도수비대원들이 이곳에 거주하면서 인구도 급격하게 늘어났다. 특히 동청철도와 관련하여 이곳의 러시아인이 종사한 업무는 여러 가지가 있었는데, 몇 가지만 열거한다면 다음과 같다: 총연장 960마일에 이르는 동청철도와 하얼빈에서 다롄과 뤼순에 이르는 철도지선(鐵道支線) 건설, 하얼빈 · 지린 · 우장과 목단 등지에서 러 · 청 은행의 운영, 동청철도가 옌타이(烟臺)와 우판양에서 운영하는 석탄광산에서의 작업, 쑹화강에서의 항해업무, 하얼빈 러시아 구역에서 철도공사에 필요한 행정과 잡다한 관련업무 처리 등이 그것이다. 이러한 업무를 처리하기 위해 1,500명의 러시아 민간인과 4,500명의 철도수비대가 동원되었다.[44] 하얼빈은 동청철도의 중심지이자 러시아에 의한 만주 지배의 중심지로서 1898년부터 도시가 건설되기 시작하였다. 1900년 의화단 사건 때 하얼빈의 일부가 파괴된 적도 있었으나, 러시아는 곧 그곳에서 신시가지 건설을 재개하였고, 러시아 사원을 중심으로 대로(大路)를 배치하였다.[45] 동청철도의 중심역(驛)은 양 철도지역의 중간지대인 하얼빈에 건설되었다. 이 동청철도의 인접지역은 치외법권 지역으로 분류되어 러시아의 관할하에 있었으며, 중국인의 거주는 물론 통행까지도 제한하여 도시미(都市美)를 유지하는 데 많은 관심을 기울였다. 러시아인들은 이 지역에 자신들의 법원, 경찰 및 정부행정관서를 건설하여 정연한 러시아풍의 거리를 형성시켰다.[46] 러시아는 1903년 몇 번에 걸쳐 주위의 부지를 매수하고 철도부속지를 확장하여, 도시 면적이 136km^{2}에 달하게 되었다.[47]

하얼빈 시내에서 하얼빈역, 러시아 정교회 사원, 동청철도 관리국 등은 진가강(秦家崗) 또는 신도시(новый город)라고 불리는 지역에 위치하고 있었다. 이곳의 북쪽에는 아무르강의 지류인 인근 쑹화강을 향해 형성된 부두의 상업지역으로서 쁘리스탄(Пристань)이 있었다. 이곳은 과거 동청철도를 건설할 때 철도부속지 내에 중국인의 거주를 금지시켰기 때문에 철도와 격리된 지역에 전가전(傅家甸)이라는 중국인 거리가 따로 생겼다. 이 전가전은 노역에 종사하는 중국인들

---

44) Andrew Malozemoff, *Russian Far Eastern Policy(1881~1904): With Special Emphasis on the Causes of the Russo-Japanese War*(Berkeley & Los Angeles: University of California Press, 1958), p. 136.

45) 越澤 明, 『植民地滿洲の都市計劃』(亞細亞經濟研究所), 張俊鎬 編譯 『中國의 計劃都市: 滿洲의 都市論』(泰林出版社, 2000), p. 52.

46) Maggie Riechers, "Fleeing revolution," *Humanities*, vol. 22, no. 3(May/June 2001)(http://proquest.umi.com/pqdweb).

47) 1895년부터 1917년까지 러시아가 하얼빈 도시건설에 투입한 자금은 2억 6,000만 루블로서, 이 금액은 당시 동청철도 건설에 투입한 5억 루블과 비교하여 볼 때, 굉장한 액수인 것을 알 수 있다. 越澤 明, p. 52.

이 거주하였던 지역으로서 그 중심지역은 끼따이스까야(Китайская)라고 불렸는데, 이곳은 러일전쟁 후 러시아 상점뿐만 아니라 구미 지역 각국의 상점과 은행이 진출하여 하얼빈 제일의 번화가가 되었다. 철도상점이 들어서기 좋은 입지조건 외에도 비떼(Сергей Витте)가 시행한 차등관세 및 인접한 쑹화강 무역 등에 의해 하얼빈은 많은 도움을 받은 것으로 알려지고 있다. 1920년대와 1930년대 당시에는 중국의 상하이가 국제자본이 몰려드는 국제도시로 널리 알려졌으나, 하얼빈도 그에 못지않게 미국・일본・러시아의 자본이 이곳의 유명백화점이나 호텔 등에 투자되어, 파리에서 유행한 것은 2주 내에 하얼빈에도 나타난다는 말이 있을 정도였다.[48] 1902년경 하얼빈의 신도시(новый город)와 쁘리스탄(Пристань)에 거주하는 러시아인과 청국인의 수는 일본인 500명을 포함하여 2만여 명에 달하였다.[49]

1913년의 인구조사에 의하면 당시 하얼빈은 총 53개 민족 68,549명이 거주하는 국제적인 도시였던 것으로 나타난다.[50] 100명 이상의 거주민을 가진 민족만 뽑아 보면 러시아인(50.1%)의 비율이 가장 높았으며, 그 다음으로 중국인(34.3%), 유태인(7.3%), 폴란드인(3.7%), 일본인(1.0%), 독일인(0.8%) 등의 순이었다(〈표 3-1〉 참조).

〈표 3-1〉 민족별 하얼빈 거주자 수(1913)

민족	러시아인	중국인	유태인	폴란드인	일본인	독일인	따따르인	라트비아인	죠지아인	에스토니아인	리투아니아인	아르메니아인	기타	합계
거주자 수	34,313	23,537	5,032	2,556	696	564	234	218	183	172	142	124	778	68,549
비율(%)*	50.1	34.3	7.3	3.7	1.0	0.8	0.3	0.3	0.3	0.2	0.2	0.1	1.1	100

자료: Г. Харбин и его пригороды по однодневной переписи 24 февраля 1913 г.(Harbin, 1914), vol. I, no. 1, table 8, 308-19; vol. 2, no. I, I, 51-54, 58-60; “Национальный состав населения Харбина”, Харбинский вестник, June 15, 1913, 2. Bakich(2000) [http://proquest.umi.com/pqdweb] 재인용. * 비율은 필자가 첨가한 것임.

---

48) 西澤泰彦, 『圖說'滿州'都市物語』(河出書房新社, 1996). 佐野正人(2002), pp. 335-336 재인용.

49) Malozemoff(1958), p. 193.

50) 이러한 하얼빈의 국제적인 성격에 관해서는 러일전쟁 시기에 이곳을 방문하였던 독일의 여행가 오토 괴벨(Отто Гебель)의 글에서 잘 나타나고 있다: “Все жители обширной территории Российской империи были представлены там: великороссы, малороссы, поляки и евреи, немцы и финны, латыши и эстонцы, татары и армяне, грузины и черкесы, все они здесь вместе. К ним можно прибавить греков, персов и турок, так же как и тысячи китайцев.” Виктор Петров, *Россия на Дальнем Востоке*, Hermitage Publishers(1996), p. 108.

또한 1913년 인구조사에 의하면 도시인구의 대부분이 이주해 온 지 얼마 되지 않은 사람들이었고 하얼빈에서 태어난 사람들은 전체 거주민들 중 11.5%에 불과하였다. 이주 시기별로 살펴보면 러시아인 2,500명을 포함한 3,500명의 주민들은 하얼빈의 초기 건설 당시에 이주한 사람들이었고, 15,500명(이들 중 2/3가 러시아인들이었음)은 러일전쟁(1904~1905) 직전 또는 직후에 이주해 온 사람들이었다. 그리고 17,500명의 러시아인을 포함한 32,000명의 거주민들은 1909년에서 1913년 사이에 하얼빈으로 이주해 온 사람들이었다.[51]

1916년 하얼빈의 인구는 약 89,000명이었으며,[52] 만주의 러시아 식민지역사의 권위자인 멜리호프의 연구에 의하면 제1차 세계대전(1914~1918) 초기 하얼빈 러시아인의 수는 43,000명으로 하얼빈 총 거주자의 약 64.5%를 차지하고 있었다.[53]

이와 관련하여 하얼빈 러시아인들의 세대를 연대별로 연관지어 보면 하얼빈 러시아인들의 역사를 좀 더 명확히 이해하는 데 도움이 될 것이다. 올가 바키치(Olga Bakich)는 1898년부터 1960년대 중반까지 70여 년 동안 하얼빈에 거주한 러시아인들을 3세대로 나누었다(〈표 3-2〉 참조). 그 결과 제1세대 러시아인들은 주로 동청철도의 건설자 및 철도의 종사원들로 이루어져 있었으며, 1920년대 러시아 혁명을 전후로 하여 더 많은 러시아인 망명자들이 유입됨으로써 첫 세대 러시아인들의 숫자는 급격하게 늘어났다. 제2세대 러시아인들은 제1세대의 자녀들로 1920년대와 1930년대에 태어났는데, 그중 일부는 러시아에서, 그리고 일부는 하얼빈에서 태어나 대부분은 이주지인 하얼빈에서 성장했던 사람들이다. 그리고 제3세대 러시아인들은 제2세대의 자녀들로서 1930년대 중반, 그리고 1940년대에 태어났으며 이들에게는 하얼빈이 유일한 고향이었다. 후술하겠지만 이들 러시아인은 세대 구분에 따라 정체성 형성에서도 조금씩 차이를 보인였다.

1917년 2월 러시아 혁명은 동청철도에 커다란 변화를 가져왔다. 혁명이 발생하자 "병사 및 노동자 대표 위원회"(Council of the Soldiers′ and Workmen′s Delegates)가 조직되어 하얼빈시를 장악하였다.[54] 이때부터 백계 러시아인들과 적군(赤軍)들 사이에 투쟁이 시작되었으며

---

51) *Г. Харбин и его пригороды по однодневной переписи 24 февраля 1913 г.*(Harbin, 1914), vol. 2, no. 1, 36, 78, 80. Bakich, p. 2[http://proquest.umi.com/pqdweb] 재인용.

52) 越澤 明, 『植民地滿洲の都市計劃』(亞細亞經濟硏究所), 張俊鎬 編譯, 『中國의 計劃都市: 滿洲의 都市論』(泰林出版社, 2000), p. 53.

53) Г. В. Мелихов, *Маньчжурия далекая и близкая*(Москва, Наука, Главная редакция восточной литературы, 1991), стр. 299. Svetlana V. Onegina, "The Resettlement of Soviet Citizens from Manchuria in 1935~36: A Research Note" *Europe-Asia Studies*, vol. 47, no. 6(1995), p. 1043 재인용.

54) Aitchen K. Wu, *China and The Soviet Union: A Study of Sino-Soviet Relations*(N.Y.: The John Day Company, 1950), pp. 119-120.

동청철도 측과 여기에 종사하는 종업원들 사이에 혼란이 야기되었다. 노동자 대표들은 그들 스스로를 레닌이 주도하는 페트로그라드 정부의 공식적 대표라고 주장하면서, 레닌이 보내온 전보에 따라 동청철도의 통제권을 호르밧(Хорват) 장군으로부터 인수하려고 하였으며, 소련의 혁명정부를 지지하면서 파업을 주도하였다.

〈표 3-2〉 하얼빈 러시아인들의 세대 구분

10년(단위)	아버지들의 나이	아들들의 나이	손자들의 나이
1998~2008			
1988~1998		80~90	60~70
1978~1988		70~80	50~60
1968~1978		60~70	40~50
1958~1968	80~90	50~60	30~40
1948~1958	70~80	40~50	20~30
1938~1948	60~70	30~40	10~20
1928~1938	50~60	20~30	1~10
1918~1928	40~50	10~20	
1908~1918	30~40	1~10	
1898~1908	20~30		

자료: Olga Bakich, "Emigre identity: The case of Harbin," The South Atlantic Quarterly vol. 99, no. 1(2000)[http://proquest.umi.com/pqdweb]

러시아 혁명은 이러한 동청철도 외부의 상황을 변화시켰을 뿐만 아니라 동청철도의 내부운영에도 많은 혼란을 발생시켰다. 이는 곧 혁명에 동조하는 측과 반대하는 측 사이의 주도권 싸움으로 이어졌다. 그 배경을 좀 더 살펴보면, 제1차 세계대전이 발발하기 전에 러시아는 30,000명의 군대를 하얼빈에 주둔시키고 있었고, 또한 하얼빈과 장춘 사이의 동청철도를 보호하기 위해 60,000명의 병사들을 주둔시키고 있었다.[55] 그런 도중에 러시아가 독일・오스트리아와 전쟁을 치르게 되자 이들 대부분의 군대는 유럽전선으로 차출되었고, 동청철도 보호를 위한 일부의 군대만이 남게 되었다. 그러나 이들 남은 군대마저 신구파(新舊派)로 나뉘어져 심각한 혼란상태가 야기되었다. 더욱이 당시 동청철도의 총책임자는 제정 러시아 왕가가문 소속의 호르밧 장군이었는데, 그는 볼셰비키 혁명에 반대하였으며 동청철도 내에서 그의 위치를 확고히 지키면서 볼셰비

55) Wu(1950), p. 119.

키정권으로부터 완전한 독립성을 유지하고 있었다. 그는 1917년부터 1924년까지의 재임기간 중, 자기의 위치에 대한 누구의 도전도 허락지 않았으며 한때는 동청철도가 거의 완전히 자기의 소유인양 철도에 대한 절대 권력을 행사하고 있었다.[56]

그러나 중국정부는 볼셰비키의 영향이 만주에 확대되는 것을 막기 위해 군대를 동청철도에 파견하여 상황을 예의 주시하면서, 당시 동청철도의 총책임자였던 호르밧 장군에게 동청철도 통제권의 이양을 요구하였다. 이에 따라 그는 모든 권한을 상실하였고, 동청철도의 사실상의 통제권은 노동자 대표들에게 넘어갔다.[57]

이러한 와중에도 하얼빈의 러시아인 수는 1920년대 초기에 절정을 이루었다. 1922년의 통계에 의하면 당시 약 38만 명의 하얼빈 인구 중 러시아인은 15만 5천 명으로, 전체 인구의 약 40%를 점하고 있었다.[58] 물론 이 중에 상당수는 러시아 혁명이 발생하기 전 하얼빈으로 이주하였으므로 이들 모두를 망명 러시아인으로 보기는 어려울 것이다. 당시 망명 러시아인들 중에는 내란을 피해 망명해 온 백계 러시아 군대의 잔여 병사 및 그 가족들, 그리고 많은 수의 인텔리겐차와 부르죠아들이 포함되어 있었다.

1920년 후반부터 하얼빈의 러시아인 수는 점차 줄어들기 시작하였는데, 그 원인 중의 하나는 바로 생활고였다. 당시 하얼빈에서 일자리를 찾기란 쉽지 않았고 많은 하얼빈의 러시아인들은 최고의 빈곤상태에 있었다.[59] 볼셰비키 정권은 이러한 러시아 노동자들의 생활 상태를 혁명의 정당성을 선전하는 도구로 이용하였다. 즉 소련의 혁명정부는 동청철도의 러시아 근로자들의 임금을 기타 만주지역 러시아 근로자들의 것보다 월등하게 높게 책정한 후, 이러한 임금상승을 내세워 해외의 근로자들에게 러시아 혁명정부가 들어선 후 근로자들의 생활상태가 훨씬 향상되었다는 것을 선전하려고 하였다. 뿐만 아니라 중국의 근로자들에게도 과거 제정 러시아시대의

---

56) Olga Bakich, "Emigre identity: The case of Harbin," *The South Atlantic Quarterly*, vol. 99, no. 1(2000), pp. 51-73[http://proquest.umi.com/pqdweb, 2002-5-31].

57) 이런 가운데서도 1918년 1월 중국정부는 하얼빈에서 장춘까지의 동청철도의 남부지선을 장악하였고 이곳을 지키던 러시아 군대를 무장 해제시켜 시베리아로 돌려보냈다(Wu, 1950:120). 또한 장작림(張作霖)의 동북정권은 러시아 혁명을 기회로 이용하여 다음과 같은 순서로 러시아의 철도이권을 회수하기 시작하였다: 1920년 3월 철도수비권, 경찰권 접수, 1920년 10월 영사 재판권 접수, 1921년 1월 통신기관의 접수, 1921년 2월 도시행정권의 접수, 1923년 8월 지무(地畝)관리국을 설치하여 부속토지의 회수를 꾀함, 1924년 1월 송화강 항행권 접수, 1927년 12월 교육권의 접수(越澤 明, 2000:54).

58) 西澤泰彦 『圖說'滿州'都市物語』(河出書房新社, 1996). 佐野正人 "一九三0年代東アジア文學とディアスポラ: 滿州, ハルビンを中心に" 『日本語文學』 第11卷(2001), p. 335 재인용.

59) Bakich(2000); Svetlana V. Onegina, "The Resettlement of Soviet Citizens from Manchuria in 1935~36: A Research Note," *Europe-Asia Studies*, vol. 47, no. 6(1995), p. 1044.

동청철도 제도보다 새로 정권을 잡은 소련의 노동자 및 농민 혁명정부하의 동청철도 제도가 월등히 우수하다는 것을 선전하려고 많은 노력을 기울였다.[60]

1924년 러시아 혁명 이후 새로운 소련정부에서 동청철도를 관리하기 위해 집행부가 하얼빈에 도착하였을 때 동청철도의 러시아 종업원들은 소련국적이나 중국국적 중 하나를 선택해야 했다. 만약 어느 나라 국적도 취득하지 않고 무국적(stateless)으로 남아있을 경우에는 동청철도와 관련한 직무에서 사직해야만 했다. 이때 국적을 취득하지 않고 무국적으로 남아있던 사람들은 망명 러시아인들(Russian émigrés)로 불렸는데, 백위군들[61]이 바로 이 무국적자들의 대다수를 차지하였다. 그 후 1929년 동청철도의 관할과 운영에 있어서 중국 측이 불공평한 대우를 받자 이에 대한 불만으로 소련과 중국 간에 갈등이 발생하였고,[62] 이로 인해 무국적자들은 동청철도에서 일하는 것이 더 이상 허용되지 않았기에 하얼빈의 일부 러시아인들은 소련국적을 취득해야만 했다.

러시아 혁명 후 해외로 망명한 러시아인에 대한 1922년의 통계에 따르면, 14만 5천 명이 극동지역으로 망명한 것으로 나타나고 있는데, 이들은 주로 하얼빈과 다롄[63]을 포함한 만주지방

---

60) А. Каторович, *Иннострaнный Капитал и железные дороги в Китае*(Москва, 1926), стр. ii. David J. Dallin, *The Rise of Russia in Asia*(New Haven: Yale University Press, 1949), p. 255, footnote, 재인용.

61) 1922년 7월 12일의 한 자료에 따르면 하얼빈의 이러한 백위군 조직(белогвардейская организация)은 연해주로부터의 지시에 따르고 있었다. 이곳의 백위군 조직은 다음과 같은 4개의 부대로 나뉘어 있었다: 1) 탈주병, 도망병 또는 과거의 관리들을 모집하는 모집대(вербовочный отдел), 2) 볼셰비키들과의 투쟁의 구호하에 주로 과거의 관리들로서 동청철도(КВЖД)의 여러 기관에 침투하여 작업을 하는 등록대(регистрационный отдел), 3) 공산주의자들이나 불법적인 조직들을 추적하고 감시하는 방첩특무대(контрразведывательный отдел), 4) 관련 세포조직을 통해 극동공화국(ДВР: Дальневосточная республика)의 영토에서 작업을 하는 첩보대(агентурный отдел). 당시 하얼빈에는 약 12,000명의 백계 러시아인들이 있었는데 이들 중 대다수는 동청철도와 민병대에 소속되어 있었다. “Внутренний фронт ДВР и белогвардейцы в Маньчжурии и Монголии” 29 июля 1922 г. Секретно. Экз. № 8, ‘극동지역의 상황에 대한 시베리아군의 지휘사령부의 내부보고서로부터.’ *ДАЛЬНЕВОСТОЧНАЯ ПОЛИТИКА СОВЕТСКОЙ РОССИИ (1920~1922 гг.): Сборник документов Сибирского бюро ЦК РКП(б) и Сибирского революционного комитета* (Новосибирск: Сибирский хронограф, 1996) стр. 341-342.

62) 1924년 중국과 소련이 공동으로 그리고 평등의 원칙하에 동청철도를 경영하기로 하였으나 실제로는 이러한 원칙이 지켜지지 않아 1929년 중국 측과 소련 측 간에는 철도운영을 둘러싼 갈등이 발생하였다. 이를 구체적으로 살펴보면 당시 동청철도의 18개 부서 중 14개 부서의 책임자가 러시아인이었고, 4개 부서의 책임자만이 중국인이었다. 또한 동청철도의 총책임자뿐만 아니라, 2명의 부책임자 중 1명도 러시아인이 됨으로써 철도에 대한 중국 측의 지분은 명목상의 구호에만 그치게 되었다. 중국 측은 이러한 불공평한 취급에 대한 시정을 수 차례 요구하였으나 이루어지지 않자, 張作霖의 동북정권은 동청철도를 강제로 장악하고 동청철도의 러시아인 책임자 및 부책임자뿐만 아니라 59명의 러시아인 철도고위관리들을 해고·추방하였다. 이에 대해서 당시 20,000여 명 이상에 달하던 소련의 동청철도 종사자들이 스트라이크와 태업을 함으로써 양국 간에는 심각한 위기가 발생하였다. 결국 독일 측의 중재로 해결되기는 하였으나 힘이 약한 중국으로서는 소련 측과의 갈등으로 엄청난 국가 위신과 재산상의 손해를 입고 얻은 것은 거의 없는 것으로 귀결되었다. Aitchen K. Wu, pp. 198-212.

과 인접한 중국의 동북부 지역으로 이주하였다.[64] 당시 만주에서 러시아의 영향력은 대단하였는데, 러시아 혁명 직후 망명 러시아인들이 유입되어 하얼빈에서의 러시아인은 수적인 측면에서 중국인을 능가하였다. 이로 인해 하얼빈의 중국인은 중국 측 행정관청보다 러시아 측 행정관청과 더 밀접한 관계를 유지할 정도였다. 이들 망명 러시아인들의 유입으로 하얼빈의 행정관료들은 볼셰비키정권의 정적들로 간주되었다.[65] 망명 러시아인들 중에는 인텔리겐챠와 부르죠아를 포함하여 내란을 피해 망명해 온 백계 러시아 군대의 잔여병사 및 그 가족들이 포함되어 있었다.[66]

이러한 배경하에서 소비에트 혁명세력에 적대적인 왕정옹호자들의 지원을 받고 있던 동청철도는 극동지역에서 반소비에트 세력의 중요한 온상이 되어 콜챠크와 세묘노프 등의 백위군에 대한 재정적 지원에 큰 역할을 하였다. 이로 인해 동청철도는 완전히 파산상태가 되었고, 1919~1922년 공식적 혹은 명목상으로는 러시아 백위군의 의장직하에 있되, 사실상 연합국 소속의 미국인 엔지니어 및 상호연합위원회 등이 대표하는 기술위원회에 의해 통제되게 되었다.[67] 그 외에도 수년 동안 우익 트로츠키 조직의 소속 인사들이 계속 동청철도를 운영하였는데, 세레브나야코프(Serebnyakov)를 필두로 한 엠샤노프(Emshanov), 루드늬(Rudnyi), 쿠즈네쵸프(Kuznetsov), 라쉐비치(Lashevich) 등이 바로 그들이었다.[68]

---

63) 다롄의 러시아인들도 러시아의 남만주철도(ЮМЖД: Южно-Маньчжурская железная дорога) 경영과 관련이 있다는 점에서 동청철도의 건설과 관련한 하얼빈의 러시아인들과 상당히 유사한 점이 많다. 다롄의 러시아인들에 대해서는 А. А. Хисамутдинов, "Русские в Дальнем - Дайрене," *Вопросы истории*, № 1(1998), pp. 145-151 참조.

64) 그 외에도 동유럽에 23만 명, 터키에 3만 5천 명, 중부유럽(독일, 오스트리아, 체코, 헝가리)에 25만 2천 명, 서유럽(프랑스, 영국 등)에 9만 7천 명 등의 러시아인들이 망명한 것으로 나타나고 있다. Claudena Skran, Refugees in Inter-War Europe: The Emergence of a Regime(Oxford University Press, 1995). 佐野正人, "一九三0年代東アジア文學とディアスポラ: 滿州, ハルビンを中心に" 『日本語文學』 第11卷(2001), pp. 334-335 재인용.

65) Maggie Riechers, "Fleeing revolution," *Humanities*, vol. 22, no. 3(May/June, 2001), p. 3([http://proquest.umi.com/pqdweb, 2002-5-31]).

66) 백계 러시아 군대의 병사들 중에는 콜챠크(А. В. Колчак), 카펠(Капель), 세묘노프(Г. М. Семёнов) 등이 포함되어 있었다. 콜챠크의 병사(Колчаковцы)들은 독일과 강화(講和)한 레닌 정권에 대항하기 위해 1918~1920년 내란에 참가한 연합국, 특히 영국의 지원을 받아 시베리아, 우랄지방, 그리고 극동지역에서 쿠데타를 일으켜 최고집정관에 취임하여 군사독재체제를 수립한 콜챠크 휘하의 병사들이었다. 카펠 병사들(Капелевцы)은 콜챠크군의 일부분으로서 제정 러시아 군대의 장군 카펠 휘하의 병사들이었으며, 세묘노프의 병사들(Семёновцы)은 러시아 혁명 직후 1917년에서 1920년 사이 '특별만주리지대'라는 백위군(白衛軍)을 조직하여 자바이깔의 혁명세력과 대결하고, 1918년 8월 연합국의 시베리아 간섭이 시작되자 일본군의 지원을 받아 반혁명 지방정권을 수립한 자바이깔 코사끄군대(the Transbaikal Cossack) 휘하의 병사들이었다(平凡社, 1989:378, 644).

67) A. J. Kantorovich, "The Sale of the Chinese Eastern Railway," *Pacific Affairs*, vol. 8, issue 4(Dec., 1935), p. 402.

그 후 동청철도 35주년 되던 해인 1932년부터 하얼빈 러시아인들의 운명은 여러 갈래로 나뉘게 되었다. 일본군이 북만주를 점령함에 따라 일부 러시아인들은 외국인 치외법권이 인정되던 상하이로 피신하였다. 이어 1935년 소련이 동청철도의 소유권을 매각하자 동청철도에서 근무해왔던 많은 러시아인들은 고국 소련으로 이주하였다. 동청철도에서 일자리를 잃게 된 일부 러시아인들은 소련의 여권을 받을 수 있는 자격을 상실하고 망명 러시아인의 신분이 되었다. 그리고 소련으로 귀국하는 것도, 상하이로 피신하는 것도 원치 않았던 소수의 러시아인들은 하얼빈에 남았다.[69]

일본이 만주를 점령하여 만주괴뢰국을 만든 지 몇 년 후인 1936년 6월, 모든 하얼빈의 러시아인들과 러시아인 단체들로 하여금 만주국이 만든 부서에 등록하도록 하였는데, 당시 44,086명의 러시아인들이 등록을 하였다. 이 중 27,894명은 하얼빈에 거주하는 러시아인들이었고 나머지 16,192명은 그 외의 만주지역에 거주하는 러시아인이었다.[70] 1942년 10월 1일 같은 부서에서 조사한 바에 의하면 36,711명의 러시아인들이 하얼빈에 거주하고, 22,998명은 만주의 타 지역에 거주하는 것으로 나타났다.[71]

Ⅲ. 하얼빈 러시아인들의 정체성 형성

하얼빈 러시아인들은 그들 서로를 같은 도시에 사는 동포 또는 자국인(земляк) 이상의 의미로 여겼다. 그 이유는 무엇보다도 이들이 겪은 경험의 특이성 때문이라고 할 수 있을 것이다. 즉 이들은 제정 러시아의 국민으로서 만주에 살고있다는 독특한 경험을 공유하였고, 또 자기들을 스스로 제정 러시아의 개척자로 인식하고 있었을 뿐만 아니라 동청철도의 건설자이자 만주에서

68) Центральный Архив Федеральной Службы Безопасности Российской Федерации(ЦА ФСБ РФ). Onegina(1995), p. 1045.

69) Виктор Петров, *Россия на Дальнем Востоке*(Tenafly, N.J.: Hermitage Publishers, 1996), p. 182.

70) Walter Kolarz는 당시 중국의 러시아인들에 대해 다음과 같이 쓰고 있다. "1940년 하얼빈에 거주하는 러시아인 40,000명을 포함하여 만주 전체에는 70,000명의 러시아인이 있었고, 그 외 상하이에 20,000명, 그리고 텐진에 10,000명이 있었다. 상하이에 거주하는 러시아인의 4/5는 마오쩌뚱이 상하이를 점령하기 전에 이미 소련 시민권을 취득하였다. 그리고 중국의 러시아인 집단에 섞여 있었던 친소비에트 정부요인들은 일본당국과 협력하고 있던 백계 러시아인 계층의 상층부에 침투하여 여러 가지 정보를 얻어 냄으로써, 소련 볼셰비키 정부의 내무인민위원부(NKVD)에 큰 도움이 되었다." Walter Kolarz, *The Peoples of The Soviet Far East*(N.Y.: Praeger, 1954), p. 38, fn.

71) Е. Аурилене, "Жалкая судьба," *Россия и АТР* 1(1998):21.

러시아주의(Русское дело в Маньчжурии)를 전파하는 기수로 인식하고 있었기 때문이었다. 이들은 하얼빈이 궁극적으로 자국인 러시아의 일부로 편입되지는 않는다 하더라도 적어도 러시아 식민지로 남아 있으리라 확신하였다. 많은 하얼빈 러시아인들이 생각하기로 "만약 식민지가 수도(首都)로부터 멀리 떨어진 지역, 즉 고국의 일부분이 외국의 영토로 전이(轉移)된 것을 의미한다면, 하얼빈은 동청철도라는 매개물을 통해서 러시아의 식민지가 된 최초이자 유일한 식민지일 것이다"라고 생각하였다.[72]

특히 이들 하얼빈 러시아인들의 결속감과 동질성 및 자긍심을 더욱 높여주었던 것은 유출국 제정 러시아와 관련된 여러 가지 형태의 기념행사였다.[73] 동청철도의 기념행사도 그중의 하나였는데, 1913년 7월 1일에 열렸던 동청철도의 10주년 기념행사에서는 10년 이상 동청철도에서 근속한 1,164명의 근속근로자들의 노고를 치하하였다.[74] 또한 1923년 동청철도 건설 25주년 기념행사 때도 마찬가지였다. 이때에는 이미 동청철도 건설의 주체였던 제정 러시아 체제가 더 이상 존재하지 않았고, 동청철도와 도시 하얼빈도 중국에 의해 관리되고 있었으며, 백계 러시아 운동 또한 실패한 상태여서 하얼빈의 러시아인들은 불투명한 미래를 눈앞에 두고 있었다. 그러나 이들은 동청철도의 기념식을 성대하게 거행하면서 러시아 제국의 위대한 업적인 동청철도의 건설을 축하하였으며, 1903년 7월 1일 동청철도가 처음 개통된 이후 근속한 종업원들에게 건설자(Построечник)라는 칭호를 붙여 주었다. 그리고 동청철도의 건설이 시작되었던 1898년 6월 30일 이래 근속한 24명의 근로자들에게는 유빌리야르(юбиляр)라는 칭호를 부여하였는데, 이러한 동청철도를 둘러싼 기념의식은 많은 하얼빈의 러시아인들에게 자긍심과 소속감을 불어넣어 주는 중요한 역할을 하였다(Bakich, 2000).

이러한 행사는 동청철도기념 행사 이외에도 다양하게 거행되었다. 1900년 6월 26일 의화단 사건 당시 중국인들이 하얼빈을 포위・공격해 왔을 때 이들은 하얼빈을 중국인들의 공격으로부터 사수하였는데, 그 이후 매년 이날에 하얼빈의 러시아인들은 기념행사를 갖거나 당시 희생을

72) А. Рыкачев, "Русское дело в Маньчжурии," *Русская мысль* № 8, стр. 122. Olga Bakich, p. 3 재인용.

73) 해외체류 제정 러시아인들의 정체성 형성에 영향을 미치는 이러한 제정 러시아 관련 행사는 당시 일본에서도 볼 수 있었다. 당시 일본주재망명러시아인협회(Русское национальное общество эмигрантов в Японии)는 제정 러시아의 자랑이었던 시인 푸쉬킨 사후 100주년 기념 행사(ПАМЯТИ ПУШКИНА въ ознаменование столетия со дня смерти великого поэта)를 1937년 2월 11일 일본에서 성대하게 개최하였다. 澤田和彦, "日本における白系ロシア人史の斷章:プーシキン沒後100年祭(1937, 東京)"『スラブ研究』47号(2000), pp. 327-353.

74) Bakich(2000), p. 3.

당한 러시아인들을 위해 교회에서 추모예배를 드리면서 자신들에 대한 자존심과 긍지를 느끼곤 하였다(Bakich, 2000:3).

이러한 기념행사는 그 이후에도 계속되었다. 1934년 여름에는 25년 이상 하얼빈과 만주에서 근무한 러시아인들을 대상으로 "하얼빈과 만주의 장기근속자 협회"(Общество старожилов Харбина и Маньчжурии)를 결성하여 자신들을 하얼빈과 전체 만주지역에서의 '문화생활의 개척자들'(пионеры культурной жизни)로 자처하였다. 이들은 동청철도를 건설함으로써 세계적인 무역로를 개통하였고, 이 무역로는 하얼빈과 만주지역에 무한한 이익을 가져다주었다고 자평하였다. 이들은 이 협회를 통하여 자신들의 행동은 바로 러시아인들의 영웅적인 행위로 간주되어야 하고, 후손들에게도 이러한 자신들의 위대한 업적을 알려야 하며 결코 잠자코 있어서는 안 된다는 점을 역설하였다.[75]

러시아인들의 하얼빈에서의 생활은 힘들었지만, 이러한 기념행사는 이들로 하여금 집단에 대한 소속감과 동질성을 더욱 높여주는 역할을 하였다. 이들은 철도와 신도시를 건설해야만 했고, 집을 건축하고 가구와 개인 생필품을 먼 곳에서 가져와야만 했다. 이들에게 만주는 낯설고 먼 나라였다. 그들의 고향 러시아는 아직도 먼 곳에 있었고, 고국 러시아에 대한 향수병은 이곳 러시아인들 대부분이 겪는 공통적인 것이었다. 당시 러시아인들이 모이는 러시아인 학교는 이들에게 민족의식을 심어주는 중요한 도구 중 하나였다. 당시 이곳의 학생이었던 사람의 회상은 이를 잘 말해주고 있다:

> 나는 당시 한 교사가 했던 말을 기억하고 있는데, 그것은 우리가 모두 러시아인(русский)은 아닐는지 모르지만, 우리는 모두 러시아에서 온 사람들(россияне)이라는 사실이다. 단지 '러시아에서 왔다'는 그 사실만으로도 우리는 큰 자부심을 가질 수 있었다. 즉 학교에서는, 국가는 동일한 사람의 총합(總合)이라기보다는 같은 사상을 가진 사람의 총합이라는 것을 일깨워 주었다.[76]

따라서 어려운 생활을 경험했던 초기의 러시아인들은 단지 일시적으로 만주에 체류할 생각을 가진 사람이 대부분이었고, 또한 그들은 자신들이 조만간 귀국한 후 조국 러시아에서 생활할

---

75) Г. Мур, "Старожилы Харбина, пионеры культурной жизни края," *Заря,* № 259(24 сентября, 1934):5. Bakich, p. 6 재인용.

76) М. И. Казанин, Записки секретаря миссии(Москва, 1962), стр. 145, Olga Bakich, "Emigre identity: The case of Harbin," *The South Atlantic Quarterly* vol. 99, no. 1(http://proquest.umi.com/pqdweb) 재인용.

의도를 가지고 있었다.[77]

그러나 러시아인들 가운데 일부는 하얼빈에서 착실히 정착하고 있는 모습도 나타났다. 1910년 하얼빈의 한 러시아 거주자는 러일전쟁 후 이러한 상황을 다음과 같이 언급하고 있다.

> 단지 오랜 거주자들(старожилы)만이 지속적으로 머무르고 있었다. 전쟁으로 인해 새로 이주해 온 사람들 중에는 소수의 사업가들만이 정착하였다. 그들은 좀 더 안정적이고 지속적이었는데, 그것은 다른 사람을 희생함으로써가 아니라 자신의 끈질긴 노력으로 부유한 삶을 이루겠다는 이들의 의지 때문이었다. 이들은 러시아에서 가족을 데려오고 생필품을 가져와서 자신의 삶을 영위하였다. 이들은 하얼빈이나 그 밖의 동청철도가 지나가는 기타 도시에서 그들의 25주년 거주 또는 그 이후의 거주 기념일을 축하하려는 분명한 의도를 지니고 있었으며, 또한 자신의 자녀들에게 자신들을 이 편안한 중국에 묻어달라는, 그리고 자신들의 가업을 계속 이곳에서 이루어달라는 부탁을 하였다.[78]

그러나 1917년 러시아 혁명의 발생과 함께 상황은 돌변하였다. 소련에서는 하얼빈의 러시아인들이 적대시되어, 도시 하얼빈은 백계 하얼빈(Велый Харбин), 백위군 하얼빈(Белогвардейский Харбин) 또는 백위군 도시(Белогвардейский город) 등으로 명명되었고, 이곳에 거주하는 하얼빈의 러시아인들은 백군반도(白軍叛徒: Белобандиты)로 불렸다. 망명자로 남기를 원했던 하얼빈의 러시아인들도 자신들이 거주하는 하얼빈을 러시아 하얼빈(Русский Харбин), 망명 하얼빈(Беженский Харбин) 또는 이주 하얼빈(Эмигрантский Харбин) 등으로 불렀다.[79]

이들은 자신들을 망명자 첫 세대로 간주하여 영토나 국경 또는 국가의 힘이나 재정이 결여된 국가, 즉 국경 밖의 러시아(Зарубежная Россия)의 제1세대 주민으로 생각하였다. 이들은 비록 힘이 없고 가난한 국외의 러시아인들이었지만, 자신들이 해외에 거주하는 동안 진정한 러시아의

---

77) 이러한 조국 러시아로의 조속한 귀국에 대한 희망은 후일 만주생활에 대한 이들의 회고담에서도 잘 나타나고 있다: "나는 만주와 특히 하얼빈을 내 목숨이 다하는 날까지 내 전 생애를 보낼 영구적인 거주지로 생각해 본 적은 결코 없었다. … 모든 사람은 실제 생활을 하게 될 고국으로 돌아갈 생각만을 하고 있었다. 이곳은 가능한 한 짧게 일시적으로 머무를 잠깐 동안의 야영지(бивак)일 뿐이었다." С. П. Чернявский, "Двадцать лет" *Новости жизни*, Юбилейный номер, 1907~1927(1927):4. Olga Bakich(2000), p. 2 재인용.

78) Николай Штейнфельд, *Русское дело в Маньчжурии*(Харбин, 1910), стр. 88. Olga Bakich(2000), p. 3 재인용.

79) Bakich(2000), p. 4.

가치나 전통, 그리고 문화를 간직함으로써 자신들의 존재를 통하여 러시아를 구할 수 있고, 또한 그것이 그들의 고귀한 임무라고 인식하였다. 이러한 점은 러시아 내전에서 부상을 당하고 젊은 시절 하얼빈으로 이주하였던 러시아 시인 알렉세이 아챠이르(Алексей Ачайр)가 썼던 다음의 시(詩)에서도 잘 나타나 있다.

> 운명이 우리를 철저하게 굴복시켰지만
> 우리를 파산시키거나, 왜곡시키지는 않았고,
> 고국은 우리를 내몰았기 때문에
> 우리는 고국을 전 세계에 전파하였다.[80)]

1917년 2월 러시아 혁명 발생 후 시작된 백계 러시아인들과 적군(赤軍)들 사이의 투쟁은 동청철도에 종사하는 종업원들 간의 갈등으로 연결되었다. 이러한 갈등은 1920년대와 1930년대 초기에도 계속되어 하얼빈의 러시아인들은 여전히 서로 다른 입장을 취하였다. 친볼셰비키 측에는 소련혁명 이후 파견된 동청철도와 관련한 직업에 종사하는 소련의 관료들, 소련의 자본주의 부활을 기대하는 망명 러시아인 인텔리겐챠 단체인 표지전환파(標識轉換派)의 회원들(сменовеховцы),[81)] 그리고 소련정부가 발행한 여권을 소지한 많은 노동자들이 포함되어 있었다. 이들의 자녀들은 소련식의 학교나 동청철도에서 지원하는 학교로 등교하였다.

반면 반혁명세력 측은 러시아 정교회 성직자들, 백러시아 운동을 지지했던 군부관료들, 코사끄, 파시스트주의자들, 그리고 제정 러시아 체제에 충성하는 일반 시민들로 구성되었다. 이들은 제정 러시아를 존중하도록 자녀들을 교육하였고, 니콜라이 2세의 죽음을 애도하였으며, 백계 러시아 운동을 주도하다 희생된 지도자들을 애도하면서 제정 러시아의 기념일과 경축일을 준수하였다. 이러한 양 진영의 적대감은 여러 가지 형태의 시위나 충돌 및 도발적 행동을 표출시켰으며, 중국당국은 대체로 볼셰비키 혁명정부의 공산주의적인 선전을 우려하여 백계 러시아인들의

---

80) Не сломала судьба нас, не выгнула,
Хоть пригнула до самой земли,
А за то, что нас Родина выгнала,
Мы по свету её разнесли.
Алексей Ачайр, “По странам рассеяния” *Первая книга стихов*(Харбин, 1925), стр. 69-70. Bakich, p. 4 재인용.

81) 이들 표지전환파들(標識轉換派: сменовеховцы)은 후일 내전이 끝나고 소비에트 정권의 안정과 함께 소비에트 체제를 승인하면서 상당수가 귀국하였다.

입장을 지지하는 편이었다.[82)]

1930년대 초기에 들어와서 하얼빈 러시아인들의 자화상은 상당히 변화하게 된다. 무엇보다도 과거 하얼빈 러시아인들이 가졌던, 제정 러시아 시대 동청철도의 개척자이자 하얼빈의 건설자로서의 이미지는 퇴색되어 가는 대신, 제정 러시아의 흔적을 복원시키고 유지하는 이미지가 두드러졌다. (제정) 러시아는 그들이 꿈에서 그리는 고향이었고, 러시아 하얼빈(Русский Харбин)은 바로 그들의 고향을 반영하는 것이었다. 당시 이러한 점은 하얼빈의 시인인 미하일 셔메이세르(Михаил Шмейссер)에 의해서 잘 표현되고 있다:

> 우리는 북쪽 팔미라[83)]를 갈망하지만,
> 쓰라린 망명생활이 하얼빈의 가장 러시아적인
> 이미지에 의해서 조정될 수 있을 때,
> 우리의 슬픔은 그렇게 크지 않으리.[84)]

특히 1세대 러시아인들의 자녀들이 태어나면서부터, 이들 2세대들은 제정 러시아에 대한 직접적 기억은 거의 없는 대신, 하얼빈에서 제정 러시아의 방식으로 교육을 받은 세대로 등장하였다. 따라서 이들 하얼빈의 러시아인들에게 가장 중요한 삶의 의의는 러시아적인 하얼빈의 이미지를 되살리는 데 있었고, 이들의 정체성도 이런 점을 기초로 형성되었다.

Ⅳ. 소결

본 절에서는 먼저 하얼빈의 러시아인들이 초국적주의적인 디아스포라의 개념과 어떻게 관련이 있는지를 논의하려고 한다. 특히 하얼빈 러시아인들의 정체성의 형성에 있어서 유출지인 고국의 상황과 유입지인 하얼빈의 상황이 어떻게 영향을 미쳤는지를 좀 더 자세히 고찰할 것이다.

---

82) Bakich(2000), p. 4.

83) 북쪽 팔미라(Северная Пальмира)는 제정 러시아의 수도 뻬쩨르부르그의 시(詩)적인 미칭(美稱)이다.

84) Грустим по Северной Пальмире,
Но грустно ней не так сильно,
Когда с изгнаньем горьким мирит,
Руссейший облик Харбина.
Юу Клеменс, "Харбин, русский оазис за рубежом," *Рубеж*, №1(1938):18. Bakich, p. 12 재인용

그 다음으로는 하얼빈의 러시아인에 대한 본 연구가 소수민족연구에 관한 합리적 선택모형과 관련하여 가지는 함의가 무엇인지를 논의할 것이다. 마지막으로 본 연구가 러시아와 구소련권의 한인연구와 관련하여 어떠한 현재적 함의를 가지는가를 살펴볼 것이다.

첫째, 망명 러시아인들은 유출국인 제정 러시아의 영향뿐만 아니라 유입지 하얼빈의 영향 또한 계속 받고 있었다. 특히 유출국 러시아/소련에서의 정치적 상황은 유입지 하얼빈의 상황 못지않게 이들 망명객들의 민족정체성에 엄청난 영향을 미치고 있었다고 생각된다. 이는 와흘벡(Osten Wahlbeck)이 주장하듯이 초국적주의에서 디아스포라가 유출국과 유입국 모두에 관련이 있다는 주장과도 연관이 있다고 보여진다.[85] 즉 망명 러시아인들은 소련으로 귀국한 이들의 운명에 관해 여러 가지 경로를 통해 잘 알고 있었고, 또한 이들이 고국의 혁명정부로부터 받은 여러 가지 정치적 박해와 감시는 하얼빈의 망명 러시아인들로 하여금 제정 러시아의 국민으로서의 정체성을 지키도록 하는 데 더욱 크게 기여한 것으로 보인다.

다음에서는 고국 하얼빈의 러시아인들이 혁명정부하의 소련에 귀국함으로써 겪어야 했던 상황을 좀 더 자세히 살펴보도록 한다. 혁명 직후 1920년대 초기부터 1945년까지 망명 러시아인들이 계속 만주에서 소련으로 보내지고 있었는데 초기에 이는 망명 정치단체의 주도하에 계획되기도 하였지만, 후기에는 일본군의 명령에 따른 것도 있었다.[86] 그리고 1935년 소련이 만주국에 동청철도를 매각한 후 소련정부는 과거 동청철도에서 근무하였던 소련 국적자 및 과거에 반혁명적인 성향을 띠면서 무국적 상태로 남아있던 망명 러시아인들에게도 고국으로 돌아올 수 있는 기회를 허락하였다(1935~1936). 따라서 이러한 조치에 따라 1935년 한 해 동안에만, 동청철도에 종사한 만주의 소련시민권자 19,570명과, 이 철도와 관련된 여러 산하기관[87]에 종사하고 있던

---

85) Wahlbeck(2002), p. 6.

86) 예를 들어 그러한 단체의 하나였던 러시아 파시스트 연합에서는 다음과 같은 사람들을 러시아로 잠입시키기도 하였다: ① 세멘(G. V. Semen) – 러시아 파시스트 연합의 신장지구 지부장이었던 자로서 하바로프스크에서 체포되어 총살형에 처해졌음. ② 니콜라이 다니엘로프(Nikolai Danielov)와 피요트르 골루베프(Petr Golubev) – 러시아 파시스트 연합의 회원으로서 사할린 지부에 의해 소련으로 잠입되었다가 모두 행방불명됨. ③ 세르게이 무르진(Sergei Murzin)과 반치코프(A. Banchikov) – 러시아 파시스트 연합의 하일라르 지부에 의해 소련으로 파견되었다가 행방불명됨.

한편 일본군의 명령에 의해 소련잠입을 시도한 부대로는 유격대 '러시아의 구조를 위한 제1파시스트 支隊'(Partisan '1st fascist detachment for the salvation of Russia')가 있었는데, 이 유격대의 대원 31명이 일본군에 의해 무장되어 강을 건너 1936년 가을 소련에 잠입하였으나 아무르 지역의 아마자르(Amazar) 역 근처에서 소련내무성(NKVD)소속의 부대에 의해서 전멸된 적도 있었다. Центральный Архив Федеральной Службы Безопасности Российской Федерации(ЦА ФСБ РФ). Onegina(1995), p. 1047.

87) 적어도 공식적으로 동청철도와 관련된 산하기관은 다음과 같이 아주 다양하였다: 삼림 租借地 및 제재업(Forest concessions and lumbering), 광산(coal mines), 발전소(power stations), 인쇄소(printing plant), 상

5,000명 이상의 러시아인들이 만주로부터 소련으로 귀국하였다.[88)]

만주로부터 귀국한 소련국적자들은 소련내무성(НКВД)의 엄격한 감시하에 놓였다. 그러나 이들은 그들의 과거나 정치적 견해 때문에 소련정부에 절대로 충성할 수 없었다. 과거 수년간에 걸쳐 이들은 만주에서 많은 망명 단체들에 의해 반소련 성향을 띠도록 교육을 받았기 때문이다. 소련으로 귀국한 이들 하얼빈 러시아인들(Харбинцы)은 그들의 과거 사회적・정치적 성향에 대한 엄격한 조사를 받았고, 그 결과에 따라 이들은 백위군이나 백계 러시아인 첩보 또는 방첩부대원, 또는 망명 정치단체 참가자 등으로 분류되어 모두 체포되었다.[89)] 이들 외에도 하얼빈 러시아인(Харбинцы)이라고 하기에는 애매한 사람들, 예를 들어 소련으로부터 공식적으로 동청철도에 근무하도록 명령받은 자들(이들은 주로 동청철도의 간부직원들이었다)도 체포 대상이었다.

귀국을 한 이들에게는 고국으로 다시 이주하였다고 하여 재이주자라는 딱지가 붙었고, 이는 이들이 영영 망명자들로 남아 있어야 한다는 것을 의미하였다. 예를 들어, 이들 하얼빈의 러시아인들(Харбинцы) 중에 하얼빈에서 귀국한 러시아 남자들은 Харбинец로, 여자들은 Харбиянка로 불리며, 기타 폴란드인이나 독일인 및 라트비아인들과 같이 별개의 국적을 가진 자들로 간주되었다. 하얼빈의 러시아인이라는 이유만으로도 이들은 범죄자로 취급되었다.[90)] 1937년 9월 20일 내무인민위원회(НКВД)는 '동청철도 종업원과 만주로부터의 재이주자를 억압하는 작전'을 실시하여 25,000명의 "소위 하얼빈의 러시아인들"(так называемых харбинцев)의 리스트를 작성하여 이 중 4,500명을 일본에 협력한 혐의로 처벌하였다. 여기서 끝나지 않고 백위군에 종사하거나 하얼빈에서 활동한 모든 사람들, 예를 들어 망명자단체의 회원, 레스토랑이나 호텔 및 기타

무부의 보조기업(auxiliary enterprises of the Commercial Department), 하얼빈의 탁아소 및 온실(nursery and green-houses in Harbin), 재원부의 주요 작업장(main workshops of the Ways Department), 모직물 세탁업 및 수력선적 작업장(wool-washing works and hydro-loading works), 하얼빈의 상수도(water works in Harbin), 청량음료공장(soft-drinks factory), 제재소(saw-mill), 大豆 등급소(gradations of beans), 청소업소(waste-cleaning works), 그랜드호텔(Grand Hotel), 휴양소(health resorts and sanatoria), 병원 및 진료소(hospitals and clinics), 도서관(library), 경제국(Economic Bureau). "Manchoukuo-Union of Soviet Socialist Republics: Agreement for the Cession to Manchoukuo of the Rights of the Union of Soviet Socialist Republics Concerning the North Manchuria Railway(Chinese Eastern Railway)," *American Journal of International Law*, vol. 30, Issue 2, Supplement: Official Documents(Apr., 1936), p. 87.

88) Центральный Архив Федеральной Службы Безопасности Российской Федерации(ЦА ФСБ РФ). Onegina(1995), p. 1044.

89) 대표적인 예로서 보로네즈 오블라스찌(Voronezh oblast')의 하얼빈인 2,500명 가운데에서 백위군 병사 233명, 백위군 장교 102명, 백위군 첩보요원 15명, 그리고 망명 정치단체 참가자 108명 등이 모두 체포되었다(Onegina, 1995:1045).

90) Bakich(2000), p. 5.

기업의 소유자들, 중국 경찰업무에 종사하거나 중국의 시민권을 소지한 사람들도 기소되었다.[91)]

초국적주의의 관점에서 본다면, 망명 러시아인들이 고국에서 겪은 불리한 상황은 하얼빈의 러시아인들로 하여금 제정 러시아의 국민이라는 자각을 더욱 굳게 가지도록 하였고, 하얼빈에서의 이들 간의 유대관계를 더욱 강화시키는 역할을 하였다고 보인다. 따라서 이들은 국외에 거주하는 동안 제정 러시아의 문화와 가치 등을 간직하고 전파하는 것이 제정 러시아적 하얼빈의 이미지를 고려하는 하나의 방안이라고 확신했을 것이다. 따라서 하얼빈의 러시아인들의 민족정체성이 유입국인 중국 하얼빈의 맥락에서만 규정되는 것이 아니라 유출국의 상황에 의해서도 많은 영향을 받았다고 생각된다.

한편 정착지(유입국)인 중국 내에서의 상황도 하얼빈 러시아인들의 정체성 형성과 관련하여 논의될 필요가 있다. 초기 하얼빈의 제정 러시아인들은 스스로를 이국의 개척자로 인식하고 있었을 뿐만 아니라 동청철도의 건설자로, 그리고 만주에서 러시아주의를 전파하는 선구자로 생각하여 자부심을 갖고 있었다. 그러나 러시아 혁명이 발생한 후부터는 복잡한 국제적 상황 속에서 중국정부의 정책에도 무관할 수 없었다. 특히 볼셰비키 정부는 하얼빈을 포함한 만주지역에 반혁명세력을 구축하기 위해서 중국정부의 협력을 얻는 데 많은 노력을 쏟았고, 만주의 러시아인들을 추방하기 원했던 중국정부 또한 하얼빈의 러시아인들에게 호의적일 수는 없었다.

당시 제국주의 연합국들은 시베리아 횡단철도를 따라 혁명정부에 대한 공격을 계속하였고 백계 러시아인들도 동시베리아와 만주지역에서 활발한 움직임을 보이면서, 볼셰비키 당국은 1919년 7월 25일 외무인민위원대리 카라한(Л. М. Карахан)의 이름으로 중국을 상대로 '카라한 선언'[92)]을 발표하였다. 이 선언의 목적은 제정 러시아정부와 중국정부 간의 모든 조약을 무효화시키고, 당시 하얼빈을 비롯한 러시아 극동지역에서 활발한 움직임을 보이고 있던 백계 러시아

---

91) Стевен Мерритт, "Матушка Россия, прими своих детей!" *Россияне в Азии* 5(1998): 221-26. Bakich, p. 5.

92) 카라한 선언은 다음에서 보듯이 제정 러시아 정부가 획득했던 영토와 동청철도, 광산채굴권, 임산자원, 금광 등 이권의 무상반환, 의화단 사건의 배당금 포기, 치외법권의 철폐 등을 선언하면서 중국의 인민이 러시아의 농민, 노동자 그리고 적군(赤軍)과 더불어 싸울 것을 호소하였다:

"… 소련정부는 어떠한 보상을 요구함이 없이 동청철도, 광산채굴권, 삼림, 금광 및 짜르 정부, 케렌스키 정부, 도적들, 호르밧, 세묘노프, 콜착, 러시아 정부의 전직장군, 상인들 및 자본주의자들 등에 의해서 압수된 모든 것을 중국 정부에 돌려줄 것이다. 소련정부는 1900년 의화단 사건으로 중국 정부가 지불해야 할 모든 배상금을 포기한다. 소련 정부는 중국영토에서 러시아 상인에게 부여된 모든 특권과 이들이 소유하고 있는 모든 공장들을 포기한다; 어떠한 러시아 정부의 관료나 성직자 또는 선교사가 중국 문제에 대하여 개입하여서는 안 된다. …"

China Year Book, 1924, p. 868. Aitchen K. Wu, pp. 135-136.

군대의 세력을 일소함에 있어서 중국당국의 협조를 얻겠다는 것이었다. 당시 백계 러시아 군대는 반볼셰비키 혁명에 소요되는 많은 비용을 충당하기 위해서 동청철도의 자금을 이용하였다. 볼셰비키 정부는 유럽쪽의 러시아에서 발생하고 있던 혼란상을 진정시키기 위하여 극동지역, 특히 동청철도에 대해 관심을 쏟을 여력이 없는 상태였다. 이러한 카라한 선언은 중국대중의 동정심을 얻는 것뿐만 아니라, 동청철도망 지역의 백계 러시아인들이 구축해 놓은 교두보를 파괴하기 위한 진일보한 조치로 간주되고 있었다.[93] 만주의 백계 러시아인 조직을 없애기 위해서 중국정부에 외교적 항의와 압력을 가하면서 동시에 언론이나 다른 수단을 통해서 만주에서의 백계 러시아인의 활동과 이들에 대한 일부 현지 중국지방당국의 지원을 폭로하는 전략을 구사하고 있었다.[94]

정착지에서의 이러한 중국 공산당국의 방침과 탄압으로 상당수의 망명 러시아인들은 오스트레일리아, 라틴 아메리카, 유럽 및 샌프란시스코를 비롯한 미국 서부지역으로 옮겨갔고[95] 일부는 일본[96] 등지로 이주하였다. 남아있던 일부 하얼빈의 러시아인들은 소련 자본주의적 부활을 기대하면서 자녀들을 소련식의 학교로 전학시켜 제정 러시아 시대 시민으로서의 과거의 정체성을 부인하기도 하였다.

둘째, 초국적주의와 관련한 디아스포라의 관점에서 하얼빈의 러시아인에 대한 본 연구는 소수민족에 관한 합리적인 선택모형(rational choice model)과 관련하여 중요한 점을 지적하고 있다. 민족학자 후턴(Peter Houten)이 제시고 있는 합리적인 선택모형과 관련한 소수민족의

93) Wu(1950), p. 136.

94) 러시아 공산당 중앙 위원회 극동지역 회의록 참조. "№ 315. Из протокола заседания Дальбюро ЦК РКП(б)" *ДАЛЬНЕВОСТОЧНАЯ ПОЛИТИКА СОВЕТСКОЙ РОССИИ(1920~1922 гг.): Сборник документов Сибирского бюро ЦК РКП(б) и Сибирского революционного комитета(Новосибирск*: Сибирский хронограф, 1996), стр. 358.

95) 미국으로 이주하는 것은 쉬운 일이 아니었다. 중국에 있던 러시아인들은 미국으로 이주할 경우 미국이 부여한 중국인의 이주민 할당쿼터에 포함되었기 때문에 미국 비자를 받는 데 10년이 걸린 러시아인들도 있었다. Maggie Riechers, "Fleeing revolution," *Humanities*, vol. 22, issue 3(May/June, 2001), pp. 24-27[http://proquest.umi.com/pqdweb, 2002-5-31].

96) 일본제국통계연감(日本帝國統計年鑑)의 국내체류외국인(內地在留外國人國籍別) 통계에 따르면 1936년 말 당시 일본에 체류하였던 외국인은 총 40,865명이었고, 그중에서 제정 러시아인은 공식적으로는 총 1,294명(남자 660명, 여자 634명)으로 나타나고 있으나, 정식으로 등록되지 않은 러시아인들도 적지 않았다고 한다. 이들 러시아인들은 1923년 관동대지진이 발생하기 이전에는 요코하마에 주로 거주하였으나 대지진 이후에는 고오베와 도꾜가 주 체류지가 되었다. 이들은 1930년 7월 27일 일본주재망명러시아인협회(Русское национальное общество эмигрантов в Японии)를 만들어 합법적 수단을 통하여 제정 러시아민족의 해방운동을 발전시키고 또 그 실현을 돕는 것을 목적으로 하였다. 澤田和彦, "日本における白系ロシア人史の斷章:プーシキン沒後100年祭(1937, 東京)"『スラブ研究』47号(2000), p. 330.

연구는 인종관계의 삼각관계, 즉 소수민족집단, 지배집단 및 소수민족의 준거국 간의 3자 관계에 기초를 두고 있다. 즉 소수민족과 지배집단 간의 분쟁발생의 여부는 이들 집단이 처한 전략적인 상황에 대한 합리적 반응의 측면에서 결정된다고 본다.[97]

여기서 소수민족의 준거국(reference state)[98]이라 함은 이민족인 지배민족과 함께 거주하는 소수민족의 모국을 의미한다. 일반적으로 준거국은 같은 동포인 소수민족과 이 소수민족이 함께 거주하는 지배민족 간의 상호관계에 영향을 미칠 수 있는 여러 가지 수단을 보유하고 있다. 대표적인 것으로는 소수민족에 대한 군사적 지원, 소수민족과 함께 거주하는 지배집단이 통치하는 국가에 대해 가하는 경제적 압력 및 같은 동포인 소수민족 성원들에 대해 이주의 동기를 부여하는 일 등이 여기에 포함된다.[99]

준거국의 역할을 가장 잘 보여주는 예로서 구소련 붕괴 후 러시아와 구소련 지역의 러시아 소수민족관계를 들 수 있다. 즉 구소련의 일원이었으나 현재 독립해 있는 구소련권의 각국에 소수민족으로서 거주하는 러시아인들은 이들 신생국이 독립 후 겪고 있는 여러 가지 내전에 거의 연루되지 않고 있는데, 그 이유 중의 하나가 바로 러시아라는 강력한 준거국이 그들의 배경에 있기 때문이라는 설명이 지배적이다.[100]

그러나 본 장에서 고찰한 하얼빈 러시아인들의 경우에 이들의 준거국은 제정 러시아라고 할 수 있는데 러시아 혁명 이후 이들의 준거국은 이미 사라진 상태였다. 아니면 이들의 준거국 대신에 새로운 "적대적 준거국"이라고 할 수 있는 소련의 혁명정부가 등장하여 준거국이 보호해야 할 국외의 소수민족을 오히려 억압하려는 경향을 보임으로써 기존의 합리적 선택모형에

97) Peter Van Houten, "The Role of a Minority's Reference State in Ethnic Relations," *European Journal of Sociology*, vol. 39, no. 1(1998), pp. 110-146.

98) 준거국(reference state)은 사회학의 준거집단(reference state)에서 연유한 용어로, 모국(motherland)이라는 용어로 대용할 수 있을 것이다.

99) 후텐(Peter Van Houten)은 소수민족과 지배집단 간의 분쟁발생에 관한 설명에서, 소수민족의 모국이라 할 수 있는 준거국의 회복주의와 준거국의 국력이라는 2개의 변수를 상정하고 있다. Houten(1998), p. 119.

100) Houten, pp. 110-115; Karen Dawisha and Bruce Parrott, *Russia and the New States of Eurasia*(Cambridge: Cambridge University Press, 1994); Monty D. Marshall, "States at Risk: Ethnopolitics in the Multinational States of Eastern Europe," Ted R. Gurr(ed.), *Minorities at Risk: A Global View of Ethnopolitical Conflicts* (Washington: United States Institute of Peace Press, 1993). 특히 구소련시대에 다수를 점하고 있던 러시아인의 인구비율이 소련의 붕괴 이후 역전된 카자흐스탄 등에서는 이런 준거국 모형이 잘 설명될 수 있다. 여기에 대해서는 Chaimun Lee, "The Applicability of Sociological Theories to Ethnic Conflicts in Central: The Case of Kazakhstan," *International Area Review* vol. 5, no. 2(2002), pp. 39-63. 또한 이러한 준거국 모형을 러시아 극동지역의 소수민족으로서의 중국인에게 적용시킨 연구에 대해서는 이채문, "黃禍論이 러시아 극동지역의 발전에서 가지는 함의: 준거국의 역할을 중심으로," 『1998년 한국사회학회 후기사회학대회 발표문 요약집』 pp. 227-233 참조.

나타나는 일반적인 준거국으로는 설명할 수 없는 하나의 사례가 되고 있다. 이러한 점에서 하얼빈의 러시아인 집단은 기존에 논의되던 소수민족에 관한 이론으로는 설명하기 곤란한 새로운 과제를 제시하고 있다는 점에서 소수민족연구에 있어서 주목할 만한 독특한 사례라고 할 수 있다.

셋째, 초국적주의적 관점에 기초를 둔 디아스포라, 즉 하얼빈의 러시아인에 대한 연구는 해외의 한인, 특히 러시아와 구소련권의 한인연구에도 시사하는 바가 크다고 생각된다. 즉 러시아와 구소련권의 고려인에 대한 기존 연구의 대부분이 정착지 내에서의 지배민족과 소수민족 간의 관계, 즉 러시아인이나 카자흐인, 우즈베크인 등의 지배민족과 소수민족인 한인 간의 관계 속에서만 이루어졌다고 볼 수 있다. 예를 들어, 러시아/소련의 고려인 정책이나 고려인의 정착과정 등과 관련된 연구들이 그것이다.

그러나 본 연구에서 시사하는 바는 소수민족으로서의 고려인들에 대한 연구가 정착지의 맥락에서 파악되는 데 그치지 않고 유출지역인 한국과의 맥락도 동시에 고려되어야 한다는 것이다. 특히 구소련의 붕괴 이후 구소련권의 고려인들과 이들의 조국인 한국과의 관계가 더욱 긴밀해지고 다양화됨에 따라 이러한 연구의 필요성은 더욱 커질 것으로 보인다. 이러한 초국가적 사회연결을 위한 가장 강력한 도구로서 최근 등장한 것이 인터넷이다. 이렇게 될 경우 한인 디아스포라의 초국적주의적 연결의 수단이 되는 것은 고전적인 디아스포라의 개념 속에 등장하는 고국에 대한 과거의 집단적 기억이나 신화만이 아니라,[101] 인터넷을 통해 전해지고 있는 현재의 진행과정일 수도 있을 것이다.

이런 주장은 단지 가설에 그치는 것만은 아니다. 쿠르드 난민에 대한 최근의 연구를 보면 인터넷이 디아스포라 상태에 있는 전 세계의 쿠르드인들을 연결하는 가장 강력한 도구임이 증명되고 있다. 이들 쿠르드 난민들이 개설하는 월드와이드웹(WWW)상에는 쿠르드족의 문제에 관한 수천 페이지의 자료가 실려있고, 200개 이상의 서로 다른 쿠르드인 조직의 홈페이지가 개설된 것으로 알려지고 있다.[102] 이런 현대적 기술의 효과는 최근의 현지조사에서도 잘 나타나고 있는데, 가장 중요한 점은 쿠르드 난민들이 고국과의 계속적인 접촉을 통해 그들이 살고 있는 유럽의 여러 국가들의 맥락 속에만 자신들의 민족정체성이나 민족관계를 국한시키지 않는다는 점이다. 예를 들어 영국 속에 살고 있는 쿠르드 난민이라고 하더라도 자신을 영국의 소수민족으로

---

101) William Safran, “Diasporas in modern societies: myths of homeland and return,” *Diaspora*, vol. 1, no. 1(1991), pp. 83-84.

102) Wahlbeck(2002), p. 5.

만 생각하는 것이 아니라 고국 쿠르디스탄에 있는 여러 사회조직의 맥락 속에서 자신을 규정한다는 것이다.

비록 현재 구소련권에서의 인터넷 사용이 극히 제한적이라 할지라도, 앞으로 이 지역 고려인들의 사용이 늘어간다고 볼 때, 초국적주의적 관점에서의 하얼빈 러시아인의 디아스포라 연구는 중요한 함의를 지닌다고 할 수 있을 것이다. 이러한 점에서, 비록 20세기 초기 하얼빈의 러시아인 집단은 우리의 기억 속에서는 완전히 사라졌지만 장래의 디아스포라 연구에 적지 않은 함의를 지니고 있다고 보여진다.

제 2 부

한인의 러시아 극동지역 이주

제4장

한인의 러시아 극동지역 이주의 기원

러시아 극동지역에 살던 한인들이 스탈린에 의해 중앙아시아로 강제 이주된 지 70여년이 지난 지금, 러시아 극동지역은 다시 우리의 관심 대상이 되고 있다. 현재 우리의 관심 속에 대두되고 있는 러시아 극동지역의 현안에는 재러 북한 벌목공[1]의 인권문제, 이르쿠츠크의 천연가스 도입문제, 식량문제와 관련하여 정부기관에 의한 러시아 극동지역의 농장대여문제, 두만강 개발계획 관련문제, 한국의 러시아 극동지역 어장(漁場)개척문제, 목재 등을 비롯한 극동지역 자원합작개발 문제 등이 있다. 특히 학문적으로 활발히 거론되는 이슈로는 러시아 극동지역에서의 독립운동사 연구 등이 있고, 이와 관련하여 한인의 러시아 이주에 관한 연구가 구소련 붕괴 이후 1차 자료의 공개와 더불어 활발히 전개되고 있다.

본 장의 목적은 한인의 러시아 극동지역 이주에 관한 기존의 역사적 연구에 대하여 이론적용의 가능성을 탐색하는 데 있다. 먼저 한인의 러시아 극동지역 이주에 관한 선행연구를 검토하고 이 문제에 대한 사회학적 이론의 필요성을 살펴본다. 그 다음 한인의 러시아 극동이주의 역사를 간략히 개관한 뒤, 이주에 관한 신고전경제학이론을 중심으로 한인의 러시아 극동지역 이주를 설명하고, 그 한계점을 지적한다. 마지막으로 지적된 한계점을 극복할 수 있는 앞으로의 연구방향을 살펴보도록 한다.

I. 러시아 극동지역 이주에 관한 선행연구와 이론

러시아 극동지역의 한인 이주의 역사에 관한 연구는 미흡했지만 최근 역사학계를 중심으로

1) 러시아 극동지역의 벌목작업과 관련한 북한 근로자의 러시아 파견에 관해서는 이 책의 제4부를 참조하시오.

상당히 축적되고 있다. 특히 구소련의 붕괴 이후, 이제까지는 공개되지 않았던 러시아어로 된 1차적 사료(史料)가 대폭 개방됨으로써 더욱 더 활기를 띠고 있다. 이러한 점을 감안하여 다음 부분에서는 한인의 러시아 극동지역 이주에 관한 선행연구를 검토한 후, 이론에 바탕을 둔 사회학적 연구의 필요성을 설명하고자 한다.

먼저 한인의 러시아 극동지역 이주에 관한 가장 선구적이고도, 자세한 자료를 공개하고 있는 연구는 제정 러시아시대의 외무성 전권대표인 그라베(В. В. Граве)가 지은 『칙명흑룡답사대(勅命黒竜踏査隊)의 보고서 제11권: 연해주-아무르 지방의 중국인, 한인 및 일본인』(Труды Командированной по Высочайшему повелению Амурской Экспедиции: Выпускъ XI. Китайцы Корейцы и Японцы въ Приамурье)[2]이다. 그라베는 러일전쟁 직후 1910년 니콜라이 2세의 명에 따라 연해주-아무르주 총독인 곤다치의 주재하에 연해주-아무르주 조사사업단의 보고서인 이 책을 쓴 것으로 알려지고 있다. 이 책은 러시아 극동지방의 관공서 문서와 현장답사를 통해 정리한 러시아 극동지역 현지시찰기(現地視察記)라고 할 수 있다. 비록 이 책은 한인의 러시아 극동지역 이주가 계속되던 시기에 쓰여졌지만, 초기 한인의 이주연혁, 각종 이주 한인과 관련된 통계, 한인의 러시아 사회에의 동화, 한인의 교육사업 등에 관한 상세한 자료를 제시하고 있어, 후술하는 현규환[3] 등을 비롯한 많은 후세의 연구자들이 이 책의 일역본(日訳本)[4]을 참조하고 있다. 그라베의 저서 외에도 동・식물학자이자 탐험가인 쁘르쥐발스끼(Пржевальский, 1870)가 한인의 러시아 극동지역 이주 초기의 정착문제와 생활환경에 대해서 쓴 『우수리 지방으로의 여행, 1867~1869년』(*Путешествие в Уссурийском Крае, 1867~1869 гг.*)이 있다.

다음으로 소련 타쉬켄트 출신으로 1945년 북한으로 들어가서 북한 노동당 중앙위원, 김일성대학 부총장 및 북한 도시건설상 등을 역임하고 1956년 대표적인 친소파 숙청사건의 하나인 최창익 사건으로 숙청된 후, 소련으로 망명하여 카자흐스탄 공화국 과학원의 연구원을 역임한 김승화(Ким Сын Хва)[5]가 저술한 『소련한인사개설(蘇聯韓人史概說)』(*Очерки по истории советских корейцев*)이 있다. 김승화(金承化)는 러시아 제정시대와 소비에트 정권시대의 한인들의 역사에 관한 이 저서에서 한인들의 러시아 극동지역에의 이주를 사회주의적 관점에서

2) В. В. Граве, Труды Командированной по Высочайшему повелению Амурской Экспедиции: Выпускъ XI. Китайцы Корейцы и Японцы въ Приамурье(Санкт-Петербург: В.Ф. Киршбаум, 1912).

3) 현규환, 『韓國流移民史』 (上卷) 蘇聯篇 (極東地方) (서울: 語文閣, 1967), pp. 740-976.

4) 일역판 명칭과 역자는 다음과 같다: 「極東露領に於ける黄色人種問題」. 『露・亞經濟調査叢書』 第49巻, pp. 1-214. 南滿洲鐵道株式會社 庶務部調査課編譯. 昭和四年. 大阪: 大阪每日新聞社.

5) Ким, Сын Хва, *Очерки по истории советских корейцев*(Алма Ата: Наука, 1965). 鄭泰秀 편역(1989), 『소련韓族史』, 대한교과서주식회사.

조명하고 있다. 그는 여기에서 한인들의 이주원인으로 봉건국가인 조선의 지배계급에 의한 농민의 착취 및 제국주의 자본침투에 의한 농촌의 황폐화를 들고 있는데, 이는 다분히 계급적인 시각이다.

러시아의 한인 이주에 관해 포괄적으로 관찰한 또 다른 연구로 현규환(玄圭煥)의 『한국유이민사(韓国流移民史(上)』를 들 수 있다. 이 책은 앞서 언급한 그라베(Граве)의 저서를 비롯하여, 일본에서 발행된 서적들을 많이 참조한 것으로, 한인 이주 당시의 러시아 극동지역의 전반적 상황뿐만 아니라 한인의 이주상황 및 정착상황, 러시아 극동지역의 산업, 한인의 생활상, 문화활동 등을 포괄적으로 다루고 있다. 이와 비슷한 종류의 연구로서 고승제[6]는 주로 이주 한인의 사회사적인 면에 초점을 맞추어 이들의 사회적 지위 및 직업 등에 관해서 설명하고 있다. 그 외 1917년에서 1937년까지 러시아 한인에 대해서 상세하게 쓰여 있는 러시아어 원문 자료를 활용한 하루끼 와다[7]의 연구도 빠뜨릴 수 없다.

또한 한인의 러시아 이주에 관한 최근의 역사적 연구들은 이제까지 공개되지 않았던 구소련의 문서들을 주로 이용함으로써 알려지지 않았던 사실을 공개하고 있는데, 국외의 연구로는 게르만 김(Герман Ким)의 연구[8]와 러시아와 중앙아시아 고려인(корейцы)과 한국학(корееведение) 웹사이트[9]에 실린 많은 러시아어 논문을 참조할 만하다. 국내 연구로는 권희영,[10] 이상근,[11] 이동언[12] 등의 연구를 들 수 있다. 이와 관련하여 러시아 극동지역에서의 한인독립운동사에 관한 연구에서 한인 이주를 언급하고 있는 학자들로는 임계순,[13] 윤병석,[14] 이명화,[15] 박영석[16]

---

6) 고승제, "沿海州移民의 社会史的分析,"『白山学報』第11号(1971), pp. 149-168; 「沿海州의 國際的 紛爭과 韓國人移民의 獨立運動」『韓國移民史研究』(서울: 章文閣, 1973), pp. 51-80; "연해주 이민사 연구(1853~1945)"『國史館論叢』 제11집(1990), pp. 1-32.

7) Haruki Wada, "Koreans in the Soviet Far East, 1917~1937," pp. 24-59 in Dae-Sook Suh(ed.), *Koreans in the Soviet Union*(Honolulu, HI: Center for Korean Studies, Univ. of Hawaii, 1987), pp. 24-59.

8) Герман Ким, *Истрория иммиграции корейцев*(Алматы: Издательство Дайк-Пресс, 1999), cc. 149-202.

9) [http://world.lib.ru/k/kim_o_i].

10) 권희영, "한민족의 노령이주사 연구(1863~1917)," 『国史館論叢』(国史編纂委員会) 第41輯(1993), pp. 153-186; "독립국가연합 한민족의 역사와 현황"『세계의 한민족: 독립국가연합』(통일원, 1996); "한민족의 중앙아시아 이주의 배경과 과정", 중앙아시아 거주 한민족 관련연구를 위한 Workshop(1998)(중앙대학교 민족발전연구원 해외민족연구소 주최) [http://web.korea.ac.kr/~yoonin/koreans/재외동포법/중앙아시아워크숍.htm, 검색일 2001. 6. 27.].

11) 이상근, 『한인 노령이주사 연구』(탐구당, 1996).

12) 이동언, "露領地域 初期 韓人社会에 관한 研究," 『한국독립운동사연구』5(1991), pp. 205-232.

13) 임계순, 「만주 · 노령 동포사회(1860~1910)」『한민족독립운동사 2』(국사편찬위원회, 1987), pp. 569-651.

등이 있다. 특히 박환[17]은 1905년에서 1914년 제1차 세계대전이 발발하기까지의 재러한인의 민족운동을 다루고 있다. 그는 연해주 지역을 중심으로 한 민족운동을 당시 러시아 극동지역에서 발행된 『해조신문』이나 『대동공보』, 『권업신문』등의 신문을 중심으로 살피고 있을 뿐만 아니라, 연해주 이외의 자바이깔(Забайкалье) 지역까지 다루고 있다.

그러나 한인의 러시아 극동이주와 관련한 상기의 문헌들은 한인의 이주에 관한 역사적 사실 및 자료를 제공해 주는 데 그치고, 이러한 사실과 자료를 유기적으로 연관시키는 이론적인 측면까지는 이르지 못하고 있다. 다시 말해서 과거의 역사자료를 제시하는 데 초점을 둔 나머지, 역사해석에 있어서 유의미한 분석을 하지 못하였다는 점이 아쉽다고 할 수 있다. 일반적으로 역사적 진술들이 체계적으로 배열되지 않는 한 효율적으로 검증될 수 없다는 터너[18]의 주장에 따른다면, 한인의 이주에 관한 역사적 진술들이 상호 간 명확한 관계를 갖고 조직화되어 있을 경우에만 한인의 이주에 대한 포괄적 이해와 이에 관한 검증이 가능할 것이다.

이는 물론 상기 문헌 대부분의 저자들이 역사학과 관련성을 맺고 있기 때문에 발생하는 불가피한 문제인지도 모른다. 뿐만 아니라 한인의 극동지역 이주에 관해 지금까지 축적한 사료가 사회학에서 이론화의 작업을 할 만큼 충분하지 못했기 때문일 수도 있을 것이다. 스틴치콤[19]이 이야기하듯이 사회적 일반이론의 수립은 역사적 사실에 대한 고도의 세련화가 전제되어야 한다는 점을 감안한다면, 이론수립에 앞서 충분한 역사적 자료의 수집이 필수임을 잘 알 수 있다.

그러나 앞서 선행연구에서 본 바와 같이 한인의 극동지역 이주에 관한 역사적 자료가 어느 정도 수집되고 사실규명이 이루어졌다고 본다면, 이제는 이론화의 작업에 착수할 시점이라 할 수 있다. 따라서 본 장은 기존의 축적된 역사학적 자료와 해석을 토대로 하여 사회학적 이론의 적합성을 검증함으로써, 역사해석에 있어서의 유의미한 분석을 하려는 하나의 시도라고 할 수 있다.

이러한 점에서 스카치폴(T. Skocpol)[20]의 지적을 다시 한 번 되새길 필요가 있다. 즉 그녀는

14) 윤병석, 「1910年代 沿海州地方에서의 韓國獨立運動」『韓國史學』8(韓國精神文化硏究院, 1986), pp.131-183; 「연해주에서의 민족운동과 신한인촌」『한국민족운동사연구』(3)(한국민족운동사연구회, 1989).

15) 이명화, 「露領地方에서의 韓人 民族主義教育運動」『한국독립운동사연구』 제3집 (독립기념관 한국독립운동사연구소, 1989), pp. 119-163.

16) 박영석, 「일제하 만주・노령지역에서의 항일민족독립운동(상・하)」『동방학지』 34・35(연세대 국학연구소, 1982); 「노령지역의 항일민족독립운동」『한로관계100년사』(한국사연구협의회, 1984).

17) 박환, 『러시아한인민족운동사』(탐구당, 1994).

18) Jonathan Turner(1978), *The Structure of Sociological Theory*, 김진균 외 옮김, 『사회학이론의 구조』(한길사, 1988).

19) A. L. Stinchcombe, A. L. *Theoretical Models in Social History*(New York: Academic Press, 1978).

사회학의 역사연구는 거시적 인과분석을 통해 일반화를 시도함으로써 검증 가능한 새로운 이론적 가설을 제시하거나 아니면 기존의 잘못된 이론적 가설을 수정할 수 있을 때 가장 큰 의미를 지닌다고 본다. 이는 사회현상을 단순히 서술하기보다는 그것을 복합적으로 설명하기 위하여 일반화를 추구하려는 사회학의 성향과도 일치한다. '역사적 진술'과 '이론적 명제' 사이에 고도의 상관관계가 존재한다면,[21] 본 장은 사회학의 관점에서 이론을 적용하여, 한인의 러시아 극동지역 이주에 관한 역사적 사실을 의미있게 이해하고, 또한 그 역사적 과정을 설명하는 데 있어서 인과적 규칙성을 발견함을 목적으로 한다.

Ⅱ. 한인의 러시아 극동지역 이주의 약사(略史)

한인의 러시아 이주는 대략 4단계로 나눌 수 있다.[22] 제1기는 1863년[23] 한인 이민의 초창기부터 1884년 조로(朝露) 간 국교성립이 이루어지기 전까지로 볼 수 있다. 제2기는 1884년 조선과 러시아 간에 국교가 성립한 시기로부터 1893년 조선에서 동학혁명(1894)이 발생하기 이전까지를 말한다. 제3기는 1894년 동학혁명 이후 1910년 한일합방까지를 말하며, 제4기는 1910년 한일합방 이후부터 1917년 러시아 혁명이 일어난 때까지를 가리킨다. 그러나 1922년부터 러시아 중앙정부가 소비에트화정책을 실시하면서 한인의 러시아 이주는 거의 불가능하게 되었다.[24] 다음에서는 이러한 시기구분을 기초로 하고, 다음에 제시된 〈표 4-1〉을 참조하여 좀 더 상세한

20) T. Skocpol. 1979. "Theoretical Methods in Social History by A. Stinchcombe." *Theory and Society* vol. 8, no. 3, p. 418, 임현진(1992:20)에서 재인용.

21) A. Przeworski, and H. Teune, *The Logic of Comparative Social Inquiry*(New York: Wiley, 1990), p. 8.

22) Герман Ким은 3단계로 나누는데, 1863에서 1884년까지를 제1기, 1884년에서 1905년까지를 제2기 그리고 1905년에서 1917년까지를 제3기로 나눈다(Герман Ким, *История иммиграции корейцев*(Алматы, 1999), стр. 153-167). 이 외에도 현규환(1967)은 2개의 시기로 나누는데, 그중 초무기(招撫期)는 이민 초기부터 1884년 한로육로통상조약 이전시기로서, 이 시기에 러시아는 러시아 극동지역의 식민을 위해 한인 이주를 환영했던 시기라고 할 수 있다. 그 다음의 제약기(制約期)는 1884년 한로육로통상조약에서 1917년 러시아 혁명의 시기까지인데, 이 기간에는 러시아 측의 제약으로 초기에 비해 러시아 이주가 전반적으로 활발하지 못한 시기로 볼 수 있다.

23) 일반적으로 한인의 러시아 이주는 1863년에 시작된 것으로 알려져 있으나, 일부 문헌은 함경북도의 韓一歌가 1853년 이미 남부 우수리 지방 포시예트에 이주한 것으로 적고 있다. "西暦一八五三年卽チ今ヨリ六十九年前咸北ノ韓一歌ナル者南部烏蘇里ポシエットニ來往シテ, 農耕ニ從事スルヲ以テ 沿海洲ニ對スル朝鮮人移住ノ先驅トス." 朝鮮總督府內務局社會課(1927), "滿洲及西比利亞地方二於ケル朝鮮人事情", 『朝鮮統治史料(第十卷): 在外韓人』, 東京:韓國史料硏究所(1971), p. 384.

24) 김준엽・김창순, 『韓國共産主義運動史』 제1권(高大亞細亞問題硏究所, 1967).

이민사를 알아보기로 한다.

〈표 4-1〉은 필자가 관련 연구들을 기초로 한인 이주민들의 수를 추정해 본 것이다. 한인 이주자의 추정은 한인들의 러시아 극동지역 이주사 연구에 아주 중요한 일이지만 각 자료마다 모두 조금씩 차이가 있다. 다양한 자료들의 추정치를 표로 정리해 봄으로써 한인 이주민 수효의 근사치를 어느 정도 추정할 수 있으리라고 생각한다.

〈표 4-1〉 러시아 극동지역 한인 이주민 추이

연도	한인 수	인용 자료
1853	1	朝鮮總督府內務局社會課, 1927:384
1863	13가구	Граве, 1912:101; Ким Сын Хва, 1965:20; "Корейский вопрос в ДВК, Историческая справка"(国史編纂委員会, 1997:472)(이하 "Корейский вопрос" 国史編纂委員会(1997)로 약칭)*
1864	60가구(308명)	Граве, 1912:101; "Корейский вопрос"(国史編纂委員会, 1997:472); Ли У Хе & Ким Ен Ун, 1997:31-35
1865	60가구	Ким Сын Хва, 1965:20
1866	100가구	Ким Сын Хва, 1965:20
1867	185가구(999명)	Пак, 1993:24; Герман Ким, 1999:154
1868	165가구	Граве, 1912:101; "Корейский вопрос"(国史編纂委員会, 1997:472); Ли У Хе & Ким Ен Ун, 1997:31-35
1869	166가구	"Корейский вопрос"(国史編纂委員会, 1997:472); Ли У Хе & Ким Ен Ун, 1997:31-35
	766가구	Граве, 1912:101
	761가구(5,310명)	П. Ф. Унтербергер 1912:50-3
	7,000명	大庭景秋, 1909:35
1870	9,000명	"Корейский вопрос"(国史編纂委員会, 1997: 472)
	9,000명(대략)	Ли У Хе & Ким Ен Ун, 1997:31-35)
	8,000~9,000명	田川孝三, 1944:550; Анасов, 1928:6; Сим Енг Соб · Ким Герман, 1999:126
1882	10,137명 (농촌주민만을 대상)	Граве, 1912:104; 玄圭煥, 1967:809; "Корейский вопрос" (国史編纂委員会, 1997:473); Ли У Хе & Ким Ен Ун, 1997:31-35; 田川孝三, 1944:550
	12,857명	"Корейский вопрос"(国史編纂委員会, 1997:472)
	10,150명	Сим Енг Соб · Ким Герман, 1999: 126
1884	7,599명	Герман Ким, 1999:162
1886	9,221명	Герман Ким, 1999:162
1888	10,098명	Герман Ким, 1999:162
1889	16,654명 (농촌주민만을 대상)	"Корейский вопрос"(国史編纂委員会, 1997:473)
1890	12,857명(우수리 지방)	玄圭煥, 1967:810; Ли У Хе & Ким Ен Ун, 1997:31-35
	13,000명	Сим Енг Соб · Ким Герман, 1999:126
1892	18,000명	Сим Енг Соб · Ким Герман, 1999:126
	16,564명 (조선 국적 한인:3,624 러시아 국적 한인:12,940)	Граве, 1912:104-5; 玄圭煥, 1967:809; Ли У Хе & Ким Ен Ун, 1997:31-35; Герман Ким, 1999:162
	18,654	"Корейский вопрос"(国史編纂委員会, 1997:472)

<table>
<tr><td>1895</td><td>22,560명
(조선 국적 한인: 8,913
러시아 국적 한인:13,647)</td><td>Герман Ким, 1999:162</td></tr>
<tr><td rowspan="2">1897</td><td>23,000명(우수리주)</td><td>“Корейский вопрос”(国史編纂委員会, 1997:472);
“В районное переселенческое управление на ДВ” (国史編纂委員会, 1997:485)(이하 “переселенческое управление” 国史編纂委員会(1997)로 약칭)*; Ли У Хе & Ким Ен Ун, 1997:31-35; Сим Енг Соб · Ким Герман, 1999:126</td></tr>
<tr><td>13,998명
(연해주와 흑룡주의 합)</td><td>朝鮮總督府, 1910:504-505</td></tr>
<tr><td rowspan="2">1898</td><td>27,000명</td><td>“Корейский вопрос”(国史編纂委員会, 1997:472);
Ли У Хе & Ким Ен Ун, 1997:31-35; Сим Енг Соб · Ким Герман, 1999:126</td></tr>
<tr><td>23,000명(연해주)</td><td>朝鮮總督府, 1910:504-505; 玄圭煥, 1967:810; 大庭景秋, 1909:38; Кюнер, 1912:251</td></tr>
<tr><td rowspan="3">1899</td><td>27,000명(우수리주)</td><td>“переселенческое управление” 国史編纂委員会(1997:485)</td></tr>
<tr><td>27,700명(연해주)</td><td>朝鮮總督府, 1910:504-505; Кюнер, 1912:251</td></tr>
<tr><td>25,655명
(조선 국적 한인:10,675
러시아 국적 한인:14,980)</td><td>Герман Ким, 1999:162</td></tr>
<tr><td rowspan="3">1901</td><td>32,298명</td><td>“Корейский вопрос” 国史編纂委員会(1997:472); “переселенческое управление” 国史編纂委員会(1997:485); Ли У Хе & Ким Ен Ун, 1997:31-35</td></tr>
<tr><td>29,608명
(조선 국적 한인:13,445
러시아 국적 한인:16,163)</td><td>Герман Ким, 1999:162</td></tr>
<tr><td>38,000명</td><td>Сим Енг Соб · Ким Герман, 1999:126</td></tr>
<tr><td rowspan="3">1902</td><td>32,410명
(조선 국적 한인:16,270
러시아 국적 한인:16,140)
(농촌주민만 대상)</td><td>Граве, 1912:105; “Корейский вопрос” 国史編纂委員会(1997:473)</td></tr>
<tr><td>32,298명(연해주)</td><td>朝鮮總督府, 1910:504-505; 玄圭煥, 1967:810</td></tr>
<tr><td>29,478명
(조선 국적 한인:13,122
러시아 국적 한인:16,356)</td><td>Герман Ким, 1999:162</td></tr>
<tr><td>1905</td><td>28,500명
(조선 국적 한인:12,000
러시아 국적 한인:16,500)</td><td>Герман Ким, 1999:162</td></tr>
<tr><td>1906</td><td>34,399명
(조선 국적 한인:17,434
러시아 국적 한인:16,965)</td><td>Унтербергер (1912:2-3); Аносов, 1928:27; Ким Сын Хва, 1965:37</td></tr>
<tr><td rowspan="3">1907</td><td>46,430명(연해주)</td><td>朝鮮總督府, 1910:504-505; “переселенческое управление” 国史編纂委員会(1997:485)</td></tr>
<tr><td>45,914명
(조선 국적 한인:29,907
러시아 국적 한인:16,007)</td><td>Аносов, 1928:27; Унтербергер, 1912:2-3.</td></tr>
<tr><td>46,400</td><td>Сим Енг Соб · Ким Герман, 1999:126</td></tr>
</table>

1908	45,397명 (조선 국적 한인: 29,207 러시아 국적 한인:16,190)	Граве, 1912:105; 玄圭煥, 1967:809
	45,497명 (조선 국적 한인:29,307 러시아 국적 한인:16,190)	Аносов, 1928:27; Унтербергер, 1912:2-3
	47,397명 (농촌주민만 대상)	"Корейский вопрос" 国史編纂委員会(1997:473)
	47,289명(연해주)	朝鮮總督府, 1910:504-505
1909	51,554명 (조선 국적 한인:36,755 러시아 국적 한인:14,799)	Аносов, 1928:27; Унтербергер, 1912:2-3; Ким Сын Хва, 1965:37
1910	54,076명 (조선 국적 한인:36,996 러시아 국적 한인:17,080)	Аносов, 1928:27; Унтербергер, 1912:2-3; Ким Сын Хва, 1965:37
	45,048명 (조선 국적 한인:31,840 러시아 국적 한인:13,208)	"Корейский вопрос" 国史編纂委員会(1997:472); Ли У Хе & Ким Ен Ун, 1997:31-35
	51,454명 (조선 국적 한인:36,655 러시아 국적 한인:14,799)	"переселенческое управление" 国史編纂委員会(1997:485)
	53,608명 (조선 국적 한인:36,658 러시아 국적 한인:16,950)	Бабичев, 1959:18-19
	51,400명	Сим Енг Соб · Ким Герман, 1999:126
1911	57,289명 (조선 국적 한인:39,813 러시아 국적 한인:17,476)	Аносов, 1928:27; Унтербергер, 1912:2-3; Ким Сын Хва, 1965:37
	62,529명	Песоцкий, 1913:33
1912	59,715명 (조선 국적 한인:43,452 러시아 국적 한인:16,263)	Аносов, 1928:27; Унтербергер, 1912:2-3; Ким Сын Хва, 1965:37
	64,309명	Песоцкий, 1913:33
1913	57,440명 (조선 국적 한인:38,163 러시아 국적 한인:19,277)	Аносов, 1928:27; Унтербергер, 1912:2-3; Ким Сын Хва, 1965:37
	48,722명(농촌인구)	Ли У Хе & Ким Ен Ун, 1997:31-35
1914	64,309명 (조선 국적 한인:44,200 러시아 국적 한인:20,109)	"переселенческое управление" 国史編纂委員会(1997:485); Аносовб 1928:27; Унтербергерб 1912:2-3; Ким Сын Хва, 1965:37
	63,000명 이상(농촌인구)	Ли У Хе & Ким Ен Ун, 1997:31-35
	64,300명	Сим Енг Соб · Ким Герман, 1999:126
1915	72,600명	Песоцкий, 1913:33
1917	104,660명(9,308가구) (조선 국적 한인:77,463 러시아 국적 한인:27,197)	Бугай, 1996:8
	84,678명	Песоцкий, 1913:33

1922	18,407가구	Бугай, 1996:8
	93,244명	朝鮮總督府內務局社會課, 1927: 401-2
1923	106,000명	"переселенческое управление" 国史編纂委員会(1997:485)
	110,300명	Герман Ким, 1999:171
1925	21,555가구	Бугай, 1996:8
	93,696명	Bugai, 1992:96
1926	106,764 (블라디보스토크 관구)	"переселенческое управление" 国史編纂委員会(1997:485)
	110,000명	Ли У Хе & Ким Ен Ун, 1997:31-35
	188,480명	朝鮮總督府內務局社會課, 1927:399
1927	170,000명(공식통계) 250,000명(비공식통계)	Kolarz, 1954:35
1929	150,795명 (블라디보스토크 관구) (농촌 인구:12,528 도시 인구:138,267)	Герман Ким, 1999:178
1932	199,500명	Сим Енг Соб & Ким Герман, 1998:3**
1934	약 200,000~204,000명	Сим Енг Соб & Ким Герман, 1998:10***

자료: 이 표는 필자가 관련 자료를 참조하여 작성한 것임.

* 극동지역의 토지청 관리인 마마예프(Мамаев)가 작성한 문서 "Корейский вопрос в ДВК, Историческая справка"와 현장감독인 바쥔(Бажин)이 작성한 극비문서 "В районное переселенческое управление на ДВ"는 1943년 톰스크에 설립된 러시아국립극동역사문서보관소에 소장된 것이다. 이 문서보관소에서는 러시아 혁명을 전후로 한 극동지역 관청문서의 대부분을 보관해 오고 있다.

** 이 자료는 하바로프스크 공산당 문서보관소(ГАХК)에 소장된 문서를 발췌한 것으로, 1931년 세금에 관련된 자료와 끄라이 집행위원회(крайисполком)를 통해서 이루어진 국적에 관한 자료를 바탕으로 작성되었다(문서번호: ГАХК, ф П-2, оп 11, д.233, лл.6-11) (Сим Енг Соб & Ким Герман, 1998:3).

*** 러시아 극동지역의 소수민족의 과업(О Работе среди национальных меньшинств)에 관한 야코프(Тен Яков)의 보고서이다(Сим Енг Соб & Ким Герман, 1998:10).

한인의 러시아 극동지역 이주의 제1기는 조선에서의 경제적인 곤란으로 인하여 한인들이 국경선을 넘어 러시아로 들어오기 시작한 시기였다. 이 시기에는 연해주도 거의 비어있는 지역이었고, 러시아 측도 한인을 극동지역의 초기경영에 이용하려는 의도가 강했기 때문에 한인의 이민에 대해서 상당히 우호적인 태도를 취한 시기로 볼 수 있다. 여기에는 러시아 나름대로의 사정이 있다. 즉 러시아는 19세기 후반 중국과 아이훈 조약(1858년)을 통해서 아무르주를 영입하고, 그 다음 베이징 조약(1860년)을 체결하여 연해주를 차지함으로써 조선과 국경을 접하게 되었다. 이후 러시아는 극동지역에 대한 자국민 식민정책을 적극 시행하여 1858년에는 연해주-아무르주 이민규칙(沿黑竜移民規則)을 제정·시행하기에 이르렀다. 그러나 자국민의 이주실적은 극히 저조하여 1861년 동시베리아 총독인 무라비예프는 다시 자유이민법을 제정하였는데, 이 법에 따라 외국인들의 자비이민을 인정함으로써 러시아인들뿐만 아니라, 외국인들에게도 특권을 부여하여 극동 및 시베리아 지역으로의 외국인 이민을 유치하려고 하였다.[25] 이러한 사정으로 조선인들의 연해주 이주에 대하여 암묵적으로 허가를 하려는 움직임이 있었던 것이다.

이주 제1기에는 조선 북부지방의 기근으로 인하여 많은 한인들이 러시아의 연해주로 넘어갔다. 초기의 이주에 관한 자료를 보면, 1864년 60가구 308명이 이주한 이래, 1868년에는 165가구, 1869년 766가구로,[26] 1884년까지 20년간 1,164가구 5,447명이 러시아로 이주하였는데,[27] 제1기 한인 이주민의 수는 대략 연평균 450여 명에 이른 것으로 추산되고 있다.[28] 조선정부는 이에 대해서 단호한 조치를 취할 것을 러시아 정부에 요구하였으나, 귀국하게 되면 조선의 쇄국적인 법에 따라서 죽게 된다는 것을 알고 있던 한인들의 결사적인 태도로 인하여 러시아 측으로서도 이들의 이주를 허락하는 수밖에 없었다. 이는 무엇보다도 당시 러시아 측은 한인들로 하여금 극동경영의 일익을 담당하게 한다는 방침 때문이었다.[29]

한인의 이주개척 상황을 보면 1864년 지신허(地新墟: Тижинхе)의 개척을 시작으로 1867년 연추(煙秋: Янчихе), 1869년 추풍(秋風: Суйфун), 1870년 소왕령(蘇王嶺: Уссурийск), 1874년 해삼위(海参威: Владивосток), 1875년 흑정자(黑頂子)·녹둔(鹿屯: Красноеселo), 1881년 사만, 1884년 도비허, 1884년 남석동(南石洞)·와봉(臥峯), 1896년 수청(水清: Партизанск) 개척 등으로 이어졌다.[30]

한인 이주의 제2기는 1884년 6월 25일 조선과 러시아 간에 국교가 성립된 시기부터 시작되었는데, 이때는 조선에 대한 제국주의의 경제적 침투가 가시화된 시기로 볼 수 있다. 이 때문에 제2기의 이주민에는 상당수의 한인 상인과 노동자가 포함되어 있었다.[31] 러시아는 한인에 의한

25) 朝鮮総督府, "西伯利に関する調査," 《朝鮮彙報》,「西伯利號」(1918. 4)(京城: 高麗書林, 1918), p. 202.

26) 〈표 4-1〉의 관련 항목 참조.

27) Граве(1912), p. 103.

28) 이동언(1991), p. 3.

29) 현규환(1967), p. 787.

30) 이는 뒤바보(1920:162-7)의 『俄領實記』에 기록된 것이다. 이 『俄領實記』는 뒤바보라는 필명에 의해 대한민국 임시정부 기관지인 〈상해판〉 『獨立新聞』에 1920년 2월 20일자인 제48호부터 동년 4월 12일자 제62호까지 12회로 나누어 연재된 글이다. 저자 뒤바보는 최근 '뒤'라는 뜻의 북(北)과 바보라는 뜻의 우(愚)를 합하여 북우(北愚)라는 호를 가진, 계봉우라는 설이 지지를 얻고 있다. 본 『俄領實記』는 尹炳奭(1979)에 실린 것을 참고로 한 것이다. 그리고 초기 한인들의 연해주 정착의 발자취에 대해서는 반병률, "러시아 한인의 발자취를 찾아서," 『新東亞』 2003년 6월호(pp. 538-550), 7월호(pp. 506-607), 8월호(pp. 588-599), 9월호(pp. 642-650) 및 10월호(pp. 614-625) 참조.

31) 이동언(1991), p. 3.

극동지역 개발의 유용성을 과소평가한 것은 아니었지만, 제2기에 들어와서 이주한인들의 수가 증가하면서 한인 이주를 제한하려는 일련의 시도를 하게 된다. 이러한 러시아 당국의 움직임은 1879년 블라디보스토크와 오데사 간의 항로개설로 인해 더욱 가속화된 감도 없지 않았다.[32)]

뿐만 아니라 중국이 러시아 극동과 인접하고 있는 만주지방에 대한 중국인의 이민을 더욱 권장하자, 이에 대한 대비책으로서 국경지대에 거주하는 한인들을 내륙지방으로 이주시키는 방책이 1886년 제2차 지사회의에서 다음과 같이 결정되었다.

> 「1) 남우수리 지방에 사는 한인들을 점차적으로 우수리강 동안의 아무르 지방 즉 키야, 호르 지방으로 이동시키고 기후적인 이유로 러시아 이민자들에게는 적합하지 않은 5개의 한인촌락(얀치헤, 화타쉬, 랴자노보, 아지미, 시지미)은 그 자리에 남겨둔다. 2) 이렇게 이민한 한인들에게 5년간 현금 조세는 면제시키지만 교회와 학교를 위한 현물조세는 부담시키고, 한인들에게는 러시아 농민의 옷을 입게 한다. 3) 더 이상의 한인 이민을 금지하고 계절노동자로 오는 한인들에게 중국인과 같은 현금 비자세를 부담시킨다. 4) 금광장에 한인들을 취업시키지 않는다.」[33)]

이는 한인들을 타 지역으로 재이주시킴으로써, 이 지역에서 러시아인의 식민을 더욱 가속화하려는 노력의 일환이었다.

러시아 이주의 제2기인 1884년 조로수호통상조약(朝露修好通商条約)에 의해 러시아와 조선 간에 공식관계가 맺어졌는데, 이에 따라 지금까지 양국 간 국교가 없는 상태에서 이주한 한인들의 신분에 변화가 생기게 되었다. 즉 조약체결 이전에 이주한 한인들은 러시아인과 동등한 자격을 부여받았으나,[34)] 조약체결 이후에 정착한 이주민들은 일시체류자로 간주되어 일정기간 후에는 조선으로의 귀국이 종용되었을 뿐만 아니라, 이들에 대해서는 토지의 대여도 허가되지 않았다.[35)]

---

32) 이상근(1996), pp. 30-31; 권희영(1996), p. 46.

33) 권희영(1996), p. 47.

34) 조로수호통상조약(朝露修好通商条約)(1884)에 따라, 조약체결 이전에 이주한 한인들에게는 러시아인들과 동등한 자격이 부여되었는데, 이와 관련한 사실은 조선주재 러시아 공사인 웨베르가 조선의 외무대신 김윤식에게 보낸 다음의 외교문서에 명확히 언급되어 있다(고종 24년 閏4월 17일(1887년 6월 8일): "… что Корейцы, переселившіеся въ русскіе пределы до заключенія договора между Россіею и Кореею, и сделавшіеся русскими подданными, будутъ пользоваться въ Россіи и Корее правами, одинаковыми съ русскими подданными, … "('… 한러조약이 체결될 때까지 러시아 영토로 이주하여 러시아 국적을 취득한 한인들은 러시아법과 조선의 법에 따라 러시아 국민과 동일한 취급을 받을 것이다. …'), 高麗大学校亜細亜問題研究所(1969), 『旧韓国外交文書』第十七巻 俄案 1, pp. 27-28).

35) Ким Сын Хва(1965), pp. 31-32; 이동언(1991), pp. 231-234; 이상근(1996), p. 97; 권희영(1996), p.

이러한 한인의 이주제한에 관한 규정은 1892년 실제로 이행되어 상당수 한인들은 연해주를 떠나 조선으로 귀국하거나 만주로 이동하였다.

1894년에서 1910년에 이르는 한인의 러시아 이주 제3기는 상당수의 한인들이 법적으로 러시아 국적을 취득한 시기이며, 또 한편으로는 한반도를 둘러싼 러시아와 일본의 각축으로 상당수의 한인이 러시아로 정치적 망명을 한 시기이기도 하다.

1890년대에는 연해주 총독이 한인에 대해 관대한 정책을 실시하여 한인들의 이주가 여전히 활발하였다. 즉 1893년 연해주 총독으로 취임한 두호프스키(С. М. Духовский)는 전임자인 꼬르프 총독의 한인 억제책[36]과는 완전히 상반된 유화정책을 추진하였다. 그는 한인들의 유용성을 인정하여 1884년 양국 간의 국교가 체결된 이후 러시아로 이주한 비귀화 한인들에게 2년간의 유예기간을 추가로 허락해 주어 이들에게 국적취득의 권리를 다시 부여하였다.[37] 또한 1898년에 취임한 그로제코프(Н. И. Гродеков) 총독도 전임자인 두호프스키 총독의 정책을 이어받아 귀화를 원하는 5년 이상의 거주한인들에게 귀화를 허용하는 조치를 취하였을 뿐만 아니라 일시 체류한 한인들에게도 이만(Иман)・호루(Хору)・키(Кий) 등의 러시아 극동지역에 정착할 수 있도록 허용하였다.[38]

이러한 1890년대 한인에 대한 일련의 호의적인 총독들의 정책과 함께, 조선개항과 더불어 외국자본의 조선 진출로 농민들의 경제생활이 어려워지면서 러시아로 이주하는 한인들의 수도 늘어났다. 예를 들어 1894년에 9,980명의 한인이 이주하였고, 1895년 연해주에만 18,400명의 한인이 이주하였으며 1902년에는 이 수가 32,380명에 달하였다.[39]

48; 고승제(1971), pp. 163-164. 구체적인 내용을 보면, 러시아 지역의 한인들을 다음의 3부류로 분류하여 각각의 부류에 대한 조처를 취하고 있다. 먼저 첫 번째 부류는 1884년 6월 25일 조선과 러시아 간의 국교가 수립되기 이전에 이주한 한인들로서, 이들에게는 러시아 국적을 취득할 수 있도록 하고, 가족당 15제샤찌나(1제샤찌나(десятина)=1.092헥타르)의 토지를 분배하여 주었으며, 러시아 농민과 같이 금전 및 현물납세를 하도록 하였다. 두 번째 부류는 1884년 양국 간에 국교가 체결된 이후 러시아에 이주한 한인들로서, 이들 중 러시아에 거주하기를 원하는 한인들에게는 2년간의 유예기간을 주고 매년 러시아의 비자를 발급하며 납세는 첫 번째 부류와 같이 하도록 하되, 이 기간이 지나면 조선으로 귀국하도록 하였다. 마지막 부류는 이 연해주 지역에 일시 거주하는 자로서, 영주자격은 없으며 매년 세금을 납부하고 비자도 발급받도록 하였다.

36) 꼬르프 총독의 한인 억제정책은 다음과 같은 3가지 이유 때문이었다. 첫째, 연흑룡 지역의 이민을 러시아인들에게만 허용하려고 하였던 점, 둘째, 러시아 극동지역 지방정부가 감시를 느슨하게 하는 틈을 타 한인 이주가 급증하고 있었던 점, 셋째, 이등민으로 간주되던 한인들이 이주하여 일등민인 러시아인들에게 해악을 끼칠지도 모른다는 것에 대한 우려. 大庭景秋(1909), 「韓人の露領移住由來」, pp. 38-39.

37) 이상근(1996), p. 101; 이동언(1991), p. 10.

38) 이동언(1991), p. 10.

39) 권희영(1996), p. 50.

그러나 1900년대에 들어와서는 한인을 비롯한 황색인종보다는 유럽 러시아인들의 극동지역 이민이 장려되었는데, 이는 시베리아 철도의 완성으로 더욱 가속화되었다. 구체적으로 러일전쟁 이전까지는 황인종의 노동력이 폭넓게 이용되었으나, 러일전쟁(1904~1905) 이후 극동지역에서 러시아의 영향력을 확대하기 위해 본국 러시아인의 이주에 더욱 박차를 가하였다. 이러한 움직임의 선봉에 선 사람이 1905년에 연해주총독으로 부임한 운테르베르게르(П. Ф. Унтербергер: 1905~1911)였다. 운테르베르게르 총독[40]은 한인들이 연해주 개척에 기여한 사실을 인정하면서도, 한인들은 러시아인들에게 쉽게 동화되지 않고 러시아의 토지를 잠식한다고 보았다.[41] 특히 그는 한인들의 연해주 이주를 황화론적 시각으로 보아, 한인들의 이주를 막기 위해서 여러 가지 조치를 취해야 한다고 역설하였다. 대표적인 조처로, 귀화 한인들의 권리심사를 강화하고, 어장과 사금장에서 한인 노동자의 사용을 금하며, 러시아국적 한인들에 대해 관유지(官有地)의 임대를 금하는 것 등이 있다.[42]

한인 이주 제4기는 1910년 일제의 한일합방과 함께 시작된다. 이 시기에는 일본이 한국을

---

40) 운테르베르게르 총독의 한인관(韓人観)은 1910년 10월 18일 연해주 및 흑룡강 지구 군관구 부사령관 '마루토스' 중장이 참석한 자리에서 제정 러시아 전권대표인 그라베(Граве)에게 했던 다음과 같은 그의 말에 잘 나타나 있다.
"黃禍는 연해주와 아무르 지방에 다가왔다. 우리는 빨리 이의 대책을 강구하여 중국인, 한국인, 일본인의 구별 없이 일률적으로 황색인종 압박방침을 쓰지 않으면 안 된다. 그러나 바로 극단적 정책을 사용하는 것이 아니고 漸次的으로 驅逐하여야 한다. 나는 이미 그 第一步를 내디뎠다. 1911년 이래에 官業은 하나도 外國人 勞動者에 依하지 않는다. 今後에 取할 第二步는 極東露領에 露人勞動者를 供給하는 機關을 만드는 일이다. 第三步는 民間事業家의 外國人 勞動者使用 禁止이다. 第三步를 내디딜 때가 오면 일거리를 좇아 流浪하는 中國人은 極東에서 자취를 감출 것이다. 그러나 韓人은 이와는 다르다. 그들은 中國人과 같이 出稼勞動에만 依存하지 않고 대개는 밭을 開墾하고 家屋을 지어서 土着永住를 뜻하고 있는 만큼 韓人 勞動者의 使用禁止後에도 如前히 殘留할 것이다. 즉 이것이 總督이 韓人에 대하여 嚴格하고 中國人에 對하여 寛大한 理由이다. 韓人은 露人이 到底히 開墾할 수 없는 돌이 많은 메마른 땅을 잘 開墾한다. 그러나 이러한 땅에 잇닿은 좋은 땅도 차례로 침략하여 親族知己를 招致하고 그곳에 새로운 韓人部落을 形成하기 때문에 그들에게 露人이 開墾할 수 없는 土地를 分與하자고 하는 移民局의 案은 國家利益에 反하는 것이다. 萬一 그들 案대로 하면 10年이 못 돼서 露人은 全部 韓人에게 먹히게 된다. 나는 世人이 말하듯 韓國人의 敵이 아니다. 그러나 韓人이나 또는 다른 무엇이든지 빨리 極東 露領의 人口를 增加하지 않으면 안 된다는 先代總督의 意見에는 反對한다.「韓人이 있는 開墾地가 좋으냐 韓人 없는 未墾地가 좋으냐」라고 나에게 물으면 나는 後者를 取하겠다. 지금은 荒蕪地이나 때가 오면 露人이 오게 된다. 要컨데 日本人 中國人 韓人의 差없이 露國의 土地를 開放한다는 것은 斷乎히 謝絶하는 바다."
В. Граве. Т*руды Командированной по Высочайшему повелению Амурской Экспедиции: Выпускъ XI. Китайцы Корейцы и Японцы въ Приамурье*(Санкт-Петербург: В.Ф. Киршбаум, 1912), (「極東露領に於ける黃色人種問題」. 『露・亞經濟調査叢書』 第49卷, 南滿洲鐵道株式會社 庶務部調査課編譯. 昭和四年(1929). 大阪: 大阪每日新聞社), pp. 109-110.

41) Граве(1912), p. 790.

42) 이동언(1991), p. 11.

병합한 후 실시한 토지조사사업 등으로 인해 토지를 수탈당한 한인들과, 독립운동을 하던 사람들이 대거 이주하게 된다. 이로써 1910년 초반 이주한인의 수는 대략 10만 명 정도였고, 1920년을 전후로 해서는 대략 20만 명 정도가 이주한 것으로 추산된다.[43] 1911년 총독으로 취임한 곤다찌(Н. Л. Гондатти)는 전임자인 운테르베르게르(1905~1911)와는 달리 이주한인의 국적을 우호적으로 처리하려고 하였다.

뿐만 아니라 1911년 극동지역 이주담당 위원회에서는 한인들을 채금업(採金業)에서 일하도록 허가하는 문제[44]와 그들을 러시아 국민으로 인정하는 문제에 대해 러시아 황제의 허가를 얻었다. 이러한 허가에 따라서 아무르 국경지역에 거주하는 한인들은 헌법이 허용하는 법의 범위 내에서 러시아 국민으로 인정되었고, 러시아 국적을 받아들이겠다고 청원서를 제출한 한인들에 한하여 채금기업(採金企業)에의 참여가 일시적으로 허가되었다.[45]

Ⅲ. 러시아 극동지역 이주와 신고전경제학이론

지금까지 한인의 러시아 이주를 간략히 살펴보았다. 본 절에서는 신고전경제학이론을 이용하여 한인의 러시아 이주를 설명한 다음, 신고전경제학이론으로는 설명이 곤란한 부분을 지적하고자 한다. 그리하여 한인의 러시아 극동지역 이주에 관한 각기 상이한 관점을 통합하려는 이론적 방향의 필요성을 모색한다.

노동력 이동을 설명하는 가장 보편적 이론이라고 할 수 있는 신고전경제학이론(neo-classical economic theory)은 국제 노동력 이동에서 인구이동의 배출·흡인요인(push · pull factors) 및 비용-편익요인(cost·benefit factors)을 강조한다.[46] 이와 관련하여 신고전경제학이론(neoclassical economic theory)은 국제 노동력 이동을 행위자의 비용 및 편익(cost and benefit)과 관련한 합리적 계산의 결과로 본다. 즉 여기서는 개인을 기대이익(anticipated gains)이 있는 경우 항상 새로운 목적지를 향해 이동하여 이익을 극대화하려는 존재로 파악한다. 따라서 새로운 목적지로

43) 이명화(1989), p. 4.

44) 채금업을 비롯한 러시아 극동지역에서의 초기 한인 이주민의 직업에 관해서는 본 서의 제6장 참조.

45) 이상근(1996), p. 107.

46) 국제 노동력 이동에 관한 이론은 신고전경제학이론 이외에도 구조(structure)를 강조하는 세계체계이론(world systems theory), 구조와 행위자를 매개하는 사회적 관계(social relations)를 중시하는 사회적 연결망이론(social network theory) 등이 있다. 이 책의 제3부 중앙아시아 고려인의 귀환이민에 대한 연구는 배출 · 흡인요인을 중심으로 분석한 것이다.

이동함으로써 얻어지는 보상이 그 이동을 위해 지출해야 할 비용보다 클 때, 항상 노동력 이동이 발생하는 것으로 본다.[47)]

이러한 행위자의 비용 및 편익을 거시적 차원에서 조명한다면, 이것은 노동력의 수요와 공급의 결과, 즉 노동력 유입국의 흡인요인과 노동력 송출국의 배출요인의 결과로 볼 수 있다. 다시 말해서 인구의 유입국에서 얻을 수 있는 수입과 송출국에서 얻을 수 있는 수입은 각각 유입국의 흡인요인과 송출국의 배출요인으로 간주되어, 개인 행위자가 자국에 머물러 있기보다 타국으로의 이주를 선택하는 경우, 이를 국제 노동력 이동으로 간주한다.[48)]

국제 노동력 이동은 노동력의 수요와 공급의 불균형에서 연유하는 것으로 간주되며,[49)] 이러한 노동력 수급의 불균형은 자본의 양과 비교해서 노동력이 풍부한 지역에서는 저임금을 더욱 가속화시키고, 생산을 위한 노동력이 부족한 지역에서는 비교적 높은 임금을 초래하게 된다. 따라서 개인은 저임금의 국가에서 고임금의 국가로 이동할 유인(誘因)을 발견하게 되고, 이로 인해 저임금을 주는 본국에 남아있는 것보다 고임금이 보장되는 타국에서 취업하는 것을 선택하는 결과, 국제 노동력의 이동이 나타난다고 본다. 여기서 개인의 선택에 영향을 미치는 요인으로 노동력 송출국의 노동인구의 과잉, 낮은 생활수준, 경제적 기회의 결핍 및 정치적·종교적 탄압 등이 흔히 거론된다.[50)]

---

47) 이것을 알기 쉽게 다음과 같은 수식으로 표시할 수도 있다(Todaro, 1969; Massey, 1990):

$$ER = \sum_{t=0}^{n} \frac{(B_{dt} - B_{ot})}{(1+r)^t} - C$$

ER: 이동의 기대 순수입
t: 시간(취업시점 0에서 n까지)
B_{dt}: t시점에 유입국에서 얻을 수 있는 수입
B_{ot}: t시점에 송출국에서 얻을 수 있는 수입
r: 감가요인
C: 총 이동비용

따라서 위의 식에 의하면, 유입국에서 얻을 수 있는 수입(B_{dt})이 많을수록, 송출국에서 얻을 수 있는 수입(B_{ot})이 적을수록, 그리고 송출국에서 유입국으로의 총 이동비용(C)이 적을수록 인구이동으로부터 기대하는 순수입(ER)이 크므로 인구이동의 가능성이 커진다.

48) J. Thomas Espenshade, "Unauthorized immigration to the United States." *Annual Review of Sociology* 21:195-216(1995)[On-line: http://web4.infotrac.apla.galegroup.co]; 설동훈, 『외국인노동자와 한국사회』(서울대학교출판부, 1998), p. 40.

49) David V. Bartram, "Foreign workers in Israel: History and theory," *International Migration Review* vol. 32, no. 2(1998), pp. 303-325[http://proquest.umi.com/pdqweb?TS=9405].

신고전경제학이론은 한인의 러시아 극동지역 이주를 설명하는 데 상당히 유용하다. 왜냐하면 초기 한인의 이주는 주로 신고전경제학이론이 제시하는 이주의 주요 요인들, 즉 기근, 노동력 과잉, 경제적 기회의 결핍, 정치・경제・사회의 모순 등에 의해서 상당부분 설명이 가능하기 때문이다.

다음에서는 신고전경제학이론이 제시하는 여러 요인들에 의해 어떻게 한인의 러시아 극동지역 이주가 설명될 수 있는지를 구체적으로 살펴본다.

초기 한인의 러시아 극동지역으로의 이민은 신고전경제학이론이 주장하듯이, 북부지방의 기근이 가장 직접적인 원인으로 보이며, 그 외에 간접적인 원인들로서 조선의 인구과잉, 조선후기의 사회적인 모순, 지리적 인접성 및 유입국 러시아의 극동식민정책 등을 들 수 있다.

먼저, 신고전경제학이론이 인구이동의 원인이라고 흔히 주장하는 것처럼,[51] 러시아 이주의 가장 큰 원인이었던 것은 1869년과 1870년에 있었던 평안북도와 함경북도 지방의 대흉작이었다.[52] 당시의 대흉작으로 이 지방의 주민들은 주로 초근목피로 연명하였으나 조선정부에서는 아무런 대책을 강구하지 못하였다. 오히려 정부에서는 주민들의 이주를 금하는 강력한 법을 시행하였는데, 1744년(영조 20년)에 공포된 『속대전(続大典)』을 보면, '서북연변범월채삼전렵자 수종개경상참(西北沿邊犯越採蔘佃獵者 首従皆境上斬)'[53]이라 하여 서북지방의 국경을 넘는 자를 모두 참수형에 처한다고 하였다. 그러나 이들 이주민들은 죽음을 무릅쓰고 두만강을 건넜다.[54] 이 기근으로 인해 1869년[55] 6월부터 12월까지 약 6개월에 걸쳐 6,500명의 한인들이 국경을

---

50) Everett S. Lee, "A Theory of Migration." *Demography* vol. 3, no. 1(1966), pp. 47-57; Espenshade(1995).

51) Espenshade(1995).

52) Ким Сын Хва(1965); 현규환(1967), p. 800; 임계순(1987), pp. 583-584.

53) 『続大典』 巻之五 刑典, 禁制条, 李明花(1989:121)에서 재인용.

54) 이 당시의 상황에 대해서는 1909년 러시아 황제 니꼴라이 2세의 칙명에 따라서, 연해주-아무르주의 총독인 곤다치의 주재하에 이루어진 연해주와 아무르주 답사대의 보고서를 작성한 셜리케비치(С. П. Шликевичъ)에 의해 잘 묘사되고 있다.
"… 任意に生国を脱出するは朝鮮の法律に拠り死刑を以て罰せらるに拘らず, 朝鮮人は 群をなて極東邊境に殺到するに至った. また朝鮮人の脱出を防止すべき特種の目的を以て国境に配置せる朝鮮哨兵線も此の自然の移動を阻止し得なかった. 自国哨兵の為に無残の迫害を蒙れる朝鮮人は露国の国境近く果敢なき最後を遂げ, 空しく放棄せらる数千の死屍は図們江の朝鮮沿岸に散乱するに至った. 然し此の惨事も失権と饑餓の為に絶望せる朝鮮人の移住を抑止することは出来なかった."(임의로 모국을 탈출하는 것은 법률에 의해 사형에 처해질 수 있음에도 불구하고 조선인들은 무리를 지어 극동 변경지역으로 몰려오기에 이르렀다. 또 조선인의 탈출을 방지하기 위한 특별한 목적으로 국경에 배치한 조선의 초소도 이러한 자연적인 이동을 저지하지는 못하였다. 자국의 초병 때문에 참혹한 박해를 당한 조선인은 러시아 국경 근처에서 과감히 최후를 맞았고, 허무하게 버려진 수천 명의 시체는 도문강의 조선 강변에 어지럽게 흩어졌다. 그러나 이러한 비참함도, 힘이 없고 배고픔으로 절망한 조선인의 이주를 저지하는 것은 불가능하였다). С.П. Шликевичъ,

건너 러시아 연해주로 넘어갔다.[56] 당시 조선정부는 러시아의 한인 이주 허용에 강력한 항의를 하였고, 이에 놀란 러시아 정부가 어느 정도 방지책을 사용했음에도 불구하고[57] 이들 한인들 중 3,500명이 '포시예트' 지역에 정착하였다.[58] 러시아 극동지역으로 이주하기 전에는, 조선에서 농사를 짓고 싶어도 농토가 부족해서 일을 할 수 없었던 이들이 러시아 연해주의 황무지에서 놀라울 만큼의 성과를 거두었다.

한인의 러시아 극동지역 이주의 두 번째 원인으로 조선후기의 정치・경제・사회의 모순을 들 수가 있는데, 신고전경제학이론에 의하면 이것 또한 인구이동 행위자의 선택에 영향을 미치는 송출국의 인구배출요인으로 간주된다.[59] 인구유출국 조선에서 이러한 모순을 촉발시킨 계기가

Труды командированной по ВЫСОЧАЙШАЙШЕМУ повеления в ПРИАМУРЬЕ(Выпускъ V). КОЛОНИЗАЦИОННОЕ ЗНАЧЕНИЕ ЗЕМЛЕДЕЛИЯ в ПРИАМУРЬЕ(Составилъ Начальикъ отряда земледельческой колонизации, 1911)("極東露領の農業と植民問題," 《露・亜経済調査叢書》 第8巻, pp. 32-33. 南満洲鉄道株式会社 庶務部調査課編訳, 大正15年(1926), 大阪:大阪每日新聞社).

55) 1868년까지 러시아 극동 연해주의 '우수리' 지방 한인의 수는 1,800여 명이었는데, 이는 당시 이 지역의 러시아인과 카자흐인을 모두 합한 인구 6,200명의 약 25%를 차지하였다(현규환, 1967:807-8).

56) 현규환(1967), p. 778, 808.

57) 러시아 극동정부 당국은 몰려오는 이러한 극빈층 한인들을 도와주기도 하였으나 이들을 감당할 수 없게 되자 조선정부에 이들의 극동지역에 대한 유입을 중지시킬 것을 요구하였다. 그리고 러시아 극동지역에서 영위할 직업이나 생존수단이 없는 이들의 일부를 다시 원산 등을 비롯한 조선지역으로 되돌려 보내기도 하였다. 이러한 상황은 고종 23년 12월 6일(1886년 12월 30일) 조선주재 러시아 공사인 웨베르가 조선의 외무대신 김윤식에게 보낸 다음의 외교문서에서도 잘 나타나 있다.
" … Но содержать далее корейцевъ на средства города невозможно, а между темъ наступитъ зима, у нихъ нетъ ни теплой одежды, ни порядочыхъ помещенiи, а потому явится голодный тиф и другiя болезни, а весною холера. Очень много корейцевъ постоянно прибываютъ, въ особенности на шлюпкахъ, изъ Кореи свободно занося къ намъ заразу. Военный Губернаторъ, поэтому, былъ вынужденъ отправить въ Ноябре сего года изъ Владивостока въ Генсань на японскомъ пароходе двести девяносто шесть человекъ корейцевъ, не имеющихъ никакихъ определенных занятiй, или средствъ къ существованiю и вместе съ темъ просилъ меня побудить Ваше прадительство, чтобы оно приняло зависящiя отъ него меры для прокращенiя наплыва къ намъ бедствующихъ корейскихъ подданныхъ, … "(그러나 더 이상의 조선인들을 블라디보스토크시의 재원(財源)으로 부양하는 것은 불가능하였고, 이런 가운데 겨울이 닥쳐오지만 이들에게는 따뜻한 의복이나 머물 수 있는 좋은 거처가 없다. 그 때문에 굶주림으로 인한 티푸스나 기타 여러 가지 질병, 그리고 봄철의 콜레라가 만연하고 있다. 그리고 대단히 많은 한인들이 조선으로부터 나룻배를 타고 와서, 우리에게 전염병을 마음대로 퍼뜨리고 있다. 그리하여 (러시아 극동지역) 군무지사(軍務知事)는 올해 11월, 일정한 직업이 없고 생존수단이 없는 296명의 한인들을 일본의 나룻배를 이용하여 블라디보스토크에서 원산으로 강제 송환해야 했고, 이와 함께 웨베르로 하여금 쇄도하는 가난한 한인들을 막기 위한 조치에 의거하여 이러한 조치가 시행되었다는 것을 당신네 조선정부에 촉구하도록 요청을 받았다)(高麗大学校亜細亜問題研究所(1969), 『旧韓国外交文書』 第十七巻 俄案 1, pp. 19-20).

58) 현규환(1967), p. 778.

59) Espenshade(1995).

된 것은 조선후기 영농기술의 개선으로 인한 생산력의 증대와 노동력의 절감이었고, 이러한 요인에 힘입은 일부 농가는 경작지를 확대할 수 있었다. 경작지를 확대한 농가는 풍흉(豊凶)에 상관없이 정액지대를 받을 수 있었으므로 부농이나 지주가 될 수 있는 반면에, 그렇지 못한 농가는 경작지를 잃게 됨으로써 이들 중 상당수는 유이민으로 전락하게 되었다.[60] 이는 결과적으로 한인의 러시아 이주를 더욱 가속화시키는 하나의 요인이 되었다.

뿐만 아니라 조선후기에 자주 발생하였던 자연재해와 흉년은 당시 세도정치로 인한 정치적 혼란 및 전정・군정・환곡 등의 삼정의 문란과 함께 작용하여 사회적 모순을 더욱 악화시키는 결과를 초래하였다. 더욱이 1811년에 발생한 홍경래의 난과 1862년의 진주민란은 농민들과 농지를 잃은 많은 유이민들로 하여금 새로운 안식처를 찾아 러시아 극동지역으로 이주하게 한 중요한 원인이 되었다.[61] 당시 이러한 상황은 다음에서 잘 나타난다:

> " … 영세소작농으로 몰락한 농민들의 생활은 가난에 쪼들린 것이었다. 더구나 흉년이 되면 각지에 굶주린 사람의 수가 늘고 아사자가 속출하였다. 자연히 농민들은 고향을 버리고 다른 곳으로 유랑하는 유민이 되었다. 그 결과 농촌은 비게 되고 한 면에 10호도 못 되는 곳조차 생기게 되었다. 때로는 산 속으로 들어가서 火田民이 되었다. 일정한 주소를 가지지 않고 여기저기로 임시적인 개간지에서 농업을 경영하는 것이었다. 수확은 적었고 따라서 생활은 가난하였다. 다만, 관리들의 압박을 벗어날 수 있다는 것으로써 낙을 삼는 형편이었다. 한편, 화전은 양반들이 사유토지를 늘리는 방편으로 확대되어가는 경향도 나타내었다. 그런데, 이 화전민에게도 관리들의 손이 뻗쳐서 세를 받아갔다. 농민들 중에 국경을 넘어 間島나 沿海州 등으로 이민가는 유민이 증가한 것은 이러한 때문이었다."[62]

신고전경제학이론에서 제시하는, 한인들에 의한 러시아 극동지역 이주의 세 번째 요인으로, 인구의 송출국과 유입국 간의 거리적 근접성을 고려할 수 있다. 신고전경제학이론의 세부적 이론이라 할 수 있는 중력이론(gravity model)에 의하면 송출국에서 유입국으로의 노동력 이동확률(M_{AB})은 유입국의 높은 소득수준(I_B)에 정비례하고, 송출국과 유입국 간의 거리(d_{AB})에 반비례한다.[63] 이를 공식화하면 다음과 같다.

60) 임계순(1987), p. 584.

61) Граве(1912), p. 103; 임계순(1987), pp. 584-585.

62) 李基白, 『韓國史新論』(新修版)(一潮閣, 1990), p. 331, 333.

$$M_{AB} = \frac{kI_{B^{\alpha}}}{d_{AB^{\beta}}} \quad (\alpha,\ \beta,\ k : 상수)$$

이는 다시 말해서 노동력 유입국(B지역)의 경제적 수준이 노동력 송출국(A지역)보다 높을수록 인구의 이동률은 높아지지만, 이들 양국 간의 거리가 멀면 그만큼 인구 이동률이 감소하고, 반면 거리가 가까우면 인구이동률은 높아짐을 의미한다.

지리적 요인이 초기 한인의 러시아 극동지역 이주에도 중요한 역할을 했는데, 이것을 잘 말해주는 근거는 노령이주의 압도적인 다수가 인근 함경도와 평안도 출신으로 나타난 점이다. 이는 1910년에서 1921년까지 조선총독부에서 조사한 연해주와 아무르주의 한인들의 출신분포를 나타내는 다음의 〈표 4-2〉에 잘 나타나고 있다.

〈표 4-2〉 출신도별 러시아 한인 이주민 수(1921)

도별	이주민 수	비율(%)*
경기도	1,032	2.2
충청북도	147	0.3
충청남도	125	0.3
전라북도	89	0.001
전라남도	459	1.0
경상북도	574	1.2
경상남도	1,112	2.4
황해도	1,091	2.4
강원도	739	1.6
평안남도	3,288	7.1
평안북도	8,875	19.3
함경남도	8,171	17.7
함경북도	20,362	44.2
합 계	46,064	100.0

자료: 朝鮮総督府, 『滿洲及西比利亞地方に於ける朝鮮人の事情』(京城印刷所, 1923), pp. 11-14.
(* 비율은 본 연구의 저자가 첨가한 것임)

이 〈표 4-2〉에서 본 바에 따르면, 한인들의 주요 이주정착지인 연해주와 아무르주에 거주하는 한인들의 출신지 빈도는 러시아의 인근지역인 조선의 함경북도, 평안북도, 함경남도, 평안남도 등의 순으로 높게 나타나고 있다.

더욱이 두만강을 건너 농사에 적합한 연해주의 비옥한 넓은 벌판으로 가는 것은 인근 함경도와

63) W. J. Reilly, 1976. "Methods for Study of Retail Relationships," in *Urban Economics: Theory and Policy*, edited by K.J. Button(London, 1976), pp. 56-57.

평안도 출신의 농부들에게는 큰 어려움이 아니었다. 수량(水量)이 감소하는 건조기가 되면 두만강을 걸어서 건널 수 있는 곳이 10여 군데나 되었고, 또한 겨울철이 되면 무산군(茂山郡)의 삼하면(三下面), 경원군(慶源郡)의 동림면(東林面), 경원군(慶源郡)의 신아산(新阿山) 지역은 얼음이 얼어 강을 건너는 데 큰 어려움이 없었다.[64] 이러한 지리적 인접성으로 두만강을 자주 내왕하며 농사를 짓고, 두만강의 러시아 측 대안(対岸)지구에 임시거처를 만들어 놓고 불법적으로 토지를 경작하는 조선 사람이 적지 않았다.

이와 관련하여 신고전경제학이론의 배출-흡인이론에서 지적하는 노동력 유입국의 흡인요인 또한 무시할 수 없는 요인이었다. 특히 러시아 극동의 여러 지역들 중 연해주는 이미 지적한 바와 같이 지리적으로도 조선과 인접하였다. 기후에 있어서도 밭농사뿐만 아니라 벼농사를 지을 수 있는 충분한 습도와 기온이 유지되는 지역이 적지 않아, 이 지역 농사의 수확량은 함경도 수확고에 비해 3배나 되었다.[65] 뿐만 아니라 돈이 없는 조선의 유이민들은 농사를 짓는 것 외에도 산삼 등을 채취할 수 있었고, 울창한 삼림지대에서 수렵과 벌목이 가능하였으므로 여러 가지 사회적 모순과 가난에 신음하고 있던 인근 조선사람들에게는 큰 유혹이 되지 않을 수 없었다.

지리적 요인과 관련하여 한인의 러시아 극동지역 이주에서 지적되어야 할 점으로는 조선시대 함경도와 평안도에 살고 있던 서북인들에 대한 차별을 빼놓을 수 없다. 이러한 지역에 따른 차별은 신고전경제학에서의 노동력 유출의 주요한 원인이 되었는데, 서북인에 대한 차별 또한 앞의 〈표 4-2〉에서 보았듯이 함경도와 평안도의 주민들이 가장 많이 러시아 극동지역으로 이주하게 된 하나의 원인이 되었다.

이런 특정지역에 대한 차별이 노동력의 유출을 가져온 과정은 민란을 통해서도 계속되었다. 서북인에 대한 차별이 하나의 원인으로 작용하여 발생한 민란의 대표적인 것으로 순조 11년(1811)의 홍경래의 난을 들 수 있다. 홍경래는 평안도의 몰락한 양반으로서 이 지역에 대한 중앙정부의 차별에 불만을 품은 지방의 하급관리 및 부농, 상인뿐만 아니라 때마침 넘쳐흐르던 굶주린 사람과 유민 등을 규합하여 난을 일으켜 청천강 이북의 땅을 모두 점령하기도 하였으나 최후에는 관군에 패하여 홍경래의 난은 평정되었다. 그러나 그 후 이 난과 관련하여 평안도와 함경도의 많은 농민과 유민들은 관군에 쫓기는 입장이 되자, 두만강을 넘어 러시아 극동지역으로 이주를 시도하였다. 또한 비록 이 난과 직접적인 관련이 없었다 하더라도 이러한 민란을 가져온

64) 朝鮮総督府(1923), pp. 201-202.
65) 東支鐵道經濟調査局(編), 『北滿洲と東支鐵道 (上)』(大阪: 大阪每日新聞社, 1922), p. 26.

중앙정부의 특정지역에 대한 차별과 같은 사회적 모순을 피하여 상당수의 주민들은 두만강 국경지역을 넘어 새로운 지역으로의 이주를 기도하기도 하였다.[66]

마지막으로, 한인의 러시아 이주와 관련하여 신고전경제학이론에서 설명이 될 수 있는 부분은 노동력 유입국의 정치적 측면에 관한 것이다. 노동력 이동에 관한 정치적 측면은 노동력유입국이 국경을 효과적으로 통제하고 있다는 전제하에 고려될 수 있는 것인데, 이 점은 아직 많은 학자들이 간과하고 있다.[67] 정치적 이유에 의한 인구이동의 대표적인 것은 2차 대전 이후 독일 점령하에 있던 지역의 인구이동, 그리고 2차대전 직후 일본제국주의 패망과 관련하여 태평양 및 아시아 극동지역에서 중국인, 일본인, 한국인의 본국으로의 귀환 등을 들 수 있을 것이다.

특히 정치적인 측면과 관련한 노동력의 이동을 제대로 이해하기 위해서는 관련국, 특히 유입국의 국가정책을 이해하는 것이 필수적이라고 간주된다. 노동력 이동과 관련한 대부분의 정치적 분석은 다음의 3가지 부류로 나눌 수 있다.[68] 첫째는 국가의 도구적인(instrumentalist) 역할에 관련된 것으로서, 국가가 노동력 이동을 허락하는 것은 강력한 사회집단의 압력에 의한 것이라는 입장이다. 둘째는 국가의 구조적인(structuralist) 역할로서, 국가로 하여금 노동력의 이동을 가능하게 하는 것은 그렇게 함으로써 자본의 축적이 가능하기 때문이라는 것이다. 마지막으로 국가자치이론(state autonomy theory)에 의하면 노동력의 이동은 국가 그 자체와 국가의 관료들의 이익에 부합하기 때문이라는 주장이다. 이러한 노동력 이동과 관련한 국가의 입장은 한인의 러시아 이주를 설명하는 정치적 측면에도 적용이 가능한데, 한인의 러시아 이주는 특히 당시 국가로서 러시아의 구조적이고 자치적인 역할과 관련되어 있다.

한인의 러시아 이주 초기에는 중국으로부터 갓 편입시킨 러시아 극동지역의 경영을 위해서 러시아 당국이 정치적 측면에서 한인의 이주를 허용했다는 조짐이 곳곳에서 드러나고 있다. 이는 아래에서 보듯이 러시아가 아무르주와 연해주를 편입한 직후, 이 지역으로 본국 러시아인들의 이주를 수차례 시행하였으나 모두 실패로 돌아갔기 때문이었다. 1861년에 있었던 농노제의 폐지 및 자유이민법의 제정과 더불어 본국인의 극동지역 이주가 본격적으로 시도되었는데, 러시아 당국은 토지부족 문제를 겪던 러시아의 농민들에게 토지를 부여하는 특혜를 베풂으로써 시베리아로의 이주를 권장하였다.[69] 그러나 초기 시베리아 철도가 아직 부설되지 않은 상태에서의 이러한 육로를 통한 이주 시도는 대부분 실패로 끝났다. 아래에 제시한 〈표 4-3〉은 러시아

66) 임계순(1987), pp. 584-585; 이상근(1996), p. 56.
67) Bartram(1998).
68) Bartram(1998).
69) 권희영(1993), p. 155; 이상근(1996), p. 30.

극동지역으로 이주한 러시아인 농부들의 수를 잘 보여주고 있다. 이러한 러시아인 농부들의 이주추세를 한인들과 비교하기 위해서는 앞에서 제시한 〈표 4-1〉과 비교해 보아야 한다.

〈표 4-3〉 우수리 지역으로 이주한 러시아 농부들의 수

연도	러시아 이주자 수	연도	러시아 이주자 수
1878	21	1890	1,138
1880	78	1892	2,307
1882	110	1894	3,487
1884	1,948	1896	2,052
1886	3,017	1898	4,517
1888	490	1900	10,703

자료: Michail Belov, The Experience of the Russian Orthodox Church among Koreans, 1865~1914, Unpublished Master's Thesis, Graduate School of International Studies, Yonsei University(1991), p. 66.

또 다른 시도의 하나로 제정 러시아 황실광산(皇室鉱山)에서 형기(刑期)를 마친 죄수들에게 여권을 발부하고, 러시아정부가 2년간 생활을 지원함으로써 그들을 아무르 지방과 우수리 지방으로 이주시키려고 하였다.[70] 그 다음으로 시도한 것은 해로(海路)를 통한 러시아인의 이민이었는데, 1883년 오데사-블라디보스토크 항로를 통하여 시도되었다. 그러나 시설이 나쁜 수송선을 타고 이른 봄에 오데사를 출발하여 늦은 가을에 블라디보스토크에 도착하는 해로이민도 역시 오랜 기간의 항해로 인한 질병 발생 등으로 실패로 돌아갔다.[71]

러시아 자국민들의 어려움은 유럽에서 극동지역으로의 이동과정에만 있는 것은 아니었다. 설사 유럽지역에서 출발하여 무사히 러시아 극동지역에 도착했다고 하더라도 완전히 다른 환경에서의 초기 이주생활에 적응하는 것은 쉬운 일이 아니었다. 1867~1869년 연해주지방을 여행한 러시아 탐험가인 쁘르줴발스끼(Н. М. Пржевальский)[72]는 초기 러시아 이민자들이 신생식민지인 극동지역에서 겪은 어려움을 이렇게 표현하고 있다.

> "우수리 카자흐의 상황은 대단히 어렵다. 배고픔과 빈곤 그리고 그에 동반하는 모든 문제점들이 어우러져서 이 사람들을 완전한 도덕적 무력감에 빠지게 만들었고, 이들로 하여금 그들의 불행한 운명을 무감각하게 체념하도록 강요하였다."

70) 이상근(1996), p. 80.

71) 이상근(1996), p. 30.

72) Н. М. Пржевальский, 1870. *Путешествие в Уссурийском Крае*(우수리 지방으로의 여행), *1867~1869 г г.* 권희영(1999:36) 재인용.

극동지역에 이주한 러시아인들이 겪는 이주지의 열악한 조건으로 러시아 극동지역의 기후상의 문제, 토질상의 문제, 도로의 미비상태, 가족 구성원들 간의 불화, 질병 및 사망과 같은 여러 문제 등을 들 수 있다.[73] 이러한 이유들 때문에 극동지역으로 이주한 러시아 근로자들 중의 상당수는 정착하지 못하고 유럽의 러시아로 귀환하는 경우가 많았는데, 이 경우 한인들은 이들에 의해 발생된 노동력의 공백을 메우는 데 중요한 역할을 하였다. 1906년에서 1910년까지 극동지역에 거주하는 러시아인들의 본거지로의 귀환율을 보면, 아무르주의 경우 약 7.5%였고, 연해주의 경우는 더욱 높아 14.19%나 되었으며, 특히 1910년에는 26%를 상회하기까지 하였다(〈표 4-4〉 참조).

〈표 4-4〉 극동 아무르주의 러시아계 이주민의 귀환율(괄호 안은 연해주)

이주 연도	도착자 수	귀환자 수	귀환비율(%)
1906년	4,585(6,548)	193(265)	4.2(4)
1907년	13,179(61,722)	861(8,114)	6.5(13)
1908년	9,644(22,370)	1,097(2,801)	11.3(12)
1909년	21,049(23,772)	997(3,297)	4.7(13.8)
1910년	20,935(14,416)	2,079(3,801)	9.9(26.3)
계	69,392(128,828)	5,227(18,278)	7.5(14.2)

자료: Шликевичъ, 1911:137-138

따라서 자국민들의 이주정책이 실효를 거두지 못하자, 러시아정부는 그 대안으로서 한인들의 이주를 고려하였다. 노동력 유입국 러시아에서 한인 이주의 정치적 배경을 설명해 주는 증거는 곳곳에서 발견된다. 단적으로 이야기하자면 한인들을 러시아 극동지역의 경영에 이용하자는 것이었다. 조선 국내의 여러 가지 문제로 인하여 이주해 오는 한인에 대해서 러시아 당국이 호의적인 반응을 보인 것은 이들을 황무지였던 극동지역에 정착시키면 러시아의 국고를 지출하지 않고도 러시아 영토를 개간할 수 있으리라는 계산에 의한 것이라고 할 수 있다.[74] 한인에 의한 영토개간의

73) С.П. Шликевичъ, Труды командированной по ВЫСОЧАЙШАЙШЕМУ повеления в ПРИАМУРЬЕ. Выпускъ V. КОЛОНИЗАЦИОННОЕ ЗНАЧЕНИЕ ЗЕМЛЕДЕЛИЯ в ПРИАМУРЬЕ. Составилъ Начальикъ отряда земледельческой колонизации (「極東露領の農業と植民問題」『露・亞經濟調査叢書』第8卷. pp. 1-175 南滿洲鐵道株式會社 庶務部調査課編譯. 大正15年. 大阪:大阪每日新聞社), pp. 140-141.

74) 러시아 국경지대에서 이주 조선인들이 황무지를 개간하여 풍년을 이룬 모습은 아래에서 인용한 가린의 여행기에도 잘 나타나 있다. 러시아 문호였던 가린은 1898년 러시아 정부의 특별한 위촉을 받아 그해 9월부터 10월까지 두 달 동안 러시아와 함경북도 사이의 국경지대를 따라 답사하였다. 이 기간 동안 자신이 직접 보고 들은 것을 기초로 기행문을 작성하여 1916년 당시 러시아 유일의 최대 문예잡지였던 『니바』에 발표했는데, 金東進이 이를 번역하여 잡지 『東光』(1931년 2월호, 3월호)에 연재하였다. 이 기행문에는 당시 이주 조선인의 정황이 자세하게 묘사되어 있다.

결과로서 러시아 당국이 의도한 것은 이 지역에서 절실히 필요로 하는 농산물 가격의 하락에 대한 기대였다.[75] 이렇게 될 경우, 이곳에 이주한 본국 러시아인들에게 필요한 식량의 공급이 용이하게 되고 이들에게 필요한 채소의 공급도 원활하게 될 것을 기대하고 있었다.[76]

또한 영토개간의 목적 이외에도 러시아 초소가 없는 국경지대에 이들을 정착시켜 중국과 마주한 국경의 관리에 이용하겠다는 의도도 엿보인다.[77] 특히 노브고로드초소와 블라디보스토크 초소 사이의, 사람이 살지 않는 광활한 지역에 이들을 정착시켜 중국인에 대한 국경관리를 하겠다는 지방행정당국의 의도는 다음의 연해주 총독의 노브고로드 초소소장에 대한 명령서[78]에도 잘 나타나 있다.

1. 한인이 이주신청을 할 때에는 즉각 아무런 조건없이 허락할 뿐 아니라 협조할 것
2. 국경에서 좀 더 떨어진 블라디보스토크 초소로 가는 길을 따라 정착하게끔 그들을 설득하고, 만일 그들이 원하지 않으면 정착지를 다시 선택하도록 할 것
3. 이주한 한인들은 러시아의 법 아래 동등히 보호하고, 중국관리의 어떠한 간섭도 허용치 말 것

이와 같이 한인을 이용하여 러시아 극동지역을 경영하겠다는 유입국 러시아의 정치적 의도는 노동력의 흡인요인으로 국제 노동력 이동을 설명하려는 신고전경제학이론에 의해 설명이 가능하다고 할 수 있다.

"…우리는 「크라스노예, 셀로」로 向하기로 하고 「자려치야」村을 떠나 「뽄찬기」河谷을 進行한다. 沿路에 移住 朝鮮 農夫의 田庄뿐이다. 或은 조를 심으고 或은 燕麥을 심으고 或은 옥수수나 콩을 심엇는데 콩은 이것을 原料로 醬을 만든다고 한다. 이 地方의 年事는 最近 三年의 凶年을 겪은 뒤에 큰 豊年으로 万頃의 豊年이 眼前에 黃金을 깔아놓앗다. 藍靑色 높은 하늘을 우르러 보며 馬嘶聲을 들을 때에 遠客의 悵懷가 깊을 뿐이다. 더욱 通譯 金氏로부터 山中의 王이라는 호랑이 이야기와 朝鮮人의 習俗을 들어며 알지 못할 나라로 끌려가는 疑懼의 憧憬에 잠기게 된다." 金東進, "外眼에 빛인 朝鮮: 千八百九十八年 露文豪가린의 朝鮮紀行," 『東光』(1931年 3月号), p. 496.

75) 이상근(1996), p. 94.

76) 이동언(1991), p. 9.

77) 이상근(1996), p. 79, pp. 82-83, p. 137, 269; 이동언(1991), p. 9; 현규환(1967), p. 786.

78) 이르쿠츠크 문서보관소 소장사료, 「동부시베리아 4대대 3중대 중대장 노브고로드만 책임자육군중위 레자노프가 동시베리아 군무장관에게 보낸 보고서(Распорт командующего 3-й ротоюлинейного батальона 4-го Восточной Сибири, начальника поста при заливе Новогородском поручика Резанова Военному губернатору Восточной Сибири)(작성일자: 1863. 11. 30. 205호)」. 이상근(1996:83)에서 재인용.

Ⅳ. 신고전경제학이론의 한계성

위의 몇 가지 점에서 보았듯이, 국제 노동력 이동을 설명하는 데 광범위하게 인용되고 있는 신고전경제학이론이 한인의 러시아 극동지역 이주를 설명하는 데 상당히 기여함은 틀림없다. 그러나 신고전경제학이론으로 한인의 러시아 이주를 설명할 때, 단점으로 지적되는 것은 국제적 노동력 이동의 단위(単位)에 관한 문제와 몰역사성(没歴史性)이다. 여기에서는 이러한 신고전경제학의 단점을 한인의 러시아 이주를 통해 간략히 설명한다.

첫째, 신고전경제학이론에 따르면 국제 노동력 이동은 가구나 가족 노동력의 기대수입에 의해 결정되기보다는 개인의 합리적 결정에 의한다고 주장함으로써, 개인들의 이동행위 선택의 총합이 국제 노동력 이동이라고 본다. 그러나 한인의 러시아 극동이주는, 신고전경제학이론의 설명과는 달리, 의사결정은 개인이 아닌 가족단위에 의해 주로 이루어졌으며, 이 과정에서 친지 등에 의한 사회적 연결망이 중시되었다. 한인의 러시아 이주는 주로 가족을 단위로 하여 연차적으로 이루어지는 경향이 많았는데, 처음에 개인적으로 고용되어 기반을 잡은 후 가족 또는 일족을 불러 영구적으로 정착하거나 먼저 이주한 사람 등을 통해 얻은 정보를 바탕으로 행동에 나선 경우가 많았다. 이 문제는 다음에서 보다시피 조선총독부의 조사에서 상세히 언급되고 있다.

> "一. 移住하려고 하는 者는 于先 移住者中에서 旧故知人의 縁故를 依支하여 一旦 먼저 그 땅으로 가서 다시 그 周旋과 紹介를 얻어 土地를 選定한 然後에 家族을 帯同하여 移住하는 者
> 二. 単独으로 스스로 移住地를 調査 選定하고 一旦 帰鮮한 다음 다시 그의 一家 族 및 一族等을 勧誘해서 移住하는 者
> 三. 自己는 郷里에 있으면서 먼저 移住한 者中의 知人에게 그 移住地의 選定을 依頼한 然後에 移住하는 者
> 四. 먼저 移住한 者의 通信 및 其他의 方法에 依하여 移住를 勧誘받고 移住하는 者"[79]

좀 더 구체적으로 가족이민[80]의 유형을 보면, 먼저 가족성원들 중의 한 명이 러시아 극동지역의

79) 朝鮮総督府(1923), p. 475.
80) 한인들의 이민이 가족형태로 본격적으로 이루어지기 시작한 1863년 이전에는, 한인 노동자들이 계절이민의 형태로 여름에 러시아 극동의 블라디보스토크와 우수리 지방으로 왔다가 가을에 수확을 한 후 다시 조선으로 돌아가는 형식을 띠고 있었다. 그러나 1863년 이후 본격적인 가족이민이 시작되어 13가구가 포시예트 지방으로 이주한 후, 1864년 60가구의 한인 308명, 1868년 165가구, 1869년 766가구로 급증

개인집에 고용되어 여기서 얻은 노임으로 일정의 땅값을 지불하거나 또는 수확의 절반을 납부하여 일정의 토지를 주인으로부터 임차한 후, 고국의 가족을 불러들여 소작인(арендатор) 또는 날품팔이(батрак)로 정착시키는 것이 일반적이었다.[81] 따라서 이러한 유형의 국제 노동력 이동은 노동력 유입국의 이주노동자와 뒤따르게 될 송출국의 친척들에게 정보를 주고 도움의 사회적 연결망을 생기게 함으로써 노동력 이동의 비용과 위험을 줄이는 데 큰 역할을 할 수 있다.[82]

더욱이 조선정부가 한인들의 국외이주를 사형으로 엄격히 규제하는 정책을 시행하고 있었음에도 불구하고[83] 먼저 도착한 가족성원들 또는 일족의 사회적 연결망을 통해 러시아에서의 생활이 자유롭다는 사실이 조선에 알려지게 되었다. 이러한 사회적 연결망이 생겨난 후, 러시아 극동의 정보가 조선에 남아있던 가족이나 친척을 통해 계속 전파되어, 이러한 소식을 전해들은 한인들은 더욱더 러시아 극동지역으로 몰려들었다. 따라서 이주단위로서의 가족에 의한 사회적 연결망(社会的 連結網)을 고려하지 않은 신고전경제학이론으로 한인의 러시아 극동지역 이주를 설명하는 것에는 일정한 한계점이 있다고 볼 수 있다.

둘째, 신고전경제학이론의 또 다른 한계성은 이 이론이 가진 몰역사성(没歴史性), 즉 역사적 맥락을 무시한다는 점에 있다. 따라서 국제 노동력 이동은 송출국과 유입국의 단절적 요인의 산물이 아니라, '제국주의 국가의 역사적 발전맥락' 속에서 설명될 수 있다는 주장이 제기되고 있다.[84] 이 주장에 의하면 국제 노동력 이동을 설명하는 2가지 핵심적인 조건은 '식민지 민중의 뿌리 뽑힘'과 '자본주의 경제에서의 노동력의 수요증가'이다.[85]

그 과정을 좀 더 구체적으로 보면 제국주의는 자본주의 발달의 결과로 나타났고, 이 제국주의는 식민지를 장악하여 그곳의 민중들을 착취함으로써 식민지사회의 발전을 왜곡시켰다. 그 결과 식민지에서의 많은 사람들은 전통경제적 직업에서 축출되었고, 이들은 소위 맑스가 이야기하는 자본주의과정에서 창출・재생산되는 노동예비군(industrial reserve army) 또는 상대적 과잉인구(relative overpopulation)로 전락하게 되었다. 이들은 선진자본주의사회 또는 제국주의사회가

하였고, 약 20년이 지난 1884년에는 1,164가구의 한인 5,447명이 러시아로 이주하였다(Граве, 1912:101).

81) 이상근(1996), p. 138, 153.

82) Douglas S. Massey, "Social Structure, Household Strategies, and the Cumulative Causation of Migration." *Population Index* vol. 56, no. 1(1990), pp. 3-26; 설동훈(1998), pp. 48-49.

83) 이상근(1996), p. 87; 현규환(1967), p. 801.

84) Alejandro Portes and Robert L. Bach, *Latin Journey: Cuban and Mexican Immigrants in the United States*(Berkeley, CA: University of California Press, 1985).

85) 설동훈(1998), p. 44.

발전하면서 그곳에서 요구되는 저임금 노동력의 수요에 부응하기 위해서 선진자본주의/제국주의 사회에로의 국제 노동력 이동의 행렬에 포함된다고 본다. 따라서 국제 노동력의 이동은 제국주의 국가의 역사적・체계적인 발전맥락에서 파악되어야 하는 것으로 간주된다.[86] 이러한 점들은 국제 노동력 이동을 단지 노동력 송출-유입에 의해서만 설명하고, 역사적 맥락을 고려하지 않는 신고전경제학이론에서는 거의 설명이 되지 않는 부분들이다.

러시아 극동지역으로의 한인의 이주는 일정부분 제국주의 국가의 역사적・체계적인 발전맥락에서 설명이 가능하다. 이러한 맥락에서 사센(Sassen)은 국제 노동력 이동을 노동력유입국의 국제분업에서의 위치와 공업화 수준을 기준으로 다음의 4단계로[87] 나누고 있는데, 한인의 러시아 이주의 시기는 그 첫 번째 단계인 '저개발 지역으로 자본주의 생산양식이 침투・확장되는 단계'라고 할 수 있을 것이다. 이 단계에서 유럽의 여러 제국들은 동양의 식민지에서 광산이나 플랜테이션을 개발하면서 저개발국인 한국과 중국 및 인근의 여러 국가들로부터 강제노역자나 쿨리(кули) 등을 동원하지 않으면 안 되게 되었다.[88] 즉 제국주의 국가들에 의해 수탈당한 인근 중국이나 조선으로부터 잉여 노동력이 흘러갈 수 있는 가장 이상적인 지역 중의 하나가 바로 이 러시아 극동지역이었다. 왜냐하면 러시아 극동의 저개발 지역에 갑작스럽게 자본주의 생산양식이 도입되면서 노동력의 수요가 증가하였는데, 이곳에 있는 소수의 러시아인들만으로는 도저히 감당하기가 어려웠기 때문이었다. 여기에서는 제국주의 국가의 역사적・체계적인 발전맥락에서 국제 노동력 이동을 설명하는 가장 중요한 두 가지 요인인 조선에서의 '식민지 민중의 뿌리 뽑힘'과 러시아 극동지역의 '자본주의 경제에서의 노동력의 수요증가'에 대해 살펴보고자 한다.

먼저 식민지와 유사한 상태에 놓여있던 저개발국 조선에서의 '식민지 민중의 뿌리 뽑힘'은 19세기 말 조선이 개항을 하고 서양 및 일본과 빈번하게 접촉하면서 이들 국가로부터의 독점자본

86) Saskia Sassen, *The Mobility of Labor and Capital: A Study in International Investment and Labor Flow*(New York: Cambridge University Press, 1988); *The Global City: New York, London, and Tokyo*. Princeton(NJ: Princeton University Press, 1991).

87) 사센(Sassen, 1988:28-31)이 주장한 4단계는 다음과 같다:
1단계: 저개발 지역으로 자본주의 생산양식이 침투, 확장되는 단계
2단계: 저개발 지역에서 상당한 자본축적이 이루어지는 단계
3단계: 선진국에서 자본축적이 강화되는 단계
4단계: 선진국에서 자본이 노동에 대한 지배를 재생산하기 위해 노동력을 수입하는 단계

88) Viacheslav V. Karlusov(2001), "Chinese Presence in the Russian Far East: An Economic Perspective" ([http://gsti.miis.edu/CEAS-PUB/200104Karlusov.pdf], 2003. 11. 18. 검색); June Mei, "Socioeconomic Origins of Emigration: Guangdong to California, 1850 to 1882," in *Labor Immigration under Capitalism: Asian Workers in the United States before World War II*, edited by Lucie Cheng and Edna Bonacich(Berkeley, CA: University of California Press, 1984), pp. 219-247.

이 조선에 진출함에 따라 본격화되었다. 특히 일본은 조선을 상품의 판매시장과 원료산지로 간주하여 조선인에 대한 수탈을 가속화하였는데, 삶의 근거지를 빼앗긴 농민들은 경제생활이 점점 더 곤란해졌고, 상당수의 농민들은 농민소요에 가담하거나 만주와 러시아 극동지역을 중심으로 한 국외로 이동하지 않을 수 없었다.[89]

제국주의 일본에 의한 종속국 조선에서의 농민수탈의 전형적인 방법은 다음과 같다. 먼저, 대리인 조직에 의해 농업지역을 장악한 일본 무역인들은 입도선매(立稻先賣)의 경우와 유사하게 춘궁기 농민들의 부채를 악용하여 농작물 파종도 하기 전에 농촌을 돌아다니면서 수확물 구매 권리를 싼값에 획득하였다. 농민들은 수확물을 싼값에 미리 팔았기 때문에 일본상인이나 이들을 대리하는 조선인 대리인들에게 다시 부채를 지게 되고, 그 다음 해에도 그 일본인 상인에게 의존하지 않을 수 없는 악순환을 계속해야만 했다.[90] 그 결과, 조선의 농민들은 제국주의 일본인의 부채에 허덕이다 결국은 근거지를 잃고 유랑하거나 연해주와 같은 인근 국외 지역으로 이주할 수밖에 없었다.

다음으로, 이러한 '뿌리 뽑힌 식민지 민중'을 흡수할 수 있는 '자본주의 내의 노동력의 수요증가'가 조선과 인접한 러시아 극동지역의 농업 및 광산업 분야에서 발생하였다. 이는 19세기 말 급속한 산업발달을 배경으로 한 러시아가 영국, 프랑스, 독일 등으로 구성된 중심부에 대한 반주변부(半周邊部)로서 자본주의체계로 흡수되는 시기에 해당한다고 할 수 있다. 제국주의로 편입되는 반주변부로서의 러시아는 많은 노동력을 필요로 하였다. 이 시기의 러시아는 알렉산드르 2세(1855~1881)의 대개혁 이래 공장노동자의 수가 단 10년 사이(1887~1896)에 1,300만 명에서 2,100만 명으로 증가하였고, 같은 기간 동안 선철(銑鉄) 생산량은 60만 톤에서 200만 톤으로 늘어났다.[91] 이 숫자는 미국과 서구에는 못 미치나, 증가의 속도로는 세계 1위였다.

---

89) 이러한 상황을 당시 『新韓民報』에서는 이렇게 표현하고 있다:
"연나라사ᄅᆞᆷ 형가ᄂᆞᆫ 역슈를 건너다가 노ᄅᆡ를 지어 불넛거ᄂᆞᆯ 한국사ᄅᆞᆷ 나ᄂᆞᆫ 두만강을 건너다가 눈물를 흘녀 강물에 쏠히니 이것이 무ᄉᆞᆷ일인가 오날ᄂᆞᆯ 이 눈물은 나의 한사ᄅᆞᆷ만 흘니ᄂᆞᆫ 눈물이 안이라 나보다 만져간 한국사ᄅᆞᆷ 몃만명이 흘닌 눈물이며 나보다 후에 오ᄂᆞᆫ 한국사ᄅᆞᆷ들도 다 흘릴 눈물이니이것이 과연 무ᄉᆞᆷ 눈물인가 오호라 두만강 건너편은 산쳔인물이 ᄉᆡᆼ소ᄒᆞ고 언어풍속이 달은 곳이라 ᄉᆞ쳔년 조샹의 유업이며 억만셰 ᄌᆞ손의 산업을 일됴에 바리고 외국에 나가ᄂᆞᆫ ᄂᆡ가 이 강에 와셔 엇지 슯흔 눈물이 업스며 이쳔만 동포와 삼쳔리강산에 금조각 ᄀᆞᆺ고 비단결 갓ᄒᆞᆫ 조국을 리별ᄒᆞ고 셔베리아 뷘들를 발고 녕쳐업시 가ᄂᆞᆫ쟈가 이 강에 와셔 엇지 슯흔 눈물이 업스라 … 우리 력ᄃᆡ 조샹의피로 되고 우리 만셰ᄌᆞ손의 나라 대한국을 참아 못닛겟다 ᄂᆡ가 ᄒᆞ다가 못ᄒᆞ면 ᄂᆡ 아ᄃᆞᆯ ᄂᆡ 손ᄌᆞ 증손 고손 현손ᄭᆞ지라도 대한 독립젼ᄌᆡᆼ을 진졍 참아 못닛겟다." 반룡산쇼년, 「두만강에서 흘니ᄂᆞᆫ 눈물」 『新韓民報』, 1913년 9월 26일.

90) Ким, Сын Хва(1965), p. 12.

91) 고려대학교 세계문화사연구실(1993), p. 215.

특히 시베리아 식민지개발을 촉진하기 위한 시베리아 횡단철도의 부설과 함께 러시아 극동지역의 경영에 있어서 외국인노동력의 흡수는 필수적이었다.

따라서 한인의 러시아 극동지역으로의 이주는 자본주의의 확대로 국가가 자본주의체제 속으로 편입된 후 흔히 발생하는 국제 노동력의 이동[92]에 해당된다고 할 수 있다. 당시 러시아 극동지역의 초기 경영에서, 러시아는 농업과 광업 분야에 많은 노동자를 필요로 하였으므로 이러한 측면에서 값싼 한인 노동력은 아주 적합한 존재였다.[93] 한인은 특히 농업에서 뛰어난 능력을 발휘하여, 한인이 발을 붙인 곳마다 황무지가 훌륭한 농토로 변했다. 뿐만 아니라 러시아인들이 개척할 수 없는 곳도 한인에 의해 개척이 가능하게 되었고, 러시아 극동지역에 중요한 채소의 가격하락도 가능하게 되었다.[94] 이러한 과정에서 러시아 이주 한인의 90%가 농업에, 나머지 10%는 기타 노동 분야에 종사하였다.[95]

농업 이외 광업에도 상당수의 한인이 종사하였는데, 러시아 극동지역은 금광업의 발달로 당시의 러시아 경제에 중요한 기여를 하였다. 또한 러시아 극동지역은 금광업의 덕분에 광대한 밀림지대에 주거지가 생겼고, 도로・전신・전화가 개통되었으며, 항해가 불가능하였던 하천에 선박이 운행되고, 우체국과 병원 등이 건설되어 주민들에게 큰 혜택을 주었다. 금태환제도의 실시 이후, 금광업은 자본주의 경제체제에 막 편입되었던 러시아의 경제에서 막대한 공헌을 해왔는데, 러시아정부는 한인을 비롯한 황색근로자들을 고용함으로써 노동력 부족으로 러시아 경제에 빚어질 수 있는 중대한 차질을 막을 수 있었다. 한인들을 비롯한 극동지역의 황색근로자들은 임금 면에서도 러시아인들과는 도저히 비교가 되지 않을 정도로 저임금이었기 때문에 러시아

92) Sassen(1988, 1991).

93) 러시아 극동지역의 농업과 광업에 있어서 한인의 중요성을 오오바(大庭景秋)는 다음과 같이 묘사하고 있다. "極東露領に於ける移殖民中, 朝鮮人は確に一勢力を成す. 特に烏蘇里地方に於ける農業及ひ沿黑龍江州に於ける鑛業上, 韓人は實に重要なる位置を占む." 大庭景秋, 「韓人の露領移住由來」, 『外交時報』 145(1909年12月), p. 35.

94) 이것은 다음에서와 같이 러시아 관료의 한인들에 대한 묘사에서도 잘 알 수 있다.
"조선인은 대다수가 농업에 종사하고 있다. 이들은 천성이 농민으로서 언뜻 보기에 농작이 불가능한 땅이라고 하더라도 훌륭히 밭을 마련하여 귀리와 메밀을 재배한다. 자갈밭이나 산의 급사면, 늪과 같은 곳이라도 한번 조선인이 손을 댈 때에는 곧 농경지로 된다. 밀림이 벌채되고 돌은 파내어지며 늪에는 수로를 마련함으로써 건조된다. 흑룡강 하류의 험준한 강변, 『니코라에프스크』부근의 산, 아무르주 북부의 『아르군』강 및 『찜푸톤』강의 사금장 부근에도 지금은 도처에 조선인들이의 채소밭이 있어서 종전에는 대단히 비쌌던 물가도 싸게 이를 구입할 수 있게 되었다. 예를 들면 종전에 『니코라에프스크』에서 오이 한 접(100개)에 1루블 20꼬뻬이까 내지 2루블 하던 것이 지금은 20꼬뻬이까 내지 30꼬뻬이까로, 감자는 1루블 20꼬뻬이까에서 20꼬뻬이까 내지 30꼬뻬이까로, 기타 야채의 현재와 과거의 가격은 이와 비슷하다"(Граве: 122-123).

95) 현규환(1967), p. 864.

의 경영자들로서는 이들에 대한 의존도를 더욱 높일 수밖에 없었다.[96] 아래의 〈표 4-6〉에서 보다시피 당시 사금장 근로자들 가운데 한인의 임금은 러시아인 임금의 5%에도 못 미칠 정도로 낮았다.

〈표 4-6〉 사금장(砂金場) 근로자들의 임금(1906년)

인종별	임금	임금 중 현금지급액
러시아인 근로자	109.709루블 50꼬뻬이까*	46.352루블 12꼬뻬이까
중국인 근로자	23.329루블 89꼬뻬이까	7.687루블 13꼬뻬이까
한인(韓人) 근로자	5.079루블 49꼬뻬이까	1.251루블 16꼬뻬이까

자료: Граве (1912:55): * 1꼬뻬이까(копейка) = 1/100루블(рубль).

한인 광산 노동자에 대한 수요문제는 싼 임금 이외에 다른 측면에서도 고려할 여지가 없지는 않았다. 당시 러시아가 원했던 것은 본국 러시아 노동자를 극동지역으로 흡수하는 일이었으나 이는 단시일에 가능한 문제가 아니었다. 또한 한인 추방론을 주장하던 당시 총독 운테르베르게르의 견해에 따라, 사금장에서의 한인의 고용을 금지하게 될 경우 러시아의 사금업은 전부 중국인들에 의해 독점될 수 있으므로 이것은 더 무서운 결과를 가져올 수도 있는 문제였다. 이러한 측면에서 본다면 러시아 극동지역에서의 한인 노동력은 러시아 당국으로서도 상당히 중요한 존재였다고 볼 수 있다. 따라서 제국주의 국가였던 러시아의 역사적・체계적인 발전맥락에서 한인의 러시아 극동지역이동을 설명할 수 있는 부분은 국제 노동력 이동을 설명하는 신고전경제학이론에서 간과하고 있는 부분임을 알 수 있다.

96) 참고로 당시 극동지역의 아무르주에서의 한인광부의 숫자는 다음과 같다.

〈표 4-5〉 아무르주의 한인 광부 수

연도	광부의 수	연도	광부의 수
1890	3,567	1898	10,127
1891	4,247	1899	9,000
1892	4,362	1900	11,755
1893	6,654	1901	9,565
1894	7,215	1902	10,000
1895	12,982	1903	12,000
1896	13,218	1904	14,900
1897	13,005	1907	30,000

자료: 統監府外務部編 『露領極東に於ける韓国人の状態』二十面, 玄圭煥(1967:867)에서 재인용.

V. 소결

지금까지 한인의 러시아 이주와 관련한 역사적 사실에 대해 이론적인 적용을 시도하였다. 한인의 러시아 극동지역 이주와 가장 많은 관련이 있다고 생각되는 신고전경제학이론을 이용하여 한인의 이주를 설명할 수 있는 요인들, 즉 조선의 기근, 정치적 · 경제적 · 사회적 모순, 지리적 근접성, 인구 유입국의 흡인요인과 송출국의 배출요인 등을 고찰하였다. 이러한 과정에서, 노동력 이동을 설명하는 데 가장 유효하다고 간주되는 신고전경제학이론이 가지는 한계점들을 지적하였다. 즉 일반적으로 국가 간의 노동력 이동을 가장 잘 설명해 주는 이론으로 간주되는 신고전경제학이론도 한인의 러시아 극동지역 이주에 있어서 사회적 연결망의 역할을 하는 인구이동 단위로서의 가족에 대한 설명과 '제국주의 국가의 역사적 발전맥락' 속에서 한인 노동력 이동에 대한 설명에는 일정 부분 한계점이 있음을 지적하였다.

따라서 하나의 현상, 즉 한인의 러시아 극동이주를 설명하기 위해서는 각기 다른 여러 가지의 이론적 측면들을 고려해야 하는 부담이 생기게 된다. 여기에서 보듯이 이주와 관련된 복잡한 과정은 노동력의 송출국과 흡인국의 상황을 모두 고려하여야 한다는 점을 고찰할 때, 이러한 부담은 어쩌면 당연한 것인지도 모른다. 더욱이 국제 노동력 이동이론들은 각기 다른 현상을 설명하는 데 초점이 맞추어져 있다보니, 포르테스(Alejandro Portes)[97]가 말하듯이 "한 분야에 너무 많은 이론이 난무하고 있다"고 하는 것이 무리가 아닐 수도 있다. 그리하여 최근 노동력 이주를 설명하려는 이러한 다양한 이론들을 통합하려는 시도가 이루어지고 있다.[98]

노동력 이주 과정에 대해 통합적으로 접근하기 위해서는 사회조직의 다양한 부분의 연결,

---

97) Alejandro Portes, "One Field, Many views: Competing Theories of International Migration." pp. 53-70 in *Pacific Bridges: The New Immigration from Asia and Pacific Islands*. Edited by J. Fawcett and B. Carino. New York: Center for Migration Studies, 1987).

98) 이러한 통합적인 접근을 시도하려는 대표적인 방법으로서 제도적 접근방법과 연결망접근법 등이 제시되고 있다. 제도적 접근방법(systems approach)은 이주에 의해 연결되는 두 지점의 거시적 · 미시적 연결에 초점을 두고 있다. 거시적 연결에는 정치-경제적 연관성을 들 수 있는데 정치제도, 경제적 의존과 독점, 이주정책, 문화적 연관성 등이 여기에 속한다. 미시적 연결에는 개인-가족의 연관성을 들 수 있는데, 인구의 지리적 분산으로부터 연유하는 가족 간 · 친구 간의 관계 등이 이에 속한다. 따라서 제도적 접근방법에 따르면 이주는 정치적 · 경제적 · 사회적 관계의 단계와 맥락 속에서 개인에 의한 결정, 이동 및 적응 등으로 이루어지는 연속적 과정이다(Fawcett and Arnold, 1987). 또 다른 통합적 접근방법에는 연결망접근법(networks approach)이 있다. 연결망접근법에 의하면 이주결정은 가구(household) 내의 가족성원들에 의해 내려지고, 가구의 결정은 그 지역의 사회경제적 조건에 의해 영향을 받는다고 본다. 그 지역의 사회경제적 조건은 국가적 · 국제적 수준에서의 정치적 · 경제적 및 사회적 구조에 의해 영향을 받으며, 이들 간에는 상호연관관계가 있다고 본다(Massey, 1990:5).

이주의 시작점과 종착점을 동시에 고려하는 분석, 그리고 역사적인 것뿐만 아니라 현재의 이주과정을 동시에 고려하여야 할 필요가 있다.[99] 아직은 개념의 수준에 머물러 있는 이러한 이주(移住)의 통합적 접근방법들을 구체적으로 어떻게 한인의 러시아 이주에 적용시킬 것인가는 앞으로의 연구과제가 될 것이다.

99) Jon Goss, Bruce Lindquist, Nocholas Van Hear, Rebeca Raijman, Moshe Semyonov. 1995. "Conceptualizing international labor migration: a structuration perspective." *International Migration Review* vol. 29, no. 2(1995), pp. 317-351.

제5장

한인의 러시아 극동지역 이주와 만주 이주의 비교

한인의 해외이주를 이야기할 때 흔히 중국과 러시아의 한인교포를 떠올리게 되는데, 현재 중국에는 약 200만 명의 조선족이, 그리고 구소련 지역에는 50만여 명의 고려인이 거주하는 것으로 알려져 있다. 그런데 한인의 해외 이주사에서 중요한 위치를 점하고 있고, 오늘날에도 여전히 초기 한인 이주의 여파가 미치고 있는 만주 이주와 러시아 극동이주에 있어서 하나의 의문점이 생겨난다. 그것은 이주에 있어서 시기적으로 유사하고 지역적으로 인접하고 있으면서도, 왜 두 지역의 한인 이주민 수에서 엄청난 차이가 발생했는가 하는 점이다. 본 장은 러시아 극동지역과 만주지역의 한인 이주자 수에 이러한 차이를 가져온 요인을 비교 분석하려는 하나의 시도이다.

최근 러시아 극동지역과 만주지역으로의 한인 이주에 관한 연구는 각각의 분야에서 상당한 진전이 있었으나 이 두 지역의 한인 이주를 비교하는 연구는 거의 없었다고 할 수 있다. 또한 일부 연구는 두 지역의 한인 이주를 단순하게 서술하는 데 그침으로써 만주 이주와 러시아 극동지역 이주를 동일하게 취급하고 있음을 볼 수 있다.[1] 뿐만 아니라 이러한 연구들의 대다수[2]가 한인 이주를 독립적으로 다루기보다는 독립운동사연구의 한 측면으로 거론함에 그치고 있다. 따라서 이러한 연구들은 한인의 러시아 극동지역 이주와 만주 이주의 중요한 유사점과 차이점을 비교 분석한다는 점에서 한계가 있고, 여기에서 비교연구의 필요성이 제기된다.

1) 예로서 다음과 같은 연구를 들 수 있다: 현규환(1967); 고승제(1973); 임계순(1987); 박영석(1982); 윤병석, 『國外韓人社會와 民族運動』(一潮閣, 1990).

2) 예를 들어 다음과 같은 연구들이다: 임계순(1987); 박영석(1982); 윤병석(1990).

I. 분석틀: 거시인과분석

본 장에서는 비교사에서 많이 사용되는 거시인과분석(macro-causal analysis)방법을 이용할 것이다. 거시인과분석은 주로 거시적 수준의 구조와 과정을 인과적으로 추론하기 위한 것으로서 존 스튜어트 밀(John Stuart Mill)이 제시한 일치법(Method of Agreement)과 차이법(Method of Difference)이 주로 이용되고 있다.[3)]

일치법에서는 공통된 현상을 가진 사례들은 공통된 원인을 가지고 있음을 전제로 한다. 즉 밀이 주장하는 일치법을 설명하는 규준1에 의하면 "조사대상이 되는 현상의 둘 또는 그 이상의 경우가 단지 하나의 상황만을 공유하면, 모든 경우들이 그 점에서만 일치를 보이는 그 상황은 주어진 현상의 원인(혹은 결과)이 된다"[4)]는 것이다. 즉 연구대상이 되는 현상이 여러 가지 사례에 존재하는 다양한 차별요인들 속에서 하나의 공통요인을 가질 때 이 공통요인을 그 현상의 원인으로 간주한다.

또한 밀은 차이법을 설명하는 규준2를 다음과 같이 제시하고 있다: "조사대상인 현상이 일어난 경우와 일어나지 않은 경우가 전자에서만 발견되는 한 가지를 제외하고 모든 상황을 공유하면, 두 경우 간 차이를 자아내게 한 그 상황은 그 현상의 결과, 혹은 원인의 필수 불가결한 요소이다."[5)] 즉 차이법에서는 여러 사례에서 존재하는 현상을 설명하는 다양한 공통요인들 가운데 하나의 차별요인을 가질 때 이 차별요인을 그 현상의 원인으로 간주한다.

이러한 일치법과 차이법을 이용한 대표적인 저작으로는 베링턴 무어(Barrington Moore)의 『독재와 민주주의의 사회적 기원』(Social Origins of Dictatorship and Democracy: Lord and Peasant in the Making of the Modern World)과 스카치폴(T. Skocpol)의 『국가와 사회혁명: 프랑스, 러시아, 중국에서의 사회혁명의 원인』(States and Social Revolutions: A Comparative Analysis of France, Russia, and China) 등이 있다. 무어는 차이법과 일치법을 함께 사용하여 근대세계를 향한 3가지 정치진로, 즉 자유주의적 민주주의, 혁명을 통한 파시즘, 그리고 농민혁명을 통한 공산주의 가운데 왜 특정 국가들이 여러 가지 길 중에서 한 가지 길을 걸어갔는가를 설명하고 있다. 스카치폴 또한 차이법과 일치법을 함께 사용하고 있는데, 한 예를 들면 18세기 후반의 프랑스와 1911년 이후의 중국, 그리고 1911년 3월 이후 러시아의 경우 사회혁명의

3) John Stuart Mill, *A System of Logic*(New York: Harper & Row, 1888), pp. 278-283. 차종천 역, 「비교의 두 방법」『비교사회학: 방법과 실제 I』(서울: 열음사, 1990), pp. 217-221.

4) Mill(1888), p. 218.

5) Mill(1888), p. 219.

위기를 가져온 원인들 간에는 다양한 차이점들이 있으나, 혁명을 가져온 유사점을 강조하는 경우에는 일치법을 사용하고 있다.[6)]

본 장에서는 이러한 거시사회분석에 있어서 차이법을 이용하여 한인의 러시아 극동지역 이주와 만주 이주를 비교할 것이다. 구체적으로 〈표 5-6〉에 나타나 있듯이 한인의 국외이주에 영향을 미친 요인들을 인구배출요인, 인구흡인요인, 인구배출・흡인 공통요인, 비용편익요인 및 국제적 요인 등으로 구분하고, 이를 다시 만주 이주와 러시아 극동지역 이주에 공통적으로 나타나는 요인들과 그렇지 못한 요인들로 분류한다. 그리하여 공통적으로 나타나지 않는 일부 요인들을 찾아내어 이들을 만주 이주와 러시아 극동지역 이주에 있어서 한인 이주민 수에 차이를 가져온 요인으로 간주하는 차이법이 주로 이용될 것이다. 따라서 양 지역의 이주민 수의 차이가 바로 차이법에서의 종속변수로 간주된다.

구체적으로 이주민 수에 관한 자료인 〈표 5-2〉와 제4장의 〈표 4-1〉을 간략히 살펴보자. 먼저 비교 가능한 연도의 이주자 수를 보면 1907년 만주 이주자 수는 약 70,000명이고 러시아 극동지역 이주자 수는 약 46,000명이었는데, 이러한 이주자 수의 격차는 해가 갈수록 벌어져 1912년 만주 이주자 수는 약 163,000명이었으나 러시아 극동지역 이주자 수는 약 60,000명 정도였다. 더 나아가 1934년의 경우 만주 이주자는 약 720,000명이었으나 러시아 극동지역 이주자는 200,000만 명가량에 그치고 있다. 이와 같이 한인의 만주 이주자 수가 러시아 극동지역 이주자 수보다 훨씬 많은데,[7)] 이 이유가 무엇인가를 주로 한인의 이주에 영향을 미친 여러

6) Theda Skocpol and Margaret Somers, "The Uses of Comparative History in Macrosocial Inquiry," Comparative Studies in Society and History 22(1980), pp. 174-197. 임현진 역, 「거시사회연구에 있어서 비교사의 유용성」 『비교사회학: 방법과 실제 I』(서울: 열음사, 1990), pp. 175-198.

7) 물론 이주자 수에 있어서의 이러한 편차는 문헌에 따라 항상 존재한다. 예를 들어 다음에서 보다시피 1925년에서 1929년까지 만주의 한인 수는 조사자에 따라 차이가 아주 크다.

〈표 5-1〉 만주지역 한인 이주자 수

자료 / 연도	日本領事館報告	南満洲鉄道会社	東洋協会	中国官憲の発表	満鮮日報	在満朝鮮人団体	満蒙年鑑	朝鮮日報
1925								1,200,000
1926	542,869	783,187	736,266			739,892		
1927	538,717				811,629			
1928	580,285			540,500				
1929	589,990						566,193	

자료: 이훈구, 『滿洲와 朝鮮人』(平壤: 崇實專門學校經濟學硏究室, 1932), pp. 88-89.

이러한 편차의 원인에 대해서 이훈구(1932:89)는 다음과 같은 이유를 들고 있다:

ㄱ) 만주지역 조선인의 다수는 일본정책에 대한 반감에서 이주하였으므로 일본 당국에게 그들의 이주에 관해 보고하기를 꺼린다는 점

가지 요인들의 비교를 통해 규명해 볼 것이다.

〈표 5-2〉 만주지역 한인 이주자 수

연도	이주자 수(1)*	이주자 수(2)**	연도	이주자 수(1)*	이주자 수(2)**
1907		71,000(統監府 推定値)	1923	528,027	323,011
1908		89,000(統監府 推定値)	1924	531,857	329,391
1909		98,000(統監府 推定値)	1925	531,973	346,194
1910		109,500(統監府 推定値)	1926	542,185	356,016
1911		126,000(統監府 推定値)	1927	558,280	
1912		163,000(統監府 推定値)	1928	577,052	
1913		-	1929	597,677	
1914		-	1930	607,119	
1915		-	1931	630,982	
1916		203,426	1932	672,649	
1917		-	1933	673,794	
1918		253,961	1934	717,213	
1919	431,198	-	1935	719,988	
1920	459,427	-	1936	807,506	
1921	488,656	307,806	1937	875,908	
1922	515,865	323,806			

자료: * 全満朝鮮人民会聯合会編『図解表解在満朝鮮人現勢要覧』 및 民政部 総務司調査科 編『在満朝鮮人事情』, 현규환(1967:168) 재인용.
** 牛丸潤亮 『最近間島事情』현규환(1967:161) 재인용.

먼저 여기서 용어의 문제에 대하여 간략히 언급할 필요가 있다. 만주(満洲)는 중국에서는 동북지방(東北地方) 또는 동삼성(東三省)이라 불리는 곳인데, 여기에는 길림성(吉林省), 흑룡강성 및 요녕성[8] 등이 포함되어 있다. 만주는 남만주와 북만주로 구분되기도 하는데, 남만주는 요녕성을 말하고, 북만주는 길림성과 흑룡강성을 합쳐서 부르는 말이다.

간도(間島)라는 용어에 관해서는 여러 가지 학설이 있으나 일찍이 두만강의 대안(対岸) 지역에서 농사에 종사하였던 한인(韓人)들이 그 지역을 간도(墾島)라고 불렀던 것이 기원이 된 것으로 알려져 있다.[9] 따라서 간도라고 할 경우는 엄밀히 말하면 장백(長白), 무송(撫松), 안도(安図),

ㄴ) 조선인 다수가 중국국민으로 입적하였으므로 법률상 중국인이라는 점
ㄷ) 조선인은 땅이 넓고 오지가 많은 만주의 여러 지역에 분포하고 있으므로 정확한 수를 파악하기 곤란하다는 점
ㄹ) 진정한 만주국세조사(満洲国勢調査)가 없다는 점

8) 1929년 이전에는 봉천성(奉天省)으로 불림.

화룡(和竜), 연길(延吉), 왕청(汪清) 및 혼춘(琿春) 등지를 포함하는 북간도(北間島)를 지칭한다고 볼 수 있고,[10] 여기에 대한 상대되는 의미로 압록강 대안(対岸)은 서간도(西間島)로 불렸다. 그런데 만주와 간도를 구별하는 것은 1909년 일본이 청국정부와 간도협약을 체결하기 전까지 간도가 구한국(旧韓国)의 관할하에 있었기 때문이다.[11] 그러나 문헌에 따라 간도와 만주라는 용어가 특별한 의미의 차이 없이 자주 혼용되기도 한다.

Ⅱ. 국가 간의 인구이동에 관한 이론적 논의

국가 간 인구이동을 설명하는 가장 보편적 이론으로는 배출-흡인요인모형과 비용-편익분석모형이 있다. 먼저 배출-흡인요인모형(push-pull factor model)에 따르면 인구이동의 의사결정은 현 거주지에서의 배출압력과 인구이동 목적지로부터의 흡인력 간의 상호작용에 의해 결정된다는 것이다. 구체적으로 배출-흡인요인모형은 인구이동을 적극적 선별(positive selection)과 소극적 선별(negative selection) 원칙으로 설명하고 있는데, 소극적 선별(消極的 選別)은 현 거주지의 인구배출요인이 다른 지역에 비해 더 이상 체류할 수 없을 정도로 악화되어 떠나지 않을 수 없을 때 인구이동이 발생한다고 본다. 인구배출요인에는 빈곤이나 낮은 생활수준, 경제적 기회의 결핍, 기근이나 홍수와 같은 자연재해, 종교적 · 정치적 · 인종적 억압, 교육 · 문화 · 보건시설의 부재(不在) 및 저임금 등이 포함된다.[12]

반면에 적극적 선별(積極的 選別)은 이주하게 되는 목적지의 인구흡인요인이 현 거주지의 상황보다 훨씬 유리하다고 생각되어 인구이동이 발생되는 경우를 말하는데, 목적지의 인구흡인요인에는 저렴한 농지가격, 고용기회의 증대, 높은 임금수준 그리고 기후와 좋은 환경적 자원 등이 있다.[13] 이러한 배출-흡인요인모형으로 설명할 수 있는 인구이동의 예로서 1840년대 아일랜드의 기근이 강력한 인구배출요인으로 작용하였던 경우와, 우리나라의 근대화과정에서 농촌에서의 저임금과 인구과잉 등이 인구배출요인으로, 그리고 도시에서의 공업화와 근대화가 농촌인구

9) 고승제, 「간도이민사의 사회경제적분석」 『白山學報』 제5호(1968), p. 216.
10) 이훈구, 『滿洲와 朝鮮人』(平壤: 崇實專門學校經濟學硏究室, 1932), p. 33.
11) 홍종필, 「만주(중국동북부지방) 조선인이민의 전개과정 小考」 『明知史論』 제5호(1993), p. 65.
12) 이희연, 『인구지리학』(법문사, 1996), pp. 399-402; 이홍탁, 『사회학원론: 사회학의 제 이론 및 방법론』(법문사, 1983), pp. 597-598.
13) 이희연(1996), pp. 399-402; 이홍탁(1983), pp. 597-598.

의 흡인요인으로 작용한 경우를 들 수 있을 것이다.

그러나 이러한 배출-흡인요인모형은 인구이동의 매개적 요인을 설명하지 못한다는 것이 한계점으로 지적되었는데, 에브릿 리(Everett S. Lee)[14]는 이러한 결점을 보완하여 인구이동의 의사결정에 영향을 미치는 구성요인을 다음과 같이 네 가지로 분류하였다: ① 인구유출지의 긍정적 및 부정적 요인, ② 인구유입지의 긍정적 및 부정적 요인, ③ 유출지와 유입지 간에 개재되어 있는 장애물, ④ 개인적 요인.

한편 비용-편익분석모형에서 슐츠(T. W. Schultz)와 스쟈스타드(L. A. Sjaastad)는 인구이동이 지역 간의 소득격차에 대한 적응과정이라는 고전경제학자들의 견해를 받아들이고 있다. 즉 인구이동에 따르는 비용과 편익을 비교하여 이동비용이 인지된 편익보다 적은 경우에 인구이동이 발생한다고 본다. 이동의 비용에는 다음의 세 가지가 포함된다. 첫째, 실제의 이동비용과 직접적 경제적 비용, 둘째, 인구이동 시부터 새로운 직업을 구할 때까지 잃어버리는 정규적 소득을 나타내는 기회비용, 마지막으로 집, 가족, 친구를 떠남으로써 생기는 불안감이나 새롭고 이질적인 환경에의 적응 등이 그것이다.[15]

이러한 비용-편익분석모형이 시사하는 점은 인구이동의 흐름은 거리와 반비례하므로 거리가 멀면 멀수록 경제적 비용이 커지며, 심리적인 비용 또한 증가된다는 것이다. 이러한 시사점은 레일리[16]가 주장하는 중력이론(gravity model)과도 상통하는 것으로, 중력이론에서는 노동력 유입국의 경제적 수준이 노동력 송출국의 수준보다 높으면 인구이동률은 높아지고, 이들 양국 간의 거리가 멀면 인구이동률은 감소한다고 본다.[17]

지금까지 살펴본 배출-흡인요인모형과 비용-편익분석모형모형은 한인들이 러시아 극동지역과 만주지역으로 이주하게 된 여러 가지 요인에 관한 유용한 시사점을 제시하고 있다. 즉 본 장에서 후술하는 바와 같이 한인의 국외인구이동에 관한 배출-흡인요인모형에서 주요한 인구배출요인으로 거론할 수 있는 것은 조선시대와 일제시대에 한인의 이주를 야기시킨 대기근이나

14) Everett S. Lee, "A Theory of Migration," *Demography* vol. 3, no. 1(1996), pp. 47-57.

15) 이희연(1996), p. 402.

16) W. J. Reilly, "Methods for Study of Retail Relationships," in *Urban Economics: Theory and Policy*(London, 1976), edited by K. J. Button.

17) 중력이론(gravity model)(Reilly, 1976:56-7)에 의하면 송출국에서 유입국으로의 노동력 이동 확률(M_{AB})은 유입국의 높은 소득수준(I_B)에 정비례하고, 송출국과 유입국 간의 거리(d_{AB})에 반비례한다(Reilly, 1976:56-7). 이를 공식으로 표시하면 다음과 같다:

$$M_{AB} = \frac{kI_B^{\alpha}}{d_{AB^{\beta}}} \quad (\alpha,\ \beta,\ k\ :\ \text{상수})$$

빈곤 및 농민착취와 같은 사회경제적 모순이라고 할 수 있다.

그리고 인구흡인요인으로는 ① 한인들의 이주목적지로서 농업에 유리하게 작용했던 러시아 극동지역과 만주지역의 자연적 요인, ② 영리적 목적을 추구하는 한인들을 유인하였던 러시아 극동지역과 만주의 경제적 요인, ③ 한인 이주를 야기했던 러시아와 청국의 한인에 대한 정책적 요인, 그리고 ④ 인구유출지역인 만주지역이 옛 조상들의 고토(故土)로서 한인 이주자들에게 친근하게 다가왔던 문화적 요인 등을 들 수 있다.

또한 인구의 배출요인과 흡인요인이 동시에 작용하고 있었던 것으로는 ① 조선에서 일제의 탄압을 피하고 훨씬 자유롭게 독립운동을 할 수 있는 러시아와 만주지역으로의 이주를 나타내는 사상적 요인과 ② 선행 이주자들과 후속 이주자들을 매개하는 친구나 친척 사이의 정보, 도움 및 의무와 같은 사회적 연결망 요인 등을 들 수 있다.

비용-편익분석모형의 측면에서 러시아 극동지역 이주와 만주 이주는 조선/한국과의 지리적 근접성으로 인해 경제적 및 심리적 비용절감에서 상당한 이점을 가진다는 것을 알 수 있다.

그러나 배출-흡인요인모형과 비용-편익모형에서 설명하기 곤란한 요인도 있는데, 그것은 한인의 인구이동에 있어서 중요한 역할을 한 일본의 정책적 측면이다. 일본은 자국의 정책적인 측면에서 한인의 만주 이주를 적극 추진하였는데, 이는 만주 이주가 조선통치에 있어서 과잉인구 문제를 해결하고, 한인과 일본인 사이에 발생하는 민족 간의 여러 가지 문제를 해결하며, 만주개발에 있어서 부족한 노동력 문제를 해소할 수 있는 방편이기 때문이었다.[18] 따라서 동아시아 지배를 위한 제국주의적 관점에서 일본이 취한 적극적인 한인 이주정책 또한 국제적 요인으로서 본 연구에서 고려될 필요가 있다.

따라서 본 장에서는 이와 같은 일곱 가지의 요인이 한인의 러시아 극동지역 이주와 만주 이주에 미친 영향력을 비교하려고 한다.

Ⅲ. 한인의 러시아 극동지역 이주와 만주 이주의 약사(略史)

본 장에서 초점을 둔 시기는 1860년대에서 1930년대 말기까지인데, 그것은 1860년대가 러시아 극동지역과 만주지역으로의 한인 이민이 본격적으로 시작된 시기였고,[19] 또한 1930년대

18) 박영석(1979).
19) 박영석(1979), p. 86; 고승제(1973), p. 88; 윤병석(1990), p. 6.

말기는 스탈린에 의해 러시아 극동지역에 거주하는 대부분의 한인이 중앙아시아로 강제 이주된 시기이기 때문이다. 또한 만주지역에서도 1937년은 중일전쟁이 발발한 시기로, 이 시기를 기점으로 하여 관동군 측은 조선총독부 당국이 계속 요구해왔던 한인의 대만주 이주정책을 조선척식회사를 통하여 통일적으로 그리고 조직적으로 수행한 시기였다.[20)]

본 절에서는 한인의 러시아 극동지역 이주와 만주 이주의 역사에 관해서 몇 가지의 시기구분을 통해 간략히 살펴본다. 러시아 극동지역 한인 이주의 역사를 시기적으로 구분할 때 학자들에 따라서 조금씩 차이가 있음을 볼 수 있다. 러시아 극동지역 한인 이주의 역사에서 많이 인용되고 있는 현규환[21)]의 연구에서는 1884년 한로수호통상조약(韓露修好通商条約)이 체결된 시점을 기준으로 하여 그 이전을 초무기(招撫期), 그 이후를 제약기(制約期)로 나누고 있다. 초무기는 러시아 극동지역의 경영을 위해 한인들의 이주에 제한을 두지 않은 시기라고 볼 수 있고, 제약기는 한인들의 이주에 여러 가지 제약을 가한 시기로 보고 있다. 게르만 김(Герман Ким)[22)]은 1863~1884년을 제1기, 1884~1905년을 제2기, 그리고 1905~1917년을 제3기로 구분하고 있다. 한편 권희영[23)]은 현규환의 구분을 좀 더 세분화하여 제정 러시아시기의 한인 이주를 다음과 같이 4단계로 구분하고 있다. 제1기는 1863~1884년, 제2기는 1884~1893년, 제3기는 1893~1910년, 제4기는 1910~1917년이다. 본 절에서는 권희영의 시기구분을 기초로 할 것이나 여기에 소비에트시기를 제5기로 넣어 1917~1937년까지를 첨가하여 설명할 것이다.

제1기는 한인들이 경제적인 어려움 때문에 처음 러시아 극동지역으로 이주한 시기로서, 이때 조선에서는 한인들의 국외이주를 막으려고 여러 가지 제한을 가하였으나 러시아 측은 이 지역의 경영을 위해서 한인의 이주에 별로 제한을 가하지 않았다. 제2기는 1884년 조선과 러시아 간에 국교가 성립된 이후로 조선에 대한 제국주의의 경제적 침투가 가속화되면서 상당수의 상인과 노동자가 러시아 이주를 시도한 시기로서, 러시아는 한인을 세 개의 부류로 나누어 부류에 따라 한인의 러시아 이주에 제한을 가하였다.

제3기는 1884년 동학혁명이 발생한 시기부터 시작되는데, 조선에 대한 열강들의 각축이 심화되고 일본의 지배권이 점차 확립되어 가면서 한인들이 러시아로 정치적 망명을 간 시기였다. 제4기는 일제에 의한 한일합방이 시작되는 시기로, 1911년 일제의 토지조사사업 실시로 토지를

20) 박영석(1982), p. 82.

21) 현규환(1967).

22) Герман Ким, *История иммиграции корейцев: Книга первая*(Вторая половина XIX в.~1945 г.) (Алматы: Издательство Дайк-Пресс, 1999), pp. 151-167.

23) 권희영(1993, 1996).

약탈당한 한인들과 독립운동을 위해 활동한 사람들이 본격적으로 러시아로 이주한 시기였다. 또 한편 러시아 측에서는 1906년부터 1910년까지 한인들의 이주제한에 주도적 역할을 했던 운쩨르베르게르(П. Ф. Унтербергер)총독 대신, 우호적인 한인 이주정책으로의 큰 변화를 가져온 곤다찌(Н. Л. Гондатти) 총독이 부임하였다.

제5기는 1917년 러시아 혁명 발생과 함께 시작되었는데, 초기에 한인들의 지원을 얻기 위해 한인에 대해 우호적이었던 소비에트 당국은 1922년 일본이 극동에서 철수하고 백군과의 전투에서 승리하자 한인들을 탐탁지 않게 생각하였다. 이 시기는 1937년 대규모 한인의 이주를 시행하기 전 단계로서, 이때 토지문제와 관련하여 일부 한인들을 타 지역으로 이주시킬 계획을 세웠거나 심지어 일부를 이주시키기도 하였다. 즉 1920년대에는 계획으로만 입안된 한인의 이주가 1928년 경부터는 실제로 조금씩 시행되기도 하였다.[24)]

러시아 극동지역 이주와 마찬가지로 한인의 만주 이주 또한 몇 가지 시기구분의 사례가 있다. 만주 이주의 연구에서 가장 선구적이라고 할 수 있는 이훈구(1932:239-42)는 쇄국시대, 묵허(黙許)시대, 이민환영시대, 탄압시대 등으로 나누고 있는데 이것을 다음에서 좀 더 구체적으로 살펴보기로 한다.

쇄국시대는 청조(清朝)의 명예를 위해서 만주를 보존해야 한다는 의식하에, 만주는 오직 만주족을 위한 것이라고 생각하여 한인(漢人)이나 조선인 등 기타 이민족을 만주 경내에 들어오지 못하게 하는 봉금시대(封禁時代)로, 1845년까지의 시기가 이에 해당된다.[25)] 묵허시대는 성지금입(聖地禁入)이 완화된 1845년부터 1890년까지, 한인(漢人)과 조선인의 만주 이주를 묵시적으로 허락한 시기로 이 시기에는 조선인의 간도 이주를 엄금하지는 않았다. 이민환영시대는 1890년에서 1910년에 이르기까지 청조가 경제적 이익을 얻기 위해 광대한 황무지를 개발할 목적으로

24) 이러한 움직임은 한인 이주문제에 관한 끄라이 위원회의 결정사항("Резолюция по вопросу расселения Корейского населения")에 잘 나타나 있다. 国史編纂委員会(1997), 『韓国独立運動史 資料 35』(러시아篇 II), pp. 490-493.

25) 한인(韓人)의 만주 이주역사가 17세기 초기까지 거슬러 올라갈 수 있다는 것은 다음의 기록을 보면 알 수 있다("清太宗大挙征討明軍之前, 先与朝鮮作戦, 獲得大勝。1626年締結江都同盟, 恢復和好。在和約中互相約定, 兩国各守邊界, 互相禁止偸越国境, 因而満洲成為封禁之地, 以防朝鮮人入侵。1628年, 太宗更在鴨緑江下游, 従欖磐経鳳凰城到靉陽邊門, 城廠門, 旺盛邊門劃界, 筑長柵設防, 毎年開柵三次, 允許互相交易。" 청태종이 대규모로 명나라의 군사를 정벌하기 전 먼저 조선과 작전을 하여 대승을 거두었다. 1626년 강도동맹을 체결하여 화평과 우호관계를 회복하였다. 화약(和約)을 체결하면서 서로 약정하기를 양국은 각자 변경을 경비하고 서로 국경을 넘는 것을 금지하여 조선인이 잠입하는 것을 금지함으로써 만주는 봉금지역이 되었다. 1628년 청 태종은 다시 남반경 봉황성에서 애양변문, 성폐문, 왕성변문을 경계로 하여 긴 방책을 설치하였고, 매년 3차례 방책을 개방하여 양국 간의 교역을 허락하였다). 楊昭全・李鐵環, 『東北地區朝鮮人革命闘爭資料匯編』(遼寧民族出版社, 1992), p. 42.

한인(漢人)이나 조선인의 이주를 환영한 시기였다. 특히 지방정부에서는 미작(米作)을 잘 한다는 이유로 조선인의 이주를 적극 장려하였고 심지어 조선인에게 이주의 우선권을 부여하기도 하였다.

마지막으로 탄압시대는 1910년 한일합방부터 1930년대 초기까지로 보고 있는데, 이 시기도 1927년을 전후로 하여 둘로 나뉜다. 먼저 1910년에서 1927년까지를 제한시기로 보는데 이 시기에 중국인들은 조선인의 만주 이주를 그다지 싫어하지 않았다. 그러나 중국인들의 입장에서는 조선인들이 만주에서 토지를 소유하거나 임차할 수 있을 뿐만 아니라 이를 다시 매각하거나 임대까지 할 수 있는 것에 대해서 제한할 필요성을 느끼고 있었고, 실제로 1925년 7월 8일부터 조선인제한법강제실행법(朝鮮人制限法強制実行法)을 시행하였다. 1927년 이후는 배척시기로 보는데, 이때 중국인들은 조선인을 일제의 앞잡이로 간주하고 그들에게 이용될 것을 우려하여 조선인을 배척하였다.

이러한 이훈구의 분류를 기초로 하여 박영석[26]은 1628년에서 1909년까지의 쇄국시대, 묵허시대, 이민환영시대를 제1기로 구분하고, 제한시기와 배척시기를 포함한 1910년에서 1931년 만주사변이 일어날 때까지를 제2기로 보며, 제3기를 일제의 정책적 이주시기로 보고 있다.

한편 고승제[27]는 1910년에서 1930년에 이르는 시기를 간도이주의 전단계(前段階)로 지칭하고, 이 시기 한인의 만주 이주를 자연현상으로 간주하여 조선총독부에서는 이를 방관한 것으로 보았다. 반면 간도이주의 후단계(後段階)는 1931년에서 1945년에 이르는 시기로서, 이 시기의 한인 이주를 만주개발계획의 일환으로 간주하여 일본이 적극적으로 만주 이주를 집행한 시기라고 할 수 있다.

Ⅳ. 러시아 극동지역 및 만주 이주의 요인 분석

1. 인구배출요인

1) 조선의 사회경제적 요인

러시아 극동지역 및 만주 이주의 가장 직접적인 요인으로 자주 거론되는 것은 1860년대 조선 북부지역의 대흉작이었다.[28] 당시의 대흉작으로 굶어죽는 사람이 속출하였으나 이러한

26) 박영석(1982), pp. 53-90.

27) 고승제(1968), p. 227.

28) 田川孝三, 「近代北鮮農村社會と流民問題」 『近代朝鮮史研究』(朝鮮史編修會研究彙纂 第一輯)(朝鮮總督府朝鮮史編修會, 1944), p. 525; Ким Сын Хва(1965); 현규환(1967), p. 800; 임계순(1987), pp. 583-584;

문제에 대해 조선정부에서는 특별한 대책이 없었고 따라서 주민들은 화전민이 되거나 유민(流民)이 되어 떠돌아다닐 수밖에 없는 상황이었다.[29)]

대흉작과 관련하여 간과할 수 없는 요인은 세도정치로 인한 조선의 정치적 혼란과 전정・군정・환곡 등의 삼정의 문란, 매관매직을 통한 관료들의 민중수탈, 그리고 이로 인한 민란 등을 들 수 있다.[30)] 특히 조선후기에 영농기술의 개선으로 생산력이 증대되고 노동력이 절감됨에 따라 경작지를 확대한 농가가 있는 반면에, 그렇지 못한 농가는 소작지를 상실하여 농업노동자가 되거나 유이민이 되었다.[31)] 이들은 사회적 불안을 야기하였고 이로 인해 새로운 개척지를 찾아 떠나는 사람이 늘어났다. 이훈구[32)]가 만주의 한인 201명을 대상으로 한 조사에서도(〈표 5-3〉) 본국 조선에서의 생활난(35.8%), 집에 돈이 없음(16.4%) 및 경제적 곤란(14.9%) 등을 포함한 경제적 압박이 만주 이주의 가장 큰 이유로 나타나고 있다.

그 외 외국자본에 의한 농촌의 황폐화 또한 한인의 국외 이주를 불러온 무시할 수 없는 요인이었다. 19세기 말에 시작된 열강과의 통상수교로 한꺼번에 밀려들어 온 외국상품과 외국자본은 국내의 수요를 채우기에도 부족한 농산품의 반출을 가져왔는데, 이는 조선에서의 현물농가 경영의 쇠퇴를 의미하였을 뿐만 아니라 조선의 영세한 농민과 수공업자의 몰락을 초래했다.[33)]

박영석(1982), p. 57; 고승제(1968), p. 218.

29) Граве(1912), p. 103.

30) Ким Сын Хва(1965); 임계순(1987), p. 584; 박영석(1979), p. 86. 특히 이 시기의 탐관오리를 지칭하는 북방모기(北方蚊)에 대한 농민들의 한탄은 당시의 노래에 잘 드러난다: 北方蚊蚋大如蜂 尖觜 吮血毒於鋒 嗟我北人肌肉薄 爾獨何心來相虐(북쪽 모기는 벌같이 크고, 날카로운 부리는 벌침보다 더 고통스럽게 피를 빨아내며, 아아 우리 북쪽 사람들 살갗은 (굶주려) 메말랐는데, 유독 무슨 마음으로 이렇게 괴롭히는가). 『이계집』 권4, 「北塞雜謠」 중 「北方蚊」 부분. 윤영천, "한국 현대시에 나타난 시베리아 流移民 문제의 재인식," 『韓國學報』 제45집(一志社, 1986), p. 159 재인용.

31) 임계순(1987), p. 584. 당시 조선민중, 특히 두만강 유역 주민들의 참담한 실상은 '豆滿江曲'이라는 제목의 다음 민요를 보면 잘 알 수 있다:
"둥둥둥 둥둥둥 두리둥둥둥/ 豆滿江 百姓이 노래 붉은다/ 大院大監 한時節 禁境할째엔/ 砲手軍 서슬에 긔 못 폇더니/ (二行略)/ 戊辰己巳 咸境道 큰 凶年에는/ 越境民 밤마다 달려들더니/ 오늘이라 이째는 移徙군성화/ 물 달라 밥 달라 방싸지 달라/ 甲辰乙巳 俄羅斯 戰時통에는/ '마우자'(러시아인을 말함) 건널가 잠 못 잣더니/ 둥둥둥 둥둥둥 두리둥둥둥/ 豆滿江 물결이 흘러만 가고/ 江邊의 百姓이 머리칼 센다." 『朝鮮日報』, 1929년 12월 15일.

32) 이훈구(1932), pp. 102-103.

33) 일부 문헌에 의하면 열강에 의한 세계자본주의의 침투는 조선의 사회경제적 모순이나 기근과 함께 한인의 국외이주를 야기시킨 가장 중요한 요인들 중의 하나로 거론된다: 「移民的原因, 一般是由于李朝的横政暴斂和中世紀式的饑饉。前面已経挙過一兩个実例。但不能忽視的基本因素是, 当時朝鮮社会正面臨着重大変化, 即通過明治九年和日本簽訂 《江華条約》, 向世界資本主義開放門戸以後, 這个遠東的封建国家便開始迅速解体。"大量日, 清船舶来到朝鮮, 在短時間内, 這个曾経是'純砕亜洲式封建国家'的朝鮮, 開始被日, 清的廉価機器製品所淹没。和古老的朝鮮農業直接結合的家庭手工業, 因為競争不過機器而開始逐漸被淘汰。" …

한 예로 일본 상인들은 파종 직전 농민들의 궁핍기를 이용하여 농촌을 다니면서 싼 가격으로 가을의 수확물을 구매할 수 있는 권리를 획득하였다. 농민들은 가을 수확물을 손해를 보고 미리 팔았기 때문에 이들 상인들에게 부채를 지는 악순환이 계속되어 농가경제는 극도의 어려움에 처할 수밖에 없었다.[34]

〈표 5-3〉 만주 조선인 이주자들의 이주 동기 및 이유

원인 및 이유	절대수	상대수(%)
본국에서의 경제적 곤란으로 인하여	30	14.9
집에 돈이 없음으로 인하여	33	16.4
생활난으로	72	35.8
의식(衣食)의 곤란으로	2	1.0
본국에서의 사업실패로	24	12.0
여행의 결과로	2	1.0
본국의 정치적 이유로	7	3.4
만주에서 농업을 하기 위하여	18	9.0
만주에서 돈을 모으기 위하여	11	5.5
사업의 성공을 위하여	1	0.5
친족을 따라서	1	0.5
합계	201	100.0

자료: 이훈구(1932:102-3)

이러한 대흉작과 사회경제적 모순 등으로 인해 1869년 6월에서 12월까지 약 6개월에 걸쳐 6,500여 명의 한인들이 국경을 건너 러시아 연해주로 이주하였다.[35] 조선정부가 이주금지령[36]을

所以応該従世界資本主義使朝鮮開始植民地化所導致的封建社会解体中去追尋第一階段移民的主要原因。」(이민의 원인은 일반적으로 조선의 폭정, 가렴주구 및 중세기식의 기근이다. 여기에 대해서는 이미 두 개의 실례를 들었다. 그러나 무시할 수 없는 근본원인은, 당시 조선사회는 중대한 변화를 맞고 있었는데, 즉 명치9년 일본과 이미 〈강화도조약〉을 맺었고, 세계자본주의를 향하여 문호를 개방한 이후, 이 극동의 일개 봉건국가가 급속히 해체되기 시작하였다. "대량으로 일본과 청국의 선박이 조선에 당도하여 단 시간내 일개 '순수 아시아적 봉건주의국가'였던 조선은 일본과 청국의 값싼 기기, 기계 및 제조품에 의해서 함몰되기 시작하였다. 조선의 구식농업과 연관된 가내수공업은 외국의 기기와 경쟁할 수가 없었기 때문에 점차 도태되었다." … 따라서 당연히 세계자본주의로부터 조선을 식민지화하게 함으로써 봉건사회가 해체되어 가는 과정에서 제1단계의 이민이 발생한 주요한 원인을 추적할 수 있다.)(楊昭全・李鉄環, 1992:47).

34) Ким Сын Хва(1965), pp. 11-14.

35) 현규환(1967), p. 778, 808.

36) 1744년(영조 20년)에 공포된 속대전(『続大典』, 巻之五 刑典, 禁制条)에는 서북지방의 국경을 넘어 삼을 캐거나 수렵을 하는 자는 모두 참수형에 처한다고 하였다(西北沿邊犯越採蔘佃猟者首従皆境上斬)(李明花(1989), p. 121 재인용).

내리고 국경에 초병을 배치하여 한인의 탈출을 막으려고 하였으나[37] 이들은 목숨을 걸고 두만강을 건넜다. 러시아 정부는 이들 유이민을 도와주기도 하였으나 계속적으로 도착하는 한인들을 감당할 수 없는 경우에는 일부를 다시 조선으로 돌려보내기도 하였다.[38]

한편 만주 이주는 러시아 극동지역에서의 이주와 상황이 비슷하였으나[39] 일부 관료들의 결단에 의해 행정적으로 이주가 합법화되는 계기를 마련하게 된다. 즉 대흉작의 상황에서 회령부사 홍남주(洪南周)는 중앙정부 관료인 조중응(趙重応), 회령의 유지인 이인회(李寅会) 등과 함께 한인들의 간도 이주문제를 상의하여, 회령부의 부민(府民)들 중 인수개간원서(引水開墾願書)를 관청에 제출한 자는 두만강을 건너 간도로 이주케 하였다. 이로써 많은 한인들이 국경을 건너기

---

37) С.П. Шликевичъ, *Труды командированной по ВЫСОЧАЙШАЙШЕМУ повеления в ПРИАМУРЬЕ.* Выпускъ V. КОЛОНИЗАЦИОННОЕ ЗНАЧЕНИЕ ЗЕМЛЕДЕЛИЯ в ПРИАМУРЬЕ. Составилъ Начальикъ отряда земледельческой колонизации(1911)(「極東露領の農業と植民問題」.『露・亞經濟調査叢書』第8卷. pp. 1-175. 南滿洲鐵道株式會社 庶務部調査課編譯. 大正15年. 大阪:大阪每日新聞社), pp. 31-32.

38) 당시 블라디보스토크 같은 곳에서는 러시아의 군무지사(軍務知事)가 직업이나 생존수단이 없는 이주 한인을 돌려보내기도 하였는데, 그 이유 중의 하나로서 일부 한인들이 콜레라를 비롯한 여러 가지 질병을 러시아인들에게 옮기기 때문이라는 주장을 하고 있다:
"… Дальнейшее развитіе эпидеміи пріостановлено было только благодаря энергичнымъ мерамъ, изолирова нію корейцевъ за городомъ и отпускомъ имъ продовольствія-хлеба и крупы. … Очень много корейцевъ постоянно прибываютъ, въ особенности на шлюпкахъ, изъ Кореи свободно занося къ намъ заразу. … Военный Губернаторъ, поэтому, былъ вынужденъ отправить въ Ноябре сего года изъ Владивостока въ Генсань на японскомъ пароходе двести девяносто шесть человекъ корейцевъ, не имеющихъ никакихъ определенных занятій, или средствъ къ существованію …"(… 전염병이 더욱 확산되는 것을 막은 것은 한인들을 블라디보스토크에 고립시키고 그들에게 빵과 싸라기와 같은 음식물을 지원하는 등의 열성적인 조치덕분이었다. … 그리고 대단히 많은 한인들이 조선으로부터 나룻배를 타고 와서 전염병을 마음대로 우리에게 퍼뜨리고 있다. … 그리하여 (러시아 극동지역) 군무지사(軍務知事)는 올해 11월, 일정한 직업이 없고 생존수단이 없는 296명의 한인들을 일본의 나룻배를 이용하여 블라디보스토크에서 원산으로 강제송환해야 했고 …)(고종 23년 12월 6일(1886년 12월 30일) 조선주재 러시아 공사인 웨베르가 조선의 외무대신 김윤식에게 보낸 외교문서)(高麗大学校亜細亜問題研究所(1969),『旧韓国外交文書』第十七巻 俄案 1, p. 19).

39) 당시 만주 이주에서의 구체적 상황은 다음과 같다: "清朝道光年間, 延辺封禁, 已成廃文, 平民百姓自由出入, 等于開禁。于是打猟和採薬的人, 逐漸加多, 也有開採金鉱銀鉱的人。開墾荒地, 従事耕作者, 也一天比一天多起来了。至同治八年(1869)朝鮮北部大旱, 赤地千里, 空前饑饉, 朝鮮農民紛紛渡過図們江, 借地謀生。這就是朝鮮人越過図們江開墾荒地, 即所謂韓民越墾之開始"(청조의 도광년간(1821~1850년) 연변지역에 대한 봉금조치는 사문화되어 백성들의 출입이 자유롭게 되었으며 이는 봉금이 해제된 것과 같았다. 그러자 수렵하는 사람과 약재를 채취하는 사람들이 점차 늘어났고 또한 금광과 은광을 채굴하는 사람들이 나타났다. 황무지를 개간하고 농경에 종사하는 자들은 또한 매일 늘어만 갔다. 1869년에 이르러 조선의 북부 지방에 큰 가뭄이 발생하여 황폐화된 지역이 엄청나게 발생하였고 전에 없던 심한 기근으로 조선의 농민들은 뿔뿔이 흩어져 두만강을 건너 토지를 빌어 생을 영위하였다. 이것이 조선인이 두만강을 건너 황무지를 개간한 시초였다). 李峰, 「延辺略史」『延辺歴史研究』第一輯(延辺歴史研究所編, 1986), p. 3.

간도에서 농경지를 개간하기 시작하였다. 이에 조선정부는 간도에 양전관(量田官)을 파견하여 토지대장을 작성하게 함으로써 행정적으로 이주가 가능하게 하는 계기가 마련되었다.[40] 더욱이 1883년 서북경략사 어윤중이 함경북도 시찰 중 도문강 봉금령(封禁令)을 해제하여 월강(越江)하면 처벌하던 것을 중지시키고 지권(地券)을 교부하여 한인들이 합법적으로 간도에 거주할 수 있도록 법적 보호장치를 마련해 신축적인 간도정책이 가능하게 되었다.[41]

2) 일제지배하의 사회경제적 요인

1910년 일본이 조선을 합병한 후 취한 여러 가지 조치들도 한인의 해외 이주를 가속화시키는 결과를 가져왔다. 그중의 하나가 조선총독부가 1912년에 실시한 토지조사사업인데, 이 토지조사사업에 의하면 일정 기간 안에 소유지에 관한 사항을 토지조사국에 신고하여 그 사유권을 인정받아야 했다. 그러나 여러 가지 복잡한 절차와 배일감정으로 대다수의 조선 농민들이 신고를 하지 않거나 기피함으로써 많은 토지가 일본의 점유하에 들어가게 되었다. 그 결과, 조선총독부의 경제기구였던 동양척식회사가 조선에서 점유하였던 토지의 규모를 보면 1909년 12,067정보를, 1924년에는 96,280정보를, 1930년에는 1,235,650정보를 차지한 것으로 되어 있다.[42] 당시에 한 일간지에서는 동양척식회사의 약탈에 의한 이민을 '동양척식회사 이민'이라고까지 불렀다. 이러한 과정에서 서북간도나 다른 곳으로 이주할 수 없는 사람들의 절망적 상황을 다음의 신문기사가 보여준다.

> 황해도 재녕군 북율면은 해마다 닥처드러오는 동양척식회사 이민 째문에 정든 고국을 뒤두고 흐르는 눈물을 억지로 참아가며 어린처자를 다리고 맘업고 쓸쓸한 서북간도로 써난 동포도 만커니와 지금 약간 어더 붓치는 소작인들도 시간의 차이는 잇슬망정 맘 놋고 농사를 할 수 업다는데 논쑥에 뵈이는 것마다 일본사람쑨이요 초가일망정 쌔긋한 집은 모다 일본사람 사는 집이며 그나마 서북간도나 혹은 다른 곳으로도 갈 수 업는 동포들은 일본집에서 로동을 하여주며 근근히 세월을 보내는 사람들도 만타는바 농촌까지 일본화(日本化)할 줄이야 누구나 뜻하지 못한 바이지만 동양척식회사 토디를 소작하는 일천여 호는 그 회사에 진빗이 모다 멧백 원 혹은 백 원 이상이라는대 그 빗을 조곰이라도 갑지 못하면 소작은 고만두고 시재

40) 박영석(1982), p. 57.

41) 오세창, 「在滿韓人의 사회적 실태(1910~1930): 중국의 대한인 정책을 중심으로」 『白山學報』 제9호(1970), p. 114; 박영석(1982), pp. 57-58.

42) 日本農業研究 編, 『日本農業年譜』(1932, 1933), pp. 425-426, 홍종필(1993:83-4) 재인용.

> 먹을 것도 업는 이 처디에 농사는 무슨 돈으로 짓느냐 하며 두 사람이 모여도 눈물과 한숨이며 그 밧게 사채(私債)도 퍽 만타는데 그와 가치 경제뎍 타격을 밧게된 것은 큰 수해를 맛난 뒤에 작년에는 꿈도 안 꾼 해일로 인하야 남의 빗까지 갑흘 여디가 업게 된 것이며 누구나 그 쌍을 처음 밟게 되면 쓰린 가삼을 것잡을 수 업는 가련한 참상은 눈뜨고 참아 볼 수 업다더라(사리원).[43]

또한 일본인 지주들에 의한 조선의 토지점유가 급격히 증가하였는데, 일본 지주가 가난한 조선인들의 토지를 일반 가격의 1/4 정도로 저당 잡고 돈을 빌려준 다음 이를 갚지 못할 경우 그들에게서 토지를 빼앗는 것이 전형적인 수법이었다. 그 결과 1929년 일본인 지주의 수는 조선인 지주 수의 2.2%밖에 되지 않으나 100정보 이상의 토지를 소유한 지주층 가운데 일본인의 비율은 58%나 되었다.[44]

일제지배하 한인 소작인들의 빈곤의 참상은 북간도로 떠나는 동포들의 사정을 소개한 『동아일보』의 기사에서 잘 알 수 있다. 1926년 3월 16일부터 18일까지 3일 동안 5,100명의 농민들이 청량리역을 출발해 북간도로 떠났는데, 『동아일보』[45]는 왜 이들이 가을 추수를 한 지 몇 개월 지나지도 않은 시점에 조국을 떠나야만 하는가에 대해서 다음과 같이 설명하고 있다:

> "秋収期를 맛치고 移住의 길을 써난다는 것은 一見 矛盾되는 것 갓다 그러나 事情을 알고 보면 이는 가장 自然한 일이다 첫재 그들은 一年을 더 참아 본 것이오, 둘재 그들은 今年一年의 勞役으로 路費를 만들려 한 것이오 셋재 一年農事를 지어노코 보니 小作料로 쌔앗기고 旧債로 쌔앗기고 過冬할 希望이 업서지고 만 것이다 이에 그들은 住宅과 什物을 歇価로 放売하야 겨오 数十圓의 路費를 어더가지고 故土를 써나는 것이다"

뿐만 아니라 미곡수탈정책(米穀収奪政策)의 일환으로 추진된 산미증산계획(産米増産計劃)은 기아수출(飢餓輸出)로 인한 미곡의 부족으로 한국농민의 유이민화를 가속화했고, 토지개량사업의 명목으로 동양척식회사를 비롯한 금융기관에서 융자한 자금은 한국농민의 부채를 더욱 늘려 자작농의 토지상실을 가져왔다.[46]

43) "沙里院의 千余農戸 동척이민에게 쫏겨 간도에," 동아일보, 1924년 4월 23일.
44) 朝鮮総督府, 『朝鮮の経済事情』(1933), p. 89, 홍종필(1993:84) 재인용.
45) 『東亜日報』 1926년 11월 20일, 「北間島로 가는 同胞」 p. 1.
46) 박영석(1982), p. 73.

이러한 결과 1927년에는 약 15만 명의 농민이 농촌을 떠났는데, 그중 69,600여 명은 임금노동자와 고용인이 되었고, 25,000명은 일본으로 건너갔으며, 나머지 55,400여 명이 만주지역과 러시아 극동지역을 포함한 시베리아(西伯利)로 이주하였다.[47]

2. 인구흡인요인

1) 자연적 요인

만주와 러시아 극동지역은 작물재배에 적합한 습도, 온도 및 토양을 갖춘 비옥한 황무지가 많았는데, 이러한 자연적 조건이 농업을 위주로 하는 한인들로 하여금 조선으로부터의 이주를 자극하는 하나의 요인이 되었다. 만주와 러시아 극동지역의 광대하고 비옥한 농토에서 재배한 작물의 수확량은 함경도에 비해 약 3배나 많았고, 무일푼인 사람도 농사 이외에 자연산에서 산삼을 캐거나 숲속에 서식하는 각종 짐승을 수렵할 수 있었으며, 또한 벌목이 가능하였다.[48]

만주지역 중에서도 압록강 대안(対岸)의 경우 이곳에 이주한 중국인과 한인 간에 농지에 대한 선호도에서 차이를 보였는데, 이 또한 한인의 이주에 긍정적으로 작용하였다. 즉 중국인들은 주로 평지를 개간한 반면 한인들은 산속의 계곡지역(山腹谿谷)을 대체로 차지하였고, 중국인은 마른 땅(乾地)을 선호한 반면 한인들은 습지(湿地)를 싫어하지 않아 중국인들과 큰 마찰 없이 농사를 지을 수가 있었다.[49]

또한 만주와 러시아 극동지역에서 벼농사를 처음 시작한 사람이 바로 한인들인 것으로 알려져 있는데,[50] 만주지역은 벼농사에 적합한 자연환경을 갖고 있어 한인의 이주에 유리한 조건을 제공하였다. 먼저 만주의 경우를 보면 비슷한 위도(緯度)의 다른 나라에 비하여 겨울은 다소 춥고 길지만 반면에 여름이 길고, 벼의 생육기간에 비도 많이 오며, 고온다습하고, 무상일수(無霜日数)가 길어 벼농사에 적합한 지형적 조건을 갖추고 있었다.[51] 만주의 지질은 조선의 지질보다

---

47) 『東亜日報』 1928 3. 29. 「農村 버린 転業者 昨年만 十五万名」, p. 2

48) 東支鐵道經濟調查局 編, 『北滿洲と東支鐵道』(上)(大阪: 大阪每日新聞社, 1922), p. 26, 임계순(1987:586-7) 재인용.

49) 「國境地方視察復命書(其三)」(朝鮮總督府, 1915). 『白山學報』第11輯(1971), p. 201.

50) 한인이 만주에서 벼농사를 시작한 것은 대략 19세기 초반쯤이었다("朝鮮族農民于一八四六年開始在渾江流域種殖水稻, 一八六一年安東的三道浪頭也種過水稻。一八七五年, 通化下甸子朝鮮族農民開墾沼沢地, 澇洼地, 試種水稲獲得好収成。一八八0年安東湯山城和鳳城懸沙里寨等地朝鮮族農民開発水稲。" 조선족 농민들은 1846년 혼강유역에서 벼를 재배하기 시작하였고, 1861년 (중국)안동의 삼도랑두에서도 벼를 재배하였다. 1875년 통화현 하전자에서 조선족 농민이 늪지와 웅덩이를 개간하여 벼를 시험적으로 재배하여 큰 성공을 거두었다). 朝鮮族簡史 編寫組, 『朝鮮族簡史』(延吉: 延辺人民出版社, 1986), p. 9.

비옥하여 야산을 개간하여 조, 수수, 옥수수 등을 재배하면 조선에서보다 2~3할 내지 5할 이상 더 많은 양을 생산할 수 있었다. 또한 땅이 비옥하여 비료가 많이 들지 않았으므로 수년간 흉년이었다 하더라도 한 번 풍년을 맞이하면 손실을 면할 수 있었다.[52] 처음에는 기경(起耕)할 수 없다고 여겨지던 묵혀둔 습지나 푹 꺼진 땅까지 금방 일구어 벼농사에 적합한 땅을 만들기도 하였다.

그 결과 동북지방의 벼농사는 급격히 발전하여 1921년 733,700여 무(畝)[53]에서 총 1,234,000섬의 쌀을 생산하였고, 1930년에는 벼농사 면적이 약 9백만 무로 크게 확대되어 총 수확량이 약 1천3백만 섬에 달하였다.[54] 벼농사에 성공했다는 소식은 많은 한인들이 이 지역으로 이주하는 데 중요한 원인이 되었다.[55]

러시아 극동지역은 땅이 비옥하고, 풍토나 기후 등 기타 요소가 북한과 유사하여 한인들이 농사짓는 데 큰 어려움은 없었다. 이주민의 대부분이 조선에서 농사를 짓던 사람으로, 할 줄 아는 것이 농사일밖에 없던 이들에게 러시아 극동지역의 자연조건은 아주 매력적이었고, 이러한 자연조건하에서 한인에 의한 농업실적은 괄목할 만한 것이었다. 실제로 러시아 극동지역 한인 이주자들 가운데 극히 제한된 일부의 이주민들이 광산이나 기타 비농업직에 종사한 것을 제외하고는,[56] 전체 이주민의 약 80% 내지 90%가 농업에 종사하였으며,[57] 우수리 같은 일부 지역에서는 거의 전부가 농업에 종사하였다.[58]

러시아 극동지역의 벼농사는 1908년 얀치허 강 분지 40제샤찌나(десятина)[59]의 면적에서

51) 홍종필(1990).
52) 朝鮮総督府(1915), p. 214.
53) 1무(畝) = 30평(坪).
54) 리정문, 「동북의 벼농사」, 현룡순 · 리정문 · 호룡구 편저 『朝鮮族100年史話』(제1집)(심양: 료녕 인민출판사, 1985), p. 60.
55) 벼농사가 가능했던 이 만주벌판에 대한 애착심은 1920년대 만주지역의 한인들 사이에 불리던 다음과 같은 민요 속에서도 잘 나타나 있다(리정문, 1985:51):
만주 땅 넓은 들에/ 벼가 자라네 벼가 자라
우리가 가는 곳에 벼가 있고/ 벼가 자라는 곳에 우리가 있네
우리가 가진 것 그 무엇이냐/ 호미와 바가지밖에 더 있나
호미로 파고 바가지에 담아/ 만주벌 거친 땅에 벼씨 뿌리여
우리네 살림을 이룩해 보세.
56) 러시아 극동지역의 비농업직에 대해서는 이 책의 7장을 참조할 것.
57) Ким Сын Хва(1965:41)는 한인 이주자의 80% 정도가 농업에 종사하고 있었다고 하며, Киммангем(1926:458)은 1926년 연해주의 경우 약 88.5%가 농업에 종사하고 있다고 적고 있고, Граве(1912)를 비롯한 대부분의 문헌에서는 러시아 극동지역 전체로 볼 때 약 90%가 농업에 종사하고 있다고 본다.
58) KHM, "露領朝鮮人農村情形의 今昔," 《開闢》, 7月號(1925), p. 100.
59) 1제샤찌나(десятина) = 1.092헥타르 = 10,920평방미터 = 2,400평(坪).

한인에 의해 처음 시작된 이래 1917년경 벼 파종 면적은 1,600제샤찌나,[60] 그리고 1930년대에는 약 20,000ha까지 늘어났다.[61] 한인들이 이주하기 전 블라디보스토크와 니콜스크우수리스키에서는 채소의 수요를 전량 수입에 의존하였으나 한인의 이주가 시작된 이래 상황은 완전히 바뀌었다. 이러한 변화에 대하여 1907년 우드스키 군(郡)의 책임자는 "한인들 덕분에 이 지방 채소가 너무 많이 재배되어 채소의 잉여분을 어디에 사용해야 할지 모른다"라고까지 이야기할 정도였다.[62] 한인 이주자들에게 러시아 극동지역은 농사, 특히 밭농사에 적합한 지역으로 여겨졌다.

2) 경제적 요인

러시아 극동지역과 만주지역의 경제적 요인 또한 영리에 목적을 둔 이주자들에게는 아주 중요한 이주 유인 중 하나였다.

한국에서 생활상 이주의 필요에 쫓기지 않을 정도의 생활이 가능하였으나 만주지역에서의 여유있는 생활을 부러워하고 또 새로운 사업을 하기 위해 이주한 자도 많았다. 조선총독부[63]에서 발간한 국경지방시찰복명서(国境地方視察復命書)에 따르면 이들은 환인(桓人), 통화(通貨), 흥경(興京)지방에서 벼농사를 경영하는 데 관심이 많았고, 한국에 근거를 둔 자본주 4~5명이 공동으로 자본을 모아 이주한인을 모집하여 사업을 시작하는 사람들이 많았다고 한다. 특히 만주지역은 한국과 비교하여 소작료 또는 조차료(租借料)가 저렴하고 토지가 넓어 경지를 쉽게 얻을 수 있어 해마다 이주자가 증가하였다.[64]

또한 만주지역의 싼 물가도 이주에 중요한 원인이 되었는데, 이주자들은 이 문제에 대해서 다음과 같이 이야기하고 있다: "한국은 관헌(官憲)의 보호가 심히 후(厚)한 바 있으나 근시(近時) 물가의 등귀(騰貴)가 현저하기 때문에 실패 기타로 파산한 빈민은 생활이 곤란하다. 그러나 일단 중국 땅에 건너오면 물가가 싸고 또 지주(地主)는 당장 서초(鋤鍬)와 다음 수확 시까지의 식료(食料)를 대여(貸与)하여 주므로 이를 편의(便宜)하다하여 이주(移住)한다."[65]

---

60) Ким Сын Хва(1965), p. 42.

61) 박진환, 『극동러시아의 벼농사, 국영농장, 그리고 조선족-러시아인들』(농협대학 농촌개발연구소, 1998), p. 25.

62) Ким Сын Хва(1965), pp. 42-43.

63) 朝鮮総督府, 「國境地方視察復命書」(其三) 『白山學報』第11號(1915), p. 202.

64) 朝鮮總督府拓植局(1918), 「朝鮮外에서의 朝鮮人狀況一般(祕): 卷末資料 · 日帝高等警察이內査한 韓國獨立運動에 關한 祕密情報」『新東亞』(1967년, 6월호), p. 486.

65) 朝鮮総督府(1915), p. 201.

한편 러시아 극동지역이 이주민을 유인하는 경제적 요인으로 양귀비(罌粟) 재배에 따른 돈벌이를 들 수 있다. 1900년대 초기 러시아 극동지역 이주한인은 거의 대부분이 양귀비를 재배하였는데 그 이유는 단위면적당 수확률이 매우 높기 때문이었다. 특히 1914년 제1차 세계대전이 발발하여 러시아의 코카서스 지역으로부터 아편수입이 곤란하게 되자 연해주와 북부 만주지역의 아편가격이 급등하였다. 따라서 한인 이주자들 가운데 양귀비 재배를 본업으로 하는 자와 부업으로 하는 자를 통틀어 여기에 손을 대지 않는 자가 없었다.[66] 러시아 극동지역의 한인부락에서 양귀비를 생산하는 토지는 7,000제샤찌나 이상에 달했는데, 1제샤찌나의 면적에서 대략 15근(斤) 내지 25근이 생산된다고 보면, 중국에서의 1근당 가격이 25원(元) 내지 30원이었으므로 약 375원에서 750원이라는 엄청난 수입을 얻을 수 있었다.[67] 또한 양귀비는 4월 하순에 파종하여 7월 하순에 채취할 수 있으므로 3개월의 단기간 내에 거액의 수익을 얻을 수 있었다.[68] 그리하여 양귀비 채취기가 되면 돈벌이를 하려는 다른 지역의 한인들까지 양귀비재배를 위해 속속 러시아 극동지역으로 몰려들었다.

3) 정치적 요인

러시아 극동지역으로의 한인의 이주는 러시아 측이 갓 편입시킨 극동지역의 경영을 위한 것이라는 정치적 목적이 강하게 작용하였다. 러시아는 아무르와 연해주를 편입한 직후 본국 유럽 러시아인들을 이곳으로 이주시켜 극동지역을 개발하려고 수차례 시도하였으나 실패로 돌아갔기 때문이었다.

먼저 1869년 코사끄인들에게 병역의 의무를 다하는 대가로 제한없이 토지를 소유하도록 하였다.[69] 1861년 알렉산드르 2세의 칙령에 의해 초기에 이주한 토박이 러시아인들(старожилы)에게는 100제샤찌나까지의 토지를 소유할 수 있도록 허락하였고 20년간 인두세를 면제해

66) 현규환(1967), pp. 861-862.

67) 이것이 얼마나 큰 금액인가는 당시의 근로자들의 임금을 보면 잘 알 수 있다. 즉 당시 임금과 환율에 관해 살펴보면 1914년에서 1916년까지 세계 제1차 대전 당시 선박출입이 빈번하여 러시아 극동지역의 부두 하역작업이 활기를 띤 기간 동안 한인 어업노무자들의 임금은 대략 1루블 50꼬뻬이까였고(Граве, 1912) 부두의 하역노동자인 〈세찬꾼〉의 일당은 1원 20전 내지 30전 정도라는 기록(뒤바보, 1920:176-9) 등을 보면 당시의 정확한 환율을 알 수는 없으나 극동 러시아 지역에서 원화와 루블화의 가치가 거의 비슷하지 않았는가 하는 생각이 든다(이 책의 제7장 참조). 농업노동자들의 임금은 이보다 적어 러시아인의 경우 일당이 0.6~1.05루블, 한인과 중국인의 경우는 0.45~0.80루블 정도였는데(식비 불포함), 계절에 따라 이에도 차이가 있었다(현규환, 1967:872).

68) 朝鮮総督府拓植局(1918), pp. 485-486.

69) Ким Сын Хва(1965), p. 39; 권희영(1999), p. 70.

주었다.[70] 뿐만 아니라 1900년 새로운 법에 의해 1901년 이후 러시아 극동지역으로 이주해 오는 새로운 러시아인들(новоселья)에게는 각 가구의 남자 1인당 15제샤찌나의 토지를 할당함으로써 가구당 15 내지 45제샤찌나의 토지를 분배받도록 하였다.[71] 그러나 초기에 이주한 러시아인들은 새로운 이주지의 열악한 조건 즉 러시아 극동지역의 기후상의 문제, 토질상의 문제, 도로의 미비상태, 가족성원들 간의 불화, 질병 및 사망과 같은 여러 가지 문제에 부딪쳐 성공하지 못하였다.[72]

이러한 자국민들의 이주정책이 효과를 거두지 못하자 그 대안으로 한인들의 이주를 고려하였다. 조선에서 이주해 오는 한인들에게 호의적인 태도를 보인 것은 특별히 러시아 국고를 지출하지 않고서도 극동의 황무지를 개간할 수 있고, 그 결과 물자가 부족한 이 지역에서 농산물 가격의 하락을 가져와 본국 러시아인 이주자들에게 식량과 채소를 원활하게 공급할 수 있기 때문이었다.[73]

또한 한인들의 이주를 허용함으로써, 중국과 인접하고 있으나 초소가 없었던 광대한 국경지역을 관리하겠다는 의도도 있었다. 이러한 러시아 측의 의도는 노브고로드 초소의 책임자인 레자노프가 보낸 다음의 보고서[74]에서도 알 수 있다:

1. 한인이 이주신청을 할 때에는 즉각 아무런 조건 없이 허락할 뿐 아니라 협조할 것
2. 국경에서 좀 더 떨어진 블라디보스토크 초소로 가는 길을 따라 정착하게끔 그들을 설득하고, 만일 그들이 원하지 않으면 정착지를 다시 선택하도록 할 것
3. 이주한 한인들은 러시아의 법 아래 동등히 보호하고, 중국관리의 어떠한 간섭도 허용치 말 것

70) Ким Сын Хва(1965), pp. 38-39.
71) 러시아 극동지역의 한인과 러시아인들에게 분배된 토지의 자세한 내역에 관해서는 이 책의 제7장을 참조.
72) Шликевичь(1911), pp. 140-141.
73) 당시의 상황은 다음에서 잘 나타나 있다: “韓民の境を超えて移住するもの愈々增加し，一方露國當局者も亦韓民の農業上の効果，比較的良好にして農産物價格の低廉を見るに至れるよりして彼等の移住の 良現象たるを認識するに至れる。於是乎，露國政府を幾分,方針を變じて彼等を受容するに至れる。” 大庭景秋,「韓人の露領移住由來」,『外交時報』145(1909年 12月), p. 36.
74) 이르쿠츠크 문서보관소 소장사료, 「동부시베리아 4대대 3중대 중대장(노브고로드만 책임자 육군중위 레자노프가 동시베리아 군무장관에게 보낸 보고서(Рапорт командующего 3-й ротою линейного батальона 4-го Восточной Сибири, начальника поста при заливе Новогородском поручика Резанова Военному губернатору Восточной Сибири)(작성일자: 1863. 11. 30. 205호))」, 이상근(1996:83)에서 재인용.

따라서 한인들은 초기 러시아 극동지역의 경영에서 없어서는 안 될 아주 중요한 존재였고 이러한 러시아 측의 방침은 한인들의 초기 러시아 이주에서 중요한 역할을 하였다.

만주지역 이주한인에 대한 중국정부의 정책 역시 러시아정부의 정책과 유사한 점이 있었다. 청국은 1845년에서 1885년까지 약 40년간의 묵허시기(黙許時期)와 1885년에서 1909년까지 25년가량의 환영시기에 이르기까지, 만주의 황무지를 개간하기 위해 한민족의 이주를 이용하였다. 특히 벼농사에 능숙한 한인의 이주를 묵인하였고 이주를 허용하는 대가로 상당한 세금을 거두어들였다.[75] 이 시기 동안 한인들은 그들이 가진 농경기술로 황폐한 황무지를 개간함으로써 청국에 큰 국가적 이익을 가져다주었다.

구체적으로 살펴보면, 1870년대에 한인들이 통화현에서 벼농사를 짓기 시작한 이래 연변지역으로 이주가 확대되자 청국은 초간국(招墾局)을 설치하고 한인들로 하여금 황무지를 개간케 하는 대신 이들에게 각종 세금을 부과하여 이익을 챙겼다. 각종 세금과 부과금은 지방에 따라 다르나 주로 지세(地税), 부가세, 경찰비, 인두세, 조선인세, 조선인고용세, 수리세 등이었는데, 이들의 세액은 일반납세자의 세액보다 대단히 고액이었다. 실제로 부가세는 중국인들에게는 부과되지 않고 한인들에게만 부과되었다.[76]

1885년에는 통상국 소속인 월간국(越墾局)을 독립시켜 이 월간국으로 하여금 한인들을 모집하여 황무지 개간을 담당하도록 하였다. 또한 한인들에게 황무지의 지대를 납부케 하고 면적에 따라 세금을 부과하였으며, 이들에게 청국 국적을 취할 것을 강요하였다.[77] 당시 한인에 의해 개척된 지역은 연길현의 학동(鶴洞), 약수동(薬水洞), 허내성(虚乃城), 용정촌(龍井村)과 화룡현의 삼도구(三道溝), 자동(子洞), 대랍자(大拉子), 청림동(青林洞) 등이다.[78]

---

75) 박영석(1982), p. 69; 임계순(1987), p. 601.

76) 이훈구, 『滿洲와 朝鮮人』(平壤: 崇實專門學校經濟學硏究室, 1932), p. 194.

77) 이러한 요구에 따르지 않을 경우 한인들은 토지를 빼앗기고 만주지역을 떠나야만 하였다("一八八三年, 清政府雖然廢除封禁制度, 實行移民實邊政策, 但却對朝鮮族人民推行民族同化政策, 强迫朝鮮族人民"剃發易服, 歸化入籍", 否則就剝奪其土地和財産所有權, 甚至驅逐出境, 致使不少朝鮮族人民被迫放棄以血汗開拓的土地, 含泪離去"(1883년 청조는 봉금제도를 해제하였지만 이민실변정책을 실시하고 있었다. 다만 조선족에 대해서는 민족동화정책을 추진하여 조선족으로 하여금 머리를 깎고 의복을 바꿔 입어 귀화하여 청조의 국적을 취득할 것을 강요하였으며, 그렇지 않을 경우 토지와 재산소유권을 박탈하였으며 심지어 국경 밖으로 축출하기도 하였다. 따라서 적지 않은 조선족들은 피땀 흘려 개간한 토지를 버리고 눈물을 머금고 떠나야 하는 경우도 있었다.)(朝鮮族簡史編寫組, 1986:11)).

78) 임계순(1987), pp. 600-601.

4) 문화적 요인

만주는 역사적으로 우리 민족과 깊은 인연을 가진 지역으로서 항상 모국의 영토와 같은 느낌을 주었고, 또한 한민족의 발상지로 느껴질 만큼 한민족과 깊은 관계를 가지고 있었다. 이러한 문화적 요인이 만주 이주에 중요한 역할을 하였다는 점을 무시할 수 없다.

특히 만주지역은 고구려, 발해, 고려에 이르기까지 오랫동안 한민족이 통치하였던 적이 있으므로 한인들에게는 깊은 향수와 애착심을 불러일으키는 지역이었다.[79] 조선인의 선조였던 부여족의 거주지가 바로 이 만주지역이었고, 그 뒤를 이은 고구려는 만주의 전 지역과 러시아 극동의 일부지역을 점유하였던 적이 있으며, 고구려가 멸망한 후 발해가 다시 이 지역에서 국가를 세웠다는 점을 상기할 필요가 있다. 특히 한국인들은 선조(先祖)의 땅을 잘 지켜야 한다는 관념이 강하여 고향을 떠나는 것을 꺼리는 경향이 있음을 생각한다면, 만주는 오랜 동안 한민족과 깊은 관련을 가진 곳이므로 타지로 이주했을 때 흔히 느낄 수 있는 생소함을 훨씬 덜 느꼈을 수도 있을 것이다.[80] 오히려 민족의 발상지로서의 과거의 영토에 대한 향수와 동경을 느꼈을지도 모른다. 바로 이 점이 많은 한인들이 만주로 이주한 이유의 하나로 고려될 수 있을 것이다.

또 다른 문화적 요인으로 고려될 수 있는 점은 풍수설이나 미신적인 예언에 의한 이주민들의 현혹을 들 수 있다. 조선후기의 사회 불안을 틈타 당시에 성행했던 『정감록(鄭鑑録)』에 따르면 "앞으로 큰 변란이 닥쳐 인종과 곡종이 전멸할 운명인데, 곡량은 압록강 우안의 상풍(上豊)・중풍(中豊)・하풍(下豊)에서라야 보존되고, 인종은 장백산과 태백산에서라야 보존된다(求穀種於三豊, 求人種於兩白)"라는 글귀가 있다.[81] 또한 한인에 의한 만주 이주 초기인 1864년, 1865년 이후 평안도에 유포된 위서(偽書)에 의하면 압록강의 대안지역(対岸地域)에 있는 봉금지대(封禁地帯)에 별천지의 세계가 있으며 이곳의 영웅호걸이 사람들을 모집한다는 뜬소문이 나돌았고, 이러한 뜬소문에 현혹되어 많은 사람들이 이 만주지역으로 몰려들었다.[82] 그러나 이러한 문화적 요인은 러시아 극동지역보다는 오히려 만주지역 이주민들에게 영향을 미쳤다고 할 수 있을 것이다.

---

79) 임계순(1987); 이훈구(1932); 뒤바보(1920). 이러한 감정을 잘 나타낸 것으로는 뒤바보(1920)가 쓴『俄領實記』에 실린 다음과 같은 글귀가 있다:「우리 古代의 歷史를 溯考하야 보면 烏蘇里 一帶나 南北滿洲가 모조리 「주신」(珠申, 州愼: 朝鮮을 의미)舊疆이었다. 此地를 舍하고는 榮譽로운 歷史도 업고 偉大로운 人物도 업고 廣大한 版圖도 업다. 그런데 蕩子 敗孫된 우리의 祖先이 青氈의 遺業을 自保 自守치 못하고 他人에게 許與함은 엇진 ᄭᆞ닭 이뇨」(뒤바보, 『俄領實記』(1920), 獨立新聞(上海版), 본 연구에서는 윤병석, 『韓國近代史料論』(일조각, 1979), pp. 158-159에 실린 것을 참조하였음).

80) 오세창(1970), p. 113; 유광렬, 『間島小史』(太華書館, 1933).

81) 盧啓鉉, 『韓國外交史研究』(海文社, 1968:285), 임계순(1987:585) 재인용

82) 柳承宙, 「朝鮮後期 西間島移住民에 대한 考察: 江北日記의 解題에 붙여」『亞細亞研究』21-1(1978), pp. 300-301.

3. 인구배출 · 흡인공통요인

1) 사상적 요인

사상적 요인은 조선/한국 내에서의 일본제국주의에 대한 반항이나 일본의 지배에 대한 불안감, 국외 이주지역에서의 항일운동 등 인구의 유출국 · 유입국 모두와 관련이 있는 공통적 요인이라고 할 수 있다.

실제로 1905년 을사조약 체결 이후 조선에 대한 일본의 침략이 가속화되면서 일본에 대한 반감이 고조되었고 이것이 국외이주로 연결되었다. 좀 더 구체적으로는 조상 대대로 물려받은 전답을 일제가 빼앗아간 데 대한 원한, 일제가 친지를 무고한 죄로 죽게한 데 대한 원한과 이로 인한 허탈감, 그리고 이러한 사정을 목격하거나 전해들음으로써 갖게 되는 일제에 대한 증오와 공포 및 일본의 학정(虐政) 등이 이주의 사상적 원인으로 지적될 수 있다.[83] 당시 이주의 원인으로서의 사상적 요인에 대해서 켈러(Keller)는 조선인의 외국유출은 주로 정치적 불평등에 기인한 것이라고 주장하였고, 테라우찌(寺内) 총독은 한일합병 이후 증가되고 있는 만주이민을 가리켜 정치적 의미를 가진 둔주이민(遁走移民)이라고 칭하였다.[84]

대부분 상당한 지식수준과 민족의식을 가진 사람들이 국권회복을 위해 국외로 이주하였는데 이는 일본에 의한 한일합방이 이루어진 후 더욱 가속화되었다.[85] 1905년 이후 이주한 한인의 상당수는 만주와 러시아 극동지역에서 조국의 독립을 위해 활동하였다. 앞에서 본 바와 같이 이훈구[86]의 조사(〈표 4-3〉 참조)에서는 정치적인 이유로 만주로 이주한 한인의 비율이 약 3.4%밖에 되지 않았으나, 독립운동을 하고 있던 이들은 정해진 장소에 정주(定住)하지 않고 끊임없이 이동하였기 때문에 조사대상에 포함될 가능성이 훨씬 적다는 점을 고려한다면 정치적인 이유로

83) 현규환(1967), p. 159.

84) 현규환(1967), p. 158.

85) "一九一0年八月, 日本帝國主義强迫朝鮮簽訂"日韓合併條約", 呑併了朝鮮。在日本帝国主義残酷圧榨和剥削下, 不願当亡国奴的朝鮮人民和破産的農民大批流入我国東北, 使東北的朝鮮族人口迅速増加。据不完全統計, 自一九一0年至一九二0年, 遷入鴨緑江以北的朝鮮族有九万八千六百五十七人, 遷入図們江以北的朝鮮族也有九万三千八百八十三人, 共計十九万二千五百四十人。一九二0年, 東北的朝鮮族人口己超過四十五万九千四百余人。"(1910년 8월 일본 제국주의자들은 조선으로 하여금 강제로 한일합방조약에 서명케 하고 조선을 병합하였다. 일본 제국주의의 잔혹한 압력과 착취하에서 나라 잃은 백성이 되기를 원치 않는 조선인들과 파산한 농민들은 대거 중국 동북지역으로 흘러 들어감에 따라 동북지방의 조선족 인구는 급격히 증가하였다. 불충분한 통계에 따르면 1910년에서 1920년 사이 압록강 이북의 조선족은 98,657명이었고, 두만강 이북의 조선족의 수효는 93,883명으로 모두 합하여 192,540명이었다. 1920년 동북지역의 조선족 인구는 이미 459,400여 명을 넘어섰다)(朝鮮族簡史編寫組, 1986:22).

86) 이훈구(1932), pp. 102-103.

이주한 만주이민자의 수를 3.4%에 국한시킬 수만은 없을 것이다.

사상적 이유가 이주에 있어서 하나의 중요한 원인이 되었다는 사실은 연도(年度)별 이주민의 수를 보아도 알 수 있다. 즉 한일합방이 있었던 1910년부터 1913년까지 3년간 약 60,000여 명이 만주로 이주하였음에 비하여, 1915년에서 1917년까지의 이주민의 수는 겨우 32,700명으로, 1910년에서 1913년까지 3년간의 이주자수의 절반에 불과하였다는 사실이 이를 잘 말해준다고 할 것이다.[87] 호소이 하지메(細井肇)는 조선민족 독립운동 근원지로서의 이주민 유입지인 간도의 중요성에 대해 다음과 같이 이야기하고 있다:

> "간도는 재외불량단 전세력(在外不良団 全勢力)이 집중되고 있는 곳으로서 동지(東支)에 있어서의 각 불량단(不良団)의 무력은 조선독립 표방자(標榜者)가 갖는 위력의 거의 전부라 하여도 과언이 아니다. 소위 상해 가정부(上海 仮政府) 같은 것도 간도의 무력단체를 배경하고 있기 때문에 겨우 그 존재를 인정받고 있는 것이다."[88]

한편 러시아 극동지역 또한 한인의 독립운동을 위해 러시아 측의 지원을 얻을 수 있는 유용한 장소였는데, 독립운동이라는 사상적 목적을 가진 많은 한인 이주민들이 이곳으로 모여들었다. 이곳을 조선해방을 위한 사상적 근거지로 삼아 많은 애국지사들이 여기에서 혁명이론을 공부하였고, 신문을 출간하면서 독립사상을 전파하였다.[89]

이러한 의병의 중심인물로는 1902년 간도관리사를 지내고 그 후 고종황제의 명을 받들어 민병대를 조직하였던 이범윤과, 어린 나이에 러시아 극동지역으로 이주한 러시아 극동지역의 한인 부호인 최재형 등이 있었다.[90] 이들은 3, 4천 명에 이르는 한인 이주민들을 모아 의병을

---

87) 고승제(1968), p. 233.

88) 細井肇『鮮満の経営』(東京, 1921), p. 387.

89) 특히 블라디보스토크와 주위의 신한촌이 이러한 독립운동의 중심지로서 잘 알려지고 있다: " … В те годы Владивосток с его корейской слободкой Синханчхон, где находилось более 5 тысяч корейцев, стал центром корейской освободительной мысли. Здесь прогрессивные деятели корейской эмиграции изучали революционную теорию, создавали патриотические национальные организации, издавали газеты, которые несли массам идеи свободы и национальной независимости … "(같은 해 블라디보스토크는 한인 거주지 신한촌과 함께 5,000여 명이 넘는 한인들이 거주하는 한국 독립사상의 중심지가 되었다. 한국에서 이주해 온 진보적인 활동가들은 여기서 혁명이론을 학습하였고 애국적인 민족조직체를 결성하여 신문을 발행하여 대중들에게 자유와 민족독립사상을 고취하였다 …). Борис Д. Пак, "УЧАСТИЕ КОРЕЙСКОЙ ЭМИГРАЦИИ В РОССИИ В АНТИЯПОНСКОЙ БОРЬБЕ (1906~1917)" 《水邨 朴永錫教授華甲紀念 韓民族獨立運動史論叢》(探究堂, 1992), p. 1098.

90) Борис Д. Пак(1992).

조직하고 노브키에프스크(Новкиевск: 煙秋, 현재의 크라스키노(Краскино))를 중심으로 활동하였다. 당시 일본과 대립관계에 있었던 러시아에서는 일본의 간섭을 피할 수 있고 러시아군의 우수한 무기를 입수하여 훈련할 수 있었으므로, 러시아 극동지역은 홍범도, 김영선, 오몽서, 엄인섭, 전규식, 안중근 등 많은 의병들의 활동무대가 되었다.[91)]

2) 사회적 연결망(network) 요인

국제 노동력 이동에서는 노동력 유입국의 이주노동자와 뒤따르게 될 이들의 가족이나 친척들 간의 사회적 연결망이 노동력 이주의 비용과 위험을 줄이는 데 큰 역할을 하는 것으로 알려져 있다.[92)] 한인에 의한 만주 이주와 러시아 극동지역 이주에도 사회적 연결망이 중요한 역할을 하였는데,[93)] 그 부류에 관해서 조선총독부척식국(朝鮮総督府拓植局)[94)]의 보고서는 다음과 같이 언급하고 있다.

1. 移住하려고 하는 者는 于先 移住者中에서 旧故知人의 縁故를 依支하여 一旦 그 땅으로 가서 다시 그 周旋과 紹介를 얻어 土地를 選定한 然後에 家族을 帯同하여 移住하는 者
2. 単独으로 스스로 移住地를 調査 選定하고 一旦 帰鮮한 다음 다시 그의 一家族 및 一家等을 勧誘해서 移住하는 者
3. 自己는 郷里에 있으면서 먼저 移住한 者中의 知人에게 그 移住地의 選定을 依頼한 然後에 移住하는 者
4. 먼저 移住한 者의 通信 및 其他의 方法에 依하여 移住를 勧誘받고 移住하는 者

특히 한인의 러시아 극동지역 이주는, 개인의 합리적 결정에 따른다고 주장하는 신고전경제학 이론의 주장과는 달리 가구나 가족 노동력의 기대수입에 의해 결정되는 경우가 많았다.[95)] 즉 개인적으로 먼저 유입지로 이주하여 개인에게 고용되어 여기서 얻은 노임으로 일정의 땅값을 지불하거나 또는 수확물의 절반을 납부하여 일정의 토지를 주인으로부터 임차한 후, 가족이나

91) Ким Сын Хва(1965); 윤병석(1986), p. 139; 임계순(1987), pp. 639-641.
92) Douglas S. Massey, "Social Structure, Household Strategies, and the Cumulative Causation of Migration." *Population Index* vol. 56, no. 1(1990), pp. 3-26; 설동훈(1998), pp. 48-49.
93) 현규환(1967), p. 801.
94) 朝鮮総督府拓植局(1918), p. 474.
95) 본 서의 제4장 참조.

일족을 불러 영구적으로 정착하는 경우가 많았다. 이러한 경우 미리 이주한 이주자의 정보가 뒤따르게 될 여타 이주자들의 이주결정에 아주 중요한 요인이 되었다.

가족이민의 실태를 좀 더 살펴보면 한인에 의한 가족이민이 본격화되기 시작한 것은 대략 1863년으로 보이는데, 그 이전에는 계절노동자의 형태로 여름에 블라디보스토크와 우수리 지방으로 왔다가 가을수확을 끝낸 후 다시 조선으로 되돌아가곤 하였다. 1863년 포시예트 지역으로 한인 13가구가 이주한 이래, 1864년에는 60가구, 1867년에는 185가구, 1869년에는 766가구, 그리고 약 20년 후인 1882년에는 12,000여 명이 러시아로 이주하였다(〈표 4-1〉 참조).

만주 이주의 경우도 러시아 극동지역 이주와 상황이 비슷해 보인다. 즉 만주의 동일지역에 거주하는 이주민의 대다수가 조선에서 동일 지방인이었고,[96] 고향과 끊임없는 연락에 의해 이주가 이루어지고 있었다는 점은 조선총독부가 1915년 4월에 압록강과 두만강의 대안지방(対岸地方)에 대해 실시한 다음의 현지조사 자료를 통해서도 잘 알 수 있다:

> 一行이 各地를 視察할 때 或地에 있어서의 韓人 移住民의 大多数가 韓国内地의 同一地方人인 것을 明知할 수 있었다. 이는 間島 移住民과 그 郷里의 者와의 間에 끊임없이 連絡이 있어서 万若 移住를 有利하다고 認定할 때에는 在郷의 親戚 故旧를 불러들이는 데 말미암는 것임을 論議를 기다리지 않는다. 我等은 屢次 韓人이 間島에 家族率眷하여 移住하려 하는 것을 보게 되었으나 此等의 者에 대하여 何故로 移住하는가를 물으면 대개는 자기의 親戚 또는 近隣의 者가 移住하였기 때문에 이를 의지하여 간다는 뜻의 答辯에 接했다. 故로 比較的 이 理由에 基하여 移住하는 者가 많음을 알 것이다.[97]

그러나 만주 이주의 경우 사회적 연결망 요인이 반드시 이주에 긍정적인 영향만을 미쳤다고 보기는 곤란하다. 1912년부터 1926년까지의 자료를 보면 상당수의 조선인이 만주로 이주한 반면 중국인에 의한 가혹한 억압을 견디지 못해 적지 않은 이주민이 만주에서 다시 조선으로 귀향한 것을 감안하면,[98] 좋지 못한 소식은 사회적 연결망을 통해 만주 이주에 부정적인 영향을 끼쳤음을 짐작할 수 있다. 이러한 상황은 증가하는 역이주자를 보여주는 다음의 자료에서 잘 나타나고 있다. 특히 아래 〈표 5-4〉에서 1923년의 경우에는 귀환자 수가 이주자 수를 능가하였음을 볼 수 있다.

---

96) 朝鮮総督府(1915), p. 216.

97) 朝鮮總督府,「國境地方視察復命書(其三)」(1915),『白山學報』 제11집(1971), pp. 202-203.

98) 이훈구(1932), pp. 100-103.

〈표 5-4〉 만주로 이주한 조선인과 만주로부터 귀환한 조선인의 수(1912~1926)

연도	만주 이주자	만주로부터의 귀환자
	48,771(1910~1912)	23,820(1912~1916)
1913	8,598	
1914	10,631	
1915	13,381	
1916	13,493	
1917	18,911	6,169
1918	36,627	5,936
1919	44,344	4,141
1920	22,200	未知
1921	13,153	10,285
1922	9,958	8,108
1923	7,518	7,630
1924	9,964	7,765
1925	9,744	7,277
1926	21,037	9,029
총계	299,300	90,160

자료: 이훈구, 1932:100-103

따라서 사회적 연결망 요인이 만주지역 이주과 러시아 극동지역 이주에 상당히 긍정적인 영향을 미쳤음을 부인할 수 없으나 만주 이주의 경우에는 그것이 부정적인 영향 또한 미쳤음을 간과할 수 없을 것이다.

4. 비용-편익분석모형: 지리적 요인

이주에 관한 신고전경제학이론의 세부적 모델이라고 할 수 있는 중력이론(gravity theory)에 따르면 유출국에서 유입국으로의 인구이동확률은 유출국과 유입국 간의 거리에 반비례한다고 알려져 있다. 즉 유출국과 유입국 간의 거리가 가까울수록 인구이동률이 증가하고 반면에 거리가 멀수록 인구이동률이 감소한다는 것이다.[99] 이는 이주자가 부딪치는 물리적 거리뿐만 아니라 이주자가 느끼는 심리적 거리감과도 관련이 있기 때문일 것이다.

지리적 요인 또한 한인의 러시아 극동지역과 만주 이주에 중요한 역할을 하였다. 만철조사과(滿鐵調査課)의 보고서는 간도로 이주한 한인들의 상당수가 함경북도 단천(端川) 이북의 길주와

99) Reilly(1976).

명주, 그리고 두만강 연안의 경원, 경흥, 부령, 온성, 경성 및 회령의 주민들이었다는 것을 보여주고 있다.[100] 다음의 <표 5-5>에서도 러시아 이주한인과 만주 이주한인의 대부분이 만주 및 러시아와 인접한 함경북도, 평안북도, 함경남도 등의 출신임을 보여주는데, 이는 이주에 있어서 지리적 인접성의 중요성을 잘 나타내고 있다.[101]

그러나 여기서 지리적 요인이 러시아 극동지역 이주와 만주 이주에 동일하게 작용하였다고는 생각하지 않는다. 왜냐하면 러시아 극동지역은 두만강 건너편에 위치하여 함경북도 주민들에게는 아주 가까운 거리였다고 생각되나, 그 밖의 지역의 주민들에게는 여전히 접근하기가 용이하지 않았을 것이라 여겨지며 특히 압록강 연안에 위치한 만주와 비교할 때 더욱 그러하다고 생각되기 때문이다. 한인이 접근하기 용이한 이주지역의 면적, 즉 조선과 국경을 접하는 면적 또한 만주지역이 러시아 극동지역보다 훨씬 넓었다는 사실도 이와 관련이 있다고 보여진다. 따라서 이러한 지리적 차이가 만주 이주민과 러시아 극동지역 이주민 간의 수적인 차이를 설명하는 하나의 요인이 될 수 있다고 생각된다.

<표 5-5> 출신도별 한인 이주민 수

	러시아 극동*		만주 이주	
도별	이주민 수(1921)	1894년**	1904년**	1910년**
경기도	1,032	–	–	–
충청북도	147	–	–	–
충청남도	125	–	–	–
전라북도	89	–	–	–
전라남도	459	–	–	–
경상북도	574	1,300	1,800	5,300
경상남도	1,112	1,200	1,700	4,800
황해도	1,091	3,100	3,000	7,000
강원도	739	–	–	2,000
평안남도	3,288	9,200	8,500	13,000
평안북도	8,875	14,400	23,000	25,000
함경남도	8,171	3,200	4,800	7,500
함경북도	20,362	31,500	32,000	41,000
합 계	46,064	65,000	78,000	109,000

* 朝鮮総督府, 1923:11-14
** 日本外務省 亜細亜局 「在満朝鮮人概況」(1933:87-9), 현규환(1967:143) 재인용.

100) 임계순(1987), p. 589.

101) 다만 1910년에서 1926년까지의 만주 이주 한인들 가운데, 지역적으로 상당히 떨어져 있는 남부지방, 특히 경북지방 출신들이 많다는 점은 또 다른 해석을 필요로 할 것이다. 이 점에 대해서는 지리적인 요인 외에도 사상적인 요인이 작용했으리라고 추정된다. 자세한 것은 본 장의 사상적인 요인의 항목을 참조할 것.

5. 국제적 요인

이주민의 배출과 흡인에 관련된 요인 이외에도, 한인의 만주 이주를 설명할 때 국제적 요인을 무시할 수 없다. 대표적인 것이 만주지역에서의 일본정부의 이주정책인데, 이는 한인의 이주를 일본 영토확장의 첨병으로 이용[102]하려는 시도였다.[103] 이러한 시도의 일환으로 일본은 1907년 간도에 총감부파출소를 설치하고 헌병과 한인경찰관을 배치하여 간도를 조선영토라고 선언하였다. 그리고 한인을 청의 관리로부터 보호하는 적극적인 정책을 시행함에 따라 한인 이주자의 수가 대폭 증가하였다. 간도파출소 설립 이후 간도 훈춘지방의 한인 수는 1907년 73,000명에서 1909년 91,000명으로 급증하였다.[104]

그리고 1909년 일본은 청과 간도협약(間島協約)을 체결함으로써 봉천 안동선 개축(改築), 만주의 신철도 부설권 획득, 그리고 무순(撫順)과 연대(煙臺) 지역의 탄항(炭抗)문제에 대한

---

102) 대표적인 것으로서 다음의 예에서 보듯이 일본은 중국인들의 일본에 대한 반감을 교묘하게 조선인에게로 돌림으로써 만주지배를 용이하게 하려고 하였다: 「朝鮮人來滿洲的有兩種人: ① 自然移動來的, 這部分人中又分爲兩種, 一種經濟原因占主要, 在過去的許多年代裏, 不斷地從朝鮮移住滿洲。另一種是一九一九年“三・一”運動之後, 移來東北的。他們對中國的關係是很好的, 這些人是朝鮮“三・一”運動中的幹部和革命群衆。部分是日本强迫他們來的, 竝且其中有一部分是日本帝國主義有組織, 有計劃驅迫着他們有政治陰謀而來的。“九・一八”事變前, 日本有計劃的利用被驅迫的那一部分朝鮮人, 做侵略中國的先鋒。進行挑發民族關係的陰謀活動(萬寶山事件就是通過他們掀起來的) … 在經濟上的衝突主要是表現在水旱田上的衝突。中國農民習慣于種旱田, 朝鮮農民種水田。因此, 中國農民對朝鮮農民挖溝引水不滿。日本帝國主義, 經常使用“土地商租權”來爲朝鮮人奪取中國農民土地, 常引起中朝衝突, 其實這正是日本進行挑撥民族關係的陰謀活動。這種衝突, 由經濟的衝突變爲政治的衝突。」(만주에 온 조선인들은 두 개의 집단으로 나눌 수 있다. 하나는 자연적으로 이동해 온 사람들로서 이들을 다시 두 부류로 나누면, 한 부류는 경제적인 원인으로 인하여 과거 여러 해에 걸쳐 끊임없이 조선에서 만주로 넘어왔던 부류이다. 또 다른 부류는 1919년 3・1운동 이후 동북으로 건너온 사람들이다. 이들의 중국에 대한 관계는 매우 좋았고, 이들 중 일부는 3・1운동의 간부이거나 혁명분자들이었으며 일부는 일본의 강요에 의하여 건너온 사람들로, 이들 중 일부는 일본 제국주의의 조직과 계획에 따라서 정치적 음모를 품고 건너온 사람들이다. 9・18사변이 발생하기 전 일본은 쫓겨난 일부 조선인들을 중국침략의 선봉으로 이용할 계획을 세웠다. 민족관계를 악화시킬 음모활동(만보산사건이 바로 이들을 통해서 발생된 것인데) … 경제상의 충돌이 수전(논)의 충돌로 나타나곤 하였다. 중국 농민들은 마른 논의 경작에 익숙하였지만, 조선인들은 수전경작에 익숙해 있었다. 이로 인해, 중국 농민들은 조선의 농민들이 수로를 파서 물을 끌어들이는 데 불만을 품고 있었다. 일본제국주의자들은 항상 ‘토지상조권’을 내세워 조선인들로 하여금 중국 농민의 토지를 약탈하도록 하여 조선족과 중국인 간에 충돌이 빈발하였지만, 실은 이는 일본이 양국 간의 민족관계를 악화시키려고 한 음모활동에서 빚어진 것이었다. 경제적인 측면에서 빚어진 이러한 충돌은 정치적인 충돌로 변질되었다.) 周保中, 「東北地區的政治, 經濟特點和與朝鮮民族的關係」, 楊昭全・李鐵環『東北地區朝鮮人革命鬪爭資料匯編』(遼寧民族出版社, 1992), p. 38.

103) 임계순(1987).

104) 홍종필(1993), pp. 88-89; 임계순(1987), p. 604. 이 수치는 〈표 5-1〉에 제시된 수치와는 약간의 차이가 있다.

이권 등을 부여받는 대신 간도를 청에 넘겨주었고, 간도주재 한인들은 청국입적 여부를 불문하고 영구거주권, 토지소유권 및 재산소유권을 획득하였다. 이러한 요인들도 한인들의 만주 이주에 긍정적인 영향을 미쳤다.[105)]

한편 1930년대에도 일본은 만주 이주정책을 적극 추진하였다. 즉 1932년 만주국의 건국 이후 조선통치에 있어서 인구과잉 문제와 민족간・계급간의 여러 가지 문제를 해결하기 위하여 한인을 만주로 이주시키는 정책을 추진하였다. 뿐만 아니라 한인 이주를 통해서 만주에서 필요로 하는 노동력의 수요를 채우려고 하였는데,[106)] 이러한 의도 외에도 남한인의 이주를 촉진시킴으로써 이 지역을 거점으로 조선에서 농토 획득의 첨병역할을 하고 있는 동양척식회사의 활동을 용이하게 하려는 목적도 있었다. 그 결과 1934년 간도지역에 거주하는 한인 이주민 가운데 북한인과 남한인의 비율은 각각 93.2%와 6.8%였다. 반면 일본이 정책적으로 한인 이주를 강행했던 간도를 제외한 여타 만주지역에서의 북한인과 남한인의 비율은 61.3%와 38.7%로, 여타 만주지역 남한인의 비율이 간도에서의 비율 6.8%에 비해 훨씬 높았다.[107)]

남한인에 의한 만주 이주의 가속화는 만주에 있어서의 농업구조를 바꾸기 위한 일본의 정책에도 기인한 바가 컸다. 즉 밤(栗)과 대두(大豆)를 중심으로 하는 만주의 농업생산구조를 바꾸기 위해 일본은 미작기술이 우수한 남한인들의 이주를 가속화시켰던 것이다.[108)]

V. 소결

지금까지 설명한 것을 다음의 〈표 5-6〉과 같이 정리할 수 있다. 먼저 인구유출국인 조선/한국에

---

105) 임계순(1987), p. 604.

106) 박영석(1979).

107) 고승제(1968), p. 234. 간도지역으로의 이주는 다른 만주지역의 이주와는 조금 성격을 달리한다. 간도지역으로의 이주는 조선 숙종시대에서부터 1931년 만주사변 이전까지 오랫동안 이루어져 왔으며 주로 반일적(反日的)인 우국지사가 많았다. 반면에 봉천성(奉天省: 후의 요녕성)을 중심으로 한 만주지방으로의 이주는 만주사변 이후 일본의 이민정책에 의해 이루어져 주로 친일적인 한인 자작농들로 이루어져 일본의 적극적인 보호를 받았으며, 반면에 간도지방의 유이민은 만주사변시 반일적인 행위로 일본의 차별과 보복을 받았다. 유정춘, 『在滿韓國流移民硏究(1860~1945)』(연세대학교 교육대학원 석사논문, 1976), p. 35.

108) 본 연구의 범위에서 벗어나긴 하지만, 1939년의 조사에 의하면 만주 전역에서 생산된 미곡 437,960t 가운데 한인에 의해 생산된 미곡은 절반이 넘는 244,523t으로, 전체의 약 55.6%를 차지하였다(「殖銀調査月報(滿洲經濟事情特輯)」 1940년 4月號, p. 75, 고승제(1968:235) 재인용).

서의 인구배출요인으로 조선시대와 일제시대의 사회경제적 요인을 들 수 있는데, 이는 한인의 러시아 극동지역 이주와 만주 이주에 거의 비슷한 영향을 미친 것으로 간주하였다.

한편 이주민 유입국의 측면에서 두 지역으로의 한인 이주에 영향을 미친 인구흡인요인으로는 다음을 들 수 있다. 첫째, 작물재배에 적합한 비옥한 토질・온도・습도 등의 측면을 나타내는 이주지에서의 자연환경적 요인, 둘째, 이주지에서의 물가나 돈벌이의 기회 등을 나타내는 경제적 요인, 셋째, 한인(韓人)을 자국으로 데려와 이 지역을 개척하려는 중국과 러시아 정부의 정책을 나타내는 정치적 요인 등이다. 이러한 요인들에 있어서는 만주지역이나 러시아 극동지역이 모두 비슷한 여건을 가지고 있었다고 본다. 그러나 문화적 요인에서는, 역사적으로 한민족과 깊은 인연을 맺고 있으며, 그 조상들이 과거에 오랫동안 거주하여 한인들이 많은 애착을 느낀다는 측면에서 만주지역이 러시아 극동지역으로보다 이주목적지로서 훨씬 유리한 점이 있는 것으로 생각된다.

다음으로 한인 이주민의 배출과 흡인에 모두 영향을 미친 요인으로는 사상적 요인과 사회적 연결망 요인을 지적할 수 있다. 사상적 요인은 국내에서의 일제의 지배에 대한 반감과 국외지역에서의 한국의 독립운동을 위한 열망 등이 동시에 한인 이주에 작용한 것으로 고려되었다. 그 외에 사회적 연결망 요인 또한 국내 및 국외 이주지에서 한인의 이주에 대해서 배출 및 흡인요인으로 작용한다고 보았다. 그러나 문헌 자료들을 보면 만주 이주자들의 조선/한국 귀환율이 상당히 높다. 이는 만주지역 이주의 경우 이주지의 악조건에 대한 소식이 사회적 연결망 요인을 통해 전해지면서 한인의 만주 이주에 약간은 부정적인 영향을 미쳤기 때문일 것이다.

〈표 5-6〉 러시아 극동지역 이주와 만주 이주에 미친 요인 분석표

구분	요 인	이주에 미친 영향	
		러시아 극동 이주	만주 이주
인구배출요인	조선의 사회경제적 요인	+++	+++
	일제하의 사회경제적 요인	+++	+++
인구흡인요인	자연적 요인	+++	+++
	경제적 요인	+++	+++
	정치적 요인	+++	+++
	문화적 요인		+++
인구배출・흡인 공통요인	사상적 요인	+++	+++
	사회적 연결망 요인	+++	+++/-
비용편익요인	지리적 요인	+	+++
국제적 요인	일본의 제국주의적 요인		+++

주: 1) + 약간 긍정적 영향, ++ 긍정적 영향, +++ 아주 긍정적 영향
- 약간 부정적 영향, -- 부정적 영향, --- 아주 부정적 영향
2) 상기의 표는 본문에서 언급한 내용을 요약한 것이다.

비용・편익요인으로 지적할 수 있는 것은 조선/한국과 러시아 극동지역 및 만주지역 간의 지리적 인접성인데, 이로 인한 경제적・심리적 비용절감이 한인 이주에 긍정적인 역할을 한 것으로 간주하였다. 그러나 만주 이주와 러시아 극동지역 이주를 좀 더 면밀하게 비교할 경우, 지리적 인접성의 측면에서 조선/한국과 국경을 접하는 면적이 훨씬 넓은 만주지역이 러시아 극동지역보다 한인의 이주에 상당히 유리하게 작용한 것으로 보았다.

마지막으로 동아시아에서 일본의 지배를 용이하게 하기 위한 일본의 이주권장정책이 한인의 이주에 미친 영향의 측면에서는 만주지역 이주가 훨씬 영향을 많이 받은 것으로 보인다.

결론적으로 〈표 5-1〉과 〈표 4-1〉에서 보다시피 만주 이주한인의 수가 러시아 극동지역 이주한인의 수보다 훨씬 많은 것은 이러한 만주 이주에 유리하게 작용하였던 문화적 요인과 제국주의적 요인, 그리고 지리적 요인 등에 기인한 바가 크다고 할 수 있을 것이다.

제6장

러시아 극동지역 한인 이주민의 직업

본 장에서는 비농업직을 중심으로 한 러시아 극동지역 초기 한인 이주민의 직업에 대하여 고찰한다. 시기적으로는 대략 한인들의 이주가 시작된 1860년대부터, 중앙아시아로 한인들의 강제이주가 시작되기 직전인 1930년대까지가 될 것이다.

이주민의 직업에 관한 연구의 대부분은 이민 국가라 할 수 있는 미국에서 많이 시도되었다. 미국에서의 한인 이주민의 경우를 볼 때, 하와이 사탕수수농장에서 1,133명의 한인들이 노동자로 일하기 시작한 1903년부터 시작하여 최근에는 한인 이주민의 수가 급격하게 늘어남에 따라,[1] 한인 이주민에 관하여 이민의 규모, 성비(性比), 교육수준과 같은 인구학적 연구뿐만 아니라, 직업과 경제구조에 관한 수많은 연구가 진행되어 왔다.

그러나 오히려 미국이민보다 일찍 시작된 한인의 러시아 이민과 관련하여 이주한인의 직업에 관한 연구는 거의 없었다. 최근 러시아 한인 이주민들에 대한 연구는 만족할 만한 수준은 아니라 하더라도 이주한인들에 대한 러시아 측의 새로 발굴된 자료와 관련 학자들의 관심으로 조금씩 증가하는 추세를 보이고 있다. 그러나 대부분은 한인 이주사에 관한 개괄적 연구[2]나 러시아 극동지역 한인의 중앙아시아로의 강제이주[3] 또는 러시아 지역에서의 항일투쟁[4] 같은 정치적 측면에 그치는 경우가 많았다. 또한 그보다 진일보한 연구로서 러시아, 특히 중앙아시아 한인에 대한 사회사적 고찰 등이 없지는 않으나[5] 초기 러시아 극동지역 이주한인의 직업과 관련한

---

1) 최협 · 이광규, 《多民族国家의 民族問題와 韓人社会》(集文堂, 1998), p. 123.

2) 예를 든다면 다음과 같은 연구들이다: 권희영, 『한국과 러시아: 관계와 변화』(국학자료원, 1999); 이상근, 『한인 노령이주사 연구』(탐구당, 1996).

3) Пак Дмитрий Николаевич, "КАК ЭТО БЫЛО" 『水邨 朴永錫教授華甲紀念 韓民族獨立運動史論叢』(探究堂, 1992), pp. 1269-1290.

4) Пак Борис Д., "УЧАСТИЕ КОРЕЙСКОЙ ЭМИГРАЦИИ В РОССИИ В АНТИЯПОНСКОЙ БОРЬБЕ(1906~1917)" 《水邨朴永錫教授華甲紀念 韓民族獨立運動史論叢》(探究堂, 1992), pp. 1061-1151.

5) 다음과 같은 연구들이다: Ким Сын Хва, *Очерки по истории советских корейцев*(Алма Ата: Наука,

연구는 거의 없었다.

이러한 연구의 부족으로 이주민의 직업에 관한 여러 가지 검증되지 않은 주장들이 제기되고 있는데, 그중의 하나가 이주민의 직업과 관련한 저명한 학자인 후지타와 오브라이언 등의 연구[6]라고 할 수 있다. 이들은 러시아 극동지역과 미국 서부지역 이주한 한인들 간에 놀랄 만한 유사점이 존재한다고 주장하는데, 그 대표적인 것이 미국 서부지역의 한인 이주자들의 직업유형을 볼 때, 인구 유입지에서의 이주민에 대한 차별이 이주자들을 소규모 상업에 종사하도록 한다는 가설이다. 후지타와 오브라이언은 이 가설이 러시아 극동지역의 한인 이주민들에게도 그대로 적용되고 있다고 주장하고 있으나, 적어도 본 연구의 저자에게는 러시아 극동지역에서 이 가설을 주장하는 것은 무리라고 보아진다.

물론 미국 서부지역과 러시아 극동지역 한인 이주민들의 직업양상을 비교하는 것은 본 연구의 목적이 아니나 이주한인들의 직업에 관한 비교연구는 본 연구가 나아갈 장기적인 연구프로젝트의 지향점이 될 것이다. 따라서 본 연구는 이러한 장기 프로젝트의 시발점으로서 러시아 극동지역 한인 이주민들의 직업에 관한 시론적(試論的) 연구라고 할 수 있다.

먼저 본 장에서는 이주민들의 직업에 관한 일반적인 이론을 살펴보고, 기존의 관점을 보완할 수 있는 한인 이주민의 직업에 관한 통합적 모형을 제시한다. 그 다음 러시아 극동지역 한인 이주사를 개관한 후 한인들의 직업에 관한 관련 자료를 통해 광업직 · 어업직 · 서비스직 · 단순노무직 등의 순서대로 비농업 직종을 고찰한다. 마지막으로 이러한 직업상황에 대하여 앞서 제시한 이론적 관점에 따른 토론과 그 함의를 제시한다.

I. 이주민의 직업에 관한 이론

이주민의 직업선택과 노동시장에서의 위치에 관해서는 여러 가지 이론이 있으나 여기서는

1965); 박명규 외, 『중앙아시아 한인의 의식과 생활』, 한국사회사학회 논문집 제48집(문학과 지성사, 1996); 고송무, 『소련 중앙아시아의 한인들』(한국국제문화협회, 1984); 김 게르만, "카자흐스탄 한인사회 민속과 문화," 『역사민속학』 4(1994), pp. 291-307; 이문웅, "中央아시아의 韓国人 社会: 文化接变의 연구," 『社会科学과政策研究』 서울대 사회과학연구소, 제3권 제1호(1981), pp. 195-236; 이광규 · 전경수, 『재소 한인: 인류학적 접근』(집문당, 1993).

6) Valery Patsiorkovsky, Stephen S. Fugita, and David J. O'Brien, "Asians in Small Business in the Russian Far East: A Historical Overview and Comparison with Asians on the American West Coast," *International Migration Review* vol. 29, no. 2(1995), pp. 566-575.

문화이론, 분절노동시장이론, 인적자본론, 인종적 특수시장이론 등을 중심으로 살펴본다. 이러한 이론들의 대부분은 미국 이주민의 직업을 설명하기 위하여 제시된 것들로서 이를 통해 러시아 극동지역 이주민의 직업을 설명하기에 적합한 새로운 모형을 제시하려고 한다.

먼저 문화이론(cultural theory)은 이주자나 소수민족이 상업에 주로 종사하는 것을 이들이 보유하고 있는 문화적 특성으로 설명한다. 문화적 특성에는 유출국인 본국에서의 직업적인 전통, 동족 간의 사업자금의 융통 및 협동 등이 포함되는데, 이러한 문화적 전통 속에서 생활해왔기 때문에 중국인들과 같은 이주자들이 새로운 유입국에서 소규모 장사에 성공할 수 있었다고 본다.[7]

문화이론을 주장하는 사람들은 중국인의 경우에 주목한다. 중국인들은 돈을 다루는 데 능숙한 사회에서 자란 전통 때문에 이들이 세계 어디로 가든지 장사로 성공할 수 있었다고 본다. 즉 중국인들이 본국에서 습득한 장사에 필수적인 문화적 요인, 이를테면 부의 추구에 대한 존경심과 이웃들 간 혹은 동족 간 금전거래의 전통 등을 지적한다.[8] 그러나 문화이론에서는 노동시장에서의 소수민족에 대한 차별과 같은 구조적 요인이 무시되고 있다는 점이 한계로 지적된다.[9]

이러한 정통적인 문화이론(orthodox cultural theory)에 대한 대안으로서 나타난 것이 반응적 문화이론(reactive cultural theory)인데, 반응적 문화이론에 따르면 소수민의 문화적 요소보다 소수민족이 직면해 있는 차별적 상황을 더 강조한다. 그리하여 헥터(Michael Hechter)[10]는 문화적 분업(cultural division of labor)이라는 용어를 사용하여, 이민자들은 이주지에서 기존의 주민들이 잘 택하지 않으려고 하는 직업을 선택하는 경향이 있다고 주장한다. 다시 말해서 이주민들이 유입국에서 소규모 상업에 주로 종사하는 것은 그들에게 주어진 기회가 제한적이기 때문이라고 보며, 이 때문에 오히려 소수민족 간의 단결이나 협력이 더욱 강화된다고 한다. 이런 강력한 집단 간의 단결이나 협력은 이들 소수민족이 소규모 상업에서 다른 민족과 경쟁할 경우 유리하게 작용한다.[11] 다시 말해서 이주자들은 유입국에서 그들이 직면하고 있는 사회적 차별에 대한

7) Franklin Frazier, *Black Bourgeoisie*(N.Y.: Free Press, 1957); Marrice Freedman, "The Handling of Money: A Note on the Background to the Economic Sophistication of the Overseas Chinese," *Man* 59(1959), pp. 64-65; Thomas Sowell, *Race and Economics*(N.Y.: David McKay Co. Inc., 1975).

8) Freedman(1959), pp. 64-65.

9) In-Jin Yoon, *On My Own: Korean Businesses and Race Relations in America*(Chicago, IL: University of Chicago Press, 1997).

10) Michael Hechter, "Ethnicity and Industrialization: On the Proliferation of the Cultural Division of the Labor," *Ethnicity* 3(1976), pp. 217-218.

11) Ivan Light and Carolyn Rosenstein, *Race, Ethnicity, and Entrepreneurship in Urban America*(N.Y.: Aldine de Gruyter, 1995).

반응으로 자기 민족을 위한 배타적인 경계를 설정한다고 본다. 따라서 이런 상황에서 이주민들의 상업은 유입국에서의 적대적 사회환경에 대한 집단적 반응으로서, 이들은 동족집단에 의존하여 집단적으로 자원을 동원하고 자기들 간의 협력적인 사회적・경제적 관계를 유지한다.[12] 이를 잘 나타내는 예가 중국인들의 조직이라고 할 수 있다.

특히 미국으로 이주한 중국인의 경우 이들에게는 여러 조직이 아주 중요한 역할을 하였다. 이들 조직은 주로 같은 성씨를 가진 사람이나 동향인들에 의해 만들어져, 처음 이민을 오는 중국인들에게 거처를 마련해주는 단순한 모임에서부터, 심지어 어음이나 사업자금을 빌려주거나 일자리를 마련해주는 회관(匯款: hui-kuan)조직과 같은 자치적이고 강력하며 자발적인 것까지 있었다.[13] 크리스만은 북미나 동남아시아의 차이나타운에 존재하는 이러한 조직은 해외의 현지에서 시작된 것이 아니라 중국에서 이식되어 온 것이라 주장하고 있는데, 그는 해외의 이러한 중국인 조직들은 분절되어 있는 위계질서를 유지하는 계층조직이라고 주장한다. 즉 최상부에는 중국인단합우호회(CCBA: Consolidated Chinese Benevolent Association), 그 아래에는 지역조직으로서 회관(匯款)이나 통(tong), 그리고 제일 아래에는 동족집단(clan organizations)이 존재한다는 것이다. 그러나 반응적 문화이론은 집단 간의 결속과 협력을 강조한 나머지 집단 내부의 계급차별성과 갈등, 그리고 소수민족 구성원의 개별적 배경을 간과하고 있다는 점이 단점으로 지적된다.[14]

분절노동시장이론(segmented labor market theory)에 따르면 소수민족이 불평등한 대우를 받게 되는 이유는 지배적인 위치를 점유하고 있는 지배집단이 자신들의 기득권을 유지하기 위하여 노동시장을 분할하기 때문이라고 본다. 그리하여 소수민족집단은 제도적으로 높은 수입, 승진 및 직업의 안정성이 보장되는 직업을 가질 수 없도록 되어 있기 때문에 노동시장에서의 차별적인 조건을 감수할 수밖에 없다는 것이다.[15]

---

12) Edna Bonacich and John Modell, *The Economic Basis of Ethnic Solidarity*(Berkeley and Los Angeles: University of California Press, 1980); Alejandro Portes and Min Zhou, “Gaining the Upper Hand: Economic Mobility among Immigrant and Domestic Minorities,” *Ethnic and Racial Studies* 15(1992), pp. 491-522.

13) Hsiang-Shui Chen, *Chinatown No More: Taiwan Immigrants in Contemporary New York* (Ithaca, N.Y.: Cornell University, 1992); Rose Hum Lee, *The Chinese in the United States of America*(Hong Kong: Hong Kong University Press, 1960); Stanford Lyman, *Chinese Americans*(New York: Random House, 1974).

14) Yoon(1997).

15) Peter Doeringer and Michael Piore, *Internal Labor Markets and Manpower Analysis*(Lexington, MA: Heath, 1971).

분절노동시장이론은 이중노동시장이론(dual labor market theory)과 분할노동시장이론(split labor market theory)으로 나누어진다. 이중노동시장이론은 노동시장에서 얻는 이득이 인적자본과 밀접한 관계가 있다는 인적자본론(human capital theory)을 비판하면서, 오히려 노동시장에서의 사회경제적 지위는 근로자가 승진, 소득, 사회적 위신 등에서 유리한 지위를 얻을 수 있는 내부노동시장에 속하는가 아니면 그렇지 못한 외부노동시장에 속하는가에 달려 있다고 본다. 이중노동시장이론에 따르면 이주민들은 이러한 점에서 불리한 입장에 놓일 수밖에 없기 때문에 여러 가지 조건이 좋지 못한 외부노동시장에 위치하게 된다고 본다. 그러나 보나치치(Edna Bonacich)의 분할노동시장론은 여기서 한 걸음 더 나아간다. 보나치치[16]는 미국의 노동시장이 인종, 성, 출신지 등에 의해서 완전히 분할되어 있다고 보았다. 즉 노동시장분절을 계급관계로 파악하여, 주로 백인으로 구성된 고임금 노동자 집단, 유색인 또는 이주자로 구성된 저임금 노동자 집단 및 고용주 집단 등 세 이해집단 간의 갈등관계로 설명한다. 먼저 비용절감을 선호하는 고용주들은 고임금 근로자를 저임금 근로자로 대체하려고 하며, 이에 대해 고임금 근로자들은 노조를 통하여 저임금 노동자를 배척하려 한다는 것이다. 따라서 이러한 논리에 의하면 비록 높은 질의 인적자원을 갖고 있다 하더라도 이주민들은 지배집단의 근로자들에 비하여 낮은 임금을 감수할 수밖에 없다. 왜냐하면 지배집단의 근로자들은 자신들의 특권적인 지위를 유지하기 위하여 선호되는 직업으로부터 이주민을 배제함으로써, 결국 이주민들은 불리한 직업을 가질 수밖에 없다고 보는 것이다.[17] 자본가의 입장에서는 싼 임금의 노동자를 마다할 이유가 없지만 기득권을 가진 노동자들의 입장에서 보면 이민자들의 값싼 노동력은 위협이 되기 때문에 자본가집단과 노동자집단간의 관계에서 흔히 갈등이 발생하며 19세기 미국사회가 그 대표적인 예로 거론된다. 그 당시 미국의 광산업에 종사하는 아일랜드계 노동자들은 더 낮은 임금을 받는 중국인들이 자기들의 직업을 차지할지도 모른다는 우려 속에 이들 양 집단 간에 많은 갈등이 야기되었다.[18]

그러나 라이트(Ivan Light)[19]는 분할노동시장(split labor market)이 인종갈등의 필요조건도

16) Edna Bonacich, "A Theory of Ethnic Antagonism: The Split Labor Market," *American Sociological Review* vol. 37(1972), pp. 547-559.

17) Bonacich(1972); 이혜경, "외국인 노동자의 사회경제적 상황," 이혜경 · 정기선 · 강수돌 · 설동훈 · 석현호 공저 『한국사회와 외국인 노동자: 그 종합적 이해를 위하여』(미래인력연구센터, 1998), pp. 13-101; 최협 · 이광규(1998), p. 106.

18) Hsiang-Shui Chen, *Chinatown No More: Taiwan Immigrants in Contemporary New York* (Ithaca, N.Y.: Cornell University, 1992), pp. 39-40.

19) Ivan Light, "Ethnic Succession," pp. 53-86 in *Ethnic Change*, edited by Charles Keyes(Seattle:

충분조건도 아니라고 주장한다. 그는 왈리만(Isidor Wallimann)[20]의 스위스에서의 외국노동자에 관한 연구를 예로 들면서 인종갈등은 분할노동시장 없이도 얼마든지 발생할 수 있으므로 분할노동시장이론은 복잡한 인종관계를 설명하는 지침이 될 수 없다는 주장을 내세우고 있다.

인적자본론에서는 이주민의 직업상의 불이익을 사회적인 측면에 두는 분절노동시장이론과는 대조적으로 주로 개인적인 측면에 초점을 맞추고 있다. 즉 교육은 인간의 자본과 기술을 향상시키는 하나의 방법이며, 고용은 바로 이 인적자본을 기초로 한다고 본다.[21] 따라서 인적자본론에서는 외국인 이주노동자를 내국인과 질적으로 다른 존재는 아니나 유입국 노동시장에 처음 들어온 낯선 존재로, 그리고 유입국 노동시장에 적합한 기술과 경험을 쌓지 못한 사람으로 본다.[22] 인적자본론의 관점은 외국인 이주자의 사회경제적 적응을 이주자의 '기술전환도'(transferability of skills)로 설명하는 경우가 많다.[23]

기술전환도 가설에 따르면 상대적으로 후진국에서 선진국으로 이주해오는 외국인 이주자들은 유출국에서 얻은 기술이나 교육 또는 생산성과 같은 인적자본의 기술전환도가 낮아서 이주초기에는 경제적으로 많은 어려움을 겪고 사회경제적 하향이동을 경험하는 경우가 많다는 것이다.[24] 그러나 체류기간이 길어질수록 기술전환도가 높아지고 유입국의 노동시장에 적합한 기술과 경험을 쌓게 되므로 이주자의 사회경제적 상황은 나아진다고 본다. 이러한 관점에서 볼 때 이주자들이 이주초기에 단순노동 등 하류직업에 많이 종사하는 것은 개인적인 차원에서 이주민들

University of Washington Press, 1981).

20) Isidor Wallimann, "Toward a Theoretical Understanding of Ethnic Antagonism: The Case of the Foreign Worker in Switzerland," *Zeitschrift fur Soziologie* 3(1974), pp. 84-94.

21) Gary Becker, *Human Capital*(Chicago: University of Chicago Press, 1975).

22) 이혜경(1998), pp. 13-101.

23) Barry R. Chiswick, "The Effect of Americanization on the Earning of Foreign-born Men," *Journal of Political Economy* vol. 86, no. 5(1978), pp. 897-921; Barry R. Chiswick, "An Analysis of Earnings and Employment of Asian-American Men," *Journal of Labor Economics* vol. 1, no. 2(1983), pp. 197-214.

24) 기술전환도 가설은 '인종계승모형'(ethnic succession model)과 어느 정도 관계가 있을지 모른다. 인종계승모형에 의하면 새로운 소수민족이민자들은 처음 한 세대 정도의 기간 동안 가장 빈곤한 직업과 주택에 거주하다 새로운 이주자가 이주해 오면서 이들이 가지고 있던 직업을 차지하게 되면, 이들은 좀 더 나은 직업으로 상승이동해 간다는 것이다(Aldrich, 1975; Warner and Srole, 1945:63). 즉 도착시기에 따라서 소수민족 간의 서열이 형성된다는 것이다. 예로서 뉴욕의 유태인들이 봉제공장의 노동자에서 의류도매상의 주인으로 이동해 감에 따라 뒤이어 이주한 이탈리아인들과 푸에르토리코인들이 이러한 궤적을 따라 이동하였고, 그 다음으로 중국인들이 이들의 마지막 주자로서 대열에 합류하였다는 것이다. Hsiang-Shui Chen, *Chinatown No More: Taiwan Immigrants in Contemporary New York*(Ithaca, N.Y.: Cornell University, 1992), pp. 40-41.

이 유입지에서 필요한 기술, 교육, 현지 언어 구사력이 부족하거나 유입지 문화와 사회에 적응하지 못하는 것을 그 이유로 들 수 있다. 그러나 이들은 시간의 경과에 따라 인적자본에 대한 투자를 통해서 더 나은 직업상의 지위를 추구할 수 있다고 본다.

인종적 특수시장 이론(ethnic enclave theory) 또는 기회구조이론(opportunity structures theory)에 따르면 이주자들의 일부는 같은 인종의 사람들이 모여 나름대로의 시장을 형성한다고 보며, 이민자들의 직업은 이를 가능케 하는 유입국에서의 기회, 인종적 특수시장, 소수민족이웃 및 시장의 주변적 영역 등이 있어야만 가능하다고 본다.[25] 유입국에서의 이주민의 직업기회는 폴 슈(Paul Siu)[26]의 연구에서 잘 설명되고 있다. 슈는 20세기 초기 시카고지역의 중국인 세탁업자들의 사회를 설명하면서 1928년 시카고지역에서 비중국인 세탁업소의 수가 모두 421개였을 당시 중국인 세탁업소는 704개로 절정에 달했는데, 이 현상을 당시 시카고 지역의 사회・경제적 상황과 관련하여 설명한다. 즉 당시 시카고지역이 산업도시로 급격히 팽창한 것과 밀접한 연관이 있다는 것이다.

인종적 특수시장은 현지주민뿐만 아니라 이주민들이 거래하는 상품에 대한 수요를 전제로 하는데, 이러한 수요는 주로 소수민족 이웃들이 사는 동족인들에 의해 채워지게 된다. 따라서 이주민들은 자기와 같은 종족이 필요로 하는 상품을 잘 알고 있으므로 그런 상품에 대한 독점시장을 구축할 수 있다.[27] 예를 들어 현지 언어에 능숙하지 못한 이주민들의 경우 이들을 도와줄 전문직의 이민자, 말하자면 회계사, 변호사, 의사 등이 필요할 것이며 이로 인해 이들 이주민들을 위한 전문직 시장이 형성된다. 즉 소수민족 이웃이 존재하므로 소수민족이 종사할 수 있는 직업이 생겨날 수 있다.

인종적 특수시장의 예로서 미국 로스엔젤레스나 뉴욕의 중국인촌(China Town), 마이에미의 쿠바인촌(Little Havana), 로스엔젤레스의 한인촌(Korea town) 등을 들 수 있다. 그러나 모든 이민자 집단이 다 자신들의 인종적 특수시장을 형성하는 것은 아니고, 이민자 집단의 다양한 계급구성에 의해서 발생되는 경우가 많다. 즉 고국에서의 사업경험이 있는 자본가계급 출신의

---

25) Alejandro Portes and Robert L. Bach, *Latin Journey: Cuban and Mexican Immigrants in the United States*(Berkeley, CA: University of California Press, 1985); Roger David Waldinger, *Through the Eye of the Needle: Immigrants and Enterprise in New York's Garment Trades*(N.Y.: New York University Press, 1986).

26) Paul Siu, *The Chinese Laundryman: A Study of Social Isolation*(N.Y.: New York University Press, 1987).

27) Ivan Light, "Ethnic Succession," pp. 53-86 in Charles Keyes(ed.), *Ethnic Change*(Seattle: University of Washington Press, 1981); Portes and Zhou(1992).

이주자와 유입국에서의 고용이 어려운 노동자계급의 합작품으로 인종적 특수시장이 형성된다.[28)]

Ⅱ. 러시아 극동지역 한인 이주민의 직업에 관한 통합적 모형

이상에서 살펴본 이주민의 직업에 관한 이론들은 두 가지 측면에서 분류할 수 있을 것이다. 이주민과 이주민의 직업에 관한 공급적인 측면과 수요적인 측면이 그것이다. 먼저 이주민의 직업에 관한 공급적인 측면을 설명하는 이론들로는 정통적 문화이론, 인적자본론 등을 들 수 있고, 수요적인 측면을 설명하는 이론에는 분절노동시장이론과 기회구조이론 등이 있다. 그러나 이주민들의 직업에 영향을 미치는 이러한 요인들은 기존 이론들이 주장하듯이 수요적인 측면과 공급적인 측면이 별개로 또는 일방적으로 작용하기보다는, 두 측면이 함께 영향을 미치는 경우가 많다고 생각된다.

후술하겠지만 러시아 극동지역 이주민들의 직업에 영향을 미치는 요인들은 이주민들의 자질과 같은 공급적인 측면뿐만 아니라 이주민들이 생활하는 러시아 극동지역이라는 유입지의 상황 또한 무시할 수 없다. 먼저 이주민의 직업에 관한 공급적 · 수요적 측면을 설명하는 이론을 간략히 살펴보고 난 후, 둘로 나뉘어 있는 공급적인 측면과 수요적인 측면을 동시에 설명할 수 있는 통합적 모델을 제시할 것이다.

이주민의 직업에 관한 공급적인 측면에서 본다면 정통적인 문화이론에서는 이주민의 직업을 결정하는 가장 중요한 요인들로 이주민이 보유하고 있는 본국에서의 직업에 관한 전통, 동족간의 거래전통 등 본국에서 습득한 이주민의 특성을 든다.[29)]

반면에 이주민의 직업에 관한 수요적인 측면을 강조하는 이론들은 주로 이주민들이 유입국에서 부딪치는 상황적인 요인들을 강조하는데, 대표적 이론이라 할 수 있는 기회구조이론에 의하면 소규모 상업과 같은 이민자들의 직업을 가능케 하는 것은 유입국에서의 기회라고 보며, 여기에 이주민들이 거래하는 상품에 대한 수요를 불러일으키는 소수민족시장과 소수민족이웃 및 시장의 주변적 영역 등을 포함시키고 있다.[30)] 또한 분절노동시장이론에서도 노동시장의 분할에 의해서

28) 이혜경(1998).

29) Franklin Frazier, *Black Bourgeoisie*(N.Y.: Free Press, 1957); Freedman(1959); Thomas Sowell, *Race and Economics*(N.Y.: David McKay Co., Inc., 1975).

30) Roger David Waldinger, *Through the Eye of the Needle: Immigrants and Enterprise in New York's Garment Trades*(N.Y.: New York University Press, 1986).

소수민족 이주민들에게는 일반적으로 높은 수입, 승진, 직업의 안정성이 보장되는 노동시장이 주어지지 않는다고 간주하여, 유입지에서의 상황적인 여건을 강조한다.

〈도표 6-1〉 러시아 극동지역 한인 이주민의 직업에 관한 통합적 모형

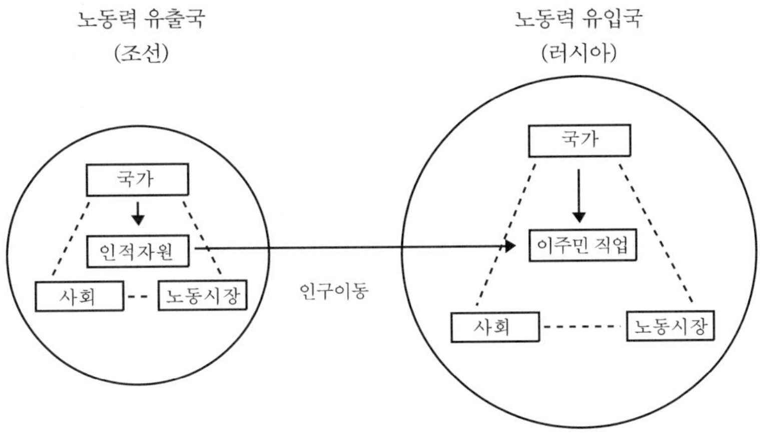

그러나 이주민의 직업에 관한 이러한 양분법은 한인의 러시아 극동지역 이주를 설명하는 데 상당한 한계점을 가진다는 것을 부인할 수 없다. 한인들의 직업을 설명하는 데는 한인들이 가진 문화적 요인이나 그들의 인적자본의 특성들이 상당히 많이 작용하긴 하지만, 한인들이 러시아 극동지역에서 처한 상황적 요인 또한 간과할 수 없기 때문이다. 특히 러시아 극동지역 이주민들에게 중요한 영향을 미친 것은 러시아의 이민정책으로, 이주민에 대한 이주정책의 변화를 고려하지 않고는 이주민의 직업에 관한 설명은 완전하지 못하다고 할 수 있을 것이다. 예를 들어 러일전쟁 이전까지 러시아는 전반적으로 러시아 극동지역의 개척을 위하여 외국인 노동력의 유입을 장려하는 정책을 취하였으나,[31] 러일전쟁 이후로는 유럽에 있는 자국민의 이민을 더욱 가속화시키는 여러 가지 조치를 취하였고, 또 황화론에 근거하여 어장과 사금장에서 한인 노동자의 사용을 금하기도 하였다.[32]

따라서 러시아 극동지역에서의 한인 이주민 직업에 관해 논의할 때에는 이러한 이주민 직업에 관한 공급적인 요인과 유입지에서의 수요적인 상황을 모두 고려하여야 할 것이다. 다시 말해, 한인 이주민의 직업을 설명하기 위해서는 이주민의 직업에 관한 공급적 측면뿐만 아니라 노동력

31) Шликевичъ(1911); Граве(1912).

32) Ким Сын Хва(1965).

유입국의 현지 상황, 즉 수요적인 측면을 모두 종합할 수 있는 통합적 모델이 필요하다.

〈도표 6-1〉은 노동력 유출국 조선의 인적자원이 노동력 유입국 러시아로 이주하는 과정을 통하여 러시아 사회에서 직업을 갖게 됨을 보여주고 있다. 즉 러시아로 이주하여 직업을 갖게 되는 이주민의 인적자원에 영향을 끼친 요인으로서 유출국 조선에서의 여러 가지 국가의 정책, 조선의 사회・문화 상황, 그리고 당시 조선의 인력과잉 등을 들 수 있다. 또 이주민들이 유입국에서 직업을 가지게 되는 상황에 관련되는 요인으로는 러시아의 이민정책, 러시아 극동지역 사회의 상황과 현지의 노동시장 등을 들 수 있다.[33] 다시 말해서 러시아 극동지역 한인 이주민의 직업에 관한 통합적 모형은 유출국 조선에서의 사회・문화적 요인과 조선에서 습득된 인적자원 등도 러시아 현지에서의 한인들의 직업에 영향을 미치는 요인에 포함되지만, 노동력 유입국 러시아에서의 상황 또한 이들의 직업획득에 중요한 영향을 미친다는 것을 보여준다.

Ⅲ. 러시아 극동지역 한인 이주자들의 직업

한인들의 러시아 극동지역 이주는 토지와 떼어놓고는 생각할 수 없을 정도로 농업과 밀접한 관련을 가지고 있다. 이주한인들의 약 90% 정도가 본국에서처럼 농업에 종사하였는데,[34] 이는 이들이 농사짓는 것 이외에는 특별한 기술이 없었다는 점, 상업을 천시하는 경향이 있었다는 점, 그리고 이들 중 대다수가 가지고 온 재산이 거의 없는 빈손이었다는 점 등이 크게 작용하였다. 그리하여 일부 한인들은 빈손으로 들어와서 황무지를 개간하거나 소작하는 경우를 제외하고는 거의 노동으로 생계를 유지하였다. 본국에서 생활난을 극심하게 겪은 이들은 몸을 밑천으로 하여[35] 대부분 농업, 광산, 부두, 산림채벌, 공업, 운수 및 철도분야에 종사하였는데, 농업 다음으로 이들이 많이 종사한 직종은 사금장(砂金場) 등에서의 광산노동이었다.

---

33) 이 책의 제7장을 참조.

34) Киммангем(1926:458)은 1926년 연해주의 경우 약 88.5%가 농업에 종사하고 있다고 적고 있으나 Граве (1912)를 비롯한 대부분의 문헌에서는 러시아 극동지역 전체로 보아 약 90%가 농업에 종사하고 있다고 밝히고 있다.

35) 이들 한인들은 아래에서 보듯이 노예와 같은 취급을 받는 것에도 전혀 개의치 않았다: 「当初부터 生活難으로 由하야 親戚과 墳墓를 棄하고 非死則生이라는 最後決心으로 渡江한 것이다. 그래서 口腹을 謀當하는 外에는 恥辱도 몰랐다. 又 禮節도 차릴 暇隙이 없었다. 平日에 胡虜라고 恒罵하넌 中俄人을 「한것」(上典)으로 삼고 自己는 奴隸의 賤待받는 것을 小毫도 介意치 아니하였다. 勞動神聖이란 問題는 제절로 成立되었다」(뒤바보, 1920:172).

이주한인의 직종 분포는 지역에 따라서 여러 가지 상이한 형태로 나타나고 있었다. 예를 들어 흑룡주(Амурская-Приморская Область), 자바이깔주(Забайкальская Область), 캄차카주(Камчатская Область), 사할린주(Сахалинская Область) 등 지역의 특성상 광업이 성행한 지역에서 한인 노동자들은 광산노동, 사금장, 식품제조업, 철도관련 산업 및 화학공업 등에 종사한 반면, 내륙의 우수리 지방(Уссурийская Область) 같은 곳에서는 논밭을 경작하거나 수송, 상공업, 관공서 등에서 주로 작업을 하였다.[36)]

소련의 신경제정책(НЭП: Новая экономическая политика)이 시행되었던 1927년에 발표된 통계에 따르면, 연해주 지역에 거주하는 한인 이주자들의 직업분포에 있어서 축산과 함께 전문적으로 농업에만 종사하는 한인의 비율은 45%, 농민으로서 어업을 겸업하는 호수(戶數)와 어업만을 전문으로 하는 어민은 한인 총인구의 25%, 공업에 종사하는 노동자 수는 20%, 그 밖에 소매상인과 밀수업자 등 자유노동 호수를 포함한 자유직업에 종사하는 비율은 전체의 10%로 나타나고 있다.[37)]

또한 도시지역에서는 농촌지역과는 달리 농업 이외의 직업에 종사하는 비율이 상당히 높은 것으로 나타나는데, 블라디보스토크와 같은 도시에서는 오히려 농업 이외의 직종의 비율이 농업비율을 상회하였으나, 니꼴스끄에서는 농업과 비농업직종의 비율이 약 71% 대 29% 정도로 농업이 더 높은 비중을 차지하였다(〈표 6-1〉 참조).

한인들은 농업 이외에도 여러 가지 직종에 종사하였으나 각 직종별로 분류하기에는 그 수효가 적고 또한 확실하고 충분한 통계나 자료가 없으므로 본 절에서는 단편적으로 이용 가능한 자료를 중심으로 개괄적인 비농업직종의 분포에 대해서 살펴본다.[38)]

---

36) 露西亜通信社発行, 「露西亜事情」 第五八輯 및 九二輯(1923), 현규환(1976:874) 재인용.

37) 金世鎔, 「西伯利亞의 朝鮮人活動」, 金東煥(編) 『自由와 平和』(京城: 三千里社, 1935), p. 268.

38) 본 장에서 왜 대다수 한인들이 종사하는 농업직을 분석의 대상에서 제외하였는가에 대해서 간단히 언급할 필요가 있다.

첫째, 비농업 직종은 직업의 특성상 농업직종과는 상당히 다르다는 점을 우선 들 수 있다. 본 장에서 후술하겠지만 한인 이주민들은 광산노동, 부두하역업을 비롯한 어업관련 직종, 자영업, 서비스직 및 단순 노무직 등에 종사하고 있었는데, 이러한 직종의 대부분에서는 세탁업 등의 일부 상업 직종을 제외하고는 일시적으로 노동을 하는 경우가 대부분이어서 이들은 직업의 특성상 이동성이 상당히 강하다고 할 수 있다. 따라서 상당히 고정적이라 할 수 있는 농업직에 종사하는 이주민과는 구별되어 연구되는 것이 바람직하다고 할 수 있다. 뿐만 아니라 토지의 분배에서도 러시아 정부의 차별정책이 농업에 종사하는 한인에 대해 중요한 영향을 미친 변수가 되었다고 볼 수 있으나 비농업직 종사자들에게 거의 해당되지 않았다는 점 또한 비농업직에 대한 연구와 농업직에 대한 연구를 분리하는 것이 바람직한 또 다른 이유라고 할 수 있다. 또한 전체적으로 비농업직의 비율은 10% 정도밖에 되지 않으나 블라디보스토크와 니꼴스끄 같은 대도시에서 비농업직의 비율은 거의 50% 정도에 육박하고 있는 점 역시 비농업직에 관한 독

〈표 6-1〉 러시아 극동지역 주요 도시의 한인 직종

지역	호수(戸数)	인구	직업	
			농업	기타
구로데꼬보 부근	2,000	8,200	7,200	1,000
니꼴스끄 부근	2,345	28,235	19,908	8,327
블라디보스토크 부근	1,177	8,936	4,000	4,936

자료: 在外朝鮮人事情研究社編, 『北満及露領朝鮮人事情』,[39] 현규환(1967:823) 재인용.

1. 광업 관련 직종

러시아 극동지역 한인들 가운데 농업에 종사하는 사람들이 90%를 차지하였고, 그 다음으로 많은 사람들이 종사한 직종은 바로 광산노동이었다. 광산노동자들의 대부분은 사금광(砂金鉱)에서 일하고 있었는데 사금채취를 위하여 한인들이 고용된 것은 1891년 흑룡강회사의 사금장에서 일한 것을 시초로 하여 1892년 470명, 1893년 1,050명, 1906년 6,200명으로 증가하였다(Граве, 1912:116). 당시 사금장에서 일하는 중국인 근로자의 수도 이와 비슷하였는데, 지역별로 볼 때 한인 광산근로자가 가장 많은 주는 아무르주였고 그 다음이 연해주였다. 아무르주의 광부 수는 1890년에 3,456명이던 것이 17년 후인 1907년에는 약 30,000명으로 증가하였다(〈표 6-2〉 참조).

〈표 6-2〉 아무르주의 한인광부 현황

연도	1890	1891	1892	1893	1894	1895	1896	1897
광부 수	3,567	4,247	4,362	6,654	7,215	12,982	13,218	13,005
연도	1898	1899	1900	1901	1902	1903	1904	1907
광부 수	10,127	9,000	11,755	9,565	10,000	12,000	14,900	30,000*

(* 제야(Зея) 지역 부근의 금광지역의 광부 수)

자료: 統監府外務部(1907), 「極東露領に於ける韓国人の状態」 p. 20, 현규환(1967:867) 재인용.

립적인 연구의 필요성을 제기하도록 한다(〈표 6-1〉 참조).

둘째, 연구의 필요성에 관한 것으로서, 농업에 관한 연구는 비록 단편적이기는 하지만 이미 이루어졌다고 할 수 있으나 비농업직에 관한 역사적 연구는 거의 전무하다시피 한 점을 지적할 수 있다. 예를 들어 러시아 한인의 농업과 식민문제를 다룬 연구로서는 Шликевичъ(1911), 그리고 부분적이기는 하나 러시아 극동지역의 한인농업문제에 관해 언급하고 있는 Ким Сын Хва(1965), Граве(1912), 국내서로는 이채문(본 서의 제7장), 박진환(1998), 玄圭煥(1967), 이상근(1996) 및 권희영(1993) 등을 들 수 있으나, 한인의 비농업직에 관한 연구는 거의 없다고 할 수 있다. 따라서 연구의 필요성 측면에서도 비농업직에 관한 본격적 연구가 절실한 실정이다.

39) 본 자료의 발행연도는 알 수 없음.

19세기 말과 20세기 초 황인종 근로자들의 급격한 증가는 극동러시아 당국을 불안하게 함하였고 급기야 1902년에는 사금장 노동자 수를 제한하는 조치가 취해졌다. 즉 1902년 한인과 러시아인 광산노동자의 비율을 각각 25%와 50%로 정하고 또 황색인종의 근로자들을 고용할 경우에는 일일이 특별한 허가를 얻게 하였다.[40] 특히 한인배척정책을 취하였던 운테르베르게르 총독은 1907년에 한인 광산노동자의 수를 2,600명으로 제한한 데 이어, 1908년부터는 한인을 고용할 필요가 없을 정도로 사금장의 규모를 축소하도록 명령하였고 급기야는 사금장의 한인들을 모두 추방하도록 하는 훈령을 시달하였다.[41] 그리하여 1906년 금광장에만 5,865명의 한인들이 고용되어 있었으나 1909년에는 현저히 감소되어, 광산에서 차지하는 한인 노동자들의 비율이 1906년 29.1%에서 1910년 0.7%로 줄어들었다.[42] 이러한 감소추세는 〈표 6-3〉에서 보듯이 1906년에서 1910년까지에 걸친 채금장 한인 노동자 수에 관한 통계에서도 잘 나타나 있다.

〈표 6-3〉 채금장 한인 노동자의 수(1906~1910)

광산구 \ 연 도	1906	1907	1908	1909	1910
아무르	477	332	406	-	-
부레인	2,779	1,428	1,931	359	-
연해주	1,859	1,667	-	-	-
제이	750	1,800	2,500	1,800	150

자료: Ким Сын Хва(1965:46)

러시아 측의 이러한 조치로 1909년 아무르주의 한인 광산근로자 2,000명, 연해주에 있는 우드스크 우에즈드(уезд: 郡)의 한인 광산근로자 5,000명이 사금장에서 떠나야만 했고, 그 자리는 중국인 근로자들이 차지하게 되었다.[43] 그 결과 1914년 광산근로자 수를 국가별로 보면 중국인이 19,300여 명, 러시아인이 2,000여 명, 한인이 1,300여 명으로 나타났으며,[44] 러시아 혁명 이후에는 정치・사회적인 불안으로 금광업이 부진하여 금광업에 종사하던 한인 근로자들이 대거 농업으로 직종을 바꾸었다.

그러나 이러한 한인 광산근로자의 감소는 러시아 극동지역의 광산업에도 큰 타격을 주었다. 특히 러시아의 일부 언론에서는 한인의 추방으로 입은 타격 때문에 러시아 극동의 금광업에

40) Граве(1912), pp. 116-117.
41) Граве(1912), pp. 116-117.
42) Ким Сын Хва(1965), p. 46.
43) Граве(1912), pp. 116-117.
44) 朝鮮總督府(1918), p. 59.

러시아 죄수를 끌어들여야 할 정도라고 하면서 한인들은 러시아에 해를 끼치지 않으므로 한인의 계속적인 고용을 주장하였다.[45] 또한 한인 근로자의 월 생활비가 황색인종 가운데 가장 높으므로 이러한 한인의 높은 소비성향은 러시아 경제에 이득이 될 것이라고 하였다. 즉 한인 광산근로자의 매월 생활비는 대략 18루블로써, 이것은 러시아인들의 소비액수인 23루블보다는 작지만 중국인 광산근로자의 월 소비액수 8루블보다 훨씬 더 높으므로 한인배척반대론자들은 황색인종 중 한인이 러시아에 가장 유익하다고 주장하였다.[46] 실제로 한인 광산근로자들은 노동자로서의 능력이 러시아인에 비해 25~30% 낮으나 중국인에 비해서는 20~30% 높으며, 대개 품행이 좋고 성질이 온순하여 러시아인과 잘 화합하여 조합을 만들기도 하였다.[47]

특히 사금장에서 일하는 한인들을 '금졈(金店)군'이라 불렀는데, 이들은 광산 주인인 러시아인들로부터 양식을 공급받으면서 사금채굴에 종사하였고, 채굴한 사금값에서 그동안 공급받은 양식비용을 제외하고 남은 금액이 이들의 소득이 되었다. 그러나 보통 광산의 러시아 주인에게 공급받은 식량의 가격은 시가의 배로 계산하고, 이들이 광산의 주인에게 치르는 사금의 가격은 시세의 절반으로 계산하므로 이들은 항상 가난 속에서 허덕였으며 이러한 구조적 모순과 한인의 저축심 부족 등으로 인하여 금광을 연 지 30여 년 동안 부자가 된 한인은 거의 없었다.[48] 한인들 중 이러한 '금졈군'으로 정착하여 일하는 사람의 수는 10,000명 이상이 되며, 여러 곳을 전전하는 이동 '금졈군'의 수도 적지 않았다.[49]

2. 어업 관련 직종

러시아 극동의 블라디보스토크는 1914년 제1차 세계대전의 발발과 함께 각국 상선이 빈번히

45) Новое Время 1910. 1. 10. 국사편찬위원회(1967:512-13) 재인용.

46) Граве(1912), p. 118.

47) 한인 노동자들이 사금장에서 추방될 당시, 사금장에서의 한인들의 생활에 관해 총독의 자문을 받은『브레야』구의 경찰서장의 보고서에서도 이러한 한인의 소비성향과, 다른 사람과 잘 어울리는 성격에 대해서 이야기하면서 한인 근로자를 사금장에 일하도록 하고 싶다고 말하고 있다:「朝鮮人は賃銀が増やすに従って生活程度を上げて行く。彼等は速かに露人に慣れ，露国の風習に化し，喜んで希臘教に改宗し露国籍に移る。之等の点は支那人と全然反対である。黃色人種の中では朝鮮人が一番好い。朝鮮人には砂金場の就業を許可してやりたい …」(조선인은 노임이 증가함에 따라서 생활정도를 향상시키고 있다. 이들은 신속하게 러시아인에게 익숙해지고, 러시아의 관습에 동화되어 기꺼이 기독교로 개종하여 러시아 국적으로 바꾼다. 이런 점은 중국인과는 전혀 반대이다. 황색인종 중에서는 조선인이 제일 좋다. 조선인에게는 사금장의 취업을 허락하고 싶다 …)(Граве, 1912:121).

48) 뒤바보,「俄領實記」『獨立新聞』(上海版, 1920), pp. 174-175.

49) 뒤바보(1920), pp. 174-175.

출입하는 관계로 선박수요가 급증하여 하루에 배 1척당 1백 루블의 수입을 올리고 있었고 이 때문에 재력 있는 한인들은 귀화 한인의 명의로 배를 대여하여 큰 이익을 얻는 경우도 있었다. 그러나 1900년 이전까지 어업 관련 직종에 종사하는 대부분의 한인들은 주로 블라디보스토크 부근이나 우수리강, 흑룡강 하류 등에서 어로작업을 하였는데 그 어획량은 미미하였다. 그 당시 1895년에서 1899년까지의 사이에 극동지역의 피요트르(Пётр) 만에 있던 한인 선박의 수를 보면 1895년에 160척, 1896년 140척, 1897년 151척, 1898년 134척, 1899년 152척 등이다.[50] 당시 부두의 하역작업에 많은 인부가 필요하였고 한인들은 러시아의 인부 청부업자에게 고용되어 작업을 하였으며 또한 선박 내에서 선장의 지시에 의해 일하는 인부들이 많았다. 통계에 따르면 1913년 이들 한인 어업노무자들의 수는 약 1,059명이었고, 반면 러시아인 어업노무자의 수는 486명으로 나타나고 있는데,[51] 당시 이들 한인 어업노무자들의 임금은 1914년에서 1916년까지는 대략 1루블 50꼬뻬이까였다.[52]

고기잡이에 종사하는 한인들의 수는 1904년경에 약 3,000명까지 이르렀으나 1905년부터 고기잡이가 외국인들에게 금지되었기 때문에 러시아 국적을 가지지 않은 한인들은 고기잡이를 중단하여야 했고,[53] 1910년경에는 938명의 한인들만이 어업에 종사하였다.[54]

1917년 러시아 혁명 이후 어업에 종사하던 한인 인부들은 러일 어업협정에 따라 러시아인뿐만 아니라 일본인에게도 고용되어, 연해주 근해를 비롯하여 멀리 어류의 서식지이자 세계적 어장으

---

50) 統監府 外務部(1907), 『極東露領に於ける韓国人の状態』, 현규환(1967:876) 재인용.

51) 南満洲鉄道調査課(1922), 「露領沿海地方及北樺太」(第一輯), 현규환(1967:876) 재인용.

52) Грave(1912). 당시 어업과 관련된 한인노무자들을 세부적으로 〈어리바잇개〉와 〈세찬꾼〉으로 나누기도 한다. 〈어리바잇개〉는 어장에서 노동하는 사람들이고 〈세찬꾼〉들은 부두에서 배를 타고 화물을 싣거나 하역하는 노동자들로서 노동 중에서 가장 힘드는 노동이었다(뒤바보, 1920:176-9). 이와 관련하여 당시 임금과 환율에 관해 살펴보면 1914년에서 1916년까지 세계 제1차 대전 당시 선박출입이 빈번하여 부두 하역작업이 활기를 띤 기간 동안 한인 어업노무자들의 임금은 대략 1루블 50꼬뻬이까였고 부두 〈세찬꾼〉의 일당은 1원 20전 내지 30전 정도라는 기록 등을 보면 당시의 루블과 원화의 정확한 환율을 알 수는 없으나 극동러시아 지역에서 원화와 루블화의 가치가 거의 비슷하지 않았는가 하는 생각이 든다. 그러나 농업노동자들의 임금은 이보다 적어 러시아인의 경우 일당이 0.6~1.05루블, 한인과 중국인의 경우는 0.45~0.80루블 정도였고(식비 불포함), 계절에 따라 이에는 차이가 있었다(현규환, 1967:872). 반면 광산노동자의 경우는 이보다 좀 더 많은 것으로 나타나고 있는데 갱내인부는 3.80~4루블, 일반인부의 경우는 1.75~2.20루블이었다(朝鮮総督府, 1918:59).

53) 한인 노동의 곤란에 대해서 당시 신문에서는 다음과 같이 언급하고 있다: 「금광에셔 로동ᄒᆞᄂᆞᆫ 한인을 축츌ᄒᆞᆫ다ᄂᆞᆫ 문뎨ᄂᆞᆫ 아직 국회의 경의를 맛초지 안이ᄒᆞ여스나 결과가 엇더케 될ᄂᆞᆫ지 알 슈 업거니와 롱업과 어업은 외국사ᄅᆞᆷ의게 허ᄒᆞ지 안이ᄒᆞᄂᆞᆫ 쟝졍을 의지ᄒᆞ여 한국사람의게 영영 허급지 안이ᄒᆞ게 쟉뎡ᄒᆞ엿다 ᄒᆞ며 …」『大東共報』, 1909. 3. 21.(제24호), p. 3, 「韓人勞動의 困難」.

54) 권희영(1993), p. 181.

로 이름난 사할린과 캄차카주의 연안 고기잡이에 고용된 사람도 많았다. 이들 중에는 블라디보스토크에 상주하는 한인들뿐만 아니라 한반도의 북부지방에서 돈을 벌기 위해 일시적으로 온 인부들도 있었다. 특히 남부 우수리 지방의 포시예트만을 중심으로 한 근해는 한국의 북부지방과 인접한 관계로 한인들에 의한 어업이 제일 번성하였다.[55] 이들 어장에서 고기잡이에 나서는 인부들의 보수는 1어기(漁期) 또는 매월의 보수제가 있고, 또 어획률에 따라 보수를 받는 사람도 있었다. 러시아인 또는 귀화 한인의 명의로 어업에 종사한 한인들은 연안어업에 종사하여 어획물을 러시아 극동지방의 시장에 판매하였고, 또한 한반도의 북부지방에도 상당량을 수출하였는데, 이들은 심지어 러시아인들이 어획한 것들을 사들여서 같이 북한지방으로 수출하기도 하였다.[56]

성어기(盛漁期)가 되면 함경도 연안에서 매년 수백 명씩 한인 일꾼들이 몰려와 연간 270만원의 어획고를 올렸는데, 이것들 모두는 블라디보스토크를 중심으로 하여 조선이나 중국으로 수출되었다.[57]

그러나 한인 어부들의 대부분이 빈곤층이었으므로, 이들에 의한 어업조합[58]의 활동은 미미하였다. 한인의 어업조합 수는 1925년의 18개에서 일 년 후인 1926년에는 41개로 증가하였으나, 대부분의 가난한 어부들은 이들 조합에 불입해야 할 10원의 주식대금을 납부하지 못하였다. 따라서 이들 어업조합은 직업동맹에 원조를 청하여 대부받은 182,909원에 의존하여 활동하였고, 또 조합의 활동도 성어기(盛漁期)에 국한해서만 제대로 이루어지고 있었다.[59]

---

55) 이들 한인 어업종사자들의 정확한 분포와 수효는 알기 어려우나 지역주민의 약 80%가 어업에 종사하였다고 하며 이들은 블라디보스토크항과 아무르강 연안, 그 맞은편의 우수리만(湾) 등에 거주하였다(현규환, 1967:876-7).

56) 朝鮮總督府(1918), pp. 70-75.
당시 한인어업자들의 상태에 대해서 일부 언론은 다음과 같이 말하고 있다: "『포세트』港에는 豊漁를 맞아 蝟集하는 出漁韓人의 帆船이 六十隻이고 陸地에 移住韓人 漁家数가 七十五戸에 達한 바 港内의 大布網이 三統中 二統은 韓人経営이오 一統은 韓人과 露人의 共同経営인데 누구이든 露人의 이름으로 入札하여 漁業権을 얻었다. 清津을 中心으로 한 沿海 鰊의 売出은 一段落을 告한 바 総収入額은 三万三千駄 価格은 八十万圓에 達한다" (東亜日報, 1929. 7. 7. p. 1, 「포港豊漁, 朝鮮漁業者蝟集」).

57) 朝鮮総督府(1918).

58) 직업조합에 가입하게 되면 우선적으로 취업할 수 있었고, 일자리를 상실한 경우에는 보조금이 지급되었으며 기타 노동보험계약, 병과 부상의 경우 치료비와 봉급, 주민의 보증, 박물관 및 도서관 등의 출입에 특전을 부여받았는데, 러시아 극동지역의 직업조합운동은 이미 1917년 이전에 시작되어 러시아 제정의 몰락 이후 급속히 확산되었다(勞農露国の極東地方の労動統計局(1923:54-60, 194-224)). 노동자들은 숙련공이든 비숙련공이든 관계없이 조합원이 되면 직업의 기회를 얻게 되며 가입 후 보통 3개월의 노동 준비기간을 거쳐 해당 조합의 정회원이 되었다. 한인들은 러시아인들과 함께 조합을 조직하였으며, 예를 들어 농업 같으면 코뮨(коммуна), 콜호즈(колхоз), 혹은 소포즈(совхоз) 등으로 조직되어 있었다(金世鎔, 1935:268).

59) 현규환(1967), p. 877.

3. 자영업종

한인들의 자영업종은 여러 가지가 있었는데, 그중에는 잡화상, 세탁업, 숙박업, 연초상, 건재상, 정육점, 음식점, 세탁소, 이발소 등이 있다.[60)]

〈표 6-4〉 러시아 극동지역의 한인 호수, 인구 및 점포상황(1907년경)

지역	호수(戶数)	인구	점포상황	점포율*(%)
블라디보스토크市	994	10,400	주류판매업 6호: 잡화점 20호	26/994=2.6
니꼴스끄市	130	1,500	육류 및 燕麦청부상 1호: 잡화점 2호	3/130=2.3
체르니고후카	130	1,000	잡화점 약 10호	10/130=7.7
슬라비얀카	30	200	잡화점 7호: 육류 1호	8/30=26.6
포세트	415	2,000	잡화점 10호	10/415=2.4
부루시	20	650	잡화점 5호	-
아지미	30	815	잡화점 3호	-
노브키에프스크	1,200	4,200	잡화점 6호	6/1,200=0.5
얀지헤	600	3,000	잡화점 8호	8/600=1.3
블라고베시첸스크	14	30,300	잡화점 1호: 麵麭(국수와 빵)소매점 5호	-
니콜라에프스크	-	1,778	잡화점 1호	-

(점포율*(점포 수/총 호수)은 저자가 계산한 것임)
자료: 統監府 外務部(1907)『極東露領に於ける韓国人の状態』, 현규환(1967:87, 812-35) 재인용.

규모면에서 볼 때, 상업에 종사하는 대부분 한인들은 매우 영세하였고, 자금이 넉넉하지 못하였다(〈표 6-4〉). 예를 들어 우수리 지방의 경우 한인 소매점에 총 71명이 종사하여 1개 소매점당 약 1.4명이 종사하였을 정도로 규모가 영세하였다.[61)] 따라서 이들은 러시아군(軍)의 청부를 받아 블라디보스토크의 시장에 정육점 점포를 가지고 있는 일부 한인들 이외에는 모두가 잡화상이었고, 한인을 주로 상대하며 물품은 한국이나 현지에서 구입하였다.[62)]

이들은 대부분 한인 거주지에 개점하여 한인을 상대로 장사하였는데 전체적인 한인 인구수에 비해 한인 상점이 극히 적다는 것을 알 수 있다. 제한된 통계이기는 하지만, 〈표 6-4〉에 따르면 슬라비얀카에는 30가구가 거주하는데 잡화점 7호와 육류점 1호가 있고, 체르니고후카에

60) 조선총독부(1918), p. 235.
61) 현규환(1967), p. 877.
62) 현규환(1967), p. 875.

는 130가구가 거주하는데 잡화점의 수효가 약 10호 정도 있어, 다른 지역에 비해 한인 상점이 비교적 많다고 볼 수 있다. 그러나 일부 지역에서는 한인 상점 수가 거주 가구 수에 비해 아주 적은 것을 볼 수 있다. 예를 들어 노브키에프스크에는 1,200가구가 거주하는데 잡화점이 겨우 6호 있을 뿐이고, 얀지혜 지역에도 600가구가 거주하는데 잡화점이 겨우 8호만 있을 뿐이었다.

도시지역을 중심으로 하여 작성된 자료에 따르면 러시아 혁명 직전인 1916년 러시아 극동지역의 도시거주 한인들은 농업을 제외하고 자영업 중에서 세탁업에 종사하는 사람이 상당히 많았음을 알 수 있다.[63]

한인 경영 숙박업소의 경우 완전히 한인들만을 위한 것으로, 한국에서 새로 온 사람이나 한국으로 귀국하는 사람들이 주로 여인숙을 이용하였는데, 블라디보스토크에 200개, 니꼴스끄에 40개, 그리고 기타 한인이 있는 곳에는 반드시 몇 개씩 있었다. 숙박료는 하루에 약 50꼬뻬이까였고, 한 달에는 약 10루블에서 12루블 정도였다.[64]

그리고 연초상(煙草商)은 주로 연초와 종이를 구매한 후 궐련을 제조하여 일본인이나 러시아인들을 상대로 행상을 하였는데, 이것은 한인들 간에 좋은 직업으로 간주되어 적지 않은 한인들이 담배말이꾼으로 종사하였다. 그리하여 제1차 세계대전 이전에는 러시아의 중류층 이상의 사람들의 수요가 크게 늘어 블라디보스토크, 송왕령, 화발포, 니꼴스끄, 블라고벤센스크, 치타 등지에서 약 500명 이상의 한인이 연초 파는 일에 종사하였다.[65] 하의 수입은 평균 70 내지 80꼬뻬이까에서 2루블까지로 개중에는 청부를 맡아 한 달에 100루블 이상 버는 사람도 있었다.

정육점의 경우, 블라디보스토크나 노보키에프스크 등지에서 러시아 군대에 육류를 공급하는 한인 청부업자들 중에는 대도시의 시장에 번듯한 자기 소유의 점포를 가지고 있는 자도 있었다. 특히 거대한 군사도시인 노보키에프스크서는 약 1천 명의 한인과 중국인 민간인들이 거주하고 있었는데, 한인들은 이 지역의 인구구성에서 커다란 비중을 차지하였다. 이곳에서 일부 한인들은 러시아 군대에 육류을 계약 판매함으로써 중국인을 능가할 정도로 부를 축적하였다. 이들은 중국의 만주로 가서 여윈 동물을 싼값에 매입하여 살이 찌도록 키워서 러시아 군대에 비싼 값에 되팔아 많은 이윤을 남겼다.[66] 그 밖에 음식점은 선술집과 같은 곳으로 보드카나 한국소주 및 2~3가지의 안주를 진열하는 정도의 규모로, 블라디보스토크에 10개가 있었다.[67]

---

63) Ibid., pp. 814-815.

64) Ibid., p. 875.

65) 뒤바보, 「俄領實記」 『獨立新聞』(上海版, 1920), pp. 175-176.

66) Isabella Bird Bishop, *Korea and Her Neighbours*(London, 1898), 이인화 역 『한국과 그 이웃 나라들』(서울: 살림, 1994), pp. 264-265.

4. 서비스 직종

서비스 직종에 포함될 수 있는 것으로는 청부업자, 관청서기, 통역관, 도박업자, 점원 등이 있는데, 여기에 대해서는 독립신문에 연재된 아령실기(俄領実記)[68]의 기록을 중심으로 살펴보고자 한다.

청부업자는 당시 러시아어로 뽀드랴치크(подрячик)라고 알려져 있었는데 이는 청부업자나 어용상인(御用商人)을 지칭하는 말로서, 이들은 어떤 일터에 삯일꾼을 모아주거나 관청이나 군대에 물품을 공급하는 일에 종사하였다. 이들은 철도의 작업장이나 어장(漁場) 등지에서 일꾼 수천 명씩을 거느리면서 이들이 받은 품삯을 일꾼들에게 나누어주고 그중 일부를 차지하였다. 예를 들어 선박이나 건축공사장의 인부를 고용하면서 이들 인부들이 받는 70~80꼬뻬이까[69]에서 2루블 정도의 일당 중 10꼬뻬이까를 공제한 후 나머지 금액을 인부들에게 나누어주었다.[70]

비사리라고 알려진 사람들은 러시아 중학교의 학력을 가지고 관청에서 월급을 받으며 근무하는 서기(書記)를 말하는데 이들은 아래의 통사(通辞), 즉 로어 통역관보다 좀 더 고결하다고 하였으나 다만 이들은 모국어에 무지한 경우가 많았다.

통사(通辞)는 러시아어에 익숙한 러시아어 통역관을 말하는데, 그 종류가 다양하였다. 이들은 주로 관청에 소속되어 있었으며, 특히 경찰서에 소속된 통사들의 횡포가 극심하였다. 또한 조국문명을 경시하고 동포들을 무시하였으며 선박이나 기차 등지의 작업장에서 동포들에게 끼친 피해가 대단하였다.

도박업자들은 속칭 '사바오', '야보', '야호이' 등으로 불렸다. 도박업을 하는 자들은 모두 상당한 자본을 가진 한인들로서 블라디보스토크의 '신한촌' 등에서 동업자들과 함께 주재지의 경관들에게 뇌물을 바치고 공공연히 도박장을 운영하고 있었으며 그 수는 약 20명 정도였다.[71]

점원이나 판매원 등은 주로 쁘리까즈시크(приказчик)라고 불렸다. 이들 가운데 러시아 고등소학교를 졸업하거나 몇 년간의 상업경력이 있어 백 원 정도의 많은 월급을 받는 자도 있었다.

---

67) 현규환(1967), pp. 875-876.

68) 뒤바보(1920), pp. 173-179.

69) 1꼬뻬이까(копейка) = 1/100루블(рубль).

70) 統監府 外務部(1907), 『極東露領に於ける韓国人の状態』, 현규환(1967:876) 재인용.

71) 현규환(1967), p. 876.

5. 기타 단순 노무직

기타 단순 노무직으로는 담배말이꾼, 지게꾼, 벌목업자, 질등이꾼, 아재비 그리고 음식을 만들어주는 디스포라는 사람들이 있었다.

담배말이꾼은 궐련을 손으로 만드는 사람을 일컫는데, 잘 만드는 사람의 경우 하루 수입이 30 내지 40원 가량으로, 러시아 극동지역에서 이들 담배말이꾼의 소득이 가장 높았다. 이들은 주로 러시아 중류층의 수요에 맞추어 해삼위, 송왕령, 화발포, 니꼴스끄, 블라고벤센스크, 치타 등지에서 일하였으며 그 수는 500명 이상이었다.[72)]

지게꾼은 지게를 이용하여 골목길을 다니면서 화물을 운반하여 주는 일꾼으로, 품삯은 화물의 무게와 운반거리에 따라 달라지나 하루 30~40꼬뻬이까에서 80~90꼬뻬이까를 벌어들였으며 블라디보스토크에만 약 4,000명의 지게꾼이 있었다. 그러나 노동의 실적에서는 한인들이 중국인에 미치지 못하였으며, 블라디보스토크 지역에서는 러시아인들이 지게꾼 회사를 설립하여 그 소속 일꾼의 수가 80명에 달하는 때도 있었다.[73)]

벌목업자는 톱질과 벌목을 주로 하면서 블라디보스토크 부근의 니꼴스끄, 스파스카야 등에서 하루에 70~80꼬뻬이까를 벌었고, 니콜라에프스크의 벌목업자들 중에는 임금을 받고 타인에게 사역을 하는 자와 손수 벌목하여 이를 판매하는 자들이 있었다. 보통 1싸지엔[74)]을 벌목하는데 1루블의 임금을 받았고, 또 장작패기는 장작 1싸지엔에 80꼬뻬이까를 받았는데 보통 하루에 1싸지엔의 장작을 패는 것이 통례였다.[75)]

질등이꾼은 우수리 철도와 동청철도(東清鉄道)를 건설할 당시 일을 했던 사람들로서, 당시에 임금을 많이 받았으나 청부업자인 뽀드랴치크에게 임금을 빼기는 일이 종종 발생하였고, 또한 러시아 통역의 채찍 하에서 모욕을 당한 일도 적지 않았다.[76)]

아재비는 러시아에 거주하는 한인 농가의 부인들이 고용하는 일꾼을 말한다. 이들은 모국에서 와서 농가의 주인과 1년간 일하기로 계약을 하며, 보통 삯으로 백 원을 받았다. 이들은 봄에 논밭을 경작하거나 가을에 추수를 하는 것은 물론 겨울철에는 도르래로 물을 길어 올리는 급수(汲水)일까지도 하곤 하였다.[77)]

---

72) 뒤바보(1920), pp. 175-176.

73) 『大東共報』, 1909. 3. 21.(제24호), 「韓人勞動의 困難」, p. 3.

74) 1싸지엔(сажень)은 약 2.14미터임.

75) 統監府 外務部(1907) 『極東露領に於ける韓国人の状態』, 현규환(1967:873) 재인용.

76) 뒤바보(1920), p. 176.

디스포는 음식을 만들어주는 자로 흔히 보이라고 불렸는데, 다음의 3부류로 구분할 수 있다. 첫째 부류는 서양요리의 상식이 풍부하여 여관이나 기차, 배 등에서 일하는 사람이고, 둘째 부류는 금광이나 어장 등에서 일하며 한꺼번에 삯을 받는 사람이고, 마지막으로는 개인 가정의 주방일을 전담하면서 고용된 집에서 식사를 해결하고 매달 10원가량의 수고료를 받는 사람이다.[78] 이 밖에도 한인들은 러시아 극동지역에서 소작인뿐만 아니라 목수, 석공, 대장장이, 미장이 등, 다양한 직업을 갖고 일하였다.[79]

Ⅳ. 소결

여기서는 본 장의 서두부분에서 언급한 이주민의 직업에 관한 통합적 모형과 관련하여 살펴보기로 한다. 이미 지적한 바와 마찬가지로 이주민의 직업에 관한 통합적 모형에서는 이주민의 직업에 영향을 미치는 인구유출국에서의 공급적 측면의 요인들뿐만 아니라 인구유입국에서의 상황과 관련된 수요적 측면의 요인들을 모두 고려하여야 한다. 먼저 러시아 극동지역 한인 이주민의 직업에 영향을 미쳤다고 생각되는 것은 인적자원의 공급적 측면이다. 이러한 측면에 포함되는 것으로서는 한인의 농업중심적 성격, 이주 당시 조선의 사회·경제적 모순, 직업을 사농공상으로 구분하는 조선의 문화적 요인 및 한인 이주민의 자급자족적 성향 등이 있는데, 이러한 요인을 중심으로 살펴보기로 한다.

첫째, 대부분의 한인 이주민들이 농업에 종사하였고 비농업직종에 종사한 비율은 소수였다는 점이다. 물론 블라디보스토크와 같은 도시지역은 비농업종사자가 농업종사자보다 더 많았으나 대부분의 러시아 극동지역에서 한인들은 농업과 관련된 일을 주로 하였다. 이것은 이주 한인들에게 농업 이외의 기술이 거의 전무하였다는 점과 관련이 있는데, 대부분의 한인들이 이주하기 전 송출지에서 농업을 직업으로 하였던 것과 무관하지 않다. 이는 또한 조선시대의 사농공상의 직업의식에 따라 상업을 천시하는 경향이 이주지에 와서도 계속 이어지고 있음을 보여준다.

---

77) 뒤바보(1920), p. 177.

78) 뒤바보(1920), p. 177.

79) 그 외 여러 가지 직업이 있었음은 러시아 극동지역의 한인신문의 광고를 보면 알 수 있다. 즉 『勸業新聞』에서는 한인들에게 일자리를 소개하기 위해 다음과 같은 직업을 가진 사람을 모집하는 광고를 내기도 하였다: 「목슈업 ᄒᆞᄂᆞᆫ 이, 돌깍ᄂᆞᆫ 업 ᄒᆞᄂᆞᆫ 이, 흙파ᄂᆞᆫ 업 하ᄂᆞᆫ 이, 농업 ᄒᆞᄂᆞᆫ 이, 야쟝업 ᄒᆞᄂᆞᆫ 이」(『勸業新聞』, 1912. 12. 29.(제37호), 「布告」 p. 4).

이런 점에서 이주민의 유출국에서의 문화적 전통이 유입국에서의 이주민의 직업에 강한 영향을 미친다는 주장[80]이 어느 정도 설득력을 가진다고 할 수 있을 것이다.

이러한 측면과 관련하여 빼놓을 수 없는 것은 한인 이주가 시작되었을 당시 조선의 상황, 즉 극심한 기근과 사회적 모순었다.[81] 특히 1969년과 1970년에 발생했던 함경북도 지방의 대흉작으로 이 지역주민들은 초근목피로 연명을 하였으나[82] 정부는 아무런 대책도 없었다. 오히려 정부에서는 이주를 금하는 강력한 법을 시행하였는데, 한인 이주민들은 위험을 무릅쓰고 두만강을 건너 러시아로 이주해 왔다.[83] 뿐만 아니라 조선후기 사회의 정치적・경제적・사회적 모순 또한 한인의 이주를 촉진시켰다고 할 수 있다. 이러한 모순의 계기가 된 것은 조선후기 생산력의 증대로, 일부 농가에서는 풍흉에 관계없이 정액지대를 받을 수 있었으므로 경작지를 확대하여 지주나 부농이 될 수 있었으나, 그렇지 못한 농가는 경작지를 잃고 유이민으로 전락할 수밖에 없었다.[84] 이는 결국 한인의 러시아 이주를 촉진시키는 데 상당한 역할을 하게 된다.

둘째, 전체 한인의 가구 수에 비해 한인 상점이 상당히 적은 것으로 나타나고 있는데, 그것은 무엇보다도 한인가정에서의 자급자족적인 성향에 기인하는 바가 크다. 왜냐하면 한인 이주민의 생산은 자급자족을 목적으로 하여 일상생활에서 필요한 것은 스스로 만들어 사용하였기 때문에 수공업에 있어서 큰 발전을 기대할 수 없었다. 특히 각 가정에서 필요한 1차 필수품 모두를 가족 성원들이 자체적으로 만들어 사용하였다. 예를 들어 한인들은 농업에 필요한 모든 도구들, 즉 옷・짚신・바구니・빗자루・밧줄・돗자리 등을 모두 만들어 사용하였고, 필요하면 목수일에서 수리공 역할까지 하였다.[85] 이들은 누구에게도 도움을 청하지 않고, 필요한 경우에는 스스로 만들어 사용하였다.

셋째, 러시아 극동지역 한인 이주민 업종의 또 다른 특징은 이것들 대부분이 같은 동족을

---

80) Franklin Frazier, *Black Bourgeoisie*(N.Y.: Free Press, 1957); Freedman(1959); Sowell(1975).

81) 이 책의 제4장 참조.

82) Ким Сын Хва(1965); 현규환(1967), p. 800; 임계순(1987), pp. 583-584.

83) 국경지방 주민들의 월경(越境)을 막기 위해 향약점고(鄕約點考)를 시행하였는데 이는 오가작통제(五家作統制)를 엄격히 시행하여 각 읍의 약장(約長)이 이를 관장하도록 하고, 장정(壯丁)수효를 수시로 점검하여 관가에 보고하도록 하는 것이었다. 뿐만 아니라 주민들의 월경을 막기 위해 순조 말경에서 철종 원년 사이에 무산군(茂山郡)의 서면임강대(西面臨江坮)의 파수대에서 시작하여 경흥부조산보(慶興府造山堡)의 파수대까지 다음과 같이 총 67개의 파수대를 설치하였다: 茂山(3), 會寧(9), 鍾城(20), 穩城(15), 慶源(14), 慶興(7)(田川孝三, 1944:479-480).

84) 田川孝三, 「近代北鮮農村社會と流民問題」『近代朝鮮史研究』(朝鮮史編修會研究彙纂 第一輯)(朝鮮總督府朝鮮史編修會, 1944), pp. 407-625; 임계순(1987), p. 584.

85) Н. Пасъкинъ. "Корейцы Приамурского Края"(아무르지역의 한인들) *Журналъ Министерства Народного Просвещения*(문교부 일지)(Санкт-Петербург, 1904), 이상근(1996:195-6) 재인용.

상대로 한 것에 지나지 않았다는 점이다.[86] 즉 대부분 한인들의 거래상황을 보면 한인 간 거래는 현금거래였다. 은행이라고 볼 수 있는 것은 없고 고리대금업자가 있었으나 금리가 5푼 내지 1할 정도로 극히 비싸 소자본가들은 도저히 이용할 수 없었다.[87] 뿐만 아니라 이들 한인상인들은 블라디보스토크에서 러시아 군대에 육류를 공급하는 일부 한인 육류상과 러시아인들의 수요에 부응하기 위한 일부 뽀드랴치크(подрячик)와 같은 직종을 제외하고는 러시아인과의 거래는 거의 없었고 기껏해야 한인들 간의 수요와 공급을 맞추는 데 급급하였다. 이들 한인들은 대부분 동족인 한인을 상대로 하는 잡화상이었다.

이러한 점에서 볼 때, 이주민들이 거래하는 상품에 대한 수요를 전제로 하면서 이러한 수요가 주로 소수민족의 동족들에 의해 채워지게 된다는 인종적 특수시장이론(ethnic enclave theory)이 한인 이주민의 직업구조를 설명하는 데 설득력을 가짐을 알 수 있다. 뿐만 아니라 인종적 특수시장 이론에 따르면 이주민들은 자기와 같은 종족이 필요로 하는 상품을 잘 알기 때문에 그들만의 상품에 대한 독점시장을 구축할 수 있다[88]고 주장하는 것도 같은 맥락에서 설명할 수 있을 것이다. 이들 한인들은 대부분 한인을 상대로 하는 잡화상이었고 물품은 러시아 현지 또는 모국인 한국에서 구입하였다.

넷째, 동족 간의 결속력과 직업의 관련성에 있어서 한인들은 중국인에 비해 동족 간의 신용, 협동이나 단결이 약하다는 점이 자주 지적되고 있는데,[89] 이 때문에 한인에 의한 소규모 상점은 크게 감소하였다. 이 점은 러시아 극동지역의 중국인들과 비교해 보면 잘 알 수 있는데, 특히 중국인들의 강력한 길드체제와 결속력은 러시아인들을 이들 품목에 대한 교역에서 축출할 정도로 강력하였다.[90] 중국인들은 한인들이 주로 황무지를 개간하여 농토를 만드는 등 농사일에 노력을 기울이는 동안 장사에 눈을 돌려, 한인들이 거주하는 농촌에 상점을 개설해 한인을 상대로 일 년에 몇 천 원 이상의 이익을 얻는 경우도 있었다. 블라디보스토크 지역의 경우 중국인은 강력한 동족 간의 결속에 의해 이 지역 대부분의 상점을 소유함으로써 육류, 어류, 과일, 야채와 기타 상하기 쉬운 일용품을 독점하여 러시아인들과 독일인들에게 물건을 싸게 팔았기 때문에 그들의 장사 규모는 점점 커져 갔다.

반면 극동지역의 한인신문에서 한인들에게 더 많은 상점을 개설하여 중국인 상점 대신에

86) 현규환(1967), p. 875.
87) 현규환(1967), p. 875.
88) Light(1972); Portes and Zhou(1992).
89) 이상근(1996), p. 183.
90) Bishop(1898), p. 259.

이용할 수 있도록 할 것을 권유하고 한인들이 신용을 쌓아 적극적 상업 활동을 하도록 권장할 정도로 블라디보스토크 한인 거주지 내 한인 상점 수는 오히려 감소하였다. 또한 한인들 간에 신용을 지키지 않아 한인들조차 한인 상점이 아니라 외국인 상점에 가서 물건을 구매하는 일이 많았고,[91] 이 때문에 가뜩이나 영세한 한인 상점은 갈수록 감소할 수밖에 없었다.

지금까지 이주민의 직업에 영향을 미치는 인구유출국에서의 공급적 측면을 고찰하였다. 다음으로 이주민의 통합적 모형에 포함되는 것은 이주민의 직업에 영향을 미치는 인구유입국의 상황이다. 특히 이주민 직업에 영향을 미치는 유입국의 수요적인 측면으로 러시아의 이민정책을 고려해야 할 것이다. 19세기 말과 20세기 초에 걸쳐 러시아의 이민정책은 상당한 변화를 겪었는데, 외국 이주민의 노동력을 이용하고자 했던 초기 러시아 극동의 경영정책이 후기에는 타국 이주민을 제한하는 정책으로 전환되었다. 여기서는 주로 이주민 유입국인 러시아의 이민정책과 이주민의 직업에 영향을 미친 지역별 상황을 중심으로 고찰한다.

러일전쟁 이전까지 러시아 당국은 노동력이 부족한 극동지방에서 인내심이 강하고 저임금으로 노동을 시킬 수 있는 한인이나 중국인 노동력을 선호하는 정책을 폈다. 이는 기껏해야 마부로 말을 모는 정도의 노동만 하고, 힘든 노동을 참지 못하는 러시아 노동자들에 대한 적절한 대안이기도 했다. 외국인 노동력을 선호하는 이런한 정책은 사금업과 어업 관련 한인 노동자의 증가 추세에서도 잘 알 수 있다. 그러나 이주에 대한 우호적 정책은 러일전쟁 이후 황인종 노동자들의 수적 증가와, 극동에서 팽창하는 일본의 세력에 대한 우려의 감정이 표면화되자 이주민에 대한 제한정책으로 바뀌게 된다. 이러한 정책기조의 전환은 한인 이주자들의 직업에도 즉각적으로 영향을 미쳤다.

러시아정부가 내린 한인 이주민의 특정 직업에 대한 강력한 제한조치의 예로서 운테르베르게르 총독의 명령을 들 수 있다. 운테르베르게르 총독은 1906년 5,865명이나 되던 사금장의 한인 근로자들을 1909년 금광에서 모두 퇴거하도록 하였다. 이에 따라 사금장에서 일하던 한인 이주자들은 도시나 촌락으로 숨어들었고 대신에 중국인들이 이들을 대체하여 이곳에서 일하였다.[92] 또한 어업에서 한인들을 축출하려는 조치가 취해지자 1904년경 3,000여 명이에 달하던 한인

91) 이러한 한인의 신용문제에 대해서 당시 신문에서는 다음과 같이 언급하고 있다:「본항 한인 거류디 ᄂᆡ에 한인의 샹뎜이 십여가 되더니 지어금년ᄒᆞ야ᄂᆞᆫ 다섯에 지나지 못ᄒᆞ니 쟉년에 비교ᄒᆞ면 삼ᄇᆡ나 감ᄒᆞᆫ지라. 그 원인을 들은즉 상민과 평민 사이에 피ᄎᆞ 신용을 일ᄉᆞᆫᄃᆞᆰ에 동포들이 한인의 샹뎜을 지나가셔 외국인의 샹뎜에만 가셔 ᄆᆡᄆᆡᄒᆞᄂᆞᆫ 고로 샹업이 이ᄀᆞᆺ치 쇠픠ᄒᆞ얏다 ᄒᆞ니 참 가셕ᄒᆞᆫ 일이거니와 우리의 바ᄅᆞᄂᆞᆫ 바ᄂᆞᆫ 피ᄎᆞ 신용을 엇어 샹업을 다시 흥복ᄒᆞ면 ᄒᆡᆼ복이 되겟더라」『大東共報』, 1909. 4. 4.(제28호), 「韓人商業쇠敗」 p. 3.

92) Граве(1912), pp. 116-117; Ким Сын Хва(1965), p. 46.

어업노동자들이 1910년에는 겨우 938명만이 남을 정도로 러시아 당국의 정책이 한인 근로자의 직업에 미친 영향은 컸다.[93)]

뿐만 아니라 러시아 이민정책의 규정에 따라서 도시에 거주하였던 한인들은 그들의 직업과 국적[94)]의 영향을 많이 받았다. 예를 들어 많은 비농업직 한인들이 거주했던 블라디보스토크에서는 1909년 3월 22일, 한인과 중국인은 다음의 조건들 중 어느 하나에라도 해당될 경우 시의 어느 지역에서든지 거주할 수 있지만, 그렇지 않을 경우 '꾸뻬로프스카야 파두'(Куперовская Падьу)라는 지정된 특별지역 이외에는 거주할 수 없도록 하는 규정이 내려졌다: 1) 러시아 국적을 가지고 있거나, 2) 블라디보스토크에 부동산을 가지고 있거나, 3) 1등, 2등, 3등의 영업감찰을 소유하면서 블라디보스토크 시내에서 상업을 경영하는 자이거나, 4) 3항에 해당하는 영업자에 의해 고용된 점원과 고용인이어야 했다.[95)]

이 같은 한인에 대한 제한조치는 하바로프스크나 니꼴스끄 우수리시에서도 찾아볼 수 있다. 먼저 하바로프스크시에서는 러시아 국적을 취득하지 않은 한인들의 거주지를 제한하였고, 또한 러시아 국적을 취득했더라도 직업에 따라 거주지를 제한하였다. 당시 하바로프스크에서 작성된 문서[96)]에 의하면, 한인 근로자 시내거주를 허용하지 않았다. 따라서 한인들은 낮에는 시내 건설장이나 기타 작업장에 있을 수 있지만 야간에는 시외에 있는 한인마을에 거주하여야 했고, 중국인과 한인마부들도 시내에 거주하는 것이 허용되지 않았다. 또 하바로프스크시의 주민들이 한인과 중국인을 하인으로 고용하는 것은 허용되었으나, 그 수는 개별 가구당 2인을 넘지 못하게 하였다. 특히 음식과 관련된 식료품 생산공장, 예를 들어 맥주 공장, 과일탄산수 공장, 마카로니 공장, 제분소, 소시지・빵・과자 제조시설 등에서는 유럽인만을 노동자로 고용해야 했고 한인들을 고용할 수 없었다.

---

93) 권희영(1993), p. 181.

94) 1913년 러시아 국적을 취득한 한인 노동자는 정부기관과 공장에서 24.6%, 개인기업에서 75.45%를 차지하고 있었는데, 국영기업에서는 러시아 국적을 취득한 한인만을 고용하였다. Ким Сын Хва(1965), p. 46.

95) Систематический Сборник Постановлений Владивостокской Городской Думы за 1901~1912г.(1901~1912년 블라디보스토크市 두마의 계통적 법규집), (1913:678), Patsiorkovsky et al.(1995:569)에서 재인용.
또한 하바로프스크 시내에 거주하려는 한인과 중국인에 대해서도 이와 유사한 아래의 규정이 시행되어 다음에 기재된 자에 한하여 시내에 거주할 수 있도록 하였다: 1) 가복(家僕)으로서 시내주민에 使役되고 있는 清人과 韓人, 단 1가족당 5명을 초과할 수 없음, 2) 각종 건축사업 중 이에 사역(使役)되는 양국인, 단 상기 守衛의 居所를 특설할 것, 3) 夏期煉瓦제조소에 사역되는 자, 또는 동기(冬期) 守衛로 同제조소에서 留하는 자, 4) 旧市街의 守衛인 양국인, 5) 증기제분소와 주철소(鋳鉄所)에서 使役되는 양국인. 統監府外務部(編),「極東露領に於ける韓国人の状態」(1907), 현규환(1967), pp. 883-884 재인용.

96) 톰스크 문서보관소 소장자료인 "중국인과 한인들을 특별구역에 이주시킨 문제에 대하여"(О поселении китайцевъ и корейцевъ въ особыхъ кварталахъ города). 이상근 (1996), pp. 114-115 재인용.

이러한 한인에 대한 규제는 전염병의 발병과 같이 이주지에 특별한 상황이 발생할 경우 더 강해졌다. 특히 니꼴스끄 우수리 지역의 경우를 예로 들면, 콜레라 발생의 위험이 있을 때 한인과 중국인들은 시내 중국인 구역 이외에서 여인숙, 빵집, 하급음식점, 식료품가게, 이발소, 공중목욕탕 등 각종 작업장을 운영하는 것이 금지되었다. 또한 한인과 중국인들은 호텔이나 여인숙, 개인주택, 하급음식점, 작업장, 공중목욕탕, 그리고 그 외 유럽인들이 경영하는 시설에 거주하는 것도 금지되었을 정도였다.[97)]

따라서 이주한인의 직업을 고찰할 때 이주민 직업의 통합적 모델의 수요적 측면, 특히 본 장의 경우 러시아의 이민정책과 지역적인 차이 및 전염병과 같은 이주지에서의 특수한 상황적 요인 등도 이주민 직업의 공급적 측면과 함께 고려할 필요가 있음을 보여주고 있다.

이상에서 살펴본 바와 같이 본 장에서는 이주민의 직업에 영향을 미친 요인들을 고찰하기 위해서는 이주민 유출국에서의 인적자원에 대한 공급적인 요인뿐만 아니라 인구유입국의 상황을 모두 고려하여야 한다는 점을 강조하였고, 러시아 극동지역으로 이주한 한인들의 경우로 설명하려고 하였다.

그러나 이러한 과정에서 본 연구가 가지는 한계점 또한 간과할 수 없을 것이다. 무엇보다 자료의 문제를 지적하지 않을 수 없다. 한인들이 이주한 러시아 극동지역을 포괄할 수 있는 이주민의 직업과 관련한 자료가 없어 본 연구에서는 입수 가능한 지역의 자료에 의존할 수밖에 없었고, 이로 인해 한인의 직업과 관련한 전체적인 윤곽은 추정에 의할 수밖에 없는 한계성을 안고 있다. 또한 입수된 자료라 하더라도 자료들 간에 나타나는 통계수치상의 차이 또한 해결하기 쉽지 않은 문제라 할 수 있다.[98)]

이와 관련하여 이주민의 직업에 대해 좀 더 상세한 정보를 제공해 줄 수 있으리라 기대되는,

97) 톰스크 문서보관소 소장자료 "1911년 12. 29. 니콜스크 우수리스끄의회결정서"(Постановления Никольскъ-Уссурийской Городской Думы отъ 29-го декабря 1911 года № 123 для жителей Никольскъ-Уссурийскаго), 이상근(1996), pp. 116-117 재인용.

98) 〈부록〉에서 자료에 따라 달리 나타나는 러시아 극동지역 한인 이주자들의 수치의 차이를 예로 들 수 있다. 또 다른 예로는 블라디보스토크의 한인인구가 1907년경 현규환(1967:87, 814-15)이 인용한 済軒学人(編)(1916)『浦潮斯徳事情』의 자료에 따르면 7,600명으로 되어 있으나, 파치오르스키 외(Patsiorkovsky et al., 1995:568)가 인용한 1916년의 블라디보스토크의 인구조사에 의하면(Перепись Населения Владивостока 1916 Года) 4,180명으로 나타나 큰 차이를 보이고 있다. 하바로프스크의 한인인구에 있어서도 자료들 간에 큰 편차를 보이고 있는데, 위의 済軒学人(編)(1916)『浦潮斯徳事情』의 자료에 의하면 2,700명으로 되어 있고 이상근(1996:188-190)이 인용한 톰스크 문서보관소 자료「1917년 2월 현재 하바로프스크시에 거주하는 황인종계열의 외국인에 대한 신고서」(О проживающихъ въ городъ Хабаровскъ иностранцахъ желтой расы. За февраль мъсяцъ 1917 годъ)에 의하면 1,066명으로 나타나, 큰 차이를 보인다.

상당부분의 러시아 측 자료에 대한 접근의 제한 또한 아쉬운 부분으로 남아있다.[99] 그리고 최근 한국인에 의해 활발히 이루어지고 있는 러시아 측 자료발굴이 주로 정치학자와 역사학자들에 의해 행해지므로 상대적으로 직업과 관련된 사회사적 자료는 우선순위에서 벗어나 있는 듯하다. 이와 같은 사실은 독립운동사와 관련되거나, 또는 러시아 극동지역에서 중앙아시아로 강제 이주된 한인들과 관련된 정치적 자료들은 상대적으로 풍부하게 발굴되고 있다는 점에서 더욱 입증된다 할 것이다. 러시아 극동지역의 한인과 관련된 사회사 분야 자료의 상대적 빈곤은 앞으로 이 분야의 연구자들에 의해 해결되어야 할 문제일 것이다.

99) 러시아 극동지역의 한인 이주에 관한 많은 귀중한 자료를 소장하고 있던 시베리아의 톰스크 문서보관소(Исполнительный комитет Томского областного совета народных депутатов. Архивный отдел)의 소장문서가 최근 블라디보스토크로 옮겨짐에 따라 자료이용이 좀 더 용이하지 않을까 생각된다.

제7장
러시아 극동지역 한인 농업이민의 분화

한인의 러시아 극동지역 농업이민이 시작된 지 140여 년이 지난 지금, 러시아 극동지역은 다시금 우리의 관심의 대상이 되고 있다. 러시아 극동지역은 그동안 천연자원의 보고(寶庫)로 널리 알려져 왔지만, 최근에는 러시아의 방대한 농지가 갖는 가능성이 주목을 끌고 있다. 특히 구소련의 붕괴 이후 이 지역의 광대한 농토가 노동력, 기술 등의 부족으로 방치되고 있는 것과 때를 같이하여, 한국의 자본과 기술 그리고 북한의 노동력이 결합될 경우, 북한지역의 식량부족과 미래 한반도의 식량문제를 해결할 수 있는 대안의 하나로 부각되기도 하였다. 또한 통일을 대비할 경우, 이 지역에서 수많은 북한 난민을 수용하고 이들 노동력을 유용하게 이용할 수 있다는 주장이 제기되기도 하였다.[1)]

최근에 연해주 주정부에서는 1930년대 중앙아시아로 강제 이주된 한인 이주민들이 중앙아시아에서 극동지역으로 다시 회귀해 오는 고려인 귀환이민(return migrants)[2)]을 위해 폐쇄된 병영(兵營)아파트와 경작지를 제공해 주고 있고, 한국의 건설협회에서는 이들을 위한 아파트를 건설하고 있다는 것이 언론에 보도되기도 하였다. 중앙아시아 지역으로부터의 고려인 귀환이민은 극동지역의 농업에 있어서는 중요한 의미를 갖는데, 이것은 연해주의 벼 경지면적의 변화기록을 보아도 잘 알 수 있다. 즉 한인이 농사를 짓던 1930년 연해주의 벼 재배면적이 20,000ha이던 것이 한인의 강제이주가 끝난 1939년에는 3,600ha로 격감하였고 제2차 세계대전이 끝난 1948년에는 510ha밖에 되지 않았다.[3)] 따라서 고려인의 귀환이민으로 극동지역의 농업, 특히 벼농사에 있어서 다시금 상당한 변화가 예상된다. 뿐만 아니라 최근 중국 조선족을 고용하여 수만 헥타르의 농장을 성공적으로 경영하고 있는 '아리랑 농장'의 사례[4)]가 우리에게 미래의 러시아 극동지역의

1) 구천서 · 이병화, 『연해주: 농업개발과 환경여건』 (서울: 책 만드는 집, 1998).

2) 중앙아시아 고려인의 귀환이민에 대해서는 이 책의 11장 참조.

3) 박진환, 『극동러시아의 벼농사, 국영농장, 그리고 조선족-러시아인들』(농협대학 농촌개발연구소, 1998), p. 25.

4) '연해주 등 농토개발: 통일 · 식량위기 대비 … 21세기 국가운명 시금석 될 수도,' 『시민의 신문 지킴이』(시

'신농업이민(新農業移民)'을 위한 하나의 새로운 방향을 제시하고 있다.

이러한 시점에서 우리는 과거 러시아 극동지역의 한인 농업이주민에 대해 다시 한 번 명확히 이해할 필요가 있다고 생각한다. 특히 이 지역 한인 농업이주민의 계급과 관련된 부분은 아직 본격적인 연구가 되지 않았다. 본 장의 의의는 농민층 분화에 관한 이론을 통해서 19세기 말과 20세기 초에 걸친 러시아 극동지역 한인 농민층의 분화양상과 그것을 규정하는 제 조건을 규명하고, 한인 농업이주민을 둘러싼 여러 계급관계의 성격을 살펴보는 데 있다. 따라서 본 연구의 목적은 첫째, 러시아인과 비교해 볼 때 러시아 극동지역 한인 농업이주민의 계급적 위치는 어떠하였는가, 둘째, 한인 농업이민들 사이에 존재하였던 여러 계급의 양상은 어떠했는가, 셋째, 한인 농업이주민의 계급적 구조가 어떻게 분화하였는가 등을 살펴봄으로써 한인 농업이민에 대한 이해를 높이고자 한다.

I. 농민층 분화에 관한 이론적 논의

1. 농민층 분화에 관한 이론

농민층 분화[5]에 관한 이론으로서 많이 논의되고 있는 것은 양극분화론, 중농표준화론 및 생산양식접합론 등이다.

1) 양극분화론

양극분화론은 기본적으로 칼 맑스(Karl Marx)의 이론을 기초로 하고 있다. 맑스에 의하면, 자본주의가 발달하게 되면 계급구조가 생산수단의 소유자인 자본가와 생산수단을 소유하지 못한 노동자로 나뉘게 된다. 여기에서 소유라는 것은 단순한 자본, 기계 또는 토지뿐만 아니라

민의 신문사 발행, 1999년 6. 7. ~ 6. 13.).

5) 농민층 분화는 엄밀한 의미에서 농민층 분해와는 다르다. 즉 농민층 분화는 소생산자로서의 농민층이 경영규모의 변화에 따라 차이를 보이는 것을 의미하나, 농민층 분해는 농민이 소생산자의 성격을 완전히 탈피하여 다른 노동자나 농업자본가로서 변화하는 것을 의미한다(이영기, 1984:130; 김종섭, 1986:8). 그러나 본 연구에서는 양자를 포괄하여 농민층 분화로 부르기로 한다. 다만 '분해'는 결합된 것을 부분으로 해체한다는 의미가 많다고 보아 본 연구에서는 '분화'라는 용어를 사용하였는데, 이는 '분화'라는 용어에는 단순하고 동질적인 것이 복잡하고 이질적인 것으로 갈려나간다는 '분해'의 의미 외에도 형태적 · 기능적으로 변화하여 새로운 특이성을 형성하는 의미도 포함된다고 보았기 때문이다.

인간관계의 소유까지도 포함하는데, 생산수단을 가진 사람들은 생산수단을 가지지 못한 사람들을 지배하고 착취하며, 이 착취관계는 반드시 생산관계를 둘러싸고 이루어진다는 것이다.

양극분화론에 따르면, 농업의 상품생산력이 진전되면 소생산자로서 동질적인 성격을 유지하던 농민층도 농업경영과 생산력의 격차로 인해, 농업자본가와 임금노동자라는 양극으로 분화된다는 것이다. 이것은 자본주의의 형성과 발전에 필요한 임금노동자의 창출을 위해서도 상당히 중요하다. 결과적으로 자본가에 의한 자본축적이 진행될수록 농촌노동자는 임금노동자로 전락하여 자본에 예속되고 착취된다고 본다. 이 이론을 대표하는 학자는 이시와타 사다오(石渡貞雄)[6]인데, 그는 "농민층 분해 = 양극 분해 = 농업의 자본주의화"를 주장하고 있다. 이영기[7], 김종채[8], 그리고 김완[9] 등은 한국의 농민층 분해를 이러한 양극분화론의 관점에서 보고 있는데, 특히 이영기와 김종채는 1960년대 이후 한국 농민층의 분해를 '상층농의 상향분화의 제약 및 하강분해의 격화'로 특징짓고 있다.

양극분화론은 2가지로 분류할 수 있는데, 하나는 농업자본주의가 자유롭게 발전하여 농민층 분화가 비교적 용이하게 나타나는 것으로서, 봉건적 토지소유로부터 철저히 해방된 서유럽의 경우가 이에 해당된다고 할 수 있다. 또 다른 하나는 봉건적 토지소유관계에서 완전히 해방되지 못하여 분화가 지연 또는 저지된 것으로, 1900년대의 러시아나 1930년대의 반식민지하에 있었던 중국의 경우가 이에 해당한다고 할 수 있다.[10]

그러나 양극분화론은 각국 자본주의의 성격, 역사적 발전단계 및 봉건적 토지소유의 해체정도와 방식에 따라 달리 나타나므로[11] 본 장에서 양극분화론이 19세기 말에서 20세기 초에 이주한 러시아 극동지역의 한인 이주민에게 어떻게 나타나는가를 밝히는 것은 상당히 의미 있는 작업이라 생각된다.

2) 중농표준화론(中農標準化論)

중농표준화론(중농비대화론)에서는 19세기 말에서 20세기 초까지 영국, 프랑스, 독일, 일본

6) 石渡貞雄, 『農民分解論』(有斐閣, 1955). 박현채 역, 『자본주의의 형성과 농민층 분해론』(도서출판 한울, 1985).
7) 이영기, 「고도 경제성장하의 농민층 분해」, 박현채 외, 『한국농업문제의 새로운 인식』(돌베개, 1984), pp. 129-164.
8) 김종채, 「농민층 분해론의 동향과 과제: 농민층의 계급적 성격 이해를 위한 예비적 고찰」, 김진균 외, 『제3세계와 한국의 사회학: 현대한국사회론』(돌베개, 1986), pp. 176-179.
9) 김완, 「한국의 농민층 분해에 관한 사례연구」, 박현채 외, 『한국농업문제의 새로운 인식』(돌베개, 1984), pp. 165-212.
10) 이재진, 『1960년대 이후 한국농민층 분해의 연구』, 충북대 경제학과 석사학위논문(1990), p. 8; 김완(1984), pp. 172-173.
11) 이재진(1990); 이영기, 「농민층 분해의 동향과 계층구성」, 한국농어촌사회연구소 편, 『한국농업·농민문제 연구 I』(연구사, 1988), pp. 193-217.

등의 경우를 살펴볼 때 농민층이 양극으로 분해되기보다는 오히려 중간층이 증가하였다는 사실에 주목한다. 그리하여 소생산자인 농민층에 의한 자본가와 노동자로의 분화가 초기자본주의단계에서는 양극분화형으로 진행되어 왔으나, 독점자본주의 또는 국가독점자본주의단계에서는 농업의 자본제적 발전이 저해되어 중농층이 비대화하게 된다고 본다.[12] 그 이유로 요우하라 하쿠쥬(要原百壽)는 농촌 상류층은 자본가적 대경영이 수지가 맞지 않아 농외(農外)투자에 힘을 쏟고, 반면에 농촌 하류층은 농촌 프롤레타리아 또는 농촌을 떠난 도시 프롤레타리아로서 임금노동자화하므로 결국 가족경영을 주로 하는 중농층만이 상대적으로 증가하게 된다고 주장한다.[13] 따라서 요우하라는 중농화 경향도 양극분화 경향의 한 부분으로서 결국은 양극분화가 지나치게 진전됨에 따라 양극에 존재하는 빈농층이나 부농층이 농업 이외의 분야로 떨어져 나간 형태에 지나지 않는다고 본다. 또한 오오우치 쯔토무(大內力)는 독점자본주의 단계에서 자본가적 경영의 발전이 정체현상을 보이고 가족적 소경영이 증대하는 소농표준화경향을 주장한다.[14]

그러나 박진도(朴進道)는 '전 계층 하강운동하의 중농표준화'라는 명제를 제시하고 있는데, 여기서 그는 한국의 경우 1960년대 말까지는 전 계층이 하강운동을 하였으나 1960년대 말(1967) 이후에는 전 계층이 하강운동하는 속에서 중간층의 비중이 증대하였다고 주장했다. 그리하여 "상층농의 기본적 동향은 규모 축소로서, 농지는 중・하층농으로부터 상층농으로 움직이는 것이 아니고, 상층농으로부터 중하층농으로 이동한다. 따라서 그 결과 중간층의 비중이 증대한다"고 하였다.[15]

중농비대화의 이유로는 대규모 농업경영을 불리하게 하는 요인을 중심으로 다음과 같은 것을 들 수 있다.[16] 첫째, 낮은 농산물 가격과 독점자본의 상품 간에 발생하는 부등가교환(不等價交換)으로 인해 농산물가격이 하락하여 농촌의 대규모 경영자는 불리한 입장에 놓이게 되며, 따라서 농촌에서의 대규모 농업경영은 축소될 가능성이 있다. 둘째, 독점자본의 지배하에 있는 정부가 농업부문에로 세금을 전가하고, 환원된 세금은 대개 도시의 독점자본에 전도되므로 농업경영이 상대적으로 불리해진다. 셋째, 자본가는 평균이윤이 있어야 존속될 수 있으나 중농(中農)은 최저한의 생계비만 있어도 유지할 수 있다. 넷째, 농업부문의 수익성이 여타 부문보다 악화되어 자본이 농업 이외의 부문으로 쉽게 유출되므로 대규모 농업경영은 일정 한도에 도달하면 더 이상 발전하지 않고 탈농화(脫農化)한다.

12) 이영기, 「고도 경제성장하의 농민층 분해」, 박현채 외, 『한국농업문제의 새로운 인식』(돌베개, 1984), p. 140.
13) 김종섭, 『農民層分解의 階級論的 考察』, 중앙대학교 사회개발대학원 석사논문(1986), p. 7; 이재진(1990), p. 9.
14) 이재진(1990), p. 9.
15) 김종채(1990), p. 65.
16) 한국교회 사회선교협의회 편, 『농업경제학 해설』(돌베개, 1984), pp. 52-54, 이재진(1990) 재인용.

3) 생산양식접합론

생산양식접합론에서는 전체 사회 안에 여러 생산양식들이 접합되어 있어 새로운 생산양식의 필요에 따라 과거의 생산양식이 온존・강화된다고 본다. 이 이론은 궁극적으로는 양극분화론을 전제로 하고 있으나, 현재 제3세계에서 과거의 생산양식이 보존・유지되는 것은 일정 기간 제3세계에서 대다수를 형성하는 소농층이 농민분화를 제대로 못 하였기 때문이라 보고 있다.[17)]

구체적으로 저개발국의 소농층은 가족구성원의 분산을 통해서 일부구성원은 도시에서, 그리고 또 다른 일부구성원은 농촌의 이중노동시장에 고용됨으로써 노동력 재생산비용을 나누어 가져 자본축적에 이중으로 기여하고 있다고 본다. 다시 말해서 농촌노동력의 일부가 도시로 이동함에 따라 도시의 공업부문과 농촌의 농업부문이 구조적으로 접합(接合)된 채, 도시와 농촌으로 분산된 가족을 매개로 하여 소농경제가 재생산되면서 농민층 분화가 저지된다는 것이다. 이렇게 함으로써 도시의 자본주의 부문은 노동력의 직접적 재생산에 필요한 비용만을 부담하며, 교육비・노후생활비, 질병 및 휴직기간의 생활비 등 간접적인 노동력 재생산 비용은 농촌에 전가하기 위해 생존경제 부문을 지속・유지시킨다는 것이다.[18)]

2. 분석틀

농민층 분화를 연구하기에 앞서 계급의 성격에 대해 살펴볼 필요가 있다. 계급의 의미에 관해서는 수많은 논의가 있지만 오소프스키(Stanislaw Ossowski)는 크게 둘로 나누고있다. 하나는 권력관계의 의미에서 계급을 규정하는 것이고 다른 하나는 소유관계의 의미에서 규정하는 것인데,[19)] 본 연구에서는 주로 후자의 의미에서 분석하게 될 것이다. 후자의 의미에서도 맑스와 라이트(Erik O. Wright)는 생산수단의 소유여부와, 타인의 노동력을 구매하는가 아니면 자기 노동력을 판매하는가에 따라 자본가, 노동자, 쁘띠 부르죠아지(petty bourgeoisie) 등으로 나눈다. 자본가는 자기 생산수단을 가지고 타인의 노동력을 구매하여 생산을 하는 사람인 반면, 노동자는 생산수단을 가지지 못하고 노동력을 팔아 생활하는 사람이다. 또한 자영업자나 수공업자와 같은 쁘띠 부르죠아지는 자기의 생산수단을 가지고 있으면서, 노동력을 팔지도 사지도 않는 중간적인 위치의 사람이다.[20)]

17) 이재진(1990).
18) 김종채(1990).
19) 김완(1984), p. 169.
20) 김완(1984), pp. 170-171.

그러나 농민층에 있어서 계급의 개념은 이러한 도시산업 부문을 중심으로 하여 생겨난 계급의 개념과는 약간의 차이가 있다. 이시와타 사다오(石渡貞雄)는, 농민은 계급으로서의 범주화를 하기 이전에 동질성을 가진 존재였다는 것을 전제하고 있다. 그러나 농민은 자기의 생산수단을 갖는다는 점에서는 자본가적 성격을 지니지만, 타인의 노동을 고용하기보다는 자기노동으로 생산에 참여한다는 의미에서는 노동자적인 성격을 갖는, '준계급(準階級)'으로서의 성격이 있다.[21] 또한 농민층 내부에서도 농지규모의 차이에 따라 자기의 노동력을 파는 사람과, 타인의 노동력을 사는 사람으로 나뉘므로 상당히 이질적이라 할 수 있다. 요컨대 농민계급은 자본가와 노동자와는 다르나 양쪽의 특성을 부분적으로 모두 가지고 있는 존재라고 할 수 있다.[22]

이렇게 특이한 성격을 지닌 농민층 분화를 정확하게 연구하기 위해서, 이시와타 사다오[23]는 다음과 같은 측면을 모두 갖춘 자료가 필요하다고 말하고 있다: 1) 전국적 또는 한 지방 전체에 걸친 횡적인 자료, 2) 계속적으로 매년 내지 일정기간을 두고 조사된 자료이면서, 3) 조사방법에는 큰 차이가 없어야 할 것. 그러나 사실 이러한 방대한 자료를 본 저자가 연구하고자 하는 시기인 1860년대~1920년대 러시아 극동지역에서 구한다는 것은 거의 불가능하다고 할 수 있다. 이러한 문제점은 근대국가가 성립되어 상당히 정기적이고 전체적인 조사가 시이행되기 이전인, 19세기 말 또는 20세기 초를 대상으로 하는 기타 연구에서도 흔히 나타나는 것이다.[24]

따라서 본 장에서는 이러한 한계성을 인정하면서 입수 가능한 2차적 자료를 기초로 하여 살펴볼 것이다. 또한 이러한 2차적 자료의 대부분이 러시아 극동지역의 특정지역 합계치 또는 평균치로 되어 있어 개별농가의 구체적인 변화를 파악하기에는 상당한 한계점이 있다는 점 또한 부인할 수 없을 것이다.

이와 관련하여 각 계급을 구분하는 기준의 문제에 있어서도 경지규모에 의한 구분에 주로 의존하게 될 것이다. 물론 경지규모가 계급관계를 규정하는 유일한 생산수단은 아니라 할지라도 당시 러시아 극동지역 상황에서는 그것이 농업경영을 규정하는 대표적인 수단이라고 인정할 수 있기 때문이다. 이와 관련하여 이영기[25]는 경지규모의 제약성과 유용성에 관해서 다음과 같이 언급하고 있다:

---

21) 김완(1984), pp. 170-172.
22) 石渡貞雄(1955), p. 28.
23) 石渡貞雄(1955), p. 74.
24) 강태훈, 「일제하 조선의 농민층 분해에 관한 연구」; 장시원 외, 『한국근대농촌사회와 농민운동』(열음사, 1988), p. 184.
25) 이영기(1988), p. 195.

"경지규모라는 지표가 농가의 경영규모를 판단하는 기준으로서 분명히 한계를 지닌 것이고, 따라서 경지규모별 농가호수 변화를 살핌으로써 농민층의 경영분화 양상의 전체를 말할 수 없음도 당연하다. 다만 경종농업이 지배적인 우리나라에서 경지는 여전히 가장 기본적인 생산수단으로서 그 규모가 경영규모를 강하게 규제한다는 점에서 경지규모라는 지표의 유용성이 인정되어야 할 것이다"

이러한 계급을 규정하는 단위로서의 경지규모의 유용성은 19세기 말과 20세기 초 러시아 극동지역의 한인사회에도 그대로 통용된다는 것을 전제하고자 한다.

뿐만 아니라 근대화 이행시기 또는 그 이전을 대상으로 하는 농민층의 분화에 관한 대부분의 연구가 실제로 경지규모를 가장 주요한 계급구분의 기준으로 삼고 있다.[26] 따라서 본 연구 또한 경지규모를 계급을 규정하는 중요한 기준으로 설정하는 것이 여타 유사한 연구와의 비교를 위해서도 유익할 수 있다고 믿는다.

Ⅱ. 러시아 극동지역 한인 농업이민의 개요

1. 농업이민의 배경

러시아 극동지역 한인 농업이주의 배경은 인구유출국인 조선의 상황과 인구유입국인 러시아의 상황으로 나누어 살펴볼 수 있다. 유출국의 요인으로는 조선의 흉작과 기근, 조선후기의 인구과잉과 사회적 모순, 지리적 인접성 등을 들 수 있고, 유입국의 요인으로는 러시아 측의 극동식민정책을 들 수가 있다.[27]

이러한 요인들을 간략히 살펴보면 이주의 직접적 요인이 된 것은 1869년과 1870년에 걸친 평안북도와 함경북도 지방의 대흉작이라 할 수 있는데,[28] 이러한 재난에 대해서 조선 중앙정부로부터 아무런 도움을 받지 못한 주민들은 살 곳을 찾아 황무지가 많은 인근 러시아 지역으로 이주하였다. 두만강을 건너면 바로 닿을 수 있는 러시아 극동지역은 이들에게 먼 곳이 아니었으므로 수량이 감소하는 건조기나, 얼음 위로 건널 수 있는 겨울철에 이주가 이루어졌다. 또한

26) 김종채(1986); 김완(1984); 강태훈(1988); 김진균 · 임영일, 「한국 농민층에 대한 계급론적 접근」, 김진균 외, 『한국사회의 계급연구 I』(한울, 1986), pp. 177-194.

27) 이 책의 4장을 참조.

28) Ким Сын Хва(1965); 현규환(1967), p. 800; 임계순(1987), pp. 583-584.

지리적 인접성으로 인해 이주가 쉽게 이루어져 이주한인 수가 가장 많은 출신지역도 인근의 함경북도, 평안북도, 함경남도 등의 순이었다.[29] 지리적 인접성 이외에도 서북인에 대한 조선 중앙정부의 차별정책과 조선후기의 토지분배를 둘러싼 사회・경제적 모순, 그리고 이로 인해 증가하는 민란(民亂) 또한 농업이민을 더욱 가속화시키는 요인이 되었다.[30]

한편 인구유입국인 러시아 측의 극동식민정책도 초기 한인의 이주를 가속화시킨 또 다른 요인이었다. 1858년 아이훈 조약과 1860년 베이징 조약에 의해 극동지역의 연해주와 아무르지역을 편입시킨 러시아는 본국 러시아인들을 이들 지역으로 이주케 하였는데, 그것이 크게 실효를 거두지 못하자[31] 노동력 부족을 해소하기 위해 중국인과 조선인 노동자를 이용하려는 정책을 시행하였다. 특히 농사기술이 뛰어난 한인으로 하여금 영토를 개간하게 함으로써[32] 현지 농산물 가격의 하락을 유도하여 이주한 러시아인에게 식량이나 채소를 원활하게 공급하려는 의도도 있었다.[33] 실제로 러시아 극동지역의 도시지역에 거주하는 한인들은 원예농업에도 종사하였다.[34]

2. 농업이민의 규모

러시아 극동지역의 한인이민자들[35] 중 농업 종사자의 수는 정확히 알기 어려우나 전체적으로 대략 한인 이주민의 80% 내지 90%가 농업에 종사한 것으로 추정된다.[36] 이러한 상황은 한인 이주민의 대부분이 조선에서 농사를 짓던 사람들로, 농사기술 외에는 특별한 기술이 없었다는 것과, 사농공상의 관념을 가지고 있어서 상업을 천시하였다는 것 등을 그 이유로 들 수 있다. 한인 이주민들은 가져온 재산이 거의 없어 대개 소작농이나 일용농부로서 생계를 유지하였다.[37]

그러나 농업에 종사하는 한인 인구는 러시아 극동의 지역에 따라 상당히 다르게 나타나고

29) 朝鮮総督府, 『滿洲及西比利亞地方に於ける朝鮮人の事情』(京城印刷所, 1923), pp. 11-14.

30) 임계순(1987), pp. 584-585; 이상근(1996), p. 56.

31) Граве(1912), p. 5.

32) 朝鮮總督府, "西伯利に関する調查," 《朝鮮彙報》, 「西伯利號」(1918. 4.)(京城: 高麗書林, 1918), pp. 67-68; 고승제(1990), p. 9; 임계순(1987), p. 621; Ким Сын Хва(1965), p. 185.

33) 이상근(1996), p. 94; 이동언(1991), p. 9.

34) Ким Сын Хва(1965), pp. 42-43; 고승제(1973), p. 62; 고승제(1990), p. 9.

35) 한인 이주자들의 시기별 숫자에 관해서는 본 서의 〈표 4-1〉을 참조할 것.

36) Ким Сын Хва(1965:41)는 한인 이주자의 80% 정도가 농업에 종사하고 있었다고 하며, Киммангем(1926:458)은 1926년 연해주의 경우 약 88.5%가 농업에 종사하고 있다고 적고 있고, Граве(1912)를 비롯한 대부분의 문헌에서는 러시아 극동지역 전체로 보아 약 90%가 농업에 종사하고 있다고 보았다.

37) 이 책의 7장 참조.

있다. 1922년 연해주의 호구조사에 의하면 총 106,193명의 조선인 중 88%가 촌락주민으로, 농업이나 삼림 혹은 광산업에 종사한다고 하였다.[38] 지역적으로 우수리 지역 같은 곳은 한인 이주민의 거의 전부가 농업에 종사하였으나[39] 구로데꼬보 지역은 8,200명의 주민들 중 87.8%가, 니꼴스끄 부근은 28,235명 중 70.5%가, 그리고 도시지역이라고 할 수 있는 블라디보스토크 부근은 8,936명 중 44.8%가 농업에 종사하고 있었다(〈표 6-1〉 참조).

또한 흑룡주, 자바이깔주(Забайкальская Область), 캄차카주 및 사할린주 등 광업이 성행한 지역에서는 한인 이주민들이 농업보다는 광산노동, 사금업, 식품제조업, 철도관련 산업 및 화학공업 등에 많이 종사하였다.[40] 특히 1910년의 통계에 따라 흑룡주와 자바이깔주를 통틀어서 본다면 불법 노동자가 1,288명, 직공이 46명, 농업인 262명, 상업인 323명 등으로,[41] 농업에 종사하는 한인의 비율은 14%가 채 되지 않는다.

소련의 신경제정책이 시행되었던 1927년에 발표된 통계에 따르면, 연해주 지역에 거주하는 한인 이주자들의 직업분포에 있어서 축산과 함께 전문적으로 농업에만 종사하는 한인의 비율은 45%, 어업을 겸업하는 농민과 어업만을 전문으로 하는 어민은 한인 총인구의 25%, 공업에 종사하는 노동자 수는 20%, 그 밖에 소매상인과 밀수업자 등 자유노동 호수를 포함한 자유직업에 종사하는 비율은 전체의 10%로 나타나고 있어,[42] 이주 초기의 직업분포양상과 크게 다르지 않았다.

Ⅲ. 러시아 극동지역 한인 농업이주민의 계급구조

1. 러시아 극동지역에서의 한인 농업이주민의 계급적 위치: 러시아인과의 비교

이 절에서는 한인의 계급적 지위를 이해하기 위한 하나의 방법으로, 토지의 할당량을 통한 러시아인과의 비교적 측면에 중점을 두려고 한다.

---

38) 「西伯利朝鮮人과 勞農政府의 政策」, 동아일보 1926년 6월 24일, 현규환(1967:823) 재인용. 또 다른 통계에 의하면 1923년 연해주의 한인 농가 수는 총 17,226가구 90,561명으로, 이는 연해주 전체 농민의 약 8%에 해당된다고 하였다(Ким Сын Хва, 1965:147).

39) KHM, “露領朝鮮人農村情形의 今昔,” 《開闢》 7月號(1925), p. 100.

40) 露西亞通信社發行, 「露西亞事情」 第五八輯 및 九二輯(1923), 현규환(1976:874) 재인용. 그리고 농업 이외의 러시아 극동지역 한인 이주민들의 직종에 관해서는 이 책의 7장 참조.

41) 권희영(1996), p. 53.

42) 金世鎔, 「西伯利亞의 朝鮮人活動」, 『自由와 平和』, 金東煥(編)(京城: 三千里社, 1935), p. 268.

1860년 베이징 조약에 의해 우수리 지역을 중국으로부터 병합한 러시아는 초기에 수천 명의 원주민들과, 중국인 그리고 소수의 러시아인 개척자들만이 거주하고 있었던 러시아 극동지역을 식민화하기 위해 코사끄인들을 이곳으로 이주시켰다. 그리하여 1869년까지 761가구 5,310명의 코사끄인들에게 이 지역에 거주하면서 병역의 의무를 다하는 대가로 약 9,142,000제샤찌나[43]의 토지를 분배하여 주었다.[44] 좀 더 구체적으로 본다면 1894년 이전 코사끄 이주자들은 거의 제한 없이 토지를 소유할 수 있었고, 그 이후 새로운 분여지 규정이 도입되어 코사끄 영관장교들에게는 400제샤찌나, 코사끄 위관장교들에게는 200제샤찌나, 보통 코사끄인들에게는 40제샤찌나(30제샤찌나와 마을 비축의 10제샤찌나)의 분여지를 할당하였다.[45] 그러나 이들 러시아 이주민들 중 상당수는 새로운 토지에 적응하지 못하고 러시아로 되돌아갔다.

다음으로 러시아인들에 대해 살펴보면, 1861년 3월 26일 제정 러시아 알렉산더 II세의 칙령에 따라 러시아인들의 극동지역 이민을 촉진하기 위해 러시아 정부는 이주한 러시아인들에게 가구당 100제샤찌나까지의 토지를 소유할 수 있도록 허락하였고, 20년간 인두세를 면제해 주었다.[46] 그리하여 당시에 이주한 러시아인들을 토박이(старожилы), 또는 100제샤찌나를 나타내는 노어를 사용하여 스타제샤찌니크(стодесятиник)라고 부르기도 하였다.

그러나 이러한 러시아 농민의 이민정책은 성공을 거두지 못하였고, 러시아의 이주정책이 시행되던 기간 동안 오히려 한인의 이주가 크게 증가하였다. 당시 조선 북부지방의 기근으로 인하여 한인들이 러시아 연해주로 이주하기 시작하였다. 이민을 금지하는 조선 정부의 엄격한 법에도 불구하고 한인의 러시아 이민은 계속되었는데, 한인 이민자 수에 관한 정확한 통계는 없으나 여러 가지 단편적인 통계수치를 종합하여 보면 어느 정도 그 규모를 파악할 수 있다(〈표 4-1〉 참조).

1869년에는 이주한인의 수가 6,500명을 넘어서 이 지역에 거주하는 러시아 이주민의 수를 능가하자 1870년 동시베리아의 총독인 시넬리코프는 조선과의 국경지대에 거주하는 한인들을 위험하게 생각하기 시작하였다. 그리하여 그는 이 지역 103가구 431명의 한인들을 조선과 러시아의 국경지역으로부터 내륙지역인 아무르지역으로 이주시켜 이들 한인들이 거주하는 지역을 블라고슬로벤노예(Благословенное)라 명명하였다.[47] 그리고 이들로 하여금 동방정교를 믿고[48]

---

43) 1제샤찌나(десятина) = 1.092헥타르 = 10,920평방미터.

44) П. Ф. Унтербергер, *Приамурский край, 1906~10гг.*(Спб: В, Ф. Киршбаума, 1912), p. 50, 53 Wada(1987:25) 재인용.

45) Ким Сын Хва, p. 39.

46) Ким Сын Хва, pp. 38-39.

47) 한인들의 블라고슬로벤노예 이주에 관해서는 Ross King, "Blagoslovennoe: Korean Village on the Amur, 1871~1937," *The Review of Korean Studies* vol. 4, no. 2(2001), pp. 133-176 참조.

러시아 국적을 취득하도록 하였으며, 초기에 이주한 러시아인들과 마찬가지로 가구당 100제샤찌나의 토지를 분배하여 주었다.[49] 그러나 이러한 특수한 한인 이주의 예는 러시아 정부가 짊어져야 할 비용이 너무나 과다하여 더 이상 지속되지는 않았다.

1891년 연해주총독 꼬르프(A. H. Корф)는 한인을 세부류로 나누는 정책을 시행하였는데, 첫 번째 부류는 1884년 한러 통상조약 이전에 러시아에 정착하여 러시아 국적을 취득하기 원하는 한인들로서, 이들에게는 가구당 15제샤찌나의 토지가 할당되었다.[50] 1884년 이후에 정착한 한인들은 두 번째 부류에 해당되었는데, 러시아는 이들에게 비자를 발급하여 2년 동안 거주하도록 하였으나 2년 후에는 모두 본국으로 떠날 것을 요구하였다. 마지막 부류는 일시적 거주자로, 거주할 자격을 갖추지 못한 자들이었다. 1895년을 기준으로 할 때 첫째 부류에 속하는 한인들은 13,111명이었고,[51] 두 번째와 세 번째 부류에 속하는 한인은 각각 2,140명과 3,000명이었다.[52] 첫째 부류의 한인들을 제외하고, 조선정부의 비자와 여권을 전혀 소지하지 않은 대부분의 한인 이주자들은 러시아 국적을 취득할 수 없었고, 대부분 불법으로 조선을 떠난 이들 비귀화 한인들에게는 분여지(分與地)가 전혀 주어지지 않았다. 따라서 러시아 정부가 제공하는 분여지에 대한 권리가 없는 이들은 러시아 농민, 카자흐인, 기타 귀화 한인이 소유한 토지를 소작하여 생활하는 것이 대부분이었다.

이 꼬르프의 정책은 한인의 계급분화에 있어서 중요한 계기가 된다. 즉 한인에 대한 이러한 러시아 정부의 차별적 토지분배는 비귀화 한인들로 하여금 대부분 러시아인의 소작인이 되거나[53] 일용농부가 되게 함으로써 한인들 간의 계급구분에 중요한 역할을 하였다. 명칭상으로도 러시아

48) 러시아 극동지역 한인들과 러시아 정교회에 대해서는 다음 연구를 참조: Michail Belov, *The Experience of the Russian Orthodox Church among Koreans, 1865~1914*, unpublished Master's Thesis, Graduate School of International Studies(Yonsei University, 1991).

49) 통계상의 수치는 자료에 따라 조금씩 차이가 있는데, 다른 자료에 의하면 이 지역의 한인 농민들은 행정처분에 의해 이곳으로 이주되었기 때문에 토지의 분배율이 상당히 커서 이 지역에 거주하는 한인은 남자 961명, 여자 900명 등 총 1,861명의 한인에 대해서 주택지, 경작지, 초지, 방목장, 들판(野原) 등을 모두 포함하여 16,500제샤찌나의 토지가 분배되었다(Граве, 1912:124).

50) 1884년 이전에 러시아로 이주하여 1893년경 러시아 국적을 취득한 한인의 경우 가족당 15제샤찌나를 분배받았는데, 그 후 한인 이민이 늘어나고 그에 비해 토지량은 어느 정도 제한되어 있었기 때문에 농가당 15제샤찌나에서 2제샤찌나로 줄어들었다. 뿐만 아니라 러시아인들의 자체 파종 경향 때문에 한인들의 토지소유는 더욱 어려운 과제가 되었고 급기야 극동토지국은 한인 농민들에게 소작용 토지를 분배하였다.

51) 그러나 현규환(1967:825)에 의하면 당시 첫 번째 부류에 속하는 한인의 수는 1,845가구 총원 9,000명이었다고 한다.

52) В. Д. Пак, *Россия и Корея*(Москва: Наука, 1979), p. 68, Wada(1987:27) 재인용.

53) КНМ (1925).

에 귀화한 한인을 원호인(元戶人)이라 칭하면서 비귀화 한인들은 여호인(餘戶人), 류호인(流戶人) 또는 반원호민(反原戶民)으로 차별하여 불렀으며, 원호인은 이들 여호인들에게 무한한 권세를 부렸다.[54] 귀화한 한인들 중에서 청부업자, 상인, 부농이 많이 배출되었고, 축적한 재산을 산업과 무역업에 투자하여 많은 재산을 모으는 이도 있었다.[55] 또한 우수리 지방 등에는 관유지가 많아 러시아인들이 귀화인 1호당 약 12정보를 조차(租借)하여 주었는데,[56] 귀화인은 자기가 경작하고 남는 잉여 관유지를 다시 비귀화 한인에게 소작을 주는 경우가 많았다.[57]

한편 1900년 6월 22일 새로운 법이 공포되었는데, 이 법에 의하면 1901년 이후에 러시아 극동지역으로 이주해 오는 러시아인은 새로운 이주자(новоселья)라 하여 이들에게는 각 가구의 남자 1인당 15제샤찌나의 토지가 할당되었다. 이들은 남자 수에 따라서 가구당 15제샤찌나에서 많게는 45제샤찌나까지의 토지를 분배받았다.

〈표 7-1〉 여러 계층 간의 토지 할당량

계층	가구당 토지 할당량(단위: 제샤찌나)
코사끄인(казаки)	197.7
러시아 토박이들(старожилы)	100
새로운 러시아 이주자들(новоселья)	15~45
러시아 귀화 한인	15
비귀화 한인	0

자료: Унтербергер, Приамурский Край, 1906~10 гг. Спб: Тип. В.Ф. Киршбаума, 1912), p. 61, Wada(1987:28) 재인용.

그리하여 코사끄인, 러시아 토박이들(старожилы), 새로운 러시아 이주자들(новоселья), 앞서 언급한 세부류의 한인들 간에는 토지의 할당량에 따라 〈표 7-1〉과 같이 공식적인 사회계층이 형성되었고, 코사끄인, 러시아 토박이들, 새로운 러시아 이주자들, 그리고 간혹 러시아 귀화 한인들은 비귀화 한인을 고용하여 농사를 짓거나 이들에게 토지를 조차(租借)해 주어 농사를 짓게 하였다.[58]

---

54) KHM, pp. 100-101; 뒤바보, 「俄領實記」 『獨立新聞』(上海版, 1920), 윤병석, 『韓國近代史料論』(일조각, 1979), p. 173.

55) 뒤바보(1920).

56) 일부 자료에 의하면 귀화 한인들에게는 동화(同化)의 대가로 토지를 무상으로 분배한 것으로 되어 있지만 비귀화인들에게는 예외 없이 임대료를 받아 챙겼다. 李智澤, 「시베리아의 3·1운동」 『월간 중앙』(1971, 3월호), p. 192.

57) 朝鮮總督府拓植局(1918), 「朝鮮外에서의 朝鮮人狀況一般(祕): 卷末資料·日帝高等警察이內查한 韓國獨立運動에 關한 祕密情報」, 『新東亞』(1967년, 6월호), p. 485.

그러나 귀화 한인에 대한 러시아의 이러한 정책도 1905년 운테르베르게르(П. Ф. Унтербергер)가 연해주총독으로 부임하자 모두 취소되었다. 운테르베르게르는 황화론적(黃禍論的) 시각으로 러시아 극동지역에 거주하는 한인을 바라보기 시작하여, 한인의 러시아 국적취득을 더 이상 허용하지 않았고 심지어 금광에서 일하던 많은 한인들을 추방하기도 하였다.

〈표 7-2〉 러시아 극동지역 농민의 그룹별 토지 축적량(1913)

농촌주민 / 부류	토지 총수량(단위: 제샤찌나)		
	아무르주	연해주	아무르주와 연해주의 합계(전체 합계에서 차지하는 비율)(%)*
코사끄인	5,800,000	9,000,000	14,800,000(66.84%)
토박이(1900년 이전에 이주한 러시아인)	1,042,661	1,336,500	2,379,161(10.74%)
새 이주자(1900년 이후에 이주한 러시아인)	3,416,770	1,503,038	4,919,808(22.22%)
한인 농민	-	43,095	43,095(0.19%)
합계*	10,259,431	11,882,633	22,142,064(100.00%)

(* 합계와 비율은 본 연구의 저자가 첨가한 것임)
자료: Ким Сын Хва(1965:40)

러시아인과 한인의 토지소유에 관한 전체적인 상황은 〈표 7-2〉와 같이 나타나고 있다. 1913년 당시 아무르와 연해주 지역 전체를 볼 때 코사끄인이 가장 많은 토지인 66.84%를 차지하였고, 그 다음으로 1900년 이후 러시아 극동지역으로 이주한 러시아인과 1900년 이전에 이주한 토박이 러시아인이 각각 22.22%와 10.74%를 차지하였으며, 한인이 차지한 토지는 전체의 1%에도 못 미치는 것이었다. 물론 이 표에는 개인적인 토지소유에 관한 통계는 없으므로 당시 가구당 혹은 개인당 토지 소유량은 알 수가 없다.

58) 특히 귀화 한인과 비귀화 한인은 사회적 지위에 있어서도 엄청난 차이가 났다. 이주한인들의 대다수를 형성하고 있는 비귀화 한인들과 한인 계절노동자들은 다음에서 보다시피 짐승 같은 취급을 받았고, 어떠한 러시아 관리도 이러한 부당한 취급을 제한하려는 계획을 강구하지 않았다: "Основная масса корейских переселенцев, иноподданные, никакими политическими правами не пользовались. С ними обращались как с безропотной скотиной. Десятки тысяч ежегодно прибывавших из Кореи сезонных рабочих за невообразимо низкую плату прозводили самые тязелые работы в различных областях интендантски развивавшегося хозяйства Края. Никому из русских чиновников и в голову не приходила мысль о каком-нибудь ограничении безмерной эксплуатации бесправых 'ербо'." "Экономическов и политическое положение корейцев ДВК до революции," Сим Енг Соб · Ким Герман(редакторы), *История Корейцев Казахстана: Сборник архивных документов*(ТОМ II)(Алматы-Сеул: Алматинский центр просвещения Республики Корея с Ассоциация Корееведов Казахстана Институт Востоковедения МН-АН Республики Казахстан, 1999), p. 75.

이러한 초기의 상황은 1917년 러시아 혁명 직전까지 별로 달라진 것이 없었다. 다음의 〈표 7-3〉의 1917년 통계에 따르면 1900년 이전에 극동지역에 도착한 러시아 토박이들과 카자흐인들에게 토지가 집중되었다. 즉 이들의 호당 평균 토지 소유량은 67제샤찌나로, 1900년 이후에 도착한 러시아인의 가구당 토지 평균 소유량인 23제샤찌나의 3배 이상, 그리고 한인농가의 호당 평균 토지 소유량인 1.5제샤찌나의 44배 이상이어서, 토지소유에 있어서 인종 간의 격차가 여전히 극심함을 알 수 있다.

〈표 7-3〉에서 이들 농가 수와 토지소유 비율 간의 관계를 구체적으로 살펴보면, 카자흐인과 러시아 구이민자(러시아 토박이) 농가는 전체의 약 33%를 차지하고 있으나 토지소유 비율은 71% 이상임을 알 수 있다. 러시아 신이민자 농가의 경우는 전체의 37%를 차지하면서도 전체 토지의 27% 정도만을 점유하고 있다. 반면 한인의 경우는 총 농가의 30% 이상을 차지하면서도 전체토지의 겨우 1.46%만을 차지하고 있을 뿐이다.

〈표 7-3〉 러시아인과 한인의 토지소유(1917) (단위: 제샤찌나(десятина))

농가의 부류	농가 수 (비율, %)	양질의 토지 (비율, %)	농가 호당 토지 평균량
1900년 이전에 극동지역에 도착한 코사끄인(казаки)과 러시아 토박이들(старожилы)	18,787 (32.91)	1,269,300 (71.11%)	67
1900년 이후에 극동지역에 도착한 러시아인(новоселья)	21,112 (36.98)	489,700 (27.43%)	23
한인 이주 농가	17,192 (30.11)	26,100 (1.46%)	1.5*
합계*	57,091* (100.00%)	1,785,100* (100.00%)	–

(*는 저자가 계산한 것임)
자료: Ким Сын Хва (1965), p. 48.

이와 같은 한인과 러시아인 간의 전체 토지점유 비율이 러시아 혁명 이후 어떻게 변화하였는가에 대한 정확한 통계는 없는 실정이다. 다만 단편적인 수치를 보면 러시아 혁명 직후 블라디보스토크 관내(하바로프스크 이남의 舊연해주)의 한인 농민 수는 116,000명이고 이들이 차지한 경지면적은 블라디보스토크 관내 총 경지면적의 20.4%였는데, 이는 혁명 전 한인의 토지 점유율이 2%에도 미치지 못했던 것과 비교해 엄청나게 증가한 것이라 할 수 있다. 1925년과 1926년, 한인은 총 36,835제샤찌나와 47,052제샤찌나의 토지를 차지하여, 1년 동안에 경지면적이 무려 22%나 증가하였다.[59] 이러한 점에 관해서는 본 장의 제4절 '한인 농업이민과 계급 분화'에서

59) 현규환(1967), p. 837.

좀 더 자세히 고찰할 것이다.

2. 한인 농업이민 제 계급의 존재양상

한인들의 계급분화를 고찰하기 전에 먼저 빈농, 중농, 부농의 구분을 중심으로 한인들 간의 계급양상을 비교해 보기로 한다. 이를 위해서 먼저 계급별 세부적인 수입과 지출 내역부터 검토하기로 한다.

먼저 〈표 7-4〉에 따르면 반소작농민과 부농의 경우는 연평균 수익이 각각 7.76루블과 54.23루블이나, 소작농민의 경우 매년 42.16루블의 적자를 기록하고 있다. 따라서 소작민의 경우 이러한 부채를 해결하기 위해서는 농업 이외의 기타 부수적인 일거리를 찾아야만 했을 것이다. 이는 소작민의 수입 중 부업에서 얻는 수입이 가장 큰 비중을 차지하고 있고 농사일에서 얻는 수입은 수입 총액의 41%밖에 되지 않는다는 사실에서도 잘 알 수 있다.[60]

반면 반소작인의 경우는 비록 수익금의 액수는 적지만 수지균형을 어느 정도 맞추고 있음을 알 수 있다. 반소작인들은 소작인의 경우와는 달리 농사에서 얻는 수입이 전체 수입의 거의 절반(47%)을 차지하고 있으며, 사정이 더욱 양호한 부농의 경우는 농사에서 얻는 수입이 508.41루블로 전체 수입의 60% 가까이 되는 것을 알 수 있다.

고용노동력에 대한 지출면에서도 뚜렷한 차이를 보이고 있는데, 소작인의 경우에는 이 항목에 대한 지출이 없으나 반소작민은 1.48루블, 그리고 부농의 경우 434.42루블을 지출한다는 사실에서 소작민 또는 일용농부들이 대개 부농에게 고용되어 일을 하였음을 짐작할 수 있다.

또한 신용임대 부문에서 알 수 있듯이 부농은 고리채 등 신용임대 업무를 통해 얻는 수입이 전체 수입의 13.36%(115.25루블), 반소작농민의 경우 13%가량 되었다. 이는 당시 부농들이 소작민에게 씨앗, 노동가축, 식료품 등을 제공하면서 고리대금업을 하였고 소작인들은 부농으로부터 빌린 곡물은 50%를 추가하여 갚았다는 사실에서 충분히 짐작할 수 있는 것이다.[61]

60) 구체적으로 한인들의 소작상황을 살펴보면 한인 농민들 중 많든 적든 직접 러시아 정부로부터 토지를 받은 한인 40.35%를 제외하고는 모두가 소작민이었다. 이들 소작민들 중 러시아 농민에게 분배된 토지를 소작하는 사람은 전체 농민의 16.32%, 지주와 도시관청 지주의 토지를 소작하는 사람은 22.05%, 산림 감시원 토지를 소작하는 사람은 8.69%, 교회 토지를 소작하는 사람은 가장 적은 1.52%, 지방 개인 토지를 소작하는 사람은 7.47%, 카자흐인 토지를 소작하는 사람은 296세대에 3.62%를 차지하고 있었다 (Ким Сын Хва, 1965:40).

61) Ким Сын Хва(1965), p. 54.

〈표 7-4〉 농민계층의 수입과 지출 내역(1912) (단위: 루블)

	항목	소작농민	반소작농민	부농
지출	생산 제 비용:			
	일반작물재배	13.23	19.16	113.97
	가축 관리	6.61	21.55	109.76
	농토 건설과 용구 구입	26.50	43.30	50.87
	그 외 농장지출	4.92	12.01	32.93
	가족성원 부양 비용	104.14	1.48(고용 혹은 보조 노동력)	434.42(고용 혹은 보조 노동력)
			183.53(가족성원)	66.00(가족성원)
	지출 총액	155.40	281.03	807.95
수입	연평균 수입:			
	농사 수입	46.71	136.49	508.41
	부업 수입	62.65	79.66	87.87
	가내공업 수입	2.83	14.60	33.40
	축산 수입	1.05	20.97	117.25
	신용임대 업무 수입	0.00	37.07	115.25
	수입 총액	113.24	288.79	862.18
순익*	수입-지출	-42.16	7.76	54.23

(* 순익은 저자가 첨가한 것임)
자료: Граве(1912:167)

다음 〈표 7-5〉는 1928년을 기준으로, 한인의 자산을 가격으로 표시한 것이다. 일반적으로 자산 가운데 가장 중요한 것은 건물이지만, 부농에게는 가축이 가장 중요한 자산인 것으로 보인다. 반면 빈농의 경우 가축은 전체 자산에서 가장 적은 비율을 차지하고 있다. 이는 재정이 빈약한 빈농에게 가축을 기르는 것은 큰 부담이 되었으므로 농사일이 끝나면 이를 매각하고 일이 시작될 때는 다시 매입하든가 아니면 임시 차입하였기 때문이다. 자산액과 소비액의 관계를 보면, 빈농은 소비액이은 자산액을 초과하고 중농의 경우 소비액과 자산액이 거의 비슷하나 부농은 자산의 60%만을 소비하고 있다.

〈표 7-5〉 한인 농민의 주요 자산(1928) (단위: 루블)

항목		빈농 1세대(자산 비율)	중농 1세대(자산 비율)	부농 1세대(자산 비율)
자산	건축물	23.33(48.80%)	50.56(37.00%)	183.75(26.00%)
	가축류	0.33(0.62%)	40.62(29.80%)	188.75(37.00%)
	가구류	21.05(40.43%)	29.55(21.50%)	84.40(16.60%)
	전년예비	7.36(14.14%)	15.91(11.70%)	53.17(10.40%)
	자산액 총계	52.07(100.00%)	136.70(100.00%)	510.07(100.00%)
소비액 총계		87.67	128.50	344.19
자산액-소비액*		-35.60	8.20	165.88

(* 자산액-소비액은 본 연구의 저자가 첨가한 것임)
자료: 露西亞通信社 『露西亞事情』 第93輯, pp. 14-15, 현규환(1967:850) 재인용.

다음 1917년 러시아 혁명 이후의 상황 속에서 세부적으로 한인과 러시아인의 토지소유를 비교해 보도록 한다. 토지급여에 대한 한인과 러시아인의 비교를 위해 다음의 〈표 7-6〉을 보면 한인 농민의 경우 빈농에 속한다고 할 수 있는 무토지소유자와 1제샤찌나 이하 소유자의 비율은 러시아 농민의 24.8%보다 훨씬 높은 47.5%이다. 반면 부농의 부류에 속한다고 할 수 있는 5제샤찌나 이상 소유자의 경우 한인이 7%인 데 반해 러시아 농민은 48.5%로 월등히 높다.

〈표 7-6〉 한인 농민과 러시아 농민 간의 토지소유율(1924년경)

농가의 부류	한인 농민의 토지소유율	러시아 농민의 토지소유율
무토지소유	11.5%	12.5%
1제샤찌나 이하 소유	36.0%	12.3%
1~2제샤찌나 소유	26.0%	-
2~4제샤찌나 소유	18.9%	24.9%
5~7제샤찌나 소유	5.5%	31.4%
7제샤찌나 이상 소유	1.5%	17.1%

자료: И. Киммангем, "Советское строительство среди корейского населения, Советское Приморье Январь - Февраль № 1-2 Вдадивосток 1926". 國史編纂委員會(1997), 『韓國獨立運動史』(資料 35, 러시아篇 II) pp. 460-461.

그러나 러시아 농민의 무토지 소유율도 12.5%에 달하고 있어 혁명 이후 토지 재분배의 영향이 어느 정도 나타나고 있음을 알 수 있다. 전반적으로 러시아 농민의 경우 중류계급이 토지의 상당한 비율을 차지함으로써 상당한 균형을 이루고 있으나, 한인 농민의 경우 중하류층이 주류를 이루어 매우 불균등한 상태에 있음을 알 수 있다. 다음은 이것을 구체적으로 나타내주는 자료이다. 1925년과 1926년 사이 블라디보스토크 관내 한인농가 가구당 평균 소유지는 2제샤찌나 이하였고, 이 지역 관내 총 한인가구 18,809호 가운데 8,000가구만이 분여지(分與地)를 가지고 있었으며 나머지 10,809호는 농민분여지, 관공유지, 시유지(市有地) 등에서 일하는 러시아 지주의 소작인이었다.[62)]

한인 농민의 가계수입과 지출표(〈표 7-7〉)를 보면 중농과 부농의 경우에는 밭, 과수원 및 초지 등 경작지에서 얻는 수입이 전체 수입에서 차지하는 비중이 크다는 것을 알 수 있다. 반면 빈농의 경우에는 밭, 과수원, 초지 등에서 얻는 수입은 전체의 1/4 정도이며, 산림업, 어업 및 기타 일일노동 등 임시업무로 얻는 수입이 가장 큰 비중을 차지하고 있다. 그런데 이것으로도 수입이 충분하지 못하여 대부(貸付)에 의존하고 있음을 알 수 있다. 빈농과 중농의 경우 전체 지출에서 식비(食費)가 차지하는 비율은 약 56%이고 부농의 경우는 약 47%로, 소득수준이 높을수록 지출 총액에서 식비가 차지하는 비율이 낮다는 엥겔법칙이 어느 정도 적용되고

62) 현규환(1967), p. 837.

있음을 보여준다. 〈표 7-7〉에 따라서 가정의 1년 수지상황을 명목상으로 본다면 빈농의 경우는 5.95루블의 잉여가 있으나, 중농과 부농의 경우는 각각 1.58루블, 15.29루블의 결손이 나타나고 있다. 그러나 빈농은 58.73루블, 중농은 37.07루블의 부채가 있으나 부농의 경우는 115.25루블의 대금(貸金)(빌려준 돈)이 있음을 고려한다면 회계연도의 과부족(過不足)을 볼 때 실제로 적자를 보지 않는 경우는 부농뿐이라는 사실을 알 수 있다.

〈표 7-7〉 한인 농민의 가계수입과 지출표(1928) (단위: 루블)

	세부항목	빈농(한 세대)	중농(한 세대)	부농(한 세대)
수입	밭, 과수원, 초지(草地)에서 얻는 수입	41.76	136.49	508.41
	임업, 어업 및 기타 임시수입	62.65	79.66	87.87
	목축, 사금(飼禽)	1.05	20.97	117.25
	농산물 가공	-	1.02	33.40
	기타 수입	2.83	13.58	-
	대부(貸付)*	58.73	37.07	115.25
	수입 합계	167.02	288.79	862.18
지출	전원(田園) 경작비	13.23	19.16	113.97
	목축, 사금(飼禽)	6.61	21.85	109.76
	기타 소비	4.92	12.01	47.93
	식물성 식비	76.37	137.43	349.17
	동물성 식비	8.22	15.06	41.92
	기타의 음식	5.67	9.00	21.59
	피복	15.13	13.38	43.33
	기타	4.25	4.68	32.93
	수선(修膳), 난로, 점등	26.50	43.30	50.87
	금융	-	1.48	66.00
	지출 합계	161.07	290.37	877.47
명목수지(收支)	수입합계-지출합계	5.95	-1.58	-15.29
과부족(過不足)**	수입에서 대부항목을 고려할 경우	부채가 있음	부채가 있음	貸金이 있음

자료: 露西亞通信社 『露西亞事情』 第93輯, pp. 14-15, 현규환(1967:851-852) 재인용.
주: 자료에서 계산이 잘못된 일부 항목은 수정하였음.
* 대부(貸付)항목에서 빈농과 중농의 경우는 빌린 금액, 부농의 경우는 빌려준 금액임.
** 수입항목의 대부과 지출항목의 금융에 의거하여 본 저자가 첨가한 것임.

3. 한인 농업이민의 계급구조 분화

이 절에서는 한인들 간 토지소유를 둘러싼 계급구성이 어떻게 변화하였는가를 살펴보도록 한다. 한인 농민들 간의 토지소유의 변화양상을 살펴볼 때 적어도 1910년을 지나면서 1917년 러시아 혁명이 발생되기 전까지는 빈농층의 급격한 증가와 함께 계급의 양분화현상이 두드러지게 나타났으나, 1917년 러시아 혁명을 기점으로 중농화 현상을 볼 수 있다.

1) 초기 한인 농업이민의 분화

1917년 러시아 혁명 이전의 계급양분화 양상은 한인부락인 지신허 지역과 고(高) 아지미 지역에서 찾아볼 수 있다. 아래의 〈표 7-8〉은 대략 1900년대 초기 지신허 지역의 한인통계로, 아직은 계급이 양극화상태에 이르기 전임을 알 수 있다. 먼저 토지와 가축을 전혀 소유하지 못한 농가가 약 20%, 토지를 조금 가지고 있으나 가축은 전혀 없는 극빈층의 비율이 거의 39%에 달하며, 중농이라고 볼 수 있는, 가구당 3~12제샤찌나의 토지를 가진 농가가 약 29%이다. 그리고 23제샤찌나의 토지를 소유한 부농층도 13% 남짓 되는데, 이들은 주로 소작을 시키거나 일용노동자를 고용하여 농사를 짓는 부류들이다.

〈표 7-8〉 한인촌락 지신허에서의 농가재산 상태의 분포(1900년대 초기)

농가의 수(비율) (총 187가구)	특 징	비 고
36 (19.3%)	토지와 가축을 전혀 소유하지 못함	* 러시아 국적이 없음
72 (38.5%)	토지만 조금 가지고 있으며 가축은 전혀 없음	
54 (28.9%)	가구당 3~12제샤찌나의 토지 소유, 말이나 노새 1마리씩 그리고 소 몇 마리씩 소유	
25 (13.4%)	가구당 4마리 이상의 가축과 평균 23제샤찌나의 토지 소유	* 토지의 일부를 한인들에게 소작시킴 * 파종과 수확 시 다수의 일용 노동자 고용 * 블라디보스토크와 니콜스크 우수리스키에 가옥을 몇 채씩 소유하면서 세를 받고 이를 임대해 줌

자료: Ким Сын Хва(1965:50)

이러한 초기의 미분화 추세는 점차 양분화추세로 바뀌었는데, 1907년과 1910년을 비교해 볼 때 양분화 추세를 확인할 수 있다. 고(高) 아지미 지역의 한인촌락의 계급분화를 살펴보면(〈표 7-9〉) 1907년에는 계급의 양분화가 아직 진행되기 전이나 1910년경에는 양분화 경향이 어느 정도 나타나고 있음을 볼 수 있다. 즉 1907년 55세대 358명의 주민들 중 20%와 36.9%에 달하던 지주와 소작인의 비율이 1910년에는 각각 29.7%와 42.3%로 증가하고 있는 반면, 1907년 43.1%를 차지하고 있던 반소작인의 비율은 1910년 28%로 줄어들었다.

〈표 7-9〉 한인촌락의 계급분화 과정(고(高) 아지미 지역)

	지주	반소작인	소작인
1907년	20%	43.1%	36.9%
1910년	29.7%	28%	42.3%

자료: Ким Сын Хва(1965:50)

1910년경 계급의 양분화조짐은 아무르 탐험대와 이민국에 의해 실시된 1909년~1910년 사이의 조사에서도 나타난다. 다음의 〈표 7-10〉은 당시 아무르주와 연해주에서 토지를 소유하지 않거나 3제샤찌나 미만의 토지를 가진 빈농의 비율은 34%, 3~10제샤찌나의 토지를 소유한 중농의 경우는 24.7%, 그리고 10제샤찌나 이상의 토지를 소유한 중상농과 부농은 약 41.3%라는 것을 보여주고 있다. 여기서 특히 두드러지는 양상은 계급의 양분화가 진행되면서 대부분의 빈농층과 일부 부농층의 비율이 상당히 증가하는 반면 중농과 중상농의 비율은 상대적으로 감소한다는 사실이다.[63)]

〈표 7-10〉 한인 농가의 토지소유 상태(1909~1910)

농가의 부류	비율	농가 수
빈농(무토지 또는 3제샤찌나 미만의 토지소유자)	34%	6,495
중농(3~10제샤찌나의 토지소유자)	24.7%	4,631
중상농(10~20제샤찌나의 토지소유자)	17.9%*	-
부농(20제샤찌나 이상을 파종하는 토지소유자)	23.4%	-
합 계	100%	-

(* 10~20제샤찌나의 토지를 소유한 농가의 비율은 여타 농가의 비율로부터 저자가 추정한 것임)
자료: Ким Сын Хва(1965:48)

당시 토지를 소유하지 못한 한인의 수가 급증한 데는 운테르베르게르 총독의 한인배척정책이 주요 원인으로 작용하였다. 즉 20세기 러시아 극동지역에서 초기 황인종 근로자의 급증을 우려한 러시아 당국은 1902년 한인과 러시아인 광산노동자의 비율을 25%와 50%로 각각 정하면서 황색인종의 근로자를 고용할 경우 일일이 러시아 당국의 허가를 얻도록 한 데 이어, 1907년에는 한인 광산노동자의 수를 2,600명으로 제한하였다.[64)] 더욱이 1908년부터는 사금장의 한인을

63) 이러한 계급의 양분화과정에서 빈농층의 급격한 증가는 한인소작인의 급증과 밀접한 관련을 가지고 있는 것으로, 한인 소작인의 비율은 1905년 30%에서 1910년 70%로, 1917년 러시아 혁명 발생 당시에는 급기야 90%까지 증가하였다(Ким Сын Хва, 1965:49).

64) Граве(1912), p. 116.

모두 추방하도록 하는 조치를 취함으로써 수천 명의 한인 광부들이 광산을 떠나 결국은 소작농이나 일용농부로 전락할 수밖에 없었고 이로 인해 농촌지역의 빈농의 수는 급격히 증가하였다.[65] 전체적인 한인 이주민의 수를 감안한다면 과장된 면도 없지 않으나 일부 통계에 따르면 토지를 소유하지 못한 한인들의 수는 1910년경의 35,000~50,000명에서 1917년의 106,000명으로까지 급격히 증가하였다고 한다. 이들은 러시아인 부농이나 러시아 국적의 한인들에게 일용농부로 고용되거나 그들의 땅을 소작하는 일을 할 수밖에 없었다.[66]

그러나 무토지 한인 농업이민과는 달리, 러시아 국적을 취득한 한인의 경우를 보면 상황은 크게 다르다. 특히 러시아 국적을 취득한 귀화인과 비귀화인 사이에는 큰 차이가 있어, 귀화인의 경우는 러시아 관원으로부터 할양된 원호지(原戶地)의 소유권을 완전히 획득하여 스스로 이 토지를 경작하거나 아니면 다른 한인에게 소작을 주어 상당한 수입을 거둠으로써 부유한 생활을 영위할 수 있었다.

이민 초기에 러시아의 국적을 취득한 한인은 자유로이 소유권을 획득하여 농업에 종사하였는데, 특히 우수리 지역은 넓은 평야가 많아 러시아의 관리들이 한인들을 환영하여 귀화인들에게는 거의 무조건적으로 관유지(官有地)를 할당해 주었다. 당시 러시아의 토지는 대부분이 관유지 또는 공유지로서 임대(租借)가 용이하였으며, 임대하는 경우 계약조건은 대략 다음과 같았는데 개간지역과 미개간 지역 간에는 차이가 있었다. 먼저 미개간지일 경우 3년 내지 4년을 개간한 후에 1년 내지 3년 기한으로 임대하여 하루갈이[一日耕][67]에 대해서 4루블 또는 5루블의 임대료를 낸다. 그러나 이미 개간이 되어 있는 토지일 경우 1년을 계약기간으로 하여 하루갈이에 대해서 6루블 내지 8루블의 임대료를 지불하는 것이 보통이었다.[68]

반면에 비귀화인의 경우에는 소작을 주로 하였으며 생활이 곤란한 경우가 많았다. 따라서

65) 이러한 광산노동자 수의 급격한 감소는 다음의 〈표 5-12〉에서 확인할 수 있다.

〈표 7-11〉 채금장 한인 노동자의 수(1906~1910)

광산구 \ 연도	1906	1907	1908	1909	1910
아무르	477	332	406	-	-
부레인	2,779	1,428	1,931	359	-
연해주	1,859	1,667	-	-	-
제이	750	1,800	2,500	1,800	150

자료: Ким Сын Хва(1965:46)

66) Ким Сын Хва(1965), p. 48.

67) 하루 낮 동안에 쟁기로 갈 수 있는 논밭의 넓이를 말한다.

68) 朝鮮總督府拓植局(1918), p. 485.

이들 비귀화인들은 농한기에 말먹이[秣]를 베어 거두어들이는 수입이 본업인 소작에서 얻는 수입보다 많아 그 일을 많이 하였다.[69] 비록 러시아 극동에 거주하는 비귀화 한인소작인의 수입이 조선이나 만주지역에 거주하는 한인보다는 많아 생활형편이 다소 낫다고는 하나 러시아인 지주들에게 부당한 대우를 받는 일이 적지 않았다. 예를 들어 러시아인 지주들은 한인 소작인들의 동의 없이 소작지를 마음대로 처분하거나 러시아 정부로부터 임대한 한인들의 토지를 탈취하여 러시아인들에게 소작하도록 하거나 마음대로 자기들의 소유로 하는 일이 자주 발생하곤 하였다.[70]

2) 러시아 혁명 이후 한인 농업이민의 분화

1900년대 초기 러시아 극동지역 한인 계급의 양극화양상은 1917년 러시아 혁명기를 지나면서 중농의 두드러진 증가로 나타난다. 즉 1917년 10월 케렌스키의 임시정부가 전복되고 레닌이 주도하는 볼셰세비키파가 정권을 장악하면서 지방의 각 도시도 볼셰비키파의 영향력 하에 들어가기 시작하였다. 1917년 12월에 이르러서는 극동지역에서도 이들 볼셰비키에 의한 소비에트 정권이 권력을 장악하여 은행과 모든 산업을 국유화하고 대지주, 자본가계급, 은행가, 구관료 및 군인들을 체포하기에 이르렀다.

1917년과 1923년 사이의 통계를 보면 소비에트 정권이 권력을 장악함에 따라 빈농층과 중류층은 증가하는 반면 상류층은 감소하는 추세가 나타난다. 〈표 7-12〉의 자료에 의하면 무토지 소유 농가와 1제샤찌나 미만의 토지를 소유한 농가는 각각 1917년 9.7%와 15.9%에서 1923년에는 12.6%와 17.1%로 증가하고 있을 뿐만 아니라, 중류층에 속한다고 할 수 있는 1~6제샤찌나의 농가의 비율도 44.9%에서 51.1%로 증가하고 있다. 그러나 상류층에 속하는 6~10제샤찌나의 농가와 10제샤찌나 이상의 농가의 비율은 각각 14.1%와 15.9%에서 11.7%와 6.3%로 감소하고 있다.

특히 부유층 농가의 감소는 그 당시 소비에트 혁명기간 동안에 실시한 다음과 같은 토지정책에 의해서도 많은 영향을 받았다고 볼 수 있다: 1) 카자흐 계급의 특권을 박탈하여 그들의 토지를

69) 뿐만 아니라 제1차 세계대전 당시 물가폭등의 결과로 한인 노동자들의 임금 또한 상승하여 하급노동자라 하더라도 일당으로 8루블 내지 15루블까지 받는 근로자도 적지 않아 하루 10루블의 노임을 주어도 이에 응하는 한인 근로자가 많지 않았다. 특히 당시 국경을 지키는 러시아 측 관헌들의 무질서를 틈타 국경지대에서 양귀비(罌粟)를 재배하여 상당한 수입을 거두어들였고, 일부에서는 일확천금을 얻은 자도 적지 않았다.

70) 朝鮮總督府拓植局(1918), p. 483.

재분할하고, 2) 100제샤찌나 소유자인 러시아 토박이와 빈농 사이의 소작관계를 정리하며, 3) 무토지 농민과 적은 토지를 소유한 농민에게 토지를 나누어주도록 한다.[71]

〈표 7-12〉 러시아 혁명 이후 연해주 한인농가의 토지소유율(1917~1923)

농가의 부류	농가의 비율(1917년)	농가의 비율(1923)
무토지소유 농가	9.7%	12.6%
1제샤찌나 미만의 농가	15.9%	17.1%
1~6제샤찌나의 농가	44.9%	51.1%
6~10제샤찌나의 농가	14.1%	11.7%
10제샤찌나 이상의 농가	15.9%	6.3%

자료: Ким Сын Хва(1965:146)

이러한 정책기조를 바탕으로 하여 1923년 8월 24일 극동혁명위원회는 토지가 없거나 적은 한인들을 위해서 다음과 같은 결정을 내렸다. 첫째, 극동 변방의 모든 한인에게는 카자흐인과 러시아 토박이가 소유한 과대한 분할지를 분여해주고 식민기금을 활용하여 토지를 분여할 것, 둘째, 토지를 분배받은 한인들을 다른 지역으로 이주하지 못하게 할 것, 셋째, 오래전에 변방으로 이주했던 한인 농부에게 하바로프스크와 아무르 관구의 토지를 분여할 것, 넷째, 차후 이주자는 북부 변방 지방의 토지 마련에 따를 것 등이다.[72]

이러한 결정에 의해서 혜택을 입은 한인은 1923년에 931명, 1924년에 717명, 1925년에 2,931명, 1926년에 1,138명 등이었다. 1927년에는 2,000가구의 무토지 한인농가에게 토지가 분여되었다. 그리고 블라디보스토크 관구의 8,892가구의 농가는 이 지역의 토지기금이 부족한 관계로 극동변방의 다른 관구인 하바로프스크의 남부지역인 신딘스키와 쿠르다르긴스키 관구로 이주되기도 하였다.[73]

그러나 이러한 정책에도 불구하고 빈곤층이 증가한 것은 당시 한인인구의 급증과 경작지의 부족에서 그 원인을 찾을 수 있을 것이다. 즉 이 기간 동안 연해주의 한인인구는 약 25%가 증가하였으나 경작지는 17.6%가 줄어든 58만 2천 제샤찌나로 집계되고 있다.[74]

71) Ким Сын Хва(1965), p. 148.
72) Ким Сын Хва(1965), p. 152.
73) Ibid., p. 153.
74) Ibid., p. 145.

〈표 7-13〉 우수리주 한인농가의 토지소유율(1923)

농가의 부류	농가 수	비율(%)*	그룹별 비율(%)*
파종지 없는 농가	1,973	11.48	11.48
0.5제샤찌나 이하	2,476	14.40	36.05
1제샤찌나 이하	3,721	21.60	
2제샤찌나 이하	4,571	26.59	50.12
3제샤찌나 이하	2,213	12.87	
4제샤찌나 이하	1,051	6.11	
5제샤찌나 이하	515	2.99	
6제샤찌나 이하	267	1.55	
7제샤찌나 이하	154	0.90	2.14
8제샤찌나 이하	114	0.66	
9제샤찌나 이하	73	0.42	
10제샤찌나 이하	27	0.16	
10제샤찌나 이상	37	0.22	0.22
합계	17,192	100.00	100.00

자료: С.Д. Аносов, Корейцы в Уссурийском Крае(우수리 지방의 한인들)(Хабаровск-Владивосток: Книжное Дело, 1928), Ким Сын Хва(1965:149)에서 재인용.

이러한 하향 중농화 추세는 또 다른 통계에서도 확인된다. 즉 극동변방의 한인 마을의 조사에 따르면 모두 10,643개 농가 가운데 75%가 빈농, 20%가 중농, 6%가 부농이었다는 사실에서도 어느 정도 확인된다.[75] 뿐만 아니라 우수리주 17,226개의 한인 농가를 대상으로 한 아나소프(C. Д. Аносов)의 1923년 조사에서도(〈표 7-13〉) 이러한 추세를 볼 수 있다. 즉 이 표에 의하면 1~6제샤찌나의 중류층 농가는 여전히 과반수 이상인 50.12%에 달하고, 부유층에 속하는 10제샤찌나 이상의 농가와 7~10제샤찌나의 농가는 각각 전체의 0.22%와 2.14%로 나타나고 있다.[76]

75) Ibid., p. 150.

76) 러시아 혁명 이후 중간농민층의 두드러진 증가는 블라고슬라벤노예 지역의 통계에서도 확인되고 있다. 즉 중간규모와 소규모의 파종농가가 블라고슬라벤노예의 대부분을 차지하고 그 다음으로는 극빈층에 속하는 무파종 농가와 부농에 속하는 대규모 파종농가의 규모는 아주 미약한 것을 알 수 있다. 구체적으로 이 지역의 1925년 통계에 의하면 토지를 가지지 못한 무파종 농가와 대규모 파종농가는 각각 19%와 6% 정도를 차지하고 있고 나머지 70%는 0.1~8제샤찌나 정도를 파종하고 있다.

Ⅳ. 한인 농업이민과 계급 분화

지금까지 한인 농업이민의 분화를 간략히 정리한다면 1917년 러시아 혁명 이전까지는 농민의 중간층이 줄어드는 계급의 양극화가 진행되었고, 혁명 이후 소비에트 정권 초기에는 증간층과 빈농의 비율이 늘어나는 하향 중농비대화 경향이 나타났다고 할 수 있다. 본 절에서는 이러한 계급분화를 한인 농업이민의 특징적인 몇 가지 측면과 관련하여 고찰하고자 한다.

첫째, 러시아 극동지역 한인 농민층 분화는 토지의 소유와 비소유를 둘러싼 소작관계를 중심축으로 형성되었다고 할 수 있다. 이를 좀 더 명확히 이해하기 위해 먼저 초기 한인의 정착유형 및 소비에트 시기의 빈농과 부농 간의 관계를 살펴보고 이것이 농민층 분화에서 갖는 함의를 고찰하기로 한다.

러시아 극동지역 한인 농업이민은 몇 명씩 도착하여 점진적으로 정착을 하는 것이 상례였다. 처음에는 노동자로서 개인에게 고용되었다가 여름철 돈벌이가 좋을 때는 근처에 재빨리 움막을 지어 그곳에서 겨울을 보내며 벌목이나 기타 겨울철 일을 하였다. 이듬 해 여름에는 경작했던 토지의 일부 또는 수확물의 절반을 지대로 지주에게 바치고 주인으로부터 토지를 임대하였다. 가족이 있는 이주민들은 가족을 불러 영구소작인으로 정착을 하고, 일부는 2, 3년간 약간의 돈을 모아 관유지를 임대하여 독립된 세대를 형성하였다. 그러나 신규이민과 인구의 자연증가 등으로 1908년 3월 8일 연해주총독이 제205호 명령을 내려 한인과 중국인에게 관유지의 임대가 금지되자 한인들은 정식으로 토지를 임대하는 것이 불가능해졌고, 따라서 러시아인들에게 토지를 몰수당하거나 벌금을 물고 추방되기도 하였다.[77] 이러한 사정으로 인하여 한인 이주민들이 관유지보다 러시아인의 개인토지나 코사끄 군인촌의 농지 또는 교회부속토지를 소작하는 일이 성행하였다.[78]

〈표 7-14〉 블라고슬라벤노예의 한인 파종농가(1925)

농가의 부류	농가 수	비율(%)
무파종 농가	50	18.9
소규모 파종 농가(0.1~4 제샤찌나)	93	35.2
중간규모 파종 농가(4.1~8 제샤찌나)	93	35.2
대규모 파종 농가(8.1~16 제샤찌나)	16	6.1
알려지지 않음	12	4.6
합계	264	100(%)

자료: Смородин, "Экономическая жизнь Дальнего Востока"(극동의 경제생활), Издание Дальне-Восточного Краевого экономического совещания № 11 Ноябрь. Хабаровск 1925. 國史編纂委員會(1997), 『韓國獨立運動史』(資料 35, 러시아篇 II), p. 453.

77) Граве(1912).

이러한 초기의 토지 소유・비소유를 둘러싼 계급관계는 소비에트 정권 시기에도 기본적으로 유지되었다. 앞 절에서 살펴본 바와 같이 극동혁명위원회의 결정에 따라 많은 토지를 소유한 코사끄계급과 러시아인들의 토지를 분할하여 한인을 포함한 무토지 농민과 빈농에게 분배하였다. 또한 한인이 80% 이상을 차지하고 있었던 무토지 소유의 일용농부와 소작한인들의 상당수가 토지를 소유하게 되었고 중산층이 증가하였다.[79]

그러나 빈농은 여전히 부농의 착취대상으로 남아있었다.[80] 이러한 사실은 1928년 한인 농민의 수입평균표(〈표 7-15〉)의 노임항목과 소작료항목을 보면 더욱 명확히 드러난다. 이 표에서 부농의 경우 노임으로 지출되는 비용이 빈농의 총수입보다 많은 78.75루블로서 빈농과 중농의 경우 노임을 지출되는 액수보다 월등히 많다. 이러한 사실은 부농이 주로 빈농의 싼 노임을 착취하여 농업을 경영한다는 것을 잘 나타내준다.

〈표 7-15〉 한인 농민의 농업・목축・초지(草地)재배에 따른 수입평균표(1928) (단위: 루블)

항목		빈농	중농	부농
지출	파종	0.68	5.31	19.77
	비료	0.93	2.83	11.20
	노임	1.70	2.78	78.75
	年貢(소작료)	9.67	7.39	-
	기타	0.25	0.85	4.25
	지출 총액	13.23	19.16	113.97
수입		46.71	136.49	508.41
순익		33.48	117.33	394.44

자료: 露西亞通信社『露西亞事情』第93輯, pp. 14-15, 현규환(1976:850) 재인용

뿐만 아니라 상당수의 빈농들은 내적자본이 축적되지 못한 상태에서 가혹한 조건으로 제공되

78) 이러한 경우 한인들은 그 지주들에 대하여 보통 1) 수확 후 경작지 1제샤찌나(десятина)(1제샤찌나 = 1.092 헥타르)에 대하여 거기에 파종한 곡물을 10~20뿌드(пуд)(1뿌드 = 16.38kg) 제공하거나 10 내지 18루블의 소작료를 납부하고, 2) 가구당 4 내지 5루블을 납부하고, 3) 목초재배의 경우는 그 수확을 지주와 절반으로 나누었다(현규환, 1967:836).

79) 1917년과 1923년 사이의 통계를 나타내고 있는 앞의 〈표 5-13〉에서 무토지 소유자가 일부 증가한 것은 같은 기간 중 연해주 한인의 증가와 경작지의 감소에 기인한 것으로 추측된다. 일부 통계에 의하면 1917년에서 1923년 사이 연해주 한인인구는 25%가 증가하였으나 경작면적은 17.6%가 줄어든 58만 2천 제샤찌나였다고 한다. 또 다른 통계는 1923년 연해주 한인농가 수는 총 17,226농가 90,561명이었다고 하는데 1919년과 1923년 사이에 약 10,000명의 몰락 한인 농민이 이곳으로 몰려왔다고 한다(Ким Сын Хва, 1965:145-150).

80) Ким Сын Хва(1956), p. 149.

는 부농의 신용대부에 의존하였다.[81] 이러한 사실은 1912년 농민계층의 수입과 지출내역(〈표 7-4〉) 및 1928년 한인 농민의 가계수입과 지출표(〈표 7-7〉)의 대부항목이 잘 보여주고 있다. 〈표 7-4〉의 신용부문에서 부농이 고리채 등을 통해서 얻는 수입은 전체수입의 13.36%에 달하며 소작민들은 부농으로부터 씨앗, 노동가축 및 식료품 등을 빌렸는데, 곡식의 경우 빌린 대가로 50%를 추가하여 갚는 방식이 유행하였다.[82] 〈표 7-7〉의, 빈농과 중농의 경우 가계적자를 메우기 위해 58.73루블과 37.07루블을 빌려온 데 반해 부농은 115.25루블이라는 많은 금액을 대부해 준 사실에서도 잘 알 수 있다.

따라서 러시아 극동지역 한인사회에서 나타나는 토지의 소유·비소유를 둘러싼 지주-소작인의 분화는 양적인 것에 지나지 않고 진정한 의미에서의 근대적 분화를 의미하지는 않는다고 할 수 있다. 즉 진정한 의미에서의 농민층 분화는 임금노동자의 고용관계를 중심으로 한 분해라고 할 수 있는데,[83] 이는 부농과 빈농 간의 경영분해, 즉 경영확대에 의해 타인노동력의 고용과, 경영파탄에 의한 다른 쪽의 임금노동자화를 의미한다. 따라서 본 장에서 고찰한 러시아 극동지역 한인의 경우에 나타나는 단순한 재산의 하나인 토지의 소유-비소유를 둘러싼 농민층의 양극분화는 양적인 분화에 불과하고 농민 경영계층 간의 생산력 격차에 의해 발생하여 자본재 생산을 가져오는 진정한 의미에서의 농민층의 분화로 보기는 힘들 것이다.

둘째, 중농표준화론을 주장하는 사람들은 중농화의 원인을 내생적인 요인, 즉 제국주의단계에서 농업의 자본가적 생산력을 둔화시키는 여러 가지 독점자본의 압력에서 찾는다. 구체적으로 중농화현상이 발생하는 원인으로서 자본가적 대규모 농업경영을 불리하게 하는 다음과 같은 독점자본주의의 몇 가지 요인을 든다.[84] 먼저 도시자본에 의한 농촌의 잉여 노동력 흡수력이 약화되어 농촌에서 만성적인 인구과잉 현상이 나타나고 그 결과 경쟁이 격화됨에 따라 농산물가격이 하락하여 농촌의 자본가적 경영이 곤란하다는 점, 농산물과 공산품의 부등가(不等價) 교환으로 농산물가격이 공산물가격을 따라가지 못하여 농촌의 대규모 자본가적 경영이 불리한 입장에 서게 됨으로써 농민층 분화가 곤란하게 된다는 점, 독점자본이 비독점부분인 농업분야의 세금수탈을 강화하여 농업경영이 상대적으로 불리하다는 점, 그리고 자본가적 경영을 위해서는 최소한 평균이윤이 보장되어야 하나 중농(中農)은 최소한의 생계비만 있어도 지탱해 나갈 수 있으므로 중농이 비대해질 여지는 얼마든지 있다는 점 등을 들 수 있다.

81) Ким Сын Хва(1956), p. 150.
82) Ibid., p. 54.
83) 김종채(1986), p. 172.
84) 한국교회 사회선교협의회 편, 『농업경제학 해설』(돌베개, 1984), pp. 52-54, 이재진(1990) 재인용.

그러나 러시아 극동지역에서 러시아 혁명 이후 나타나는 한인의 중농화는 이와 같은 제국주의 체계 내의 독점자본적인 내생적 성격에 의해 규정되었다기보다는 주로 외생적 변수, 즉 러시아 혁명이라는 요인에 의해 발생한 점이 다르다고 할 수 있다. 러시아 혁명 이후의 소비에트 정권은 한인의 토지문제를 해결하기 위해 가장 필요한 두 가지의 방법을 채택하였다. 즉 코사끄인이나 러시아인들과 같은 부농의 토지를 무토지 한인 또는 토지가 적은 한인에게 분배하는 방식과, 무토지 한인들을 처녀지로 이주 개척시키는 방식 등이 그것이었다.[85] 이러한 조치로 무토지 한인들은 토지를 갖게 하였고, 적은 토지를 소유한 한인들 중농으로 진입케 하였다. 또한 이러한 빈농한인의 부담을 경감하기 위해서 세금을 면제하거나 감면하는 조치를 취하였다.

따라서 소비에트시대의 러시아 극동지역 한인의 중농비대화는 자본주의적 생산력을 둔화시키는 독점자본주의적 성격에 기초를 둔 기존 중농화론의 관점을 좀 더 넓힐 것을 지적하는 사례라고 할 수 있다. 이는 이미 지적되었듯이 농민층의 분화에서는 각국의 특수한 역사적 제 조건을 고려하는 것이 중요하다는 점[86]을 다시 한 번 강조하는 사례라고 할 수 있다.

셋째, 중농표준화론을 설명하는 일부의 학자들은 총 농가수가 증가하면 양극화가 이루어지고 총 농가수가 감소하면 중농화된다는 주장을 하고 있다. 이들은 총 농가 호수가 감소하였다는 것은 농민층의 농외(農外)부문으로의 탈농화(脫農化)가 가속화되었음을 의미한다며 근거를 내세운다. 이는 부농 또는 농촌 상류층은 농가 수지가 맞지 않아 농외(農外)투자를 가속화하고 농촌 하류층은 농촌을 떠나 도시프롤레타리아로서 임금노동자화한다고 해석된다는 것이다.[87] 그 결과 중농층이 비대화하게 된다는 것이 그 논지이다.

이러한 주장을 하는 대표적 학자의 한 사람인 이시와타 사다오(石渡貞雄)는 농가 수가 감소한 일본의 전전형(戰前型)이라는 유형에서 상층농의 분해와 낙층(落層), 그리고 하층농의 상향화로 인해 중농층이 비대화했다고 주장한다.[88] 이러한 주장에 입각하여 김성호는 1950년에서 1980년대 초반까지를 대상으로 한 한국의 '농지제도 및 농지보전에 관한 조사연구'에서 총 농가수가 증가한 1962년까지는 한국에서 양극분화가 이루어졌고 총 농가수가 감소한 1962년 이후에는 중농화가 이루어졌다고 주장하고 있다.[89]

---

85) Ким Сын Хва(1965), p. 153.

86) 이영기(1984); 박진도, 「독점자본주의하의 농민층 분해론의 전개: 중농표준화론에 대한 비판을 중심으로」, 김진균 편, 『현대자본주의의 이론적 인식』(역사와 사회 2)(한울, 1984), pp. 277-411.

87) 이영기(1984), p. 139.

88) 이재진(1990), p. 3.

89) Ibid., p. 3.

그러나 이시와타 사다오(石渡貞雄)의 이러한 주장은 러시아 극동지역 한인 농업이민의 분화에는 적용되기 어려운 것으로 보인다. 〈표 4-1〉에서 보다시피 한인 농업이민자의 수는 1860년대부터 1930년 중반까지 계속적으로 증가하여 왔다. 특히 전술한 바와 같이 양극분화론과 중농표준화론의 기점을 1917년 러시아 혁명으로 잡는다고 할 때, 자료에 따르면 1917년을 전후로 해서 계속적인 인구의 증가를 확인할 수 있다. 따라서 인구증감에 따라 농민층 분화의 유형에 변화가 있다는 주장은 적어도 러시아 극동지역 한인 농업이민에는 적용시키기 곤란한 것으로 보인다.

넷째, 중농표준화론을 주장하는 학자들은 그 전제의 하나로서 농업의 자본제적 발전의 좌절을 드는데, 자본제적 발전의 좌절은 바로 생산력의 저하 또는 정체를 의미한다고 볼 수 있다.[90] 즉 소생산자인 농민층이 자본가와 노동자로서 순조롭게 분해되는 것을 왜곡하는 것이 바로 독점자본주의 단계에서 중농층이 비대화하게 되는 중요한 요인이라는 것이다.[91] 이렇게 본다면 생산력의 증가가 좌절됨으로써 임금노동자와 상층농의 자유로운 분화가 이루어질 수 없으므로 생산력의 좌절에 따른 생산관계의 변화는 중농표준화론의 가장 기본적인 전제조건이라고 할 수 있다.

따라서 중농비대화 현상이 나타난 1917년 이후 러시아 극동지역의 한인 이주민들에게는 생산력의 좌절을 예측할 수 있으나, 실제로 자료(〈표 7-16〉)에 의하면 1917년과 1924년 사이에는 오히려 상당한 생산력의 증가가 있었음을 알 수 있다. 〈표 7-16〉에 따르면 이 기간 동안에 약 64% 정도 총 수확량이 증가하였음을 알 수 있고, 이를 인구의 증가와 관련시켜 본다 하더라도 같은 기간 동안 인구증가율은 아주 미미하므로 전체적인 생산력이 상당히 증가한 것으로 판단된다.

따라서 러시아 극동지역의 한인 농업이민의 경우, 생산력의 좌절이 중농표준화론을 주장하는 전제가 될 수 없음을 알 수 있다.

〈표 7-16〉 1917년과 1924년 한인 농가의 총 수확량 비교(단위: 가격 표시 1,000루블)

구분 \ 연도	총 수확량											
	호밀	메밀	밀	기장	귀리	보리	옥수수	감자	쌀	조	대두	계
1917	1.2	4.0	4.3	9.6	10.4	12.5	87.5	28.2	301	251.5	89.1	998.5
1924	2.2	3.9	8.2	19.1	20.0	33.7	108.9	94.2	729	305	311.0	1,635.3

자료: Ким Сын Хва(1956:156)

90) 박진도(1984), pp. 282-283.
91) 김종채(1986), pp. 176-177.

V. 소결

본 연구의 의의는 농민층 분화에 관한 이론을 통해서 19세기 말과 20세기 초에 걸친 러시아 극동지역 한인 농민층의 분화양상과 그것을 규정하는 제 조건을 해명하고, 한인 농업이민을 둘러싼 여러 계급관계의 성격을 살펴보는 데 있다. 분석의 결과에 의하면, 러시아 극동지역 한인 농업이민은 토지의 할당량에 있어서 코사끄인, 러시아 토박이들(старожилы) 및 새로운 러시아 이주자들(новоселья) 다음으로 최하위를 점하고 있었다. 그리고 러시아 극동지역 한인 농업이민의 분화에서 특이한 점은 1917년 러시아 혁명 이전까지는 농민의 중간층이 줄어드는 계급의 양극화가 진행되었으나, 혁명 이후 소비에트 정권 초기에는 중간층과 빈농의 비율이 늘어나는 하향 중농비대화 경향이 나타났다는 점이다.

이러한 결과가 기존의 농민층 분화에 관한 이론에서 가지는 함의는 다음과 같다. 첫째, 러시아 극동지역 한인 농민층 분화는 토지의 소유와 무소유를 둘러싼 소작관계를 중심축으로 형성된 지주-소작인의 분화로서, 양적인 분화에 지나지 않고 임금노동자의 고용관계를 중심으로 한 진정한 의미에서의 근대적 분화를 의미하는 것은 아니었다. 둘째, 중농표준화론을 주장하는 사람들은 중농화(中農化)의 원인으로 농업의 자본가적 생산력을 둔화시키는 여러 가지 독점자본의 압력과 같은 내생적인 요인을 들고 있으나, 러시아 극동지역에서 러시아 혁명 이후 나타나는 한인의 중농화는 이러한 제국주의 체계 내의 독점자본적인 내생적 성격에 의해 규정되었다기보다는 주로 외생적 변수, 즉 러시아 혁명이라는 요인에 의해 발생하였다. 셋째, 중농표준화론을 설명하는 일부의 학자들은 총 농가수가 증가하면 양극화가 이루어지고 총 농가수가 감소하면 중농화된다는 주장을 하고 있으나, 인구증감에 따라 농민층 분화의 유형에 변화가 있다는 주장은 적어도 러시아 극동지역의 한인 농업이민에는 적용시키기 곤란한 것으로 보인다. 넷째, 중농표준화론을 주장하는 학자들은 전제의 하나로서 생산력의 좌절과 같은 농업의 자본제적 발전의 좌절을 들고 있으나 러시아 극동지역의 한인 농업이민의 경우, 생산력의 좌절이 중농표준화론을 주장하는 전제가 될 수 없다.

제8장

스탈린의 농업집단화와 한인 이주민

20세기 초 러시아 혁명을 계기로 토지소유권과 경작형태의 문제는 상당수의 사회주의 국가들에 있어서 중요한 과제로 떠올랐다. 특히 농업이 국가경제의 중요한 부분을 차지하던 이들 국가들에서 토지소유권과 경작형태의 문제는 정치적 안정과도 연관된 것이었다. 즉 어떠한 형태의 토지소유권과 경작형태를 택하는 것이 농업생산성을 향상시킬 수 있는가 하는 문제는 정치체제의 존립을 좌우할 경제정책의 최우선 과제로 등장하였고, 그 결과 농업집단제가 선호되었다. 농업집단화를 시행한 대표적인 국가들로는 아시아 지역의 중국, 북한, 베트남, 중남미의 쿠바, 그리고 동유럽의 여러 국가들이 있다. 그러나 1980년대 말 구소련의 붕괴로 상당수의 사회주의권 국가들이 오랫동안 시행해 온 농업집단화정책의 실패를 인식한 후, 농업집단화로부터 벗어나려는 과정상의 체제변동을 겪고 있다. 그러나 아직도 러시아, 중국, 북한, 베트남 등 우리 주변의 여러 국가들에서는 토지소유권과 경작형태의 한 형태로서의 농업집단화를 중심으로 경제정책이 이루어지고 있는 것이 사실이다.

농업집단화가 처음 실시된 러시아에서도 구소련의 붕괴 후 농업집단화에 상당한 변화가 있었으나, 여전히 그 근간은 유지되고 있는 실정이다. 즉 1990년대 초 집단농장에서 일하는 가입자에게는 1인당 10~20헥타르의 농지사유증권(農地私有証券)을 발급하였으나, 독립적인 가족농업을 시작하는 농민은 아직 소수이다. 또한 대부분의 농민들은 농지사유증권을 주식으로 하여 집단화의 한 형태라고 할 수 있는 주식회사 농장소속으로 개편되고 있는 실정이다.[1]

본 장은 소련 내 소수민족의 농업집단화에 초점을 두고 있다. 구체적으로 러시아 극동지역으로 이주한 초기 한인들의 농업집단화를 고찰하고자 하는 하나의 시도이다. 연구대상 기간은 농업집단화의 시초가 된 1917년 러시아 혁명을 시작으로, 러시아 극동지역 한인들에 대한 강제이주가

1) 박진환, 『극동러시아의 벼농사, 국영농장, 그리고 조선족-러시아인들』(농협대학 농촌개발연구소, 1998), p. 13.

시행된 1937년까지가 될 것이다. 그러나 중점적으로 연구될 시점은 주로 '전면적 집단화'(сплошная коллективизация)가 실시된 1929년에서 한인의 집단화가 완료된 1934년까지의 기간이다.

본 연구의 의의는 두 가지 점에서 찾을 수 있다. 하나는 러시아 극동지역 한인의 농업집단화에 관한 본격적인 연구가 거의 이루어지지 않은 현 시점에서, 이러한 연구를 통해 현재 활발히 진행되고 있는 한국인 및 러시아 한인들에 의한 연해주에서의 농작물 경작에 대한 역사적 기원을 이해하는 데 도움을 줄 수 있으리라는 것이다. 실제로 한국의 농업관련단체에서는 국내의 부족한 경지를 대체할 수 있고, 또한 안정적인 쌀의 공급을 위하여 연해주에서의 벼농사와 기타 작물 경작에 관한 여러 가지 사업 관련 논의가 활발하며, 이미 연해주에 국내의 일부 기업이 진출하여 농장을 경영하고 있기까지 하다.[2] 또한 남북한 통일문제와 관련하여 북한의 노동력과 남한의 자본 및 기술력을 결합하여 러시아 극동지역의 방대한 농지에서 좋은 결실을 맺을 수 있다는 전망까지 나오고 있다.[3] 따라서 초기 한인 농업집단화 과정을 살펴봄으로써 러시아에서의 한인 농업에 관한 여러 가지 시사점을 얻을 수 있으리라고 생각된다. 하나의 예로 초기 한인의 농업집단화 과정에서 발생했던 한인과 러시아인 간의 인종차별 문제는 현재 한·러 관계에 있어서 다시 초미의 관심사로 등장하고 있다.[4]

또 다른 의의는 한인의 강제이주와 관련된 역사적 사실규명에 관한 것이다. 1937년 9월 9일부터 10월 말까지 실시된 러시아 극동지역 한인의 중앙아시아로의 강제이주의 이유로 소련에 대한 한인의 낮은 동화율(同化率)[5]이 자주 거론된다. 이것은 한인이 일본군에 의해 첩보원으로 이용되기 때문이라는 학설[6]을 바탕으로 하는데 아직 명확하지는 않다. 따라서 한인의 강제이주의

---

2) 현재 연해주에서는 고합과 남양알로에 등 10개 민간기업 및 민간단체가 총 742,000헥타르를 경작하고 있으며, 앞으로 경작이 가능한 땅은 2,500,000헥타르로 이는 남한의 논과 밭을 모두 합한 총면적 1,950,000헥타르보다 더 넓은 면적이다. 최근 한갑수 농림부장관은 청와대에서 '2001년 주요 업무 추진계획'을 보고하면서, 농업관련기관 전문가로 이루어진 '북한농업지원협력단'(단장 농림부차관)을 구성해 연해주와 중국 땅을 남북한이 공동으로 개발해 벼와 콩을 경작하는 방안을 추진하기로 했다고 밝혔다(「남북, 연해주 땅 공동경작 추진, 농림부 업무보고」『동아일보』 2001. 2. 7.(http://www.donga.com/fbin/searchview, 검색일 2001. 2. 9.)).

3) 본 서의 제12장과 구천서·이병화, 『연해주: 농업개발과 환경여건』(서울: 책 만드는 집, 1997) 참조.

4) 여기에 관해서는 다음의 기사를 참조할 것:「러 안보에 연해주 한인－중국인 위협요인」『동아일보』(1997. 4. 26.)(http://www.donga.com/fbin/searchview, 검색일 2001. 2. 9.),「강제이주 '러' 한인의 삶: 이민족 숨은 차별 '여전'」『동아일보』(1997. 9. 8.)(http://www.donga.com/fbin/searchview, 검색일 2001. 2. 9.)

5) 1923년 연해주에 있던 107,000여 명의 한인 가운데 72,000여 명이 소련 국적을 취득하지 않았고 이 같은 한인들의 낮은 동화율이 1937년 한인의 강제이주의 원인이라는 것이다(「고국을 떠났던 선조들: 러시아 연해주·사할린」『동아일보』 1997. 12. 31.(http://www.donga.com/fbin/searchview, 검색일 2001. 2. 9.).

6) 한인첩자설을 주장하는 연구에서 가장 결정적인 증거로 자주 인용되는 구절은 발로진(И. Володин)이 쓴 다음의 1937년 4월 23일자(p. 5) 쁘라우다(Правда)의 기사 "ИНОСТРАННЫЙ ШПИОНАЖ НА СОВЕТСКОМ ДАЛЬНЕМ ВОСТОКЕ"(소련극동에서의 외국인 첩보행위)다:

원인을 밝히는 데 있어서 본 장이 직접적인 원인을 규명하지는 못한다 하더라도, 하나의 중요한 시사점을 제공하리라고 본다. 그 이유는 집단화과정에서 발생한 부농퇴치 혹은 곡물공출 문제, 한인과 러시아인 간의 충돌 및 기타 스탈린 통치하 한인 촌락에 대한 부정과 비리로 인해 상당수의 한인이 러시아 극동지역으로부터 국외탈출을 시도하였는데,[7] 이에 대한 대책의 하나로 연해주에서 러시아극동의 타 지역으로 이주한 한인들이 연해주나 조선으로 다시 도망하지 못하도록 '카자흐스탄 혹은 노보시비르스크' 등의 원격지로 송출할 것을 제안했던 사실이 드러나고 있기 때문이다.[8] 이러한 사실은 한인의 농업집단화와 밀접한 관련이 있는 것으로 보이므로, 본 장은 아직 밝혀지지 않은 이러한 문제에 대한 하나의 시론(試論) 역할을 하리라고 생각된다.

I. 농업집단화에 관한 선행연구

한인의 농업집단화에 관한 본 연구의 범위는 1917년 러시아 혁명이 발생한 시기로부터 1937년 러시아 극동지역 한인들의 대부분이 스탈린에 의해 중앙아시아로 강제 이주되기 이전까지이다. 물론 그 기간은 20년가량이지만 실제로 본 장에서 중점적으로 다룰 시기는 농업집단화가 본격적으로 시작된 1920년대 말기에서 한인의 농업집단화가 거의 완료된 1930년대 초기까지이다. 논의는 주로 한인의 농업집단화 과정을 중심으로 전개되는데, 구체적 연구의 초점은 한인의 농업집단화 참여에 대한 배경, 집단화 과정에서 발생한 한인 부농의 처리과정, 한인 농업집단화의

"В своей работе иностранные шпионы на советском Дальнем Востоке применяют всевозможные ухищрения и способы маскировки. Еще до перехода границы они снабжиются фальшивыми советскими документами (паспорта, профсоюзные билеты, удостоверения советских учреждений, командировочные удостоверения и т. н.), советской валютой, одеждой, в том числе и красноармейской. Агенты маскируются под внешность жителей того района, где по заданию своих руководителей они должны проводить шпионскую работу. При этом разведка учитывает национальный состав каждого данного района на нашей территории и соответственно посылает агентой корейской, китайской национальности или русских белогвардейцев."(소련 극동에서의 외국인 스파이들은 자신들의 과업을 수행함에 있어서 가능한 모든 책략과 변장수단을 이용하고 있다. 또 국경을 건너오기 이전에 이들에게는 가짜 소련의 문서(여권, 노동조합 회원권, 소련의 여행증명서 등), 소련의 화폐와 붉은 군대의 의복 등이 제공된다. 이들 스파이들은 해당 지역의 주민으로 위장하고 지도자들의 임무에 따라 그곳에서 첩보활동을 하는 것이다. 이 경우 정보기관은 소련 영토 내에서 각 지역의 주민들의 국적 구성을 고려하여 그에 따라 한인, 중국인 또는 러시아의 백군 병사를 파견하는 것이다).

7) 류한배, 『한민족 러시아이민사 연구서설: 한민족공동체 구상과 관련하여』(세종연구소, 1999), p. 46.

8) 류한배(1999), p. 52.

실제적 과정, 그리고 이러한 한인 농업집단화 과정에서 발생한 문제점의 규명 등에 둔다.

연구의 방법은 소련의 농업집단화에 관한 기존 문헌을 검토하여 사회주의농업의 기본적 형태의 하나인 콜호즈(колхоз: коллективное хозяйство)를 중심으로 한인의 농업집단화 과정을 살펴보는 것이다. 기존 문헌과 관련하여 본다면 소련의 농업집단화에 관한 개괄적 연구로는 주로 구미(欧美)의 연구문헌을 참조하지만, 구체적으로 한인의 농업집단화의 과정에 관해서는 국내의 문헌과 최근 저자가 입수한 러시아 극동지역 한인에 관한 몇 가지 역사적 문서를 통해서 살펴보도록 한다.

극동지역 한인의 농업집단화에 관한 본격적인 연구는 거의 없다고 할 수 있을 정도로 미흡하다. 본 장의 주제에 관해서는 대부분의 관련 문헌들이 간략하게 언급하는 정도로 그치고 있는데, 이는 러시아 극동지역 한인에 대한 연구들은 주로 러시아에서의 한인독립운동사[9]나 한인의 극동러시아 이주사[10]를 주요한 주제로 다루고 있는 점과 무관하지 않을 것이다.

또한 소련 한인의 농업집단화에 관한 연구가 일부 있다 하더라도 그것은 대개 중앙아시아로 이주한 한인의 농업집단화에 대한 연구가 주종을 이루고 있다. 예를 들어, 이광규·전경수[11]는

9) 임계순, 「만주·노령 동포사회(1860-1910)」『한민족독립운동사 2』(국사편찬위원회, 1987), pp. 569-651; Пак Борис Д., "УЧАСТИЕ КОРЕЙСКОЙ ЭМИГРАЦИИ В РОССИИ В АНТИЯПОНСКОЙ БОРЬБЕ (1906-1917)" 《水邨 朴永錫教授華甲紀念 韓民族獨立運動史論叢》(探究堂, 1992), pp. 1061-1151; 이명화, 「露領地方에서의 韓人 民族主義教育運動」『한국독립운동사연구』제3집 (독립기념관 한국독립운동사연구소, 1989), pp. 119-163; Ким Сын Хва, *Очерки по истории советских корейцев*(Алма Ата: Наука, 1965). 鄭泰秀 편역, 『소련韓族史』(대한교과서주식회사, 1989); Ли У Хе & Ким Ен Ун, 1997 Ли У Хе & Ким Ен Ун(Авторы-составители), *Белая книга о депортации корейского населения России в 30-40х годах*(книга первая) (Москва: Интерфакс, 1992). 김명호(역), 『스탈린 체제의 한인 강제이주: 구소련 국립중앙문서보관서 공개 극비문서』(건국대 출판부, 1994); 마뜨베이 찌모피예비치 김, 이준형 옮김『일제하 극동시베리아의 한인 사회주의자들』(역사비평사, 1990); Ким В.Д., Туманган - Пограничная река(Ташкент: Узбекистон, 1994); 고승제, 「沿海州의 國際的 紛爭과 韓國人移民의 獨立運動」『韓國移民史研究』(서울: 章文閣, 1973), pp. 51-80.

10) 현규환, 『韓國流移民史』(上巻) 蘇聯篇(極東地方)(서울: 語文閣, 1967), pp. 740-976; В. Граве, Труды Командированной по Высочайшему повелению Амурской Экспедиции: Выпускъ XI. Китайцы Корейцы и Японцы въ Приамурье (Санкт-Петербург: В.Ф. Киршбаум, 1912)(「極東露領に於ける黄色人種問題」. 『露·亞經濟調査叢書』 第49巻, pp. 1-214. 南滿洲鐵道株式會社 庶務部調査課編譯. 昭和四年. 大阪: 大阪毎日新聞社); 고승제, "沿海州移民의 社会史的分析," 『白山学報』第11号(1971), 국사편찬위원회, 『한국독립운동사』2(1967), pp. 149-168; 고승제, "연해주 이민사 연구(1853~1945)", 『國史館論叢』제11집(1990), pp. 1-32; 권희영, 『한국과 러시아: 관계와 변화』(국학자료원, 1999); 권희영, "한민족의 노령이주사 연구(1863~1917)", 『国史館論叢』(国史編纂委員会) 第41輯(1993), pp. 153-186; 이상근, 『한인 노령이주사 연구』(탐구당, 1996); Haruki Wada, "Koreans in the Soviet Far East, 1917~1937", pp. 24-59 in Dae-Sook Suh(ed.), *Koreans in the Soviet Union*(Honolulu, HI: Center for Korean Studies, Univ. of Hawaii, 1987). 이외 본 서의 제4장, 5장, 6장, 7장 등.

11) 이광규·전경수, 『재소 한인: 인류학적 접근』(집문당, 1992), pp. 129-243.

중앙아시아 거주 한인들의 집단농장을 인류학적인 접근방법으로 다루고 있으며, 김필동[12]은 중앙아시아의 한인 집단농장 7곳을 연구하면서 일차적으로 방문관찰과 심층면접의 방법을 통해 자료를 수집하고 설문지 조사와 문헌연구를 통해 이를 보완하는 방법을 사용하였다. 고송무[13]는 중앙아시아의 고려인이 주도하는 벼재배의 대표적인 콜호즈와 쏘포즈를 간략히 설명하고 있다.

러시아 극동지역의 농업집단화에 대해서 현재 가장 참고가 될 만한 연구는 김승화(Ким Сын Хва)[14]와 와다 하루끼(Haruki Wada)[15]의 연구라고 할 수 있다. 김승화(Ким Сын Хва)[16]는 극동지역 농업집단화에 관해 상세한 자료를 가지고 자세하게 설명하고 있으며, 그의 연구는 현재까지 출판된 문헌 가운데 극동지역 한인의 농업집단화에 관한 가장 포괄적인 내용을 담고 있다. 본 연구에 사용된 자료의 일부도 이 책을 참조하였다. 그러나 이 책은 주로 사회주의 관점에서 농업집단화를 설명함으로써 집단화의 긍정적인 측면만을 과장하는 것이 단점으로 지적된다. 특히 일역본(日訳本)을 중역(重訳)하는 과정에서 참고문헌을 노어 또는 영어로 정확하게 기재하지 않은 점이 번역본을 이용하는 연구자들에게는 하나의 흠으로 지적될 수 있을 것이다. Wada[17] 또한 극동지역 한인 농업집단화에 관해 내용상으로는 간략히 언급하고 있으나 객관적인 시각으로 서술하고 있고 특히 일본과 러시아의 자료를 많이 참고하고 있다. 그 밖에 Kolarz[18]가 한인 농업집단화에 관해 간략하게 언급하고 있으며, 한글로 된 참고자료로는 박 보리스,[19] 金淵[20] 그리고 잡지 『新民』에 실린 간략한 소논문도[21] 당시 집단농장에 대한 한인의 사정을 이해하기 위해 참고할 만하다고 생각된다. 소련 해체 후 러시아 극동지역의 벼농사와 국영농장에 관해서는 박진환[22]을 참고할 수 있겠지만, 1920년대와 1930년대의 사정에 관해서는 거의 언급하고 있지 않다.

12) 김필동, 「구소련 해체 후 중앙아시아 농촌 사회의 변화와 농민 생활」 『중앙아시아한인의 의식과 생활』(한국사회사학회 논문집 제48집)(한국사회사학회, 문학과지성사, 1996), pp. 55-86.
13) 고송무, 『쏘련의 한인들: 고려사람』(이론과실천, 1990), pp. 95-115.
14) Ким Сын Хва, *Очерки по истории советских корейцев.*
15) Wada(1987).
16) Ким Сын Хва, *Очерки по истории советских корейцев.*
17) Wada(1987).
18) Walter Kolarz, *The Peoples of the Soviet Far East*(N.Y.: Praeger, 1954).
19) 박 보리스, "러시아 한인, 19세기 중반~1930년대 말" 『교민논총』 제1집(경북대 한국교민 연구소, 1997), pp. 135-147.
20) 金淵, 「勞農露國의 農地集合耕作化計劃: 武斷的農村共産政策」 『新民』(第58號, 1930), pp. 12-15.
21) 「露領朝鮮農民의 反抗運動: 荒坪에 突発된 小作問題」 『新民』 제26호 6월호(1927), pp. 57-58.
22) 박진환, 『극동러시아의 벼농사, 국영농장, 그리고 조선족-러시아인들』(농협대학 농촌개발연구소, 1998).

그러나 러시아 극동지역의 한인 농업집단화를 간헐적으로 다루는 이러한 논문들도 극동지역 한인들의 농업집단화 과정을 기타 극동지역 한인사회를 설명하면서 부차적인 주제의 하나로서 언급하는 데 그치고 있고, 각 연구의 중심주제로 취급하고 있지는 않다. 따라서 이러한 문헌들은 왜 당시 한인들이 농업집단화에 적극적으로 참여하게 되었는가, 한인부농의 처리는 어떻게 이루어졌는가, 전체적인 한인 농업집단화의 과정은 어떠하였는가, 그리고 농업집단화의 과정에서 한인들에게 문제가 되었던 것은 무엇이었는가 등, 본 장에서 고찰하고자 하는 연구주제를 설명하는 데 한계를 가질 수밖에 없다.

Ⅱ. 소련 농업집단화의 배경

먼저 이 절에서는 소련 농업집단화의 불가피성에 관한 논쟁을 살펴봄으로써 소련에서 농업집단화가 시행된 배경을 살펴보고자 한다. 농업집단화의 불가피성에 대한 논쟁은 전통적 입장과 수정주의적 입장의 두 가지로 나뉘는데, 문제의 본질은 농업집단화가 스탈린이 주장하듯이 소련의 공업화와 농업의 발달에 기여하였는가 그렇지 않은가를 둘러싸고 계속되어 왔다.[23)]

스탈린을 비롯하여 노브(Alec Nove)와 돕(M. Dobb) 등은 전통적 입장에서, 농업집단화는 1927/1928년 농업연도 이후 발생한 곡물조달위기에 대한 어쩔 수 없는 대응책이었다고 보는 입장에 서 있다. 즉 1928년 5월에 제시된 스탈린의 주장에 따르면, 1921년의 기근 이후 1926/1927년 곡물생산은 1913년 전전(戰前)의 생산수준에 약간 못 미칠 정도까지 회복되었으나,[24)] 곡물의 시장거래는 계속 전전의 수준을 훨씬 밑돌아 1927년 시장에서 거래되는 곡물의 비율은 1913년의 절반 수준에 불과하였다는 것이다.[25)] 따라서 농업집단화는 이러한 곡물조달위기에 대한 어쩔

23) 김남섭, 「소련 공산당과 농업집단화의 배경」『西洋史硏究』 제12집(서울대 서양사연구회, 1991), p. 226.
24) 1921년 기근 이후 파종면적의 크기와 수확량 및 가축의 수는 다음과 같이 급속한 증가를 보이고 있다.

〈표 8-1〉 파종면적, 수확량 및 가축 수

연 도	1913	1922	1925
파종면적(100만 헥타르)	105.0	77.7	104.3
곡물수확량(100만 톤)	80.1	50.3	72.5
말(100만 두)	35.5*	24.1	27.1
소(100만 두)	58.9*	45.8	62.1
돼지(100만 두)	20.3*	12.0	21.8

(* 1916년)
자료: социалистическое строительство(사회건설) (Москва, 1934:4), Nove(1992:124) 재인용.

수 없는 타개책의 하나였던 것으로 보고 있다.

한편 레빈(M. Lewin), 코헨(S.F. Cohen), 카르츠(Jerzy F. Karcz), 모쉬코프(Ю. Мошков) 등이 취하고 있는 수정주의입장에 따르면, 1927/1928년 곡물조달위기는 농업집단화와 같은 비상조치를 취할 만큼 심각한 것이 아니며, 강제적인 농업집단화는 잘못된 정보에 기초를 둔 것으로 소련의 공업화에 도움을 주기보다는 오히려 엄청난 손실을 가져온 원인이 되었다고 본다. 즉 수정주의입장에서는 스탈린이 주도한 강제적인 농업집단화 조치는 잘못된 정보로 인한 정책결정의 착오이거나 스탈린 개인의 권력욕에서 연유한 것으로 보고 있다.[26)]

특히 카르츠(Jerzy F. Karcz)와 모쉬코프(Ю. Мошков)는 스탈린이 1920년대 말 곡물의 시장거래 수준을 과소평가하였고 또한 곡물거래 사정이 이례적으로 호전되었던 1913년 한 해와 1920년대 말의 곡물거래 수준을 비교함으로써 현실을 교묘히 왜곡하였다고 주장한다.[27)] 또한 카르츠는 스탈린의 왜곡된 정보의 본질은 바로 곡물거래량을 어떻게 정의(定義)하는가에 있다고 보고, 스탈린이 1913년의 전(全) 곡물거래량(gross marketings) 자료를 1926/1927년의 순(純) 곡물거래량(net marketings)의 자료와 단순히 비교한 것은 큰 오류라고 지적하고 있다.[28)]

카르츠는 곡물조달위기를 발생시킨 또 하나의 요소로 정부의 잘못된 곡물조달정책을 지적하고 있다. 즉 농업집단화 이전의 몇 년간 곡물거래량이 감소한 것은 정부가 곡물조달가격을 인하하자 농부들이 개별농가에서 곡물을 보유하고 있으면서도 시장에는 출하(出荷)하지 않았기 때문이라는 것이다. 그 증거로서 카르츠는 농업집단화 이전의 몇 년간 곡물거래량은 감소하였지만 기타 농작물의 거래량은 증가한 점을 들고 있다.[29)] 전통적인 곡물의 수출국가였던 소련이 곡물을 수입해야 할 심각한 처지에 놓이게 되었고 이러한 사정은 소련정부로 하여금 곡물위기를 사실로 인식케 하여 강제적인 농업집단화를 통한 농산물의 조달(заготовки)에 적극 나서는 계기가 되었다고 보았다.

---

25) Alec Nove, *An Economic History of the USSR 1917~1991*(London: Penguin Books, Inc., 1992). 김남섭 역, 『소련경제사』(창작과비평사, 1998), p. 124; Paul R. Gregory and Robert C. Stuart. 1998. *Russian and Soviet Economic Performance and Structure*(Reading, MA: Addison-Wesley Educational Publishers, Inc., 1998), p. 79.

26) Gregory & Stuart(1998), p. 79; 김남섭, 「소련 공산당과 농업집단화의 배경」 『西洋史硏究』 제12집(서울대 서양사연구회), p. 227.

27) Nove(1992), p. 124.

28) Gregory & Stuart(1998), p. 79.

29) Ibid.

Ⅲ. 한인 농업집단화 과정

1. 한인의 농업집단화 참여 배경

러시아 극동지역의 한인들은 농업집단화에 적극적이어서 급진적 농업집단화를 선호[30]하였다.[31] 실제로 1929년부터 시작된 '전면적 집단화'(сплошная коллективизация) 이전인1928년에 이미 러시아 극동지역 전체에 존재했던 470개의 콜호즈 가운데 약 23.4%에 해당하는 110개가 블라디보스토크 관구에 있는 한인촌의 콜호즈였다. 이들 한인 콜호즈는 전체 한인 농민의 45%를 차지하였다.[32] 최근에 발표된 문서에 의하면 극동지역 전체의 한인 농업집단화율은 1928년 5.0%에서 1932년에는 82%까지 도달하였는데 이는 러시아 극동지역 전체의 집단화율인 62%를 훨씬 앞지르는 것이었다.[33]

한인들이 이렇게 급격한 농업집단화를 선호한 이유로는 러시아인과 한인부농에 대한 빈농한인들의 반발심, 벼농사에서 요구하는 집단성 및 협동성, 일본군에 대항하는 한인무장유격대 활동을 통해 습득된 공동정신과 집단주의정신, 그리고 농업집단화에 대한 정부의 적극적 지원 등을 들 수 있는데, 이런 점들을 여기서 좀 더 구체적으로 살펴보도록 한다.

---

30) 혁명 전 부농에 의해 착취를 당했던 한인 빈농과 중농들에게 농업집단화는 다음에서 보듯이 엄청난 반향을 불러일으켰다: "Политика партии и совласти по социалистическому переустройсву сельского хозяйства нашла среди бедняцко-середняцких масс корейских крестьян живой отклик, появились корейские колхозы. Кулацкие хозяйства, которые в старожильческих корейских селах занимали значительный процент, а в дореволюционное время наравне с русскими кулацкими хозяйствами жестоко эксплуатировали, безземельных корейцев, на базе сплошной коллективизации, за единичными исключениями, ликвидированы"(농업의 사회적 개조에 대한 당과 정부의 정책은 빈농과 중농의 한인 농부들 사이에서 활발한 반향을 불러일으켜 한인 콜호즈들이 나타나기 시작하였다. 한인 마을에서 오래 살면서 중요한 부분을 차지하였고, 혁명 전까지는 러시아인의 부농경제와 함께 무토지 한인들을 철저하게 착취하였던 부농경제는 전면적 집단화로 인하여 몇몇 예외를 제외하고는 완전히 청산되었다). 1932년 10월 20일, Цой Хорим(최호림)이 작성한 "Партийное и советское строительство среди корейцев после советизации ДВК"(극동의 소비에트화 이후 한인들의 당과 소비에트 건설)(Сим Енг Соб · Ким Герман, 1999:114).

31) 와다 하루끼(和田春樹), 「연해주로 강제 이주된 중앙아시아의 조선족: 집단정착촌에서 농업을 개시」『극동문제』 10월호(1999), p. 64; Ким Сын Хва, Очерки по истории советских корейцев, p. 165; 박 보리스(1997), p. 143.

32) Ким Сын Хва(1965), p. 165.

33) "Партархив Хабаровского крайкома КПСС П-44, опись-1, ед.599 Отдел Истпарта при Далькрайкоме ВКП(б), Цой-Хорим-Исторический очерк о жизни корейцев на Дальнем Востоке"(하바로프스크 지방 고문서 보관소, 최호림-극동지방 한인들의 생활에 관한 역사 개설, 1932년), Сим Енг Соб · Ким Герман(1999:114).

첫째, 한인들이 농업집단화를 선호한 데에는 러시아 극동지역에 거주하는 한인을 착취한 러시아 농부들과 한인부농에 대한 반발심이 상당히 중요한 이유로 작용하였고, 또한 농업집단화에 적극 참여함으로써 토지를 소유하지 못했던 한인들이 러시아 국적을 취득하여 토지를 분배받을 수 있다는 믿음 때문이었다. 이러한 상황을 이해하기 위해서는 19세기 말과 20세기 초 러시아 극동지역의 계급구성을 살펴볼 필요가 있다.[34]

19세기 말과 20세기 초 러시아 극동지역의 계급구성을 상류층부터 차례로 열거하면 코사끄인(казаки), 러시아 토박이들(старожилы), 새로운 러시아 이주자들(новоселья), 러시아 귀화 한인 및 비귀화 한인 등의 순서가 된다.[35] 이를 좀 더 구체적으로 살펴보면 1894년 이전 러시아 극동지역을 식민지화 하면서 병역의 의무를 이행하기 위해 이곳으로 이주한 코사끄인들(казаки)은 거의 무제한적인 토지 소유가 허락되었고, 그 이후 이주한 코사끄인의 경우 40~400제샤찌나의 토지를 소유할 수 있었다.[36] 그 다음으로 이주한 초기의 러시아인들(старожилы)은 가구당 100제샤찌나(десятина)[37]까지 토지를 소유할 수 있었으며, 또 이들에게는 20년간 인두세가 면제되었다.[38] 그리고 1901년 이후 러시아 극동지역으로 이주해 온 러시아인들은 새로운 이주자들(новоселья)로 불렸는데, 이들에게는 남자 1인당 15제샤찌나의 토지가 할당되어 가구당 15~45제샤찌나의 토지를 부여받았다.

그 다음 부류인 한인들은 1891년 연해주총독 꼬르프(А. Корф)의 정책에 따라 세부류로 나뉜다. 첫 번째 부류는 1884년 한로통상조약이 체결되기 이전에 정착하여 러시아 국적을 취득하기를 원하던 부류로서, 이들에게는 가구당 15제샤찌나의 토지가 할당되었다. 두 번째 부류는 1884년 이후에 정착한 한인들로, 이들에게는 러시아 비자가 발급되어 2년 동안만 러시아에 거주하도록 허락되었다. 마지막 부류는 거주할 자격을 갖지 못하고 일시적으로 거주하는 한인들이었다.

이처럼 첫 번째 한인들은 상당수의 토지를 분여 받았으나 나머지 비귀화 한인부류들은 토지분배상의 불리한 조건으로 인하여 러시아인이나 소수의 귀화 한인의 소작인이 될 수밖에 없었다. 물론 이들의 대부분은 귀화를 원했지만 제정 러시아 시대에는 귀화하는 것이 상당히 어려웠다. 소작이라는 것도 대부분 러시아인 소유의 황무지를 개간하는 것이었는데, 처음 1~2년간은

34) 구체적인 러시아 극동지역 한인의 계급구성의 변화에 대해서는 본 서의 제4장을 참조할 것.

35) Унтербергер, *Приамурский Край, 1906~10 гг.*(Спб: Тип. В. Ф. Киршбаума, 1912), p. 61, Wada(1987:28) 재인용.

36) Ким Сын Хва(1965), p. 165.

37) 1десятина = 1.092헥타르. 이는 대략 2,400평에 해당함.

38) Ким Сын Хва(1965), pp. 38-39.

개간의 대가로 소작료를 물지 않았고 개간 후 3~4년째부터 소작료를 지불하도록 되어 있었다.[39] 그러나 이러한 개간의 과정에서 러시아인들이 농간을 부려 개간한 지 얼마 되지 않아 개간지를 빼앗기고, 또다시 새로운 황무지를 개간하여야 하는 경우가 흔했다.[40] 이러한 한인 소작인들의 고통에 대해서 KHM[41]은 다음과 같이 자세히 이야기하고 있다:

「그런데 怪惡한 것은 起耕한 지 限五六年後에는 (러시아인 지주들이) 그 土地를奪還하는 일이 種種잇는 일이다. 陰凶한 露人地主들은 自己所有의 荒蕪地를 만히 開拓하기 為하여 그것을 小作으로 주어 起墾케 하엿다가 그것이 良田되기를 기다려서는 곳 쌔앗고 다시 다른 荒地를 小作으로 준다. 주린배를 움켜쥐고 努力을 들여서 起墾하여 바로 이 四五年 耕作한 土地를 쌔앗기고 다시 荒蕪地를 쭈지게 됨은 견될 수 업는 痛恨이지마는 이것을 呼訴할 데가 업는 그들은 살아가기 為하야는 술쩍 참고 또다시 荒蕪地를 開墾하지 아니하면 안 되게 된다. 이리하여 開墾한 土地는 또 前과 가티 쌔앗기고 또다시 다른 荒蕪地를 開墾하게된다. … 人權은 더 말할 것 업시 아모것도 업다. 農奴와 조음도 다를 것이 업다. 이것이 革命의 바람이 둘너치기 前 外지의 朝鮮農民의 情形이엇다.」(괄호 안은 본 연구의 저자가 덧붙인 것임)

---

39) KHM, "露領朝鮮人農村情形의 今昔,"《開闢》7月號(1925), p. 101.

40) 러시아인 지주들은 한인 소작인들이 자신의 분여지에서 오래 체류하는 것을 두려워하였고, 이 때문에 한인 소작인들이 러시아인 소유의 황무지를 힘들여 개간해 놓으면 5, 6년 후에는 개간한 토지를 빼앗고 한인소작인들을 내쫓는 경우가 많았으므로 한인소작인들은 또 다른 황무지를 개척해야만 하는 실정이었다. 이러한 문제에 대해 한인들의 불평이 커지자 극동토지청은 1923년 3월 20일 연해주토지청에 대해 한인에 대한 임차기간을 강제로 연장하도록 하는 미봉책을 다음과 같이 제시하기도 하였다: "Вопрос разрешился таким образом: циркуляром 20 марта 1923 года Дальземуправление предложило Приморскому Земуправлению: ' … в качестве паллиативной временной меры возложить на местные органы Приморской губернии обязательства понудить русские сельские общества и отдельные хозяйства, сдававшие корейцам земли в арендное пользование в прошлый полевой сезон, продлить срок аренды и на предстоящий полевой период, и не только для тех, у коих сроки аренды еще не истекли, но и тем у которых таковые кончились … '"(그 문제를 다음과 같은 방식으로 해결하도록 하였다: 1923년 3월 20일의 명령서에 의하면, 극동지역 토지관리청이 연해주 토지관리청에 다음 조치를 취하도록 제안하였다. ' … 일시적인 미봉책으로서 연해주 지사 관할 산하기관에게 러시아 농촌협회와 지회에 강요하도록 하는 임무를 부여하여, 이들 기관으로 하여금 지난해 경작기에 임차된 토지를 한인들에게 인도하도록 하며, 경작기가 임박한 경우 임차기간을 연장하도록 하고, 이러한 조치는 아직 임차기간이 기간이 경과하지 않은 사람들뿐만 아니라 임차기간이 종료된 사람들에게도 적용이 되도록 한다 … ') 극동지역 끄라이 토지국 책임자 마마예프(Мамаев)가 쓴 문서 'Корейский вопрос в ДВК: Историческая справка'(극동지역 한인문제: 역사조사서) 國史編纂委員會(1997),『韓國獨立運動史』(資料 35, 러시아 篇 II), p. 478).

41) KHM(1925), p. 101.

한편 원호인(元号人)이라 불린 귀화 한인들은 대부분 원호촌(元戸村)이라는 곳에서 모여 살았는데, 이들 가운데는 청부업자, 상인, 부농 등이 많이 배출되었고, 모은 재산을 기타 산업과 무역업에 재투자함으로써 많은 재산을 모은 사람도 있었다. 반면 비귀화 한인들은 여호인(餘戸人), 류호인(流戸人) 또는 반원호인(反元戸民)42) 등으로 차별하여 불렸으며 원호인들은 이들에게 무한한 권세를 부렸기 때문에 이들 비귀화 한인들은 한인 원호인들에게 상당한 적개심을 품게 되었다.43)

이러한 불만을 가진 한인들은 1917년 러시아 혁명에 많은 기대를 걸고 있었으나, 혁명 후에도 그러한 기대는 충분히 충족되지 않았다.44) 즉 소비에트화가 된 이후에 한인의 상태가 상당히 개선되었다고는 하나 여전히 비참한 하층민의 생활을 벗어나지 못하고 있었던 것이다.45) 따라서 러시아인들이나 한인부농에 대한 한인 빈농의 이러한 적개심이 한인의 농업집단화에 대한 참여를 더욱 가속화시킨 하나의 중요한 원인이 되었다. 즉 집단화에 적극 참여함으로써 토지가 없는 이들이 토지를 획득할 수 있고 또한 원하던 러시아 국적을 가질 수 있다고 믿었기 때문이었다.

둘째, 한인의 농업집단화에 대한 갈망은 한인의 대부분이 벼농사에 종사하고 있다는 점에도

---

42) 뒤바보, 「俄領實記」, p. 173; KHM(1925), pp. 100-101.

43) 러시아 국적을 취득한 한인과 그렇지 못한 한인들 간에는 경제적 지위에 있어서 큰 격차를 보였다. 러시아 국적을 취득한 한인들은 소수의 사람들로 정치적 특권을 가지고 있었고, 러시아 국적을 취득하지 못한 한인들은 대부분 1910년 이후 러시아로 이주한 사람들이었다: "Анализ общественного положения корейцев, переселившихся в Россию, дает разбивку их на две категории: корейцев-русско-подданных и корейцев, не принятых в русское подданство. Первые, это-раньше других переселившиеся и ставшие старожиами русского Приморья. В качестве подданных быв. Российской империи, они пользовались надельной землей и имели сравнительно с иноподданными корейцами политические привилегии. В общем корейском населении края они составляли незначительное меньшинство. ... Не русско-подданные, а равно и непринятые в русское подданство после 1910г., корейцы, составляя абсолютное большинство во всем корейском населении Края, экономически занимали совершенно противоположное положение по отношению к корейцам первой категории." "Партархив Хабаровского крайкома КПСС П-44, опись-1, ед.599/ Отдел Истпарта при Далькрайкоме ВКП(б)/ Цой-Хорим-Исторический очерк о жизни корейцев на Дальнем Востоке/ ОЧЕРК ИСТОРИИ КОРЕЙЦЕВ В Д.В.К.." Сим Енг Соб · Ким Герман(редакторы), История Корейцев Казахстана: Сборник архивных документов(ТОМ II)(Алматы-Сеул: Алматинский центр просвещения Республики Корея с Ассоциация Корееведов Казахстана Институт Востоковедения МН-АН Республики Казахстан, 1999), p. 74.

44) С. Аносов, "Корейцы в уссурийском крае"(우수리 지방의 한인들) *Книжное дело*(Хабаровск, 1928), 와다 하루끼(1999:63) 재인용.

45) 실제로 제정 러시아 시대와는 달리 소비에트화가 된 이후 1922년부터는 원하는 사람은 입적(入籍)원서를 제출한 후 9개월이면 러시아 국적을 취득할 수 있었고, 귀화 한인은 토지를 균등하게 분배받을 수 있기는 하였으나(KHM, 1925:101), 상황은 기대를 충족시키기에는 역부족이었다.

기인한다. 즉 벼농사에서는 생산기계를 공유할 필요가 있었고 또한 벼농사 자체가 협동노동(協同勞動)을 상당히 요구하는데, 그 이유는 이렇게 함으로써 공동생산에 의한 이익의 증가를 기대할 수 있기 때문이었다.[46] 사실 러시아 혁명 이후 연해주에서 벼농사가 성행하였는데 그 주역은 한인(韓人)이었다. 1910년 니꼴스끄와 우수리스끄에서 한인에 의해 벼농사가 시작된 이래, 벼농사는 한인거주지역으로 급속히 전파되었다. 한인 미작 경작지의 증가추세를 보면 1919년에는 200제샤찌나(десятина), 1920년에는 2,000제샤찌나, 1921년에는 7,000제샤찌나, 1922년에는 12,000제샤찌나, 그리고 1928년에는 1922년의 45배에 달할 정도로 엄청나게 증가하였다.[47] 후일 소련의 국영농장(совхоз: советское хозяйство)에서도 논농사의 6할이 한인에 의해 경영되었을 정도였다.[48] 따라서 러시아 극동지역 벼농사의 주역이었던 한인들에게 미작농업의 경영을 조직화하기 위해 협동노동은 절실하게 필요한 것이었고, 이는 자연히 협농노동의 필요성을 충족시킬 수 있는 농업집단화에 대한 선호로 연결되었다고 볼 수 있다.

셋째, 한인들은 일본군에 대항하는 한인무장유격대 활동을 통해 습득한 공동정신과 집단주의 정신이 상당히 강했고 이런 정신이 집단농장 형성에 상당히 중요하게 작용하였다. 이는 소르바크반 유격대 출신 한인 50여 명이 연해주의 당위원회 산하 한인업무전권대표부에 낸 다음과 같은 청원서를 보면 잘 알 수 있다.

> 「우리는 일련의 한인 무장 유격대에 있었기 때문에 의심할 바 없이 공동정신(집단주의)이 몸에 배었다. 그러므로 농업공산자치단의 창설은 제대한 우리에게 유일한 출발점을 제공할 것이다. 우리들 가운데는 훌륭한 농부, 벼 재배자, 원예가, 다른 부문의 전문가도 있다. 우리는 전시 동안 함께 살아 친숙해져서 누가 무엇을 할 수 있는지 서로 너무나 잘 알고 있기 때문에 모범적인 농장을 조직하기를 원한다.」[49]

항일유격대원 출신의 한인들이 건설한 대표적인 협동조합으로는 '공산', '소비에트 조선', '안산', '적성' 같은 것이 있었다(〈표 8-2〉 참조). 이들 중 콤뮤나 '적성(Красная звезда)'을 조직한 쉬코토프 무장유격대원들은 공동정신을 강조한 다음과 같은 '콤뮤나의 목적 및 임무'서를 작성하여 연해주 현(縣) 위원회에 제시하였다: ① 모범적이고 시범적인 농장을 조직할 것, ② 공산주의

46) Ким Сын Хва(1965), p. 160.
47) 金世鎔, 「西伯利亞의 朝鮮人活動」, 『自由와 平和』, 金東煥(編)(京城: 三千里社, 1935), p. 270.
48) 와다 하루끼(1999), p. 63.
49) Ким Сын Хва, *Очерки по истории советских корейцев*, p. 160.

의 이념을 실천할 것, ③ 농민을 토지 집단경작에 참가시킬 것, ④ 균등한 토지이용의 유익성을 증명할 것, ⑤ 우리 노동대에 가입한 사람 각자는 '일하는 사람만이 먹는다'는 사실을 철저히 이해해야 하며, 그런 이유로 그가 모든 사람을 위해 일하면 모든 사람도 그를 위해 일한다는 것을 알고, 자기에게 부과된 일을 모범적으로 수행해야 한다.[50)]

〈표 8-2〉 한인유격대 출신이 설립한 집단농장

협동조합명	설립연도	설립지역	설립자	비 고
농업협동조합 '공산'	1924	연해주 수이푼 구 우두고우 촌	소르바크반 유격대 출신 50명	초대 조합장 황원호, 부조합장 서상묵
-	1923	이만지역의 옐레소스노프카	이용(李鏞)의 이만지역 한인유격대 출신 60명	논 5헥타르와 밭 30헥타르 경작
농업협동조합 '소비에트 조선'	1923	페스찬스카 촌 (치타 부근)	연흑룡강 지방 무장유격대	초대 조합장 채임(Цаии Им)
콜호즈 '안산'	-	포세트 지역	한인무장유격대	-
콤뮤나 '적성'	1924	쉬코토프 촌	한인무장유격대	다목적 농장을 창설하여 농사, 채소 재배, 원예, 축산 등을 하며 실험 논과 대장간을 갖추고 있었음 1924년 말, 150제샤찌나의 토지를 소유했고 55명의 농민들을 편입시켰음

자료: 이 표는 Ким Сын Хва(1965:160-162)의 내용을 본 저자가 표로 작성한 것임.

넷째, 집단농장에 대해 소비에트 정권이 신용대부, 농기구 및 종자 등을 제공하여 많은 도움을 줌으로써 농업집단화에 대한 선호를 높여 주었다. 특히 정부가 제공한 신용대부는 한인 농민을 고리대금업자로부터 해방시키는 데 큰 역할을 하였다. 1920년대의 한 연구에 의하면, 연구대상이 된 888개 한인 농가 가운데 599개인 67.5%의 농가가 고리대금업자에게서 신용대부를 받았으나,[51)] 소비에트 정권이 들어선 후에는 소비에트 정권이 콜호즈에 대한 신용대부를 제공, 단위면적당 수확량이 증가한 콜호즈 대원들은 수확 후 곧바로 정부의 신용대부를 해결할 수 있었다.

구체적으로 소비에트 정부는 1925년 한인 콜호즈의 물질적·기술적 토대를 확고히 하기 위해 한인 콜호즈에 72,845루블의 신용대부를 제공하였는데,[52)] 15개 한인 단체에 대한 신용대부의 내역을 보면 개인농가당 평균 50루블 정도의 신용대부가 있었다(〈표 8-3〉 참조).

50) Ким Сын Хва, *Очерки по истории советских корейцев,* p. 161.

51) Ким Сын Хва, p. 150.

52) Ким Сын Хва, p. 164.

〈표 8-3〉 15개 한인 농업단체에 대한 신용대부 현황(단위: 루블)

단체 종류 / 조합별	총수	가입농가 수	신용대부 받은 총액(루블)	신용 대부금(루블)		개인농가당 평균신용대부금 수령액(루블)
				1개 단체별	1개 농가별	
콤뮤나	3	50	9,000	3,000	180	
아르젤*	11	110	13,200	1,200	120	50
토즈	1	10	970	970	97	
계	15	170	23,170	5,170	397	

(* 협동조합을 본 연구에서는 아르젤(артель)로 표기하였음)
자료: Ким Сын Хва(1965:164)

2. 한인부농의 처리 과정

러시아 극동지역에서는 1929년 6월 10일 러시아 극동변강집행위원회가 산하단체에 지령을 내려 부농(кулаки)의 토지에 대한 몰수를 지시함으로써 "계급으로서의 부농청산"(ликвидация кулачества как класс)이 시작되었다. 이 지령에 따르면 1.5제샤찌나 이상의 논과 15제샤찌나 이상의 밭을 제외한 모든 경작지를 몰수하고 농민은 말과 소 각각 한 마리까지만 소유할 수 있었는데, 이러한 지령은 1929년 10월 1일까지 이행하도록 되어 있었다.[53] 1930년 2월 1일에 발표된 소련인민위원회 및 중앙집행위원회의 결정에 따라 전면적 집단화지역에서 토지소작권과 일용농부 고용권이 폐지되었고, 부농의 재산몰수와 타 지역으로의 이주를 위한 조치가 취해졌다.[54]

대개 부유한 한인들은 러시아 시민권을 가지고 있었는데, 이들은 조선민족동맹(후일 전조선민족평의회로 개칭)을 주도하면서 께렌스끼(Керенский)의 임시정부(Временное Государство)를 지지하였고 그 이후에는 꼴차끄(А. В. Колчак)나 세묘노프의 반공운동[55]을 지지하였다. 러시아 시민권을 가지지 못한 한인 노동자들이 볼셰비즘을 지지한 데 반해서, 이들 부유층 한인들은 소비에트를 거부하고 볼셰비즘에도 별 다른 열성을 보이지 않고 있다가 1920년에 해체되었다.[56]

한인들 가운데 부농이 누구인지 자세히 알려져 있지는 않으나 1891년 연해주총독 꼬르프(А.

---

53) Haruki Wada, "Koreans in the Soviet Far East, 1917~1937," pp. 24-59 in Dae-Sook Suh(ed.), *Koreans in the Soviet Union*(Honolulu, HI: Center for Korean Studies, Univ. of Hawaii, 1987, p. 39.

54) Ким Сын Хва, p. 171.

55) 여기에 대해서는 본 서의 제3장 러시아의 만주 진출과 러시아 디아스포라의 형성을 참조.

56) John J. Stephan, "The Korean Minority in the Soviet Union" *MIZAN* vol. 8, no. 3(1971); 「蘇聯內韓國少數民族」『北韓』(1972년, 12월호), p. 221.

Корф)의 정책에 따라 세부류로 나뉜 한인들 가운데 첫 번째 부류가 대부분 부농일 것이라 생각된다. 이들은 1884년 한로통상조약이 체결되기 이전에 정착하여 러시아 국적을 취득하기를 원하던 부류로서, 러시아 국적을 취득한 이들에게는 가구당 15제샤찌나의 토지가 할당되었다. 15제샤찌나의 토지를 부여받은 이들 원호(元号)들 중에는 이것을 가꾸고 늘려 부유하게 된 사람이 많았다. 이들 귀화 한인들은 대부분 원호촌(元戸村)이라는 곳에서 모여 살았는데, 이들 가운데서 청부업자, 상인, 부농 등이 많이 배출되었고, 모은 재산을 기타 산업과 무역업에 재투자함으로써 큰 재산을 모은 사람도 많았다.[57]

뿐만 아니라 황(Кван: 黃)이라는 성을 가진 한인관리가 제출한, 1930년을 전후한 연해주 한인의 생활을 담은 "한인의 국외 도망에 관하여"라는 보고서에 의하면, 가축을 두 마리 이상 가지고 있으며 그 시가(時価)가 평균 40~50루블이 된다고 인정될 경우 그 소유주도 부농으로 간주되었고, 노동력을 고용하고 있다고 생각되면 역시 부농으로 간주되었다. 또한 부농의 기준을 정하는 데에 편견이 많이 작용하여 지금은 빈농이라 할지라도 과거 양귀비를 심어 아편을 피운 적이 있으면 부농의 부류에 포함되었는데, 이는 빈농으로서 관련 당국으로부터 융자받은 사실을 촌회(村会)에서 좋지 않게 여겼기 때문이다. 또한 여러 가지 가혹한 부역을 견디지 못한 한인 빈농이나 중농도 부농으로 간주되는 일이 빈번하게 발생하였다.[58]

그리고 한인 공산당원들 중 이르쿠츠크파에 속하는 사람들은 러시아에 귀화하여 러시아 국적을 가진 사람들이 많았고,[59] 이들 중에서도 특히 장교들은 많은 토지를 갖고 있었으므로 이들도 대부분 부농청산의 대상이 되었으리라 추정되는데, 이들의 수효는 대략 3,000~4,000명 정도로 추산된다.[60] 또한 강제적인 집단화로 아무르강, 우수리강, 그리고 두만강 유역에 사는 한인부농들도 큰 타격을 받았다.[61]

소비에트 정권은 부농(кулакы)이 가진 토지, 가축 및 농기구 등의 소유물에 대해서 무거운 세금을 부과하여 세금을 못 낼 경우 부농의 소유물을 몰수하거나 집합농장에 양도시켰는데,

57) 뒤바보(1920), p. 173; KHM(1925), pp. 100-101. 반면에 여호인(餘戸人)이나 류호인(流戸人) 또는 반원호인(反元戸民) 등으로 차별하여 불렸던 비귀화 한인들은 주로 러시아인들이나 이들 한인 원호인들의 토지를 소작하여 생활하였고, 또 러시아 국적 소유의 한인 원호들은 비귀화 한인들에게 무한한 권세를 부렸기 때문에 이들 비귀화 한인들은 한인 원호인들에게 많은 적개심을 가지게 되었다(KHM, 1925:100-101).

58) 류한배(1999), p. 47.

59) 해외에서의 한인들에 의한 초기 공산주의 운동에 대해서는 다음을 참조. Л. А. Усова, Корейское коммунистическое движение 1918~1945 гг.: Американская историография и документы Коминтерна(Москва: Восточная литература РАН, 1997).

60) 이광규 · 전경수(1993), p. 73.

61) Stephen(1971), p. 224.

이를 주도하는 기관은 빈농과 중농계급에서 뽑힌 농촌소비에트였다. 그러나 이러한 빈농이나 중농계급 출신들이 공산주의에 철저하지 못할 경우에는 노동자나 병사, 민병대 또는 비밀경찰(ГПУ: государственное политическое управление) 등을 해당 지역에 파견하여 무력으로써 부농을 청산하는 역할을 하였다.[62] 특히 한인들은 소작농인 자신들을 착취한 러시아인 부농과 한인부농에 대해 뿌리 깊은 증오감을 가지고 있었고, 이들 부농을 청산해야만 자신들이 토지를 얻을 수 있을 뿐만 아니라 러시아 국적도 취득할 수 있다고 믿었기 때문에 부농청산에 적극 참여하였다.[63]

그러나 이러한 부농청산에 대해서 부농의 반발 또한 만만치 않았다. 더욱이 부농은 계급적 특색이 선명치 않고 전국적으로 산재해 있으며, 빈농과 중농을 규합하여 정부조치에 반발하였으므로 부농의 청산이 용이하지는 않았다. 소비에트 당국에 대한 부농의 반발은 극심했는데, 정부관청과 창고에 방화를 하거나 관료를 살해하는 경우도 있었고, 정부에 재산을 빼앗기느니 차라리 자기들 스스로 가축을 죽이는 극단적인 행동을 취하는 경우도 있었다.[64] 또한 부농은 콜호즈에 대한 악의적 선동을 전개하거나, 나쁜 소문을 퍼뜨리며 콜호즈의 시설과 가축을 독살하기도 하였다.

뿐만 아니라 부농들은 농업집단화를 저지하기 위해 마을의 공산주의자들과 콜호즈, 농촌소비에트 및 농촌 활동원들을 암살하기도 하였다. 구체적인 예로 1929년 9월 포세트구 얀치허 촌소비에트의 비서이자 한인 활동가인 베다 김(金)이 암살되었고, 1928년 9월 소련 연방 레닌공산청년동맹 쉬코토프 구(区) 위원회 한인 비서인 알렉세이 양이 부농의 경지와 가축을 조사하는 도중에 부농에 의해 살해되었다.[65] 이러한 가운데서도 농업집단화는 빠르게 진행되어 1929년

62) 金淵, 「勞農露國의 農地集合耕作化計劃: 武斷的農村共産政策」『新民』第58號(1930), p. 13.

63) 따라서 빈농과 중농의 부류에 속하였던 한인들은 다음에서 보다시피로 집단농장의 건설과 부농의 척결에 열성적으로 참여하였다: “Политика партии и соввласти по социалистическому переустройсву сельского хозяйства нашла среди бедняцко-середняцких масс корейских крестьян живой отклик. появились корейские колхозы. Кулацкие хозяйства, которые в старожильческих корейских селах занимали значительный процент, а в дореволюционное время наравне с русскими кулацкими хозяйствами жестоко эксплуатировали безземельных корейцев, на базе сплошной коллективизации, за единичными исключениями, ликвидированы.” “Партийное и советское строительство среди корейцев после советизации ДВК,” Сим Енг Соб · Ким Герман(редакторы), История Корейцев Казахстана: Сборник архивных документов(ТОМ II)(Алматы-Сеул: Алматинский центр просвещения Республики Корея с Ассоциация Корееведов Казахстана Институт Востоковедения МН-АН Республики Казахстан, 1999), p. 114.

64) 金淵(1930), p. 14.

65) Ким Сын Хва(1965), pp. 171-172.

12월 연해주에서는 약 300개의 한인 부농 농장이 몰수되었고, 블라디보토크 관구의 수이푼과 포시에트 지역에서는 집단화의 정도가 약 90%까지 이르렀다.[66]

부농에 대한 처리는 선별적으로 적용되었는데, 소비에트 체제에 대해 가장 적대적이었던 부농은 엄하게 처벌 받아 시베리아 등지의 수용소로 보내졌고, 그 외의 부농들은 원격지로 추방되어 정관도 없고 외부에서 임명된 자들로 구성된 특수한 콜호즈로 조직되거나 특별농업조합이 창설되었다. 이러한 콜호즈는 1938년에야 일반 콜호즈와 동등한 자격을 부여받았다. 나머지 부농들은 행정지구 밖으로 추방된 후, 나중에 다시 원격지(遠隔地)로 추방되었다.[67] 일반적으로 러시아 동부지역의 부농은 서부지역으로, 서부지역의 부농은 동부지역으로 보내졌는데, 한인부농의 경우 러시아 전 영역에 산재해 있던 탄광과 벌목 작업장에도 배치되었다.[68] 일부 부농은 자기 주 내에서 분산 이주되어 약간의 토지를 분배받았으며, 비착취 부농은 관리용 농기구를 가질 수 있었다. 통계에 따르면 이러한 집단화의 과정에서 피해를 입은 농부들 중 350만 명이 강제수용소로 보내졌고, 350만 명이 재이주되었으며, 또 다른 350만 명이 집단화 과정에서 사망했다.[69] 또 추방된 일부 부농에게는 재교육이 실시되었다.

3. 한인 농업집단화의 과정

농업집단화는 1927년 제15차 공산당대회[70]에서 결정되었지만, 그 이전에 협동조합활동의 시작으로 이미 그 조짐이 나타나고 있었다. 농촌주민의 협동조합활동 강화를 주창한 제8차 당 대회결의가 각 지방에서 시행되면서 여러 가지 형태의 협동조합들이 나타나게 되었는데, 여기에는 농업협동조합 · 소비협동조합 · 신용대부협동조합 · 판매협동조합 · 토지공동경작협동조합 · 어민조합 및 수산조합 등이 있다.[71]

근로자의 숙련이나 비숙련 여부에 상관 없이 조합에 가입할 수 있고 누구에게나 동일한 노동의

66) Ким Сын Хва(1965), p. 172, 178.

67) 平凡社, 『ロシア・ソ連を知る事典』. 한길사 역(1992), 『러시아와 독립국가연합을 아는 사전』(1989), p. 671; Ким Сын Хва(1965), p. 172.

68) 부가이(Бугай, И. Ф.), 『재소 한인들의 수난사: 해설 및 관계 공문서』(최정운 역; 류한배 감수)(세종연구소, 1996), p. 21.

69) S. Swianiewicz, *Forced Labor and Economic Development*(London, Oxford University Press), p. 123, Gregory and Stuart(1998:81-2) 재인용.

70) 제15차 공산당 대회는 1927년 12월 2일부터 19일까지 결정권을 가진 898명의 대표와 심의권만을 가진 771명의 대표가 참석한 가운데 모스크바에서 열렸다(김남섭, 1991:228 주).

71) Ким Сын Хва(1965); 金世鎔, 「西伯利亞의 朝鮮人活動」(1935).

기회가 주어졌으며, 가입을 위해서는 3개월의 준비기간이 필요했다. 한인의 경우 러시아로 입국할 때 국경에서 조사를 받고, 기술과 희망에 따라 행선지를 먼저 신고한 뒤, 해당 지역에 가서 3개월의 노동준비기간을 거쳐 각 조합의 정회원이 되었다.[72)]

한인협동조합은 빠른 시간에 상당한 진척을 보였다. 한인협동조합의 수를 보면 1924년 33개였던 것이 1925년에는 45개로, 그리고 1926년에는 58개로 늘어났다.[73)] 이와 같이 한인협동조합이 상당히 빠른 속도로 증가한 데는 본 장의 한인 농업집단화의 배경에서 설명한 여러 가지 요인들, 즉 러시아인과 한인부농에 대한 빈농한인의 반발심, 벼농사에서 요구되는 집단성 및 협동성, 일본군에 대항한 한인무장유격대 활동을 통해 습득된 공동정신과 집단주의정신, 그리고 농업집단화에 대한 정부의 지원 등이 중요하게 작용하였다.

1927년 12월 제15차 공산당 대회에서 농업집단화가 소련공산당의 중요한 임무라고 선언된 이후, 1928년 곡물조달위기가 발생하자 농업집단화를 가속화하기 위한 노력이 경주되었다. 그러나 중앙정부의 분위기와는 딴판으로 1928년 극동지방의 집단화율은 전체 가구의 2.5%에 지나지 않을 정도로 미미하였다.[74)] 한인 콜호즈의 가입현황도 이와 크게 다르지 않아 1925년에서 1927년까지의 통계를 보면, 자영농가에 대한 콜호즈 가입농가의 비율은 1925년 1.0%, 1926년 1.3% 그리고 1927년 1.9%에 지나지 않았다(〈표 8-4〉 참조).

〈표 8-4〉 한인의 콜호즈 가입 현황(1925~1927)

구분 / 연도	콜호즈의 수	콜호즈에 가입한 농가 수	자영농가 수	자영농가에 대한 콜호즈 가입 농가의 비율(%)
1925	231	2,085	216,048	1.0
1926	282	2,891	214,482	1.3
1927	352	4,529	236,803	1.9

자료: Ким Сын Хва(1965:165)

72) 金世鎔(1935), p. 268.

73) 좀 더 구체적으로 1924년에 생긴 33개의 한인협동조합의 분포를 보면, 블라디보스토크 군에 15개, 니꼴스끄-우수리 군에 14개, 하바로프스크 군에 3개, 스파스키 군에 1개 등이었다. 1925년의 45개의 조합 가운데 1개는 꼬뮤나였으며, 1926년 58개의 조합 가운데 꼼뮤나 3개, 토지개량조합 12개, 농산조합 37개, 야채재배노동조합 1개, 양봉조합 1개, 양잠조합이 4개로 조합원 총수는 1,500명 이상이었다(Ким Сын Хва, 1965:159).

74) *Стенографичкский отчёт III Дальневосточного краевого съезда советов р., к., к. и кр., депутатов,* (극동 끄라이 소비에트 대회의 속기 보고서 III) p. 20, Wada(1987:39) 재인용.

한편 협동조합은 다양하게 계속 증가하면서 단순한 단체에서 더 고차적인 단체로 진화되었는데, 콜호즈도 다양한 협동조합의 일종으로서 이러한 진화과정의 산물이었다. 이러한 과정에서 1929년 후반부터 시작된 '전면적 집단화(сплошная коллективизация)'와 함께 협동조합을 통한 농촌개조의 시도는 정지되었고, 단순한 생산조합도 광범위하게 붕괴되었다. 또 러시아 혁명 이전에 미르(мир)로 불렸던 농촌공동체가 콜호즈로 직접 전화(転化)되는 이 과정에서 초급 형태의 콜호즈인 '토즈'(ТОЗ: товарищество по совместной обработке землй)가 금지되고 '아르쩰'(артель)이 콜호즈를 대표하는 형태가 되었다.[75]

여기서 콜호즈의 여러 형태에 관해서 좀 더 자세히 살펴보도록 한다. 초기에 콜호즈의 형태는 여러 가지로 나타나고 있으나, 콜호즈의 기본형태를 보면 생산수단의 공동화단계에 따라 다음의 세 가지로 나뉜다. 가장 초급적인 형태는 경지만을 공동화한 토지공동경작조합이라고 할 수 있는 것이 '토즈'(ТОЗ: товарищество по совместной обработке землй)이다. 이것은 각 구성농가가 토지 자산, 농기구 및 가축을 독립적으로 소유하지만, 토지를 공동으로 경작하고 그 수확물은 그들이 투하한 자산의 크기에 따라 분배되었다. 다음 형태는 공동생산을 위해 경작지와 가축, 농기구의 주요한 부분을 공동화한 협동조합인 '아르쩰'(артель)이다. 아르쩰의 구성원은 집과 정원을 소유하고 주택에 딸린 채소밭을 개인적으로 이용할 수 있으며, 그 정원이나 채소밭의 경작에 필요한 생산수단 및 약간의 가축을 사적으로 소유할 수 있었다. 그러나 일반적으로 아르쩰에서는 토지를 공동으로 소유하고 농기계 또한 공동으로 사용했으며 수확물을 고르게 분배하였다. 이러한 공동화가 완전히 진전된 것이 세 번째 형태인 '콤뮤나'(коммуна)인데, 여기서는 능력에 따라 일하고 필요에 따라 분배받는다는 이상적인 공산주의원칙이 적용되었다. 이것은 자치체의 성원이 집단적으로 경작하고 공공건물에 공동으로 거주하며 지내는 형태이다. 1930년 이후 현재에 이르기까지 아르쩰이 콜호즈의 기본형태로 되어 있다.[76] 콜호즈의 다양한 형태를 통해 한인촌과 전체 소련을 비교해 보면, 한인촌의 경우 1928년까지 아르쩰의 형태가 압도적이었으나, 전체 소련의 경우 조금 다른 패턴을 보인다. 즉 소련 전체의 경우 1925년까지는 아르쩰의 형태가 대다수를 차지하였으나 그 이후에는 토즈의 형태가 더 많은 것을 알 수 있다(〈표 8-5〉와 〈표 8-6〉 참조).

콜호즈의 구성에서 위원장은 총회에서 선출되어 2년의 임기로[77] 콜호즈를 대표하고, 인사권을

75) 平凡社, 『ロシア・ソ連を知る事典』(1989), p. 779.
76) 平凡社(1989), pp. 664-665; Данилов(1991:229) Данилов, В. П. 1991. "소련의 농업집단화." В. П. Дмитенко и другие, *История СССР*(Наука, 1991), 서울대학교 러시아연구소, 이인호 외 편역, 『다시 쓰는 소련 현대사』(열린책들, 1993), p. 229.

가지며 콜호즈의 전 사업에 대하여 책임을 지고, 총회의 결정사항이 잘 이행되도록 한다. 또 관리위원과 검사위원도 총회에서 선출되는데 관리위원회는 생산활동과 콜호즈 운영 전반을 관리하고 검사위원회는 콜호즈의 운영을 감시한다. 작업반인 브리가다(бригада)는 2년 임기의 조장인 브리가지르(бригадир)를 선출하고, 그의 지시에 의해 작업을 한다.[78] 콜호즈는 집단농장 가입자의 사회적 발전을 위해 휴양소, 도서관, 탁아소, 학교를 비롯한 여러 가지 시설을 둔다(〈도표 8-1〉 참조).

〈표 8-5〉 한인촌의 콜호즈 수와 구성(1924~1928)

구분 / 구(区)	1924년			1925년			1926년			1927년			1928년		
	콤뮤나	아*르젤	토즈	콤뮤나	아*르젤	토즈	콤뮤나	아*르젤	토즈	콤뮤나	아*르젤	토즈	콤뮤나	아*르젤	토즈
포크로프	-	3	-	-	8	2	-	13	-	-	13	-	-	15	3
수이푼	-	4	2	-	10	2	1	15	-	1	15	-	1	25	5
쉬코토프	-	4	-	1	6	-	1	6	3	1	7	3	1	14	3
수찬	-	4	-	1	10	3	1	13	5	1	14	5	1	15	5
포세트	-	5	3	-	10	3	-	11	5	-	15	4	-	18	4
계	-	20	5	2	44	10	3	58	13	3	64	12	3	87	20

(* 협동조합을 본 연구에서는 아르젤(артель)로 표기하였음)
자료: Ким Сын Хва(1965:167)

〈표 8-6〉 소련의 콜호즈 수와 구성

	1920년	1921년	1922년	1923년	1924년	1925년	1927년*	1928년*	1929년*
콤뮤나	1,759	3,015	1,943	1,874	1,571	1,829	1,377 (7.3%)	1,920 (5.0%)	3,328 (5.5%)
아르젤	8,067	9,777	8,459	6,809	7,381	8,802	8,675 (46.1%)	12,928 (34.0%)	25,127 (41.7%)
토즈	695	2,497	5,038	5,319	4,571	4,547	8,788 (46.6%)	23,391 (61.0%)	31,827 (52.8%)
합계	10,521	16,628	15,440	14,002	13,523	15,178	18,840 (100.0%)	38,239 (100.0%)	60,282 (100.0)

(* Schiller, Die Kollektivbewegung in der Sowjetunion, S. 81, 大崎平八郎(1960:179) 재인용)
자료: П. И. Ляшенко, История народного хозяйства, том III, стр. 143, 大崎平八郎(1960:121) 재인용.

77) 이광규 · 전경수(1992:133)는 위원장의 임기가 3년이라는 것을 기타 참고도서로부터 인용하고 있다.
78) Fedor Belov, *The History of a Soviet Collective Farm*.(London: Routledge, 1998), pp. 37-51; 이광규 · 전경수(1992), pp. 133-134.

〈도표 8-1〉 콜호즈의 조직

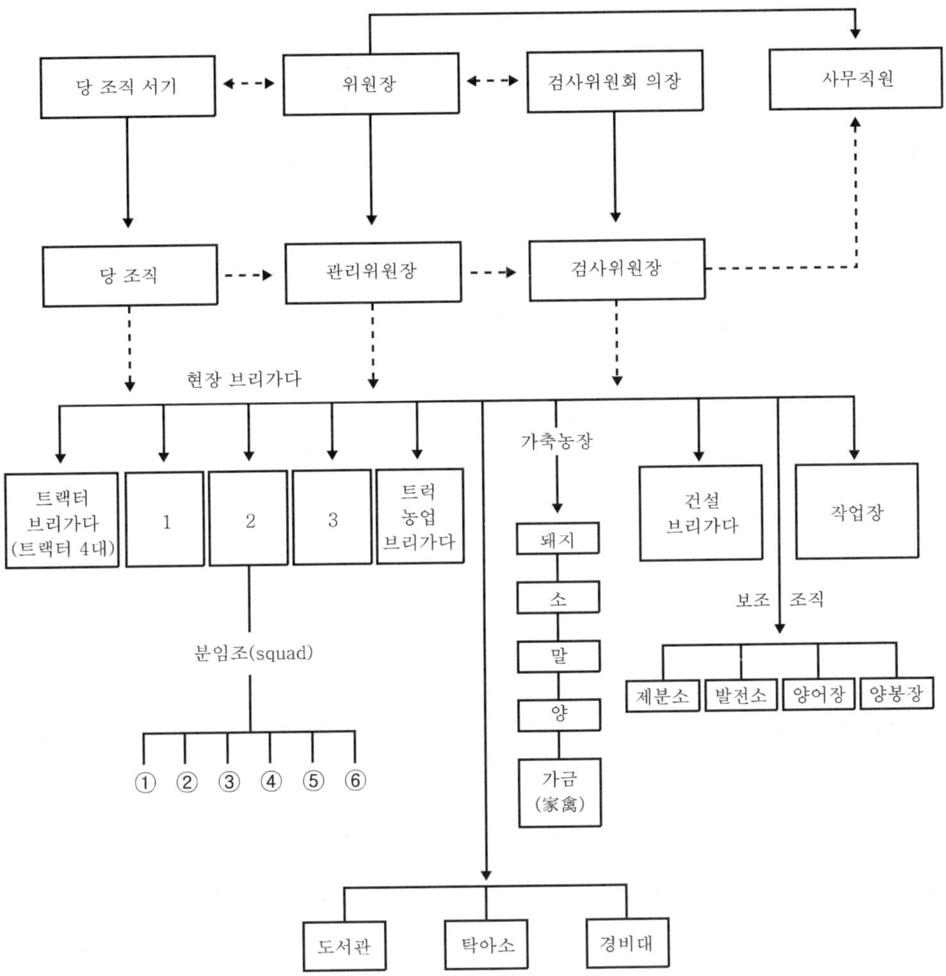

주: ——— 직접통제 및 책임
----- 당과 검사위원에 의한 통제
자료: Belov(1998:39)

토지분배문제에 관해서는 정부가 먼저 광대한 토지를 한인콜호즈에 분배하여 주고, 콜호즈위원회에서는 개인 혹은 가족단위로 경작능력에 따라 토지를 분배해 주었다. 각 콜호즈는 정부보조금 명목으로 각자에게 배정된 금액을 가을 수확기 중 실비(実費) 또는 실비 이하로 상환함으로써 세금을 납부하였다.[79] 콜호즈에 대한 한인 농민의 전형적인 가입절차와 이익분배에 관해서 당시

79) 金世鎔, 「西伯利亞의 朝鮮人活動」(1935), p. 269.

의 문헌에서는 다음과 같이 설명하고 있다:

> 「農民이 五六『센타』의 土地와 若干의 農具를 가지고 当該部落의 골호즈에 加入하면 管轄機関에서는 耕作能力에 싸라 面積과 農具를 分与한 後 一日의 時間的 賃金制가 아니고 勞働의 能率賃金制로 分与된 一定한 面積以外 그 剰余能力대로 얼마던지 耕作할 수 잇스며 収穫期에는 그동안 勞働의 日数와 収入의 価格을 計算하야 加入員에 分配하고(金銭又는 穀物노) 差引額中 税金과 政府補助를 償還하며 그 남어지 中 一部는 利益配当金으로 分配하고 다른 一部는 当該골호즈의 基金으로 積立하야 골호즈 財政的基礎를 充実이 한다」.[80]

그리하여 1930년의 경우 콜호즈에 가입한 자의 수입과 개인농민의 수입 간에는 큰 차이를 보이는데, 콜호즈에 가입하지 않은 개인농민의 1일 평균수입은 1.93전(銭)인 반면에 콜호즈에 가입한 농민은 1일 평균 4.75전(銭)의 수입을 얻었다. 이는 거의 공업노동자의 임금에 근접한 것이었다.[81]

콜호즈와 관련하여 빠뜨릴 수 없는 것은 농촌소비에트(сельсовет)[82]이다. 농촌소비에트는 생산의 단위이자 생활의 단위인 콜호즈를 지도하는 역할, 즉 행정체계의 최하위 단체로서 면사무소(面事務所)의 역할을 하였다. 1개의 농촌소비에트는 10여 개의 촌락과 2,700명 가량의 인원을 담당한다. 농촌소비에트의 상부기관을 아래로부터 순서대로 열거한다면, 농촌소비에트 - 라이온(район) 소비에트 - 오블라스찌(область) 소비에트 - 공화국 소비에트 - 연방 소비에트로 계층을 이루고 있다. 농촌소비에트에는 주민선거에 의해 선출되는 집행위원회(исполком: исполнительный комитет)와 주민의 생활에 관한 모든 사항을 관장하는 인민의회(сельский сход)가 있다.[83]

---

80) 金世鎔, 「西伯利亞의 朝鮮人活動」(1935), p. 270.

81) 金世鎔(1935), p. 269.

82) 소비에트는 1905년 혁명시기에 파업을 지도하기 위해 각 공장의 노동자대표로 구성된 파업위원회가 일정한 정치적·행정적 기능을 가진 항구적인 조직으로 변화된 것이다. 그 이후 혁명세력이 미약하여 소비에트는 정부에 의해 해체되었다가 1917년 2월 혁명이 발생했을 때, 전국각지에 노동자·농민·병사 소비에트가 다시 만들어지고 뒤이어 6월에는 이들 소비에트를 결집하는 조직으로서 전 러시아 소비에트대회가 결성되었다. 그 후 10월 혁명으로 임시정부가 무너졌을 때 권력이 소비에트로 넘어갔다. 과거 소련시대에는 학교나 보건 등 일상문제를 다루는 마을소비에트에서 전체의 문제를 다루는 공화국소비에트, 연방소비에트까지 각 단계의 소비에트가 존립하였는데, 농촌소비에트 또한 이러한 소비에트들 가운데 하나였다(平凡社, 1992:383).

83) 이광규·전경수(1992), pp. 133-134.

극동지방에는 150개의 한인 농촌소비에트가 있었으며, 이들 가운데 132개가 연해주와 우수리주에 있었다. 한인 농촌소비에트는 프롤레타리아독재의 기관으로서 전반적인 당의 방침을 이행하고, 그들의 지역에서 경제적・정치적・문화적 과업을 주도적으로 수행하였으며, 한인 노동자들의 열성분자들은 사회주의 건설에 열심히 참여하였다.[84] 한인농촌소비에트와 콜호즈의 경제적-정치적 캠페인(хозяйственно-политических кампания)의 체계적이고 효율적인 과업완수가 이를 증명한다.[85]

1929년 소련 중앙당 11월 총회에서 선언된 '전면적 집단화(сплошная коллективизация)'는 집단화에 대해서 상대적으로 느슨한 분위기에 있었던 극동지역에 큰 영향을 미치게 되어 농업집단화를 가속화하는 계기가 되었다. 1929년 6월 10일 극동변강집행위원회가 극동지역의 산하단체에 부농의 청산을 지시한 이후 1929년 말경에는 약 300호의 부농 가구가 청산되었다. 특히 한인의 밀집지역이었던 수찬지구과 포시예트 지역은 1930년 초에 이미 90%의 집단화율을 보였다.[86] 또한 1931년 2만여 가구의 한인농가를 참여시켜 강화된 형태의 집단농장인 콤뮤나를 5개에서 10개로 늘리는 한편, 소규모 협동조합은 114개에서 94개로 줄이면서 연해주 전체 한인농가의 75%가 집단화되었다.[87] 최근 발표된 문서에 의하면 극동지역 전체의 한인 농업집단화율은 다음의 표에서 보다시피 1928년 5.0%, 1929년 6.9%, 1930년 25.2%, 1931년 37.8%, 그리고 1932년에는 82%까지 도달하였다(〈표 8-7〉 참조). 이는 러시아 극동지역 전체의 집단화율 62%와 소련 전체의 집단화율 61.5%(〈표 8-8〉 참조)를 훨씬 앞지르는 수치이다.[88]

---

84) 한인 농촌소비에트의 공고함은 한인 농민층의 우수한 인력이 농촌소비에트로 흡수되는 점에 있으며, 이는 러시아어로 문서를 처리할 수 있는 능력에서도 알 수 있다고 하였다. "Протокол Совещания по работе среди корейского населения во Владивостокском уезде при Владивостокском укоме, состоявшегося 29 апреля 1925 в 12 часов дня"(1925년 4월 29일 정오, 블라디보스토크 군 한인들 사이의 과업에 관한 제반 문제에 관한 회의록). Сим Енг Соб・Ким Герман, *История Корейцев Казахстана: Сборник архивных документов*(ТОМ II)(Алматы-Сеул: Алматинский центр просвещения Республики Корея с Ассоциация Корееведов Казахстана Институт Востоковедения МН-АН Республики Казахстан, 1999), p. 18.

85) Сим Енг Соб・Ким Герман, *История Корейцев Казахстана: Сборник архивных документов*(ТОМ I)(Алматы-Сеул: Алматинский центр просвещения Республики Корея с Ассоциация Корееведов Казахстана Институт Востоковедения МН-АН Республики Казахстан, 1998), p. 10.

86) Ким Сын Хва(1965), p. 164.

87) 박 보리스(1997), p. 143.

88) 자료에 따라서 집단화의 정도는 조금씩 달리 나타난다. 박 보리스(1997:143)에 의하면 1929년에서 1930년 사이에 총 29,414가구의 한인농가 가운데 73%에 달하는 21,455가구가 집단화되어 총 153,106명의 한인 중 73%에 해당하는 111,550명이 집단농장에서 일하게 되었다고 한다.

〈표 8-7〉 극동지역 한인농가의 집단화 비율

연도	콜호즈의 수	콜호즈 가입농가 수	집단화율(%)
1928	64	1,475	5.0
1929	87	1,725	6.9
1930	89	7,369	25.2
1931	191	11,053	37.8
1932	-	-	82.0

자료: "Партархив Хабаровского крайкома КПСС П-44, опись-1, ед.599 Отдел Истпарта при Далькрайкоме ВКП(б), Цой-Хорим-Исторический очерк о жизни корейцев на Дальнем Востоке"(하바로프스크 지방 고문서 보관소, 최호림-극동지방 한인들의 생활에 관한 역사 개설, 1932년), Сим Енг Соб · Ким Герман (1999:114)

1931년 9월 10일 일본에 의한 만주침략의 전야에 일본과 러시아 간의 긴장이 고조된 가운데, 일본과의 군사적 충돌을 피하려던 러시아는 일본의 만주침략에 대해 불간섭의 입장을 천명하고 있었다. 이러한 가운데 러시아 극동변강집행위원회는 한인의 러시아 입국을 엄격히 규제하였고, 한인들의 불법입국에 대해서는 단호한 조치를 취하였다. 러시아 정부는 이와 같은 규제와 함께 한인 거주자들에 대한 전면적인 귀화정책을 추진함으로써 러시아 극동지역에 남아있던 대부분의 한인들을 귀화시켜 소련 국적을 취득하도록 하였고 이들로 하여금 콜호즈의 회원이 되도록 하였다. 그러나 콜호즈 회원이 되기 싫은 한인들은 소련을 떠났다.[89]

이러한 소련의 대(対)한인 유화정책으로 말미암아 한인들은 소련정부와 스탈린에 대해서 충성하게 되었고, 1933년 공산당의 숙청에 적극 호응하였으며, 또한 기계 · 트랙터 배급소인 엠떼에스(MTC: машинно-тракторная станция)[90]의 정치부(политотдел)에 적극적인 지지를 표시하였다. 그 대표적인 사례로, 포시예트 한인지역의 서기였던 아파나시 김(Афанасий Арсеньевич Ким)이 극동변강 당위원회에서 전 주민의 95%가 한인인 포시예트 지역[91]의 집단

89) 와다 하루끼(1999), p. 64.

90) 엠떼에스(MTC)는 1928년 전면적 농업집단화를 시행하기 직전에 콜호즈와 계약을 맺어 근대적인 농업기술을 제공함으로써 집단화를 측면 지원할 목적으로 설립되었다. 그러나 집단화시기 엠떼에스에 의한 농업기계화는 낮은 수준에 머물렀다. 엠떼에스(MTC: машинно-тракторная станция)의 정치부(политотдел)는 1933년 농촌의 기근에 대처하기 위하여 설치되어 콜호즈를 통제하는 역할을 하였다. 같은 해에 엠떼에스의 서비스에 대한 콜호즈의 지불수단이 화폐에서 현물인 곡물로 바뀌어 스탈린시대 추가적인 곡물조달의 수단이 되기도 하였다. 엠떼에스는 1958년 후루시쵸프시대에 폐지되었고, 엠떼에스 소유의 기계는 콜호즈에 불하되었다(平凡社, 1989:493).

91) 포시예트 지역은 '조선민족지구'가 설치된 지역인데, 1927년 8월 29일 중앙소비에트간부회에서 조선인의 민족행정기구를 만들라는 지시를 극동지방위원회에 보냄에 따라서 블라디보스토크의 서쪽, 조선과의 국경지역인 포시예트만을 따라 '조선민족지구'가 1928년 초에 설립되었다. 포시예트 조선민족지구에서의 조

화가 거의 95%에 이른다는 사실을 자랑하면서, 한인 콜호즈의 집단원들은 소련의 힘이 자신의 힘이며 공산당이 바로 자신들의 당이라고 생각한다는 점을 역설하였다.[92] 또한 1933년 포시예트의 한인 콜호즈에서 처음으로 콜호즈의 책임량을 완수하였고, 1934년에는 이제까지 받아왔던 정부의 지원 없이 한인 콜호즈의 수확만으로도 자급자족이 가능하게 되었다.[93] 이 한인 콜호즈가 밀집한 포시예트 지역은 스탈린의 농업집단화정책의 선봉 되었다. 1930년 상해에서 발행된 잡지는 당시의 상황을 다음과 같이 설명하고 있다.

> 이 歷史的 大工作에 잇어 聯邦內少數民族의 重要部分 되는 소벳트 遠東의 十六万朝鮮人努力者群衆 - 그 大多數인 農民과 群衆이 白熱的으로 여긔에 참가되고 잇다. 最近一年間 朝鮮人農村에서 두드러지게 深刻化된 階級的 分解作用과 함께 農村資本主義要素에 對한 無産階級的 進攻이 單一稅의 賦課, 賦歛自決, 食糧集積運動 等等 各方面에서 가장 猛烈하게 作用되엇다. 더욱 農村의 社會主義的 基礎를 確立하는 『쏠호즈』建設運動이 急激하게 擡頭된 以來로 無産階級과 黨의 周圍에 結束되는 貧農中農群衆의 團合力이 보다 더 强大한 것을 보이엇다. 數萬의 朝鮮人農民群衆의 創造的 熱誠이 結晶된 大規模의 쏠호즈들이 샛씨예트, 수이푼, 한까이, 샛크롭가, 그로데꼬브 等等 區域에서 簇生되기를시작함으로부터 農村資本主義的 要素들에게 주는 階級的 打擊은 더욱 非常하엿다.[94]

선인 비율은 90% 정도로 1937년에는 조선인 수가 약 24,000명에 이르렀다(와다 하루끼, 1999:64). 그러나 이 포시예트 지역의 '조선민족지구'는 법적인 효력을 갖지 못했는데, 그 이유는 한인간부양성 및 재교육, 한국어 및 중국어 인쇄소 설립, 혼성 소비에트 내의 비례대표제 등의 문제에 관한 전 러시아 소비에트 중앙집행위원회의 건의가 러시아 공산당 인민위원회 및 극동지역 행정위원회에서 승인을 받지 못했기 때문이었다(박 보리스, 1997:141).

92) Wada(1987), pp. 44-45.

93) 연해주 소비에트 제1차 대회와 제2차 대회의 한인대표자 중의 한 사람이었던 아파나시 김(Афанасий Арсеньевич Ким)이 베르니 동지(Тов. Верный)에게 보낸 편지("ДАЛЬНЕВОСТОЧНОМУ КРАЕВОМУ КОМИТЕТУ ВКП(б): МОЯ РАБОТА В ПОСЬЕТСКОМ РАЙОНЕ")의 일부에서 보듯이 이때까지는 식량의 부족으로 당국에서 포시예트의 한인콜호즈에 식량을 지원해 주어야 했다: "Поработали мы не плохо. Впервые колхозы МТС в 1933 году выполнили государственные обязательства(сдача, натурплата, возврат семссуды), за все время существования колхозов, впервые получили по трудодням в не малом количестве - зерна колхозники. 1934 год является первым годом, когда Посьетские колхозники жили на счет своего урожая. До этого времени государство помогало хлебом."(우리들이 작업한 것은 그렇게 나쁘지 않았다. 1933년 엠떼에스 콜호즈는 콜호즈의 존재기간 내내 최초로 정부의 책임량(공출, 현물 지불, 종자의 대여 반환)을 완수하였고, 또 노동일수에 따라서 집단농장원들은 적지 않은 양의 곡물을 처음으로 수령하였다. 1934년은 포시예트 집단농장원들이 자기의 수확량으로 생활한 첫 해였다. 이때까지는 정부가 빵을 공급하는 데 도움을 주었다)(Сим Енг Соб, Ким Герман, 1998:47).

〈표 8-8〉 소련의 농업집단화 상황(1918~1938)

연 도	콜호즈의 수(단위: 천)	콜호즈 가입농가 수(단위: 천)	집단화율 (집단화된 농가세대 수, %)
1918	1.6	16.4	0.1
1919	6.2	81.3	0.3
1920	10.5	131.0	0.5
1921	16.0	227.9	0.9
1922	14.0	217.0	0.9
1923	16.0	228.0	0.9
1924	16.3	211.7	0.9
1925	21.9	293.5	1.2
1926	17.9	247.0	1.0
1927	14.8	194.7	0.8
1928	33.3	416.7	1.7
1929(7월)	57.0	1,007.7	3.9
1930*	85.9	5,998.1	23.6
1931*	211.1	13,033.2	52.7
1932*	211.1	14,918.7	61.5
1935*	245.4	17,334.9	83.2
1938*	242.4	18,847.6	93.5

(* Lazar Volin, A Century of Russian Agriculture(Cambridge, MA: Harvard University Press, 1970), p. 211, Gregory and Stuart(1998:82) 재인용)

자료: Сотин, Колхоз в второй сталинской пятилетке, 1939. г., 大崎平八郎(1960:115, 120) 재인용.

생산목표달성의 과업에 모범을 보인 대표적인 한인 농촌 콜호즈와 한인 어업 콜호즈로는 다음과 같은 것이 있었다. 먼저 농촌 콜호즈에는 수찬지역의 '스딸린(Сталин)' 콜호즈와 '요새(Крепость)' 콜호즈, 항카지역의 '신두히네쯔(Синтухинец)' 콜호즈와 '아침노을(Утреняя Заря)' 콜호즈, 쉬또프스끼 지역의 '레닌(им. Ленина)' 콜호즈, 우수리 지역의 '극동 유격대원(Дальне Восточный Партизан)' 콜호즈 등이 있고, 어업 콜호즈에는 포시예트 지역의 '포시예트 일번(Посьет 1-й)' 콜호즈와 '업적달성(Достижение)' 콜호즈, 수찬지역의 '수찬(Сучан)' 콜호즈와 '1월 9일(9-е Января)' 콜호즈; 올긴스끼 지역의 '거인(Гигант)' 콜호즈 등이 있었다.[95)]

또한 봄 파종에서 훌륭하게 과업을 수용하여 콜호즈의 돌격작업대원의 끄라이 대회에서 표창을

94) 白光, "社會主義建設의大轉換期에直面한 소벳트遠東朝鮮人努力者群衆의鬪爭課業," 『太平洋勞働者』 第四·五號(上海, 1930년 4월 20일), p. 176.

95) 극동지역 끄라이 집행위원회 간부회의 간부였던 야꼬프(Тен Яков)가 쓴 "О работе среди национальных меньшинств(소수민족의 과업에 관해서)." Сим Енг Соб · Ким Герман, *История Корейцев Казахстана: Сборник архивных документов*(ТОМ I, 1998), pp. 10-12.

받은 한인 콜호즈에는 수찬지역의 '요새(Крепость)' 콜호즈, 항카지역의 '신두히네쯔(Синтухинец)' 콜호즈; 우수리 지역의 '극동 유격대원(Дальне Восточный Партизан)' 콜호즈, 스빠스꼼 지역의 '강동 콤뮤나(Кантонская Коммуна)' 등이 있었다.[96]

이리하여 1933년 1월 1일부터 극동지역의 콜호즈와 콜호즈 가입자들은 향후 10년 동안, 그리고 개인은 5년간, 국가에 곡물과 쌀을 조달할 의무로부터 유예를 받는 특권을 얻었다. 일반인들이 어업 콜호즈로부터 고기를 구매하는 가격이 20% 상향조정되었으며, 임금은 10% 내지 30% 인상되었다. 이러한 정책은 극동지역 인근 국가로부터의 외국인 이주를 억제하고, 대신에 유럽 쪽의 더 많은 러시아인들을 이 지역으로 이주하게 하려는 정책이었으나 당시 이 정책은 이 지역의 한인들에게 큰 위안이 되었다.[97] 그리고 1934년에 이르러 한인들의 전면적 집단화가 시행되었다.

4. 한인 농업집단화 과정상의 문제점

농업집단화 과정에서 한인들에게 제기된 문제는 1923년 토지법 시행과정상의 문제, 집단화 과정에서의 빈약한 농업기술적 기반문제, 그리고 토지분배문제에 있어서의 인종차별문제등 3가지로 요약할 수 있다.

첫 번째 문제는 1923년 1월 1일 러시아 연방공화국의 토지법을 극동에서 시행하면서 발생한 문제다. 새로운 토지법에 따라 오래된 촌이나 카자흐촌에서는 러시아인 농가가 자력으로 경작하기 어려운 여분의 토지를 국유지로 몰수하는 방안을 추진하고 있었는데, 그곳에 오래 거주하면서도 토지가 없었던 한인농가들은 대부분 오래전부터 이러한 토지를 소작하고 있었으므로 그것을 자기들에게 분여해 줄 것을 요구하였다. 이 과정에서 지주들이나 토지관리국은 지금까지 토지를 소작하여 왔던 한인들로부터 자신의 토지를 보존하기 위하여 기존의 한인소작인들에게 토지임대를 거부하면서 문제가 발생하였다. 즉 지주들은 한인들에게 토지임대를 거부하고, 이로 인해 토지기관에서는 토지개간을 더 할 수 없는 진퇴양난의 곤경에 처하게 되었다.[98] 이로 인해 발생되는 한인 농민의 거센 반발은 다음의 〈사례 1〉에서 보듯이 동맹파경(同盟罷耕)의 형태로 표출되기도 하였다.

96) Сим Енг Соб, Ким Герман(1998), pp. 10-12.

97) Wada(1987), p. 45.

98) Мамаев가 쓴 문서 "Корейский вопрос в ДВК: Историческая справка"(극동주에서 한인문제: 역사조사서), 『韓國獨立運動史: 資料 35, 러시아편 II』(國史編纂委員會, 1997:477-8).

〈사례 1〉

다음의 사례는 전면적인 집단화시기 직전 러시아 극동지역의 니꼴스끄에 사는 500명 가구의 한인들이 개간한 토지의 중간소작권이 소비에트 정부로부터 소수의 러시아인과 중국인들에게로 넘어간 데 대한 항의의 표시로서 동맹파경(同盟罷耕)을 시도한 내용이다.[99)]

1925년 봄 니꼴스끄 부근의 황무지에 거주하는 528가구의 한인농가는 이 지역의 소비에트 고로스꼬이 지역의 공유지 900일경(高麗日耕으로는 1,500日耕[100)])의 황무지를 2년 기한으로 계약하면서 소작권은 영구히 한인들이 가지기로 하고, 소비에트 토지국과 계약하여 개간하였다. 원래는 황무지였던 이곳에 한인들은 온갖 노력을 다하여 제방을 쌓고 논을 만들었다. 그러나 원래 제방을 쌓을 때는 1싸지엔(1сажень = 2.134m)에 6원(元)의 임금을 받기로 하였으나, 완성된 후에 한인들은 그것의 1/3밖에 받지 못하였다. 더욱이 2년 후 해당 토지국은 이 경작지를 한인들로부터 빼앗아 논농사를 지을 줄 모르는 러시아인과 중국인에 조차하여 준 다음, 온갖 힘을 다하여 직접 논을 개간한 한인들에게는 이 러시아인과 중국인들로부터 논을 얻어서 농사를 지으라고 하였다. 그리고는 한인들에게 체납된 토지세 2,000원을 납부하면 토지를 준다는 말을 하였고, 이에 한인들은 가축을 팔아 토지세를 납부하였으나 토지국은 이 528가구가 근근히 생계를 유지하는 데 필요한 1,000일경에 훨씬 못 미치는 200일경만 줌으로써 한인 농가 528가구는 생계유지가 곤란할 정도였다. 따라서 이 지역 한인들은 소비에트 정권뿐만 아니라 소비에트 정권과 한인 사이에 위치한 중국인과 러시아인들로부터 이중의 착취를 당하였다. 이에 분노한 한인들은 소비에트 정권을 적대시하였고 소비에트 정권과 중국인, 러시아인의 이익에 손해를 주기 위해 동맹파경(同盟罷耕)을 시작한 일도 있었다.

두 번째 문제는 집단화 과정상에 발생한 빈약한 농업기술적 기반문제이다. 농업집단화에 참여한 한인들은 대부분 빈농이나 중농들로서, 이들의 대다수는 대규모 농장을 경영한 경험이 없었기 때문에, 한인 콜호즈의 상당수가 필수 농기구나 노동용 가축의 지원이 없는 상태에서 시작되었다. 예를 들어 블라디보스토크 관구의 한인 콜호즈들이 설립될 당시, 농사에 필요한 말(馬)이 없는 농가가 84%, 젖소가 없는 농가가 96%, 파종지가 없는 농가가 84%, 그리고 비품이 없는 농가가 90%에 이르렀다.[101)] 또한 연해주 수이푼구 우두고우 마을에 있었던 협동조합 '공산'은 1923년 2월 유격대원과 말이 없는 농민들에 의해 조직되었는데, 초기에는 토지를

99) 「露領朝鮮農民의 反抗運動: 荒坪에 突發된 小作問題」『新民』第26號(1927年 6月), pp. 57-58.

100) 1日耕 = 2,267평.

101) Ким Сын Хва(1965), p. 162.

경작할 농기구도 파종할 종자도 없어 많은 어려움을 겪었다. 콜호즈 가입원들은 거주할 오막살이 판잣집(фанза)도 없어 다른 사람의 농가에 분산하여 살 정도였다.[102] 물론 나중에는 소비에트 정부의 지원을 받아 이러한 문제가 어느 정도 해결이 되었으나, 초기에는 이러한 농업기반이 결여된 상태에서 한인 콜호즈의 운영에 상당한 곤란을 겪었음을 부인할 수 없다.

세 번째 문제는 토지 분배에 있어서의 인종차별에 관한 것으로, 이것은 결국 한인 콜호즈에 대한 차별로 이어졌다. 먼저 소수민족의 콜호즈에 고정적인 분여지를 보장하는 문제와 관련하여 발생한 분쟁의 몇 가지 사례를 들 필요가 있다. 러시아 극동의 상당수 지역에서는 한인 콜호즈에 대한 토지문제가 아직 완전히 해결되지 않았다. 한 예로서 수찬지구의 한인 콜호즈들, 예를 들어 '노동(Труд)', '요새(Крепость)', '따우지미힌스끼(Таудимихинский)'와 기타 콜호즈들에는 고정적인 분여지가 확보되지 않았고 이 때문에 많은 토지분쟁이 발생하였으며 매년 이러한 토지분쟁은 임시방편적 수단에 의해 조정이 되었다.

한인 콜호즈와 관련된 몇 가지 토지분쟁의 예로, '동방유격대원(Восточный Партизан)'이라는 한인 콜호즈와 러시아 군부대 간의 토지분쟁, 쉬또프스끼지역의 '새로운 길(Новый Путь)'이라는 한인 콜호즈와 '붉은 동방(Красный Восток)'이라는 중국인 콜호즈 간의 분쟁, '스딸린(им. Сталина)'이라는 한인 콜호즈와 인근지역의 러시아인 콜호즈 간의 분쟁, 그리고 어업 콜호즈 간의 분쟁이 있는데, 대표적인 것이 수찬지역의 '어로(Труд рыба)'라는 한인 콜호즈와 러시아인 농업 콜호즈 간의 토지분쟁이었다.[103] 다음의 〈사례 2〉는 한인 집단농장을 희생하여 러시아 집단농장에 특혜를 주었던 전형적인 사례이다.

〈사례 2〉

1929년 9월 수이푼지역의 4개의 한인마을(푸칠로프카, 코르사코프카, 호반고우, 댜피고우)을 합하여 1개의 한인 콜호즈 "태평양의 혁명가(革命家)"(Тихоокеанец революционер)로 통합되었는데, 여기에는 672개의 농가와 13,703헥타르의 토지가 포함되어 있었다.[104] 지역소비에트 집행위원회는 2,000헥타르를 추가하여 이 한인 콜호즈의 토지 보유량을 15,000헥타르로 늘려

---

102) Ibid., p. 162.

103) 극동지역 끄라이 집행위원회 간부회의 간부였던 야꼬프(Тен Яков)가 쓴 "О работе среди национальных меньшинств(소수민족의 과업에 관해서)" (Сим Енг Соб, Ким Герман, 1998:13-14).

104) 그러나 Ким Сын Хва(1965:181-2)는 콜호즈 '태평양의 혁명가'가 1930년에 만들어졌고, 여기에는 783개 농가, 3,700명이 포함되었다는 설명을 하고 있다. 또한 이 콜호즈는 4,138헥타르의 토지에 씨를 뿌려 총 337,370루블 상당의 곡식, 225,410푸드(пуд, 1뿌드(пуд) = 16.38kg)나 되는 많은 수확을 거두었다고 적고 있다.

주겠다고 약속하였다. 그러나 다음 해인 1930년 봄, 지역소비에트 집행위원회는 도리어 한인 콜호즈로부터 일부 토지를 아무런 보상도 해주지 않고 몰수하여 인근에 있는 러시아인 콤뮤나인 오드브까(ОДВКА)에 주어버렸다. 이에 한인 콜호즈는 블라디보스토크 관구의 당위원회와 지역 당위원회에 이의를 제기하였으나 받아들여지지 않았고, 오히려 사태를 더욱 악화시켜 블라디보스토크 지역에서 한인과 러시아인 간의 폭력사태를 가져와, 실제로 공산주의청년동맹은 한인 폭행에 가담하기도 하였다. 소련의 소수민족기관은 이러한 충돌의 책임은 한인 집단농장원을 공격한 러시아인들에게 있다고 주장하였다(Kolarz, 1954:36-37). 한인들은 이러한 러시아인 집단농장 농민들의 비행에 대한 분노의 표시로서 집단농장제에 대한 반대를 표명하고, 또 블라디보스토크 지역의 한인집단농장을 해체하기도 하였다. 그해 8월에 가서 지역 당위원회는 이러한 소수민족 관련 오류를 인정하기는 하였으나 한인 콜호즈의 토지가 원상으로 회복되지는 않았다.[105)]

이와 같은 한인 콜호즈에 대한 러시아인의 차별은 농업집단화의 선봉에 섰던 한인에 대한 분풀이의 성격도 있었다. 즉 농업집단화를 원하지 않았던 러시아인들은 집단화를 주도한 한인들에 대해 암묵적인 분풀이를 했다고도 할 수 있다. 이로 인해 수이푼지역과 항카지역의 러시아인 농부들은 한인집단농장의 성원들을 폭행하기도 하였다.[106)]

이러한 집단농장과 관련한 소수민족에 대한 차별 문제에 관해서 1930년 3월 스탈린은 논문을 발표하였다. 뒤이어 극동지역국 위원회에서도 4월 19일 "농촌과 어민의 집단화 과정에 관한 결의안"을 채택하였다. 이 결의안에 따르면 중농의 토지를 몰수한 것은 심각한 오류였으며, 콜호즈를 건설함에 있어서 각 소수민족 지역상의 여건을 무시한 것은 잘못임이 인정되었다. 따라서 불합리하게 몰수된 재산과 농기구를 568개 중농 농가에게 되돌려주었고, 행정력에 의해 설치된 콜호즈는 해체되었다. 이러한 집단화 과정에서의 오류와 부농의 선동으로 1930년 3월에서 4월, 일부 중농과 빈농의 한인들이 콜호즈를 탈퇴하기도 하였다.[107)]

뿐만 아니라 농업집단화의 결과로 1930년 2월 1일부터 토지의 대여나 노동자의 고용이 불가능해짐에 따라, 한인 부농이나 일부 자영업자들은 극동지역을 떠나게 되었다. 이로써 집단화가 성사된다 하더라도 토지나 시민권을 얻을 가능성이 거의 없던 한인 근로자들은 일자리를 잃게

---

105) Wada(1987), p. 42.

106) Wada(1987), p. 42.

107) Ким Сын Хва(1965), pp. 178-179. 이러한 집단화의 과오를 인정한 후, 1930년 4월에서 6월까지의 기간 동안에 집단화 과오를 시정하려는 노력이 경주되었다. 즉 소수민족에 대한 이러한 차별이 1930년 가을에 모스크바 중앙정부에 알려지게 되었고, 제16차 공산당 대회의 결의안에 따라, 1930~1931년 겨울 극동지역 당위원회는 이러한 결의안을 소수민족에게 적용시키기로 결정하였다(Wada, 1987:42-3).

되는 결과가 초래되었다. 따라서 이들 한인 근로자들 또한 극동지역을 떠나야만 했다. 그 결과 전답이 절반으로 줄어들었고 농업생산량도 급감하였다.[108]

Ⅳ. 소결

본 장에서 살펴본 한인의 농업집단화에 대한 내용을 간략히 요약하면 다음과 같다. 먼저 러시아 극동지역 한인들이 농업집단화에 적극적으로 참여한 배경을 4가지로 설명하였다. 먼저 한인들은 오랫동안 러시아인과 한인부농의 소작인으로 일해 오면서 이들에 대해 적개심을 느꼈으며, 또 집단화에 참여함으로써 러시아국적을 얻을 수 있다는 희망을 갖게 되었는데, 이 적개심과 희망이 농업집단화에 중요하게 작용하였다. 또한 러시아 극동지역에서 벼농사를 주로 담당한 민족이 바로 한인이었는데 이 벼농사를 짓는 데는 협동노동이 필요하였고, 농업집단화는 협동노동의 필요성을 만족시킬 수 있는 이상적 형태였다는 점이 한인의 농업집단화에 대한 초기의 선호를 설명할 수 있을 것이다. 이와 관련하여 한인들은 일본군에 대항하기 위한 유격대활동으로 공동체정신과 집단주의정신을 많이 습득하였고 이런 것들은 농업집단화를 이루는 데 유용하게 작용하였다. 마지막으로 소비에트 정권이 집단농장에 제공한 여러 가지 농기구, 종자 및 신용대부 등도 한인의 농업집단화에 대한 선호도를 높여 주었다고 할 수 있다.

다음으로 부농으로서 청산 대상이 된 한인은 이민 초기 러시아 국적을 취득하면서 러시아 정부로부터 가구당 15제샤찌나의 토지를 할당받은 원호들이 대부분이었고, 그 외에 한인 공산당원들 중 이르쿠츠크파에 속한 사람들도 부농청산의 대상이 되었다. 또한 한인부농들 중 조선민족동맹을 주도하면서 께렌스끼의 임시정부를 지지한 사람들은 농업집단화가 시작되기 오래전에 축출되었다. 한인부농에 대한 강제적인 청산조치는 부농들의 거센 반발을 불러왔다.

한인 농업집단화의 참여는 여타 러시아 지역과 마찬가지로 1928년까지는 미미하였으나, 1929년부터 가속화되어 1934년에는 거의 마무리되었다. 콤뮤나, 아르쩰, 그리고 토즈 등 여러 가지의 농업집단화 유형들 중 한인들은 대부분 아르쩰을 선호하였는데, 이는 전체 소련의 경우 1925년까지는 아르쩰의 형태가 압도적이고 1927년부터는 토즈의 형태가 많았던 경우와는 약간의 차이가 있는 것 같다.

한인 농업집단화 과정상의 문제점은 3가지로 나누어 볼 수가 있다. 첫 번째 문제점은 1923년

108) Wada(1987), pp. 40-41.

토지법 시행과정에서 러시아인 지주나 기관이 기존 한인 소작인들에게 토지임대를 거부하면서 발생한 한인 소작인들의 토지부족문제였다. 다음으로는 농업집단화 과정에서 빈약한 기술적 기반으로 야기된 한인 집단화 과정상의 문제였다. 마지막으로 소수민족 콜호즈에 고정적인 분여지를 보장하는 것과 관련한 한인 콜호즈와 러시아인 콜호즈 간의 인종차별분쟁을 들 수 있다.

본 연구가 애당초 하나의 시론(試論)으로 출발한 것은 한인의 농업집단화에 대한 기존의 연구가 거의 없었을 뿐만 아니라, 자료상으로도 아직 완전하지 못하다고 생각하였기 때문이다. 따라서 이 시론을 기초로 하여 이 방면에 좀 더 많은 연구가 있어야 할 것이라 생각되는데, 이러한 측면에서 좀 더 고려하여야 할 점은 폭넓은 자료의 이용이라고 할 수 있을 것이다. 특히 러시아 측 자료의 입수가 중요하다. 앞에서도 간략하게 인용하였지만 소련공산당 하바로프스크 지방위원회 당 문서 보관소 및 연해주 지방 국가 문서보관소 소장 자료에 대한 종합적 검토가 있어야 할 것이다.[109]

그리고 본 장에서 제시된 주장을 신빙성있게 뒷받침하기 위해서는 1920년대와 1930년대 러시아 극동지역에서 한인들에 의해 발간된 여러 자료 또한 참조할 필요가 있다고 본다.[110]

---

109) 이와 관련된 자료에는 1998년과 1999년에 출간된 Сим Енг Соб과 Ким Герман이 편집한 *История Корейцев Казахстана: Сборник архивных документов*(Алматы-Сеул: Алматинский центр просвещения Республики Корея с Ассоциация Корееведов Казахстана Институт Востоковедения МН-АН Республики Казахстан) 제1권과 제2권이 있다.

110) 이것을 대표하는 것으로는 1927년에서 1937년까지 소련 극동지역에서 발간된 신문들이 있다. 러시아 혁명 전까지는 주로 민주주의단체들과 민족주의단체들에 의해서 한국어 신문이 발간되었고, 내전 시에는 파르티잔 부대와 조직들에 의해 발행되었다. 예로서 블라디보스토크의 『연해주어부(Приморский рыбак)』, 포시예트 지역의 『레닌의 길을 따라(По пути Ленина)』, 블라고베시첸스크의 『동방노동자(Восточный Рабочий)』와 『신세계(Новый мир)』, 치타에서 『로동자(Рабочий)』 등이 있었다. 파르티잔들이 모여 있던 아누친(Анучин)에서는 『赤旗(Красное Знамя)』가 발행되었는데, 이는 연해주가 백군과 외국군의 간섭으로부터 벗어난 후 『3월1일(1-е Марта)』로 바뀌었다가 나중에 한인의 대표적 신문인 『선봉(АВАНГАРД)』로 이름을 바꾸었다. 그 외 『광부(Кван-бу)』, 『동방꼼무나』, 『공격대원(Ударник)』, 『쓰딸린녜츠』, 『레닌광선(Ленинский луч)』 등이 있다. 당 지역위원회에 의해 한국어로 『黨교육(Партучеба)』이 발행되었다. "Партийное и советское строительство среди корейцев после советизации ДВК," Сим Енг Соб · Ким Герман(редакторы), *История Корейцев Казахстана: Сборник архивных документов*(ТОМ II)(Алматы-Сеул: Алматинский центр просвещения Республики Корея с Ассоциация Корееведов Казахстана Институт Востоковедения МН-АН Республики Казахстан, 1999), pp. 112-113.

제 3 부

중앙아시아 강제이주 및 극동지역 귀환이주

제9장

한인의 중앙아시아 강제이주의 배경과 농업집단화

최근 러시아 극동지역에서는 과거 중앙아시아로 강제 이주된 한인들과 그 후손들에 의한 조용한 역이주(逆移住)가 이루어지고 있다. 이들의 이주는 1990년도부터 소리 없이 이루어져 왔으나 1993년 강제 이주된 한인들의 명예회복법이 러시아 최고회의를 통과하면서[1] 연해주로 귀환하는 고려인들이 급증하여 최근까지 약 35,000명에 이른 것으로 보도되고 있다.[2] 이들의 대부분은 우즈베키스탄, 카자흐스탄 및 투르크메니스탄 등의 중앙아시아 지역에서 온 것으로 알려지고 있는데, 현재 민족 간의 심각한 갈등의 소용돌이 속에 있는 중앙아시아 지역의 혼란스런 상황에서 벗어나 64년 전 이들 또는 이들의 조상들이 등져야 했던 옛 고향을 다시 찾아오는 것이다.

이 시점에서 우리는 다시 한 번 70여 년 전인 1937년, 한인들이 경험한 러시아 극동지역에서의 강제이주를 생각해 보게 된다. 왜 한인의 강제이주가 이루어졌는가? 다시 말해서 한인 강제이주의 배경은 무엇이었던가? 이 문제와 관련하여 대부분의 학자들은 강제이주의 원인이 완전히 밝혀졌다고 주장할는지도 모른다. 이들이 주장하는 그 원인은 한마디로 한인의 일본첩자설로 요약된다.

그러나 저자가 볼 때, 한인의 일본첩자설은 미시적인 관점에서 본 한인 강제이주의 직접적인 원인이 될 수 있을는지는 모르나, 거시적인 관점에서 한인의 강제이주를 설명하기에는 부족하다고 본다. 그 이유는 이미 한인의 일본첩자설이 제기되기 이전에도 극동지역에서 러시아인들에 의한 한인의 이주가 여러 차례 시도되었기 때문이다. 따라서 한인의 러시아 이주가 시작된 1860년대부터 강제이주가 이루어진 1937년까지의 전 기간을 통틀어 볼 때, 한인과 러시아인의

1) Принятие в 1993 году Верховным Советом России Постановления "О реабилитации российских корейцев"(1993년 러시아 최고소비에트에서의 '러시아 한인 명예회복에 관한' 결의안 채택). Ким Ён Ун, "Корейцы России: Судьбы и перспективы," 『러시아, 중국, 일본 교민의 어제와 오늘』(건국 50주년 기념 경북대학교 한국교민연구소 제5회 국제학술회의 논문집, 1998), pp. 14-28.

2) 조선일보. 2000. 3. 3.(http://www.chosun.com/w21data/html/news/200003. 검색일 2001. 2. 9.)

관계 속에 심층적으로 작용하고 있는 배경을 파악하지 않고서 단지 1930년 후반기의 상황만을 고려하여 한인 강제이주의 원인을 판단하는 것은 타당하지 못하다고 본다.[3)]

본 장에서는 한인 강제이주의 배경을 좀 더 거시적으로 살펴봄으로써 기존의 연구에서 다루지 못했던 것을 지적하려고 한다. 이를 위하여 소련한인 강제이주의 개요를 간단히 살펴보고, 그 다음 한인 강제이주의 원인에 관한 기존의 관점을 검토한다. 마지막으로 이를 토대로 하여 한인의 농업집단화를 전후로 한 상황이 강제이주와 어떠한 관련성이 있는지를 고찰하도록 한다.

I. 소련한인 강제이주의 개요

한인의 강제이주의 과정은 크게 두 부분으로 나눌 수 있다. 하나는 1937년 8월 21일 소련 공산당 중앙위원회에서 결정된 국경지역으로부터의 한인 이주이고, 또 하나는 1937년 9월 28일 소비에트 사회주의 연방공화국 인민위원회에서 결정된 극동지역 전체로부터의 한인 이주이다.

먼저 국경지역으로부터의 한인 강제이주는 1937년 8월 21일 정부와 당중앙위원회의 결정에 따른 것으로, 자세한 내용은 〈극동지방 국경부근에서 한인 거주민을 이주시키는 문제에 관한소비에트 사회주의 연방공화국 인민위원회와 전소공산당 중앙위원회의 결의안 No. 1428-326cc〉[4)]에

3) 한인의 강제이주를 논할 때, 스탈린 치하의 상황을 객관적으로 고려하여 고찰하기보다는 민족감정에 치우쳐 주관적인 측면을 강조할 우려가 많고(전남대에서 개최된 〈2001년 전기 사회학대회 민족·통일분과〉에서 연세대 윤인진 교수와의 토론에서) 이 점은 필자도 동감하는 바이다. 이러한 우려는 극소수의 문헌(예를 들어, 심헌용(1999))을 제외하고는 대부분의 한국의 언론이나 관련문헌들이 한인 강제이주를 언급할 때마다 자주 접하게 되는 부분이다. 그러나 러시아 극동지역 토지문제를 둘러싼 한인과 러시아인의 갈등을 중시하는 입장에 있는 필자는 스탈린 치하의 많은 소수민족들(예를 들면 극동지역의 중국인, 볼가지역의 독일인, 폴란드인, 핀란드인, 에스토니아인, 라트비아인, 쿠르드족 및 이란인)이 모두 유사한 이유로 이주된 것은 아니라고 본다. 앞으로 더욱 연구가 진행되어야 하겠지만 스탈린 치하에서 각 민족의 이주를 설명할 때 이주의 이유로서 각 소수민족이 처한 특수성과 전체 소련의 소수민족들이 공유하는 보편성을 거론할 수 있다고 본다면, 본 연구는 오히려 한인 이주의 배경을 설명하는 데 있어서 소련 한인이 처한 강제이주의 특수성을 강조하는 편에 속한다.

4) ПОСТАНОВЛЕНИЕ И 1428-326сс СОВЕТА НАРОДНЫХ КОМИССАРОВ СОЮЗА СССР И ЦЕНТАЛЬНОГО КОМИТА ВКП(б) “О выселение корейского населения из пограничных районов Дальневосточногокрая,” 21 августа 1938 года, 여기에 대해서는 Сим Енг Соб · Ким Герман(редакторы), *История Корейцев Казахстана: Сборник архивных документов*(ТОМ I)(카자흐스탄 한인사: 고문서 자료 제1집) (Алматы-Сеул: Алматинский центр просвещения Республики Корея с Ассоциация

잘 나타나 있다. 이 결정에 따르면 러시아 극동지역으로의 일본 스파이의 침투를 저지하기 위해 다음의 조치를 취한다고 되어 있다:

① 전소련 공산당 극동지방 공산당 지방집행위원회, 극동지방 내무인민위원국에 대해 서 극동지방 국경 부근 23개의 구역들에서 모든 한인을 내보낸 후 남카자흐스탄 주, 아랄해 구역, 발하쉬 구역과 우즈벡 소비에트 사회주의 공화국으로 이주시킬 것을 지시한다.

② 빠른 시일 내 이주작업에 착수하여 1938년 1월 1일까지 완료한다.

③ 이주 시 이주대상 한인들은 소유물, 농기구, 가축 등을 소지할 수 있다.

④ 이주민이 두고 간 동산, 부동산, 파종종자 등은 가격을 계산하여 보상한다.

⑤ 이주대상 한인들이 원하는 경우 국외로 떠날 수 있게 하고 간청하는 경우 국경 통과규율을 완화한 후 방해하지 않는다.

⑥ 소비에트 사회주의 연방공화국 인민위원회는 이주와 관련하여 한인의 소요나 난폭행위에 대한 조치를 강구한다.

⑦ 카자흐스탄과 우즈베키스탄의 공화국 인민위원회는 이주구역을 선정하여 이주민들에 의한 경제활동의 재개를 보장하고, 이들을 도울 방안을 강구할 의무를 갖는다.

⑧ 교통인민위원회는 한인들의 이주에 있어서 극동지방 집행위원회의 신청에 따라 객차를 공급할 의무를 갖는다.

⑨ 소연방 극동지방 공산당과 극동지방 집행위원회는 3일 내 이주대상가구와 인원의 정확한 수치를 통지할 의무를 갖는다.

⑩ 이주과정, 출발인원, 도착인원, 국외로 내보낸 인원에 대해 10일 내 전화로 보고한다.

⑪ 조선인을 이주시키는 구역들에 대한 국경수비강화를 위해 국경수비병력 3,000명을 증원한다.

⑫ 내무인민위원회는 한인이 떠난 장소에 국경수비대원의 배치를 허락한다.

소비에트 사회주의 연방공화국 인민위원회 의장 몰로토프(В. Молотов)

전 소연방 공산당(볼셰비키) 중앙위원회 서기장 스탈린(И. Сталин)

Корееведов Казахстана Институт Востоковедения МН-АН Республики Казахстан, 1988), pp. 55-56과 Ли У Хе & Ким Ен Ун Ли У Хе & Ким Ен Ун(Авторы-составители), *Белая книга о депортации корейского населения России в 30-40х годах*(книга первая)(Москва: Интерфакс, 1992). 김명호(역) 『스탈린 체제의 한인 강제이주: 구소련 국립중앙문서보관서 공개 극비문서』(건국대 출판부, 1994), pp. 97-98을 참조.

이러한 결정에 따라 한인의 강제이주는 두 번으로 나누어 이루어졌다. 첫 번째 이주는 1937년 9월 9일부터 9월 23일에 걸쳐서 포시예트 지역 등지에서 이루어졌고, 두 번째 이주는 같은 해 9월 24일부터 10월 3일 사이에 이루어졌다.[5)]

다음으로 1937년 8월 21일자의 한인 이주결정이 있은 지 약 1개월 후, 극동지역 전체를 대상으로 이주명령이 내려졌는데 이것은 다음에 제시된 〈소비에트 사회주의 연방공화국 인민위원회 결의안 No. 1647-377cc〉에 잘 나타나 있다.[6)] 이 결정에 따라 10월 3일부터 10월 14일에 걸쳐서 제3차 한인 이주가 실시되었다.

① 극동지역 전역에 걸쳐 나머지 조선인들을 모두 이주시킨다. 첫 번째 이주민을 위 해 작성된 규칙에 따라 1937년 10월 한 달을 기한으로 이주를 실시한다.

② 첫 번째 이주민들과 마찬가지로 카자흐 소비에트 사회주의 공화국의 영토(아끄튜빈, 서카자흐스탄, 까라간다, 남카자흐스탄주와 구리예프(Гурьев)관국의 영역)로 1,200가구, 그리고 우즈벡 소비에트 사회주의 공화국 영토(철로 북부지역)로 9,000가구를 이주시킨다.

③ 1937년 9월 11일 소비에트 사회주의 연방공화국 인민위원회에 의해 승인된 〈결의안 No. 1571-356cc〉에 따라 소비에트 사회주의 공화국 인민위원회의 기금 중 준비금에서, 극동지방 집행위원회와 카자흐 소비에트 공화국과 우즈벡 소비에트 공화국 인민위원회가 추가된 21,000가구에게 보상금을 지불하고, 건설자재를 구입할 수 있도록 예산을 지급한다.

④ 극동지방 집행위원회와 카자흐 소비에트 사회주의 공화국, 그리고 우즈벡 소비에트 사회주의 공화국의 인민위원회가 이주민을 이송하는 데 있어 필요하다고 생각되는 해상 및 철도 교통수단을 요구・신청하면 수상교통인민위원부, 교통인민위원부는 그에 대해 제공할 의무를 갖는다.

⑤ 기계제작 인민위원부가 이주에 필요한 다음과 같은 것들을 카자흐와 우즈벡 소비에트 사회주의 공화국 인민위원회에 조속한 시일 내에 준비하여 보내줄 것을 제안한다: 화물차(1톤과

---

5) 岡奈津子, 「ロシア極東の朝鮮人: ソビエト民族政策と强制移住」 『スラブ연구』제45호(1998年 3月), 北海島大學スラブ硏究センタ(http://src-home.slav.hokudai.ac.jr/publictn/45/oka/oka.html, 검색일 1999. 7. 20.); Michael Gelb, "An Early Soviet Ethnic Deportation: The Far-Eastern Koreans," The Russian Review vol. 54(1995). p. 399.

6) Ли У Хе・Ким Ён Ун(1992), pp. 114-115.

3톤) - 60대씩 각 공화국에, 경자동차 MI - 각각 세 대씩, 트랙터 - 각각 45대씩.

⑥ 국방인민위원부(Наркомат Обороны)는 60대의 취사 차량을 수송열차에 설비할 수 있는 시설물을 제공할 의무를 갖는다.

소비에트 사회주의 연방공화국 인민위원회 의장 몰로토프(В. Молотов)
소비에트 사회주의 연방공화국 인민위원회 총무 뻬트루니췌프(Н. Петруничев)

다음으로 강제이주를 실행하는 과정에서의 명령계통을 살펴보기로 한다. 한인 강제이주에 관한 결정은 1937년 8월 21일 정부와 당중앙위원회의 결정에 따라 인민위원회 소비에트 의장인 몰로토프(В. Молотов)와 공산당 중앙위원회 비서 스탈린(И. Сталин)의 공동명의로 이루어졌다. 그 다음 1937년 8월 21일자의 스탈린-몰로토프의 지령이 담긴 〈결의안 No. 1428-326cc〉를 실현하기 위하여 내무인민위원회(НКВД: Народный комиссариат внутренних дед) 위원장 예조프(Ежов)는 1937년 8월 24일 하바로프스크 내무인민위원국 책임자이자 국가안전국 3급위원인 루쉬꼬프(Люшков)에게 내무인민위원부의 활동을 밝히는 〈각서 No. 516〉을 보냈다.[7] 또한 예조프는 같은 날에 카자흐스탄과 우즈베키스탄의 내무인민위원부 위원장인 잘린(Залин)과 자그보즈딘(Загвоздин)에게 암호전문을 보내어, 조선인을 확실하게 추방할 수 있는 지역으로 남카자흐스탄주, 아랄해 연안, 발하쉬 및 우즈베키스탄을 언급하였다.[8] 이러한 것을 감안할 때, 한인 강제이주의 명령계통은 다음의 〈도표 9-1〉과 같이 정리할 수 있을 것이다.

강제 이주된 한인들의 수효에 관해서는 강제이주 완료 후 내무인민위원부 위원장이자 국가안전위원회 의장인 예조프가 스탈린과 연방공화국 인민위원회 의장인 몰로토프에게 보낸 보고서에 잘 나타나 있다.[9] 이 서한에 따르면 1937년 10월 25일 극동지방에서의 한인 이주가 종결되었는데, 총 36,442가구 171,781명을 124대의 수송열차로 이송하였다고 밝혔다.[10] 남은 한인들은 캄차카 및 오호츠크의 특별이주자 700명 정도인데, 이들은 1937년 11월 1일경에 조립식 수송열차로 이송하기로 되어 있었다.

7) Ли У Хе · Ким Ён Ун(1992), pp. 102-104.
8) Ли У Хе · Ким Ён Ун(1992), pp. 105-106.
9) Ли У Хе · Ким Ён Ун(1992), p. 158.
10) 사할린의 한인들도 이주대상에 포함되었는데 모두 1,155명의 한인들이 10월 18일 블라디보스토크로 보내져 그곳에서 다시 중앙아시아로 수송되었다(권희영, 1998).

〈도표 9-1〉 한인 강제이주에 관한 명령계통도

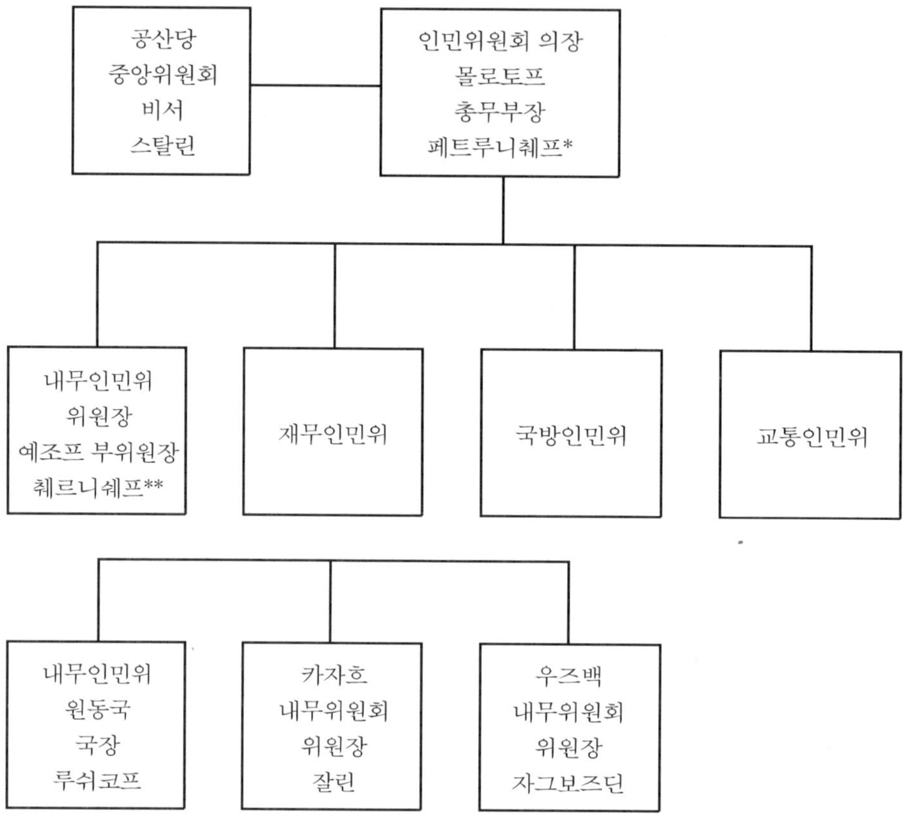

注: * 페트루니쉐프(Н. Петруничев)는 소비에트 사회주의 연방공화국 인민위원회 의장이었던 몰로토프의 '오른팔' 역할을 한, 소비에트 사회주의 연방공화국 인민위원회 총무였다.
** 췌르니쉐프(Чернышев)는 내무인민위원회 위원장이었던 예조프 휘하의 내무인민위원회 부위원장이었다.
자료: 노영돈(1998:276). 주는 본 저자가 첨가한 것임.

강제이주의 경로를 보면 16,272가구 76,525명이 우즈벡 소비에트 사회주의 공화국으로, 그리고 20,170가구 95,256명이 카자흐 소비에트 사회주의 공화국으로 이송되었다.

다음의 〈한인 이주 분포도〉는 한인들이 이동한 경로를 나타내는데, 이 그림에 나타나지 않은 주요 이동지점으로는 흑해연안의 타간로그, 타지크공화국의 두샨베, 우즈벡공화국의 우르겐지와 부하라, 투르크벤공화국의 아시하바드 그리고 카르기즈공화국의 푸룬제 등이 있다.[11)]

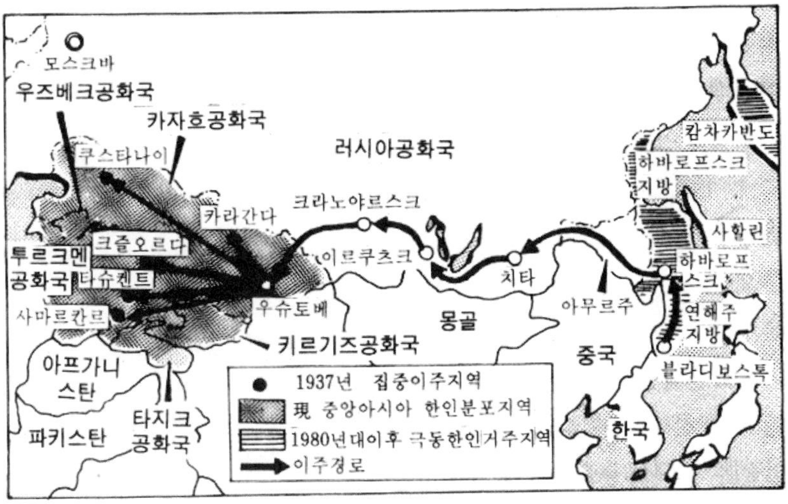

한인 이주 분포도(동아일보 1993. 1. 13. 한러근대비사 참조)

Ⅱ. 소련한인 강제이주의 배경에 관한 기존 관점의 검토

소련한인 강제이주의 원인에 관해서는 여러 가지 학설이 있다. 그중 가장 많이 알려진 것은 한인 첩자설이며, 그 외에 한인자치구역 설립 억제설 및 중앙아시아 개발설 등이 있다.

1. 한인 첩자설

소련 한인의 강제이주를 설명할 때, 연해주에서 이루어지고 있었던 일본의 첩보활동에 한인들이 이용되었기 때문에 이를 방지하기 위해 한인을 강제 이주시켰다는, 이른바 한인 첩자설이 가장 대표적인 이유로 등장한다.[12] 또한 한인 강제이주에 관한 소련당국의 결의안, 즉 〈극동지방

11) 현규환, 『韓國流移民史』(上卷) 蘇聯篇(極東地方)(1967).

12) Walter Kolarz, *The Peoples of the Soviet Far East*(N.Y.: Praeger, 1954); Haruki Wada, "Koreans in the Soviet Far East, 1917~1937," pp. 24-59 in Dae-Sook Suh(ed.), *Koreans in the Soviet Union*(Honolulu, HI: Center for Korean Studies, Univ. of Hawaii, 1987), p. 50; Alexandr I. Solzhenitsyn, *The Gulag Archipelago 1918~1956: An Experiment in Literary Investigation I-II*, translated by Thomas P. Whitney(N.Y.: Harper & Row, 1973), p. 247; 김연수, 「재소 한인의 중앙아시아 강제이주사」『歐洲論叢』(대구대 동서구문제연구소) 제4권 제1호(1989), pp. 147-156; Nikolai Bugai, "The 'Korean Issue' in the Soviet Far East and the Deportation of 1937," *Far Eastern Affairs*, no. 3(1992), pp. 96-103; 와다 하루

국경부근에서 한인 거주민을 이주시키는 문제에 관한 소비에트 사회주의 연방공화국 인민위원회와 전소공산당 중앙위원회의 결의안 No. 1428-326cc〉[13]의 서두에도 한인 강제이주는 일본 정보원들이 침투하는 것을 차단하기 위한 목적이라고 밝히고 있다.[14]

그 배경을 보면 1930년대 극동지역에서 일본의 호전적인 정책으로 인해 소련은 불안감을 느끼고 있었으며, 1904~1905년 러일전쟁에서의 패배와, 1918~1922년 일본의 러시아 극동 침입에 뒤이어 1931년 만주사변과 만주국의 설립 등의 사건들이 있었다.[15] 특히 1936~1938년 사이에 소련-만주 국경지역에서는 크고 작은 사건이 끊이지 않았고[16] 소련 측으로서는 소련 극동지역의 안보가 위협당하고 있다고 느꼈을 것이다.[17] 따라서 극동지역에서는 한인들이 일본의 식민지인 한국에서 왔고, 그 가족의 상당수가 당시 일본의 식민지하에 있는 한국에 있어, 일본의 첩자로 암약(暗躍)하기 쉬운 조건을 두루 갖추었다고 생각하였다.[18] 러시아 극동지역의 한인들이 일본 당국의 첩자로 이용되기에 더욱 좋은 이유는 이들 중에 모국어 외에 러시아어, 중국어 및 일본어에 능한 사람이 많이 있었다는 것과 러시아인들이 볼 때 한인은 일본인과 구별이 쉽지 않았다는 점도 있었다.[19]

뿐만 아니라 많은 한인들이 러시아 극동지역을 거점으로 항일운동을 하고 있었으며, 이것이 오히려 일본으로 하여금 대러시아 선전포고를 하게 하는 빌미가 되지 않을까 하는 걱정도 있었다. 소련 측이 느끼는 이러한 위협은 1937년 4월 23일자 『프라우다』(*Правда*)에 잘 나타나 있는데,

---

끼(和田春樹), 「연해주로 강제이주된 중앙아시아의 조선족: 집단정착촌에서 농업을 개시」『극동문제』10월호(1999), pp. 62-72; Mikhail N. Pak, "Reasons for the Forced Deportation of Soviet Koreans from the Far East to the Central Asia," 『제5회 조선학 국제학술토론회 논문집』(역사), vol. 2(1998), pp. 263-275; 김 피오트르 게르노비치·방상현, 『재소 한인이민사: 스탈린의 강제이주』(탐구당, 1993); John J. Stephan, *The Russian Far East: A History*(Stanford, CA: Stanford University Press, 1994), pp. 212-213; 권희영, "한민족의 중앙아시아 이주의 배경과 과정" '중앙아시아 거주 한민족 관련 연구를 위한 Workshop'(중앙대학교 민족발전연구원 해외민족연구소 주최, 1998)(http://web.korea.ac.kr/~yoonin/koreans/재외동포법/중앙아시아워크숍.htm, 검색일 2001. 6. 27).

13) "ПОСТАНОВЛЕНИЕ И 1428-326cc СОВЕТА НАРОДНЫХ КОМИССАРОВ СОЮЗА СССР И ЦЕНТАЛЬНОГО КОМИТА ВКП(б) 'О выселение корейского населения из пограничных районов Дальневосточного края.'"

14) Ли У Хе·Ким Ён Ун(1992), pp. 97-98.

15) 고송무, 『쏘련의 한인들: 고려사람』(이론과실천, 1990), p. 28.

16) 1936년에는 일본 관동군이 연해주에서 스파이활동과 정치적 소요를 일으키도록 만주국에 한인 스파이양성을 위한 학교를 설립하기도 하였다. A. M. Nair, *An Indian Freedom Fighter in Japan*(New Delhi: Vikas, 1985), Stephan(1994:212) 재인용.

17) Walter Kolarz(1954), p. 38.

18) 이윤기, "동북아 한민족을 찾아서," 『영남일보』 2001. 5. 17, p. 13.

19) 고송무(1990), p. 28.

"극동지역에서의 외국인 스파이"라는 제목하에 발로진(И. Володин)은 한인과 중국인들이 소련 극동지역의 주민으로 가장하여 스파이 임무를 수행하고 있다는 기사를 썼다.[20)]

그러나 이러한 한인 첩자설은 1930년대에 처음 나타난 것이 아니라 1920년대 초기에도 등장하곤 하였다. 1923년 니꼴스끄-우수리스끄 상황 보고서를 보면 중국과의 국경지역에서 일본을 위해 봉사하는 한인스파이들이 러시아 극동지역으로 침입하고 있으며, 이들 스파이들은 소비에트 정부의 무장해제에 불만을 가지고 있는 한인 빨치산부대를 통해 무기를 판매하고 있다고 하였다.[21)]

2. 한인자치구역 설립 억제설

다음으로 한인 강제이주의 원인으로 지적되고 있는 것은 소련 극동지역에서의 한인자치구역 설립에 대한 한인들의 주장과 관련한 소련당국의 우려이다. 이는 비록 한인이 연해주의 소비에트화 과정에서 많은 공헌을 했다고 할지라도, 한인과 러시아인의 잦은 충돌로 소련 측으로서는 한인을 완전히 믿을 수 있는 존재로 보이지 않았기 때문이라는 견해이다.[22)]

더욱이 1927년 8월 19일, 중앙소비에트간부회에서 조선인의 민족적 행정단위를 만들도록 권고하자 1928년 초 조선과의 국경지역 포시예트만을 따라 조선민족지구가 생겼다. 이 조선민족지구의 한인의 비율은 약 90%였는데, 1937년에 이르러 한인 수가 24,000명에 이르게 되었고,[23)] 이러한 사실은 소련정부에게 한인의 자치구설립 압력으로 작용했을 수도 있다.

이러한 한인자치구에 대한 우려는 러시아 극동지역에 항상 존재해 왔던 황화론(желтая опасность)과 그 맥을 같이한다. 특히 1932년 초 일본에 의해 소련 극동지역에 퍼졌던 구호들, 예를 들어, "아시아는 황색대륙이다", "아시아는 아시아 사람들에게", "야쿠치아까지 모든 땅은 황색인종에 속한다"는 주장 등도 소련을 불안하게 하였다.[24)] 따라서 소련 측에서 이러한 한인자치구의 요구를

20) И. Володин, "ИНОСТРАННЫЙ ШПИОНАЖ НА СОВЕТСКОМ ДАЛЬНЕМ ВОСТОКЕ,"(소련 극동지역에서의 외국인 스파이활동) Правда, 1937년 4월 23일, p. 5.

21) Информационный доклад, "Общее положение Никольск-Уссгрийского уезда,"('니꼴스끄-우수리스끄郡의 전반적 상황'에 관한 정보 보고서)(國史編纂委員會, 1997:361).

22) 고송무(1990), pp. 28-29.

23) 와다 하루끼(和田春樹), 「연해주로 강제 이주된 중앙아시아의 조선족: 집단정착촌에서 농업을 개시」『극동문제』 10월호(1999), p. 64.

24) 이러한 러시아 극동지역의 황색인종에 대한 우려는 이미 오래전부터 계속되어 내려온 것이다. 예를 들어 Граве는 1912년 발간된 그의 저서에서 황화와 그 대책에 관해 언급하면서 다음과 같이 이야기하고 있다: "黄禍は露国に於ては急性病ではなく慢性病である。慢性病なれば根気よく治療すべきであるのに之を放任して置いた結果、遂に現今見る如き難病の状態を呈するに至つたのである。病源は (一) 極東露領の人口稀薄に

무산시킬 수 있는 해결책의 하나로 한인의 강제이주를 시행했다는 것이다.

한인자치구 요구에 대한 하나의 선례로서 비로비쟌(Биробиджан) 지역의 블라고슬로벤노예를 들 수 있다. 특히 비로비쟌에 있었던 블라고슬로벤노예(Благословенное) 지역은 한인들이 러시아 극동지역 이주 초기부터 집단적으로 거주했던 지역이다. 그 내력을 간단히 살펴보면 1869년 조선 북부지방의 기근으로 인해 많은 한인들이 조선과 러시아의 국경지역으로 이주하자, 동시베리아의 총독 시넬리코프는 국경지역 한인들이 고국인 조선국경 근처에 거주함으로써 조선과의 강한 연계성을 지니게 되어 이들을 러시아화(露化)하는 데 문제가 있다는 이유를 들어 1871년 이들 한인 103가구(남녀 431명)를 내륙지역인 아무르지역 근처로 이주시켰다.[25] 실제로 블라고슬로벤노예의 일부 지역은 한인 이주민들만 거주하였고, 주위의 러시아 농촌과는 달리 매우 한국적이며 러시아인이라고는 전신국 감독자만이 근무하고 있었다.[26]

1930년까지는 블라고슬로벤노예 지역을 포함하여 현재 유태인자치구역(Еврейская автономная область)의 수도로 되어 있는 비로비쟌(Биробиджан)에 거주하는 한인 수는 3,878명으로, 유태인 수 2,672명보다 많았다. 따라서 한인들은 이 지역이 원래부터 한인 고유의 땅이라고

して文化開けざること、(二) 国境の警戒、国内の監視を欠けること、(三) 一部は上記二個の原因、一部は官憲の黄色人種居住規定を知らざるに基く黄色人種の事実上の治外法権である故に黄禍を治療するには上記諸原因を除かねばならない。之が為には政府は (一) 極東露領の内制を改革し (二) 黄色人種の監督を厳にし (三) 極東露領の経済的発展に黄色人種を利用し (四) 露人事業の発達拡大を害する如き黄色人種の活動を禁止する方針を取らねばならない。"(황화는 러시아에 있어서 급성병이 아니라 만성병이다. 만성병이라면 끈기 있게 치료해야 함에도 이것을 방치해 놓은 결과 마침내 현재 보는 바와 같이 불치의 상태를 나타냄에 이르렀다. 병의 원인은 (1) 극동러시아의 인구가 희박한 관계로 문화가 발달할 수 없는 점, (2) 국경의 경비 및 국내의 감시가 소홀한 점, (3) 일부는 상기 2개의 원인, 일부는 관헌이 황색인종의 거주규정을 잘 알지 못하여 황색인종이 사실상 치외법권 상태에 있으므로, 황화를 치료하기 위해서는 상기 여러 가지 원인을 제거하지 않으면 안 된다. 이를 위해 정부는 (1) 극동 러시아의 내부제도를 개혁하고, (2) 황색인종의 감독을 엄하게 하며, (3) 극동 러시아의 경제적 발전에 황색인종을 이용하고, (4) 러시아인들 사업의 발전과 확장에 방해되는 황색인종의 활동을 금지하는 방침을 취하지 않으면 안 된다(Граве, 1912:183)).

25) Wada(1987), p. 26.

26) "Село Благословенное резко отличается от окружающих русских сел. Прежде всего оно сплошь корейское и окрашено в свой корейский колорит. Из русских в этом селе живет только надсмотрщик телеграфа. На Амур корейское население прибыло более 50 лет тому назад, из северной Корей от разразившегося там голода"(블라고슬로벤노예 마을은 주변의 러시아인 마을과 상당히 다르다. 무엇보다도 이 마을은 계속적으로 한인마을로 지속되어 왔고 조선 색채가 강하다. 이 마을에는 전신전화국 감독자만이 러시아인이다. 한인주민들은 50여 년 전에 기근이 발생한 북한지역으로부터 아무르지역으로 이주했다). Смородин, Экономичкская жизнь Дальнего Востока, Издание Дальне-Восточного Краевого экономического совещания(극동의 경제생활, 극동끄라이 경제협의 간행물), № 11 Ноябрь, Хабаровск 1925(國史編纂委員會, 1997:447).

주장하면서 이곳에 한인자치지구를 설립하기 위해 많은 노력을 하였으나[27] 소련 측이 이를 받아들이지 않아 비로비잔의 한인자치구역 설립이 무산된 적이 있다.[28] 포시예트 지역의 '조선민족지구'가 법적인 효력을 갖지 못했던 이유는 한인간부 양성 및 재교육, 한국어 및 중국어 인쇄소 설립, 혼성 소비에트 내의 비례대표제 등의 문제에 관한 전 러시아소비에트 중앙집행위원회의 건의가 러시아 공산당 인민위원회 및 극동지역 행정위원회에서 승인을 받지 못했기 때문이었다.[29]

3. 중앙아시아 개발설

소련한인 강제이주의 또 다른 이유로 제기되는 중앙아시아 개발설은 당시 중앙아시아 지역의 버려져 있던 광대한 갈대밭에 한인을 이주시켜 이곳을 개발하려 했다는 것이다.[30]

실제로 1937년 한인의 대규모 강제이주가 있기 훨씬 이전에 이미 한인들이 중앙아시아 지역에 거주했었다는 기록이 있다. 여기에서 먼저 1937년 강제이주 이전에 있었던 한인들의 중앙아시아 이주에 대해서 살펴보도록 하자. 1897년 러시아 제국의 제1차 인구조사에 따르면 한인들은 현재의 카자흐스탄, 우즈베키스탄 그리고 키르기즈스탄 등에서 거주하였다. 구체적으로 카자흐스탄에서는 세미레첸스크주 베르넨스크현(Семиреченская область, Верненский уезд), 베르

27) 당시 러시아 극동지역 당국은 특별히 이들로 하여금 러시아 국적을 취득케 하고 동방정교로 개종토록 하여, 당시로서는 극동지역의 러시아인들에게만 주어지는 파격적인 혜택, 즉 가구당 100제샤찌나(десятина)의 토지를 부여하였다. 또한 러시아 지역 내에서 한인지역의 모델로서 이들이 사는 지역에 축복받은 지역이라는 뜻의 블라고슬로벤노예(Благословенное)라는 이름을 붙였다(Wada, 1987:26). 블라고슬로벤노예의 한인들에 대한 자세한 사항은 다음을 참조. Ross King, "Blagoslovennoe: Korean Village on the Amur, 1871~1937," The Review of Korean Studies vol. 4, no. 2(2001), pp. 133-176.

28) 고송무, 『쏘련의 한인들: 고려사람』(1990).

29) 1922년 연해주에 소비에트 정권이 수립된 후 高麗部(Корбюро) 위원 韓明世 등이 연해주 고려인 자치문제를 중앙정부에 제의한 것을 발단으로 하여, 1924년에는 국제공산당이 이 문제를 승인하고 중앙정부에 권유하였다. 그러나 沿海州露國黨 幹部들은 다음과 같은 이유를 내세워 고려인 자치문제의 승인을 유보하였다: "A, 高麗族自治는 經濟的基礎가 確立되지못한 것과, B, x x의 植民政策을 도리여 有利하게 하는 것 C, 大露西亞主義가 强하고 民族的 소리다리티의 觀念과 소비엣드 民族政策의 理解가 薄弱한 로서아人特히 農民들의 不平을 誘發할 憂慮가 이슴과, D, x x와의 外交關係에 支障을 不免하리라 …"(x x는 일본을 의미 - 筆者註). 그 후 1931년 全露 소비에트대회에서 연해주 한인대표가 다시 이 문제를 제기하였으나 역시 이미 언급한 이유 외에도 조선인에게는 아직 정치적 통제력과 단결이 부족하여 비록 자치를 허락한다 하더라도 종족 간의 내부문제가 발생되리라는 핑계로 이 문제에 대해 승인을 하지 않았다. 이는 당시 소련 영내의 소수민족인 야쿠트족, 부리야트족, 키르기즈인, 따따르인, 카프카즈인 및 우즈벡인 등이 자치주를 허락받아 상당한 발전을 이룬 것과는 상당한 대조를 이루었다. 金世鎔, "西伯利亞의 朝鮮人活動," 金東煥(편), 『平和와 自由』(京城: 三千里社, 1931), pp. 277-278.

30) 이윤기, "동북아 한민족을 찾아서," 『영남일보』 2001. 5. 17, p. 13; 고송무(1990), pp. 28-29.

니시(Верный, 현재의 알마티), 자르켄트스크현(Джаркенский уезд)과 자르켄트시(г. Джаркент), 시르다린스트주 아울리에-아타시(Сырдарьинская область, г. Аулие-Ата, 현재의 따라즈 г. Тараз), 뻬롭스크현(Перовский уезд, 현재의 크질 오르다주 Кзыл-Ординская область) 및 아크몰라(Акмолинская область) 등에 거주하였다. 거주지들 중 현재의 우즈베키스탄과 키르기즈스탄에 해당하는 지역들은 코칸드현(Кокандская область), 나만간현(Наманганский уезд), 나만간시(г. Наманган), 삐쉬뻬크(Пишпек, 현재의 비쉬케크 г. Бишкек) 및 프르줴발스키시(г. Пржевальск) 등이다. 이들은 당시 인구조사의 출생지 항목에 출생지를 조선으로 기입한 사람들이었으며, 모국어 항목에 모국어를 한국어라고 기입한 사람도 포함되었다.[31) 그 후 1904~1905년 제정 러시아 정부의 명령에 의해 수백 명의 한인들이 다른 황인종들과 함께 시베리아 횡단철도를 통하여 러시아 내륙의 톰스크, 뻬름, 뻰주 및 카자흐스탄의 국경도시 등으로 강제 이주된 기록이 있다. 이들 한인들을 러시아화하기 위해 대부분을 러시아 정교로 개종시켰고 러시아식 이름을 부여하였으며,[32)] 한식 민속의상과 두발형태는 금지되었다. 이들의 직업으로는 세탁소 주인, 이용사, 상인, 수공업자, 일용노동자, 빨래하는 사람, 담배를 채우는 사람에서부터 하숙집 주인, 의사, 소형 시설물의 소유주 등에 이르기까지 매우 다양하였다.[33)]

그 이후 1920년대 중반에 한인들이 산발적으로 중앙아시아로 이주한 기록이 있는데, 1926년의 조사에 의하면 현 카자흐스탄의 아크모린스크, 세미팔라탄스크, 시르다리아 지역에 42명의 한인이 거주하였고, 우즈베키스탄 지역은 타쉬켄트, 부하라, 수르한다리아 지역에 모두 36명의 한인이 거주하였다.[34)]

강제이주의 배경으로 언급되는 카자흐스탄에서의 한인들에 의한 벼농사 시도에 대해서는 먼저 그 배경을 잠깐 살펴볼 필요가 있다. 1920년대 후반 소련정부는 면화자립을 위하여 카자흐스탄에 면화재배를 강요하였다. 벼농사가 면화재배에 밀려나 벼 생산이 감소함에 따라, 남쪽 지방에서는 면화를 재배하도록 하고 그 북쪽 한계선에 해당하는 세리레친스크주와 알마아타 관구에서는

31) Ганг, Г.В., Ан В.И.(фотограф), Ким Г.Н., Мен Д.В. 1997. *Корейцы Казахстана: Иллюстрированная История*(Корея: Фирма "STC", 1997), pp. 30-33.

32) 몇 가지 대표적인 한인의 이름을 보면 다음과 같다: Ю-ОН-ПО - Владимир Рафаилович Попов, Ким-Чу-И - Федор, Чан-Ханн - Александр Литвинов, Бак-поши - Василий, Киси-не-пек - Василий Николаевич Пихтовников, Ан-ин-сеп-и - Саврасов Александр Романович.

33) 이러한 다양한 직업은 러시아 극동지역으로 이주한 한인들과 별반 차이가 없었다. 이에 대해서는 이 책의 제7장 참조.

34) 권희영(1998).

벼농사를 짓도록 하였다.[35] 그러나 이들은 벼농사에 대한 경험이 부족하였고 이러한 문제를 해결하기 위해 주목을 끈 것이 러시아 극동지역의 한인들에 의한 벼 재배였다. 따라서 1928년 봄 블라디보스토크 관구의 한인 70가구, 300여 명의 벼 재배업자와 양잠업자들이 카자흐스탄 농업인민위원회의 초청을 받아 벼농사 경험을 전수하기 위해 카자흐스탄에 도착하였다. 이들은 한인농업협동조합(Корейская сельскохозяйственная таудовая артель)인 '카즈리스'(Казрис: Казакский рис, 카자흐스탄의 쌀)를 조직하였고, 1929년 1월 기타 생산농장에 볍씨를 보내주었다. 그 결과 1931년에 카자흐스탄은 소련에서 가장 넓은 벼 파종국가가 되었다.[36]

그런데 1937년 스탈린에 의해 중앙아시아로 강제 이주된 한인들에게 주어진 농토는 갈대밭이었다고 한다. 이와 관련하여 일부 학자들은 한인들로 하여금 중앙아시아를 개발케 하려면 척박한 곳으로 이주시켜 개발하도록 해야지, 왜 조건이 그렇게 나쁘지 않은 갈대밭을 한인들로 하여금 개발하게 하였겠는가 하는 점에 의문을 제기하기도 한다.[37]

4. 한인 강제이주의 원인에 관한 기존 관점의 한계

이와 같이 기존연구의 관점에서는 한인 강제이주의 원인에 대한 설명으로 한인 첩자설, 중앙아시아 개발설, 한인자치구역 설립 억제설 등이 있다. 이러한 설명 중에는 설득력을 얻기까지 아직 상당한 연구가 필요한 것처럼 보이는 것도 있는데, 일반적으로 가장 널리 받아들여지고 있는 한인 첩자설에 관해서는 설득력 있는 관련 증거물이 많이 제시되고 있다. 그러나 한인 첩자설은 당시 러시아 극동지역에서의 소련의 입장을 극동지역의 국제적인 상황, 즉 단기적으로 소련과 일본의 관계적인 측면에서 한인의 강제이주의 배경을 설명하는 데는 유효하다고 할 수 있으나, 좀 더 심층적이고 거시적이며 장기적인 측면에서는 한인 강제이주를 설명하기에 충분하지 못한 측면이 있다. 뿐만 아니라 한인 첩자설은 소련 극동지역의 제한된 토지를 둘러싼 한인과 러시아인 간의 인종 갈등적인 측면이 전혀 고려되지 않고 있다.

---

35) 벼농사뿐만 아니라 면화재배도 농업용수가 많이 필요한 작물이므로 관개시설이 매우 중요하다. 이런 점에서 벼농사와 면화재배는 아주 밀접한 관계가 있다고 할 수 있다. 특히 면화는 소련시대뿐만 아니라 오늘날도 중앙아시아 지역의 경제에 극히 중요한 역할을 하고 있다. 필자가 2003년 7월 우즈베키스탄을 방문하였을 당시 수도 타쉬켄트 주위에서 본 면화 밭은 끝을 알 수 없을 정도로 방대하였다.

36) Ганг, Г.В., Ан В.И.(фотограф), Ким Г.Н., Мен Д.В. 1997. *Корейцы Казахстана: Иллюстрированная История*(Корея: Фирма "STC", 1997), pp. 51-55.

37) 2001년 6월 22일 전남대에서 개최된 〈전기 사회학대회 민족 · 통일분과〉에서 지정토론자인 배재대학교 임현수 교수와의 토론 중에서.

따라서 필자는 한인 강제이주의 직접적인 원인이라 간주되는 한인첩자설 이외에도, 토지분배를 둘러싼 한인과 러시아인의 갈등이 또 하나의 중요한 잠재적인 원인이 될 수 있다고 본다. 왜냐하면 이미 러시아 극동지역의 한인 이주문제는 1937년 한인의 대규모 강제이주가 시행되기 이전에도 이미 수차례 존재했던 것이기 때문이다. 특히 한인의 이주문제는 한인이 러시아로 이주하면서 토지소유를 둘러싸고 계속된 문제로 남아 있었으며,[38] 그 이후에도 계속되다가 특히 러시아 연방토지법을 극동지역에서 시행하게 된 1923년 1월 17일부터 농지의 할당을 둘러싸고 본격적으로 외부로 표출되었다.[39]

이것을 좀 더 자세히 살펴보면 1917년 러시아 혁명의 정책기조를 바탕으로 1923년 극동혁명위원회가 결정을 내린 항목들 가운데, 토지가 없거나 적은 한인을 위해 극동변방의 모든 한인에게는 코사끄인과 러시아 토박이가 소유한 과대한 분할지를 분여해주고, 식민기금을 활용하여 토지를 분여할 것을 명령하는 조항이 있었다.[40] 그러나 러시아인들은 자신의 토지를 한인들에게 임대해 주는 것에 대해서 관심이 없었을 뿐만 아니라 오히려 이것에 부정적이었으므로, 러시아 극동혁명위원회 한인담당 전권대표 앞으로 온 서한에서는 한인들을 중국과 국경을 이루는 소련변경지역으로 이주시킬 것을 주장하고 있다.[41]

또한 1929년 8월 20일 극동지방집행위원회(Далькрайисполком) 간부회에서도 "극동지방에서 외국국적을 가진 한인들의 자의적인 입주 및 토지점유를 시정하는 대책에 대하여"라는 문제를 검토하면서 토지분여에 따른 기금 부족을 해결하기 위한 방안으로 한인 이주에 대해 논의하였다. 그리하여 농지정리 특별위원회의 결정에 따라 1927년 2,000호의 무토지 한인농가에 토지를 분여하였다. 그러나 블라디보스토크 관구에 여분의 토지기금이 없어서 나머지 8,892호의 한인농

38) 토지를 둘러싼 러시아 극동지역 한인의 계급분화에 대해서는 이 책의 제7장 참조.

39) 류한배, 『한민족 러시아이민사 연구서설: 한민족공동체 구상과 관련하여』(세종연구소, 1999), p. 36.

40) Ким, Сын Хва(1965), p. 152.

41) "Одной из боевых задач момента для меня является срочное урегулирование вопроса землепользования корейским нерусскоподданным населением. Несмотря на все циркулярные распоряжение по этому вопросу, последний все еще остается не разрешенным на практике. Русское сельское население, не заинтересованное теперь в сдаче своих замель в аренду корейцам, совершенно отказывает последним в дальнейшем предоставлении арены. В результате корейцы массами вынуждены сниматься с мест и уходить на китайскую гранмцу."(나에게 있어서 현재 긴박한 임무의 하나는 비귀화 한인들에 의한 토지이용문제의 신속한 해결이다. 이 문제에 대해서는 명령을 통보하였음에도 불구하고 아직도 전혀 해결되지 못한 채로 남아 있다. 러시아 농촌주민들은 현재 한인소작인들에게 토지를 양도하는 데는 전혀 관심이 없고, 앞으로 이들에게 토지를 더 이상 임대해 주는 것을 거절하고 있다. 따라서 한인들은 대규모로 거주지를 옮겨 중국국경으로 이주하지 않으면 안 된다). 國史編纂委員會(1997), p. 354.

가에는 토지를 분여할 수 없었다. 그리하여 1929~1933년에는 외국국적을 가진 모든 한인들을 블라디보스토크 관구로부터 위도 48.5도 이북에 위치한 하바로프스크 관구에 있는 끄루다친스키구(区)(Крудачинский район)와 시진스키구(区)(Сидинский район)로 이주시키기 위하여 입식(入植)예정지를 확충하는 작업을 한 적도 있었다.[42)]

따라서 이러한 관점에서 볼 때 소련의 한인 강제이주의 배경을 심도 깊게 이해하기 위해서는 농업집단화와 관련된 한인과 러시아인 사이의 토지문제 갈등을 이해해야 한다고 본다. 다시 말해서 한인 첩자설은 한인 강제이주를 설명하는 데 단기적인 원인이 될 수는 있으나, 보다 거시적인 관점에서 볼 때 한인 첩자설로만 설명하는 것은 충분하지 못하다고 보는 것이다.

Ⅲ. 농업집단화와 강제이주

1. 한인의 농업집단화 참여 배경

1927년 제15차 공산당 대회에서 채택된 농업집단화 정책에 따라 토지의 개인적 경영에서 집단적 경영으로의 이행이 본격화되었다. 농업집단화에 대한 러시아 극동지역 한인들의 태도는 비교적 적극적인 편이라고 할 수 있었다. 실제로 '전면적 집단화(сплошная коллективизация)'가 실시되기 1년 전인 1928년 이미 러시아 극동지역 총 470개의 콜호즈 가운데 23.4%에 해당하는 110개가 블라디보스토크 관구의 한인 콜호즈였고, 이들 한인 콜호즈에는 전체 한인 농민의 45%가 참여하고 있었다.[43)] 그리고 러시아 극동지역 전체의 한인 농업집단화율을 보면 1928년 5.0%에서 1932년 82%까지 증가하였는데, 이는 러시아 극동지역 전체의 집단화율 62%를 월등히

42) "Протокол Совещания при Хабаровской Переселенческой партии по вопросу о корейском расселении 30/v-1928 года.," "Обьяснительная записка к рабочему плану по корейскому расселению Хабаровской переселенческой партии на 1927.28 г." Сим Енг Соб · Ким Герман (редакторы), *История Корейцев Казахстана: Сборник архивных документов*(TOM II)(Алматы-Сеул: Алматинский центр просвещения Республики Корея с Ассоциация Корееведов Казахстана Институт Востоковедения МН-АН Республики Казахстан, 1999), pp. 48-50, 51-54; 부가이(Бугай, И. Ф.), 『재소 한인들의 수난사: 해설 및 관계 공문서』(최정운 역; 류한배 감수)(세종연구소, 1996), p. 19; Ким Сын Хва(1965), p. 153; 심헌용, "강제이주의 발생 메카니즘과 민족관계의 특성연구: 소련 강제이주 사례를 중심으로," 『국제정치논총』 제39집, 제3호(1999), p. 204; 권희영(1998).

43) Ким Сын Хва(1965), p. 165.

앞서는 것이었다.[44]

그러면 한인들이 이렇게 농업집단화를 선호한 이유는 무엇인가? 여기에는 한인의 대부분을 차지하고 있는 빈농한인들의 부농에 대한 반발심, 벼농사라는 작물의 재배가 요구하는 집단성과 협동성이 한인의 특성에 잘 부합하였다는 점, 그리고 일본군에 대항하는 유격대활동을 통해 습득된 공동정신과 집단정신 및 농업집단화에 대한 소련정부의 적극적 지지 등을 들 수 있다.[45]

특히 러시아 이주 초기부터 토지소유에 있어서 차별을 받아온 한인빈농들은 부농에 대해 깊은 적대감을 가지고 있었고, 이러한 이유는 농업집단화에 참여함으로써 토지의 소유가 가능하다는 강한 믿음을 갖게 했다. 이는 여러 계층 간의 토지할당량을 보면 더욱 명확하게 드러난다. 이러한 계층구분은 물론 때에 따라 조금씩 변화되기도 하였으나 큰 틀에 있어서는 거의 변화가 없다.

러시아 극동지역의 계급상황을 보면 까자끄(казаки)[46]들, 러시아 토박이들, 새로운 러시아 이주자들, 러시아 귀화 한인, 그리고 비귀화 한인 등 5가지 부류로 나눌 수 있다(〈표 7-1〉 참조). 까자끄들은 1860년대 러시아 극동지역을 식민화하기 위해 동원된 사람들인데, 이들에게는 약 200제샤찌나의 토지가 부여되었다. 그 다음 1861년 3월 26일 알렉산더 II세의 칙령에 따라 러시아인들의 극동지역 이민을 촉진시키기 위해 러시아 정부는 이주한 초기의 러시아인들에게 가구당 100제샤찌나까지 토지를 소유할 수 있도록 허락하였는데[47] 이들은 토박이(старожилы), 또는 100제샤찌나를 나타내는 러시아어를 사용하여 스타제샤찌니크(стодесятиник)라 불렀다. 다음으로 1900년 6월 22일 공포된 새로운 법에 따라 1901년 이후에 러시아 극동지역으로 이주해 오는 러시아인은 '새로운 이주자'(новоселья)라 하여 이들에게는 각 가구의 남자 1인당 15제샤찌나의 토지가 할당되었다. 이들은 남자 수에 따라서 가구당 15제샤찌나에서 많게는 45제샤찌나까지의 토지를 분배받았다. 마지막으로 1884년 한로통상조약 이전에 러시아에 정착하여 러시아

44) "Партархив Хабаровского крайкома КПСС П-44, опись-1, ед.599 Отдел Истпарта при Далькрайкоме ВКП(б), Цой-Хорим-Исторический очерк о жизни корейцев на Дальнем Востоке" (하바로프스크 지방 고문서 보관소, 최호림-극동지방 한인들의 생활에 관한 역사 개설, 1932년), Сим Енг Соб · Ким Герман(1999:114).

45) 이 책의 제8장 참조.

46) 까자끄(казаки)는 1750년 이후 러시아 정부가 변경방위와 식민지 지배를 위해 카프카즈, 중앙아시아, 시베리아와 극동지역에 배치한, 기마술에 능한 코사끄(Cossack)라고 불리는 전사들로서, 이들은 카자흐스탄과 중국 신장위구르자치구의 이리하샤크(伊犁哈薩克) 자치주에 살고 있는 터키계민족을 지칭하는 까자흐족(казахи)과는 구별된다. 平凡社(1989), pp. 636-640.

47) Ким Сын Хва(1965), pp. 38-39.

국적을 취득하기를 원하는 한인들인데, 이들에게는 가구당 15제샤찌나의 토지가 할당되었으나, 그렇지 못한 대부분의 한인 이주자들 분여지(分與地)가 전혀 주어지지 않았다. 따라서 러시아 정부가 제공하는 분여지에 대한 권리가 없는 이들은 러시아 농민, 까자끄 및 기타 귀화 한인이 소유한 토지를 소작하여 생활하는 것이 대부분이었다.[48)]

소작이라는 것도 대부분 러시아인 소유의 황무지를 개간하는 것인데, 처음 1~2년간은 개간의 대가로 소작료를 물지 않았고, 개간 후 3~4년째부터 소작료를 지불하도록 되어 있었다.[49)] 그러나 이러한 개간의 과정에서 러시아인들의 농간으로, 개간한 지 얼마 되지 않아 개간지를 빼앗기고 또 다시 새로운 황무지를 개간하여야 하는 경우가 흔하게 발생했다.[50)] 이러한 문제에 대한 한인 농민들의 분노는 다음에서 보듯이 극에 달하였다.

> 本是 二年爲限하고 契約할 적에 小作權은 永久히 우리가 가지기로 한 條文이엇다. 그런데 不拘하고 쏘베트는 運動金을 먹고 논농사도 모르는 中俄人에게 주어 그 中俄人은 쏘베트와 小作人(우리)의 中間에서 毫末의 努力을 費치 안코 小作人의 膏血을 搾取하게 만드니 우리는 쏘베트와 中俄人의 二重의 搾取를 밧게 되엿다. 우리 耕作地는 搾取階級의 所有가 되엿다. 所謂 쏘베트는 東洋拓植會社보담도 더 甚하다. 우리가 이 짱을 耕作하지 안으면 中俄人은 直接할 줄 모르니 우리는 同盟罷耕으로 쏘베트와 中俄人의 利益에 損害를 주려 하며 우리는 最後까지 所謂 쏘베트로시아를 敵對視한다. 荒坪住民全權代表 문중도, 김석송, 안중삼, 정치섬 及 住民一同[51)]

이러한 사정으로 이주 한인의 대부분을 차지하는 비귀화 한인들에게 농업집단화는 토지소유권 문제를 해결할 수 있는 좋은 기회라 생각되었고, 이러한 희망 때문에 이들은 농업집단화에

48) 이 책의 제6장 참조.

49) KHM, "露領朝鮮人農村情形의 今昔," 《開闢》 (7月號, 1925), p. 101.

50) 러시아인 지주들은 한인 소작인들이 자신의 분여지에서 오래 체류하는 것을 두려워하였고, 이 때문에 한인 소작인들이 러시아인 소유의 황무지를 힘들여 개간해 놓으면 5, 6년 후에는 개간한 토지를 빼앗고 한인소작인들을 내쫓는 경우가 많았으므로 한인소작인들은 또 다른 황무지를 개척해야만 하는 실정이었다. 이러한 문제에 대한 한인들의 불평이 커지자 극동토지청은 1923년 3월 20일 연해주토지청에 대해 한인에 대한 임차기간을 강제로 연장하도록 하는 미봉책을 제시하기도 하였다(극동지역 끄라이 토지국 책임자 마마예프(Мамаев)가 쓴 문서 'Корейский вопрос в ДВК: Историческая справка(극동지역 한인문제: 역사조사서)' 國史編纂委員會(1997), 『韓國獨立運動史』(資料 35, 러시아 篇 II), p. 478).

51) '니꼴스크荒坪高麗農民의宣言,' "露領朝鮮農民의反抗運動: 荒坪에突發된小作問題," 『新民』 제26호 6월(1927), pp. 57-58.

비교적 적극적이었다. 그러나 농업집단화 이전에 발생한 이러한 문제들을 농업집단화가 완전히 해결해 주지는 못하였다. 집단화 과정 이전에 발생한 한인빈농과 러시아인 부농 간의 이러한 갈등은 집단화 과정에서 새로운 양상으로 나타나기 시작하였다.

2. 집단화 과정 전후의 한인과 러시아인의 갈등

농업집단화는 소련의 소수민족과 러시아인 간의 인종갈등을 가속화시킨 계기가 되었다. 1921~1927년 사이에 시행 중이던 신경제정책(НЭП: Новая экономическая политика)의 철회와 함께 갑작스러운 집단화 정책이 가져온 혼란은 인종갈등이 표면화될 수 있는 좋은 기회를 제공하였다. 소수민족을 대상으로 한 인종청소(этническая чистка)의 분위기가 있는 곳이면 어느 곳이든 신경제정책의 철회로 피해를 본 사람들에 의한 보복이 발생하였다.[52]

이러한 보복의 대표적인 예를 보면, 카자흐스탄에서는 러시아인들이 카자흐의 유목민들에게 보복을 하였고, 우크라이나에서는 모든 독일인들을 쿨락(кулаки: 富農)으로 내몰았는데,[53] 이에 대해서 공산당 중앙위원회에서조차 고위관료들이 모든 우크라이나 독일인들을 쿨락으로 간주하는 잘못을 범하고 있다고 지적하기까지 하였다.[54] 소련의 극동지역에서도 농업집단화는 빈번한 인종 간의 갈등을 불러일으켰다. 특히 1928년부터 1932년까지 러시아인에 의한 반(反)한인과 반(反)중국인 폭행사건이 급증하였는데, 이 때문에 대규모의 중국 이주노동자들이 이 지역을 빠져나갔고 약 5,000명의 한인들도 한국으로 되돌아갔다.[55]

한인과 러시아인들의 토지문제를 둘러싼 갈등은 농업집단화가 본격적으로 시행되기 이전인 1923년 1월 1일 토지법 시행과정에서 이미 나타났다. 오래된 촌이나 까자끄들의 촌에서는 러시아인 농가가 자력으로 경작하기 어려운 여분의 토지가 있었는데, 이 토지법에 따르면 이러한 토지는 국유지가 되거나 명목상으로 러시아인 지주의 소유지가 되었다. 이러한 과정에

52) Terry Martin, "The Origins of Soviet Ethnic Cleansing" *The Journal of Modern History* vol. 70, no. 4(1998), p. 22.

53) 물론 볼가지역의 독일인들은 후일 1941년 9월 시베리아와 카자흐스탄으로 모두 강제이주를 당했다. 半谷史郎, "ヴォルガ・ドイツ人の強制移住"『スラブ研究』No. 47, p. 1(2000年 3月). 소련 볼가지역의 독일인의 강제이주와 한인의 강제이주에 대한 비교연구는 Lee, Chaimun, "The Lost Sheep: The Soviet Deportations of Ethnic Koreans and Volga Germans," *The Review of Korean Studies* vol. 6, no. 1(2003), pp. 219-241.

54) Terry Martin(1998), p. 22.

55) 같은 책, p. 25.

서 오래전부터 이들 토지를 소작해온 한인들이 토지의 분여를 요구하였다. 그러나 지주들이나 토지관리국이 자신들의 토지를 보존하기 위해 지금까지 소작해 온 한인 소작자에게 토지임대를 거부하는 문제가 발생하였고,[56] 이에 한인들이 거센 반발을 하면서 동맹파경(同盟罷耕)까지 가는 경우도 있었다. 대표적인 예로 이 책의 제8장에서 소개한 것을 다시 한 번 상기할 필요가 있다.

부농청산과 관련하여서도 한인빈농과 한인부농 간, 그리고 한인빈농과 러시아 농민들 간에 갈등이 발생하였다. 이를 구체적으로 보면, 1929년 6월 10일 러시아 극동변강집행위원회가 부농의 토지에 대한 몰수를 지시함으로써 '전면적 집단화(сплошная коллективизация)'와 함께 "계급으로서의 부농청산"(ликвидация кулачества как класс)이 시작되었다.[57] 특히 한인 빈농들은 부농으로서 자신들을 착취한 러시아인 농민과 한인부농에 대해서 깊은 증오감을 품고 있었는데, 이들 부농의 청산을 통해서 자신들이 토지를 소유함과 동시에 러시아 국적의 취득도 가능하다고 생각하여 부농청산에 적극 참여하였다.[58] 이러한 과정에서 한인 농민과 러시아인 농민 간의 대립과 반목은 한인 집단농장에 대한 러시아인 쿨락(кулак)의 방화 및 한인암살이라는

---

56) "На основаии Зем.Код. срарожилы-корейцы стали требовать наделения их трудовыми наделами, главным образом в порядке закрепления за ними фактически обрабатываемой земли. Русские крестьяне боясь, что арендаторы-корейцы смогут получить в трудовое пользование арендуемые надельные земли, массами стали отказывать корейцам в аренде, всяческими способами выживая с своих земель вчерашних арендаторов. Получилось безвыходное положение: крестьяне отказывают корейцам в аренде земли, заморганы не могут землеустроить"(토지법을 기초로 한인 토박이들은 그들의 노동에 따른 토지할당을 요구하기 시작했는데, 이는 그들이 사실상 경작하고 있는 토지를 확보하려는 것이었다. 러시아 농부들은 한인 토지소작인들이 경작하고 있는 임대토지를 차지할 것을 두려워하여 대량으로 한인들에게 토지임대를 거부하게 되었고 모든 수단을 다하여 그들의 경작지로부터 과거 한인 토지임대자들을 몰아내기 시작하였다. 그리하여 러시아인 농부들은 한인들에게 토지임대를 거절하자, 토지담당국에서는 토지를 합리적으로 개간할 수단이 없는 진퇴양난의 상황이 연출되었다)(國史編纂委員會, 1997:477-8).

57) 그러나 부농들도 이에 순순히 따르기보다는 격렬한 반발을 하였다. 이에 관해서 당시에 발행된 관련 자료를 보면 다음과 같다: "그러나 富農들도 이러한 無理한 壓迫을 밧고 政府의 方針에만 順從할 理가 업다 最後의 運命을 覺悟하면서 背水陣을 치고 必死의 對抗戰을 開始하엿다 그리하야 流血의 慘事가 各地에 니러낫다 或은 쏘베트政府의 官衙와 倉庫에 放火하며 或은 官吏를 殺害하며 그리다가 못 견데여서는 그들은 政府에 財産을 쌔앗기기보다는 안이나흐랴하고 所有牛馬를 스사로 殺却하는 例까지 잇섯다 이갓치 富農級의 反抗力은 매우 强大하야 往年新經濟政策採用后에 生한 넷프맨商人에 比하야는 數도 만코 또一大集團이 되야 根據를 박고 잇슴으로 이 勢力을 除却하기에는 政府도 容易치 안엇다 特히 富農들은 階級的特色이 鮮明치 안코 또 全國에 散在하야 貧農及中農을 그 勢力下에 糾合하여 가지고 잇슴으로 이 勢力을 掃滅하기는 長年月의 『게리라』戰을 必要로 하게 되엿스니 國民의 蒙하는 損失도 또한 莫大할 것이다." 金淵, 「勞農露國의 農地集合耕作化計劃: 武斷的農村共産政策」 『新民』 第58號(1930), p. 14.

58) Wada, "Koreans in the Soviet Far East, 1917~1937"(1987), p. 40.

형태로 분출되었다. 또한 러시아 당국에서도 러시아인 농민들이 집단농장을 조성하려 할 경우 한인 집단농장의 좋은 토지와 한인의 재산을 몰수하여 러시아인 집단농장에 양도함으로써 인종 간의 갈등은 더욱 깊어졌다.[59] 한인과 러시아인 간의 대표적인 갈등은 이 책의 제8장에서 이미 살펴본 바 있다.

특히 러시아인과 한인이 공동으로 만든 콜호즈에서는 한인이 콜호즈의 관리부에서 제외되는 일이 많아 한인의 권리가 거의 보장되지 않았다. 예를 들어, 수이푼 지역의 콜호즈 '제3인터내셔널'은 66명의 러시아인과 89명의 한인들로 구성되어 있었고, 콜호즈 '수이푼계곡'은 27세대 중 11세대가 한인이었다. 이들 콜호즈에서 한인들은 열심히 벼농사를 지었지만, 러시아인들로부터 "한인은 게으르다"라든가 "한인들은 일할 수도 없고, 일하려고도 하지 않는다"는 등의 말을 계속 들어야만 했다. 콜호즈 '제3인터내셔널'에서는 밀(小麦)이나 설탕(砂糖) 등을 배분할 때 한인에게 매우 불리하게 하였다. 왜냐하면 콜호즈 관리부에 한인이 1명밖에 없는 관계로 식량을 배분하는 결정으로부터 소외되어 있었기 때문이다. 그리하여 1930년 여름에는 배급을 받지 못한 9세대의 한인이 콜호즈를 탈퇴한 경우도 있었고, 또한 콜호즈 '수이푼계곡'에서는 2명의 한인을 강제적으로 탈퇴시키는 경우도 있었다.[60] 이런 것을 본 한인들 중 개인농은 "콜호즈에서 생활하는 것은 나쁘지 않지만, 단 러시아인과 공동으로 생활하지 않는다는 조건하에서다"라고까지 말하는 사람도 있었다.[61]

집단화과정에서 한인들의 불만은 곡물의 공출에서도 드러났다. 다음의 〈표 9-1〉에서 보다시피, 공정한 곡물공출 비율을 산정하기 위해서는 단위면적당 인구비율을 감안하여야 할 것이지만, 당국은 단위면적당의 공출비율만을 고려함으로써 한인의 부담은 러시아인보다 훨씬 컸다. 이러한 사정에 대해서 당국에 청원을 하는 경우 오히려 "해독분자"로 취급되었다.[62]

---

59) 류한배(1999), pp. 55-56.

60) 이에 대해서 콜호즈 '수이푼계곡'의 한인 콜호즈대원은 다음과 같이 호소하였다:「我がコルホーズの管理部はロシア人だけからなつているため, 朝鮮人をいつも抑壓している. たとえば,食量分配の時でも,ロシア人には良いものを与え, 朝鮮人には惡いものを与えている. ソバの分配でも同じだ. 私の家族は6人だが, 5人分しかもらつていない. 我我が幾度となく苦情を述べても管理部は無視している」(우리 콜호즈의 관리부는 러시아인으로만 구성되어 있으므로 조선인은 언제나 억압받고 있다. 예를 들어, 식량을 분배할 때에도 러시아인에게는 좋은 것을 주고 조선인에게는 나쁜 것을 준다. 메밀국수의 분배 시에도 마찬가지이다. 우리 가족은 6명이지만, 5인분밖에 받지 못한다. 우리들은 수도 없이 고충을 토로하였으나 관리부는 이것을 무시하고 있다). 岡奈津子, 「ロシア極東の朝鮮人: ソビエト民族政策と强制移住」(1998).

61) *Тихоокеанская звезда*(태평양의 별), 17 января 1931. 岡奈津子(1998) 재인용.

62) 류한배(1999), p. 49.

〈표 9-1〉 수찬스키구 내 러시아인촌과 한인촌의 곡물공출 의무량의 비교

촌명	러시아인촌 /한인촌 구분	인구 수 (단위: 인)	경작지 면적 (1928/1929년도 연해주 토지관리국 자료, 단위: ha)	곡물공출 의무량 (1929년, 단위: 푸드*)	1ha당 공출의무량 (단위: 푸드*)
노보리토프스코예	러시아인촌	272	365	1,884	5.16
두쉬기노	러시아인촌	373	516	3,180	6.16
와실리예프카	러시아인촌	390	343	852	2.48
기릴로프카	러시아인촌	260	378	280	0.74
왈차네츠	러시아인촌	345	702	600	0.85
파이패미 이 파슈돈	한인촌	902	507	8,068	15.91
사넨포이스코예	한인촌	1,102	220	7,545	34.30
알렉세예프카	한인촌	775	233	4,472	19.19
하투미치완	한인촌	1,805	170	11,645	68.50
카자치야-파지 (왈차네츠 러시아인촌의 토지를 소작하고 있는 촌)	한인촌	591	-	3,870	-

* 1푸드(пуд) = 16.38kg(자료: 류한배, 1999:48)

따라서 집단화 초기에는 상당히 많은 한인들이 집단화에 참여하였으나, 이러한 사정으로 인해 집단화 과정에서 콜호즈를 탈퇴하는 경우가 비일비재하였다. 그리하여 1930년경에는 농업집단화를 강행하려는 당국의 강력한 압력이 있었지만, 과중한 국세가 책정된 국영농장에서 반강제적인 노동을 하기보다는 차라리 임차한 땅에서 농사 짓는 것이 낫다고 하여, 연해주에서는 중농뿐만 아니라 빈농들의 대규모 콜호즈 탈퇴가 시작되었다.[63] 한인들은 러시아인 집단농장 농부들의 비행에 대한 분노의 표시로 집단농장 자체를 반대한다고 발표하였고, 솔선하여 블라디보스토크 주위의 많은 집단농장을 해체시킨 적도 있었다.[64]

이러한 농업집단화 과정을 전후로 하여 발생한 한인과 러시아인 간의 갈등은 상당한 파장을 불러일으켰다. 집단화 과정에서 불평등한 조치를 당한 한인들은 러시아 당국자들의 배타주의와 '위대한 러시아 대국주의'(Great Russian Chauvinism)에 불만을 표출하게 되었고, 이러한 한인들의 불만은 다시 러시아인들이 한인들에게 분노감을 표시하는 계기가 됨으로써, 블라디보스토크를 비롯한 러시아 극동지역에서는 한인과 러시아인 간의 충돌이 빈번하였다.

63) Ли У Хе · Ким Ён Ун(1992), p. 43.

64) Kolarz(1954), pp. 36-37.

3. 농업집단화와 강제이주

농업집단화를 전후로 한 한인과 러시아인 간의 이러한 갈등은 한인들에게 강제이주라는 엄청난 결과를 가져다주는 계기가 되었는데, 이것은 한인의 토지문제해결은 이주를 포함한 다음과 같은 방법에 의해 해결된다는 암묵적 원칙을 따르고 있었기 때문이다. 즉 한인과 관련된 토지문제가 발생할 경우, 부농의 토지를 무토지 한인에게 분배하거나 아니면 한인을 처녀지(處女地)로 이주시키는 방법을 주로 취하였다.[65] 그리고 한인의 이주로 발생한 빈 농지는 러시아인들을 불러들여 채운다는 것이 그 원칙이었다.[66]

그러므로 1937년 본격적인 한인의 강제이주가 시작하기 전에도 이러한 원칙에 따라 한인을 대상으로 한 이주시도가 많이 있었다. 예를 들어 한인들을 블라디보스토크 관구와, 전략적으로 취약한 연해주의 몇몇 지역으로부터 하바로프스크 관구로 이주시키려는 5개년 계획이 1928년 4월 13일 통과되었고, 한인들이 남긴 토지는 퇴역한 붉은 군대의 병사들로 채워 '붉은 군대 집단농장'을 세우려고 계획하였다. 이 계획은 1930년부터 시작하여 당시 러시아 극동지역 한인인구의 절반인 88,000명을 하바로프스크 이북지역으로 이주시키는 것이었다.[67] 소련 국적을 취득하지 않은 모든 한인들이 그 대상이 되었으며 다만 소비에트 정권에 철저하게 충성하고 헌신하는 한인들은 제외한다고 하였으나 당시 대다수의 한인들은 소비에트 정권에 충성하지 않는다고 간주되었다.

계획상으로는 먼저 1930년 10,000명의 한인들을 하바로프스크 이북으로 이주시킨 후 10,000명의 붉은 군대 제대자들과 그 가족들로 공백을 채우려고 하였으나, 실제로 1930년에 1,342명의 한인들만 재이주되었다. 여기에는 강압적인 방식으로(принудительным способом) 이주된 431명이 포함되어 있었다. 1931년 한인 이주 계획은 공식적으로 폐기되었는데 결국 총 500가구(약 2,500명)의 한인들만이 재이주한 셈이었다.[68] 재이주계획의 폐기는 당시 일본과의 전쟁을 원치 않았던 소련이 일본의 식민지 백성인 한인들의 이주가 일본에게 소련에 대한 개전(開戰)의 구실(казус белли)을 제공하는 것이 아닐까 우려했기 때문인 것으로 추정된다.

---

65) Ким, Сын Хва, *Очерки по истории советских корейцев*(1965), p. 153.

66) 권희영, "독립국가연합 한민족의 역사와 현황," 『세계의 한민족: 독립국가연합』(통일원, 1996), p. 65.

67) Martin(1998), p. 25; "Протокол Совещания при Хабаровской Переселенческой партии по вопросу о корейском расселении 30/v-1928 года.," "Обьяснительная записка к рабочему плану по корейскому расселению Хабаровской переселенческой партии на 1927.28 г." Сим Енг Соб · Ким Герман(редакторы), *История Корейцев Казахстана: Сборник архивных документов*(ТОМ II), pp. 48-50, 51-54.

68) Martin(1998), p. 25. 그리고 본 서의 제10장 참조.

이와 비슷한 맥락에서 일부 연구자들[69]은 1937년 전면적인 강제이주가 있기 전에 몇 번에 걸친 한인들의 이주시도를 보면, 이주대상으로 선정된 지역의 대부분이 콜호즈를 형성하는 과정에서 한인과 러시아인들 사이에 갈등이 발생되었던 지역임을 지적하고 있다. 이것을 볼 때 집단화 과정에서 한인과의 갈등의 당사자인 러시아인들의 이익을 수호하기 위해 이 지역의 한인들을 북방으로 강제 이주시키는 방법을 택한 것이 아닌가하는 생각을 할 수 있다.

집단화 과정에서 한인들이 문제가 될 때는 언제든지 강제이주를 시킬 수 있음을 시사하는 것으로, 극동지방 당위원회 책임서기인 빼레빼치꼬가 농업집단화에 반대하는 한인들에게 했던 다음과 같은 진술이 있다:

> "항카지구의 몇 개의 한인촌이 있는데 여기에서 다음과 같은 선전을 하고 있다. 당신들 앞에는 3개의 길이 있다. 첫 번째 길은 중국으로 도주하는 경우로, 그럴 경우 당신들을 기다리고 있는 것은 기아, 굴욕 및 예속이다. 이 방법은 막혀 있다. 두 번째 길은 신다 지역으로 이주하는 방법이다. 그곳에는 주거할 곳도 식량도 없고, 사람의 피를 빨아 먹는 모기의 일종인 파리매와 온갖 종류의 병이 당신을 기다리고 있다. 이 길도 막혀 있다. 남은 유일한 길은 꼬뮨[70]에 가입하는 길이다. 이 꼬뮨에서 당신들은 아무런 문제 없이 잘 살 수 있다."[71]

이러한 점을 감안한다면, 한인 강제이주의 배경으로서 농업집단화를 전후로 발생한 한인과 러시아인 간의 갈등을 결코 소홀히 할 수 없을 것이다. 이 문제에 대해 러시아 극동지역 한인사에서 중요한 위치를 점하고 있는 Walter Kolarz의 설명을 참고할 필요가 있다. Kolarz는 러시아 극동지역의 인종문제에 관한 그의 연구에서, 집단화 과정에서 발생한 한인과 러시아인 간의 갈등은 몇 년이 지난 후 소련정부가 한인과 그 밖의 소수민족들에게 취한 강제이주라는 "결정적인 조치"를 잘 설명해 주는 필수불가결한 배경이 되었다는 점을 지적하고 있다.[72]

---

69) 권희영(1996), p. 68.

70) '콤뮨' 또는 '콤뮤나'(коммуна)는 '토즈'(ТОЗ: товарищество по совместной обработке землй) 및 '아르쩰'(артель)과 함께 콜호즈의 한 형태로서, 공동화가 완전히 진전된 형태인 '콤뮤나'(коммуна)는 능력에 따라 일하고 필요에 따라 분배받는다는 이상적인 공산주의원칙을 적용한 것인데, 자치체의 성원이 집단적으로 경작하고 공공건물에 공동으로 거주하며 지내는 형태의 콜호즈이다(平凡社, 1989:664-5; Данилов, 1991:229).

71) *Тихоокеанская звезда*, 16 мая 1930. 岡奈津子(1998) 재인용.

72) "Nevertheless, the events which marked the initial period of collectivization in the Vladivostok area constitute an essential part of the background, explaining those drastic measures which the Soviet Government took a few years later against the Koreans and other Asiatic minorities"(Kolarz,

Ⅳ. 소결

지금까지 논의해 온 것을 〈도표 9-2〉로 요약할 수 있다. 먼저, 한인과 러시아 당국 간 갈등의 주요 원인은 토지소유에 관한 것이었다. 1917년 러시아 혁명 이후 소련은 무토지 한인 경작인에게 러시아인 소유 토지의 이전을 요구했다. 그러나 토지 소유권을 둘러싼 한인과 러시아인 간의 갈등은 민족 적대감을 불러일으켰고, 이것은 소련의 한인에 대한(Soviet Korean) 가혹한 학대로 이어졌다.

이러한 상태는 두 가지 측면에서 막대한 손실을 가져왔다. 한편으로 러시아인의 학대에 불만을 품은 한인들이 반(反)집단화운동(anti-collectivization movement)에 참여하였다. 이러한 상황에서 소련 극동지역의 공산주의 지도자들은 한인을 잠재적으로 민감한 국경 지대로부터 멀리 떨어져서 재정착할 수 있는 민족으로, 또 경제적으로 해롭고 반혁명적이며 잠재적인 불복종 세력으로 간주하였다.

다른 한편으로는 1928년부터 1932년에 이르는 집단화 과정 중에 급격히 증가한 반한인 폭동(Anti-Korean Violence)으로 약 50,000명의 한인이 조선으로 돌아가게 되었다. 일본의 식민지라는 상황 속에서 국경지대를 가로지르는 한인의 민족 연대(ethnic ties)가 있을지도 모른다는 염려는 일본과의 마지막 대결을 앞둔 소련의 안보를 위협하였으므로, 소련 정부는 국경지역의 소련 한인을 '골칫거리(troublesome)'로 여기고 국외처방을 감행했을 수도 있다.

이 장에서의 고찰은 소련 연방 내의 민족 추방에 대한 작은 부분에 불과하다. 따라서 그 결과는 일부의 추방된 민족에게만 유용할 수 있다. 좀 더 포괄적인 연구를 위해서는 소련의 한인뿐만 아니라, 1930년대에서 1940년대 동안에 추방된 다른 소수 민족에 대한 관련 연구가 필요하다. 게다가 강제 이주에 대한 비교 연구는 조사되어야 할 추후의 영역이다. 최소한 9개 이상의 민족, 즉 폴란드인, 독일인, 핀족, 에스토니아인, 라트비아인, 한인, 중국인, 깔뮈족 및 이란족 등이 1935년에서 1938년 사이에 강제로 추방되었다.[73] 이러한 측면에서 소련의 강제이주에 대한 비교연구는 인종 청소(ethnic cleansing) 기간 동안에 한인과 다른 민족간의 유사성과 차이점을 살펴보는 것을 가능하게 하고, 소련 연방 내의 민족 추방에 대한 포괄적인 이해를

1954:37).

73) 스탈린 치하에서의 타 민족의 강제이주에 대해서는 다음을 참조: Nikolai K. Deker and Andrei Lebed(eds.), *Genocide in the USSR: Studies in Group Destriction*(N.Y.: The Scarecrow Press, Inc., 1958); J. Otto Pohl, *The Stalinist Penal System: A Statistical History of Soviet Repression and Terror, 1930~1953*(Jefferson, North Carolina: McFarland & Company, Inc., 1997).

가능하게 할 것이다.

요약한다면 한인 강제이주의 원인으로서 일반적으로 받아들여지고 있는 한인 첩자설은 소련한인 강제이주를 설명해 줄 수 있는 직접적인 원인의 하나임에는 분명한 것처럼 보인다. 그러나 본 장에서는 한인 첩자설만으로 한인 강제이주를 완전히 설명하기에는 충분하지 못하다는 것을 지적하였다. 그보다 좀 더 거시적인 관점에서 본다면 농업집단화 과정을 전후로 하여 발생한 한인과 러시아인 간의 누적된 갈등이 후일 한인 강제이주의 중요한 배경의 하나가 될 수 있음을 주장하였다.

이러한 논지에서, 한인 강제이주에 관한 장래의 연구에서 더욱 요구되는 점을 다음의 두 가지로 나눌 수 있을 것이다. 첫째로, 본 장에서 나타난 것이지만 한인 강제이주와 관련된 좀 더 포괄적인 자료의 검토가 필요하다는 것이다. 본 연구에서는 주로 저자에게 입수된 것만을 참고 대상으로 하였기 때문에, 이 점에서 본 연구는 한계성을 가진다고 할 수 있다. 그러나 앞으로 이 방면의 좀 더 깊이 있는 연구를 위해서는 한인의 강제이주뿐만 아니라 스탈린 치하에서 강제이주 당한 여타 민족의 경우도 검토할 수 있는 다양한 자료가 필요하다.[74)]

둘째로, 다양한 자료의 활용과 함께, 앞으로 소련에서의 강제이주에 대한 연구가 지향해야 방법론 중의 하나는 비교연구일 것이다. 다시 말해서 1935년부터 1938년 사이에 한인 이외에도 볼가지역의 독일인, 폴란드인, 핀란드인, 에스토니아인, 라트비아인, 중국인, 쿠르드족 및 이란인 등이 구소련에서 강제로 이주되었는데,[75)] 이렇게 이주된 민족들 간의 비교연구가 필요할 것이다.[76)] 이러한 비교연구를 통해 한인 강제이주가 당시 소련치하의 여타 민족의 이주와 다른 점은

---

74) 장래의 더욱 진전된 연구를 위해서는 다음의 논문들을 검토할 필요가 있을 것이다: Aleksandr Nekrich, The Punished Peoples(N.Y., 1978), Robert Conquest; *The Nation Killers: The Soviet Deportation of Nationalities*(London, 1970); James Critchlow, *Punished People of the Soviet Union: The Continuing Legacy of Stalin's Deportations*(Washington, 1991), Абдурахман Авторханов, *Империя Кремля: Советский тип колониализма*(Вильнюс, 1990); Ю. Б. Симченко, Д. Н. Нохотович, Т.Ф. Павлова и другие, *Депортация народов СССР(1930~1950 году)* (Москва, 1992); Н.Ф. Бугай(ed.), *Иосиф Сталин-Лаврентию Берии: "Их надо депортировать": Докумены, факты, комментарии*(Москва, 1992); Светлана Алиева(ed.), Так это было: Национальные реперссии в СССР, 1919~1952 году (Москва, 1993).

75) Terry Martin(1998), p. 3.

76) 이러한 강제 이주된 민족들 간의 비교연구가 이미 존재한다는 견해도 있으나, 현재 확인이 되지 않고 있다 (2001년 전기사회학대회 민족·통일분과 논문발표 중 연세대 윤인진 교수와의 토론과정에서). 이러한 취지에서 볼가유역의 독일인 강제이주를 한인 강제이주와 비교한 필자의 다음 논문을 참고할 수도 있을 것이다: Chaimun Lee, "The Lost Sheep: The Soviet Deportations of Ethnic Koreans and Volga Germans," *The Review of Korean Studies* vol. 6, no. 1(2003), pp. 219-250.

무엇이고 유사한 점은 무엇인지를 살펴봄으로써 한인 강제이주에 대한 이해를 훨씬 높일 수 있을 것이다.

〈도표 9-2〉 한인 강제이주의 기원에 대한 도식

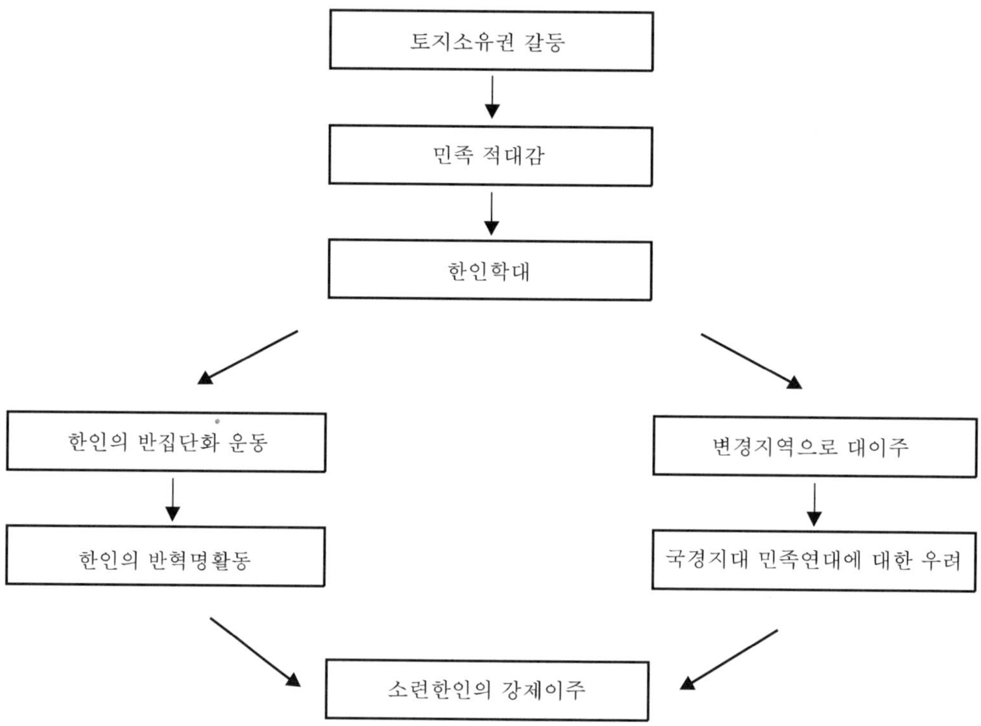

제10장

정치지리학적 관점에서 본 한인 강제이주

본 장에서는 러시아/소련 극동지역 한인 이주문제를 정치지리학적[1]으로 고찰한다. 시기적으로는 한인들의 이주가 시작된 1860년대에서 한인들이 중앙아시아로 강제 이주된 1937년까지를 대상으로 하지만, 관심의 초점은 러시아/소련 당국에 의한 한인의 이주이다. 소련한인의 이주문제에 관해서는 상당한 연구의 진척이 있었는데 연구의 주된 방향을 보면 과거에는 주로 단편적인 사실의 규명에 치우친 연구가 많았으나 최근에는 다양한 측면에서 조명하려는 시도를 보이고 있다.

소련 한인 이주에 관한 기존문헌을 좀 더 세분한다면 한인 이주에 관한 역사적 자료를 모은 연구,[2] 한인의 이주에 관한 역사적 서술을 주로 하는 연구,[3] 정치적・정책적 관점에 중점을

1) 정치지리학의 정의는 학자들마다 조금씩 차이가 있지만, 일반적으로 프레스콧(J. Prescott)과 뮤어(R. Muir)가 정의하듯이 정치와 지리 간의 상호관계 또는 상호작용에 관심을 두고 있는 학문으로 생각할 수 있다(임덕순, 1997:6). 본 장의 '정치지리학'이라는 용어도 이러한 의미에서 사용되었다.

2) 예를 들어 다음과 같은 연구들이다: 부가이(Бугай, И. Ф.), 『재소 한인들의 수난사: 해설 및 관계 공문서』(최정운 역; 류한배 감수)(세종연구소, 1996); Сим Енг Соб・Ким Герман(редакторы), *История Корейцев Казахстана: Сборник архивных документов*(ТОМ I)(Алматы-Сеул: Алматинский центр просвещения Республики Корея с Ассоциация Корееведов Казахстана Институт Востоковедения МН-АН Республики Казахстан, 1998); Сим Енг Соб・Ким Герман(редакторы), *История Корейцев Казахстана: Сборник архивных документов*(ТОМ II)(Алматы-Сеул: Алматинский центр просвещения Республики Корея с Ассоциация Корееведов Казахстана Институт Востоковедения МН-АН Республики Казахстан, 1999); Ли У Хе & Ким Ен Ун(Авторы-составители), *Белая книга о депортации корейского населения России в 30-40х годах*(книга первая)(Москва: Интерфакс, 1992). 김명호(역), 『스탈린 체제의 한인 강제이주: 구소련 국립중앙문서보관서 공개 극비문서』(건국대 출판부, 1994); Nikolai Bugai, "The 'Korean Issue' in the Soviet Far East and the Deportation of 1937," *Far Eastern Affairs*, no. 3(1992), pp. 96-103; 國史編纂委員會, 『韓國獨立運動史 - 資料』(자료 35, 러시아편 I, 1997); 國史編纂委員會, 『韓國獨立運動史 - 資料』(35 - 러시아 편 II, 1997).

3) 이 부류에 속하는 연구에는 다음과 같은 것들이 있다: 木村英亮, "ソ連極東地方一九三七年: 朝鮮人强制移住と日本" 『歷史評論』(拔萃本)(第11卷, 1987), pp. 18-29; Michael Gelb, "An Early Soviet Ethnic Deportation: The Far-Eastern Koreans," *The Russian Review* vol. 54(1995), pp. 389-412; 고송무, 『쏘련의 한인들: 고려사람』(이론과실천, 1990); Ким Сын Хва, *Очерки по истории советских корейцев* (Алма Ата: Наука, 1965). 鄭泰秀 편역, 『소련韓族史』(대한교과서주식회사, 1989); Walter Kolarz, *The*

둔 연구,[4)] 사회학적 관점에서 이루어진 연구,[5)] 그리고 문학적 관점에서의 연구[6)] 등으로 대별할 수 있다.

Peoples of the Soviet Far East(N.Y.: Praeger, 1954); Борис Д. Пак, "УЧАСТИЕ КОРЕЙСКОЙ ЭМИГРАЦИИ В РОССИИ В АНТИЯПОНСКОЙ БОРЬБЕ(1906~1917)" 《水邨 朴永錫教授華甲紀念 韓民族獨立運動史論叢》 (探究堂, 1992), pp. 1061-1151; 박 보리스, "러시아 한인, 19세기 중반~1930년대 말," 『교민논총』 제1집(경북대 한국교민 연구소, 1997), pp. 135-147; 김 피요트르 게르노비치 · 방상현, 『재소 한인이민사: 스탈린의 강제이주』(탐구당, 1993); 류한배, 『한민족 러시아이민사 연구서설: 한민족공동체 구상과 관련하여』(세종연구소, 1999); Ким, Герман, *История иммиграции корейцев: Книга первая* (Вторая половина XIX в.~1945 г.)(Алматы: Издательство Дайк-Пресс, 1999), pp. 149-202; Ганг, Г.В., Ан В.И.(фотограф), Ким Г.Н., Мен Д.В., *Корейцы Казахстана: Иллюстрированная История* (Фирма "STC", Корея, 1997); 현규환, 『韓國流移民史』 (上卷) 蘇聯篇(極東地方) (서울: 語文閣, 1967), pp. 740-976; В. Граве, Труды Командированной по Высочайшему повелению Амурской Экспедиции: Выпускъ XI. Китайцы Корейцы и Японцы въ Приамурье(Санкт-Петербург: В.Ф. Киршбаум, 1912)(「極東露領に於ける黃色人種問題」. 『露・亞經濟調査叢書』 第49卷, pp. 1-214, 南滿洲鐵道株式會社 庶務部調查課編譯. 昭和四年. 大阪: 大阪每日新聞社); 고승제, "沿海州移民의 社会史的分析," 『白山学報』第11号(1971), 국사편찬위원회 『한국독립운동사』 2(1967), pp. 149-168; 고승제, "연해주 이민사 연구(1853~1945)," 『國史館論叢』 제11집(1990), pp. 1-32; 권희영, 『한국과 러시아: 관계와 변화』(국학자료원, 1999); 권희영, "한민족의 노령이주사 연구(1863~1917)," 『国史館論叢』(国史編纂委員会) 第41輯 1993), pp. 153-186; 이상근, 『한인 노령이주사 연구』(탐구당, 1996); Haruki Wada, "Koreans in the Soviet Far East, 1917~1937," pp. 24-59 in Dae-Sook Suh(ed.), *Koreans in the Soviet Union*(Honolulu, HI: Center for Korean Studies, Univ. of Hawaii, 1987).

4) С.П. Шликевичь, *Труды командированной по ВЫСОЧАЙШАЙШЕМУ повеления в ПРИАМУРЬЕ.* Выпускъ V. КОЛОНИЗАЦИОННОЕ ЗНАЧЕНИЕ ЗЕМЛЕДЕЛИЯ в ПРИАМУРЬЕ. Составилъ Начальикъ отряда земледельческой колонизации(1911)(「極東露領の農業と植民問題」. 『露・亞經濟調査叢書』 第8卷, pp. 1-175 南滿洲鐵道株式會社 庶務部調査課編譯. 大正15年. 大阪:大阪每日新聞社); 노영돈, "구소련의 고려인 정책과 현CIS내 한인의 실태" 『남북한 관계와 러시아』, 한국정치외교사학회 제19집(1998), pp. 265-296; 심헌용, "강제이주의 발생 메카니즘과 민족관계의 특성연구: 소련 강제이주 사례를중심으로," 『국제정치논총』 제39집 제3호(1999), pp. 198-218; 심헌용, "조선인의 러시아 이민사: 이민 초기의 쟁점과 현대적 의미," 서대숙(편), 『한국과 러시아관계: 평가와 전망』(경남대학교 극동문제연구소, 2001), pp. 53-82; 岡奈津子, 「ロシア極東の朝鮮人: ソビエト民族政策と强制移住」『スラブ연구』 제45호(北海島大學スラブ研究センタ, 1998年 3月)(http://src-home.slav.hokudai.ac.jr/publictn/45/oka/oka.html, 검색일 1999. 7. 20.); German Kim, "Deportation of 1937 as Product of Russian and Soviet National Policy." 『한국슬라브학회 연례학술대회 논문집』(한국외국어대 용인캠퍼스, 2000. 11. 17-18); Mikhail N. Pak, "Reasons for the Forced Deportation of Soviet Koreans from the Far East to the Central Asia." 『제5회 조선학 국제학술토론회 논문집』(역사) vol. 2(1998), pp. 263-275.

5) Terry Martin, "The Origins of Soviet Ethnic Cleansing" *The Journal of Modern History* vol. 70, no. 4(1998). 그리고 이 외 본 서의 제4장, 5장, 6장, 7장, 9장과 Chaimun Lee, "A Study about the Origins of The Forced Deportation of Soviet Koreans: Focusing on Ethnic Conflicts over Land Issues," *Journal of Korean Studies* vol. 2(2002), pp. 17-44; Chaimun Lee, "The Lost Sheep: The Soviet Deportations of Ethnic Koreans and Volga Germans," *The Review of Korean Studies* vol. 6, no. 1(2003), pp. 219-250.

6) 정동주, 『까레이스끼, 또 하나의 민족사』(우리문학사, 1995).

그러나 다수를 점하는 부분이 역사적 서술을 주로 하는 연구이고 그 다음으로 정치적 관점을 기초로 이루어진 연구 또한 적지 않지만, 여기서 한 발 더 나아가 정치지리학적 관점에서 이루어진 연구는 거의 찾아보기 힘들다. 흔히 이야기하듯이 정치는 허공에서 이루어지는 것이 아니고, "구체적인 영토-지리 위에서, 영토-지리와 관련하여, 또한 영토-지리에 적응하면서 때로는 그것의 제약을 받으면서 이루어진다"[7]고 본다면 정치적인 관점을 영토-지리의 영역과 연관시키는 것이 얼마나 중요한지 알 수 있다.

특히 러시아에 있어서 영토-지리의 중요성은 그 어떤 나라에 못지않다고 할 수 있다. 러시아는 역사적으로 강대국의 위치를 유지하기 위해 끊임없이 해양진출을 시도하였고, 방대한 국토로 구성된 자국의 안전을 유지하기 위해 제2차 세계대전 이후에는 위성국을 설치하려고 하였다. 냉전시대에는 자본주의체계를 침략적인 체제로 규정하여 소련은 자본주의 국가의 침략에 대비하기 위해 자국변방의 수호에 지속적인 관심을 가져왔다.[8] 구소련의 붕괴 이후에도 영토-지리에 대한 러시아의 관심은 줄지 않았고, 나토의 확장과 관련하여 러시아의 유럽 중심적인 전통과 아시아국가[9]로서의 새로운 정책방향을 둘러싼 러시아의 지적논쟁 또한 수그러들지 않고 있다.[10] 이러한 측면에서 볼 때 러시아의 정책에서 영토-지리가 차지하는 역할이 얼마나 중요하며, 또한 영토-지리적인 측면을 누락시킴으로써 러시아 연구에서 연구자의 시야가 얼마나 제한될 수 있는가를 잘 알 수 있다.

러시아/소련 한인 이주문제와 관련하여 볼 때 정치적인 관점에 기초를 둔 현재까지의 대부분의 기존연구에서는 영토-지리의 개념을 완전히 배제한 것은 아니라고 할지라도 영토의 영역과 정치의 영역을 명시적으로 하나의 틀 속에 두고 시도한 연구는 찾기 어렵다. 본 장에서는 이러한 연구방법론상의 공백을 메우려는 하나의 시도로서, 기존의 한인 이주에 관한 역사적 사실을 정치지리학적인 측면에서 재조명하려고 한다.

먼저 제1절에서는 본 연구의 주제인 소수민족 이주문제와 관련된 러시아/소련의 국경관을

7) 임덕순, 『地政學: 이론과 실제』(법문사, 1999), p. 48.

8) Barrington Moore, *Soviet Politics: The Dilemma of Power, the Role of Ideas in Social Change*(Cambridge: Harvard University Press, 1959).

9) 이와 관련하여 제정 러시아의 아시아 진출에 관한 사상적 배경에 대해서는 본 서의 I장 「帝政 러시아의 아시아 진출에 대한 思想的 背景」을 참조.

10) 예를 들어 다음과 같은 연구들이 있다: Milan Hauner, 1992. *WHAT IS ASIA TO US?: Russia's Asian Heartland Yesterday and Today*(London and New York: Unwin Hyman, Inc., 1992); Andrei Tsygankov, "Hard-line Eurasianism and Russia's contending geopolitical perspectives," *East European Quarterly* vol. 32, no. 3(1998), pp. 315-334[http://global.umi.com/pqdweb?=925441].

개관하고, 이를 기초로 몇 가지의 중요한 개념을 제시한다. 제2절에서는 한국・만주・소련 간에 존재하였던 국경지역의 상황을 이 지역에 거주했던 한인과 관련하여 검토하고 제3절에서는 러시아/소련 시기에 발생하였던 한인 이주를 간략히 개관하며, 제4절에서는 제1절에서 제시된 개념을 기초로 한인 이주문제를 논의하려고 한다.

I. 소련의 영토・국경관과 소수민족 이주 문제

1. 제정 러시아의 영토・국경관

일찍이 제정 러시아의 역사가 클류체프스키(Василий Ключевский)는 변경(frontier)이 러시아 역사에서 중심적 위치를 차지하는 러시아의 맥박이라는 것을 언급하면서, 러시아의 역사는 외부로 확대되는 식민(植民)의 역사라고 하였다. 이렇듯[11] 러시아의 팽창을 설명할 때는 항상 이데올로기적 팽창과 영토적 팽창의 두 가지 관점에서 설명하는 경향이 있다. 이러한 관점에서 등장하는 것이 가동국경(可動国境: подвижная граница) 또는 유동국경(流動国境)의 개념이다.

가동국경에 관하여 월터 콜라즈(Walter Kolarz)는 러시아/소련의 영토적 측면에서 국경을 다음과 같이 설명하고 있다:

> "해양으로의 충동이 아니라, '가동국경(可動国境)'이라는 개념은 러시아의 지리적・정치적 사고를 지배하고 있다. 러시아는 수세기에 걸쳐 국경을 확장해 왔던 국가다. 그 국경은 러시아가 지배하는 진정한 한계를 명시하는 것도 아니고, 러시아 주민과 외국인을 구별하는 최종적인 선도 아니고, 국제법에 기초한 것도 아니며, 진정한 정치적 중요성을 가지지 않는 일시적인 한계에 지나지 않는 것이었다. 이것은 특히 러시아의 동부국경에 잘 해당되는 것이지만, 남부국경과 서부국경에도 어느 정도 해당된다. '가동국경'이라는 개념은 러시아사(史) 전체를 통틀어서 명시된 것일 뿐만 아니라, 금일에도 소련의 외교정책과 소련인민의 태도를 결정짓고 있다."[12]

11) John J. Stephan, *The Russian Far East: A History*(Stanford, CA: Stanford University Press, 1994), p. 277.
12) Walter Kolarz, *Russia and Her Colonies*(1952), 横手慎二, "ロシア国境観の歴史的 検討," 伊東孝之・

가동국경의 개념과 관련하여 웨손(Robert G. Wesson)은 러시아의 국경을 '유동적(流動的)인 국경(国境)'으로 보았다. 즉 러시아의 영토확장을 무의식적인 것으로 보아 러시아에 있어서 국경은 항상 유동적인 것이며, 국경주변의 여타 국가는 러시아에 종속되는 것이 당연한 것으로 여겼다.[13]

따라서 이러한 사고방식이 누적되면서 러시아의 영토는 팽창에 팽창을 거듭하였다. 구체적으로 본다면, 러시아의 국경팽창론도 세부적으로는 둘로 나눌 수 있다. 즉 핀란드, 발트지역 그리고 폴란드 등 러시아 서부국경지역과 그 이외의 국경지역으로 나누어 볼 때, 러시아의 국경팽창의 유형이 각각 다르게 나타난다는 것이다. 서부국경지역의 경우 러시아는 이 지역의 영토적 팽창과 그곳에 거주하는 주민들을 편입시키는 수단으로 '근대적인 군사 및 외교수단'을 사용하고 있으나, 서부국경 이외 지역의 경우 우선 토지를 정복하거나 획득하고, 이어서 그 지역의 주민을 편입하며, 마지막으로 주민을 동화시키는 전통적인 3단계의 방법을 사용하고 있다.[14]

이러한 지역에 따른 차별성은 국경(border)과 변경(frontier)의 개념을 구별하는 데도 적용되고 있다. 피셔(E. Fischer)에 의하면 일반적으로 변경(邊境, frontier)이란 '경계선을 중심으로 하여 자국의 내부로 펼쳐진 지역'을 의미한다.[15] 그리하여 러시아의 동부와 남부지역에서 보이는 것은 국경(国境: border)이 아닌 변경이라고 간주하는 반면에, 러시아 서부지역의 경계는 국경으로 보는 것이다. 변경은 '문명화된 주민이 아직 지배하지 않은 영역'이며, 설사 거주민이 있다 하더라도 이들은 '열등한 부족'이라는 것이다. 예를 들어 시베리아를 초기 아메리카의 서부지역과 같이 극소수의 부족이 살고 있었지만 기본적으로는 '주인이 없는 지역'으로 해석하는 것이다. 이러한 변경도 정치적 · 사회적 변화에 따라 나중에는 국경으로 변하게 된다. 이런 점에서 볼 때 시베리아와 극동지역에서 러시아의 국경은 우선 주인 없는 땅으로의 팽창에 의해서 시작되었고, 뒤이어 강력한 인접국과의 접촉에 의해서 국경이 확정된 것으로 볼 수 있다.

이처럼 국경의 개념과 구별되는 변경의 개념이 존재하였기 때문에 국경과 변경을 담당하는 부서가 상이하였다. 즉 변경을 담당하는 부서는 소련 공산당이었고 국경을 담당하는 부서는 소련외무성이었다.[16] 요컨대 러시아의 팽창을 언급함에 있어서도 변경추구의 정책과 국경이동의 정책이 혼재되어 있었다고 할 수 있다.

林忠行 編, 『ポスト冷戦時代のロシア外交』(東京:有信堂, 1999), p. 71 재인용.

13) 横手慎二, "ロシア国境観の歴史的 検討"(1999), pp. 71-72.

14) 横手慎二(1999).

15) 임덕순, 『政治地理學原論: 이론과 실제』(법문사, 1997), p. 123.

16) 横手慎二(1999), p. 75.

2. 초기 소련의 영토·국경관

팽창적인 측면을 강조하는 러시아의 국경관은 러시아 혁명을 계기로 상당한 변화를 겪게 된다. 먼저 1848년의 〈공산당 선언〉에서는 국가의 존립과 국적개념의 존재를 부정하였다. 즉 '프롤레타리아 노동자 계급에게는 국가가 없다'(the working men have no country)는 것이었다. 그러나 국경문제는 대외정책의 시행과 맞물려 있는 민감한 문제였기 때문에 국경을 과소평가하거나 평가절하하는 일에는 극히 신중하였다. 비록 세계적인 차원에서의 사회주의 국가를 건설하기 위해 타국의 영토를 무리하게 병합할 생각은 없었다 하더라도, 혁명 직후 소비에트 정권은 국경의 안정을 도모하는 일에 많은 관심을 가지면서 국가 간의 '국경의 폐지'보다는 오히려 지금까지 존재해 왔던 기존 국경의 유지를 도모하는 것에 일차적 주안점을 두었다.[17]

이러한 혁명초기의 국경관은 스탈린에게도 영향을 미쳤으며 이는 몰롯소프의 다음 언급에서도 잘 나타나고 있다. 몰롯소프(S. V. Molodtsov)는 국가는 그 영토의 한계 내에서 권능을 행사할 수 있는 주권적 존재이며, 영토는 국가의 주권, 국가의 독립 그리고 그곳에 거주하는 인민에 대한 불가침성을 표현하는 구체적 물증이라고 주장하였다.[18] 바꾸어 말하자면 국경이라는 것은 불가침적인 것으로 영구불변임을 말하는 것이었다.

따라서 국경을 항상 불가침적인 것으로 전제함으로써 국경선과 그 인접지역에 대한 엄격한 감시가 정당화되었다. 불법적인 국경의 통과는 엄격한 감시를 받았을 뿐만 아니라 국경을 지키는 감시자(пограничник)에게는 불법침입자들을 억류 및 구금할 수 있는 권리가 주어졌다.[19]

이러한 영토 및 국경의 불가침성·영구불변성 이외에도 초기 소련의 국경관에서 빼놓을 수 없는 것이 이데올로기의 전파라고 할 수 있다. 비록 초기 소련은 제정 러시아시대의 영토팽창론을 내세우지는 않았지만 사회주의 이데올로기의 팽창까지 단념하는 것은 아니었다.[20]

---

17) Jean-Baptiste Duroselle et al., *Les frontieres europeenne de l'U.R.S.S. 1917~1941*(Paris: Arman Colin, 1957), p. 3, 김홍철(1997:283) 재인용.

18) 같은 책 p. 286 재인용.

19) Stephan(1994), pp. 279-280.

20) 이러한 사회주의 혁명이데올로기의 국외수출에 대한 주장은 다음에서 보다시피 스탈린에 의해 강하게 제기되고 있다: "斯大林一直主張輸出革命. 他在上書(『蘇聯社會主義經濟問題』)中說, 蘇聯的政治經濟學教科書'是給予世界各國年輕共産黨人的好禮物', '由於外國大多數共産黨的馬克思主義發展的水平不够, 這樣的教科書也會給予這些國家的非年輕的共産黨幹部以很大的好處.' 爲什麽? 因爲可以使他們了解蘇聯的發展道路, 也就

이 문제와 관련하여 크리스토프(L. K. D. Kristof)는 이데올로기 세계의 정치국경 개념을 도입하여 소련의 국경관을 설명한다. 그는 마르크스와 엥겔스가 '공산당 선언'에서 언급한 "프롤레타리아 노동자 계급에게는 조국이 없다"는 것은 공산주의의 무국경 및 초국경의 개념을 의미한다고 하였다. 즉 이것은 공산주의 이데올로기는 입국에 필요한 입국사증(入国査証) 같은 것이 없어도 세계로 퍼져나가고 있다는 의미로, '혁명사상은 국경을 알지 못한다'는 주장과도 일맥상통하는 것이었다.[21]

3. 피드몬트 원칙과 소수민족 이주문제

국경을 둘러싼 이데올로기의 전파는 소수민족의 이주문제와 아주 밀접한 연관성을 맺고 있는데, 여기서 언급해야 할 중요한 개념은 '피드몬트 원칙'(Piedmont Principle)[22]이다. 마틴(Terry Martin)[23]은 피드몬트 원칙을 '국경 간의 민족관계를 이용하여 국경과 인접한 국외의 지역에 자국의 영향력을 높이려는 시도'라는 의미로 사용하고 있다. 즉 국경 간에 걸친 민족적인 연계관계를 이용하여 소련의 영향력을 외국으로 투사하려는 소련정부의 시도를 피드몬트 원칙이라고 보고 있다.

피드몬트 원칙이 본격적으로 고려된 것은 1920년대였다. 구체적으로 1925년경에 들어서서 소련은 변경지역에 대한 안정성이 어느 정도 갖추어졌다는 것을 느낀 후, 좀 더 적극적인 태도를

是蘇聯模式".(괄호 필자 첨가) (스탈린은 끊임없이 혁명을 수출할 것을 주장하였다. 그는 '소련사회주의경제문제'라는 책에서 소련의 정치경제학 교과서는 세계 각국의 젊은 공산주의자들에게 좋은 선물이 될 것이라고 주장하였다. 그는 외국의 대다수 공산당의 마르크스주의의 발전수준이 높지 않은 관계로, 이 교과서는 또한 이들 국가의 나이 많은 공산당 간부들에게도 유익하리라고 하였는데 그 이유는 이 책이 그들에게 소련의 발전경로, 즉 소련방식을 이해하도록 하는 데 도움이 될 것이기 때문이라고 하였다.) 羅肇鴻(1998),「斯大林對外部世界認識的誤區」, 宮達非(主編)『中國著名學者: 蘇聯劇變新探』(北京: 世界知識出版社), p. 458. 이와 관련된 유사한 주장에 대해서 張偉垣・曹長盛・楊陰滋(主編)『蘇聯興亡和社會主義前景』(北京: 新華出版社, 1998), pp. 274-286 등을 참조할 수 있다.

21) L. K. D. Kristof(1959), "The Nature of Frontiers and Boundaries," *ANNALS*(A. A. G., Vol. 49, No. 3, 1959), pp. 269-282, 김홍철(1997:274) 재인용.

22) 피드몬트(Piedmont)는 이탈리아 북서쪽에 위치하고 있는 피에몬테(Piemonte)라는 이탈리아 지명의 영어 이름을 말하는 것으로, 19세기 피에몬테 지역이 이탈리아에 미친 영향력에서 유래한 것이다. 이러한 것에 비유하여 구소련시대 소비에트 우크라이나(Soviet Ukraine)가 흩어진 우크라이나인들의 정치적・문화적 통합의 중심역할을 하였다고 하여 우크라이나 소비에트 사회주의 공화국(Украинская Советская Социалистическая Республика)이 우크라이나의 노동자계급의 피드몬트라는 말도 사용되었다. Terry Martin, "The Origins of Soviet Ethnic Cleansing" *The Journal of Modern History* vol. 70, no. 4(1998), p. 17.

23) Terry Martin, "The Origins of Soviet Ethnic Cleansing"(1998), p. 17.

취하기 시작하였다. 즉 국경지역, 특히 소련과 국경을 형성하고 있는 서부지역에서 국경을 이용하여 소련의 영향력을 외부로 투사하기를 원하였다. 이러한 목적에서 1926년 6월 소련정치국은 소련의 서유럽 국경지역에 봉급인상, 집중적인 경제적 투자 및 상품공급, 재정적자의 허용 및 문화적 투자 등을 비롯한 여러 가지의 특권을 부여하는 결의안을 채택하였다. 이 결의안은 바로 "국경지역은 인근국의 노동자들이 구체적으로 소련을 판단할 수 있는 지역"이라는 생각을 근거로 하고 있다.[24)]

피드몬트 원칙에 따라 소련 정치국은 소련의 내륙에 거주하는 소수민족보다 국경지역에 거주하는 소수민족에게 여러 가지 측면에서 더 많은 권리를 부여하였다. 예를 들면, 이들 국경지역에 거주하는 소수민족에게 더 많은 학교와 더 넓은 면적을 부여하였고, 이들 소수민족의 언어로 된 인쇄물의 출간을 더욱 활성화하였으며, 더 많은 이들 소수민족 출신을 소련국가의 간부로 충원하였으며, 러시아의 쇼비니즘에 대해 엄격한 규제를 가하였다.

이런 관대한 소수민족 정책은 특히 서부국경지역에 거주하는 핀란드인, 백러시아인, 우크라이나인 및 루마니아인들을 대상으로 시행되었다. 이는 소련이 이들 소수민족의 본국에 거주하는 폴란드인, 핀란드인, 루마니아인 등 여러 민족으로부터 호감을 얻어 이들 소수민족 국가 내의 본국인들로 하여금 사회주의 혁명을 일으키도록 하려는 목적에서였다.

피드몬트 원칙이 실제로 적용된 예는 많이 있는데, 대표적인 경우는 중앙아시아 지역이었다. 내란과 바스마치(Басмач)폭동[25)]으로 인해 국외로의 대규모 이주가 있었던 중앙아시아의 투르크메니스탄과 아프가니스탄 지역에서 소련정부는 국경지역의 경제적 상황을 호전시킴으로써 더 이상의 국외이주를 막고, 또한 이미 국외로 이주한 이주민들을 다시 불러들이기 위해 과감한 정책을 실시하였던 일도 있었다. 이러한 정책을 실시한 이유는 소련에서 국외로 이주한 자들이 아프간 국경지역에서 더욱 강력한 세력을 형성하게 되면 정치적 상황이 악화될 경우 그것이 소련에 부정적으로 작용할 것을 우려했기 때문이다.[26)]

또 다른 피드몬트 원칙의 예를 우크라이나와 백러시아 지역에서도 찾아볼 수 있다. 이들 공화국에서 1917~1918년 소련의 내전기에 반볼셰비키 민족정부와 민족운동을 주도했던 지도

24) Terry Martin(1998), p. 15.

25) 바스마치운동(Басмачество)은 러시아 혁명기에 러시아제국의 옛 식민지인 투르케스탄에서 현지 무슬림이 신생 소비에트 정권에 대항하여 벌인 반혁명운동이다. 이 운동에는 민족주의자, 농민, 유목민 등 다양한 구성원들이 참여하였고 1918~1924년 사이에 그 활동이 가장 활발하였으며, 지역에 따라서 1930년대까지 지속되어 소비에트 정권에 큰 위협을 주었으나, 통일적인 강령과 조직을 갖지는 못하였다(平凡社, 1989:292).

26) Martin(1998), p. 18.

자들이 귀국하자 소련정부는 이들에게 우크라이나와 백러시아 문화를 건설하는 새로운 소련정부의 계획에 적극 참여할 것을 종용하였다. 우크라이나의 유명한 역사학자이자 1917~1918년 볼셰비키 세력과의 투쟁기간 동안 주도적 역할을 한 중앙 라다(центральная рада)[27]의 대통령이기도 하였던 미하일로 흐루쉐브스키(M. Хрушевский)조차도 1924년 귀국이 허가되어 우크라이나 과학아카데미의 역사분과 책임자로 임명되어 역사학 저널을 편집하였다. 그는 후일 우크라이나 과학아카데미의 총책임자로 선출되기도 하였다. 이러한 정책은 국경지역 거주민들에게 소련민족정책을 합법화하기 위한 중요한 수단이 되었다.[28]

피드몬트 원칙이 쉽게 적용될 수 있는 지역은 변경 또는 국경지역이다. 왜냐하면 변경지역은 국경선의 경계선에 인접하는 외부지역의 정치・사회・경제・문화 체제의 영향을 받기 쉽고, 또한 심리적으로도 인접국 지향성을 띠는 것이 일반적이기 때문이다. 따라서 변경지대의 주민들은 인접국이 적대국일 경우 상당한 압력과 위협을 받을 수도 있다. 이는 이데올로기에 의해 나누어진 경계에서 이데올로기의 차이에 의존하는 경계의 강도(boundary strength)는 유사한 이데올로기를 가진 지역보다 상이한 이데올로기를 가진 지역에서 훨씬 더 크기 때문이다.[29]

그러나 이와 같은 소련 국경지역의 민족정책, 특히 피드몬트 원칙(Piedmont Principle)은 소련인들이 가진 '외국(인) 혐오'(ксенофобия)와 대립하면서 긴장을 발생시키는 경우도 없지 않았다. 특히 소련의 '외국인 혐오' 경향은 소수민족의 민족자결 성향에 대해서 의심의 눈초리로 바라보는 반면, 피드몬트 원칙은 민족자결적 성향을 지지하는 것이기 때문에 이러한 양자간의 긴장은 당연한 것이었다. 국경 인접지역에서 소련으로 대규모 이주(immigration)가 발생하는 경우 이러한 긴장이 가장 잘 나타났다. 즉 소련으로의 이주는 국경인접지역에 거주하는 민족들에게 소련이 매력이 있다는 것을 나타내는 증거로서, 피드몬트 원칙의 승리라 할 수 있는 것이다.

---

27) 라다(Рада)는 회의, 집회, 평의회 등을 뜻하는 말로서 러시아어의 소비에트(совет)를 뜻하는데 여기에서는 1917~1919년 러시아 혁명을 반대하는 기관이었던 백러시아 중앙위원회를 지칭한다. 1917년 러시아 혁명 직후 백러시아 전체 국민을 대표하는 1,872명의 대표들이 볼셰비키에 의해 해산되자 백러시아 의회는 71명의 위원으로 구성된 라다를 선출하여 의회의 모든 권한을 위임하였다. 라다는 1918년 3월 25일 백러시아 인민 공화국의 완전한 독립을 선언하는 결의안을 통과시켰다. Simon Kabysh, "The Belorussians." Nikolai K. Deker and Andrei Lebed(eds.), *Genocide in the USSR: Studies in Group Destruction*(N.Y.: The Scarecrow Press, 1958), p. 77.

28) Martin(1998), p. 18.

29) 임덕순(1997), p. 123.

그러나 다른 한편으로 대규모의 외국인 이주는 소련 내부에서 외국인의 활동, 예를 들면 스파이 활동 같은 것이 활성화 될 수 있는 손쉬운 수단이 될 수도 있었기 때문에 소련인들 사이에 외국(인) 혐오를 불러일으키는 직접적인 계기가 될 수도 있었다. 외국(인) 혐오라는 것은 외국의 직접적 영향력뿐만 아니라 간접적 영향력에 의해 발생할 수도 있는 이데올로기적 감염에 대한 우려와 관련되어 있다. 따라서 소련의 영향력을 국경선 외부로 확대하려는 초기 경향과는 달리, 1930년대 소련 당국자들에게 변경(邊境)이라는 것은 '그들'로부터 '우리'를 보호하는 요새의 포위(fortified parameter)를 의미하는 경향이 짙어졌고, 외부의 적들에 대하여 피포위의식(被包圍意識)을 강하게 느끼고 있었다.[30] 그러나 여기서 언급한 '외국(인) 혐오'는 이데올로기적 증오와 외국의 자본주의 체제에 대한 의심에 의해 더욱 확산되는 것으로, 반러시아인에 대한 것은 아니라고 볼 때 이 외국인 혐오는 이데올로기적 차원의 것이며 민족적 차원의 것은 아님을 알 수 있다. 따라서 러시아인들이 외국인에 대해 갖는 전통적인 혐오와는 조금 다른 것이다.[31]

외국(인) 혐오는 당시 비밀리에 진행된 외국인 스파이의 잠입에 대한 소련의 우려와 관련하여 더욱 깊어졌으며 이런 우려는 비(非)러시아 국경지역에 집중되었다. 특히 1930년대 소련 극동지역에서 이러한 경향은 더욱 농후하였다. 당시 일본에 의해 통치되던 한국과, 일본의 영향력에 놓여 있던 만주지역은 소련 지배하의 소련 극동지역과는 상이한 이데올로기에 의해 나뉠 수 있는 국경을 공유하고 있었다고 할 수 있다. 이데올로기에 의해 나누어진 경계의 경우 경계의 강도(boundary strength)는 유사한 이데올로기를 가진 지역보다 상이한 이데올로기를 가진 지역에서 훨씬 더 커진다고 볼 때, 상이한 이데올로기를 가진 지역으로 분류될 수 있는 소련 극동지역에서 피드몬트 원칙 및 외국(인) 혐오가 한인 이주문제에 있어서 가지는 함의는 상당히 중요하다.

30) 이러한 소련 극동지역 지도층들의 피포위의식에 대해서 Stephan은 다음과 같이 언급하고 있다: "From the 1930s on, Soviet leaders cultivated a siege mentality in the Far East against external enemies of changing identity but of common purpose: to infiltrate the region "to harm our life in every way - to blow up bridges and factories, to poison wells, to kill people." As a prism through which Far Easterners viewed the outside world, a frontier ethos shaped the region's social and intellectual life"(Stephan, 1994:276).

31) 소련의 외국(인) 혐오는 1920년대 말 국경지역에서 발생한 많은 반란으로 더욱 깊어졌다고 할 수 있는데, 그 대표적인 반란의 예로는 1930년대 중반까지 계속된 북아프가니스탄과 중앙아시아 지역에 걸친 바스마치반란(Басмачество), 1920~1922년의 체첸과 다게스탄에서의 폭동, 1921~1922년의 카렐리아(Карелия) 폭동, 1924년의 조지아 폭동, 1924~1925년 그리고 1927~1928년의 야쿠치아(Якутия) 폭동 등이 있다(Martin, 1998:15).

지금까지 논의된 것을 간략히 요약한다면 소련 연방의 초기에는 피드몬트 원칙이 우세하였으나, 시간이 지나면서 외국인 혐오 경향과의 사이에 긴장이 발생하면서 피드몬트 원칙은 방향을 수정하게 된다. 그 결과 1930년대에 들어와서 피드몬트 원칙은 대규모 외국인 이주와 관련한 외국인 혐오 경향과 맞물려 인종청소(этническая чистка)정책으로 선회하게 된다.

다음 절에서는 소련의 한인 이주문제의 배경으로서, 일본과 소련의 영향력이 미묘하게 교차하였던 한국・만주・소련 간의 국경지역의 상황을 이 지역에 거주했던 한인과 관련하여 설명하고자 한다. 특히 만주와 한국에서의 일본의 지배적 영향력이 국경지역의 한인들을 통해 소련 극동지역에 미칠 것을 염려했던 소련 측의 우려에 초점을 둔다.

Ⅱ. 러시아・소련 극동의 국경지역과 한인들

20세기 초 만주지역의 상황을 살펴보면 1910년 한일합방에 이어 일본은 1914년 조선의 행정구역을 대대적으로 개편하면서, 독립된 만주군사기관으로 관동군을 발족시켜 만주에서의 일본의 이익과 인근 소련에 대한 작전을 수행하는 역할을 하도록 하였다. 이러한 움직임은 러일전쟁 이후 만주 및 내몽고에서 독점적인 지위를 확보하려고 했던 일본의 정책과 맥락을 같이하는 것으로, 러일전쟁 후 우려되었던 러시아의 보복공격에 대한 대비책으로 강구된 것이었다.[32] 나아가 일본은 1915년 체결한 '남만주와 동부 내몽고에 관한 조약'에 따라 강제로 중국으로부터 뤼순(旅順)과 다롄(大連)을 조차하는 기간을 99년 연장하였고 남만주에서 일본의 토지사용권, 거주 및 활동의 자유권을 획득하였다.[33] 이러한 정책은 「21개조」 요구(1915), 니시하라 차관(西原借款) 개시(1917) 등을 통하여 지속적으로 유지되었다. 또한 만주지역 내 일본의 울타리로서 봉천파 군벌을 양성한 것도 이러한 맥락에서 파악할 수 있다.[34]

그러나 만주와 몽고에서의 일본의 독점적 위치는 1928년 장학량이 국민정부에 가담하여 일본에 대항하고, 국민당 정부가 외국인의 광업권 취득에 제한을 가하는 신광업법(新鉱業法)을 선포하면서 흔들리기 시작하였다. 여기에다 1930년부터 만주지배의 중요한 수단이었던 만철(滿鉄)이 세계공황의 영향으로 극도의 영업부진에 빠져들자 일본군부와 우익은 군사행동을 통해

32) 李盛煥, 『近代東アジアの政治力學: 間島をめぐる日中關係の史的展開』(東京: 錦正社, 1991), pp. 41-47; 小島晋治・丸山松幸, 『中國近現代史』 朴元熇 譯(知識産業社, 1997), p. 128.

33) 남창룡, 『만주제국 조선인: 일제동북침략사』(신세림, 2000), pp. 15-16.

34) 小島晋治・丸山松幸(1997), p. 124.

만주와 몽고문제 해결을 추구하기 시작하였다. 이에 따라 일본은 나카무라 신타로(中村震太郎)대위 살해사건, 조선농민과 중국인 농민 간의 충돌로 야기된 만보산(万宝山) 사건 등을 빌미로 1931년 만주사변(満洲事変)을 일으켜 봉천, 장춘, 영구(営口) 및 길림성을 점령하였다. 뒤이어 1932년 2월 하얼빈을 점령하여 만주지역을 군사점령하에 두었고, 같은 해 3월 1일 일본 관동군의 괴뢰국가로서 만주국(満洲国)을 성립시켰다.[35]

만주에서의 일본의 이러한 움직임에 가장 민감하게 반응한 것은 소련이었다. 소련으로서는 이미 1904~1905년 러일전쟁에 패배한 경험이 있는 데다 1918~1922년 일본의 시베리아 출병에 뒤이어 1931년 만주사변 및 일본의 괴뢰국이었던 만주국의 등장 등으로 만주에서의 일본의 움직임을 경계한 것은 당연하다고 할 것이다. 비록 러일협약에 의해 간도가 남만주의 일부로서 일본의 세력권에 들어가는 것을 인정했다 하더라도, 지리적으로 소련과 인접한 간도에 일본이 군대를 주둔시키는 것에 대해 소련은 엄청난 위기감을 느꼈을 것이다.[36] 따라서 소련은 일본의 간도진출을 “사실상 러시아에 인접한 청의 영토에 대한 침입”이며 “보호국이었던 조선의 범위를 넘어 간도지방을 병합하는 것”이라고 강력히 비난하였다.[37]

소련이 더욱 우려했던 것은 만주와 소련의 국경지역에 거주하는 한인들이었다. 소련과 국경을 접하고 있는 만주의 간도지역에 많은 한인들이 거주하고 있었고, 또 국경선 인접 소련지역에도 한인들이 많이 거주하였는데(〈도표 10-1〉 참조) 이들이 일본의 대소련 첩보에 이용되는 경우가 빈번하였다.[38] 간도는 초기 항일운동의 기지들 중 하나로도 잘 알려져 있지만 이에 대한 일본의 세력침투 또한 만만치 않았다. 특히 일본의 조선침략의 첨병이었던 일진회(一進会)는 간도에서 활발한 운동을 전개하였다. 일본의 간도파출소가 설립될 시기에 일진회의 회원 수는 수천 명에 달하였고 이들은 간도에서 반일운동을 하고 있던 이범윤(李範允)의 세력과 정치적으로 대립하기도 하였다.[39]

---

35) 小島晋治・丸山松幸(1997), pp. 123-128.

36) 李盛煥(1991), p. 63.

37) 朝鮮總督府記錄 「汪淸縣官內居住朝鮮人ノ狀態調査要綱」, 李盛煥, 『近代東アジアの政治力學: 間島をめぐる日中關係の史的展開』(東京: 錦正社, 1991), p. 63 재인용.

38) 일본의 만주지역 진출은 간도(間島) 문제와 밀접한 관련을 가지고 있다. 1905년 러일전쟁이 러시아의 패배로 끝났으나 일본은 러시아의 일본에 대한 보복전이라는 제2의 러일전쟁을 항상 염두에 두고 있었다. 이러한 상황에서 당시 그 영유권이 아직 명확하지 않았던 간도지역은 한국을 지배한 일본, 중국, 러시아 등 3개국이 동시에 국경을 접하고 있는 지역으로서 일본으로서는 러시아의 보복전을 대비할 수 있는 중요한 거점이었다(李盛煥, 1991:42-3).

39) 李盛煥(1991), pp. 50-51.

〈도표 10-1〉 중·소 국경의 한인 밀집지역(20세기 초)

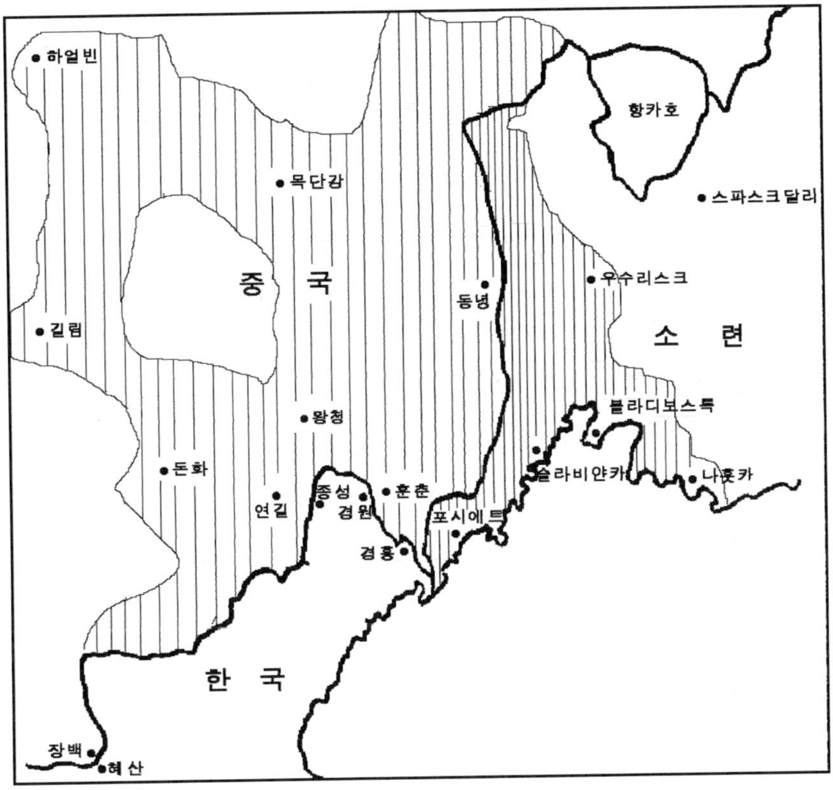

자료: 중국 국경지역의 한인 밀집지역에 관해서는 朝鮮族簡史 編写組,『朝鮮族簡史』(延吉:延辺人民 出版社, 1986), p. 2를 참조하였고, 소련 국경지역의 경우는 저자가 관련문헌을 참고하여 작성하였음.

간도에서의 항일 한인단체는 일본의 간도출병(間島出兵)을 고비로 세력이 약화되었는데, 이들 중 일부는 1921년 이청천과 홍범도의 인솔하에 소련의 알렉세예프스크(Alexeyevsk)로 가거나 또 다른 일부는 남만주나 상해 등으로 분산되었다.[40] 일본세력의 침투는 만주에만 그친 것이 아니라 국경 건너 소련으로도 확산되었다. 특히 1918~1922년 일본의 시베리아 출병기간 동안에 일본은 소련 극동지역의 한인촌에 친일조직을 만들어 부유한 한인을 가입시키고 일본이 점령한 기관과 수산업체 등에 한인을 고용하였다. 뿐만 아니라 일본정부의 출장기관들과 일본군 사령부는 신한촌, 니꼴스끄, 포시에트, 슬라비얀카, 라즈돌리노에, 씨꼬토바, 무치나야, 스파스크, 쓰니야기노, 노보키에프스크, 구노린그, 씨꼬마후카와 하바로프스크 등의 한인지역과 한만(韓滿) 국경지역의 모든 곳에 '조선인거류민회'를 비롯한 많은 친일어용단체를 조직하여 일본 정보정치

40) 李盛煥(1991), pp. 213-214.

의 하수인 역할을 하도록 하였다.[41] 이로 인해 한인(韓人)이 일본세력을 등에 업고 러시아인들을 괴롭힌다고 하여 러시아인들은 한인에 대해 강한 증오심을 품게 되었다.[42]

소련은 1930년대에 들어와서도 만주사변(1931), 만주국의 성립(1932) 및 중일전쟁(1937) 등 일본에 의해 발생된 일련의 사건으로 일본에 대한 경계심을 늦추지 않았다. 간도와 소련의 국경지역에서 항일운동이 활발하게 전개됨에 따라 일본의 첩보활동 또한 활기를 띠게 되는데, 이때 소련이 우려한 것은 일본에 의한 한인첩자들의 활동이었다. 특히 한인들은 일본어・중국어 및 러시아어를 능숙하게 구사하고, 소련인이 볼 때에 한인과 일본인의 구별이 쉽지 않았기 때문에 만주에 주둔하는 관동군에 의해 쉽게 이용될 수 있었다.[43]

따라서 소수민족에 대한 소련의 정책을 고찰할 때에는 이러한 만주・소련・한국의 국경지역에서의 한인들의 상황과 이들과 관련된 각국의 역학관계를 고려할 필요가 있다. 더욱이 소련 측은 소만(蘇滿) 국경지역에서 한인을 통해 일본 영향력이 소련으로 침투하는 것에 대해 극히 민감한 반응을 보였는데, 이러한 소련의 우려가 소련 한인의 강제이주와 어떻게 관련되어 있는지는 다음의 강제이주 사례에서 살펴볼 것이다.

한인 강제이주의 사례는 크게 세 가지로 나눌 수 있는데, 제정 러시아 시대에 이행되었던 블라고슬로벤노예 지역으로의 이주를 제외한 하바로프스크 지역과 중앙아시아 지역으로의 이주가 본 장의 주제와 많은 관련이 있다고 보여진다.

Ⅲ. 러시아・소련 극동지역 한인 이주의 사례

1. 블라고슬로벤노예 지역으로의 이주

한인의 러시아 지역 이주는 조선에서의 경제적 곤란 그리고 정치・경제・사회 등 여러 영역에서의 모순 등에 기인하는 바가 컸다. 한인들의 초기 이주에 관한 자료를 보면 1863년 13가구,

---

41) 정동주(1995), p. 198.

42) Изгоев Н., "На озере Ханка,"(항카호에서) *Новый мир*(신세계), № 6, 1931, с. 117, 강원식, "한인의 항일투쟁과 스탈린," 서대숙 편, 『한국과 러시아 관계: 평가와 전망』(경남대 극동문제연구소, 2001), p. 105, fn. 41 재인용.

43) И. Володин, "ИНОСТРАННЫЙ ШПИОНАЖ НА СОВЕТСКОМ ДАЛЬНЕМ ВОСТОКЕ,"(소련 극동지역에서의 외국인 스파이 활동) Правда, 4. 23. 1937, стр. 5.

1864년 60가구 308명이 이주한 이래, 1868년 165가구, 1869년 761가구 5,310명, 1870년 9,000명 등으로 급격히 증가하였으며 이들은 주로 국경지역에 정착하였다.[44)]

대규모의 한인들이 국경 부근에 정착하는 것을 보고 당시 러시아 극동지역 연구의 권위자였던 프르줴발스키(Н. М. Пржевальский)는 한인들이 국경 근처에 정착하는 것은 한인의 러시아화(露化)에 장애가 되므로 위험하다고 경고하면서 러시아화를 촉진시키기 위해서는 한인들을 국경에서 멀리 떨어진 아무르 지역으로 이주시키는 것이 바람직하다고 하였다.[45)] 뒤이어 1870년 이 지역을 방문한 동시베리아 총독이었던 시넬리코프(Н. П. Синельников)는 한인들을 아무르 지역으로 이주시키기로 결정하였고 이듬해인 1871년 포시예트구(区)에 온 4,000명의 한인들 중 103가구 남녀 431명(남자 246명, 여자 185명)[46)]을 블라고베시첸스크 인근지역으로 이주시켰다. 16,500루블의 이주 비용은 모두 러시아 정부가 부담하였다[47)](〈도표 10-2〉 참조).

한러 국경지역으로부터 멀리 떨어진 오지(奥地)로 이주된 이들은 1872년 이곳에 '축복'을 뜻하는 블라고슬로벤노예(Благословенное)라는 한인촌을 조성하였고[48)] 소련 극동의 내륙지역으로 한인들을 불러들이는 모범촌의 역할을 하도록 하였다.[49)] 1910년 8월 이 지역을 직접 답사한 그라베(В. Граве)에 의하면 블라고슬로벤노예에는 당시 러시아 국적의 한인들 이외에 외국 국적의 한인 28가구가 있었다. 스모로진(Смородин)은 블라고슬로벤노예 마을에 오랫동안 거주해 온 한인들 가운데 러시아 국적이 없는 한인의 수가 300명이라고 밝히고 있다.[50)] 이들은

---

44) Граве(1912), p. 101; Ким Сын Хва(1965), p. 20; 国史編纂委員会(1997b), p. 472.

45) Walter Kolarz(1954), p. 33.

46) А. В. Кирилов, *Корейцы села Влагословенного*(n.d.), cited in A. N. Dem'yanenko and I. V. Froldv, "The Experience of Korean Colonization in the Present Jewish Autonomous Oblast, 1871~1927," *Post-Soviet Geography* vol. 33, no. 3(1992), p. 180. 뒤바보가 쓴 俄領實記의 기록은 좀 다른 것으로 나타나는데, 여기에서는 1881년(기원4214년)에 70여 호 350명이 이주한 것으로 기록되어 있다: "紀元四二一四年 辛未 四月에 地新墟 貧民 七十餘戶 男女三百五十人이 俄官의 指導를 隨하야 男負女戴하고 興凱湖를 沿하야 花發浦까지 徒步하고 黑河에 至하야 乘船하고 마침내 사만리에 下陸하매 參天干雲한 森林이 鬱蒼한 大野에 依居生活이 참으로 無路하야 上府下仰함에 萬目이 悽然할 뿐이었다." (뒤바보, 1920:165). 또 다른 자료들에는 500명으로 적혀 있다(Ким Сын Хва, 1965:24).

47) 朝鮮總督府內務局社會課, 「滿洲及西比利亞地方ニ於ケル朝鮮人事情」(1927), 『朝鮮統治史料(第十卷): 在外韓人』(東京:韓國史料硏究所, 1971), p. 386.

48) 일부 문헌에 의하면 당시 블라고슬로벤노예 지역은 이주한 韓人들로만 이루어져 있으며, 주위의 러시아 농촌과는 달리 매우 한국적이며 러시아인이라고는 전신국 감독자만이 근무하고 있었다고 한다(Смородин, *Экономичкская жизнь Дальнего Востока, Издание Дальне-Восточного Краевого экономического совещания*(극동의 경제생활, 극동끄라이 경제협의 간행물), № 11 Ноябрь, Хабаровск 1925(國史編纂委員會, 1997b:447).

49) Haruki Wada(1987), p. 26.

50) Смородин, "*Экономичкская жизнь Дальнего Востока, Издание Дальне-Восточного Краевого*

개인 토지를 가지지 못하고 공동 분배지를 경작하며 생활하였다. 이들은 러시아 국적을 취득하기 위하여 총독에게 몇 번이나 청원을 하였으나 받아들여지지 않았다. 1910년 외국국적의 한인들 모두에게 퇴거명령이 내려졌을 때, 여전히 이들의 청원이 받아들여지지 않아 당시에 이 문제가 이 지역의 큰 이슈가 되었다고 한다.[51]

〈도표 10-2〉 한인의 블라고슬로벤노예 이주

экономического совещания," p. 454.

51) В. Граве, Труды Командированной по Высочайшему повелению Амурской Экспедиции: Выпускъ XI. Китайцы Корейцы и Японцы въ Приамурье(Санкт-Петербург: В.Ф. Киршбаум, 1912)(「極東露領に於ける黃色人種問題」. 『露・亞經濟調査叢書』 第49卷. pp. 1-214. 南滿洲鐵道株式會社 庶務部調査課編譯. 昭和四年. 大阪: 大阪每日新聞社), p. 144.

이들은 러시아 국적을 취득하였을 뿐만 아니라 러시아 정교로 개종하였다. 또 이들에게는 가구당 100제샤찌나(десятина)[52]의 토지가 주어졌으며, 소득세가 면제되고 20년간 토지세도 면제되었다.[53]

Walter Kolarz에 의하면, 후일 유태인 자치구가 된 이 지역에 1930년까지는 한인(韓人)이 유태인보다 더 많이 거주하였는데, 당시 비로비잔에 거주하는 한인과 유태인의 수는 각각 3,200명과 2,700명이었다. 당시 이 지역에는 4개의 한인 국립부락(國立部落) 소비에트와 3개의 유태인 국립부락 소비에트가 있었으며 그 외 러시아인(27,350명), 우크라이나인(3,000명), 극동지역 원주민(700명), 그리고 중국인(500명) 등이 거주하였다. 그러나 1952년에 발간된 소련대백과사전(Large Soviet Encyclopedia)에는 유태인, 러시아인 및 우크라이나인들만 이 지역의 거주민으로 언급되어 있었다.[54] 1871년부터 1932년까지의 블라고슬로벤노예의 한인 수, 그리고 1930년부터 1933년까지 비로비잔 지역의 전체 민족의 인구추이를 보면 다음과 같다.

〈표 10-1〉 블라고슬로벤노예의 한인 인구추이(1871~1932)

연도	한인 수	가구 수
1871	431(남자 246, 여자 185)	102
1879	624(남자 349, 여자 275)	
1890	1,003	155
1893	1,090(남자 583, 여자 507)	158
1894/5	1,109(남자 595, 여자 514)	164
1897	1,592(유태인 자치구)	
1909	약 1,700	
1910	1,848	274
1924*	1,596(남자 790, 여자 806)	
1925*	1,766	
1930	4,400(유태인 자치구)	
1932	4,175(유태인 자치구)	300 이상

(* 1924년과 1925년 자료는 Смородин, Экономичкская жизнь Дальнего Востока, Издание Дальне-Восточного Краевого экономического совещания, № 11 Ноябрь, Хабаровск 1925(國史編纂委員會, 1997b:448))

자료: Ross King, "Blagoslovennoe: Korean Village on the Amur, 1871~1937," The Review of Korean Studies vol. 4, no. 2(2001), pp. 163-164.

52) 1제샤찌나(десятина) = 1.092 헥타르(약 2,400평).

53) Ким Сын Хва(1965), p. 24; 朝鮮總督府內務局社會課, 「滿洲及西比利亞地方ニ於ケル朝鮮人事情」(1927), 『朝鮮統治史料(第十卷): 在外韓人』(東京:韓國史料研究所, 1971), p. 386.

54) Walter Kolarz, *The Peoples of the Soviet Far East*(1954), p. 34.

〈표 10-2〉 비로비잔 지역의 인구추이(1930~1933)

국적	1930. 12. 31.	1931. 12. 31.			1932. 12. 31.			1933. 12. 31.			1933년 말 비율 (%)
		자연 증가	유입 인구	합계	자연 증가	유입 인구	합계	자연 증가	유입 인구	합계	
러시아인	27,250	680	2,010	29,930	750	1,500	32,180	806	2,000	34,986	43.7
유태인	2,672	65	2,388	5,125	138	12,557	7,920	447	12,733	31,100	38.8
우크라이나인	3,000	75	300	3,375	84	500	3,959	98	500	4,557	5.8
한인	3,878	97	200	4,175	104	500	4,779	119	500	5,398	6.7
중국인	500	12	200	712	17	500	1,229	30	1,000	2,259	2.8
원주민	700	17	500	1,217	30	–	1,247	31	–	1,268	1.6
백러시아인	–	–	40	40	1	200	244	6	250	497	0.6
합계	38,000	946	5,628	44,574	1,124	15,857	61,555	1,527	16,983	80,065	100

자료: A. Канторович, Перспективы Биробижана (Москва, 1932), cited in Ross King, "Blagoslovennoe: Korean Village on the Amur, 1871~1937," The Review of Korean Studies vol. 4, no. 2(2001), p. 164.

1937년 한인들의 강제이주 전까지는 대체로 블라고슬로벤노예 지역에서 한인의 러시아화(化)가 잘 이루어지지 않았다. 주택은 조선의 방식대로 지었고, 언어는 비록 러시아 엑센트가 있기는 하였으나 한국어를 사용하였다. 결혼도 대부분 한인들 간에 이루어졌고, 농사도 조선에서 짓던 방식대로 지었다.[55] 블라고슬로벤노예의 한인들에게는 조선에서와 마찬가지로 농작물 재배가 주(主) 수입원이었는데, 이는 코사끄인들의 주 수입원이 가축사육인 것과는 대조적이다(〈표 10-3〉 참조).

---

55) В. Граве(1912), pp. 141-145; Ross King, "Blagoslovennoe: Korean Village on the Amur, 1871~1937," *The Review of Korean Studies* vol. 4, no. 2(2001), p. 166. 블라고슬로벤노예를 직접 답사한 그라베는 이 지역이 러시아化가 잘 되지 않은 것은 모두 러시아 당국의 잘못 때문이라고 질책하면서, 이를 해결하기 위해서는 러시아인들의 이주를 촉진시키고, 러시아 정교회 청년회에 보조금을 지급하며, 진료소를 설치하여 러시아인 의사를 이 지역에 1주일에 한 번씩 파견해야 한다고 주장했다: "概してブラゴスロウエンノエ村はその露化傾向によって著者に 好印象を与へた。若し此村がより以上に露化なかったとす れば, それは, 露國當局の罪である。 村の創立以來最初の二十五年間に於て, 當局は朝鮮人同化上何事をもしなかった。一八九五年始めて同化方針を執る必要を感じ, 若干の露人移民を此村に移住させる 計劃を立てたが, 之れも單に計劃だけに止まり實現されなかった。國家の利益と云ふ点から見ても同化問題を等閑にしてはならない。當局は. 或は希臘教青年會に金錢的補助金を與へ, 或はブラゴスロウエンノエ村の産物輸出を便ならしめ, 或は村に診察所を設置して一週一回でも 露人醫師を其處へ出張せしめ, 以て同化を助 ける必要がある。" В. Граве(1912), p. 145.

〈표 10-3〉 블라고슬로벤노예 한인과 코사끄인의 수입 구조(1927)

농업형태	전체 수입원		
	작물재배(牧草 불포함)	가축사육(牧草 포함)	비농업 수입
한인	66.7%	28.8%	4.3%
코사끄인	39.3%	51.6%	9.1%

자료: Б. Л. Брук, "The Cossack and Korean Economy in the Priamur'ye Zone of Birobidzan," Отчёт Экспедиции Комзета 1927 г. по обследованию Биробиджанского района Дальневосточного края(Москва, 1930), no. 2, pp. 239-240. Cited in A. N. Dem'yanenko and I. V. Frolov, "The Experience of Korean Colonization in the Present Jewish Autonomous Oblast, 1871~1927," Post-Soviet Geography vol. 33, no. 3(1992), p. 185.

블라고슬로벤노예 마을의 한인들은 모두 부농인 것처럼 묘사되고 있으나, 여기에도 여전히 몇 개의 계층이 나타난다. 여기서의 계층은 주로 파종면적, 가축 수, 고용노동력의 유무 등을 기준으로 판단할 수 있는데, 스모로진은 파종면적에 따른 계층을 다음과 같이 분류하고 있다.

〈표 10-4〉 블라고슬로벤노예 한인의 계층구조

무파종 농가		소규모 파종 (0.1~4제샤찌나)		중간규모 파종 (4.1~8제샤찌나)		대규모 파종 (8.1~16제샤찌나)	
절대수	%	절대수	%	절대수	%	절대수	%
50	18.9	93	35.2	93	35.2	16	6.1

자료: Смородин, "Экономичкская жизнь Дальнего Востока, Издание Дальне-Восточного Краевого экономического совещания," p. 453.

한인들의 블라고슬로벤노예 이주 이후 이 지역으로 더 이상의 이주민 유입은 없었다. 그 이유는 블라고슬로벤노예 이주에 들어간 16,570루블이라는 금액이 너무 엄청난 비용이었으며, 한인 이주지역이었던 아무르 코사끄 영유지가 1894년 '두호프스키 분여지'에 포함되어 이 지역으로의 농민이주가 금지되었기 때문이다.[56)]

56) A. N. Dem'yanenko and I. V. Frolov, "The Experience of Korean Colonization in the Present Jewish Autonomous Oblast, 1871~1927," *Post-Soviet Geography* vol. 33, no. 3(1992), p. 180. 블라고슬로벤노예 지역의 한인들에 대한 연구는 아주 제한적으로 이루어졌다. 블라고슬로벤노예 지역이 초기 한인들의 이주에 대해서 시사하는 바가 클 뿐만 아니라 외부로부터 고립된 이 지역에서 현지의 코사끄인과 한인들의 사회적·경제적 생활이 어떻게 공존 또는 동화되었는가를 파악하는 데 중요한 자료를 제공해 줄 수 있다고 생각한다. 이러한 독특한 성격 때문에 일찍이 1900년대 초기 러시아 학자들의 많은 관심을 끌었다. 국내에서는 최근 이 지역 한인들의 언어연구에 초점을 맞춘 Ross King(2001)의 연구가 거의 전부라고 할 수 있다. 이러한 연구부족의 원인에는 무엇보다 자료가 극히 적은 데다, 그나마 있는 자료도

이후 제정 러시아 정부는 1885년, 1886년, 1896년, 1909년 그리고 1912년에도 한인들을 국경지역으로부터 멀리 떨어진 내륙인 하바로프스크 지방이나 아무르주 등으로 이주시키는 문제를 검토하였으나 실제로 실행되지는 못하였다.[57)]

2. 하바로프스크 지역으로의 이주

1920년대에 들어와서는 대규모 한인 이주에 대한 소련 내의 우려가 높아졌다. 이러한 우려는 1926년 1월 한인의 이주제한 조치로 나타났고 1920년대 말에는 대규모 한인의 하바로프스크 이주계획으로 이어졌다(〈도표 10-3〉 참조). 한인 이주가 일본의 조직적 개입에 의해 이루어졌을 것이라고 소련 측은 의심하게 되어, 한인 이주에 대해 상당히 우려하였다.[58)]

접근이 용이하지 않다는 데 있을 것이다. A. N. Dem'yanenko와 I. V. Frolov(1992)는 이 지역에 대한 참고자료로서 다음과 같은 것들을 임시하고 있다: Б. Л. Брук, "The Cossack and Korean Economy in the Priamur'ye Zone of Birobidzan," Отчёт Экспедиции Комзета 1927 г. по обследованию Биробиджанского района Дальневосточного края(Москва, 1930), no. 2, pp. 157-250; Б. Л. Брук, Бирско-Биджанский район ДВК. Предварительный сводный отчёт экспедиции(Москва, 1928), no. 1; Г. Грум-Гржимайло, Описание Амурской области(Санкт-Петербург, 1894); Итоги сельскохозяйственной переписи в Амурской области(Влаговещиченск, 1916); В. Граве, Труды Командированной по Высочайшему повелению Амурской Экспедиции: Выпускъ XI. Китайцы Корейцы и Японцы въ Приамурье(Санкт-Петербург: В.Ф. Киршбаум, 1912)(「極東露領に於ける黃色人種問題」.『露・亞經濟調査叢書』第49卷(南滿洲鐵道株式會社 庶務部調査課編譯. 昭和四年. 大阪: 大阪每日新聞社), pp. 141-145; Поселенные итоги сельскохозяйственной переписи в Амурской области в 1917г.(Влаговещиченск, 1918); Сельскохозяйственная перепись 1923г. на Дальнем Востоке. Поселенные итоги(Хабаровск, 1925)). 이 외에도 최근 밝혀진 Смородин의 문서 "Экономичкская жизнь Дальнего Востока, Издание Дальне-Восточного Краевого экономического совещания" № 11(Ноябрь, Хабаровск 1925)(國史編纂委員會, 1997b:447-456)와 박 보리스, 『러시아 제국의 한인들(극동기)』(청주대학교 출판부, 2002), pp. 79-90과 기타 관련 부분, Michail Belov, "The Experience of the Russian Orthodox Church among Koreans, 1865~1914"(Unpublished Master's Thesis, Graduate School of International Studies, Yonsei University, 1991) 등도 참조할 만하다.

57) 류한배(1999), pp. 26-27.

58) 한인 이주에 대한 소련의 우려를 가져온 또 하나의 원인은 한인에 대한 토지분여 문제인데, 이 문제의 근원은 좀 더 이전으로 거슬러 올라갈 수 있다. 1917년 러시아 혁명정책의 기조에 따라 극동혁명위원회는 1923년 1월 토지가 없거나 적게 소유한 한인들에게는 까자끄와 러시아 토박이(старожилы)가 과다하게 소유한 토지를 분여해 주고 또한 식민기금을 활용하여 토지를 분여할 것을 결정하는 법률을 도입하였다. 그러나 러시아인들은 한인 소작인들에게 토지를 양도하는 데는 전혀 관심이 없었을 뿐만 아니라 더 나아가 한인들에 대한 토지임대조차 거절하였고 한인들을 대규모로 소련과 중국 국경으로 거주지를 옮길 것을 주장함으로써 러시아인과 한인 간의 갈등은 현저하게 표면화되었다. 이 문제에 대해서는 國史編纂委員會(1997b), 끄라이 토지청 담당관 마마예프(Мамаев)가 보낸 문서 'Корейский вопрос в ДВК: Историческая справка', pp. 471-484와 國史編纂委員會(1997b), 김만겸(Киммангем)이 극동혁명위원

소련의 우려는 우선 한인의 소련이주가 주로 일본의 조직적 개입에 의해 이루어지고 있다고 보았기 때문이다. 따라서 소련은 일본의 식민지정책의 일환으로 이루어진 한인의 소련이주로 소련극동지역이 일본에 병합되는 결과가 초래될지도 모른다는 강한 의구심을 갖게 되었다. 이와 관련하여 1926년 1월 치체린(Георгий В. Чичерин) 외무인민위원이 주재한 인민위원부의 심의회는 '중국인과 한인의 소련영토로의 유입을 저지하기 위해 모든 가능한 조치를 취한다'고 결정하였다.[59]

뒤이어 1926년 12월 6일 전로(全露)중앙집행위원회에서는 한인의 토지분여에 대한 방침을 정하였다. 이 방침에 따르면 앞으로는 한소국경에서 하바로프스크에 이르는 지역에서는 한인들에게 토지를 분여하는 것을 금지하고, 이 지역에 거주하는 무토지 한인들을 하바로프스크 이북의 지역으로 이주시키며,[60] 한인들이 점유했던 토지는 소련의 타 지역에서 온 이주민들이 차지하도록 되었다.[61]

이듬해 1927년 2,000호의 무토지 한인농가에 토지를 분여하고 난 후 토지 기금이 바닥나자[62] 농지정리 특별위원회의 결정에 따라 나머지 8,892호의 한인농가를 블라디보스토크 관구로부터 위도 48.5도 이북에 위치한 하바로프스크 관구의 끄루다친스키구(Крудачинский район)와 시진스키구(Сидинский район)로 이주시키기 위한 입식예정지를 만드는 작업을 시도하였다[63] (〈도표 10-3〉 참조). 그러나 실제로는 하바로프스크 이주계획에 의해 1930년 최종적으로 이주된 한인은 500가구(약 2,500여 명)였다.[64]

회 사무국 한인담당 전권대표 앞으로 보낸 보고서 '№ 3727 Уполномоченному Отдела Управления Докладная Записка'(4 мая 1923 года), p. 354를 참조.

59) 소련 극동지역에서 한인의 이주를 제한하는 본격적인 조치는 1929년 10월 18일의 규칙이었는데, 이에 따라 이전까지는 자유롭게 이루어졌던 한인의 소련입국을 친척방문, 통상적 상업활동 및 농업이민 등에만 국한시켰다. 岡奈津子, 「ロシア極東の朝鮮人: ソビエト民族政策と强制移住」(1998).

60) 외무인민위원회 전권위원인 폰쉬테인(Фонштейн)이 청취한 회의록에 의하면 심지어 한인들을 북사할린의 유전지대로 이주시키는 문제까지 논의되었다고 한다. Сим Енг Соб · Ким Герман(1999), "Протокол 21/СС Закрытого заседания Президиума Примгубкома от 28-го авг. 1925 г.," p. 24.

61) 岡奈津子, 「ロシア極東の朝鮮人: ソビエト民族政策と强制移住」(1998), p. 2.

62) Основные положения доклад т. ковригина по вопросу расселения безземельного корейского населения, проживающего в южной части приморской губернии, в курдаргинском районе хабаровского округа ДВК(연해주 남부에 살고 있는 무토지 소유의 한인들을 극동 하바로프스크 관구 꾸르다르긴스끼구로 이주시키는 문제에 관한 꼬브리긴동지 보고의 기본입장). Сим Енг Соб · Ким Герман(1999), pp. 28-43.

63) 부가이(Бугай)(1996), p. 19; Ким Сын Хва(1965), p. 153; Martin(1998), p. 25.

64) Martin(1998), p. 25.

〈도표 10-3〉 하바로프스크 지역 이주

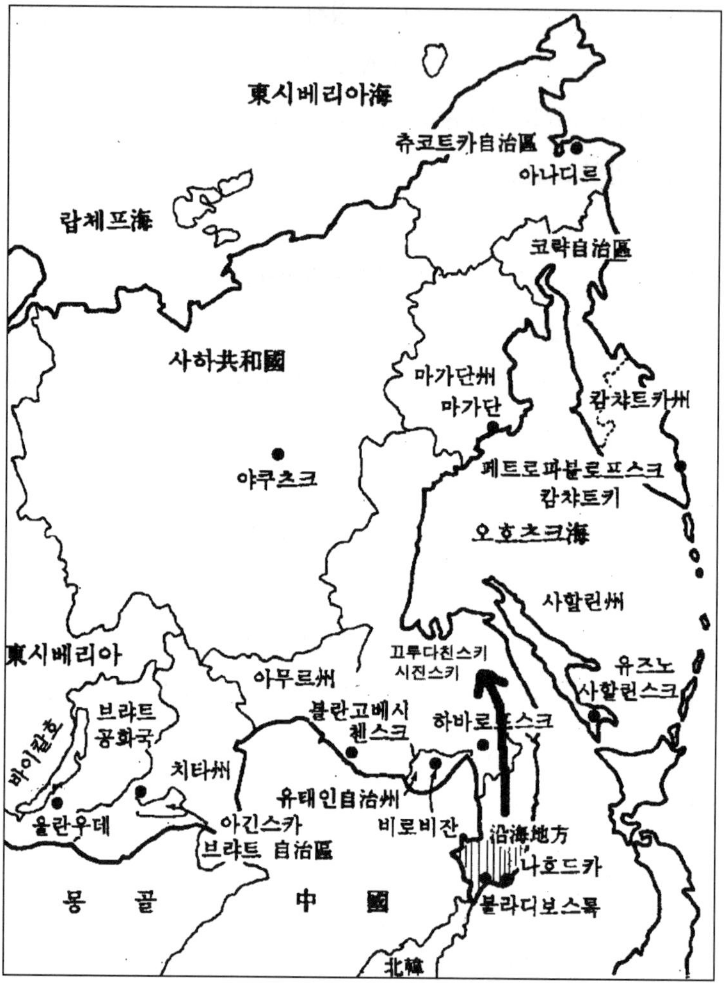

1931년에 들어와서 한인 재이주 계획은 공식적으로 폐기되었는데, 그 이유 중의 하나는 당시 일본의 식민지하에 일본의 국민으로 간주되었던 한인들을 소련 국경지역으로부터 재이주시키는 것은 일본에게 소련을 상대로 전쟁을 할 빌미를 줄지 모른다는 우려 때문이었다.[65] 그 외 또 다른 이유로는 재소 한인공산주의자들의 반대, 한인 농민들의 저항, 중앙정부의 이주자금 부족, 한인 이주자를 대체할 러시아인 이주자의 부족, 그리고 소련정부의 정책상의 혼란 등 여러 가지를 들 수 있다.

65) Martin(1998), p. 21, 25.

3. 중앙아시아 지역으로의 한인 강제이주

한인들의 중앙아시아 이주에 대해서는 이미 잘 알려져 있다. 강제이주는 국경지역으로부터의 한인 이주를 결정한 소련공산당중앙위원회의 1937년 8월 21일자 결정과, 소련 극동지역 전체로부터 한인 이주를 결정한 1937년 9월 28일자 소련 사회주의 연방공화국 인민위원회의 결정 등에 의하여 시행되었다.

국경지역으로부터의 한인 이주는 1937년 8월 21일 소련정부와 당중앙위원회의 극비결정에 따른 것으로 그 전문은 〈극동지역 국경부근에서 한인 거주민을 이주시키는 문제에 관한 소비에트 사회주의 연방공화국 인민위원회와 전소공산당 중앙위원회의 결의안 No. 1428-326cc〉[66]에 잘 나타나 있다. 주요내용을 보면 극동지방 국경지역에서 전체 한인들을 남카자흐스탄주, 아랄해와 발하쉬호 지역 및 우즈베키스탄으로 이주시킬 것을 극동지방 당위원회, 집행위원회 및 내무부에 건의하며, 포시예트 · 그로제코보와 인접한 구역으로부터 이주를 실시하되 1938년 1월 1일까지 끝낸다는 것이다. 이러한 결정에 따라 첫 번째 한인들의 강제이주는 1937년 9월 9일부터 9월 23일까지 소련극동의 포시예트 등지에서 이루어졌고, 두 번째 이주는 같은 해 9월 23일부터 10월 3일 사이에 집행되었다.[67]

소련극동의 전체지역으로부터의 한인 강제이주는 1937년 8월 21일자의 한인 이주결정이 있은 지 1개월 후 〈소비에트 사회주의 연방공화국 인민위원회 결의안 No. 1647-377〉에 따라 시행되었다. 첫 번째 이주민을 위해 작성된 규칙에 따라 극동지방 전역에 걸쳐 나머지 한인들을 1937년 10월 한 달을 기한으로 모두 이주시키기로 하였는데, 카자흐 소비에트 사회주의 공화국으로 1,200가구, 그리고 우즈벡 사회주의 소비에트 공화국으로 9,000가구를 이주시키기로 하였다.[68]

그 결과 1937년 10월 25일에 한인들의 이주가 종결되었으며, 총 36,442가구 171,781명이 124대의 수송열차에 의해 이주되었다. 그리고 극동지방의 캄차카와 오호츠크 및 특수지역 이주민 총 700명 정도가 남아있었는데 이들은 1937년 11월 1일경 조립식 수송열차로 이송될 예정이었다.

---

66) ПОСТАНОВЛЕНИЕ И 1428-326cc СОВЕТА НАРОДНЫХ КОМИССАРОВ СОЮЗА СССР И ЦЕНТАЛЬНОГО КОМИТЕТА ВКП(б) “О выселении корейского населения из пограничных районов Дальневосточного края,” 21 августа 1937 года(Сим Енг Соб · Ким Герман, 1998:55-56).

67) 岡奈津子(1998), p. 7; Gelb(1995), p. 399.

68) Ли У Хе · Ким Ён Ун(1992), pp. 114-115.

1,155명의 사할린 한인들에게도 1937년 9월 27일 강제이주결정이 알려졌으며 이들은 10월 18일 배를 통해 블라디보스토크로 옮겨진 후 중앙아시아로 보내졌다.[69] 전체적으로 볼 때 총 16,272가구 76,525명이 우즈벡 소비에트 사회주의 공화국으로, 그리고 20,170가구 95,256명이 카자흐 소비에트 사회주의 공화국으로 이송되었다.[70] 〈도표 10-4〉는 한인들이 이동한 경로이다. 주요 이주지점은 우슈토베, 알마아타, 후룬제, 크질오르다, 타쉬켄트, 사마르칸트, 두샨베, 부카라, 우르겐지, 아시하바드 및 타간로그 등이었다.[71]

〈도표 10-4〉 중앙아시아 이주

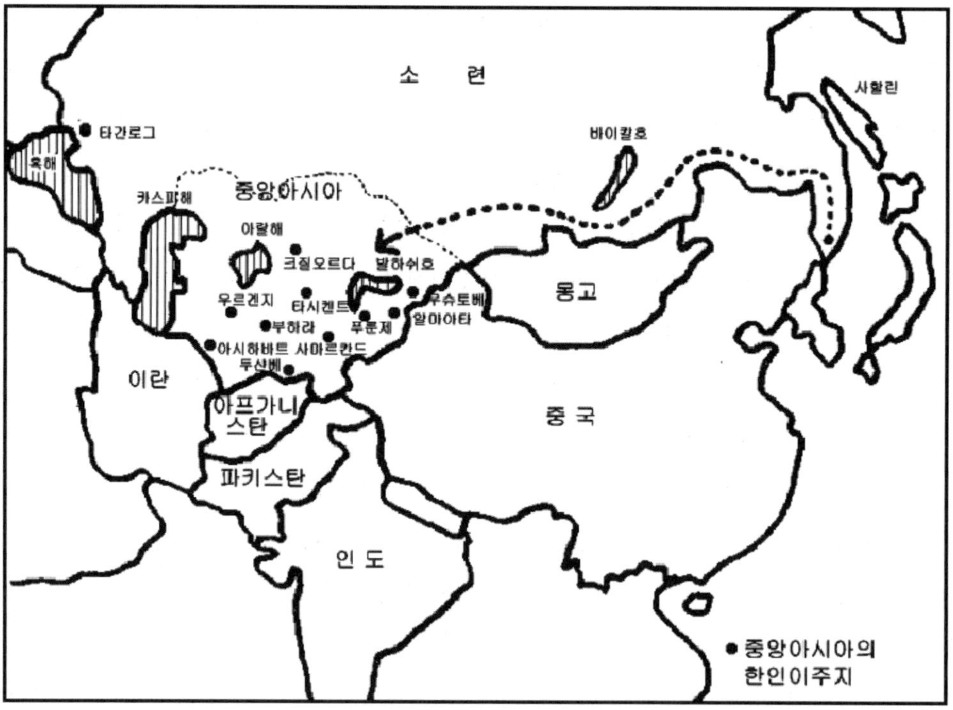

---

69) 권희영(1998), p. 11.

70) 내무인민위원회 위원장이며 국가안전위원회 의장이었던 예조프(Ежов)가 "전 소연방 공산당 중앙위원회 서기장 스탈린(И. Сталин) 동지, 소비에트 사회주의 연방공화국 인민위원회 의장 몰로토프(В. Молотов) 동지"에게 보낸 문서(Ли У Хе · Ким Ён Ун. 1992:158).

71) 현규환(1967), p. 970.

Ⅳ. 소결

앞에서 밝혔듯이 피드몬트 원칙이라는 것은 '국경 간의 민족관계를 이용하여 국경과 인접한 타국에 자국의 영향력을 높이려는 시도'이다. 이 피드몬트 원칙은 러시아/소련 당국에 의한 한인의 극동지역 이주를 설명하는 데 중요한 도구가 될 수 있다. 이 절에서는 앞서 설명한 소련당국에 의한 한인 이주의 사례를 피드몬트 원칙과 관련하여 논의하고자 한다.

먼저 소련한인의 하바로프스크 지역 이주와 중앙아시아 이주는 '피드몬트 원칙'의 실패 또는 '역(逆)피드몬트 원칙'의 결과라고 볼 수 있을 것이다. 즉 당시 만주와 한국에 대해서 지배적이었던 일본의 영향력이 한국·만주·소련 국경지대에 대한 소련의 영향력보다 더 강대하다고 느꼈을 때 소련한인들의 강제이주가 발생했다는 공통점이 있다.

첫째로, 하바로프스크 지역 이주에 대하여 먼저 살펴보기로 한다. 구체적으로 소련한인의 하바로프스크 지역 이주가 있기 이전, 한인에 의한 대규모의 소련이주가 일본의 조직적 개입에 의해 이루어지고 있다는 소련의 우려가 이주에 중요한 역할을 하였다. 즉 소련 관리들은 조선을 점령한 일본이 식민지 정책의 일환으로 대규모의 한인을 한소국경으로 이주시킴으로써 이 지역을 병합하려는 것인지도 모른다는 강한 의구심을 갖고 있었다.[72] 이에 외무위원 치체린(Георгий В. Чичерин)은 1926년 1월 '중국인과 한인의 소련영토로의 유입을 저지하기 위해 모든 가능한 조치를 취한다'고 결정하고, 이어 1929년 10월 18일 소련 극동지역으로의 한인 이주를 제한하는 본격적인 조치를 취하였다.[73] 여기서 일본이 "일제 특유의 잔인성을 뿜어내면서 한국을 일본화하는 정책을 강행함으로써, 인접국들의 국경지역의 한국화(즉 日本化)를 유발했다"[74]는 러시아 관리들의 말에서 알 수 있듯이, 일본으로부터의 '역'피드몬트 영향력이 오히려 러시아로 하여금 1920년대 말 극동지역의 국경폐쇄와 한인의 하바로프스크 지역 이주에 중요한 영향을 미쳤다고 할 수 있을 것이다.

또한 한인의 하바로프스크 지역 이주는 또 다른 측면에서 피드몬트 원칙 실패의 결과라고

72) 당시 소련 이주자의 수를 살펴보면 1917년에서 1926년 사이에 소련으로 이주한 한인의 수는 급격히 증가하였다. 즉 1917년 53,000명이었던 소련 한인의 수가 1926년에는 168,900명으로 증가하였는데 당시 블라디보스토크 주변의 농촌지역에서는 한인의 수효가 145,511명으로 전체 주민 572,031명의 약 1/4을 차지하였다(Martin, 1998:19).

73) 岡奈津子, 「ロシア極東の朝鮮人: ソビエト民族政策と强制移住」(1998).

74) *Белая книга о депортации корейского населения России в 30-40х годах*(Книга вторая)(1930~1940년대 러시아 한인 강제이주에 관한 백서(제2권)), 1997. Авторы-составители: Профессор Ли у хе, доцент Ким ен ун, Москва, МККА. с. 34, 류한배(1999:13) 재인용.

할 수 있을 것이다. 즉 농업집단화의 실패로 인한 한인과 러시아인 간의 민족갈등이 한인의 국외이주를 야기했고 이러한 피드몬트 원칙의 실패로써 한인의 강제이주를 설명할 수 있을 것이다. 농업집단화는 이론상으로는 민족 간의 갈등을 야기하도록 한 것이 아니었으나 실제로는 민족갈등의 양상으로 번졌다.[75] 이전에 시행된 신경제정책(Новая экономическая политика)의 피해자들은 민족감정에 편승하여 과거의 피해에 대한 보복에 나섰다. 대표적인 예로 카자흐스탄의 러시아인들은 카자흐 유목민을 상대로 분풀이를 하였고, 우크라이나에서는 모든 독일인들이 부농(кулаки)으로 몰리는 바람에 따라 독일인의 국외이주 움직임이 가속화되기도 하였다. 또한 소련 서부지역의 소수민족인 폴란드인, 핀란드인, 라트비아인, 그리스인, 에스토니아인, 리투아니아인, 체코인, 스웨덴인, 불가리아인 등 소수민족들 가운데 상당수가 1929~1930년 사이에 소련 국외로 이주하였다.[76] 이러한 국외이주 움직임은 소련정부에게는 그동안 추진하여 왔던 피드몬트 원칙의 실패를 의미하는 것으로서, 소련정부는 비(非)러시아의 변방지역 및 국경지역의 안전과 관련하여 국경지역의 외국인 거주민들에 심각한 의구심을 품게 되었다. 이는 곧 그동안 추진하였던 피드몬트 원칙의 재고를 의미하는 것이었다.

이러한 분위기는 소련의 서부지역에서만 나타난 것은 아니었다. 소련의 극동지역에서도 비슷한 상황이 연출되고 있었다. 이미 앞에서 간략히 설명한 바와 마찬가지로, 러시아 혁명 이후 한인에 대한 토지분여는 *까자끄*와 러시아 토박이들이 과다하게 소유하고 있는 토지를 한인들에게 분여함으로써 토지문제를 해결하려는 목적에서였다. 그러나 러시아 농민들은 한인들에게 토지를 양도하는 데는 전혀 관심이 없었고, 오히려 이로 인한 민족갈등만이 격화되었다. 러시아 농부들은 한인 소작인들이 임대토지를 차지할 것을 두려워하여 한인 토지 임대자들을 경작지에서 몰아내는 경우가 비일비재하였다.[77] 뿐만 아니라 이로 인한 민족갈등으로 1928년부터 1932년 사이에 러시아인이 한인과 중국인을 폭행하는 사건이 급증함으로써 많은 중국 노동자들이 러시아 극동지역을 빠져나갔고,[78] 또한 50,000여 명의 한인들도 이러한 소련 내의 농업집단화와 관련한 긴장된 분위기 때문에 대거 고국으로 귀국하였다.[79]

---

75) 여기에 대해서는 본 서의 제9장을 참조.

76) Terry Martin(1998), p. 23.

77) 끄라이 토지청 담당관 마마예프(Мамаев)가 보낸 문서 'Корейский вопрос в ДВК: Историческая справка'(극동 끄라이에서의 한인문제)(國史編纂委員會, 1997b:471-484).

78) 러시아인과 한인 간의 토지문제를 둘러싼 인종갈등이 한인의 강제이주를 가져왔다는 주장에 대해서는 본 서의 제9장과 Lee Chaimun, "A Study about the Origins of The Forced Deportation of Soviet Koreans: Focusing on Ethnic Conflicts over Land Issues," *Journal of Korean Studies* vol. 2(2002), pp. 17-44 참조.

이 문제에 대해서 1935년 하바로프스크를 방문한 후루야 카쿠조우(高谷覺藏)가 쓴 "러시아 인상기(印象記)"에 이러한 상황이 더욱 명확하게 기술되어 있다. 즉 소만(蘇滿) 국경에 가까운 소련 극동지역에 살고 있던 많은 조선인들이 농업집단화에 반대하자 소련당국은 이들에게 높은 세금을 매겼다. 이런 높은 세금을 납부하지 못하면 가재도구를 모두 강제로 압수해 갔는데, 이 때문에 농민들은 분노와 절망이 극에 달하여 봉기를 일으켰다. 이에 대해 소련보안부(ГПУ: Государственное политическое управление) 군대가 출동하여 보이는 대로 사살하였고, 영하 40도의 눈 내리는 밤에 이를 피하여 국경을 넘어 도주한 한인들이 몇 천 명인지 알 수 없다고 하였다. 이러한 과정에서 몇 천 명은 사살당하고, 살아남은 사람들도 도망 중 동사(凍死)하는 경우가 많았으며, 체포된 사람들은 일반 사람들이 볼 수 없도록 밤에 화물열차에 실려 하바로프스크로 끌려갔다.[80)]

소련한인의 이러한 귀국 움직임은 피드몬트 원칙에 반하는 것으로, 소련당국은 도저히 참을 수 없었다. 이와 관련하여 한인 관리인 황씨는 1930년 10월 13일에 극동지방 집행위원회 직속 소수민족전권대표 앞으로 비밀서신을 보내 연해주에서 극동의 타 지역으로 이주된 한인들이 연해주나 조선으로 도망가는 것을 방지하기 위해 원격지(카자흐스탄 혹은 노보시비르스크)로 송출할 것을 제안하였는데,[81)] 이를 통해서도 피드몬트 원칙의 실패와 한인의 이주 간에 관련성이 있음을 추정할 수 있다.

---

79) Terry Martin(1998), p. 25.

80) 勞働組合의 일로 하바로프스크를 방문했던 후루야 카쿠조우(高谷覺藏)는 12월 엄동설한의 겨울 밤 하바로프스크 역에서 대기하던 중, 인근 화물열차에 실려 있던 한인들에 대해서 영문을 몰라 궁금하던 차에, 조합에 근무하고 있던 韓人 공산당원으로부터 다음의 사실을 듣게 되었다: "露滿國境には澤山の朝鮮の百姓が水田を作つてある。今年も豊作で喜んでおつたら冬の始に共營農場化が實行された。共營農場に反對する者は稅金を高くされ收める米が無くなると明日食ふ米迄臺所から强制徵收をやり更に稅金の代りに家財道具迄無理矢理に取つて行く。農民は遂に憤慨と絶望の頂点に達し蜂起したゲペウの軍隊が出動する。農民は零下四十何度と云ふ雪の夜着のみ着のままで國境を超へて逃げた。國境守備のゲペウに見付からば射ち殺される。殺された者は何千あるか分らない。母親や父親が殺れて子供が生き殘つたのも多勢あつた。逃げ損じたものは全部逮捕されたと云ふのであつた。ではあの私の見た貨物列車だけかと聞いたち、露滿國境一帶何百里に亙つてのことで大部分はあの圖滿湖の氷の上を走つたのでうまく逃げた者の數は數千を下らない。逃げることが出來てもこの寒さでは遠く行かないうちに凍死してしまつたであらう。逮捕された者も何千あるか分らない、あの貨物列車でハバロブスクへ連れてくるのはこれで三日つづいて每夜行はれてゐる。晝は一般人民に見付からからあーして夜だけ運んで來るのだとその朝鮮人も憤慨して語.つておつた。" 高谷覺藏, "ロシヤ印象記," 「高谷覺藏上申書」(1936), 社會問題資料研究會 編『思想關係圖書目錄: ソビエート聯邦の實情』(東京: 同明舍, 1977), pp. 67-68.

81) *Белая книга о депортации корейского населения России в 30-40х годах*(Книга вторая), 1997. Авторы-составители: Профессор Ли у хе, доцент Ким ен ун, Москва, МККА. с. 26, 류한배(1999:52) 재인용.

둘째, 한인의 중앙아시아 강제이주 또한 피드몬트 원칙의 실패라는 맥락에서 생각해 볼 수 있다. 한인의 중앙아시아 강제이주 이전에도 국경지역에 있어서의 일본의 영향력에 대해 소련은 강한 의구심을 가졌다. 이것에 대해서는 이미 1937년 8월 21일자 공식적인 문서 〈극동지역 국경부근에서 한인 거주민을 이주시키는 문제에 관한 소비에트 사회주의 연방공화국 인민위원회와 전소공산당 중앙위원회의 결의안 No. 1428-326〉[82]의 서두에서도 한인 이주의 목적을 "극동지방에 일본정보원이 침투하는 것을 차단하기 위한 것"이라고 밝히고 있다.

뿐만 아니라 한인의 중앙아시아 강제이주의 전조(前兆)로 흔히 인용되는 발로진(И. Володин)이 쓴 프라우다의 기사 '소련 극동지역에서의 외국인 스파이 활동'[83]에서도 일본의 영향력에 의한 '역'(逆)피드몬트 원칙을 잘 감지할 수 있다. 이는 소련 내무인민위원회(НКВД: Народный комиссариат внутренних дел)의 부위원장 체르니쉐프(Чернышев)가 예조프(Н. Ежов)에게 마지막 한 명까지의 모든 한인을 강제이주의 대상에 포함시켜 추방할 것을 요구하면서 언급했던 다음의 지시에서도 잘 나타나고 있다[84]: "만약 대다수의 한인들을 추방할 때, 소수의 한인이라도 남겨놓는 것은 대단히 위험할 것이다. 왜냐하면 모든 한인들은 가족 간의 유대가 대단히 강하기 때문에 이들을 일부지역에 제한시킨다고 하더라도 (대다수 한인의 강제이주로 상처 입은) 이들을 상대로 하여 일본이 책동을 할 여지가 얼마든지 남아있기 때문이다."[85](괄호 안은 저자가 첨가한 것임)

셋째, 피드몬트 원칙은 소련한인의 이주와 관련된 한인자치지역 설립의 움직임과도 연관성이 있다. 이것을 좀 더 자세히 살펴보면 코민테른 극동지부는 1924년 5월 소련의 중앙정부에 대해서 한인자치구역의 설립을 허가해 줄 것을 요청하면서, 한인자치구역의 설립은 식민지 지배하의 한인들을 소련으로 유인하는 중요한 원인으로 작용할 것이며, 한국에 대한 일본의 식민지배에 대해 은연중 압력을 가하는 효과를 가져오게 될 것이라는 점을 주장하였다. 이러한 압력은 몰다비아를 점령하고 있는 루마니아에 압력을 가하기 위해 소련의 서부지역에 몰다비아 피드몬트를 설립하려는 소련의 움직임과 거의 같은 맥락에서 생각해 볼 수 있다.

한인자치구역의 설립제안은 당시에 심각하게 논의되었으나 1925년에 기각되었는데, 그 원인

82) ПОСТАНОВЛЕНИЕ И 1428-326сс СОВЕТА НАРОДНЫХ КОМИССАРОВ СОЮЗА СССР И ЦЕНТАЛЬНОГО КОМИТЕТА ВКП(б) "О выселении корейского населения из пограничных районов Дальневосточного края," 21 августа 1938 года(Сим Енг Соб · Ким Герман, 1998:55-56).

83) И. Володин, "ИНОСТРАННЫЙ ШПИОНАЖ НА СОВЕТСКОМ ДАЛЬНЕМ ВОСТОКЕ,"(소련 극동지역에서의 스파이 활동) *Правда*, April 23, 1937, стр. 5.

84) 중앙아시아 한인 강제이주의 명령계통에 관해서는 노영돈(1998) 및 이 책의 제9장을 참조할 것

85) Terry Martin, "The Origins of Soviet Ethnic Cleansing"(1998), p. 35.

중의 하나는 소련이 정치적 · 군사적으로 극동지역에서 자국의 힘이 미약하다는 것을 느꼈기 때문이다. 따라서 소련은 조선을 점령하고 있던 일본에 대해서 영향력을 투사하기보다는 오히려 역으로 소련에 거주하는 한인에 대한 잠재적인 일본의 영향력에 대해서 더 우려하였다. 이런 점은 1929년 소련정부의 보고서에서, 한인의 소련 이주는 한국 국경의 자연스러운 확장을 의미하며 적절한 시기가 오면 일본은 이 한인 점령지역의 소유권을 공식적으로 주장할 수 있다는 언급에서도 알 수 있다.[86] 이 때문에 러시아 외무성은 1926년 1월 한인의 이주를 막기 위해 비상조치를 취할 것을 요구하였다.

결과적으로 한인자치지구 대신에 그보다 규모가 작은 한인민족지구의 설치가 허락되었는데, 이 민족지구에는 171개의 작은 부락(посёлок)이 있고 한국어학교와 한국어신문이 발간되었다.[87] 한인을 선양하는 이러한 정책은 소수민족인 한인의 지위를 고양시킴으로써 일제의 식민 통치하에 억압당하고 있던 조국의 한인들의 지위와는 극히 대조적으로 비쳐졌으며 이러한 것은 소련의 피드몬트 정책과 같은 맥락에 있다고 볼 수 있을 것이다.

넷째, 피드몬트 원칙이 러시아/소련에서의 몇 차례에 걸친 한인 이주을 모두 설명할 수 있는 것은 아니다. 그 대표적인 경우가 1871년 한인의 블라고슬로벤노예 이주이다. 본래 피드몬트 원칙은 그 배경에서 소련의 민족정책과 관련한 소련의 이데올로기적 측면을 강조하고 있다. 즉 소수민족의 이주문제를 국경을 둘러싼 소련의 사회주의 이데올로기 전파와 밀접하게 관련시킨 것이었다.[88] 그러나 한인의 블라고슬로벤노예 이주의 경우에는 소비에트 정권이 권력을 잡기 이전의 사건으로서, 피드몬트 원칙이 주장하는 사회주의적 이데올로기와 관련된 것이라기보다는 오히려 물질적인 것과 관련된 면이 많다고 보여진다.

이를 좀 더 자세히 보면, 1871년 한인의 블라고슬로벤노예 이주는 소련시대의 피드몬트 원칙에 기반을 둔, 국경지역 안전의 확보나 국경지역에서 자국의 영향력 또는 이데올로기 확대라는 목적보다 오히려 다른 목적으로 이용되었다. 즉 한인의 이주를 통하여 조선과 러시아 사이에 안전한 국경지역을 확보할 뿐만 아니라 미개발지역을 개척하는 데 한인 노동력을 이용하고 성공적으로 러시아화(露化)된 한인의 정착촌을 건설하여 한인들을 유인(誘引)할 수 있는 하나의 모델을 제시하려고 하였다. 이를 위하여 블라고슬로벤노예 지역 이주한인들에게는 가구당 100제샤찌나의 토지가 주어진 것 외에도 ① 주택건설, ② 1872년 가을추수 때까지 식량공급, ③

86) Terry Martin(1998), pp. 19-20.
87) Terry Martin(1998), p. 20.
88) Terry Martin(1998), p. 17.

종자공급, ④ 가축 및 필수공구의 공급, ⑤ 소득세 면제, ⑥ 20년간 토지세 면제 등의 혜택이 주어졌다.[89)]

따라서 블라고슬로벤노예 지역의 이주는 피드몬트 원칙이 주장하는 바로는 설명이 쉽지 않다. 이러한 측면에서 이데올로기적 측면만을 강조하는 피드몬트 원칙이 좀 더 이론적 설명력(explanatory power)을 갖기 위해서는 비(非)이데올로기적 측면을 포함하는 새로운 개념설정이 요구된다고 할 것이다.

89) Ким Сын Хва(1965), p. 24; 朝鮮總督府內務局社會課, "滿洲及西比利亞地方二於ケル朝鮮人事情", 『朝鮮統治史料(第十巻): 在外韓人』(1927), 東京:韓國史料研究所(1971), p. 386.

제11장

고려인의 러시아 극동지역 귀환이주

세계화가 진전되면서 20세기 서구의 사회과학자들은 민족의식이나 민족주의는 구시대의 산물로서 점차 쇠퇴할 것이라 예상하였다. 특히 근대화이론의 신봉자들이나 맑스주의자들이 이러한 주장을 하는 대표적인 부류였다. 근대화이론을 주장하는 학자들은 사회경제적 발전과 세계화 과정에서 종족이나 민족공동체에 대한 필요성이 감소할 것이며 전체 인류에 대한 소속감이 편협한 민족감정을 대체할 것으로 예상하였다. 즉 민족이나 민족주의는 원시적인 것이며 근대화 과정에서는 반드시 소멸할 것으로 보았다. 또한 맑스주의자들은 민족이나 민족주의를 원시적이거나 원초적인 감정으로 보기보다는 역사발전의 한 단계, 즉 초기 자본주의의 산물로 간주하였다. 따라서 세계 모든 나라의 노동계급 프롤레타리아들이 계급이 없고 민족이 없는 세계를 건설하는 과정에서 자본주의 시기의 민족이나 민족주의는 자연히 자취를 감출 것이라고 주장해 왔다.[1] 이러한 주장에 따른다면 민족 간 차별이나 갈등 또한 자연히 쇠퇴할 것이라 기대할 수 있다.

그러나 최근의 보도에 따르면 이러한 주장이 반드시 현실로 나타나는 것은 아님을 알 수 있다. 9 · 11 뉴욕의 테러사건이나 모스크바 문화회관(Культурный дом)의 인질사건에서도 잘 알 수 있듯이 민족 간의 갈등은 조금도 수그러드는 조짐을 보이지 않고 있다. 오히려 민족 간의 갈등이 격화되고 있다는 느낌이 드는 이때, 우리의 이목을 끄는 것은 중앙아시아 고려인들의 이주소식이다. 고려인들이 중앙아시아 현지에서 민족 간의 갈등이나 이해관계 등을 포함한 여러 가지 어려운 상황 때문에, 60여 년 전 스탈린에 의해 대규모 강제이주를 당할 때까지 그들의 부모와 조부모가 살았던 바로 그 고향, 연해주로 귀환하고 있다는 간헐적인 보도를 들을 수 있다. 구소련의 붕괴 이후 이러한 재이주자들의 비공식적인 수효는 수만 명에 이르는 것으로 보고 있다.

1) Jeff Chinn and Robert Kaiser, *Russians as the New Minority: Ethnicity and Nationalism in the Soviet Successor States*(Boulder, CO: Westview Press, 1996), pp. 23-25.

본 장은 이러한 중앙아시아 고려인의 귀환이민을 주제로 하고 있다. 중앙아시아 고려인의 귀환이민은 단지 그 사실을 독자적으로 다루기보다는 그 이전에 발생하였던 한인의 이주와 연계하여 살펴보는 것이 그 전체적인 맥락을 더욱 명확히 할 수 있을 것이다. 이렇게 본다면 1860년대부터 시작된 한인의 러시아 극동지역으로의 이주를 '제1의 이주'라 부르고, 1937년 18만 명의 한인들이 중앙아시아로 강제 이주된 것을 '제2의 이주'라 한다면, 1989년 구소련의 붕괴 전후로 촉발된 고려인들의 러시아 지역으로의 또 다른 이주를 '제3의 이주'라고 부를 수 있을 것이다.

현재까지 '제1의 이주'[2]와 '제2의 이주'[3]에 대한 연구는 많이 이루어졌으나, '제3의 이주'에

---

2) '제1의 이주'에 관해서는 다음과 같은 연구들이 있다: В. Граве, *Труды Командированной по Высочайшему повелению Амурской Экспедиции: Выпускъ XI. Китайцы Корейцы и Японцы въ Приамурье*(Санкт-Петербург: В.Ф. Киршбаум, 1912). (「極東露領に於ける黃色人種問題」. 『露・亞經濟調查叢書』 第49卷. pp. 1-214 南滿洲鐵道株式會社 庶務部調查課編譯. 昭和四年. 大阪: 大阪每日新聞社); 玄圭煥, 『韓國流移民史』 (上卷) 蘇聯篇(極東地方) pp. 740-976(語文閣, 1967); Герман Ким, *История иммиграции корейцев: Книга первая*(Вторая половина XIX в.~1945 г.)(Алматы: Институт востоковедения имени р. б. Сулейменова, 1999); 이상근, 《한인 노령이주사 연구》 (탐구당, 1996); 고승제, "沿海州移民의 社會史的分析," 《白山學報》 第11號(1971), pp. 149-168; 고승제, "연해주 이민사 연구(1853~1945)" 『國史館論叢』 제11집(1990), pp. 1-32; 권희영, "한민족의 노령이주사 연구(1863~1917)," 《國史館論叢》 (國史編纂委員會) 第41輯(1993), pp. 153-186; 류한배, 『한민족 러시아이민사 연구서설: 한민족공동체 구상과 관련하여』(세종연구소, 1999); 심헌용, "조선인의 러시아 이민사: 이민 초기의 쟁점과 현대적 의미." 서대숙(편), 『한국과 러시아관계: 평가와 전망』(경남대학교 극동문제연구소, 2001), pp. 53-82; 이동언, "露領地域 初期 韓人社會에 관한 硏究," 《한국독립운동사연구》 5(1991), pp. 205-232; 이채문, "한인의 러시아 극동지역 이주: 歷史와 理論," 《슬라브학보》, 제15권 제1호(2000), pp. 349-384; 이채문, "러시아 극동지역 韓人農業移民에 관한 社會史的 分析: 農民層分化를 중심으로" 『한국동북아논총』 제17집(2000), pp. 59-90; 이채문, "한인의 러시아 極東地域移住와 滿洲移住의 比較: 이주에 영향을 미친 요인들을 중심으로" 『우리사회연구』제7집(2000), pp. 81-122; 이채문, "러시아/소련 극동지역 한인 이주문제에 대한 정치지리학적 고찰(1860~1937)," 『슬라브학보』(2002), pp. 323-353.

3) '제2의 이주'에 관해서는 다음과 같은 연구들이 있다: Ли У Хе & Ким Ен Ун(Авторы-составители), *Белая книга о депортации корейского населения России в 30-40х годах*(Книга Вторая)(Москва: МККА, 1997); Сим Енг Соб & Ким Герман(редакторы), *История Корейцев Казахстана: Сборник архивных документов*(Алматы-Сеул: Алматинский центр просвещения Республики Корея с Ассоциация Корееведов Казахстана Институт Востоковедения МН-АН Республики Казахстан, 1998). 부가이(Н. Ф. Бугай), 『재소 한인들의 수난사: 해설 및 관계 공문서』(세종연구소, 1996); Nikolai Bugai, "The 'Korean Issue' in the Soviet Far East and the Deportation of 1937." *Far Eastern Affairs*, no. 3(1992) pp. 96-103; Michael Gelb, "An Early Soviet Ethnic Deportation: The Far-Eastern Koreans" *The Russian Review* 54(1995), pp. 389-412; 岡奈津子, 「ロシア極東の朝鮮人:ソビエト民族政策と强制移住」 『スラブ研究』(第45号)(1998)(http://src-home.slav.hokudai.ac.jr/publictn/45/oka/oka.html); 木村英亮, "ソ連極東地方一九三七年: 朝鮮人强制移住と日本"『歷史評論』(拔萃本) 第11卷(1987), pp. 18-29; 김 피오트르 게르노비치・방상현, 『재소 한인이민사: 스탈린의 강제이주』(탐구당, 1993); 권희영, "한민족의 중앙아시아 이주의 배경과 과정" '중앙아시아 거주 한민족 관련연구를 위한 Workshop' (중앙대학교 민족발전연구원 해외민족연구소 주최)(1998)(http://web.korea.ac.kr/~yoonin/koreans/재외동포법/중앙아시아워크숍.htm); 정동주, 『까레이스끼, 또 하나의 민족사』(우리문학사, 1995); Chaimun Lee, "A Comparative

대해서는 아직 심도 있는 연구가 진행되지 못하고 있다. 최근 고려인의 재이주에 대해 관련분야의 연구자들이 과거보다 더 많은 관심을 갖고 있는 것이 사실이지만, 아직 그러한 관심을 심도 있는 연구의 차원으로 끌어들이려는 노력이 상당히 부족하다.

'제3의 이주'를 연구한 기존의 문헌들[4]이 없지는 않지만 이들 기존연구는 몇 가지 한계성을 갖는다. 그것을 간략히 살펴본다면 첫째, 상당수의 문헌이 본격적인 연구라기보다는 고려인들의 재이주에 관한 소식을 뉴스의 차원에서 간략하게 언급하는 경우가 많았다. 또한 일부 연구는 고려인 또는 한인문제와 관련한 기타 주제를 다루면서 고려인의 재이주에 관하여서 간략하게 언급하는 정도에 그치기도 하였다. 둘째, 대부분의 연구가 정책적 관점에서 재이주에 대한 단편적인 실태를 모아서 제시하거나 또는 이러한 재이주 실태에 대한 정책적 차원의 대책을 제시하는 것에 치우치는 경우가 많았다. 따라서 이러한 경우에는 재이주가 왜 발생하는가에 대한 구조적 요인을 검토하는 데는 상당히 소홀하였다고 보여진다. 셋째, 기존 연구의 일부는 고려인들의 연해주 이주에 영향을 미친 중앙아시아의 내전이나 민족주의적 영향 등 재이주의 배출요인에만 관심을 가짐으로써 극동 러시아 지역에서 이들 이주민들을 흡인하고 있는 요인을 분석하는 데는 소홀하였다. 그리하여 이주연구에서의 균형 잡힌 분석이 불가능하였다. 넷째, 이러한 재이주에 관한 최근 연구들의 상당수는 재이주 고려인들의 비참하고도 어려운 상황을 호소하고, 이에 대해 민족적인 관심을 유발시키는 데 초점을 맞추고 있다. 따라서 이들 연구가 감정적 차원에 치우침으로서 객관적인 연구라고 보기에는 어려운 점이 많았던 것 또한 사실이다. 본 연구는 이러한 '제3의 이주'에 대한 문제의식에서 출발한다.

Study on the Forced Deportations of Two Ethnic Groups: Soviet Koreans and Volga Germans," Proceedings of the 1st World Congress of Korean Studies(The Academy of Korean Studies, 2002), pp. 706-720; Chaimun Lee, "A Study about the Origins of The Forced Deportation of Soviet Koreans: Focusing on Ethnic Conflicts over Land Issues," Journal of Korean Studies vol. 2(2002), pp. 17-44.

4) '제3의 이주'에 관해서는 다음과 같은 연구를 들 수 있다: 이종훈, "중앙아시아 한인의 연해주 재이주현황과 정책과제,"『한민족공동체』제3호(1995), pp. 75-105; 배규성, "러시아 극동·연해주 지역 고려인의 역이주와 생활실태,"『동포논총』 제5집(2001), pp. 73-93; 이광규, "러시아 극동지역 한인사회의 제 문제,"『재외한인연구』제5호(1995), pp. 5-95; 김 텔미르, "러시아 연해주 한인사회의 현황,"『극동문제』 9월호(1999), pp. 66-69; 이정식, "연해주 농업개발과 고려인,"『한민족공동체』 제9호(2001), pp. 182-213; V. L. 라린, E. A. 플락센, "재소 한인의 연해주 이주에 대한 연구: 여론조사 결과분석,"『러시아연구』 제1권, 2호(1994), pp. 166-182.
그리고 고려인의 재이주에 관한 언론보도의 대표적인 것으로는 다음과 같은 것이 있다. Jeffrey Lilley, "Russia: Pacific reunion - Ethnic Koreans seek return of Siberian 'homeland,'" *Far Eastern Economic Review*(March 11, 1993); "Coming Home," *Vladivostok News,* Issue 149(1999)[http://vn.vladnews.ru/1997/iss149/focus.htm]; Владимир Демченко, Константин Завражин, "В Приморье корейцы занимают военные городки: Больше в родных местах им жить негде" Известия 3 февраля, 1999, стр. 2.

먼저 본 장에서는 중앙아시아 고려인들의 귀환이민과 관련한 이론적 배경을 고찰한다. 그 다음으로 귀환이민을 발생시키는 요인들을 유출지역과 유입지역으로 나누어 살펴보고, 이러한 귀환이민의 요인들과 관련된 논의 및 결론을 제시하도록 한다.

I. 귀환이주에 관한 이론적 배경

본 절에서는 먼저 귀환이민에 대한 개념을 고찰할 필요가 있다. 귀환이민(return migration)과 유사한 개념에는 여러 가지가 있는데, 환류이민(reflux migration), 귀향이민(homeward migration), 재이주(remigration), 역류(return flow), 2차이민(second-time migration), 송환(repatriation), 역행이주(retromigration) 등이 그것이다. 이들 개념들 중 일부는 서로 유사한 의미를 가지고 있지만, 어떤 점에서 차이가 있는 용어도 없지 않다. 러시아 극동지역으로 이주하는 중앙아시아 고려인들의 경우에는 위의 일부 개념들을 원용할 수 있으리라고 생각되나, 본 연구에서는 서구 학계에서 일반적으로 통용되고 있는 귀환이민(return migration)이라는 용어를 사용하기로 한다. 본 연구에서 사용되는 귀환이민은 "재정착하기 위해 고국/고향으로 돌아가는 이주민들의 움직임"으로 정의할 것이다.[5)]

이주에 대한 관점은 여러 가지가 있지만 주로 신고전 경제학적 관점과 역사-구조적 관점으로 대별할 수 있다. 신고전 경제학적 관점(neo-classical economic perspective)에서는 국제 노동력 이동을 개개인의 합리적 선택의 결과로 간주하지만, 마르크스주의에 기초한 역사-구조적 관점(historical-structural perspective)에서는 국제 노동력 이동에 영향을 미치는 사회구조를 중시하는데 여기에는 유입국과 유출국의 시장・사회・국가, 그리고 더 나아가서 이러한 국가들을 포괄하는 세계체계가 모두 포함된다.[6)] 이러한 이주에 대한 관점을 아래에서 좀 더 상세하게 고찰한다.

먼저 신고전 경제학적 관점에서는, 개인이 이용 가능한 정보를 이용하여 자본이나 기타 자원은 풍부하나 노동력이 부족한 지역으로 이동함으로써 자신의 경제적・사회적 지위를 향상시키려 한다고 본다. 그러므로 여기서는 개인을 이익을 극대화하려는 존재로 간주하여, 기대이익이 있는 경우 언제나 새로운 목적지로 이동하는 합리적 존재로 파악하고, 국제 노동력 이동은

5) 여기서 사용되는 정의는 그멜치(George Gmelch)가 사용한 것을 원용한 것이다. George Gmelch, "Return Migration," *Annual Review of Anthropology*, vol. 9(1980), p. 136.

6) 설동훈, 『노동력의 국제이동』(서울대 출판부, 2000), p. 7.

이러한 개인들이 시도하는 자발적이고 합리적이며 계산된 행동이라고 본다. 따라서 개인들은 자신의 이익을 추구하려고 이주를 시도하지만 결과적으로 이러한 행동은 각 지역에 불균등하게 존재하는 자원과 생산요소들 간의 균형을 되찾는 데 기여하게 된다는 것이다.[7)]

반면에 마르크스주의적 역사-구조적 관점에서는 세계체계론과 노동시장분절론에 기초하여 국제 노동력 이동을 설명한다. 세계체계론에 따르면 국제 노동력 이동은 저발전 부문(less developed sector) 또는 저개발 국가가 발전된 부문 또는 선진국으로 편입되는 과정에서 발생한다고 본다. 이러한 편입과정은 양 부문 간의 불균형을 더욱 심화시키고, 그 결과 발생하는 이주는 자본축적에서 필수적인 과정일 수밖에 없다는 것이다.[8)] 즉 다국적 기업이나 중심국이 이윤과 부의 축적을 위해 주변국으로 진입하고, 이러한 다국적 기업이나 중심국에 의한 세계적 자본축적은 주변부(국)의 전통적 생산양식을 파괴함으로써 과잉노동력을 발생시킨다. 반면에 중심부에서는 자본주의가 급격하게 발전함으로써 노동력 부족이 유발된다.[9)] 그 결과 주변부와 중심부 간에는 노동력 불균형이 초래되고, 따라서 노동력 이동이 불가피하게 된다는 것이다.

한편 노동시장분절론에 따르면 노동시장은 높은 임금, 고용안정 및 직업에 있어서의 상승이동 등 전문직과 숙련공에게 보장되는 내부노동시장과, 낮은 임금, 불안정한 고용, 직무의 상승이동이 보장되지 않는 등의 특징을 갖는 외부노동시장으로 나뉜다. 이러한 상태에서는 외부노동시장의 임금인상이 내부노동시장의 임금인상으로 전이(轉移)되어 구조적 인플레이션(structural inflation)이 발생할 수 있다. 따라서 이러한 현상을 방지하기 위해 외부노동시장의 비숙련직에 대한 임금인상을 억제할 필요가 있다. 이를 위해 저임금을 감수하는 외국인 노동자를 고용하고, 그 결과 국제 노동력 이동이 발생한다는 것이다. 따라서 노동시장분절론에 따르면, 국제 노동력 이동은 노동력 유출국에서 발생하는 높은 실업률이나 저임금 등의 배출요인(push factors)보다는 저임금의 외국인 노동자에 대한 수요라는 유입국 내에서의 흡인요인(pull factors) 때문에 발생한다고 본다.[10)] 이와 관련하여 세계체계론적 접근에서는 국제 노동력 이동이 자본과 상품의 흐름과는 반대방향으로 발생하며, 과거에 특별한 관계가 형성된 국가들 간의 관계, 예를 들어 식민지와 모국 간의 관계에서

7) Demetrios G. Papademetriou, "Emigration and Return in the Mediterranean Littoral," *Comparative Politics*, vol. 18, Issue 1(1985), p. 22; Douglas S. Massey, Joaquin Arango, Graeme Hugo, Ali Kouaouci, Adela Pellegrino and J. Edward Taylor, "An Evaluation of International Migration Theory: The North American Case," *Population and Development Review*, vol. 20, no. 4(1994)[http://web4.infotrac.apla.galegroup.co].

8) Demetrios G. Papademetriou, pp. 22-23.

9) 설동훈, p. 16.

10) Michael J. Piore, *Birds of Passage: Migrant Labor and Industrial Society*(Cambridge: Cambridge University Press, 1979), pp. 31-33.

더 많이 발생한다고 본다.[11)]

따라서 신고전경제학적 관점에서는 귀환이민이 개인의 경제적 이익을 극대화하기 위한 과정에서 발생한다고 본다. 즉 임금이나 경제적 이익의 측면에서 현재의 체류지보다 초기 거주지가 노동자에게 더 유리하다고 판단될 때 귀환이민이 발생한다는 것이다. 또한 세계체계론에 기초를 둔 역사-구조적 관점에서 본다면 다국적 기업이나 중심국의 자본이 현재의 체류지에 진출하여 전통적인 생산양식을 파괴함으로써 저임금 노동자를 더욱 많이 창출하고, 대조적으로 노동자들의 초기 거주지에서는 노동력의 부족을 초래함으로서 그곳으로의 귀환이민이 발생할 수 있다고 유추할 수 있다. 또 다른 역사-구조적 관점의 하나인 노동시장분절론에 따르면 높은 실업률이나 저임금 등 현 체류지의 악화된 경제 상황보다는 초기 거주지에서의 "만성적이고 불가피한 외국인 노동자에 대한 수요"[12)] 때문에 귀환이민이 발생한다고 해석할 수 있다.

그러나 본 장에서 다루게 될 중앙아시아 고려인의 귀환이민에는, 이러한 신고전경제학적 관점이나 역사-구조적 관점에서 설명하기 어려운 여러 가지 요인이 있다. 연해주로의 귀환이민은 신고전경제학적 관점에서 주장하듯이 고려인들의 경제적 이익을 극대화하기 위해서만 진행되고 있다고 보기는 어려운 점이 많다. 본 장에서 후술하겠지만, 오히려 귀환지인 연해주의 경제적인 여건이 과거 체류지였던 중앙아시아보다 낫기 때문이라기보다는 중앙아시아의 정치경제적 요인, 예를 들어 내전이나 구소련 붕괴 후의 회교 민족주의 또는 언어문제가 오히려 더 중요한 노동력의 배출요인으로 작용하고 있기 때문이다. 그리고 역사-구조적 관점이 주장하듯이 주변부의 중심부로의 편입과정에서 이주가 발생한다는 주장도 설득력을 갖기 어렵다. 즉 현 체류지인 중앙아시아 지역과 이주지인 연해주 지역이 세계체계론에서 설명하는 다국적 기업이나 중심부 국가의 주도하에 놓여 있기 때문에 이주가 발생한다는 주장도 설득력이 없기 때문이다.

따라서 본 장에서 중앙아시아 고려인들의 귀환이민을 설명함에 있어서 신고전 경제학적 관점이나 마르크스주의 측면에서 고찰한 역사-구조적 관점은 상당한 한계성을 내포하고 있다고 볼 수 있다. 즉 고전적인 경제학적 관점에서 주장하는 것처럼 이주나 귀환이주가 단지 합리적인 계산에 의해서만 발생하는 것도 아니고, 또한 마르크스적 또는 신마르크스적 관점에서 주장하듯이 개인의 독자적인 행위에 대한 구조적 제약에 의해서만 나타나는 것도 아니다. 오히려 양자의 입장에서 본다면 이주는 경제적·사회적·정치적 공백 속에서 발생하는 것이 아니라, 이주에 대한 개인적/가족적 결정은 거시구조적 변수에 의해서 발생한다는 것이다.[13)] 이것을 본 연구에서

11) 석현호, "국제이주이론: 기존이론의 평가와 행위체계론적 접근의 제안," 『한국인구학』 제23권 제2호(2000), p. 10.
12) Michael J. Piore, 같은 책.

는 이주나 귀환이민에 대한 '절충론적 입장'으로 부를 수 있을 것이다.

이 점을 더욱 명확히 하기 위해서 중앙아시아 고려인들의 이주상황을 간략히 정리해 볼 필요가 있다. 고려인들의 중앙아시아 이주는 1937년 스탈린에 의해서 단행되었다. 그 후 중앙아시아의 여러 지역에 분산되었던 고려인들은 1980년대 후반 페레스트로이카 시기에 점증하는 회교 민족주의와 이와 관련한 내전 등에 의하여 볼고그라드를 비롯한 러시아 남부지역 및 러시아 극동지역으로 이주하게 된다. 따라서 이러한 이주는 더 나은 경제적 지위와 직업에서의 성공 및 자녀교육 등 개인의 이익을 극대화하기 위한 목적의 측면도 포함되어 있지만, 더욱 중요한 것은 이들이 위치한 국가들의 정치경제적 상황이다. 즉 구소련 체제의 붕괴로 인한 사회경제적 구조의 변화, 이슬람 국가들에 있어서의 회교 민족주의 및 종족/지역 간에 발생하는 갈등 등 구조적 요인들이 이들의 외부지역으로의 이주에 더욱 중요한 역할을 하였다. 다시 말해서 개인적인 요인과 구조적인 요인이 서로 밀접한 연관성을 가지고 이들 고려인들의 귀환이민에 영향을 미치게 된 것이다. 따라서 신고전경제학적 관점에서 주목하는 개인의 합리적 행동뿐만 아니라, 역사-구조적인 측면에서 사회적, 경제적 변화와 같은 구조적 요인 또한 귀환이민을 발생시키는 중요한 변수가 될 수 있다. 따라서 본 연구에서는 중앙아시아 고려인들의 귀환이민을 개인의 합리적 측면(미시적 관점)과 사회경제적 측면(거시적 관점)에서 함께 고려할 것이다.

Ⅱ. 고려인 귀환이민의 요인 분석

중앙아시아 고려인들의 이주실태를 전체적으로 살펴보면 1997년 26,000여 명의 고려인들이 연해주로 귀환하였고(〈표 11-1〉, 〈표 11-3〉, 〈도표 11-1〉 참조), 앞으로 더 많은 고려인의 귀환이 예상된다.[14] 국내의 일부 언론보도에 의하면 2000년까지 약 50,000명 이상의 고려인이 귀환한 것으로 보도되고 있다.[15] '연해주고려인재생기금'이 제공한 자료에 따르면 1997년 현재

13) Demetrios G. Papademetriou, p. 23.

14) "Coming Home," *Vladivostok News*(1997)[http://vn.vladnews.ru/1997/iss149/focus.htm, 검색일1999. 05. 19].

15) "연해주리포트: 한민족의 저력 카레이스키(2)" 『영남일보』, 2002. 3. 8. 귀환 고려인의 수는 자료에 따라서 차이를 보이고 있는데, 조선일보(2000. 3. 3.)의 보도에 의하면 2000년까지 약 35,000명의 고려인이 귀환하였다고 하며[http://www.chosun.com/w21data/html/news/200003/200003030346.html], 이즈베스치야(Известия)는 2000년쯤에는 약 25,000명 내지 30,000여 명의 중앙아시아 고려인들이 귀환해 올 것이라 예상하였다. "В Приморье корейцы занимают военные городки: Больше в родных местах им жить негде," Известия, 3 февраля, 1999, стр. 2. 심지어 최근의 한 연구에 의하면 2002년 현재 고

연해주에는 약 3만 명의 고려인이 거주하는 것으로 나타나고 있다. 지역별 구체적인 수치를 보면 우수리스끄가 15,400명으로 가장 많고[16] 그 다음으로 빨치산스크, 나홋카, 블라디보스토크, 아르쫌 등의 순서로 나타나고 있는데, 자세한 수치는 다음과 같다.

〈표 11-2〉 연해주 고려인 거주 실태(1998)

지 역	한인 수	지 역	한인 수
우수리스끄	15,400	핫산스크	120
빨치산스크	3,000	쉬키톱스크	320
나홋카	3,000	나제진스크	200
블라디보스토크	2,000	라좁스크	100
아르쫌	2,000	올긴스크	50
스파스크달리	1,000	아르세니에프	328
달녜고르스크	160	아누친스크	50
아르세니예프	328	카바렐롭스크	120
레쏘자보드스크	420	크라스노아르메이스크	50
키로프스크	80	옥쟈빌스크	200
호롤스크	40	떼르네이스크	60
한카이스크	20	우제브스크	80
체르니곱스크	500	야콥렙스크	65
미하일롭스크	400		
합 계			30,063

자료: 연해주고려인협회 제공(1998), 우리민족서로돕기운동, "연해주 1차 방문 및 러시아 연해주 고려인의 실태에 관한 조사연구: 연해주 정부가 무상임대한 정착촌 고려인을 중심으로"(2000. 1. 20) [http://www.wekorean.or.kr, 검색일 2002. 12. 4], p. 12 재인용.

려인 귀환이민자는 약 10만 명에 달한다고 한다. 박진환, "극동 러시아의 경제실정과 연해주 고려인들의 고용기회," 『제2회 고려인 문화의 날 기념 동북아평화연대 창립 1주년 기념 학술토론회 논문집』(2002. 10. 23), p. 25[http://www.wekorean.or.kr, 검색일 2002. 12. 3.].

그러나 이러한 귀환이주 고려인들의 공식적인 수는 이보다 훨씬 적게 기록되고 있는데, 그 이유는 러시아 거주등록에 필요한 공식적 서류를 갖추고 있지 못하거나 또는 거주증을 획득하려 하지 않기 때문인 것으로 보인다. 귀환이주 한인의 공식적인 연해주 정부의 통계는 다음과 같다.

〈표 11-1〉 연해주로 이주해 온 한인 인구 수 추이

합계	1989	1992	1993	1994	1995	1996	1997
5,076	372	744	765	1,222	1,339	582	52

자료: Приморский краевой комитет государственной статистики, А. С. Ващук, Корейская диаспора в Приморье сквозь призму миграций(90-е гг. XX в.), c. 46, cited in 심헌용, "연해주 지역의 인구이동과 민족관계의 변화," 『2003년 재외한인학회 연례학술대회 논문집』(2003. 12. 13, 국회 헌정기념관), p. 11.

16) 우수리스끄는 현재 약 17만 명의 인구가 거주하는 지역으로, 한인들의 과거역사나 독립운동을 이야기할 때 빠질 수 없는 중요한 지역이다. 우수리스끄에 고려인들이 많이 모여 사는 이유는 과거 조상들이 집중적으로 거주하였던 지역이기도 할 뿐만 아니라, 연해주 제2의 도시로서 기타 지역보다 장사를 할 수 있는 여건이 더 낫기 때문이다. 필자가 2003년 7~8월 연해주 호롤스키 라이온에서 봉사활동을 하면서 현지인들에게 들은 바로는 연해주 지역은 중국인과 한국인을 포함한 동양인들이 워낙 많아 동양인들이 러시아인들에게 기죽지 않고 활보할 수 있는 유일한 곳이라고 했다.

이러한 추세는 독립국가연합의 고려인 수의 변동추세에서 잘 나타나고 있다. 〈표 11-4〉에서 보는 것처럼, 러시아에 거주하는 한인은 1995년 108,325명에서 1999년 153,400명으로 늘어났는데 이 증가분의 대부분은 러시아 극동지역에서 발생하고 있음을 잘 보여주고 있다.[17] 그리고 인구가 감소한 지역은 대부분 중앙아시아의 여러 나라들이다. 최근에는 회복추세를 보이고 있기는 하나, 우즈베키스탄의 경우 1995년 220,336명에서 1999년 181,241명으로 감소하였고, 내전으로 많은 난민이 발생한 타지키스탄에서는 1989년 13,431명(일부 통계에서는 20,000명)에서 2001년 1,550명으로 급감하였다. 이는 연해주의 귀환이민자들 중 타지키스탄과 우즈베키스탄 출신들이 주류를 이루고 있다는 점과 일맥상통하는데,[18] 현재 타지키스탄의 한인들은 거의 대부분 이 지역을 떠난 것으로 보인다. 또한 아제르바이잔과 그루지아에서는 고려인의 수가 1989년 94명과 242명에서 2001년에는 20명과 50명으로 각각 줄어든 것을 볼 수 있다. 그리고 투르크메니스탄의 고려인들 역시 1992년 3,000명에서 2001년에는 2,500명으로 감소하였다.

---

17) 물론 고려인들의 재이주 목적지가 연해주를 포함한 러시아 극동지역이 유일한 것은 아니다. 남부 러시아의 볼고그라드(Волгоград) 지역으로도 상당수의 고려인 이주가 이루어지고 있다. 1961년까지는 스탈린그라드(Сталинград)로 불리기도 했던 볼고그라드는 북코카서스 지역과 인접한 남부 러시아의 공업과 농업의 중심지로서 이주자의 대부분은 1992년 인근의 타지키스탄 내전을 피해서 온 경우이다. 그러나 이미 구소련 시기에 일부 한인들은 고등교육이나 군복무를 마친 후 이 지역으로 할당되었다. 그리고 소수의 한인들은 이 지역에 소재하고 있는 기업의 초청을 받아 카자흐스탄이나 중앙아시아 지역으로부터 이주한 경우도 있었다(Ким Ён Ун, "Корейцы России: судьбы и перспективы," p. 18). 또 일부는 이 지역의 농업 콜호즈로 이주하여 농업노동자로 근무하다 다양한 직업으로 바꾸어 종사하기도 하였다. 그 다음 1980년대 중반 페레스트로이카 시기에 시장경제의 도입으로 '고본질'이라는 고려인들의 계절 이동식 농업에 종사하기 위해 고려인들이 이 지역과 인근 크라스 노다르, 스타브로폴, 로스토프 등지로 진출하기도 하였다. 현재 볼고그라드 지역의 고려인은 약 2만 명으로 추산되고 있으나, 2001년 현재 354명만이 공식등록된 이주민이며, 나머지는 불법체류자의 신분으로 있다. 볼고그라드의 고려인에 대해서는 우리민족서로돕기운동 한국본부 · 러시아 본부, "러시아 남부 볼고그라드 지역 한인 정착지원을 위한 기초조사 보고서"(2001)[http://www.wekorean.or.kr, 검색일 2002. 12.3.]를 참조.
중앙아시아 고려인의 '고본질'에 대해서는 Tae Hyeon Back, "The Social Reality Faced by Ethnic Koreans in Central Asia," Koryo Saram: Koreans in the Former USSR, Korean and Korean American Studies Bulletin vol. 12, nos. 2/3(2001), pp. R61-R73, 백태현 · 이애리아, "중앙아시아의 고본질," 『비교문화연구』 제6집 1호(2000), pp. 63-131, 전경수 편, 『까자흐스딴의 고려인』(서울대 출판부, 2002), pp. 139-210을 참조하시오.

18) "중앙아시아 고려인의 연해주로의 재이주"[http://www.koreiski.com/menu.htm, 검색일 2002. 11. 18.].

〈표 11-3〉 러시아 극동지역의 재이주자

지역	기존 거주자	재이주자	*재이주자
연해주변강	10,760	7,500	
우수리스끄	2,500	2,500	13,000
빨치산스크	1,500	1,500	4,200
나홋카	1,800	500	2,000
블라디보스토크	2,000		1,250
아르촘		3,000	3,000
스파스크달리	2,000		2,000
달네고르스크	720		
아르세니예프	240		
하바로프스크변강	9,720	80(6,000**)	
사할린주	36,000		
캄차카주	5,000	80	
기타			849
합계	61,480	7,580(13,580**)	26,299

(* Issues and Trends: "연해주 고려인 정착촌 건설구상"(1996년 5월) 박진환, 『극동러시아의 벼농사, 국영농장, 그리고 조선족-러시아인들』(농협대학 농촌개발연구소, 1998), p. 140 재인용; ** 1997년 통계(조선일보, 1997. 12. 31.))

자료: 고려문화학술재단, 『러시아 극동대학내 한국대학설립계획』, p. 2, 이종훈, "중앙아시아 한인의 연해주 재이주현황과 정책과제," 『韓民族共同體』 제3호(1995), p. 81 재인용.

〈도표 11-1〉 연해주의 귀환 고려인 거주지역

자료: 본 도표는 위의 〈표 11-3〉에 나타난 * Issues and Trends의 자료를 근거로 작성한 것임.

〈표 11-4〉 독립국가연합(CIS)의 한인 수의 추이

연도 지역	1959	1970	1979	1989	1992	1995	1997	1999	2001
駐러시아(大)						52,057	54,800	69,700	69,450
駐 블라디보스토크(總)						56,268	44,118	83,700	87,200
소계 (러시아)	91,445	101,369	97,649	107,026	115,000	108,325	98,918	153,400	156,650
우즈베키스탄	138,453	147,538	163,062	183,140	200,000	220,336	220,350	181,241	230,800
카자흐스탄	74,019	81,598	91,984	103,315	110,000	103,525	103,653	113,000	99,700
키르기즈스탄	3,622	9,404	14,481	18,355 (22,000*)	20,000	17,476	16,650	20,000	20,000
우크라이나				8,669	9,000	8,742	8,792	8,939	8,958
투르크메니스탄	1,919	3,493	3,105	2,848	3,000			2,500	2,500
타지키스탄	2,365	8,490	11,179	13,431 (20,000*)	3,500			6,228	1,550
벨라루시				638	1,000	2,005	1,005	1,200	1,200
몰도바				269	250	351	351	269	256
그루지아				242	270	255	255	50	50
아제르바이잔				94	94	100	100	20	20
아르메니아				29	27	30	30	10	10
발트3국				569	750				
기타	1,912	5,615	7,466						
총 합계	313,753	357,507	388,926	438,625	460,000	461,145	450,104	486,857	521,694

자료: 1995, 1997, 1999, 2001년도 통계는 외교통상부, 『재외동포현황』(2001. 7.); 1992년 통계는 '국제고려인연합회' 회장인 모스크바대학 교수 김영웅 박사와의 인터뷰 과정에서 惠谷 治가 입수한 통계임. 惠谷 治, "옛 소련거주 고려인 인구통계," 『極東問題』 3월호(1996), pp. 60-61; 1959, 1970, 1979년 통계는 구소련의 각종통계에 의거하여 Yugai Ilya, "National Identity of the Koreans in Uzbekistan," 『1998 통일문제 국제 학술회의논문집(전남대 사회과학연구소)』, p. 28에 인용된 것임; 1989년 통계는 전소련인 구조사(1989년)의 통계로 노영돈, "구소련의 고려인 정책과 현CIS내 한인의 실태," 『한국정치외교사학회』 제19집(1998), pp. 287-288에 인용된 것임. 다만 *는 외무부가 발표한 『해외동포현황』(1991, 12.)에 의거한 1989년 통계임.

본 장에서는 중앙아시아 고려인들의 흡인요인과 배출요인을 고려함에 있어서, 토렌(Nina Toren)이 미국으로부터 귀환한 유태인들을 분석할 때 사용하였던 경제적·직업적 요인(economic and occupational), 사회적·애국주의적 요인(social and patriotic) 및 개인적·가족적 요인(personal and familial) 등의 분류방법을[19] 사용하여 분석할 것이다. 니나 토렌(Nina

Toren)이 사용한 항목은 다음과 같다.

경제적 · 직업적 흡인요인으로는 ① 유입지에서의 취업기회, ② 직업에서의 승진기회, ③ 귀환이민자들에 대한 특별한 이익 등이 있고, 사회적 · 애국주의적 흡인요인에는 ① 유입지가 고향이라는 점, ② 고국에서 살고 싶다는 점, ③ 고국에서 자신을 필요로 하는 사건들이 발생한다는 점 등이 있다. 그리고 개인적 · 가족적 흡인요인으로는 ① 친척들과 같이 생활하고 싶은 욕구, ② 가족들이 자신의 귀환을 원함, ③ 사소한 개인적 이유 등이 있다.

다음으로 배출요인을 살펴본다면, 먼저 경제적 · 직업적 배출요인에는 ① 유출지에서 실업, ② 불충분한 수입, ③ 현 직업이 만족스럽지 않은 경우 등이 있다. 사회적 · 애국주의적 배출요인으로는 ① 사회적 불안요인, ② 자신이 이방인으로 간주됨, ③ 자신에 대한 차별대우 등이 있고, 개인적 · 가족적 배출요인으로는 ① 친구가 없는 경우, ② 가족으로부터의 압력을 피하기를 원하는 경우, ③ 사소한 개인적 이유 등이 있다.

이러한 요인들이 귀환이주를 하는 중앙아시아 고려인들에게 반드시 정확하게 해당되는 것은 아니나, 이러한 준거기준에 따라 배출요인과 흡인요인을 대략적으로 손꼽아 보았다.

1. 중앙아시아에서의 배출요인

1) 경제적 · 직업적 배출요인

독립국가연합에 살고 있는 한인들의 경우 자기가 태어난 곳을 떠나서 사는 것이 그렇게 흔한 일은 아니다. 예를 들어, 연해주에서는 대략 10%의 한인들만이 이 지역에 계속 거주하고 있으나, 카자흐스탄에서 태어난 한인들 중에는 83.3%가 카자흐스탄에 계속 살고 있고, 우즈베키스탄에서 태어난 한인들도 90%가 우즈베키스탄에서 계속 살고 있다.[20]

경제적 · 직업적 배출요인과 관련되어 있는 것들 중의 하나는 중앙아시아 국가들의 언어정책이다. 이들 지역의 각 국가에서 시행하고 있는 언어정책은 직업문제와 관련하여 고려인들의 귀환이 주로 귀결되고 있다. 중앙아시아 국가들의 대부분이 소련으로부터 독립한 후, 지금까지 사용해 온 러시아어 대신에 자국의 언어를 공식적 언어로 채택함에 따라 고려인을 포함한 소수민족들은

19) Nina Toren, "The Effect of Economic Incentives on Return Migration," *International Migration,* vol. 13, no. 3(1975), pp. 134-144; Nina Toren, "Return to Zion: Characteristics and Motivations of Returning Emigrations," *Social Forces*, vol. 54, issue 3(March, 1976), pp. 546-558.

20) Ким Ён Ун, "Корейцы России: судьбы и перспективы," 『건국 50주년 기념 경북대학교 한국교민연구소 제5회 국제학술회의 논문집』(1998), p. 15.

각 민족 공화국어, 러시아어, 자기 민족어 등 3중 언어를 습득해야 하는 부담을 안게 되었다. 특히 한인들은 공무원, 교사, 의사, 연구원, 집단농장장 등 관리직이나 사무직에 종사하는 경우가 대부분이어서, 이 언어정책에 영향을 많이 받는 실정이다.[21] 각 공화국의 공식언어를 구사하지 못한다는 이유로 해고되면, 이들은 자영농이나 도시의 자영업 또는 단순노동자로 전락할 수밖에 없는 상황이다. 문제는 각 공화국의 언어를 배우지 않을 경우 차별대우를 받게 될 것이 분명하지만, 단기간에 각 공화국 언어를 습득하는 것은 쉽지 않은 일이라는 점이다. 한 예로 연해주의 김유리 씨(63세)는 1991년 우즈베키스탄이 독립한 후, 러시아와 고려인 등이 담당했던 건축경영업무를 우즈벡 사람들이 맡아 하자 위기의식을 느껴 공직을 사임하고 귀환했다.[22] 따라서 이러한 상황은 결국 이들로 하여금 러시아를 포함한 타 지역으로 이주하도록 강요하는 작용을 하게 되었다.

카자흐스탄의 경우, 1990년 카자흐어 중심의 단일 언어정책이 시행되면서 1993년까지 국가기관과 각 조합의 직원들은 카자흐어를 모두 익혀야만 했는데, 러시아어에만 익숙해 있던 고려인들에게는 그것이 큰 부담이 되었다. 이러한 카자흐어 중심의 언어정책은 고려인들의 자녀교육에도 부정적인 영향을 끼침으로써 고려인들은 심각하게 이주를 고려하였고 특히 경제력이 있는 40세 전후의 고려인들 중에 국내의 대도시나 국외로 이주한 경우가 많았다.[23] 타지키스탄에서도 상황은 비슷한데, 타지크어를 모르는 직장인들은 직장에서 해고되고, 타지크어를 모르는 고려인 자녀들은 학교에서 차별을 받게 되자 이들은 연해주를 포함한 러시아의 여타 지역으로 이주를 고려하였다.[24] 우즈베키스탄에서도 우즈벡어를 구사하지 못하는 사람들은 모두 자기의 직책에서 물러나야 한다는 압력이 강하게 작용하면서 소수민족들이 가장 큰 피해자가 되고 있다.[25] 따라서 고려인들은 한편으로는 단기간에 러시아어를 대신하여 우즈벡어로 모든 공공업무나 교육을 실시하는 것이 비현실적이므로 러시아어가 계속 사용될 것이라고 조심스럽게 생각하면서도, 젊은 층 사이에서는 러시아어를 계속 쓸 수 있는 모스크바나 연해주로 이주를 시도하고 있다.[26]

---

21) "중앙아시아 고려인의 연해주로의 재이주"[http://www.koreiski.com/menu.htm, 검색일 2002. 11. 18.].

22) 조선일보, 2000. 3. 12.[http://www.chosun.com/w21data/html/news/200003/200003120246.html].

23) 백태현, "카자흐스탄 '고려인' 농촌사회의 변화와 그 정체성 문제: 우쉬토베 지역(까라탈 라이온)을 중심으로," 『韓民族共同體』 제9호(2001), pp. 111-112.

24) 이 애리아, "타지키스탄의 민족분쟁과 고려인," 『연구총서』(전남대 사회과학연구소)(1999), p. 218.

25) 윤인진 · 장원창 · 이광규 · 이종훈 · 심헌용, "독립국가연합의 정치경제적 상황과 고려인의 당면과제," 『亞細亞硏究』 제44권, 2호(2001), p. 167.

26) Ibid., p. 160

2) 사회적 · 애국적 배출요인[27]

중앙아시아와 북코카서스 지역의 내전과 민족분규가 수백만 명의 이주민을 발생시킴으로써 가장 중요한 사회적 배출요인의 하나로 작용하고 있다. 세부적인 통계를 보면 그루지아에서 약 30만 명, 아제르바이잔의 나고르노-카라박에서의 해묵은 분쟁으로 약 160만 명, 타지키스탄의 내전으로 약 90만 명의 난민이 발생하고 있다. 또한 우즈베키스탄의 경우는 1996년까지 약 50만 명이 타국으로 이주한 것으로 보도되고 있는데, 여기에는 러시아인들이 17만 명으로 가장 많고, 그 외 고려인, 유태인, 독일인, 바쉬키르인(Bashkirs), 타타르인 등이 포함되어 있다.[28]

이 지역 고려인들의 상황을 구체적으로 보면, 소련 연방의 붕괴 이후 산발적으로 이루어지던 고려인들의 재이주는 1991년 타지키스탄의 내전을 계기로 본격화되었다. 타지키스탄 내전의 근원은 구소련으로 거슬러 올라갈 수 있다. 타지크인과 우즈벡인은 공동의 모국인 투르키스탄에서 수 세기 동안 같이 생활해 왔으나 소비에트 정권은 타지크의 고유한 문화와 역사를 무시한 채, 타지크인의 정서에 맞지 않는 두샨베를 수도로 하여 타지크 공화국을 건설하였다. 그러나 구소련이 붕괴되면서 민족 독립적 성향이 대두되었고, 1990년에는 타지키스탄의 이슬람 민족주의자들이 공산당 정부에 대해 반란을 일으킴으로써 내전이 시작되었다. 실제로 타지크민족은 한 민족으로 묶기에는 곤란할 정도로 다민족적 성향과 복잡한 지역주의(*mahalagaroi*: regionalism) 및 종교적 차이 등을 보이고 있는데, 이러한 요인들이 타지크 내전의 근원이 되었다.[29]

우선 지역적으로 볼 때 타지키스탄 북부의 레니나바드(Ленинобод область)는 공업이 발달하고 상대적으로 부유한 지역으로서 이 북부지방의 타지크인들이 전통적으로 국가권력을 장악하였다. 북부지역 인구의 30%는 우즈벡어를 구사하고 북부의 도시인구의 대부분은 우즈벡어와 타지크어를 공용하는 반면, 남부지역은 농업을 위주로 하는 빈곤한 지역으로서 인종적으로

27) 다음에서 사회적 배출요인을 설명하고 있지만, 반대로 배출을 억제하는 요인도 상당히 작용하고 있다. 예를 들어 중앙아시아의 많은 고려인들이 연해주로의 귀환이주를 원하고 있으나 현지에서의 재산처분이 어려운 점은 이 재이주를 억제하는 요인으로 작용하고 있다. 이는 구소련의 여러 국가에서도 볼 수 있는 것으로 법률상으로는(de jure) 이주를 허락하지만, 사실상(de facto) 이주를 억제하는 것이다(Azarael et al., 1992, p. 326). 특히 중앙아시아 현지 정부의 명령에 따라 재산을 처분하지 못하고 귀환한 경우는 정착에 많은 어려움을 겪고 있는 것으로 알려지고 있다. 최근에는 연해주 일대의 집값이 3배 이상 폭등함에 따라 그 어려움이 더욱 가중되고 있다. 예를 들어, 타지키스탄에서 이주한 정율랴는 타지키스탄에서 남편을 잃고 어린 세 자녀와 함께 시장에서 음료수를 팔아 생계를 유지하고 있는데, 집세의 인상으로 이미 4차례나 이사를 하였다고 한다. 이종훈(1995), p. 82.

28) Authur C. Helton, "Forced Migration in the Newly Independent States of the Former Soviet Union," *MIGRATIONWORLD*, vol. 24, no. 5(1996), p. 34.

29) Shahram Akbarzadeh, "Why Did Nationalism Fail in Tajikistan?" *Europe-Asia Studies*, vol. 48, issue 7(Nov., 1996), p. 1116.

단일적인 성향을 보여주고 있다. 그리고 동부의 파미르(Памир) 지역 타지크인들은 산악지대에서 빈곤한 생활을 하면서 자신들을 타지크인들과는 다른 종족으로 인식하고 있었다. 이러한 서로 간의 인식 차이는 특히 북부지역 주민들이 남부지역 주민들을 경멸하고 문화적으로 낙후된 것으로 인식하는 차별적인 성향으로 나타나게 되었다.[30)]

소련붕괴 시기에는 권력을 잡고 있던 북부와 가난한 동부 간의 지역대립이 시작되었으나, 남부의 세력이 권력을 장악한 후에는 이 대립이 북부, 남부 및 동부 간의 대립으로 바뀌었다. 즉 풍요로운 공산당계가 장악하는 북부지방인 레니나바드(Ленинобод), 공산당과 연계를 맺고 있는 남동부의 크랴브주(Куляб область), 반공산당주의를 표방하는 이슬람계통의 가난한 남서부 크루간튜베주(Курган-Тубе область) 등의 대립으로 발전하였다.[31)]

이러한 타지키스탄의 내전으로 고려인 난민 1만여 명이 카자흐스탄, 우즈베키스탄, 러시아로 이동하였는데, 특히 크랴브주와 크루간튜베주의 고려인 4,000여 명은 거의 모두 이곳을 떠난 것으로 알려지고 있다.[32)]

타지키스탄의 내전에 이어 1994년 체첸 전쟁이 발생하자, 북코카서스 지역의 체첸과 다게스탄에 거주하는 고려인 700여 명도 재이주를 시작하였다.[33)] 북코카서스 지역에는 대략 25,000명 내지 30,000명의 한인들이[34)] 거주하고 있었다. 이들은 대부분 1937년 카자흐스탄과 우즈베키스탄으로

30) Ibid., p. 1116.

31) 이애리아, pp. 211-212.

32) Ibid., p. 219. 그러나 다른 자료에 의하면 1989년 크랴브주와 크루간튜베주의 고려인 수는 모두 2,000여 명인 것으로 나타나고 있다(다음 〈표 11-5〉 참조).

〈표 11-5〉 타지키스탄의 전체 인구 및 지역별 고려인 인구(1989)

지 역		인 구
타지키스탄	전체 인구	5,092,603
고려인 거주 지역	듀샨베	6,600
	크랴브주	423
	크루간튜베주	1,590
	레니나바드주	3,307
	기타 지역	1,151
	고려인 합계*	13,431

(* 타지키스탄의 고려인은 1989년 기준으로 전체 인구의 0.26%를 차지하고 있었으며, 9번째로 수가 많은 소수민족이었음)

자료: 타지키스탄 고려인 협회, Back, Tae Hyeon, "The Social Reality Faced by Ethnic Koreans in Central Asia," Koryo Saram: Koreans in the Former USSR, Korean and Korean American Studies Bulletin vol. 12, nos. 2/3(2001), p. R86 재인용.

33) 조선일보, 2000. 3. 26.[http://www.chosun.com/w21data/html/news/200003/200003260354.html].

34) 농업에 종사하는 계절노동자(приезжающие на сезонные сельскохозяйственные работы)까지 합하면 그 수효는 35,000명까지 될 때도 있었지만 이들 계절노동자들의 대부분은 러시아 시민권이 없었다. Ким Ён Ун, "Корейцы России: судьбы и перспективы," 『건국 50주년 기념 경북대학교 한국교민연구소

강제 이주된 한인들의 후손으로서, 1954년 거주지 제한이 해제되었으나 극동지역으로의 이주는 금지되었던 관계로 북코카서스 지역으로 이주하였다. 이곳에서 강제 이주된 여러 소수민족들과 동병상련의 아픔을 함께하면서 거주하다, 구소련의 붕괴이후, 일부는 볼고그라드를 포함한 남부 러시아,[35] 모스크바와 상트페테르부르크 등의 대도시[36] 또는 러시아 극동지역으로 귀환하였다.

이러한 민족 간 갈등과 내전이 고려인들의 귀환이주에 많은 영향을 주었다는 사실은 다음의 조사결과에서도 잘 나타난다. 즉 라린과 플락센이 중앙아시아의 한인들을 대상으로 한 조사에서 "무엇 때문에 현재 살던 곳을 떠나기로 결정하였는가?"라는 물음에, 가장 많은 응답자들이 "민족 간의 갈등이 생활을 위협하고 자신과 가족에게 위험하기 때문"이라고 대답하였다(〈표 11-6〉 참조).

〈표 11-6〉 무엇 때문에 현재 살던 곳을 떠나기로 결정하였는가?(전체 응답자 중의 비율, 단위는 %)

동 기	재소 한인 거주지역			전체
	카자흐스탄	키르기즈스탄	우즈베키스탄	
선조가 살던 곳이 그립다	26	19	14	18
첨예화된 갈등이 평온하고 조화된 생활을 방해한다	17	30	32	28
주거지와 환경을 바꾸고 싶다	4	0	4	3
민족 간 갈등이 생활을 위협하고 자신과 가족에게 위험하다	13	25	37	29
물질적 생활여건의 향상	15	4	7	8

참고: 대답하기 곤란하다고 답하거나 대답하지 않은 사람의 수는 포함되어 있지 않음.
자료: V. L. 라린, E. A. 플락센, "재소 한인의 연해주 이주에 대한 연구: 여론조사 결과 분석,"[37] 『러시아연구』제1권, 2호(1994), p. 179.

제5회 국제학술회의 논문집』(1998), p. 18.

35) 남부 러시아로의 고려인 이주는 1960년대부터 시작되어 1980년대까지 꾸준한 증가세를 보였다. 이러한 이주현상은 구소련의 붕괴 이후에도 계속되었다. 현재 크라스노다르 주(약 3,000명), 다게스탄(800명), 북 오세티야 자치공화국의 알라니야(5,000명 이상), 로스토르나도누 주(27,000명), 스타브로폴 주(10,000명), 카바르지고-발카르스카야 자치공화국(5,000명 이상) 등이 고려인들의 주요 거주지로 나타나고 있다. 여기에 대해서는 우리민족서로돕기운동 한국본부・러시아 본부, "러시아 남부 볼고그라드 지역 한인 정착지원을 위한 기초조사 보고서"(2001)[http://www.wekorean.or.kr, 검색일 2002. 12. 3.] 참조.

36) 모스크바와 상트페테르부르크의 고려인에 대해서는 한국외국어대학교 역사문화연구소, "현지정착 지원을 위한 러시아 3, 4세 고려인 일상생활문화변화연구: 모스크바, 상트페테르부르크를 중심으로"(2000)[http://www.hanminjok.net, 검색일 2002 12. 14.] 참조.

37) V. L. 라린과 E. A. 플락센의 이 조사는 연해주에서는 5개의 도시와 5개의 신흥부락 및 농촌촌락에서 1991년 봄 1,610명의 고려인 성인남녀를 대상으로 하여 실시되었고, 동년 가을에 카자흐스탄, 우즈베키스탄 및 키르기즈스탄에서는 3개 수도(알마타, 타쉬켄트, 비쉬켁)와 수도 외의 여타 지역에 거주하는 394명의 고려인들을 대상으로 실시되었다. V. L. 라린, E. A. 플락센, "재소 한인의 연해주 이주에 대한 연구: 여론조사 결과 분석," 『러시아연구』 제1권, 2호(1994), pp. 169-170.

3) 개인적 · 가족적 배출요인

중앙아시아 고려인들은 개인적 · 가족적 배출요인에 속하는 높은 교육열로 인하여 타 지역으로 재이주를 하는 경우도 적지 않다고 알려지고 있다. 이들 한인은 교육을 통해 현지에서 사회적 신분상승을 꾀하려고 하기 때문이다. 따라서 중앙아시아 고려인들은 도시 거주율이 상당히 높은데(〈표 11-7〉 참조), 이것은 사무직과 관리직으로의 사회적 이동을 용이하게 한다.

〈표 11-7〉 카자흐스탄과 우즈베키스탄 고려인의 도시 · 농촌 간 분포

지역	도시(%)	농촌(%)
카자흐스탄(1992)	84.2%	15.8%
우즈베키스탄(1990)	57.8%	42.2%

자료: 우리민족서로돕기운동 재외동포센터
[http://edu03.jungang.co.kr/users/minisha/frame1.htm, 2001-6-11][38)]

한인들의 높은 교육열이 귀환이민의 중요한 원인이 된다는 것은 한 · 러 혼용신문「원동」(Дальний Восток)의 기자인 반 알렉의 말에서도 잘 알 수 있다. 그의 말에 의하면 "이주의 가장 큰 원인은 각 공화국들이 독립 이후 자국어, 자국민 우선으로 한 민족주의 정책을 강화했기 때문"이라고 하였다. 따라서 "러시아 말과 문화에 익숙한 고려인들은 변화를 모색"해야 했고, 특히 이와 관련하여 "자녀들의 교육과 미래"를 생각하지 않을 수 없었다는 것이다.[39)]

타지키스탄의 경우에도 내란으로 인한 자녀교육의 문제가 고려인들의 귀환이민에 중요한 요인들 중의 하나가 되고 있다. 내란으로 인하여 교육이 제대로 이루어지지 않고 있으며 수도 두샨베에서 제대로 운영되고 있는 학교는 2~3개에 지나지 않는다. 또한 학생 1인당 1.7~5달러의 수업료를 내야하므로 이것도 고려인들에게는 큰 부담이 되고 있다. 교육기관으로 의과대학 · 기술대학 · 사범대학 · 외국어대학이 있기는 하나, 내전으로 불안한 상태에서 러시아어를 사용하는 교육자들(대부분이 러시아인임)이 떠난 이후 교육의 질이 형편없이 떨어진 상태이다. 물론 자녀들을 인근 러시아 등지로 유학을 보낼 수 있겠지만, 엄청난 학비 부담으로 이것 또한 쉽지 않은 상태이다.[40)] 이러한 자녀교육 문제가 타지키스탄 고려인들의 귀환이민을 가속화시키는 중요한 배출요인이 되고 있다.

38) 이준규, "소련의 해체와 중앙아시아 고려인,"『민족연구』(2001), p. 146 재인용.

39) "시베리아 1만 km 횡단취재: 카레이스키의 대이동"「디지털조선일보」 2000. 3. 26.[http://www.chosun.com/w21data/html/news/200003/200003260354.html, 검색일 2001. 2. 9.].

40) 이애리아, pp. 221-222.

2. 러시아 극동지역의 흡인요인

1) 경제적 · 직업적 흡인요인[41)]

고려인의 귀환이민에 대한 흡인요인으로 고려인의 정착에 필요한 시설의 제공이 중요한 경제적 · 직업적 요인이 될 수 있다. 러시아 극동지역에서 농사를 짓는 일이 쉬운 것은 아니지만 여러 가지 장점이 있는 것 또한 사실이다. 이곳에는 경지정리가 잘 되어 있고 농토의 임대료가 매우 싸며, 농사비가 없어 농약을 뿌린 지 10년이나 되는, 무공해 농사에 적합한 비옥한 농지가 널려 있다. 이는 중앙아시아 고려인들에게 큰 유인이 될 수 있다.

특히 고려인 귀환이주자들은 사업을 할 수 있는 많은 자본이 없기 때문에 고려인 10명 중 8명은 장사에 나서야 한다. 고려인들은 연해주 일대, 특히 우수리스끄를 비롯한 중소규모의 도시에서 발달한 상설장터인 바자르(базар)에서 매일 7달러가량의 자릿세를 내고 매장을 빌려 장사를 할 수 있다. 이들은 이곳에 비바람을 막을 수 있는 정도의 간이시설을 설치하고 과일, 채소, 곡류 및 수산물을 취급한다.[42)]

또한 구소련의 해체와 함께 이 지역의 일부 군부대도 해산되었는데, 이들이 사용했던 국가 소유의 건물과 토지가 어려운 처지에 있는 고려인들에게 주어짐으로써, 귀환이민들에게는 부족하나마 자활의 근거가 되는 점 또한 무시할 수 없는 중요한 흡인요인이다. 실제로 1995년 군부대가 철수하면서 연해주 지역에는 버려둔 작은 막사에 해당하는 작은 마을이나 작은 거리(городок-посёлок)라 부를 수 있는 것이 100개 이상이 되었다. 러시아 군인들이 철수할 때 가져갈

---

41) 여기서는 흡인요인을 설명하지만, 현 이주지에서의 경제적 흡인요인을 억제하는 요인도 없지 않다. 특히 경제적 흡인요인에 장애가 되는 요인으로는 초기에 이주지에서의 환경에 대한 부적응의 문제이다. 예를 들어, 이주한 고려인들은 봄에 지역의 국영농장(совхоз)의 부지를 임대하여 토마토, 양배추, 오이 등을 심으면서 가을에 많은 수확을 꿈꾸지만 기대에 부응하지 않는 일이 자주 발생하곤 하였다. 예를 들어 타지키스탄에서 연해주로 재이주한 고려인 쉐가이 가족은 부친이 아직 어린애였을 1937년 중앙아시아로 강제이주를 당했던 쓰라린 경험을 갖고 있다. 아들인 로베르뜨 쉐가이(Роберт Шегай)의 이야기를 들어보자. "나는 평생 동안 농사를 지어 왔다. 그러나 우리가 현재 살고 있는 끄라이에서는(우리가 살던 중앙아시아 지역과는) 기후가 너무 다르다. 듣던 대로 늦게 파종을 하였다. 그러나 이것도 아무런 도움이 되지 않았다. 처음에는 비가 오지 않았기 때문에, 가뭄으로 모든 토마토가 말라 버렸다. 그 다음 해에는 수확을 할 때 폭우가 쏟아져 농작물이 전부 썩어서 못쓰게 되었다. 그래서 전혀 수확할 것이 없었다…"(Я сельским хозяйством всю жизнь занимался, но в тех краях, где мы жили, климат совсем другой. Здесь мы посадили, как оказалось, поздно. Но это еще ничего. Сначала дождей не было, засуха, помидоры все сгорели, потом, когда только убирать собрались, дожди хлынули, все погнило. Так ничего и не собрали …), Известия, 3 февраля, 1999, стр. 2.

42) 반면에 러시아인들은 돼지고기나 소고기 등의 육류를 주로 취급하고, 의류와 소비재를 판매하는 사람들은 주로 조선족 또는 중국인들이다. 박진환, 『극동러시아 농업과 자원개발』(국제농업개발원, 2003), p. 611.

수 있는 모든 것을 가져가 버리고 남은 빈 막사였지만, 중앙아시아의 타지키스탄, 카자흐스탄, 우즈베키스탄 등지에서 급하게 건너온 200여 명의 한인 이주자들(переселенец)에게는 소중한 거처였다.[43] 연해주 주지사는 고려인 재생기금으로 보내온 연해주 주지사령 NO64-p "연해주에 소재한 해체된 군사도시를 연해주 고려인 재생기금에 이양하여 무상으로 활용하게 하는 것에 대한 명령"에 따라 중앙아시아에서 귀환한 고려인들에게 그중 7개의 군막사를 내어 주었는데, 그 상황은 다음과 같다.

〈표 11-8〉 연해주 군막사의 귀환 고려인 정착 현황

지역	주택	세대	임대면적/영구면적(ha)	파종면적(ha)
오레호워	65	18	60/23	23
플라토노브카	75	40	475.4/440	170
뽀뽀프카[44]	75	50	30.6/1,500	400
크레모보	110	60	0/87	30
라즈돌리노예	58	38	72/50	50
노보레지노	44	11	30/0	27
보즈드비젠카				
합계	427	217	668/2,100	700

자료: 이정식, "연해주 농업개발과 고려인," 『한민족공영체』, 제9호(2001), pp. 204-205.

또한 연해주 지방 13개 고려인 협회는 연해주한인재생기금(Краевой Фонд приморских

43) "В Приморье корейцы занимают военные городки: Больше в родных местах им жить негде," *Известия*, 3 февраля, 1999, стр. 2.

44) 필자는 2003년 7월 21일부터 8월 9일까지 경북대학교 러시아 봉사단 단장으로 직접 연해주 한인들의 삶을 관찰할 수 있는 기회를 가졌다. 필자는 봉사활동 기간 중 1990년대 중앙아시아에서 이주해 온 고려인들이 모여 살고 있던 지역 중의 하나인 호롤군(Хорольский район) 포포프카(Поповка)를 방문하였다. 2003년 8월 3일 현지 답사 결과 포포프카의 고려인 막사는 완전히 폐허가 된 채 아무도 살고 있지 않았다. 5층짜리 2개의 군인 막사에서 시멘트 구조물을 빼고는 창문이나 문도 없는 폐허상태였다. 고려인으로서 현지 안내인이었던 전 니꼴라이(Зун Николай)의 말에 의하면 고려인들은 긴급히 이곳으로 이주되었다가 돈이 없어 수도세나 전기세를 지불하지 못해 이 막사의 전기와 수도가 끊기고 난방이 되지 않게 되어 결국 모든 사람들이 빠져 나간 후, 현지의 러시아인들이 모든 것을 떼어간 것으로 추정하고 있었다. 작년만 해도 몇 가구의 고려인들이 남아 있었고, 5~6년 전에는 이 지역에서 고려인들을 상대로 니꼴라이 씨는 한국에서 온 자원봉사단과 함께 봉사활동을 했다고 했다. 이러한 상태를 확인한 니꼴라이 씨는 보지 않은 것보다 더 기분이 우울하다고 하였다. 오늘 텅 빈 포포프카의 고려인 막사를 촬영하면서 필자의 힘으로는 도저히 들 수 없는 남자 다리 굵기만 한 포탄을 발견했는데 이곳이 과거 군대 막사였던 것을 알려주는 증거로 생각되었다.

корецев Возрождение) (대표: 텔미르 김(Тельмир Ким)[45])을 구성하여 귀환한 고려인들을 위한 정착촌 설립에 착수하였다.[46] 이 연해주한인재생기금을 통하여 고려인 돕기 운동회는 고려인들의 안정적인 농촌정착을 위해 지난 2년 동안(2000~2001년) 11만 달러를 지원하였는데,[47] 이러한 요인들이 러시아 극동지역에서 중앙아시아 한인들을 유인하는 데 중요하게 작용하였다.

2) 사회적 · 애국적 흡인요인[48]

사회적 · 애국적 흡인요인으로는 1991년 초 러시아 공화국 최고인민회의에서 채택한 "피억압 민족의 복권에 관한 법안"과, 러시아 극동지역이 과거 고려인들의 고향이라는 귀소본능을 들 수 있다.

고려인 귀환이민의 사회적 흡인요인으로서 가장 중요한 것은 1991년 "피억압 민족의 복권에 관한 법안"에 이어, 강제 이주된 한인들의 명예회복법인데, 이 법이 러시아 최고회의를 통과하면서 연해주로 귀환하는 고려인이 급증하였다.[49] 1993년 4월 1일 러시아 연방최고회의 결의안

---

45) 텔미르 김(Тельмир Ким)은 20세기 초기 러시아 극동지역의 대표적인 고려인 민족지도자이자 항일 운동가였던 아파나시 김(Афанасий Ким)의 아들이다. 아파나시 김은 당시 구성원 95%가 한인이었던 연해주 포시예트 지역의 서기였으며, 연해주 지역이 백군과 일본군에 점령당한 후 1920년 볼셰비키당에 입당하여 1921년 이르쿠츠크파가 소집한 고려공산당 대회에서 주석단 단원으로 선출되었다. 1934년 1월 11차 원동 변강당 대표자회의에서 고려인으로서는 김 미하일과 함께 결의권을 가진 소련 공산당 제17차 당대회 대표로 선발되어 다음의 명연설(名演說)을 하였고, 1936년 일본의 앞잡이라는 죄목으로 사형에 처해졌다: "우리는 이제 복잡한 정치관계의 긴장된 상황 속에서 살고 있다. 우리가 국경부근에 있는 포시예트 지역의 한 콜호즈에서 당과 정부의 강령을 토론하면서, 콜호즈 상공에서 울려 퍼지는 일본군 비행기 소리를 듣고 있었다. … 한인 콜호즈 농부들은 소련의 힘이 우리 자신의 힘이라는 것을 알고 있고, 공산당이 우리 자신의 당이라는 것도 알고 있다. … 한인 콜호즈 농부들과 근로자들의 임무는 소련 극동지역의 붉은 국경을 마지막 피 한 방울이 남을 때까지 사수하는 것이라는 것도 잘 알고 있다." XVII съезд Всесоюзной Комунистической Партии(б). Стенографичекий отчёт (Москва, 1934). стр. 587, Haruki Wada, "Koreans in the Soviet Far East, 1917~1937," Dae-Sook Suh(ed.) Koreans in the Soviet Union(Honolulu, HI: Center for Korean Studies, 1987), p.45 재인용.

46) *Известия*, 3 февраля, 1999, стр. 2.

47) 『영남일보』, 2002. 2. 21.

48) 사회적으로 이주지에서 흡인을 억제하는 요인이 없지는 않다. 그중의 하나로 현지 러시아인들의 귀환 고려인들에 대한 좋지 못한 감정을 들 수 있다. 고려인들이 버려진 방대한 콜호즈의 토지에서 농업에 종사하면서 소련시대 이미 잊혀진 쌀농사를 지을 논밭(рисовое поле)을 다시 부활시킬 것으로 기대되고 있다. 그러나 이곳 콜호즈의 러시아 지도자들은 이들에 대해서 달갑지 않게 생각하고 있는데, 그 이유는 농업에서 이들 고려인 재이주자들과의 경쟁을 두려워하기 때문이다. Известия, 3 февраля, 1999, стр. 2.

49) "카레이스키: 90년대 초부터 중앙아시아서 연해주로 이주," 「디지털조선일보」2000. 3. 3.[http://www.chosun.com/w21data/html/news/200003/200003030346.html].

"러시아 한인들의 명예회복에 관하여"[50]가 채택되었다. 이 결의안은 불법적으로 강제이주를 당한 한인들의 역사적 공정성을 회복시켜 주고 그들의 명예회복을 위하여 "탄압 받은 민족들의 명예회복"에 대한 러시아 연방법에 의거하여 러시아 연방최고회의에서 의결되었다. 여기서 고려인들의 귀환이민에 있어 가장 중요한 조항을 살펴보면, 먼저 러시아 연방법에 의거하여 "러시아계 한인들은 자율적 의지에 따라 이주되기 전 자신들이 살던 곳으로 돌아갈 수 있는 권리를 보장"받았다(제2항). 그리고 "강제이주로 인해 구소련 내 다른 공화국에 거주하게 된 러시아계 한인들은 러시아로 그 거주지를 영구히 옮기게 될 경우 그 권리를 회복"하도록 하였다(제4항). 그리하여 중앙아시아나 기타 구소련 지역에 거주하던 한인들의 경우 러시아 시민권을 받을 자격이 부여되어 이들 한인들의 귀환이 용이하게 되었다.

뿐만 아니라 이 결의안은 "러시아 연방 내에서 정치탄압을 당한 후 그들의 원래 거주지로 돌아온 한인 이주민들의 정착과정에서 지역자치기관들이 실질적 도움을 줄 수 있도록 하며, 돌아온 사람들의 청원서에 따라 개인용 주택 건설, 농민과 개인산업을 위한 조직 결성, 농촌조합·주식회사 등을 조직하려 할 때 토지법에 의거해 일정 토지를 분배해 주도록 한다"(제5항)라고 규정함으로써, 귀환 후 유입지역에서 러시아 당국이 이들 한인들에게 실질적인 도움을 주도록 규정하고 있다.[51]

또 다른 사회적·애국적 흡인요인은 고려인들의 귀소본능(歸巢本能)이다. 러시아 극동지역에 조금이라도 연고가 있는 고려인들은 모두 이주하려고 하는데, 고려인들이 귀환하는 가장 큰 이유 중의 하나는 1937년 강제이주 당하기 이전의 고향에서 민족적 뿌리를 찾기 위해서이다.[52] 과거 두샨베에서 유치원교사로 근무하다 러시아 극동지역으로 귀환하여, 지금은 하바로프스크에서 남편이 기른 채소로 반찬을 만들어 시장에 내다 팔면서 생활을 영위하는 고슬라반(40세)은 "부모가 강제이주 전 파르티잔스크에서 살아 연해주는 마음의 고향"이라고 말했다.[53] 또한 1997년 우즈베키스탄의 수도 타쉬켄트 인근의 양기율(Янгиюл) 지역에서 이주한 문 벨라(45세)는 우즈베키스탄에서 본인은 경리일을 하고 남편은 용접기사로 일하였으나 그곳에서 직업을 잃고

---

50) Постановление "О реабилитации российских корейцев" 1 апреля, 1993.

51) 그러나 이러한 프로그램은 자금의 부족으로 시행되지 못하고 있는 상태이다. 연해주의 민족담당부서 책임자인 지나이다 자이카(Zinaida Zayika)는 우리 러시아인들이 부유하게 될 때 아마 러시아 정부는 그 결의안에 따라 그 프로그램이 시행될 수 있을 것이라고 이야기할 것이다. 그때까지 고려인들은 자신들의 문제를 스스로 해결할 수밖에 없는 것으로 보인다. "Coming Home," Vladivostok News, Sept. 4. 1997. Issue #149[http://vlad.tribnet.com/1997/iss149/focus.htm].

52) 조선일보, 2000. 3. 3.[http://www.chosun.com/w21data/html/news/200003/200003030346.html].

53) 동아일보, 1997. 12. 31.[http://www.donga.com/fbin/searchview].

난 후, 부모의 고향이 연해주였기 때문에 다시 이 지역으로 이주하였다고 밝히고 있다.[54] 이러한 사실은 앞의 〈표 11-6〉에도 잘 나타나 있다. 즉 "무엇 때문에 현재 살던 곳을 떠나기로 결정하였는가?"라는 물음에 응답자들은 "현 거주지에서의 민족갈등" 다음으로 중요한 요인으로서 "선조가 살던 곳이 그립다"라고 답하고 있다.

3) 개인적 · 가족적 흡인요인

개인적・가족적 흡인요인에서는 친지나 가족 등의 연고가 있는 곳을 중요한 이주대상지로 거론할 수 있는데, 고려인들의 이주대상지역은 주로 이주자와 연고가 있는 경우가 대부분이다. 특히 연해주로 재이주한 고려인들의 대부분은 연해주에 연고가 있는 경우로 알려지고 있다.[55] 따라서 친인척이나 친구가 살고 있거나, 친인척이 혼자 먼저 가서 경제적 기반을 쌓은 곳이 대개 이주 대상지가 된다. 연해주 지역에는 40세 전후의 가장(家長)이 사업을 목적으로 먼저 이주한 후, 경제적 터전을 잡고 중앙아시아의 가족을 데리고 오는 경우가 많다.[56] 한 사례로서 1998년 3월 우즈베키스탄 타쉬켄트 인근의 양기율(Янгиюл) 지역에서 재이주한 서 라지온(52세)은 이주 전 건설회사 기술책임자로 일하였다. 재이주 후 그의 부인은 연해주의 한 시장에서 과일장사를 하고 있는데, 그는 재이주 동기로서 연해주가 부모의 고향일 뿐만 아니라 먼저 재이주한 친척과 이웃의 안내와 후원이 있었기 때문이라고 밝히고 있다.[57]

한편, 2000년 3월 연해주 고려인 재생기금 텔미르 김(Тельмир Ким) 회장에 의하면 "3월 농사철이 시작되면 중앙아시아 타쉬켄트와 알마티에서 일자리와 향후 생활 가능성을 타진하기 위해 150명의 건장한 고려인 젊은이들이 우수리스끄로 몰려올 것"이라고 예측하였고, 뒤이어 "가을추수가 성공적으로 끝나면 (이들이) 중앙아시아에 두고 온 가족의 이주도 빨라질 것"[58]이라 예측하고 있는 사실에서도 고려인들의 연고에 따른 이주패턴을 잘 알 수 있다.[59]

---

54) 우리민족서로돕기운동, "연해주 1차 방문 및 러시아 연해주 고려인의 실태에 관한 조사연구: 연해주정부가 무상 임대한 정착촌 고려인을 중심으로"(2000. 1. 20.)[http://www.wekorean.or.kr, 검색일 2002. 12. 4.], p. 55.

55) 이종훈(1995), p. 82.

56) 백태현, p. 112.

57) 우리민족서로돕기운동, "연해주 1차 방문 및 러시아 연해주 고려인의 실태에 관한 조사연구: 연해주정부가 무상임대한 정착촌 고려인을 중심으로"(2000. 1. 20.)[http://www.wekorean.or.kr, 검색일 2002. 12. 4.], p. 56.

58) "카레이스키 대이동(1)" 『디지털조선일보』 2000. 3. 3.[http://www.chosun.com/w21data/html/news/200003/200003030345.htm, 검색일 2001. 2. 9.]

59) 이주생활에 있어서도 출신지역에 따라 차이를 보이는데, 특히 1990년 초기까지 연해주로 이주해 온 타

특히 연해주 정착촌 입주가 공개적으로 이루어지기보다는 선입주자의 연고를 중심으로 이루어짐으로써 연해주에 연고가 있는 사람들의 귀환이민에 중요한 길잡이가 되고 있다.[60] 비록 정착촌이 연해주 당국으로부터 무상임대를 받은 것이라 재산권을 행사할 수는 없다고 하더라도 어려운 여건하에 귀환한 중앙아시아의 고려인들에게는 정착기반을 닦아 개인소유의 주거지로 이주할 때까지는 중요한 정착기반의 역할을 하기 때문에 새로운 이주자들에게는 중요한 거처가 될 수 있다.

Ⅲ. 고려인 귀환이민의 성격

이 절에서는 먼저 민족친화적인 성격을 띠고 있는 중앙아시아 고려인의 귀환이민의 성격에 대하여 고찰하고, 다음으로는 고려인의 귀환이민이 기타 민족들의 귀환이민과 어떤 차이를 보이는가를 살펴본다. 연해주 한인 자치주는 고려인 귀환이민과 관련하여 많은 논란을 불러일으키고 있다. 따라서 이러한 논란의 쟁점이 되고 있는 연해주 한인 자치주와 관련하여 현지 러시아인들의 반발에 관해 생각해 보도록 한다.

첫째, 본 장에서 다루고 있는 중앙아시아 고려인의 귀환이민은 민족친화적(民族親和的) 성격을 띠고 있다. 다시 말하자면 구소련 체제하에 고려인을 비롯하여 소련 국적을 가진 소수민족들이 구소련의 붕괴 이후 국외에 존재하는 고국과 밀접한 관련을 맺으며 이주하고 있고, 또 일부는 이 국외의 고국으로 이주하는 경우가 있다. 소련 민족관계의 권위자인 브루베이커(W. Roger Brubaker)는 이를 '민족친화적 이민'(migration of ethnic affinity)이라 불렀고 이 민족친화적 이민에 대한 수요는 독립국가연합에서 당분간 지속되리라고 보았다.[61]

민족친화적 이민과 관련하여 중앙아시아 고려인의 귀환이민은 동포를 규정하는 문제에 있어서, 과거의 모국인 한국정부를 새로운 딜레마에 빠뜨리고 있다. 먼저 고려인들과 유사한 입장에

지키스탄 출신의 고려인들은 정착지에서도 가장 여유로운 생활을 하였다. 이들은 우수리스끄 지역에서 타지크의 생활방식을 도입하여 생활하고, 파르티잔스크 지역에서는 그곳에 수도를 설치하고 타지크식의 목욕탕을 만들어 생활하였다. 그러나 타지키스탄의 내전 당시 귀환한 고려인들과 최근 이주자들의 경우 아직 어려운 생활을 하고 있다. 이 애리아, "타지키스탄의 민족분쟁과 고려인,"『연구총서』(전남대 사회과학연구소)(1999), p. 218.

60) 윤인진 외, pp. 150-151.

61) W. Rogers Brubaker, "Citizenship Struggles in Soviet Successor States," International Migration Review, vol. 26, issue 2(1992), pp. 269-270.

있는 재소 유태인과 재소 독일인의 경우 과거의 고국인 이스라엘과 독일의 시민권 또는 이주권을 가지게 되면서 상당수가 고국으로 귀환이주를 하였다. 이러한 현상은 이러한 권리[62]를 가지지 못한 민족들의 고국, 예를 들어 구소련에 자국민족이 있는 국가인 한국, 폴란드, 그리스, 핀란드, 헝가리, 불가리아 등으로 하여금 자국의 재소 동포들에게 우선적으로 이주권이나 시민권을 부여하도록 하는 데 큰 역할을 할 수 있으리라 보인다.

이러한 움직임은 이미 한국에서도 나타나고 있다. 즉 이중국적의 허용까지 거론했던 「재외동포 특례법」은 출・입국과 경제활동에서 혜택을 받을 수 있는 자격을 "대한민국 국적을 가졌던 자와 직계후손"으로 한정함으로써, 정부수립 이전에 해외로 나간 중국과 구소련의 한인들 및 일제하에 징용된 재일 동포와 후손들이 재외동포로 보호를 받지 못하게 되었다. 이는 그 후 많은 논란을 불러일으켰다. 최근 2002년 11월 말 헌법재판소는 이 「재외동포 특례법」이 "평등의 원칙"에 어긋난 차별법이라고 선언한 바 있는데, 문제의 「재외동포 특례법」은 현재 개정의 압력을 받고 있다. 이것도 고려인의 귀환이민과 매우 밀접한 연관성을 가지고 있다고 보여진다.

둘째, 일반적으로 귀환이민의 원인에 관해서 살펴볼 때, 본 연구의 고려인들의 이민은 기타 국가에서 발생하는 귀환이민의 경우와는 성격이 다른 것을 알 수 있다. 귀환이민에 관한 대부분의 문헌에서는 귀환이민의 가장 중요한 요인으로 경제적 요인, 즉 불황이나 직장에서의 해고 또는 실업 등을 들고 있다. 한 예로, 헤르난데즈-알바레즈는 미국에 거주하던 푸에르토리코인들이 1960

---

62) 이러한 권리를 무역에 있어서 '최혜국'(most favored nation)이라는 용어를 사용하는 것처럼, 민족 문제에 있어서는 '최혜국적'(most favored nationality)이라는 용어로 표기되고 있다. 재소 유태인이나 재소 독일인은 이스라엘과 독일로 이주하거나 이들 나라의 국적을 취득할 수 있도록 허용되었는데, '최혜국적'이란 의미는 이스라엘이나 독일 국적과 같이 과거의 모국에서 시민권이나 이주를 할 권리를 우선적으로 허용하는 국가의 국적을 의미한다(W. Rogers Brubaker, "Migrations of ethnic unmixing in the 'New Europe'" International Migration Review, vol. 32, issue 4(1998)[http://proquest.umi.com/pqdweb]). 이미 1987~1991년 사이 308,000명이 넘는 재소 유태인들이 이스라엘로 떠났고, 150만 명의 또 다른 재소 유태인들이 독립국가연합을 떠날 확고한 생각을 갖고 있는 것으로 알려져 있으며, 1990~1991년 사이 20만 명의 재소 독일인들이 독일로 떠난 것으로 알려지고 있다(Lilia Shevtsova, "Post-Soviet Emigration Today and Tomorrow," International Migration Review, vol. 26, issue 2(1992), p. 247).

부분적으로 자국동포의 입국이나 국적획득을 허용하는 국가로는 상당수의 재소 자국동포의 입국을 허용한 그리스가 있고, 폴란드, 핀란드, 헝가리 등은 일부의 재소 자국동포들에게만 입국과 국적획득을 허용하고 있는데, 이들 중에서 모든 자국동포들에게 자동적으로 모국에 대한 입국과 국적을 허용하는 공식적인 정책을 시행하는 나라는 없다. 그러나 한국과 불가리아는 이 후자의 범주에도 속하지 않는 나라들로서, 브루베이커(W. Rogers Brubaker)의 다음과 같은 뼈아픈 지적은 한국의 동포정책에 대하여 많은 것을 생각하게 한다: "I have not seen reports of Koreans (most of whom, deported to remote parts of Central Asia, no longer speak Koreans) migrating to Korea, or of Soviet Bulgarians migrating to Bulgaria.' W. Rogers Brubaker(1992), fn. 3, p. 270.

년대 자기들의 고국으로 귀환한 것은 바로 기술의 발달로 인한 자동화와 기계화로 그들이 일자리를 잃었기 때문이라고 말한다.[63] 또한 1966~1967년과 1972~1973년에 있었던 경제불황 때문에 독일을 비롯한 북유럽의 여러 국가에서 일하던 외국노동자들이 대거 귀환한 것을 들 수 있다. 터키인을 포함한 이들 초청노동자들(guest workers, *Gastarbeiter*)은 주로 공장이나 건설업에 종사하고 있었는데 불황으로 이러한 부분이 가장 큰 타격을 입었고,[64] 이로 인해 이들 노동자들이 대거 귀환하였다는 것이다. 뿐만 아니라 이행경제체제에 있는 구소련권의 대부분의 국가에서는 실업률의 증가, 군비예산의 삭감, 비효율적인 기업의 청산, 사유화의 증가 등에 의한 경제적 요인들로 인하여 귀환이주가 많이 발생하였다. 그 예로서 발트해 연안과 중앙아시아 지역에서 러시아인을 비롯하여 독일인, 그리이스인, 폴란드인 등이 각기 자기의 모국으로 귀환한 사례가 있다.[65]

그러나 앞에서 검토하였듯이 고려인 귀환이민에 관한 본 연구에서는 경제적 요인들도 중요하지만 현 체류지에서의 정치경제적 변동이 가장 중요한 원인으로 작용한다는 점에서 차이가 있다. 즉 구소련 체제의 붕괴로 인하여 중앙아시아 각 지역에서 발생하고 있는 내전이나 회교 민족주의 등이 극동 러시아로의 고려인들의 귀환이민에 가장 중요한 원인으로 작용하고 있다. 이러한 점에서 고려인들의 귀환이민 연구는 기존의 유사한 연구와 차이가 있다.

셋째, 중앙아시아 고려인들의 러시아 극동지역으로의 귀환과 관련하여 연해주의 고려인 자치주를 소리 높여 외치는 경우를 주위에서 흔히 볼 수 있다.[66] 또한 많은 중앙아시아 고려인들과 관련된 연구에서 민족정체성을 일방적으로 주장하는 경우가 대부분이었다. 물론 민족정체성을 유지하는 것은 바람직하다고 할 수 있겠으나, 한국문화의 정체성만 일방적으로 강조, 혹은 강요하는 것은 큰 문제를 야기할 수 있다. 특히 중앙아시아 고려인들은 오랫동안 현지에 동화해 왔고 그 속에서 우리 문화의 일부를 상실하기도 하고, 또 일부는 유지하고 있는 상태에 있다. 이들

---

63) J. Hernandez-Alvarez, *Return Migration to Puerto Rico*(Berkeley: University of California Institute of International Studies, 1967).

64) R. Rhoades, "Intra-European Return Migration and Rural Development: Lessons from the Spanish Case," *Human Organization*, vol. 37, no. 2(1978), pp. 136-147.

65) Lilia Shevtsova, "Post-Soviet Emigration Today and Tomorrow," *International Migration Review*, vol. 26, issue 2(Summer, 1992), pp. 241-257.

66) 대표적인 것으로는 이광규, "연해주에 한인 자치주를 세워야 한다," 『월간조선』 10월호(1993), pp. 606-609. 또한 연해주의 고려인 재생기금회 회장인 김 텔미르는 연해주의 지역신문인 『러시아의 아침』(Утро России)에 기고한 글에서, 그는 한인 이주자의 수를 50만 명이라고 밝히고, 연해주의 핫산, 우수리스끄, 악차브리, 파그라티친, 올긴 및 체르네이 등과 같이 "텅 비고 인구밀도가 희박한 지역에 한인의 행정적·영토적 자치체를 수립하는 것과 같은 구체적인 문제를 지체 없이 해결해야만 한다"고 역설하였다. *Утро России*, 27 июня, 29 июня, 1991. V. L. 라린, E. A. 플락센, p. 168 재인용.

속에서 우리의 문화적 공통성을 밝혀내는 것은 중요한 일이지만, 민족정체성만을 일방적으로 주장하면서 과거 반세기 이상 이들이 겪어온 과정을 외면하는 것은 결코 바람직한 일이 아니다. 이러한 문제에 대한 고려인들의 인식은 다음에서 잘 살펴볼 수 있을 것이다.

> "카자흐스탄은 바로 내가 태어나 자란 향촌 땅이다. 바로 카자흐스탄이 나를 교육시켰고 흥미 있는 직업을 주었으며 훌륭한 친구들과 사귈 수 있는 조건을 지어 주었다. 한국을 비롯하여 세계 여러 나라를 다녀올 수 있는 가능성도 바로 카자흐스탄이 제공해 주었다. 때문에 다른 그 무엇도 바라고 돌이켜 볼 필요가 없이 우리는 여기에서 살며 근로해야 한다. 카자흐스탄은 우리 공동 집이며 이 공동 집을 우리 손으로 잘 가꾸며 꾸려나가야 한다."[67]

이와 관련하여 고려인들 중에는 러시아 극동지역에 고려인 자치주가 없더라도 얼마든지 잘 살 수 있다고 생각하는 사람이 많다. 또한 1937년 스탈린에 의한 강제이주의 경험이 이들로 하여금 고려인 자치주에 대한 태도를 더욱 조심스럽게 만들고 있다.[68] 연해주 현지 러시아인들과의 관계에 대한 이러한 두려움은 라린과 플락센이 조사한 연구결과에서도 잘 나타나고 있다. 즉 중앙아시아 지역의 고려인들과는 달리 연해주 거주 한인들은 연해주 지역의 재소 한인 자치구 건설에 대해 '무조건적인 찬성'보다는 '기존의 거주체계를 파괴하지 않는 한 찬성'이라는 입장과 함께, 상당수는 반대의견을 제시함으로써 유보 내지 신중한 입장을 표명하고 있다(〈표 11-9〉 참조).

〈표 11-9〉 연해주 지역 재소 한인 자치구 건설에 대한 견해(%)

견 해	재소 한인 거주지역				연해주 거주민
	카자흐스탄	키르기즈스탄	우즈베키스탄	전체	
무조건 찬성	18	16	29	24	5
기존의 거주체계를 파괴하지 않는 한 찬성	49	56	41	45	48
단호하게 반대	6	0	7	6	32

참고: 대답하기 곤란하다고 답하거나 대답하지 않은 사람의 수는 포함되어 있지 않음.
자료: V. L. 라린, E. A. 플락센, "재소 한인의 연해주 이주에 대한 연구: 여론조사 결과 분석," 『러시아연구』 제1권, 2호(1994), p. 174.

---

67) 채유리 카자흐스탄 고려인협회 회장이 1996년 2월 24일자 『고려일보』에 실은 글. 백태현, p. 128 재인용.
68) Мен Дмитрий Вольбонвич, "Численность, расселение и языковая ситуация советских корейцев," 『二重言語學會誌』, vol. 8(1991), p. 342.

실제로 러시아 주민들의 이러한 반발에 대한 고려인들의 우려는 현실로 나타나고 있다. 즉 1992년 4월 23일 연해주의 신문 〈붉은 깃발〉(Красное знамя)은 중앙아시아 고려인들이 연해주로 귀환하고 있는 움직임과 관련하여 "핫산의 토지를 약탈했다!"라는 의미심장한 제하의 기사를 실었는데, 여기에서 귀환고려인을 "약탈자"(захватчики)로 불렀던 사실이 이러한 우려를 잘 보여준다고 생각된다.[69]

특히 현지 러시아인들은 귀환 고려인을 경제적 측면에서 경쟁자로 생각한다. 이러한 문제에 대해서 한인재생기금회 회장 텔미르 김(Тельмир Ким)은 다음과 같이 이야기하고 있다. "여기에서 (농사 지을) 토지는 대단히 많이 있다. 그러나 콜호즈의 (러시아인) 지도자들은 우리를 두려워하고 있다. 이들에게는 (우리와의) 경쟁이 달갑지 않은 것이다. (우리를) 적대시하려고 한다. 보즈드비젠크에서 이들 지도자들은 사람들을 모아 놓고 다음과 같이 위협하기도 하였다: 고려인들은 철저한 도적들이고 마약중독자들이며 깡패들이다. 따라서 지금 우리 (재이주 고려인)들은 나설 수도 없고 다만 똑같이 빈민들처럼 살 뿐이다."(괄호 안은 필자 첨가한 것임)[70]

소수민족 자치주에 대한 러시아 주민의 이와 같은 반발은 고려인들의 경우에만 한정되는 것은 아니다. 재소 독일인의 경우 칼리닌그라드(Калининград)에 재소 독일인 자치주를 건립하려는 움직임이 구소련의 고르바쵸프 서기장과 옐친 대통령의 허락까지 받았으나 현지의 러시아 당국과 주민들의 반발로 무산되었다는 점도 참고할 필요가 있다고 생각된다. 연해주의 경우와 마찬가지로 칼리닌그라드의 주민들은 재소 독일인 자치주가 건설되면 자신들의 정치적 입장이 위태로워지고, 재소 고려인처럼 부지런하고 근면한 독일인과 경제적으로 격심한 경쟁을 해야 하는 상황을 가장 우려하는 것으로 나타났다.[71] 따라서 연해주 한인 자치주에 대한 주장은 신중할 필요가 있다고 본다.

이러한 점에서 주목할 만한 것은 러시아가 제시하는 '민족문화자치제'(национально-культурная

---

69) 연해주 고려인 재생기금 회장인 에프게니 강(Евгений Ганг)의 연설문 "연해주 고려인들의 현재와 미래"(Настоящее и будущее приморских корейцев)에서 인용: "23 апреля 1992 года в приморской краевой газете ≪Красное знамя≫ публикуется материал под красноречивым названием 〈Захватили землю на Хасане〉. Речь шла о переселении корейцев из Средней Азии в Приморье, именно они изображались 《захватчиками》 "[http://www.wekorean.or.kr, 검색일 2002년 12월 3일].

70) "Земли здесь очень много и хватит на всех. Но председатели колхозов нас боятся. Им невыгодна конкуренция. Вот и пытаются противодействовать. В Воздвиженке, таком же примерно городке-поселке, председатель собрал людей, запугал: мол, корейцы - сплошь бандиты, наркоманы и насильники. Теперь мы туда даже не суемся. А сами живут - голытьба одна." *Известия*, 3 февраля, 1999, стр. 2.

71) Lilia Shevtsova, pp. 247-248.

автономия)이다.[72] 이것은 소수민족에게 영토적 · 행정적 자치제 대신에 민족문화적인 권리를 보장함으로써 소수민족의 독창적인 문화, 언어 및 전통을 유지할 수 있도록 한 것인데, 이를 통해 민족 간 갈등을 미연에 방지하고 고유한 민족문화에 대한 요구에 부응하려 하였다. 실제로 지역단위의 한민족 문화자치체가 1996년 12월 스타브로폴(Ставрополь)에서 등록되었고, 뒤이어 1997년 여름에는 모스크바, 1997년 12월에는 이르쿠츠크, 1998년 초에는 유즈노-사할린스크에서 등록되었다.[73]

Ⅳ. 소결

본 장에서는 중앙아시아 고려인들의 귀환이민을 고찰함에 있어서 신고전경제학적 관점과 역사-구조적 관점의 한계성을 지적하였고 그 대안으로 사례연구 접근법을 채택하였다. 즉 고려인들의 귀환이민은 순전히 개인적인 차원에서 합리적인 계산에 의해서만 발생하는 것도 아니고, 또한 개인의 행위에 대한 구조적인 제약에 의해서만 나타나는 것도 아니라는 점을 지적하였다. 그 다음으로 귀환요인의 요인을 분석함에 있어서 유출지역과 유입지역에서 나타나는 배출요인과 흡인요인을 구분하였다. 그리하여 배출지역인 중앙아시아의 경제적 · 직업적 배출요인으로는 구소련 경제구조와 권위구조의 와해 및 언어문제 등을 지적하였고, 사회적 · 애국적 배출요인으로는 중앙아시아 지역의 내전과 회교 민족주의, 그리고 개인적 · 가족적 배출요인으로는 자녀들의 교육문제를 지적하였다. 반면 유입지역인 러시아 극동지역의 측면에서는 경제적 · 직업적 흡인요인으로서 정착을 위한 여러 가지 지원정책을, 사회적 · 애국적 흡인요인으로 한인들의 명예회복법의 통과 및 귀소본능을, 그리고 개인적 · 가족적 흡인요인으로 사회적 연결망을 지적하였다.

이러한 귀환요인의 분석과 관련하여 논의부분에서는 첫째, 중앙아시아 고려인의 귀환이민은 민족친화적 성격을 띠고 있으며 이 민족친화적 이민이 함축하는 바를 논의하였다. 둘째, 고려인의 귀환이민의 원인과 관련하여 기존의 문헌에서 지적하는 바와는 달리 경제적 요인들보다는 비경제적 요인이 더 중요하게 작용하고 있음을 지적하였다. 마지막으로 귀환이민과 관련한 한인 자치주 움직임에 대하여 고찰하였다.

이 시점에서 우리는 다시 한 번 구한말 한인들의 노령이주(露領移住)를 생각해 보게 되는데,

---

72) Федеральный закон “О национально-культурной автономии.”

73) Ким Ён Ун, стр. 24.

여러 가지 점에서 중앙아시아 고려인의 귀환이민, 즉 '제3의 이주'는 1세기 전 한인들이 조선에서의 여러 가지 경제적 어려움을 극복하기 위해 두만강을 넘어 노령으로 진출할 시기의 '제1의 이주'와 유사한 점이 많다는 것을 알 수 있다. 특히 어려운 여건 속에서도 온갖 노력 끝에 새로운 개척지에 굳건히 정착한 점은 오늘날 '제3의 이주'에서도 여전히 유효하다고 할 수 있을 것이다. 비록 러시아 극동지역 현지에서 새로운 삶을 개척하는 과정이 용이하지는 않겠으나 이 지역 귀환고려인의 역할은 우리 한민족에게만 유용한 것이 아니라, 러시아 극동지역의 발전에 있어서도 중요한 역할을 할 수 있다는 점을 깊이 생각할 필요가 있다. 그런 점에서 100여 년 전 한인들이 러시아로 이주할 당시 러시아 극동지역의 개척과정에서 페소츠키(В. Д. Песоцкий)가 한인들의 유용성에 대해서 했던 말을 다시 한 번 상기할 필요가 있을 것이다:

> 한인들은 농부로서 어떤 황량한 곳에서든지 정착할 수 있고 다른 곳에 의존하거나 갈망하지 않고도 생을 영위할 수 있다. 이러한 한인들의 특성은 (우리 러시아) 정부에게는 좋은 것이다. 왜냐하면 한인들을 멀리 떨어지고, 또 길이 나 있지 않은 외진 지역에 정착시키고도 그들에 대해서 걱정할 필요가 없고, 한인농부들의 유용한 측면을 이용할 수 있으며, 또 러시아 농민들이 하기에 적당하지 않은 (힘든) 일을 하도록 할 수 있다는 점 때문이다.[74](괄호 안은 필자가 첨가한 것임)

74) "Кореец, как земледслец, может устроиться в любой глуши и жить, не завися от остального мира, и не чувствуя влечения к нему. Такая черта хороша для государства (говоря о нас) тем, что корейца можно посадить в самые отдаленные, бездорожные уголки территории и не заботиться о нем, и, при знании дела, можно использовать положительные стороны корейца -земледельца и сделать то, на что не годен русский крестьянин." В. Д. Песоцкий, Корейский вопрос в Приамурье(Хабаровск, 1913), сс. 61-62. Ким Ён Ун, "Корейцы России: судьбы и перспективы,"『건국 50주년 기념 경북대학교 한국교민연구소 제5회 국제학술회의 논문집』(1998), pp. 15-16 재인용.

제 4 부

러시아 극동지역과 북한 노동력

제12장
러시아 극동지역의 북한 노동력

러시아 극동지역은 상당한 부분이 동토(凍土)로 이루어진 곳이지만 천연자원이 무한정으로 매장되어 있고 러시아가 한국, 중국, 일본, 미국, 캐나다 등과 접하고 있는 태평양지역의 독특한 접경지대로서 최근 정치적·경제적으로 그 중요성이 더욱 강조되고 있는 지역이다.[1)]

러시아 극동지역은 그 방대한 면적과 풍부한 천연자원에 비해 턱없이 적은 인구(약 800만 명) 때문에 그 전(全)개발 기간 중 항상 노동력 부족에 시달려 왔다. 1980년대까지는 인구의 자연증가율이 높고 임금유인정책에 따라 소련 연방의 여타 지역으로부터 인구가 유입되어 노동력 부족이 어느 정도 해소될 수가 있었다. 그러나 소련 연방이 해체되면서 상황은 급변하여 노동정책을 일관성 있게 추진하는 것이 거의 불가능하게 되었다.[2)] 이런 추세와 더불어 1989년 러시아 극동지역의 인구유출(人口流出)이 인구유입(人口流入)을 능가하고, 급기야 1992년 극동지역 사상 처음으로 마이너스 인구성장을 기록함에 따라[3)] 외국인 노동자에 대한 의존이 더욱 심화되지 않을 수 없게 되었다.[4)] 본 장의 연구는 이 러시아 극동지역에서의 외국인 노동자들 중에서

---

1) 러시아 극동지역의 중요성에 대한 이러한 인식은 약100년 전 이 지역에 대해서 가졌던 우리 조상들의 인식과 별 다른 차이가 없다. 다음은 1908년『新韓民報』의 전신이었던『共立新報』에 실린 극동지역의 중요성에 대한 언급이다:
"히삼위는 아라사의 령디니 아라사에셔 원동을 경영ᄒᆞ는 데일 듕조ᄒᆞᆫ 군항이오 식민디라 북으로 시베리아를 통ᄒᆞ얏스며 셔로 청국만쥬를 련락ᄒᆞ얏스며 남으로 우리 함경북도를 쳡ᄒᆞ얏스며 동으로 ᄐᆡ평양을 가ᄒᆞᆫ지라 토디를 ᄉᆡ로 H)척ᄒᆞ고 롱사ᄒᆞ기 편리ᄒᆞᆫ 고로 륙칠십년 젼붓터 우리 동포가 건너가 사는쟈 날노 만아 근일에 지ᄒᆞ야는 슈십만구에 달ᄒᆞ얏도다."「海參威에 在留ᄒᆞᆫ同胞 希望」,『共立新報』, 1908년 11월 4일.

2) А. Дадашев, "Региональный рынок труда в России: формирование и эффективность управления" *Вопросы экономики* vol. 38, no. 8(1995), pp. 63-70.

3) 〈표 12-1〉 그리고 다음 자료를 참조: Kim, Won Bae. "Sino-Russian Relations and Chinese Workers in the Russian Far East: A Porous Border" Asian Survey vol. 34, no. 12(1994), pp. 1064-1076.

4) 인구유출의 자연적인 현상 이외에 러시아 정부 또한 인위적 인구유출을 계획하고 있다. 대표적인 예로서 거론되고 있는 것은 따이미르(Таймыр) 지역에서 끄라스노야르스크주의 남부지역으로, 그리고 랍체프해(Лаптевых море) 지역에서 야쿠트 지역으로의 이주이다. 러시아 정부는 러시아의 최북단 지역의 거주민

북한 노동력(北韓勞動力)의 연구에 대해 그 초점을 두고자 한다.

러시아 극동지역의 북한 노동자들이 우리의 관심을 끈 것은 그곳의 벌목장에서 일하던 북한 벌목공(伐木工: лесоруб)들이 인권유린과 굶주림 등으로 탈출하는 사건이 언론에 보도되면서부터라고 할 수 있다. 이들 벌목공들은 1953년도부터 간헐적으로 체결된 '소비에트 사회주의 연방과 조선민주주의인민공화국 간의 사회주의공화국 연방영토 내에서의 벌목 및 목재종합가공 협정'(일명 林業協定)에 의거하여 개설된 러시아 극동지역의 벌목장에서 노동을 해왔다. 그러나 이들 벌목공의 상당수는 족쇄가 채워지거나 고문 등에 의해 비인간적인 학대를 받던 중, 이곳을 탈출하려고 시도하다가 만주지역의 소위 조교(朝僑: 북한국적의 중국거류민)들의 밀고나 특무(特務: 북한의 정보원 내지 기관원)들에 의해 체포되어 북한으로 합법적 또는 비합법적으로 송환되어 처형을 당하는 경우가 빈발했다. 이는 국내 및 국제 인권단체들의 지탄의 대상이 되었다. 이에 따라 북한 탈출 벌목공들의 처리 방안에 관한 (국제)법적 또는 인도적인 방안에 대한 상당한 연구가 이루어졌다.[5]

그러나 이러한 벌목공 사태에 대한 시사적(時事的)인 언론의 보도에 가려져, 북한의 대(對)러시아 정책이나 러시아의 대(對)북한 정책에 관한 수많은 연구에도 불구하고[6] 실제 북한 노동력의 러시아, 특히 러시아 극동지역에의 유입과 그 실태에 관한 연구는 거의 이루어지지 않았다고 할 수 있다. 본 장에서는 북한의 노동력이 어떻게 러시아 극동지역으로 유입되었는가, 현재 그 실태는 어떠한가, 그리고 장래 북한의 체제변화를 가정할 때 러시아 극동지역의 북한 노동자들이 가지는 함의(含意) 등에 관해 살펴보려고 한다.

200,000~600,000명 정도를 중부 또는 남부 러시아로 이주시키기 위하여 2003년 예산으로 9억 루블(3,000만 불)을 책정하였고, 또한 세계은행으로부터 5,000만 불의 차관을 요청해 놓고 있다. 이주의 중요한 원인은 경제적인 것으로, 과거에는 이러한 최북단 지역의 소위 몇몇 都市形成企業(градообразующие предприятие)에 따라 도시가 형성되었으나 구소련의 붕괴 이후 이러한 기업들도 경영난으로 문을 닫게 됨에 따라 이들 도시인구들의 생존기반이 문제가 된 경우이다. "Россия готовится выселять с севера," BBC 29 мая 2003г.[http://news.bbc.co.uk/hi/russian].

5) 제성호, 「북한 탈출동포의 처리방안: 國際法的 考慮를 중심으로」『北韓』 6월호(1994), pp. 50-63; George Ginsburgs, "Cooperation in Extradition Matters between Moscow and Pyongyang," *Journal of East Asian Affairs* vol. 11, no. 2(1997, Summer/Fall), pp. 378-416; 김명기, 「在러 탈북자에 대한 강제송환의 위법성」『北韓』 2월호(1997), pp. 121-135; 이정우, 「북한 이탈주민 지원법의 문제점과 개선방향」『北韓』 2월호(1997), pp. 136-145.

6) 김부기, 「러시아의 대북한 정책」『統一問題硏究』 6권 2호(1994), pp. 63-83; Л. С. Багрянская, "ЭКОНОМИЧЕСКОЕ СОТРУДНИЧЕСТВО СОВЕТСКОГО СОЮЗА С КОРЕЙСКОЙ НАРОДНО-ДЕМОКРАТИЧЕСКОЙ РЕСПУБЛИКОЙ," *Народы Азии и Африки*, № 1(1965), стр. 19-25; 레프첸코, 「러시아와 북한간의 경제관계: 現況과 展望」『中蘇硏究』 18권 1호(1994), pp. 41-45; 바자노프, 「러시아의 대북한 정책」『평화논총』 제1권 제1호(1997), pp. 191-205.

I. 사회주의 국가의 노동력 이동

국제 노동력 이동의 원인을 설명하는 이론으로 흡인·배출 모델(pull·push model)과 세계적 모델(globalist perspective)이 자주 거론된다. 인구의 흡인·배출(pull·push) 모델은 인구이동의 가장 단순하지만 또한 가장 정통적인 모델로서, 필요이상의 과잉인구를 가진 국가와 더 많은 인구(주로 노동력)를 필요로 하는 국가들 간의 상호 필요성에 의해 발생하는 인구이동을 설명하는 데 주로 사용된다.

인구를 배출하는 요인으로는 일반적으로 실업, 경제적인 침체, 저임금, 열악한 근로조건 등을 들 수 있고, 인구를 흡인하는 요인으로는 고임금, 많은 취업기회, 양호한 근로조건 등을 들 수 있다.[7] 또한 흡인·배출 모델은 국가 간의 소득격차에 의한 경제적 차원만을 거론하는 경우가 많지만, 반드시 경제적 차원만이 아니라 사회 문화적 흡인·배출 요인에 의한 모델도 논의될 수 있다고 본다.

흡인·배출 요인 모델이 주장하듯이 소득의 격차나 사회 문화적 요인의 격차가 인구의 이동을 가져오는 것은 분명 사실일지도 모른다. 그러나 이러한 소득이나 사회 문화적 요인의 격차가 인구이동의 전제가 되지 않을 수도 있다. 즉 소득이나 사회 문화적 요인의 격차가 있다고 해서 반드시 인구이동이 일어난다고 할 수도 없고, 또한 이러한 소득이나 사회 문화적 격차가 준다고 해서 인구이동이 줄어든다고 할 수 없는 것이 사실이라면[8] 여기에 인구의 흡인·배출 모델의 한계점이 있다고 할 수 있다.

인구의 흡인·배출 모델과 함께 인구이동의 또 다른 모델로서 거론되는 것은 인구이동의 '지구적 모델'(globalist perspective)이다. 이 모델의 대표적인 학자의 한 사람인 사센(Sassen)[9]에 의하면, 인구이동의 지구적 모델은 경제의 세계화(globalization)를 전제로 한다. 경제의 세계화는 제2차 세계대전, 특히 1960년대 이후 현저하게 나타난 세계경제의 일체화와 통합과정으로 국경

---

7) Brinley Thomas, International Migration and Economic Development: A Trend Report and Bibliography(Paris: UNESCO, 1961).

8) 예를 들어 일부 학자들은 미국으로 이동해 오는 멕시코인들의 대부분이 반드시 멕시코의 최빈곤 지구나 미국과의 접경지구에 사는 사람만은 아니며, 미국에 이주해 옴으로써 가장 이득을 많이 얻을 수 있는 멕시코인들만이 미국으로 이주해 오는 것은 아니라고 주장한다. 이에 대해서는 Alejandro Portes & Robert Bach(1985) Latin Journey: Cuban and Mexican Immigrants in the United States, University of California Press, p. 4를 참조.

9) Saskia Sassen, *The Mobility of Labor and Capital: A Study in International Investment and Labor Flow*(New York: Cambridge University Press, 1988).

이라는 장벽이 없어지고 자본의 국제화가 진전되는 데 그 특징이 있다. 고전적인 자본주의세계체계에서는 국가 간 토지, 노동, 자본은 움직일 수 없는 것으로 가정되고 있으나, 세계경제시대에는 다국적 기업이 등장하여 유통과정의 국제화와 생산과정의 국제화가 진전된다. 이러한 자본의 국제화에 따라 외국인 노동자의 수요가 본격화하는 것은 '중심부'의 농촌지역으로부터 저임금 노동력의 공급이 여의치 못할 때라고 할 수 있다.[10] 이러한 저임금의 노동력이 부족함에 따라 '주변부' 또는 '반주변부'국가들의 외국인 노동자들은 '중심부' 국가의 노동시장에 직접적으로 통합된다고 본다.

이상의 두 이론에서 보듯이 인구의 흡인・배출 요인 모델과 인구이동의 지구적 모델 모두 이동의 주체로서 '개인'을 들고, 합리적으로 손익을 계산할 수 있는 '개인'을 국제적인 인구이동의 주체로 간주하고 있다. 그러나 국제적 인구이동의 주체가 항상 개인일 수만은 없다. 예를 들어 한국의 중동진출이나 베트남 전쟁 당시 한국인 근로자의 이동에서 보듯이 인구이동의 주체는 '국가'가 될 수도 있다.

특히 사회주의 국가나 제3세계 국가의 경우 국가에 의한 이민정책이 중요한 역할을 하고 있는데, 상기의 두 모델은 모두 이러한 국가에 의한 이민정책의 중요성을 간과하고 있다. 따라서 이러한 사회주의 국가들에 있어서 국가 간의 이민은 자본주의 국가들에 있어서 흔히 보이는 개인에 의한 인구이동과는 달리, 국가가 주도적인 역할을 하여 인구이동의 대상자, 목적지, 목적지에서의 작업의 종류와 조건을 결정한다.

여기에는 인구유입국뿐만 아니라 인구유출국의 이민정책도 무시할 수 없다. 예를 들어 북한이 소련에 노동력을 송출하는 배경으로 간과할 수 없는 것은 북한이 러시아에 지고 있는 엄청난 대외채무이다.[11] 북한의 노동력 송출은 여러 가지 목적이 있지만 이러한 대외채무를 변제하고 외화를 획득하기 위한 하나의 방편으로 간주되고 있기도 하다.[12] 이러한 점에서 볼 때 자본주의

---

10) 成家克德, 「現代國際勞動力移動の條件: 經濟の國際化と民族集團に着目して」『社會學評論』 vol. 48, no. 4(1991), pp. 392-405.

11) 현재 북한이 러시아에 약 38억~40억 달러의 부채를 지고 있다고 알려져 있다. Jamie Miyazaki, "Pyongyang's legitimate export: Labor," Asia Times Online, Jan. 7, 2004[http://www.atimes.com]; 內外通信 綜合版(65)(1997. 7. 1.~ 9. 30.), p. 170.

12) Jamie Miyazaki, "Pyongyang's legitimate export: Labor," *Asia Times Online*, Jan. 7, 2004[http://www.atimes.com]. 동남아 국가들의 경우 해외의 자국 노동자들의 송금이 자국경제에 큰 역할을 하는 것으로 알려져 있다. 이와 관련하여 최근의 보도에 의하면 특히 아시아의 저소득층의 일부 국가들에 있어서 자국 이민자들에 의한 모국으로의 해외송금의 역할은 대단히 크다. 예를 들어 방글라데시와 파키스탄에서의 1987년 상품수출액은 각각 10.74억 달러와 41.72억 달러인 데 반해서, 양국의 해외자국민에 의한 송금액은 각각 6.17억 달러와 21.72억 달러에 달해, 자국민의 모국 송금액은 자국의 상품수출액의 50~60%

사회에서 흔히 거론되는 인구이동의 대표적인 두 모델, 즉 인구의 흡인·배출 모델과 인구이동의 세계적 모델은 한계점을 가진다고 할 수 있다. 따라서 소련에 대한 북한의 노동력 수출에 관한 본 연구는 상기의 인구의 흡인·배출 요인 모델과 인구이동의 세계적 모델을 뛰어넘는 새로운 이론적 관점을 모색할 필요성을 제기하고 있다.

Ⅱ. 러시아 극동지역과 외국인 노동력

러시아 극동지역은 러시아 연방 전체 영토의 1/3 이상을 차지하는 방대한 지역이며 러시아 연방 11개 경제지역 중의 하나로서 사하공화국, 연해주, 하바로프스크 지방, 아무르주, 캄차카주, 마가단주, 사할린주를 포함한다. 러시아 극동지역의 전체 면적은 약 620만 평방킬로미터로서 러시아 전체 영토의 36.4%를 차지하고 있으나, 인구는 8백만 명 정도로 러시아 전체 인구 1억 5천만여 명의 5.4%에 불과하다.[13)]

따라서 이렇게 부족한 인력을 메우기 위해 구소련 시대에는 여러 가지 인력유인정책을 썼다. 예를 들어 극동지역의 농산물 등에 대한 면세정책, 아파트의 임대료를 비롯한 주거비의 인하, 이 지역으로의 이사비용을 무료로 하는 것 등이 여기에 포함될 수 있다. 또 한편으로는 이 지역 거주자에게 돌아가는 혜택의 범위를 넓힌다거나 추가소득을 지급하는 등의 정책이 사용되기도 했다.[14)] 그러나 구소련이 해체되고 러시아가 탄생하면서 이러한 유인정책을 포기함에 따라 극동지역은 〈표 12-1〉에서 보는 것처럼 다시금 심각한 인구유출의 양상을 띠게 되었다. 이 표에 의하면 1992년에서 1998년까지 7년 사이에 극동지역 전체에 있어서 57만여 명이 러시아 극동지역을 빠져나갔음을 알 수 있다.

따라서 최근의 극동지역의 자체노동력만으로는 이 지역개발에 필요한 인력을 충당할 수 없게 되자 외국인 노동력, 특히 인근의 사회주의 국가들의 노동력을 필요로 하게 되었다.[15)]

에 이르기도 했다(成家克德 1991:398).

13) 대외경제정책연구원 지역정보센터, 『러시아 極東地域 便覽』(1994).

14) Г. Мильнер, "Проблемы обеспеченности трудовыми ресурсами районов Сибири и Дальнего Востока." Экономические науки, no. 2(1979), pp. 61-68.

15) 최근의 한 자료에 의하면 아무르 지역의 생산 분야에만 약 20,000명의 인력이 부족하다고 한다. Leonid Vardomsky, "Blagoveshchensk and Heihe Engage in Across-the-border Cooperation," *Проблемы дальнего востока*(Far Eastern Affairs), no. 2(1992), p. 82.

〈표 12-1〉 러시아 극동지역의 인구변화, 1992~1998(단위: 천 명)

극동지역	1992	1998	변화(절대수)	변화율(%)
아무르주	1,063	1,023	-40	-3.7
츄코트카 자치구	124	81	-43	-35
유태인자치구	219	205	-14	-6.3
캄차카주	456	396	-60	-14
하바로프스크주	1,621	1,546	-75	-4.6
코략자치구	38	31	-7	-18
마가단주	327	246	-81	-25
연해주	2,302	2,216	-86	-3.7
사하공화국	1,074	1,003	-71	-6.6
사할린주	714	620	-94	-13.2
합계	7,938	7,367	-571	-7.2

자료: Госкомстат РФ. Российская Федерация в 1992: Статистический ежегодник. Москва, 1993 and Госкомстат РФ. Российская Федерация в 1992: Статистический ежегодник. Москва, 1993. Cited in Sue Davis, The Russian Far East: The Last Frontier? (N.Y.: Routledge, 2003), p. 68.

소련의 저명한 정치주간지 '노보예 브레미야'(Новое время)의 기자 알렉산드르 구벨[16]은 러시아 극동지역에서의 외국인 노동자의 필요성에 대해서 다음과 같이 말한다:

> "우리들은 이미 외국의 노동력을 쓰고 있으나 현재로서는 그것은 大海의 물 한 방울에 불과하다. 우리들은 현재 수백 명의 중국인·베트남인·북한인을 쓰고 있으나, 우리한테는 수천 명 어쩌면 수만 명이 필요하다. 그리고 이에 관한 관심은 상호적인 것이다. 지도를 보라. 이곳에서 중국까지는 손을 뻗으면 닿을 정도이다. 베트남까지는 좀 멀기는 하나 그래도 거리는 모스크바-블라디보스토크 간과는 비교할 것이 못 된다. 뿐만 아니라 직통인 海路가 있다. 그런데 중요한 점은 딴 데 있다. 우리들은 소련유럽부에서 그곳에서도 필요한 일손을 끊임없이 불러대고 있으나 중국이나 베트남에는 남아도는 인력이 있다. 그쪽에서는 이들 일손에게 어떻게 일거리를 줄 것인가 고민하고 있다."

소련에서의 외국인 근로자의 고용은 사회주의 국가 간의 인구이동으로 보이는데, 이 사회주의

16) 사회주의 국가들 간의 인구이동에 관해서는 T. Ваис, "Проблемы сотрудничества стран СЕВ в использовании трудовых ресурсов,"(노동력 이용에 있어서 COMECON 국가들 간의 협력문제) *Вопросы экономики,* No. 9(1975)를 참조.

국가 간의 인구이동은 자본주의 국가들 간의 인구이동과는 몇 가지 차이점을 가지고 있다. 먼저 사회주의 국가 간의 인구이동은 이들 국가 간의 계획과 규제에 의한 일시적인 노동력 이동이라는 점이 많이 강조되고 있다.[17] 이러한 인구이동은 이들 국가 간의 상호협력과 상호원조의 한 형태의 표현이라고 강조되며, 정치적 · 문화적 · 이데올로기적인 면에서 사회주의 국가들의 단합을 고양시키고, 각국의 기술수준을 높일 뿐만 아니라, 완전히 자발적인 국내적, 그리고 국제적인 이해관계의 조화로운 결합이라고 간주된다. 이러한 사회주의 국가들 간의 인구이동으로는 1967년 10,000명 내지 12,000여 명의 헝가리 근로자들과 35,000여 명의 폴란드 근로자들이 동독에서 작업을 한 예가 있으며 20,000여 명의 폴란드 및 불가리아 근로자들이 체코슬로바키아에서 일한 예도 있다. 그리고 수천 명의 불가리아 노무자들이 소련에서 일한 사례나 사회주의 국가들로부터 선발된 국제사회주의연합근로자 수천 명이 몽고에서 일한 사례도 여기에 속한다고 할 수 있다.[18]

1989년 당시 소련전역에서 일하는 사회주의 근로자의 규모는 10개 사회주의 국가들 약 160,000명으로 알려졌는데 이들 중 대부분은 북한, 베트남 및 불가리아 출신들로서 '자유고용'(free hire) 방식으로 일하게 된 근로자들이다.[19] 현재 러시아 극동지역에서 일하고 있는 사회주의 국가들의 인력규모는 정확히 알려져 있지는 않으나 미나키르[20]에 의하면 1989년 현재 26,000여 명이 있다고 하며 이들은 대부분 북한, 쿠바, 베트남, 중국 등지의 근로자들이다 (〈표 12-3〉 참조).[21]

---

17) 사회주의 국가들 간의 인구이동에 관해서는 T. Ваис, "Проблемы сотрудничества стран СЕВ в использовании трудовых ресурсов,"(노동력 이용에 있어서 COMECON 국가들 간의 협력문제) *Вопросы экономики*, No. 9(1975)를 참조.

18) T. Ваис, "Проблемы сотрудничества стран СЕВ в использовании трудовых ресурсов."

19) Ginsburgs(1990), p. 7. 또 다른 자료에 의하면 1989년 현재 10개의 사회주의 국가들로부터 온 약 120,000명의 근로자들이 소련에서 일하고 있는데, 주로 자연자원이나 자연연료의 채취분야에서 작업을 하고 있으며 또 일부는 소련 측과의 합작기업 등에서 연수를 받고 있는 사람들로 구성되어 있다. 특히 베트남 근로자 60,000명 가운데 절반이 소련의 섬유산업공장에서 일하고 있으며 나머지는 기계제작과 건설분야에서 일하고 있다고 한다. И. Ушкалов, "Человеческий фактор интеграции" *Экономическое сотрудничество стран-членов СЭВ*, no. 6(1989).

20) Pavel A. Minakir(ed.), *The Russian Far East: An Economic Handbook*, trans. by Gregory L. Freeze(Armonk, N.Y.: M.E. Sharpe, 1994), p. 183.

21) 참고로 러시아 극동의 대표적인 도시라고 할 수 있는 블라디보스토크의 경우 북한 근로자를 포함한 외국인 노동자의 분포를 보면 북한(842명), 중국(2,146명), 베트남(60명), 불가리아(32명), 한국(45명), 일본(9명), 캐나다(5명), 미국(2명), 뉴질랜드(2명), 몽고(2명), 영국(2명) 등의 순으로 나타난다. 블라디보스토크의 노동시장에 관해서는 Ю.Н. Казаков, "Рынок труда во Владивосток"(블라디보스토크의 노동시장) *Социологические исследования* no. 7(1996), pp. 112-115를 참조.

Ⅲ. 러시아 극동지역의 북한 노동력

1. 북한 노동력의 진출 배경

1) 재소 북한인(在蘇 北韓人)의 기원

재소 북한인의 기원은 1945년 해방 직후로 거슬러 올라갈 수 있다. 8・15 해방이 되자 북한을 점령한 소련군은 고문관 2진으로서 약 400~450명[22)]의 재소 한인들과 함께 북한에 진주하여 초기 북한정권 내의 '소련파'의 모체를 이루었다. 이들 재소 한인들은 소련의 북한점령기간 동안 소련군대를 도와 정부, 당, 학교 등 전 분야에서 고문관 또는 실무자로 근무하면서 중요한 역할을 하였고, 1948년 북한 정권이 수립된 이후에도 노동당과 북한군대의 중요한 위치를 차지하였다.

이들 가운데 대표적인 사람은 조선노동당과 내각에서 활약한 소련 극동지역 출신인 허가이, 소련 타쉬켄트 출신의 박창옥, 하바로프스크 출신의 남일 등이다. 그리고 소련 타쉬켄트 출신으로 북한 노동당 중앙위원, 김일성 종합대학 부총장, 북한 도시건설상(建設相) 등을 역임하고 1956년 대표적인 친소파 숙청사건의 하나인 최창익 사건으로 소련에 망명하여 카자흐스탄 공화국 과학원 연구원을 역임한 김승화[23)]도 이 부류에 속한다. 그 밖에 당 간부로는 박창식, 김열, 김재욱 등이 있고, 군 간부로는 김웅, 한일무 등이 있으며, 기석복과 태성수 등이 언론계에서, 허익, 오완묵, 박영, 김용성 등이 학계에서 활동하였다.[24)]

그러나 1950년대 6・25사변이 끝나고 스탈린이 사망하자 북한과 소련의 관계가 악화되고,

---

22) Stephan(1971)은 약 300명이라고 서술하고 있으며, 서대숙 교수(Suh, 1987:107)는 1945년 8월과 1949년 1월 사이에 북한에 들어온 초기 재소 한인들의 수를 427명이라고 밝히고 있다. 또 Hur Un Be는 북한 역사에 대한 그의 연구에서 1949년 1월 북한에 있었던 재소 한인의 수를 428명으로 기록하고 있는데 그 근거로서, 다음의 수치를 합하면 대략 428명 정도가 된다는 것이다: ① 1945년 소련군사요원으로 북한에 입국한 사람이 140~150명, ② 그리고 이들의 가족 100~150여 명, ③ 1946~1948년에 입국한 100명의 민간 전문가들(civil specialists), ④ 그리고 이들의 가족 110명 정도. Kim German, "Korean Diaspora in post-Soviet Central Asia: Relations with and Attitudes toward North and South Korea," Proceedings of the International Conference on The Korean Diaspora and Strategies of Global Network, Korea University(October 11, 2002), p. 31 재인용.

23) 김승화(金承化, Ким Сын Хва)는 1965년에 저술한 러시아 제정시대와 소비에트 정권시대의 한인들의 역사에 관한 연구서인 『蘇聯韓人史概說』(Очерки по истории советских корейцев, Алма Ата: Наука)로 잘 알려져 있다.

24) Suh, Dae-Sook, "Soviet Koreans and North Korea." pp. 101-128 in *Koreans in the Soviet Union,* edited by Dae-Sook Suh(Honolulu, HI: The Center for Korean Studies, 1987).

북조선 건국 당시 여러 가지 사업에 큰 역할을 했던 재소 한인들이 북한에서 영향력을 상실한 채 '소련파'로 몰려 숙청당했으며 이 중 상당수가 소련으로 되돌아갔다.[25] 이런 가운데 소련에서 파견된 재소 한인을 숙청하는 마지막 근거가 된 것은 1957년 12월 소련과 북한 사이에 체결된 "이중국적에 관한 협정"이었다. 이에 따르면 재소 한인들로 하여금 북한에서 국적을 취득하여 북한의 인민이 되거나, 아니면 소련국적을 가지기 위해서는 북한에서 철수해야 한다는 것이었다.[26]

2) 북한 유학생의 근로실습(work-study)

북한 근로자의 재소 파견의 형태로 우선 북한 유학생에 의한 근로실습을 들 수 있다. 북한의 학생들이 소련에서 교육을 받은 후 근로실습(work-study)의 일환으로 소련의 일정기관에서 연수생으로 노동을 하게 된 역사는 상당히 오래 되었다고 알려져 있다. 그 원인은 먼저 일본 제국주의의 정책에서 찾을 수 있다.

일본의 한국 점령기간 동안 한국인으로서 교육을 받을 기회도 제한되어 있었거니와 설사 교육을 받은 사람도 기술자로서 공업현장에 취업할 수 있는 기회는 아주 적었다. 해방이 되고 일본군대가 철수하면서 일본의 전문적 기술자도 함께 떠나버리자 소련의 원조로 지급된 기계와 장비를 작동할 수 있는 기술자가 없었다. 소련의 전문가가 북한으로 파견되었으나[27] 역부족이었고, 이런 상황에 근본적으로 대처하기 위해서는 북한의 학생들을 소련에 파견하여 교육할 필요가 있었다.

먼저 1948년 8월 4일에 조인한 북소(北蘇) 간의 합의[28]는 바로 이 북한 학생들이 소련의

25) 노다(野田正彰 1992:92)는 약 500명의 재소 한인이 북한에 들어와서 권력투쟁을 한 결과, 50명은 행방불명되었고 450명이 소련으로 되돌아갔다고 적고 있다.

26) 이광규 · 전경수, 『재소 한인: 인류학적 접근』(집문당, 1993), p. 190.

27) 예를 들어 다음과 같은 협정에 따라 소련의 전문가들이 북한에 파견되었다: "Соглашение об оказании СССР технической помощи КНДР в строительстве и расширении промышленных и других предприятий"(17 марта 1959г.); "Соглашение между правительством СССР и правительством КНДР об экономическом и техническом сотрудничестве в строительстве и расширении промышленных и других объектов"(20 июня 1966).

28) 북 · 소 간의 경제적 협력은 주로 1948년 9월 북조선 인민민주공화국의 성립 이후 본격적으로 이루어졌는데, 경제협력에 있어서 중요한 역할을 한 것은 1949년 3월 17일 "소련과 북한 간의 경제 및 문화협력에 관한 합의서"(Соглашение об экономическом и культурном сотрудничестве между Советским Союзом и Корейской Народно-Демократической Республикой)였다. 이것은 양국 간의 평등의 권리 및 국가주권의 존중과 독립성에 기초한 합의로서 양국 간의 우의를 여는 중요한 것이었다. 1949년의 이 합의를 기초로 1949년과 1950년 북 · 소 간의 상품거래, 유통 및 대금지불, 그리고 북한에서 필요로 하는 공업자재와 상품구입을 위한 2억 1천2백만 루블의 장기신용 제공에 관한 문서가 조인되었다.("С образованием Корейской Народно-Демократической Республики в сентябре 1948 г. обьем и

고등교육기관에서 연수를 받도록 규정한 최초의 문서라 할 수 있다. 이 합의의 자세한 사항에 대해서는 알려져 있지 않다. 1952년 9월 1일에 만료되는 이 협정을 대신해서 1952년 5월 6일에 새로운 협정[29]이 체결되었는데, 미 국무성의 자료에서는 당시 소련의 근로실습에 참가하는 초기의 북한 학생들의 상황을 다음과 같이 묘사하고 있다:

> "1949년 기술자들에게 연수를 시키고 또 북한인들에게 스탈린의 사상과 러시아 문화를 주입시키기 위한 프로그램 하에서 약 500명의 북한인들이 소련에서 공부를 하고 있었다. 이 프로그램에 의하면 매년 150명의 학생이 소련에 파견되는데, 이들은 지도력, 학습능력, 가족배경 등을 참고로 북한 각 지방의 교육청, 대학과 사회기관 등에 의해서 선정되어 최종적으로 정치보위국과 노동당 중앙본부에 의해 승인을 받아야 했다. 1950년에는 약 400명의 후보자가 선정되었는데, 이렇게 선정된 학생들은 소련으로 가기 직전에 1개월 반 동안 집중적인 오리엔테이션을 받았다. 소련에 도착하여 2년간 러시아어를 공부한 후 기술연수와 사상연수를 위해 소련의 초급대학이나 종합대학으로 파견되었다. 이들 학생들 외에도 매년 장래가 촉망되는 25명의 학생들에게는 소련에서 대학원 공부를 할 수 있는 특별기회가 주어졌다."[30]

여기서 기억해야 할 것은 당시 소련대학의 교과과정은 교실에서 이루어지는 강의뿐만 아니라 도제(徒弟)제도 등을 통해 학생들이 학업과 실습을 동시에 할 수 있도록 되어 있었다는 점이다. 외국학생이라고 해서 이러한 실습이 면제되는 것은 아니었으므로 북한 학생들 또한 적어도

формы экономических связей между двумя государствами значительно расширились. Важной вехой в развитии экономического сотрудничества явилось подписание 17 марта 1949 г. Соглашения об экономическом и культурном сотрудничестве между Советским Союзом и Корейской Народно-Демократической Республикой. … На основе этого соглашения в том же 1949 г. был подписан ряд документов по конкретным вопросам сотрудничества: соглашения о товарообороте и платежах между СССР и КНДР на 1949~1950 гг., об оказании КНДР технической помощи, о предоставлении ей долгосрочного кредита в размере 212 млн. старых руб. для закупок промышленного оборудования и товаров, необходимых для экономического строительства и улучшения жизни трудящихся КНДР.") Л. С. Багрянская, "ЭКОНОМИЧЕСКОЕ СОТРУДНИЧЕСТВО СОВЕТСКОГО СОЮЗА С КОРЕЙСКОЙ НАРОДНО-ДЕМОКРАТИЧЕСКОЙ РЕСПУБЛИКОЙ,"(소련과 북한 인민민주주의공화국 간의 경제협력) Народы Азии и АФрики, № 1(1965), с. 20.

29) "Соглашение между правительством СССР и правительством КНДР об обучении граждан КНДР в высших гражданских учебных заведениях СССР," 6 мая 1952г.

30) *North Korea: A Case Study in the Techniques of Takeover*, Department of State Publication 7118, Far Eastern Series 103, released Jan. 1961, pp. 107-108, cited in Ginsburgs(1989), p. 416.

이론상으로는 자기의 관심분야와 일치되는 분야에서 실습을 통해 노동을 해야만 했다. 이 실습참가자들은 일정한 급료를 지불 받았다고 알려져 있다. 학생들의 공식적인 학습과 근로실습의 비율은 여러 해 동안 많이 바뀌었지만 이 두 가지의 작업은 계속 병행되었다.

이러한 학습과 근로실습을 병행한 북한 학생들은 소련에서 공부를 마친 후에도 북한의 작업장에 배치될 때까지 소련의 자매기관에서 작업을 하도록 되어 있었다.[31] 여기서 일한 작업에 대한 급료는 비슷한 경력을 가지 소련인들보다 오히려 더 많았으나, 급료의 20~30%만을 루블화로 직접 지급받았다. 나머지는 소련과 북한당국자들에게 동일한 비율로 나누어 지급되었는데, 여기서 소련당국이 차지한 비율은 북한이 소련에 진 빚을 상계(相計)하는 데 사용되었다. 그리고 북한당국이 가져간 몫은 북한의 화폐로 바꾸어 후일 작업자 본인이나 그 가족이 찾을 수 있도록 북한의 은행에 예치되었다.[32]

그리하여 1953년부터 1960년까지 2,000명 이상의 대학생과 대학원생들이 소련 국내에서 이러한 근로실습을 받았고, 1951년과 1961년 사이에 200명의 연구원을 포함한 1,035명의 북한 전문가들이 소련의 고등교육기관을 졸업했다.[33] 그러나 이러한 소련의 북한 유학생 수는 1960년대에 들어서면서 급감하게 되는데 이는 북한이 강조한 '자력갱생'노선에서 그 원인을 찾을 수 있다.

2. 북한 노동력 진출의 경과 및 실태

1) 어업노무자

북한의 노동자들이 어업노동자로서 러시아 극동지역으로 오게 된 것은 1946년 5~7월 사이에 소련과 조선민주주의인민공화국 간의 쌍방협정에 기초하여 오로지 수산업에 종사하기 위해

---

31) *Отношения Советского Союза с народной Кореей 1946~1980: документы и материалы*,(1946~1980 소련과 북한과의 관계: 문서와 자료)(Москва, 1981), pp. 407-408. 1957년 10월 11일에 조인된 문서 "Соглашение о научном сотрудничестве между Академией наук СССР Академией наук КНДР"에서는 '근로실습'을 '단기실습'(кратковременная практика)으로 표현하고 있으며, 양국 과학아카데미는 자신의 학술기관에서 단기실습을 허락하도록 하였다("Академии наук будут взаимно предоставлять научным сотрудникам другой стороны возможность проходить кратковременную практику в своих научных учреждениях").

32) George Ginsburgs, "Labor Policy and Foreign Workers: The Case of North Korean *Gastarbeiter* in the Soviet Union"(1989).

33) Natalia Bazhanova, *Between Dead Dogmas and Practical Requirements: External Economic Relations of North Korea, 1945~1990*(Moscow, 1992). 梁浚容 譯(1992), "北韓과 蘇聯과의 經濟協力"(pp. 1-169)『기로에 선 北韓經濟: 對外經協을 통해 본 實相』(서울: 韓國經濟新聞社, 1992), p. 157.

2,000명이 사할린에 파견된 것이 그 시초였다.[34)]

그 후 소련은 캄차카, 사할린, 쿠릴열도 등지의 노동력 부족에 대처하기 위해서 1948년부터 1~3년간 북한과 노동계약을 맺고 12,000여 명의 어업근로자를 파견했는데,[35)] 이는 소련어업국(Soviet Fisheries Administration)이 러시아 극동지역의 어업 및 수산물 가공사업에서 일하는 북한 노동자들을 모집할 수 있는 권한을 위임받음으로써 가능하였다.

이러한 조치는 당시 러시아 극동지역에서 급증하는 노동력의 수요에 대응하기 위한 성격이 강했다고 할 수 있다. 특히 제2차 세계대전 이전만 하더라도 러시아 극동지역의 어획고는 러시아 전체 어획고의 10%에 불과했으나, 제2차 세계대전 이후 러시아 극동이외의 타 지역에서 어획고가 급감하였다. 이에 대응하기 위해 극동지역의 수산업에 대한 투자가 확대되고 이후 러시아 극동지역의 어획고가 러시아 전 지역 어획고의 40%로 급증함에 따라 심각한 노동력의 부족에 시달리게 되었다.[36)]

또 다른 북한 근로자 파견의 배경으로, 북한과 소련이 시도한 많은 합작사업을 들 수 있다. 어업에서도 합작사업의 일환으로 1954년~1955년 사이에 소련은 북한에 23척의 어선을 제공하였다. 또한 1966년에는 두 척의 대형수송선 차이코프스키호와 타쉬켄트호를 제공하여 북서태평양의 어로활동을 위한 수산물 가공공장으로 활용했는데,[37)] 여기에서도 노동력은 북한에서 제공하기로 되어 있었다. 따라서 북한 어업노동자의 파견은 이러한 배경에서 이루어진 것이었다.

이곳에서 일하게 될 북한 근로자를 선정하는 과정에서 어떠한 강제적인 조치가 취해지거나, 타 지역으로 송환하는 데 있어서 강압수단이 작용한 증거는 없다.[38)] 그러나 캄차카 지역 어장의 근로조건은 열악한 편이어서 많은 북한 근로자들이 이곳에서 작업을 하던 중 사망하거나 후일 귀국한 근로자들도 특별건강검진을 받아야만 했다.[39)] 한편 조국 북한으로의 임금의 송금은 수산

34) 이것은 러시아 사할린주 한인회 부회장 김춘경(1997:161) 씨가 전한 내용이다. 그러나 名越健郎(1992:99)와 정혜정(1995:71)은 1948년에 북한 근로자가 사할린에 처음 왔다고 하며, Ginsburgs(1989:400)는 북한 근로자가 어업노무자로서 소련에 오게 된 것은 1951년 이전이라고만 밝히고 있고 구체적인 연도에 대해서는 언급을 하지 않고 있다.

35) *North Korea: A Case Study in the Techniques of Takeover*, Department of State Publication 7118, Far Eastern Series 103, released Jan. 1961, pp. 107-108, cited in Ginsburgs(1989), p. 400 and Ginsburgs(1990), p. 6.

36) В. Чичканов & В. Орлов, "Биологические ресурсы океана" *Плановое хозяйство* 1(1983), pp. 62-69.

37) Bazhanova(1992), p. 162.

38) Ginsburgs(1989), p. 400; Ginsburgs(1990), p. 6; 이시연(1996), p. 67.

39) 북한의 계약근로자들은 경제적 어려움과 노무자 생활의 비안정성 등으로 인해 그들의 불만을 노골적으로 표시하였는데, 당시 이러한 불만의 표시는 '정치적으로 위험한 것'으로 간주되어 이들 노무자들을 모두 귀국시키라는 요구가 제기되기도 하였다(김춘경 1997:162).

업에 종사하는 조선인민민주주의공화국(북한)의 공민들에게만 허용되었다. 그런데 사할린에서 작업을 하던 북한 노무자의 경우, 이들의 계약기간은 대부분 단기간이었으며 소련과의 근로계약이 1949년 2월 13일 이전에 체결되었다면 노임의 50%까지 송금할 수 있었으나, 근로계약이 그 이후에 체결되었다면 100루블 이상의 송금은 허용되지 않았다.[40] 캄차카의 어업시설에서 일했던 북한 근로자들 중 7할은 북한으로 귀국했으며,[41] 현재 약 2,000명이 캄차카 지역에 거주하고 있다고 알려져 있다.[42]

러시아 극동지역 전체로 볼 때 어업노무자로 일한 북한 근로자들 중 정확히 몇 명이 북한으로 귀국하지 않은 채 러시아에 남아있는지는 알 수 없으나, 상당수가 처음에는 어업노무자로 소련에 왔다가 일정기간의 계약기간이 만료된 후 임업노무자 또는 건설노무자로 일하였다. 그 후 러시아 극동의 각 지역에 흩어져서 살면서[43] 개인적으로 러시아 공민권을 획득하여 소련시민이 된 경우도 많은 것으로 알려져 있다.[44]

특히 북한 노무자들은 건축에 관련된 일을 모두 다 할 수 있었기 때문에 계약종료 후에는 대우가 좋은 건축기술자로 일하기 위해 개인적으로 러시아 극동의 여러 지역으로 흩어져서 일을 했다.[45] 그러나 외국, 특히 북한의 파견노무자들에게는 파견근로의 계약기간 중에 소련 공민권이 주어지지 않았기 때문에 파견계약의 근로기간이 만료된 후 소련 공민권을 받기 위해 노력하였으나 북한에서 파견된 기관요원들의 감시망을 뚫고 원하는 공민권을 얻기가 쉽지 않았던 것으로 알려져 있다.

또한 당시 북한당국의 견제도 만만치 않아서, 1958년 6월까지 소련과의 노동계약기간이 끝난 후 귀국하지 않은 북한 노무자들과 또 이전에 일본의 공민권을 가진 한인들에게 나홋카 주재 북한 총영사관의 요청에 따라 사할린주 내무기관이 말소된 북한공민권을 회복하거나 새로 받도록 하기 위한 안케따(анкета: 申請書)를 내어주는 사업을 실시하였다. 그리하여 나홋카 주재 북한

40) 김춘경(1997), p. 162.

41) 나고시(名越健郎 1992:99)에 의하면 캄차카에 파견된 북한 노동자의 수효만 1만 명에 가깝다고 한다.

42) 名越健郎(1992), p. 99.

43) 이러한 초기 북한의 파견노무자들은 캄차카, 사할린 등지에서 하바로프스크시로 이주하여 농사를 짓고 야채를 시장에 내다 파는 장사를 주로 하고 있었는데, 하바로프스크에 있는 이들의 수효는 현재 약 200명으로 추산된다(이광규 · 전경수 1993:329).

44) 이러한 부류의 대표적인 케이스가 현재 러시아 극동의 하바로프스크에 거주하는 이시연 씨의 경우로, 그는 1948년 북한정권 초기 소련으로 건너가 임업노동자로 일하다가 다시 임업노동자가 되어 하바로프스크로 이주하였다. 그 후 건설노무자를 거쳐 1976년 직업소방대 교관이 되어 1984년까지 복무했다(이시연 1996:62-67).

45) 정혜정, 「在러동포가 본 소련 벌목현장의 人權」 『北韓』, 12월호(1995), p. 71.

총영사관에 비(非)공민들의 안케따 117건을 포함한 207건의 안케따가 접수되었는데 이들에게 모두 북한공민권이 주어졌다.[46)]

2) 벌목작업 노무자

최근 가장 관심의 초점이 되고 있는 것이 바로 이 북한의 재소 벌목작업노무자들이다. 이는 최근 러시아 극동지역의 벌목장 내에서 작업을 하던 북한 벌목공들이 인권유린과 굶주림으로부터 생존권을 확보하기 위해 탈출하는 사태가 언론에 보도되면서부터라고 할 수 있다. 소련의 극동지방에 파견된 북한의 근로자들 중 한때 수적으로 가장 많은 인원을 처지하였던 것도 바로 이 재소 벌목공들이었는데, 과거 수만 명에서 현재 10,000여 명 정도로 줄어든 러시아 북한 노동자의 대폭적인 수적감소는 바로 이 벌목노동자 수의 감소에 기인한 바가 크다.[47)]

북한의 벌목공들이 러시아 극동지역에 파견된 근거가 되는 임업협정은 1967년 3월 2일 체결된 "쏘베트 사회주의공화국 련방과 조선민주주의인민공화국 간의 쏘베트 사회주의공화국 련방 영토내에서의 벌목 및 목재종합가공협정"[48)]이라고 일반적으로 알려져 있다.

그러나 실제로 북한 벌목공의 소련파견의 기원은 그보다 훨씬 더 거슬러 올라가,[49)] 소련영내에서의 벌목에 관한 협정은 1953년 7월 30일에 체결된 벌목협정이 그 기원이라고 할 수 있다.[50)] 이 협정에 의해 북한이 러시아 극동지역의 하바로프스크 지역에서 1957~1962년 사이에 150만 입방미터의 침엽수를 벌채할 수 있는 권리를 획득할 수 있게 되었다. 북한은 이러한 권리를 무료로 얻고 또 소련이 원목을 국경선까지 운반해주는 대신 북한 측은 그들의 원목 1입방미터를 벌목할 때마다 1.33입방미터의 원목을 더 벌목하여 소련에 제공하기로 했다.

소련과 북한은 1960년 12월 24일 상기 협약의 유효기간을 1972년까지 10년간 연장하는데 합의했으나, 북한 측이 규정된 벌목량을 위반하고[51)] 또 소련측 과의 여타 문제로 마찰을

46) 김춘경, 「러시아 사할린 한인들: 생활과 운명」『교민논총』 제1집(1997), p. 163.

47) 북한의 노동력이 이렇게 러시아 극동지역에서 벌목작업에 많이 이용되는 것은 이 지역의 부족한 노동력 때문이라고 할 수 있다. 이러한 노동력의 부족으로 과거에는 20만 명의 죄수를 벌목장에 투입하여 작업을 시킴으로써 이러한 죄수를 관리하는 소련 내무성은 소련 내에서 3번째로 큰 벌목작업을 관리하는 행정청으로 떠오르기도 했다. Aleksey Grigor'yev, "Forced Labor Logging Russia's Forests," *Taiga News* no. 4(1994).

48) Ginsburgs(1989), p. 406; 제성호(1994), p. 51; 정혜정(1995), p. 70; Kim, Won Bae, "Migration." pp. 65-86 in *The Russian Far East in Transition:Opportunities for Regional Economic Cooperation*, edited by Mark J. Valencia(Boulder, CO: Westview Press, 1995), pp. 78-79.

49) 〈표 12-4〉 참조.

50) Bazhanova(1992), pp. 158-162.

빗게 되면서, 1964년 9월 24일에 개최된 양국 간의 교섭결과 북한은 벌목을 중단하고 1964년 12월 31일 이전에 소련을 떠나기로 합의하였다.

중단된 러시아-북한 간의 벌목사업은 1967년 3월 2일 '경제 및 기술 협력에 관한 합의'에 의해서 재개되었다. 이 합의가 있기 전 1966년 6월 20일의 양국 간의 회담에서 이미 이 회담에 대한 암시를 다음과 같이 하고 있다:

> "양국은 소련영토 내에서 북한정부에 의해 설립된 조직이 벌목을 할 수 있는 가능성을 협의하였고 1968년 상반기 중에 이 문제를 다시 논의할 것을 합의하였다. 소련 측은 현재의 북한-소련 간의 무역합의의 조건에 따라 1970년까지 조선인민민주주의공화국에 공업용 목재를 제공할 의향이 있음을 표시하였다."[52)]

1967년 3월 2일자 합의의 구체적 협력사업은 1967년 4월 29일의 연차합의서에 기록이 되었다. 이에 따라 시베리아 극동지역에 북한의 벌목기관, 즉 임업대표부가 설립되고 하바로프스크와 아무르 지역에서 원목가공이 시작되었다. 소련 측이 해야 할 일은 벌목작업이 진행될 벌목지역을 지정하고, 임목가공에 필요한 시설과 장비를 제공하며, 벌목작업이 합의된 사항에 따라 진행되는 가를 감독하는 것이었다. 물론 여기에는 새로운 장비사용에 관한 교육이라든가 작업절차, 작업의 안전기준 및 산불방지규정의 준수여부도 포함되었다. 기존의 거주시설이라든가 벌목작업장의 보조시설은 북한 측이 무료로 이용할 수 있도록 했으며 노무자를 위한 주거시설, 도로, 창고, 철도 및 작업구역, 행정구역, 문화시설 등의 건립에 대해서는 소련 측과 협의를 거치도록 하였다.

벌목작업 후에는 벌목지역의 재식림(再植林)에 관한 소련 측의 관련법규에 따라 재식림이 이루어지도록 했으며, 이러한 재식림을 위한 나무의 종자나 장비 및 이에 필요한 유류(油類)는 소련 측이 제공하도록 했다.[53)] 특히 북한의 벌목작업 관련기관은 북한 근로자들이 작업 중 소련영

51) 1964년 9월 24일의 회담으로 확인된 합의서에 의하면 1957년 10월부터 1964년 12월까지 북한 측은 585만 7,500입방미터의 원목을 벌목했으며 이 중 251만 8,400입방미터의 원목을 북한에 가져가야 했으나 실제로 이보다 1,500입방미터가 더 많은 251만 9,900입방미터를 북한으로 반입했음을 확인했다 (Bazhanova 1992:159).

52) *Отношения Советского Союза с народной Кореей 1946~1980: документы и материалы,* (1946~1980 소련과 북한과의 관계: 문서와 자료) Москва 1981, p. 244.

53) 사실 러시아 극동지역에서의 벌목작업은 대부분 나무를 잘라내는 데에만 관심을 가졌고 특히 구소련시대의 말기에는 벌목 후의 재식림이 거의 이루어지지 않음으로 해서 이 극동지역의 경관을 해치고, 지역하천을 오염시키며, 이 지역의 풍부한 수산자원보호에 큰 악영향을 미친 것으로 알려져 있다. Domosthenes James Peterson, "Russia's Environment and Natural Resources in Light of Economic Regionalization."

토 내의 체류에 관련된 법적 · 재정적 · 행정적인 책임을 지도록 위임을 받았으며 노무자들이 영내에서 채소를 기른다든가 물고기를 잡는다든가 하는 일 등도 북한 측에 위임되었다.

〈표 12-2〉 러시아-북한 간의 임업협정 역사

체 결 일 시	체 결 내 용
1953. 7. 30.	1957년~1962년 사이 하바로프스크 지역에서 150만 입방미터의 침엽수 벌채권을 북한에 이양
1960. 12. 24.	1953년 7월 30일 협약의 유효기간을 10년간(1972년까지) 연장하기로 합의
1964. 9. 24.	북한의 벌목중단합의, 북한 벌목단은 1964년 12월 31일 이전에 소련을 떠나기로 합의
1966. 6. 22.*	소련측은 1970년까지 북한에 가용재목제공 합의
1967. 3. 2.	소련에서 중단된 북한의 벌목재개 합의
1969. 4. 12.	1967년 3월 2일의 합의사항 재조정 및 보완 합의
1971. 12. 3.	1967년 3월 2일의 합의사항 재조정 및 보완 합의
1972. 6. 24.	1967년 3월 2일의 합의사항 재조정 및 보완 합의
1975. 1. 28.	북한의 벌목량 증산 합의
1977. 3. 2.	양국 간 벌목협력 합의
1982. 3.	- 하바로프스크 지역 내 생산합영체 산하에 10개의 제재소 설치 합의 (연간 500만 입방미터의 원목 처리) - 아무르 지역 내 생산합영체 산하에 5개의 제재소 설치 합의 (연간 240만 입방미터의 원목 처리)
1987. 3.	임업분야 협조확대에 대한 의정서 합의
1991. 8. 8.	임업협정 재계약, 이 계약의 효력은 1993년 12월 31까지로 함
1995. 2. 24.	- 임목생산량 1991~1993년의 수준보다 30% 감축 - 북한 벌목공의 수를 15,000명 내지 20,000명에서 7,000명으로 감축 - 벌목공들에 대해 러시아 국내법을 적용하도록 함 - 러시아 내의 북한 근로자들은 러시아 근로자들과 동일한 취급을 받도록 함 - 노무자들에게 임시거주권 발급, 외출 허용 - 북한 노무자들의 1일 8시간 근무 규정 - 러시아 인권단체들의 북한 벌목작업장 출입 허용

자료: 저자가 관련자료를 참고로 작성; *Bazhanova(1992:159)는 6월 22일로 기록하고 있으나, Ginsburgs(1989:406)는 6월 20일로 기록하고 있다.

이에 대해 북한 측은 벌목경험이 있는 노동력의 제공, 벌목작업에 필요한 여러 가지 행정업무, 의료지원, 통역원 및 노동자들을 위한 음식 · 소모품 · 의복 · 여가 등을 제공하는 일을 담당하기로 하였다. 그리고 북한 측은 물자지원을 위해 필요한 시설건립, 장비의 보수 및 유지, 근로자들에 의한 산화방지규칙의 준수여부 등이 원활히 이루어질 수 있도록 조정하는 권한이 주어졌다.

Post-Soviet Geography vol. 36, no. 5(1995), p. 296.

뿐만 아니라 벌목작업과 관련해서 발생하는 여러 가지 근로자들의 부상에 대해서도 북한 측이 책임을 지도록 했다.[54)]

북한의 벌목사업의 조직을 보면, 러시아 극동지역의 북한 벌목작업을 총지휘하는 임업대표부는 하바로프스크에 있고, 그 아래 여러 곳에 사업소를 두고 있으며, 1개 사업소에는 약 1,000명의 작업자들이 있다. 벌목사업소는 작업중대, 직속중대, 특공중대로 나뉘어 있는데,(〈도표 12-1〉 참조) 작업중대에는 5~6개의 생산조가 있으며 각 생산조에는 소대장, 트랙터 운전사인 부소대장, 벌목공, 나무를 묶는 초깨로공, 밀대공, 가지공 등이 있다.

〈도표 12-1〉 벌목 사업소의 구성조직

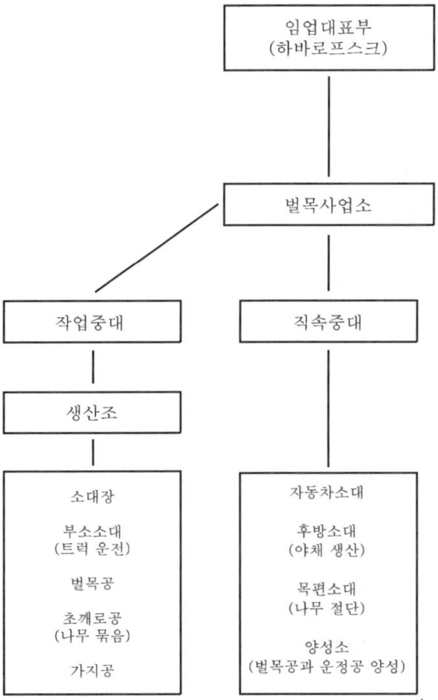

자료: 이광규 · 전경수 공저(1993:389), 이시연(1996), 정혜정(1995) 등을 참조하여 저자가 작성한 것임.

이들은 가건물 숙소에서 자고 여기에 부설된 식당차에서 식사를 한다. 직속중대에는 자동차중대, 야채를 생산하는 후방중대, 나무를 절단하는 목편중대, 벌목작업장 내의 상점, 근로자를

54) Ginsburgs(1989, 1990).

감시하는 안전부, 그리고 벌목공과 운전공을 훈련시키는 양성소가 있다. 이와 같이 작업을 하는 작업중대와 직속중대 이외에도 북한의 고위당국자들에게 바칠 선물로 사슴, 멧돼지, 곰, 산양 등을 수렵하여 녹용과 웅담을 채취하는 선물채취반이 있다.[55]

1967년 3월 2일의 협약에 대한 보완책이 1969년 4월 12일, 1971년 12월 3일, 1972년 6월 24일의 합의에 의해서 마련되었다. 그리고 1970년대에 소련과 북한은 벌목한 원목의 일정량(20%)까지 소련에 팔기로 하였다. 또한 북한의 요청에 따라 1975년 1월 28일에 개최된 제12차 소련-북한 경제·과학·기술 문제에 관한 정부위원회에서는 지금까지의 합동벌목사업의 성과를 확인하고 장래 양국의 임업합영사업을 더욱 확대하기로 합의하였으며, 북한의 벌목량도 늘이기로 하였다.[56] 또한 북한의 벌목지역도 러시아 극동지역의 체그도민(Чегдомын) 이외에 제야(Зея), 제투락(Джетулак), 틴다(Тында) 지역으로 확대되고 연간 벌목량도 370만 입방미터에서 550만 입방미터로 확대되었다. 그리고 목재를 절단해서 만든 대팻밥(щепка)이 연간 40만 입방미터, 그리고 소나무에서 채취한 수지로 된 테레빈이 연간 5,000톤가량 벌목장에서 수집되어, 이 가운데 일부가 계약에 따라 소련에 제공됐다.[57]

1981년 소련 측은 벌목, 대팻밥 및 테레빈 수집을 1982년과 1985년 사이에 북한과 공동으로 하기로 했으나, 벌목량은 1985년까지 290만 입방미터로 줄이기로 하였다. 뒤이어 1982년 3월에 체결된 협정에 따라 하바로프스크의 우르갈레스(Ургаллес) 생산합영체와 아무르 지역의 틴다(Тында) 생산합영체 산하에 각각 10개와 5개의 제재소를 설치하여 연간 500만 입방미터와 240만 입방미터의 원목을 각각 처리할 수 있도록 했다.[58] 이러한 소련과 북한과의 임업합영사업은 원조관계에 입각하여 북한 내의 산업시설에 대해서만 지원이나 협력을 제공하던 종래의 관행에서 탈피하여, 러시아 측은 원자재 즉, 목재와 기계, 기술을 제공하고 북한 측은 노동력과 일정 형태의 기계 및 공정을 제공하는 것으로 구상되었으며, 이 경우 투자액과 생산품의 배분은 제품을 외국시장에 수출할 때의 가격을 기준으로 주식배분의 원칙에 따라서 결정되도록 구상하였다.[59]

---

55) 이광규·전경수(1993), p. 389.

56) M. Мещеряков, "СССР-КНДР, Торгово-экономические связи"(소련과 북한, 무역-경제적 연관성) *Внешняя торговля,* 1975, No. 8, p. 13.

57) 러시아 극동지역은 러시아 전체 삼림지역의 34%를 점하고 있으나 낙후된 설비로 인하여 소련의 재목은 세계수준에 도달하지 못했고, 이를 해결하기 위한 하나의 방편으로 북한과의 협력을 확대하여 합작기업을 설립하였다.

58) Bazhanova(1992), p. 161.

59) 러시아 극동지역에서 북한과의 합영사업으로 추진된 것으로는 소련 극동지역의 약초와 북한의 동양의학 지식을 결합하여 치타(Чита)시에 건립된 합영제약회사 '피튼'이 있었고(「내외통신」 1991.7.31. 보도판 7405호), 시베리아 및 극동지역의 금속부족현상을 해소하기 위해 북한의 철강공장과 러시아 극동지역 철

러시아 극동지역의 북한 벌목노동자의 수효에 관해서는 여러 가지 통계가 나와 있으나 자료에 따라 많은 차이를 보인다. 가장 많이 인용되는 자료의 하나는 러시아 극동지역의 경제학자 파벨 미나키르[60]의 것으로, 이것에 따르면 1989년에 하바로프스크 지역과 아무르 지역의 북한 벌목공의 수를 각각 13,350명과 7,200명으로 추산하여 총 20,550명의 북한 벌목공이 러시아 극동지역에 있는 것으로 추산하였다(〈표 12-3〉 참조). 노동자 수가 가장 많았을 때는 30,000명까지 작업을 했다고 하는데, 진즈버그스[61]는 1989년 현재 북한 벌목공의 수를 20,000명으로 추산하여 이들이 15개의 벌목장을 4년마다 돌아가면서 작업을 한다고 언급하였다. 그러나 1990년대에 들어와서 북한 벌목공의 수는 조금 감소한 15,000명 내외일 것으로 추정된다.[62] 파이스턴 이코노믹리뷰의 기자인 제프 릴리(Jeff Lilley)는 1993년 시베리아 벌목장에 관한 특집기사에서 북한 벌목공의 수를 16,000~20,000명으로 보도하였다.[63] 그러나 아카하[64]는 1994년 현재 7,000명의 북한 벌목공이 있다고 기록하고 있다.

1990년대 초에 들어서면서 벌목장의 열악한 생활환경과 인권침해를 견디다 못해 탈출하는 벌목공들의 상황이 언론에 보도되면서 러시아와 북한 간의 임업협정은 큰 전기를 맞게 된다. 이들 벌목공들은 벌목장에서 족쇄가 채워지거나 고문을 당하는 등 잔인하고 비인간적인 학대행위를 자주 당했다. 이에 따른 러시아 측의 항의가 거세어짐에 따라 1993년 만료된 임업협정은 재합의에 이르지 못했고 6개월의 가계약을 맺어 벌목사업이 지속되어 오다 1995년 2월 24일에야 정식임업협정을 맺게 되었다.[65] 1995년 2월 24일 평양에서 조인된 새로운 임업협정은 1998년

강업체 아무르스탈(Амурстал)의 결합, 연해주의 포시예트만(灣)에서의 수산자원 공동개발을 목적으로 한 합영기업, 시베리아 및 극동지역의 식량부족을 해결하기 위해 북한 측이 노동력을 제공하고 러시아 측이 농토, 농기계, 비료 등을 제공하는 합영농장건설 등이 있었다. 전홍찬, 「蘇聯의 對北韓 經濟·軍事援助政策에 관한 연구」『中蘇硏究』 통권 60권(1993/4), p. 216.

60) Minakir(1994), p. 183.

61) George Ginsburgs, "Imported Asian Labor in the USSR." *Asian Perspective* vol. 14, no. 2(1990), pp. 7-8; George Ginsburgs, "North Korea and International Cooperation in Penal Matters," *Journal of East Asian Affairs* vol. 6, no. 1(1992), p. 192.

62) *Аргументы и факты,* No. 3(1993), p. 12.

63) Jeff Lilley, "Great Leader's Gulag: Siberian timber camps are relics of the Cold War," *Far Eastern Economic Review,* 1993. Sep. 9, p. 22. 이와 비슷한 시기의 러시아의 유력지 이즈베치야도 비슷한 수의 노동자를 추산하여 1994년 약 15,000명의 벌목공이 러시아 극동지역에 있으며, 북한과 러시아 간의 임업협정이 현재 합의에 이르지 않았다 하더라도 이들이 러시아를 떠날 가능성은 희박하다고 밝히고 있다(Борис Резник, "Корейцы расконсервировали в тайге старый урановый рудник"(한국인들이 침엽수림에서 노후된 우라늄광산의 조업을 재개하였다) *Известия,* 1993년 7월 23일).

64) Tsuneo Akaha, "Russia in Asia in 1994," *Asian Survey* vol. 35, no. 1(1995), p. 103.

65) 하바로프스크 지역에서 상당수의 주민들은 북한 벌목장의 열악한 인권상황으로 재계약에 반대했으나 북

12월 31일까지 유효하도록 맺어졌다.[66] 새로운 협정에 따르면, 1991년과 1993년 사이에 합의한 원목산출량의 30%를 감축하여 임목을 생산하고, 북한 벌목공의 수를 이전의 계약에서 명시되었던 15,000명 내지 20,000명에서 7,000명으로 줄이기로 하였다.[67] 또 이 새로운 협정은 북한 벌목공들이 러시아의 법을 준수해야 한다는 조건하에,[68] 1995년부터 북러 임업노동계약의 체결과 함께 증명제도의 변경으로 노무자들에게 임시거주권을 지급함으로써 이들의 외출이 허용되도록 하였다. 이 협정으로 하바로프스크의 체그도민에 있는 5,000명의 북한 근로자는 모두 새로운 노동자로 대체되었고,[69] 러시아가 북한 근로자의 벌목작업으로 매년 벌어들일 수 있는 액수는 약 5천7백만 달러로 정해졌다.

〈표 12-3〉 러시아 극동지역의 외국인 노동자 수(1989년 현재)

산업/국가	연해주	하바로프스크 지역	아무르주	러시아 극동(합계)
건설업	1,963	-	400	2,363
중국	240	-	400	640
베트남	1,723	-	-	1,723
벌목업	-	14,270	7,200	21,470
북한	-	13,350	7,200	20,550
베트남	-	200	-	200
쿠바	-	720	-	720
농업	-	-	-	840
경공업	500	895	100	1,495
베트남	500	895	100	1,495
합계	2,463	15,165	7,700	26,168

자료: Minakir(1994:183)

한 벌목장에서 벌목한 목재의 2/3를 러시아가 소비하게 되었다는 경제적인 이유로 재계약이 성사되었다. 하바로프스크 지역의 주지사 팃콥은 북한벌목공이 없다면 이 지역의 임산업이 완전히 붕괴될 것이라고 경고하고 있다(*Известия*, 1994년 5월 12일, p. 3). 특히 여기에는 북한 벌목공에 의해 채벌된 목재는 러시아 벌목공이 벌채한 목재보다 해외시장에서 25%나 싸게 팔리므로 경화(硬貨)가 부족한 이 지역의 경제로 보면 반드시 필요한 것인지도 모른다(Jeff Lilley, “Great Leader's Gulag,” *Far Eastern Economic Review*, 9 September 1993, pp. 21-22).

66) George Ginsburgs, “Cooperation in Extradition Matters between Moscow and Pyongyang.” *Journal of East Asian Affairs* vol. 11, no. 2(1997, Summer/Fall), p. 408; Yuri Moskalenko, “External Economic Cooperative Between the Amur Region and Countries of Northeast Asia,” Проблемы дальнего востока (Far Eastern Affairs), no. 1, p. 49; Vladimir B. Yakubovsky, “Economic Relations between Russia and DPRK: Problems and Perspectives,” *Korea and World Affairs* vol. 20, no. 3(1996), p. 461.

67) Vladimir B. Yakubovsky, “Economic Relations between Russia and DPRK: Problems and Perspectives,” p. 461.

68) George Ginsburgs, “Cooperation in Extradition Matters between Moscow and Pyongyang.” *Journal of East Asian Affairs* vol. 11, no. 2(1997, Summer/Fall), p. 408.

69) 정혜정(1995), p. 76.

또한 이 협정에서는 러시아 내의 북한 벌목공들을 러시아 근로자와 동일하게 취급하여 1일 8시간 근무하는 규정을 분명히 하고, 북한 근로자들에게 러시아를 떠나 외국여행을 할 수 있는 자유를 주도록 규정하였으며, 인권침해를 방지하기 위해 그 동안 러시아의 인권단체들이 끊임없이 주장한 대로 러시아 법집행자들이 북한에게 운영하는 벌목장을 마음대로 출입할 수 있도록 했다.[70]

재러 북한 벌목공의 감소는 인권상황의 악화 외에도 여러 가지 상황이 작용한 것으로 보인다. 먼저, 국제 원목값의 하락에 따른 벌목장 경영난을 들 수 있고, 그 외 러시아와 북한 모두 자국의 경제난으로 합작사업에 대한 투자여력이 감소한 점도 간과할 수 없는 요인이다. 특히 북한이 경제난으로 인해, 단순한 인력자원 외에 자금과 장비에 대한 투자를 동시에 원하는 러시아 측의 요구에 부응하기가 어려웠던 점 또한 고려할 수 있을 것이다.[71]

현재 러시아 극동지역에서 가장 큰 목재회사의 하나인 틴다 목재회사(Тында Лес Company)에는 1,800명의 북한 벌목노동자가 작업을 하고 있는데, 이 회사에 인력을 공급하는 북한 측 회사는 생산된 목재의 35%를 대가로 받아 이것을 중국이나 일본에 팔아 매년 100만 불 정도의 소득을 올리는 것으로 알려져 있다.[72]

3) 건설노무자[73]

러시아 극동지역에서 일하고 있는 북한의 건설노무자들 중에는 1948년 이후 어업노무자로 소련에 갔다가 계약기간이 끝나고 건설노무자 계약서를 받게 된 경우가 상당수 있다. 이유는 건설노무자의 대우가 좋고, 또 소련의 북한 노무자들은 건축에 관련된 일을 모두 할 수 있었기 때문이기도 했다.[74]

뿐만 아니라 북한의 노동자들은 중국근로자들보다 수적으로는 적지만,[75] 규율이 잘 잡혀있고

70) Tsuneo Akaha, "Russia in Asia in 1994," *Asian Survey* vol. 35, no. 1(1995), p. 103.

71) 윤여상, "러시아 거주 탈북자 실태와 지원방안," 『국내외 인권현황과 선교과제』(대한예수교 장로회 총회 인권위원회), p. 3[http://board.whois.co.kr/cwb-data/data/borad2/05.hwp, 검색일 2004. 2. 12.].

72) "Pyongyang's legitimate export: Labor," *Asia Times Online*, Jan. 7, 2004[http://www.atimes.com].

73) 건설노무자가 반드시 벌목공과 구별되는 것은 아니다. 특히 북한 노동자들의 경우 주로 겨울에 벌목작업을 하는데 그 이유는 여름철에는 나뭇잎이 많고 땅이 늪지처럼 되어 목재의 운반일을 거의 할 수 없기 때문이다. 특히 우기(雨期)인 5~7월에는 작업을 준비하는 소수의 인력 이외에는 완전 휴업하기 때문에, 대부분의 북한 벌목공들은 인근 건설현장에서 건설노동자로 일하게 된다. 윤여상, "러시아 거주 탈북자 실태와 지원방안," 『국내외 인권현황과 선교과제』(대한예수교 장로회 총회 인권위원회), p. 3[http://board.whois.co.kr/cwb-data/data/borad2/05.hwp, 검색일 2004. 2. 12.].

74) 정혜정(1995), p. 71.

법을 더 잘 준수하였으므로 인식도 좋은 편이었다. 그리하여 러시아 극동지역의 블라디보스토크 같은 지역에서는 1992년부터 264명의 북한 건설근로자들이 25층짜리 건물의 건설에도 투입되었는데, 이들은 아랍이나 아프리카 등지에서 습득한 건축기술을 이용하였다. 이들 건설노무자들은 이곳에서 북한 건설근로자용으로 마련된 조그만 마을에서 생활한다. 이들 북한 건설자용 마을에는 식당, 샤워실, 사우나실 등을 포함한 조립식 가옥으로 된 현장사무실 등이 있다. 이들 건설노동자들은 북한에서 가져온 물자로 완전 자급자족을 하고 있다. 건설노동자와 기술자들 외에 이들을 감시하기 위한 안전부 요원들도 이들과 같이 거주하고 있다고 알려져 있다.[76]

1989년 8월 2일 모스크바에서 조인된 소비에트 사회주의 연방공화국 대표와 조선인민민주주의공화국 대표 간의 '소련영내(蘇聯領內)의 건설사업협력에 관한 합의문'에 따르면[77] 북한 측은 소련영내에서의 건설사업에 필요한 노동력 및 기타 자재를 공급하고,[78] 여기에 대하여 소련 측은 건설물자와 건설장비를 공급하기로 되어 있다. 또한 이 합의에 따르면 북한 측이 시공한 건축물로부터 얻는 수익의 50%에 대해서는 소련이 지금까지 북한에 대해 제공한 차관의 변제에 사용되도록 하고, 이에 대해서는 양측 은행이 차관의 변제에 관한 기술적인 세부절차를 결정토록 하였다. 또한 북한 측이 시공한 건축물로부터 얻는 수익의 20%는 소련 측이 북한 측에 제공한 건축시공기술에 대한 대가로 지불되도록 하였다. 또 수익의 20%는 소련 측의 물자로 북한에

---

75) 러시아에서 작업할 수 있도록 공식적으로 북한 근로자에게 할당된 노무자의 비율은 전체 외국인 노무자의 3.26%로서, 예를 들어 1994년 1월부터 7월까지 러시아에서 합법적으로 일할 수 있는 자격을 얻은 북한 노무자는 3,747명이었다. Ю. Арацкий, "Зачем России чужая рабсила?"(러시아에 왠 낯선 노동력인가?) *Юридический вестник*, Nos. 36-37(1994), p. 7.

76) Ю.Н. Казаков, "Рынок труда во Владивосток,"(블라디보스토크의 노동시장) *Социологические исследования*, 1996, no. 7, pp. 112-115.

77) Соглашение между Правительством Союза Советских Социалистических Республик и Правительством Корейской Народно-Демократической Республики о принципах сотрудничества в строительстве объектов на территории СССР,(소비에트 사회주의 연방공화국 대표와 조선인민 민주주의 공화국 대표 간에 체결된 소련영내의 건설사업협력의 원칙에 관한 합의) Внешняя торговля, 1990, no. 5, p. 42.

78) 노무자의 선정은 북한에서 당에 대한 혁명성에 따라 선발되나, 러시아에서의 작업은 러시아 측의 지시를 받는 것으로 되어 있다. 최근 러시아의 노보시비르스크(Новосибирск)에서 3년간 일한 뒤 북한으로 귀국한 노무자의 다음과 같은 이야기도 이를 뒷받침한다: 『개인이 원한다고 해서 (러시아의 외국인 노동자로) 올 수는 없다. 당으로부터 혁명성을 인정받아야 뽑힌다. 나는 평남 진남포 공업학교를 나와 모 사업소에 전기공으로 일하던 중 선발됐다. 40여 명의 일행과 함께 노보시비르스크로 와서는 주로 아파트 건설현장에서 일했다. 그곳에서 우리는 러시아 사업소로부터 배정받은 숙소에서 공동생활을 하면서 러시아 측이 정해 주는 작업장에서 몇 조로 나눠 일했다. 각자의 전공에 따라 어떤 근로자는 기계 부문을, 어떤 근로자는 노무 부문을, 또 어떤 근로자는 전기 부문에 배속되어 작업했다』(러시아 하산역에서 북한으로 귀국하는 북한 노동자와의 인터뷰에서, 崔普植, 「북방의 프론티어-大平原에서」 『월간조선』 9월호(1993), p. 580).

지급되며, 마지막 남은 10%는 소련의 루블화로 북한에 지급되도록 하였다. 뿐만 아니라 건설업에 종사하는 소련영내의 북한인은 현행 소련법의 지배를 받도록 하였다.

이 합의문은 부록으로서, 북한 측이 수행할 긴급한 건설사업의 목록을 제시하고 있는데, 여기에는 다음과 같은 러시아 극동지역의 건설사업이 포함되어 있다:

1. 144세대를 수용할 수 있는 아파트, 객실 및 유치원 등을 포함하는 객실 500개 규모의 하바로프스크 복합호텔
2. 180세대의 아파트와 객실 1,000개를 포함하는 하바로프스크 복합호텔
3. 하바로프스크의 2,000석 규모의 서커스 공연장
4. 나홋카의 객실 300개 규모의 호텔
5. 블라디보스토크의 객실 800개 규모의 호텔
6. 연해주 하산(Хасан)에 건립될 기차역사(汽車驛舍)

4) 광산노무자

북한 노무자가 러시아 극동지역의 광산에서 작업하는 것이 알려진 것은 1982년 워싱턴 포스트지[79]가 사할린의 탄광에서 일하는 북한 근로자의 밀수와 관련된 사건을 보도하면서부터라고 할 수 있다.[80] 1948년을 전후해서 약 5만 명의 북한계약노동자가 캄차카와 사할린 등지에서 작업을 하였으므로 밀수와 관련된 북한 근로자는 아마 이들의 일행인 것으로 보인다. 이들 중의 과반수는 계약이 끝난 뒤 북한으로 돌아갔으나 남아있는 사람도 많았다. 이후 한국동란과 동서진영의 냉전으로 사할린의 한인 4만 3천 명(1967년)이 두 개의 적대적인 세력으로 나뉘게 되었다. 1958년 북한 영사관 직원이 사할린에 와서 무국적자들에게 북한국적 취득을 권유하고, 이곳에서 한인들을 대상으로 아주 활발하게 주체사상을 전파하기도 하였다. 결과적으로 대부분이 북한시민권(65%)을 택하고 25%는 소련시민권을 택했으나 약 10%에 해당하는 4,000여

---

79) *The Washington Post*, June 3, 1982.

80) 당시에 워싱턴 포스트지(*The Washington Post*, June 3, 1982)에 의하면, 군석산(Kun Suk San)이라는 사할린의 소련탄광의 중장비 운전기사로 일하는 북한 근로자가 평양에 있는 자기 가족과 함께 휴가를 즐기기 위해 북한으로 귀국하는 도중에 치킨 통조림 한 개와 26개의 소련제 손목시계를 밀반출하려다가 사할린 세관에 적발되었다. 그는 사할린의 우글레고르스크에 있는 소련재판소에 끌려가서 '교화노역'(corrective labor)을 선고받았는데 소비에츠카야 로시아(Советская Россия)지에 의하면 이것은 자기 한 달 치 봉급의 20%를 소련당국에 지불해야 한다는 것을 의미한다고 했다. 이 사건으로 인해 사할린의 탄광에서 일하고 있는 북한 근로자의 존재가 외부에 처음으로 알려지게 되었다(Ginsburgs(1990:13)에서 재인용).

명은 무국적상태로 한국이나[81] 일본으로 송환되기를 희망하였다.[82]

현재 사할린 한인이 북한국적을 소유하는 경우는 북한의 계약노무자가 북한국적을 그대로 유지하는 경우와, 일제 때 강제노역자로 이곳에 징용된 후 일본군이 철수하고 소련이 사할린을 점령한 이후 북한 국적을 취득한 경우이다. 또 1950년대 후반 북한의 감언이설에 속아 3,000명 정도의 젊은이들이 사할린에서 북한으로 갔으나[83] 현재까지 이들의 생사는 알려지지 않고 있다.

5) 농업노무자

다음은 북한에서 러시아 극동지역으로 파견된 농업노무자의 경우로서, 이들의 정확한 규모는 아직 잘 알려져 있지 않다. 러시아 극동지역에서는 농업생산량의 일부분만을 자체 생산하고 상당량의 농산물을 여타 러시아 지역으로부터 수입하고 있는 상황이므로 농업분야에서 북한과의 합작사업 가능성이 높아 보인다. 구체적으로 이 러시아 극동지역의 생산량을 주민들의 수요에 대비해 볼 때 채소·멜론·수박의 경우 56%, 감자는 75%, 과일과 머루류는 10%, 육류는 43%, 우유는 38%, 달걀은 83%만을 각각 충족시킴으로써 북한과의 합작사업의 가능성이 많이 거론되고 있다.[84] 현지 전문가들에 의하면 이 지역의 과일과 채소의 부족현상은 계속될 것으로 보이므로 북한과의 합작사업이 앞으로도 계속 유지될 것이다.

지금까지 알려진 바로는 소련은 토지를, 북한은 노동력을 제공하여, 연해주의 우수리 지역과 항카호 근처에서 100여 명의 북한인들이 농사를 짓고 있는 것이 발견되기도 했고 연해주의 다른 3곳에서도 농사를 짓고 있음이 알려지고 있다.[85] 자료에 의하면 1988년 러시아 극동지역의 2개의 쏘포즈에서 북한 노동자들이 3,140톤의 채소와 콩을 재배하였고, 1989년 7개의 농장에서 총 29,300톤의 채소, 콩 및 곡물을 생산하였다.[86] 이러한 움직임과 관련하여 1994년 12월 이즈베

---

81) 1990년대 말의 여론조사에 의하면 南사할린 거주 한인 31,000명을 대상으로 한 여론조사에 의하면, 예상과는 달리 한국으로 돌아가겠다고 한 사람은 5,000명이 채 되지 않는다고 알려지고 있다(Геннадий Чародеев, “Большинство корейцев хотят остаться на Сахалине”(한인의 대부분은 사할린에 남기를 원한다) *Известия*, 1998년 6월 16일, p. 3).

82) John J. Stephan, “The Korean Minority in the Soviet Union” *MIZAN* vol. 8, no. 3(1971); 「蘇聯內韓國少數民族」 『北韓』(1972년, 12월호), pp. 226-227.

83) 花房征夫, 「극동시베리아 경제기행」 『極東問題』 8月号(1996), p. 77.

84) Bazhanova(1992), p. 88.

85) Ann C. Helgeson, “Population and Labor Force,” pp. 58-82 in *The Soviet Far East: Geographical Perspectives on Development*, edited by Allan Rogers(N.Y.: Routledge, 1990), p. 78.

86) И. И. Богдан, “Перспективы торгово-экономических отношений между РФ и КНДР,” pp. 108-109, 성원용, “북한과 소련의 경제협력,” 서대숙 편, 『한국과 러시아 관계: 평가와 전망』(경남대 극동문제연구소, 2001), p. 253 재인용.

스치야의 보도에 따르면, 러시아 극동지역의 유태인자치구(Еврейская автономная область)의 행정부는 이 지역의 공터를 북한 농민들에게 임대하여 주는 문제에 대하여 북한 측 대표단과 협상을 벌이고 있음을 보도하였다. 이는 이 지역의 노동력이 감소하여 이 지역에 필요한 농산물의 공급에 차질이 있었기 때문이었다. 처음에는 값싼 중국의 노동력을 수입하는 문제를 검토하였으나 중국인들 노동의 질이 극히 떨어질 뿐만 아니라 나태하고 심지어 농산물을 훔치기까지 하여 중국인들과의 계약은 무산되었다. 그리하여 이들은 그 대안으로서 북한의 노동력에 기대를 걸게 되었고 북한은 농산물 생산액의 1/10 가격으로 참가 의향서를 제출하였다. 그런데 북한 측에서 유태인자치구의 행정부에 농업기구, 비료, 북한농민을 위한 주거시설을 제공해줄 것을 요청하였으나 자치구행정부 측에서 비용이 너무 많이 든다는 이유로 거절하여 무산된 적이 있다.[87]

3. 북한 노동력의 급료지불 문제와 대러시아 차관의 상환

러시아 극동지역의 북한 근로자의 임금책정과 지불방법을 살펴보기 전에 먼저 북한이 러시아에 진 빚의 규모를 알아보는 것이 필요할 것이다. 1949년 이후 북한이 소련에 상환해야 할 신용 및 차관의 규모는 엄청난 것이어서 낮추어 잡아도 매년 8억 루블(1980년대 중반을 기준으로)이 넘는 것으로 추산되었다.[88] 구소련의 붕괴 이후, 러시아의 북한 노동자들은 현재 구소련 시대의 빚 약 38억 달러를 상환하기 위한 프로그램의 일환으로 러시아에서 작업을 하는 것으로 보인다.[89] 관련 전문가들은 북한의 벌목공 및 여타 노동자들을 러시아 극동지역에서 계속 고용하는 것은 그것이 러시아 측으로서는 북한으로부터 채무를 상환받을 수 있는 유일한 방법의 하나이기 때문인 것으로 간주한다.[90] 따라서 러시아 극동지역에 고용된 북한 노동자들의 임금책정 문제는 양국 간의 큰 관심사항의 하나라고 할 수 있다.

북한 근로자의 임금문제와, 이들의 노동력에 의한 생산품을 소련 측과 어떻게 분배하는가의 문제와 관련해서는 여러 가지 자료가 있으나 자료에 따라 상당한 차이를 보인다. 일부 자료에 의하면, 북한 근로자의 노동생산성이 중국이나 베트남의 근로자들에 비해서는 우수하나,[91] 벌목

87) Борис Резник, "Северокорейские крестьяне рвуця на поля Еврейской автономной области,"(유태인 자치지역의 들판에서 풀을 뽑는 북한 농부들) Известия, 1994년 12월 27일.

88) George Ginsburgs, "Labor Policy and Foreign Workers: The Case of North Korean *Gastarbeiter* in the Soviet Union," p. 420.

89) "Pyongyang's legitimate export: Labor," *Asia Times Online*, Jan. 7, 2004[http://www.atimes.com].

90) 바자노프 예프게니, 「러시아의 대북한 정책」『평화논총』 제1권 제1호(1997), p. 200.

91) 이시연, 「황량한 러시아 벌판에서의 비운의 한민족」『北韓』 8월호(1996), p. 66.

공의 경우 북한 근로자의 벌목 노동의 질이 러시아인들에 비해서는 떨어지므로 북한벌목공들에 의해 채취된 목재는 러시아 근로자들이 생산한 것보다 25% 정도 싸게 해외에서 팔린다고 한다.[92)]

북한 근로자들이 생산한 물품을 분배하는 것과 관련하여 최근의 보도에 의하면, 러시아 극동지역에서 북한 근로자가 벌목한 목재의 65%는 소련이, 나머지 35%는 북한이 갖는다는 조사보고서가 있다.[93)] 이와는 달리 1989년 모스크바에서 조인된 북한과 소련 간의 '소련영내의 건설사업협력의 원칙에 관한 합의'에 따르면 북한 측은 소련 측과 체결한 계약에 따라, 소련영내에서의 건설사업에 필요한 노동력과 기타 자재를 공급하며 여기에 대하여 소련 측은 건설물자와 건설장비를 공급하기로 하였다. 건설사업에서의 상호지불 및 거래관계에서는 북한측이 시공한 건축물로부터 얻는 수익의 50%는 소련이 지금까지 북한에 대해 제공한 차관의 변제에 사용되도록 했으며, 나머지 50%에 대해서는 소련 측이 북한에게 물건과[94)] 루블(ruble)화로 갚는 것으로 되어 있다.[95)] 좀 더 구체적으로 살펴보면 그 나머지 50%의 수익 가운데, 20%는 소련 측이 북한 측에 제공한 건축시공기술에 대한 대가로 지불되도록 했고, 또 20%는 소련 측의 물자로 북한에 지급되도록 했으며, 나머지 10%는 소련의 루블화로 북한에 지급되도록 하였다.

그러나 러시아 극동의 경제학자 미나키르[96)]에 의하면, 러시아 극동지역에서 북한 근로자들이 생산한 물품을 북한・러시아 간에 분배하는 비율은 그 상품의 생산원가에 따라 달라진다고 한다. 예를 들어 공업용 목재를 생산하는 경우 북한・러시아 간의 분배비율은 1:1.55이며, 공업용 대팻밥(щепка: wood chips)의 경우 1:1.28로 보고 있다.[97)]

---

92) Minakir(1994), p. 183; Elizabeth Wishnick, "Whose Environment?: A Case Study of Forestry Policy in Russia's Maritime Province," pp. 256-268 in *Rediscovering Russia in Asia: Siberia and the Russian Far East,* edited by Stephen Kotkin & David Wolff(New York: M.E. Sharpe, 1995), p. 267; Jeff Lilley, "Great Leader's Gulag: Siberian timber camps are relics of the Cold War," *Far Eastern Economic Review*(1993, Sep. 9), p. 23; Kim, Won Bae, "Sino-Russian Relations and Chinese Workers in the Russian Far East: A Porous Border," *Asian Survey* vol. 34, no. 12(1994), pp. 1066-1067.

93) 정혜정(1995), p. 70.

94) 물건 중에는 러시아로부터 해산물(рыбопродукцией)로 계산하여 받는 경우도 있는데 외국인 노동자들에게 지급된 급료로서 보통 해산물 이외에도 (광물)비료와 러시아산 자동차 또는 임산자원 등이 이용된다. 이러한 것들은 러시아의 극동지역 외 다른 지역에서 수송된 것들이다. Ю.Н. Казаков, "Рынок труда во Владивосток" *Социологические исследования* no. 7(1996), pp. 113-114.

95) Ginsburgs(1997), p. 394; Казаков(1996), p. 114.

96) Minakir(1994), p. 183.

97) 그러나 진즈버그스(Ginsburgs 1990:11)는 소련의 극동에서 일하는 불가리아 노동자의 벌목작업의 경우 소련과 불가리아의 분배비율이 1.33입방미터 대 1입방미터라는 점을 고려하면, 북한과 소련의 경우도 이와 비슷할 것으로 추정하고 있다.

한편 러시아에서 일하게 될 외국인 근로자들은 소련에 오기 전에 각국의 국내담당자들과 사전에 임금에 대해 협의하여 서명을 하게 되어 있는데, 임금의 수준은 소련법령에 규정된 규칙과 기준에 의거하여 소련의 고용주가 결정한다.

이에 따라서 러시아 극동지역에서 일하는 북한을 비롯한 사회주의 국가 근로자들의 급료지불 방법은 일률적으로 결정된다고 간주된다. 즉 근로자들의 봉급 중 일부분은 현지에서 근로자들에게 직접 지불되며 나머지는 그 근로자의 명의로 본국에 송금이 되도록 하는 방식이다. 일반적으로 이 방식을 이용하는 근로자들의 경우 본국으로 송금되는 임금을 전체 임금의 1/2 또는 1/3로 한다고 알려져 있다.[98] 따라서 이와 비슷한 규칙이 북한 근로자들에게 적용되어, 북한 근로자들은 한달 급료 500루블 중 20%는 현금으로 현지에서 수령하고, 나머지는 북한은행을 통해서 자기 가족에게 송금이 되도록 하였다고 한다.[99]

그러나 최근 북한 노무자의 임금지급에 변화가 생겼다. 즉 북한에서 일할 때 받았던 평균임금을 지급하고 있는데, 이 임금은 본인에게 주어지는 것이 아니라 북한의 가족에게 송금이 되도록 하였으나 실제로 가족이 임금을 받는 경우란 거의 없다고 알려지고 있다.[100] 최근 러시아 북한 근로자들의 임금은 400달러로 정해져 있는데, 이 중 100달러는 근로자가 가지도록하며 나머지는 북한당국이 가져간다는 보도가 있다.[101]

특히 북한의 경우 근로자의 임금이 얼마든지 다른 곳으로 전용(轉用)될 가능성을 배제할 수 없다. 독재체제를 고수하는 북한에서 당국이 근로자의 임금을 소련에 진 빚을 갚는 데 사용할 가능성도 배제하지 못하고, 또한 소련도 북한에 빌려준 돈을 상환받기 위해 임금의 일부를 북한 측에 넘기지 않고 그대로 가지고 있을 가능성도 있다. 또한 소련에서 작업을 할 북한의 근로자를 모집할 때 이들에게 사례비를 거두는 것도 최근 탈북자들에 의해 밝혀지고 있다.[102]

구체적으로 북한 근로자의 임금액수에 관해서 하나부사(花房征夫)[103]는 블라디보스토크 근처의

---

98) Ginsburgs(1990), pp. 9-10.

99) Ginsburgs(1989), p. 409; Ginsburgs(1990), pp. 22-23.

100) 정혜정(1995), pp. 76-77. 북한 노무자와 비슷한 월남 노무자의 경우, 가족에게 송금이 되더라도 본국의 가족은 송금액 중 극히 일부만 소련의 루블화로 받고, 나머지는 베트남 국내화폐로 받는다고 한다(Ginsburgs, 1989:408).

101) "Pyongyang's legitimate export: Labor," *Asia Times Online*, Jan. 7, 2004[http://www.atimes.com]; "Russia Turns to a Poor Neighbor for Cheap Labor," *New York Times*, May 18, 2003.

102) 러시아에서 3년을 일하면 북한에서 3년 일한 것보다 훨씬 더 많은 돈을 벌며, 특히 소련제 손목시계, 희귀상품, 약품, 광목 등 북한에서 팔면 몇 배의 이익을 낼 수 있는 물건을 살 수 있는 특권이 보장되는 관계로(이광규 · 전경수 1993:389), 많은 북한의 근로자들이 러시아에서의 작업을 선호한다고 알려져 있다.

하산지역의 경우 1995년 9월 현재 북한 노동자의 임금이 러시아인의 1/3 정도인 7,000~10,000엔 정도라고 기록하고 있으나 카자코프[104]에 의하면 1992년 북한 건설자 1인당 급료는 약 1,400루블이었는데, 이는 당시 러시아 근로자 1인당 급료의 10분의 1 수준이라고 보고 있다.

4. 중국인 불법이민과 북한 노동력 진출의 관계

러시아 극동지역의 개발에서 가장 자주 언급되는 두 집단이 중국인과 북한인 노동자들이다. 이들은 러시아와 가장 인접한 지역에 위치한 데다 모두 구소련과 같은 사회주의체제의 국가들이라는 점에서, 이들 국가의 노동력이 러시아 극동지역의 부족한 노동력을 메울 수 있는 하나의 대안으로 많이 언급되었다.

특히 여기서 주목할 만한 사실은 러시아 극동지역의 상당부분이 원래는 중국의 영토로서 러시아 극동지역에 대한 중국의 애착이 남다르다고 할 수 있는 한편, 러시아로서도 인근 중국의 거대한 인구의 압력에 대처하기 위해 끊임없이 고심한바, 이에 대한 대책의 하나로 러시아 극동지역의 개발에 북한의 노동력을 위협적인 중국의 노동력에 이용함으로써 대체할 수 있는 가능성으로 생각해 왔다는 점이다.

먼저 역사적으로 볼 때 원래 아무르 지역은 중국의 영토로서, 1858년 아이훈(瑷琿)(지금의 黑河: Хэйхэ)에서의 협약에 따라 러시아로 편입되었고, 연해주는 1860년 베이징(北京)조약에 의해 러시아로 편입되었다.[105] 이후 러시아는 편입된 극동지역을 통치하면서 극동의 황색인종에 대한 경계심의 표시로서의 황화론(黃禍論: желтая опасность)을 내세우기도 하고, 이에 대한 반발로서 한인수용론(韓人收容論)을 표방하기도 하였다.

19세기 말 러시아에 풍미하였던 황화론에 따르면, 한인·중국인 및 일본인들은 모두 경계해야 할 대상으로서, 문화적·사상적인 측면에서 이들과 러시아인들은 공존하기 힘들며 이들 황인종의 평화적인 러시아 극동지역의 점령을 막기 위해 이들을 러시아 극동지역에서 추방해야 한다고 주장했다. 특히 당시 1905~1910년 연해주 총독이었던 운테르베르게르(П. Ф. Унтербергер)는 한인을 지목하여 중국인들보다 더 위험하며, 러시아 극동지역에서 광범위한 간첩활동을 하는 일본의 앞잡이로 간주하였다.[106] 그는 이전의 연해주 총독(1898~1902)이었던 그로제꼬프(Н.

103) 花房征夫(1996), p. 77.

104) Ю.Н. Казаков, "Рынок труда во Владивосток" *Социологические исследования* no. 7(1996), pp. 113-114.

105) 孟繁策, 「中俄黑龍江邊境貿易的歷史回顧與展望」, 『中國邊境史地硏究』, 第1期(1996), pp. 106-112.

И. Гродеков)의 노화(露化: русификация)정책과는 반대로 한인을 러시아 극동에서 몰아낼 방도를 모색하는 데 열중하였다.[107)]

이와는 반대로 러시아 극동의 톰스크 지사와 연해주 지사를 역임했던 곤다티(Н. Гондатти) 같은 인사는 한인들이 비록 탈세를 하고 징병을 회피하기는 하지만, 전반적으로 충성스럽고 생산적일 뿐만 아니라 러시아인과 쉽게 동화될 수 있는 민족이라고 언급하면서 한인들을 러시아 극동지역의 발전에 이용할 수 있는 방안을 추진하는 것이 중요하다는 입장을 견지했다.[108)] 1911년 곤다티가 운테르베르게르의 뒤를 이어 연해주 총독이 되어 한인귀화정책을 실시하면서 러시아 시민권을 취득하는 한인들이 급증하게 되었다.[109)]

흥미로운 사실은 이와 같은 19세기 말의 황화론을 둘러싼 러시아 극동지역의 인종 편견의 역사적인 흐름이 20세기 후반에 들어서서 다시금 등장하게 되었다는 것이다. 1980 대 후반 구소련 연방의 붕괴를 전후하여, 중・러무역이 늘어남에 따라 빈곤으로부터 탈출하기 위해 많은 중국인들이 농촌에서 대도시로 몰려드는 소위 '맹류(盲流)' 현상[110)]이 이곳 러시아 극동지역

106) 이러한 정책의 기조는 그 이후에도 계속되어 한인들이 1937년 러시아 극동지역에서 중앙아시아로 추방되는 중요한 이유 중 하나가 된다. 1937년 4월 23일자 프라우다는 이것을 상세히 보도하고 있다. И. Володин, "ИНОСТРАННЫЙ ШПИОНАЖ НА СОВЕТСКОМ ДАЛЬНЕМ ВОСТОКЕ,"(소련 극동지역의 외국인 스파이 활동) *Правда,* 1937년 4월 23일, p. 5.

107) Stephan(1994), pp. 79-80.

108) В. Граве(1912).

109) 예를 들어 연해주의 한인들에 의한 러시아 시민권의 취득은 1910년을 고비로 급속히 증가하는 것을 다음의 표가 잘 보여주고 있다.

〈표 12-4〉 연해주 한인들의 러시아 시민권 취득 현황(1906~1914)

연 도	러시아 귀화 한인	미귀화 한인	합 계
1906	16,965	17,434	34,399
1907	16,007	29,907	45,914
1908	16,190	29,307	45,497
1909	14,799	36,755	51,544
1910	17,080	36,996	54,076
1911	17,476	39,813	57,289
1912	16,263	43,452	59,715
1913	19,277	38,163	57,440
1914	20,109	44,200	64,309

자료: П.ф. Унтербергерб(1912), Приамурскии край, 1906~1910 гг. pp. 2-3(Санкт-Петербург: В.Ф. Киршбаум); С.Д. Аносов(1928), Корейцы в Уссурийском крае, p. 27(Хабаровск: Книжное дело), cited in Wada(1987) p. 30.

110) '맹류'(盲流)의 정식명칭은 '노동인구의 맹목적 유동'(勞動人口的盲目流動)으로 노동인구의 유동은 중국 대륙에서 개혁과 개방정책을 실시한 이후에 나타난 현상이다. 중국경제가 과열됨으로써 도시지역의 건

에도 나타나기 시작하였다. 이러한 맹류를 뒷받침할 수 있는 대표적인 예로서 1988년 4월 흑룡강성(省) 성장(省長)인 후첩(侯捷)이 성급(省級) 차원에서 러시아 극동지역 개발을 위해 흑룡강성의 300만 명의 실업자들 중 100만 명은 러시아 극동지역에서 건설과 삼림노동에 종사할 수 있다고 밝힌 사실도 있다.[111] 중국인 노동자는 주로 계절노동자인 경우가 많았는데, 최근에는 건설과 농업분야에 집중되어 있다. 공식적인 통계에 의하면 1989년 외국인 총노동자의 2.4%를 차지하였으나 1992년에는 16%로 급격한 증가세를 보였다.[112] 이들 중국인들은 러시아 극동지역 곳곳에 불법 또는 합법적으로 거주하면서 러시아인들로 하여금 반화(反華)감정을 불러일으켜 다시금 황화론(黃禍論)의 정서가 점점 강해지고 있다.[113] 현재 중국 통계에 따르면 공식적으로 약 3만 명에서 10만 명의 중국 근로자들이 주로 러시아 극동지역의 아파트 건설 작업장에서 일하고 있다고 하지만,[114] 공식통계는 아래의 〈표 12-4〉와 마찬가지로 상당히 달리 나타나고 있다. 어쨌든 비록 일부에서는 이러한 중국 노동자들의 극동러시아 지역에서의 기여도에 대한 긍정적 평가가 없지는 않으나,[115] 이들의 인구 압력에 대한 러시아 극동지역 주민의 반발과 우려는

축업 등이 성황을 이룸과 동시에 농촌의 인구가 도시로 몰려들어 도시를 더욱 번창하게 하였으나 적지 않은 사회적 문제 또한 발생시키고 있다. 중국의 '맹류'(盲流) 문제에 대해서는 江振昌, 「大陸社會的民工'盲流'問題」『中國大陸硏究』民國78年 第31卷 第12期, pp. 47-53을 참조하라.

111) 毛里和子, 『中國とソ連』(岩波書店, 1989). 김하림 역, 『중국과 소련: 그 300년의 역사 그리고 사회주의는 재생할 것인가』(서울: 사민서각, 1990), p. 132.

112) Minakir(1994), pp. 183-184.

113) 러시아 극동지역에서의 중국인의 인구압력에 대한 우려에 대해서는 다음을 참고할 것: 이채문 1998b; 王承宗 1996; 대외경제정책연구원 1994:40; 戴萬欽 1996:72-3; 畢英賢 1993:8; Shlapentokh 1995:310-11, 315-16; Moltz 1995:519-23; Hyer 1996:294-307; Kerr 1996; Kim 1995:75-76, 1994:1068-70; Hao 1991:239-41; 吉成大志 1995: 24-26; Wishnick 1995:258, 264.

114) 畢英賢, 「俄羅斯與中共關係的建立與發展」『問題與硏究』第32卷 民國82年 第4期(1993), pp. 1-11. 그러나 러시아 측 통계에 의하면 약 15만 명의 중국인이 연해주에 거주하고 있다고 추산하고 있다(Коммерсантъ, 1994년 5월 26일, p. 14).

115) 예를 들어 중국의 극동지역에서의 인구압력에 대한 우려가 일부에서 제기되고 있으나, 한편으로는 러시아 자유무역지구 지정의 실제적 효과를 거두기 위해서는 중국과의 무역거래가 활성화되어야 하며, 이를 위해 중국인의 러시아 출입국 절차를 간소할 필요성을 제기하고 있다("中共與俄羅斯的邊界貿易, 在長程上對俄羅斯有隱憂, 因爲俄羅斯會擔心中共人民湧入, 也擔心在經濟上會過度依賴中共. 另外, 俄羅斯也擔心中共垂涎天然資源. 尤其俄羅斯國防部長葛拉契夫一九九五年八月間, 曾在內閣會議中指出, 中共人民正以和平的方式「征服」俄羅斯的遠東地區, 甚至還組織若干軍事訓練活動. 然而, 在一九九六年當中, 俄羅斯仍然會出現不少主張擴大雙方邊貿的另一種聲音. 俄羅斯學者拉瑞金便曾主張, 爲了擴大中俄國境附近俄羅斯特別經濟區以及自由貿易區的效能, 俄羅斯必須簡化雙邊國境地區人民彼此入境的繁複手續" 중국과 러시아의 변경무역은 장기적으로 러시아 측의 우려를 낳고 있는데, 그 이유는 러시아가 중국인의 대량 유입과, 또한 경제적으로 중국에 과도하게 의존하는 것을 우려하기 때문이다. 그 외 러시아는 또한 중국 측이 러시아의 천연자원에 선망의 눈길을 보내고 있는 것을 우려하고 있다. 특히 러시아 국방장관 그라체프는 1995년 8월 내각회의에서 중국인이 평화적 방식으로 러시아 극동지역을 정복하고 있고, 심지어는 몇몇

다양한 형태로 표출되고 있다.[116)]

〈표 12-5〉 연해주 및 러시아 전체에 고용된 중국인 수(공식통계)

연도	1994	1995	1996	1997	1998
연해주의 중국인 수	7,895	8,349	8,292	6,968	7,179
러시아 전체의 중국인 수	20,301	26,528	24,043	22,227	-

자료: Mikhail A. Alexseev, "Chinese Migration in Primorskii Krai: An Assessment of Its Scale, Socioeconomic Impact and Opportunities for Corruption," p. 97 (mimeo), 大津定美, "ロシア極東への中國人勞動力の流入は威脅か: 北東アジア國際勞動力移動の一側面," Journal of International Cooperation Studies, vol.8, no.2 (2000), p.77 재인용.

따라서 최근 러시아 극동지역에서 나타나고 있는 북한 근로자에 대한 선호 현상은 러시아 극동지역 주민들에게 심리적 위협이 되고 있는 중국인 근로자들에 대한 우려에 기인한 바가 크다고 할 수 있다.[117)] 이런 우려는 이미 1953년 주은래와 스탈린의 회담 시에도 나타났는데, 당시 주은래는 스탈린에게 러시아 극동지역의 전후복구를 위해 도시와 건설사업에 동원될 250,000여 명의 중국인 근로자의 파견을 제의했으나 소련 측이 이를 거절하고 북한인력을 끌어들였던 점을 상기할 필요가 있다.[118)]

군사훈련활동도 조직하고 있다고 지적한 바 있다. 그러나 1996년 러시아 측에서는 양국 간의 쌍방 변경무역을 더욱 확대해야 한다는 목소리가 적지 않게 나오고 있다. 러시아학자 러스킨은 중러 국경부근의 러시아 측 경제특구와 자유무역지역의 효과를 확대하기 위해서 러시아는 변경무역지역에서 양국 국민들의 번잡한 출입수속을 반드시 간소화하여야 한다고 주장한다(戴萬欽, 1996: 72-73)). 또한 지역적 근접성에 의한 러시아와 중국의 경제적 보완성을 주장하는 러시아 측의 논문으로는 Гребенщиков (1993)를 참조.

116) 이를 잘 보여 주는 예로서 중국에서 러시아 극동지역으로 수입된 육류에 의한 전염병의 감염, 수입된 중국의 열악한 상품의 질(質)에 대한 혐오, 그리고 국경분쟁을 둘러싸고 여전히 해결되지 않은 러시아 주민들의 반감 등을 들 수 있다. 다음의 자료들은 이러한 예를 잘 증명하고 있다: Борис Резник, "Русский с китайцем … Игра без правил. Кто в выигрыше?"(러시아인과 중국인 … 규칙 없는 경기 누가 이길 것인가?) Известия 1996년 11월 11일, p. 4; Владимир Михеев & Геннадий Чародеев, "Авилов подверг Китай двойной проверке, но ктодаст гаранти, что ящур нз-за Великой стены не гуляет по Сибири и Дальнему Востоку?"(이비로프는 중국에 대해 二重의 검사를 하지만, 누가 만리장성으로부터 구제역병이 시베리아와 러시아 극동에 횡행하지 않는다는 것을 보장하는가?) Известия 1997년 3월 14일, p. 1.

117) 이와 관련하여, 러시아의 중국인 근로자와 비교하여 북한 근로자들을 다음과 같이 높이 평가한 것을 눈여겨 볼 필요가 있다: "Russian sentiment to North Koreans (in the Russian Far East) has been favorable, especially when compared with the Chinese, with North Koreans being perceived as hard-working and cheap-so much so that Russia has been keen to increase the number of North Korean laborers in the region"(괄호 필자 첨가). "Pyongyang's legitimate export: Labor," *Asia Times Online*, Jan. 7, 2004[http://www.atimes.com].

노동의 질적인 면에서 북한의 근로자들이 중국의 근로자들보다 낫다는 점 또한 러시아 극동지역의 북한 근로자에 대한 선호에 기여하고 있다고 보여진다.[119] 이미 앞에서 본 것처럼 1994년 12월 러시아 극동지역의 유태인자치구(Еврейская автономная область)의 행정부는 이 지역의 공터를 외국인 근로자에게 임대하여 주는 문제에 있어서 처음에는 중국인을 그 대상으로 하였으나 열악한 중국인의 노동의 질 때문에, 중국 측 대신에 북한 측 대표단과 협상을 벌이고 있음이 보도된 것도 이러한 차원에서 고려할 수 있을 것이다.[120] 이러한 점 등으로 인해 1990년대 초까지 러시아 극동지역의 공식적인 외국인 근로자 수는 북한이 중국을 훨씬 앞지르고 있다(〈표 12-6〉 참조).

〈표 12-6〉 러시아 극동지역의 외국인 근로자의 추산

러시아 극동지역	하바로프스크	아무르	연해주
외국인 근로자의 합계	15,000	8,500	7,090
북한 근로자의 비율	90%	90%	?
중국인 근로자의 비율	10%	9%	85%

자료: Andrei Admidin, "Utilization of Foreign Labor Force in the Russian Far East: Problems and Prospects," mimeo, Economic Research Institute, Khabarovsk, 1993(Kim 1994:1067)에서 재인용.

Ⅳ. 러시아 극동지역에서의 북한 노동력에 대한 전망

1980년대 말 구소련이 붕괴되고 모스크바에 민주정권이 들어서면서 러시아와 북한의 관계는 거의 최저점에 다다랐다고 할 수 있을 정도였다. 새로 입각한 러시아 정부관료들은 김일성과 그의 왕국을 국제적인 부랑아로 사정없이 비난하였고, 러시아는 과거 정치적 · 경제적 이유로 제공해 오던 북한에 대한 모든 원조를 사실상 중단하였다. 또한 그동안 양국 간의 관계를 굳건히 하는 데 큰 역할을 했던 상호우호협정(Договор о дружбе, сотрудничестве и взаймной

118) Ginsburgs(1990), p. 6.

119) New York Times에 실린 최근의 기사에서 블라디보스토크의 아르메니아인 쇼핑상가 개발업자인 그리고리 아호얀(Grigoryi T. Akhoyan)은 술과 담배를 하지 않는 러시아의 북한 근로자들을 다음과 같이 높이 평가하고 있다: "The North Koreans are great, they don't smoke, they don't dring. I have friends in California who employ Mexicans. I thing North Koreans work just as hard." "Russia Turns a Poor Neighbor for Cheap Labor," New York Times, May 18, 2003.

120) Борис Резник, "Северокорейские крестьяне рвуця на поля Еврейской автономной области," (유태인 자치지구의 들판에서 풀을 뽑는 한인 농부들) *Известия*, 1994년 12월 27일.

помощи)도 1995년 만료되어 재협상을 해야 했다.[121]

그러나 1993년 말부터 러시아는 당시까지 전개해 오던 "북한을 해체하는 정책"(политика отторжения Северной Корей)에서 한걸음 물러서서 한반도에서의 러시아의 국익에 맞추어 남북한에 대해서 균형정책을 유지하는 방향으로 정책전환을 시도했다. 그리하여 이제까지 러시아가 북한을 경시하자 이에 대한 반발로 북한은 자기의 파트너로서 미국을 선택하게 되었다. 그 결과 이 지역에서의 러시아의 영향력은 급감하게 되었다. 따라서 북한을 경시하는 러시아 정부의 정책이 이제 재고되어야 한다는 주장이 러시아 하원의 공산주의성향의 의회의원들을 중심으로 강하게 제기되었다.[122]

이러한 변화된 정책의 기조에 맞추어 러시아의 야당의원들은 북한에 고위급 대표단을 파견하여 북한 지도층과의 접촉을 확대하고 주체사상과 자주노선을 따르는 북한이 거둔 성과를 찬양하고 있다.[123] 또한 최근에 들어와서 이그나텐코 부총리가 이끄는 러시아 정부대표단이 북한을 방문하여 제1차 무역 및 경제 과학 기술협력에 관한 양국 공동 위원회를 개최하는 등 북한과 러시아 간의 정치적 · 경제적 대화가 활성화되고 있다.[124]

비록 러시아인들이 북한은 한국과 대적할 만한 경제적 매력을 갖지 못했다는 것을 인정하고 있지만, 북한과의 정치적 · 경제적 긴장완화[125]에 발맞추어 북한벌목공 및 여타 노동자를 러시아

121) *Известия* 1997년 1월 23일, p. 3.

122) Юрий Владимиров, "Диалог на новой основе: Москва и Пхеньян обменялись проектами межгосударственного договора"(새로운 기초 위에서의 대화: 모스크바와 평양이 정부 간의 조약에 대한 계획안을 교환했다) Независимая газета 1996년 9월 18일, p. 4.

123) 예를 들어 러시아 하원의 동남아시아와 태평양 지역의 세부지정학적 문제에 관한 소위원회 의장인 모나스티르스키(Михаил Монастырский)는 다음과 같이 북한에 대해 칭송하고 있다: "И основные черты характера каждого северкорейца – самоотверженность, широта души, огромная любовь к своей родине, преданность однажды выбранному пути – всеэто не может не вызывать глубокого уважения."(각각의 북한인들이 가진 기본적 특성들, – 자기희생, 넓은 마음, 조국에 대한 엄청난 사랑, 한 번 선택한 노선에 대한 충실성 – 이 모든 것들이 깊은 존경을 불러일으키지 않을 수 없다) Беседовал Мельниченко, "Михаил Моностырский: Развитие отношений с Пхеньяном отвечает коренным геополитическим интересам России на Дальнем Востоке"(미하일 모나스띠르스키: 평양과의 관계발전이 극동지역에서 러시아의 근본적인 지정학적 이해관계에 응답한다) Известия 6월 26일, p. 3.

124) 이러한 움직임들은 러시아 하원의 지정학 소위원회에서 지리노프스키의 파벌로 분류되는 미트로파노프가 주도하였는데, 그는 북한과 러시아 간의 고위급 정치적 접촉을 유지하기 위해서 필요한 사항을 다음과 같이 제안하였다(Mikheev 1997:370):
- 이그나텐코와 러시아 하원의장 셀레즈네프와 같은 고위급인사에 의한 북한 측과의 계속적인 방문 및 접촉
- UN 등에서의 회담에서 러시아 측에 의한 북한비난의 자제
- 북한과 러시아 양국의 쌍무관계에 관한 법률적인 기반을 구축하고 새로운 정치조약을 비준하는 일

125) 최근 들어 북한과 러시아 간의 경제교류의 측면에서 특이한 점은 양국 간 교역구조의 개선조짐을 들

극동지역에 계속해서 고용하는 것은 북한으로부터 많은 채무를 상환받는 유일한 방법들 중의 하나라고 믿고 있다.[126] 실제로 러시아가 북한에 공급한 상품의 거의 1/4이 북한 측의 노동력 제공의 형태로 보상이 되는데, 최근 이 노동력은 하바로프스크 지역과 아무르주의 목재채벌과, 께메롭스코이와 이르쿠츠크, 그리고 부랴찌의 공업목탄(工業木炭) 생산, 주택과 하부구조건설에 이용되었다.[127]

이러한 흐름에 따라 1996년 북한・러시아 간 경제협력을 재활성화하기 위해 체결된 다수의 협정 중에는 러시아 극동지역 내 벌목작업의 정상화와 러시아의 농업, 건설, 채굴 작업에 북한 노동자를 활용하는 문제 등이 포함되어 있다. 또한 여기에는 1996년 5월 러시아 측이 북한으로 보낸 목재의 철도운임료 500만 달러를 받지 못해 북한행 화물철도 서비스를 중단함으로써 벌목사업이 불가능하게 되어, 북한 근로자들 중 5,000명이 러시아 극동지역을 떠난 일도 있었다.[128] 최근 북한・러시아 간의 화물수송선 운항의 재개를 위한 협상도 상기의 협정에 포함되어 있다.[129]

뿐만 아니라 1997년 러시아 외무장관 카라신(Григорий Карасин)이 북한을 방문했을 때

수 있다. 다음 도표에서 보듯이 1996년부터 교역 총액은 전과 다름없이 감소했고, 수입 또한 여전히 감소세를 보이고 있음에도 불구하고, 북한의 대러 수출이 수년 만에 처음으로 증가세로 돌아섰고 전년 대비 증감율도 예년보다 훨씬 감소되었음을 알 수 있다.

〈표 12-7〉 북한의 대러시아 교역현황(1991~1996) (단위: US 천만 달러)

연도	1991	1992	1993	1994	1995	1996
수출	18	7	4	4	1.5	2.9
수입	28	25	19	10	6.8	3.6
교역총액	46	32	23	14	8.3	6.5
전년대비증감율(%)	-	−30	−28	−39	−40	−22

자료: 『내외통신』(綜合版)(65). 1997. 7. 1. − 9. 30., p. 170

126) 바자노프(1997).

127) 레프첸코(1994), p. 42.

128) Ginsburgs(1997), pp. 410−411.

129) 그 외에 이 협정에 포함된 내용은 다음과 같다(바자노프 1997:203):

- 러시아의 기관들(김책 제철소, 자동차 배터리 및 소규모 전기 엔진공장 등)과 과거 소련의 원조로 건설된 북한 기업들 간의 협력관계 활성화
- 야쿠치아의 석탄광산 공동개발
- 북한 영토를 통과하는 야쿠치아 - 한국 간 가스관의 건설
- 러시아 연방에 대한 북한 채무의 상환
- 양국 간 무역의 청산 방식과 바터제의 재도입
- 공동투자(현재 약 40건 정도 존재)
- 과거 소련이 건설해 준 북한 기업의 현대화

러시아와 북한이 양국민의 상호방문에 대해서 합의한 내용에 따르면, 이제까지의 양국민의 상대방국가의 방문은 명령에 의해 임시방편적으로 이루어졌으나 이제부터는 비자에 의해 이루어지도록 했으며, 이것은 먼저 20,000명에 가까운 러시아 극동의 북한벌목공에게 먼저 적용될 것임이 알려지고 있다.[130)]

그러나 북한과 러시아 간의 관계를 정상적으로 복원하기 위해서는 극복해야 할 몇 가지의 장애물이 있는데, 특히 러시아 극동지역에서의 북한 노동력 문제와 관련하여 지적해야 할 것은 인권문제와 마약밀매 문제이다.

V. 소결

지금까지 본 연구에서 보았던 것처럼 1946년 북한의 노동력이 러시아 극동지역에서 처음 이용된 이후로 많은 북한의 노동력이 러시아 극동지역의 노동력 부족을 메우는 데 상당한 역할을 했다고 할 수 있다. 북한으로서도 남아도는 잉여인력을 러시아로 송출함으로써 귀한 외화나 원자재를 부족하나마 어느 정도 획득할 수 있었다.

이러한 사실을 바탕으로, 본 연구는 이제까지 한국에서 두 가지 방향으로 추진되던 북방정책(대러시아 정책 및 대북한 정책)을 하나로 연계할 필요성을 제기하려고 한다. 한마디로 이야기한다면 북한의 값싼 노동력을 이용하여 한국의 자본과 기술력으로 러시아 극동지역의 방대한 자원과 토지를 이용할 수 있는 전략이라 할 수 있다. 이런 주장은 고(故) 정주영 현대그룹회장 등에 의해 이미 제기되기도 했으나,[131)] 여기에서는 연구의 결과를 중심으로 고려해 보려고 한다.

먼저 러시아, 북한, 그리고 한국 간의 상호보완성을 생각해 보면 북방정책에서 소련 ・북한의 연계전략이 상당한 설득력을 가짐을 알 수 있다. 〈표 12-8〉에서 보듯이 한국 측은 자본, 기술, 경영 및 시장에서 절대적 우위를 차지하고 있는 반면, 러시아 측은 토지와 원자재에서, 북한은 노동력에서 절대적으로 유리하다.

---

130) Геннадий Чародеев, "Теплый прием в холодном Пхеньяне,"(차가운 평양에서의 따뜻한 환영) *Известия* 1997년 1월 28일, p. 3.

131) 박원배, 「鄭周永의 승부수, 소련진출 내막」 『新東亞』 7월호(1990), pp. 298-308.

〈표 12-8〉 한국, 북한, 러시아의 상호보완성

구분	러시아	한 국	북 한
노동력	+−	−−−	+++
자본	−−	+++	−−−
기술, 경영	+−	+++	−−
토지	+++	−−−	−−−
시장	+	+++	+
원자재	+++	−−−	−−

주: + 약간 유리, ++ 유리, +++ 매우 유리, +− 약간 유리/불리, − 약간 불리, −− 불리, −−− 매우 불리
자료: 구천서 · 이병화(1997:174)를 바탕으로 저자가 원자재 항목을 보완한 것임.

따라서 이 표에서 보듯이 세 국가가 상충되는 영역보다 서로 보완적인 요소를 훨씬 많이 가지고 있으므로 상호보완의 실현가능성이 높아 보인다.

좀 더 세부적으로 검토해 본다면, 러시아는 엄청난 원자재를 보유하고 있으나 이를 가공할 만한 노동력이 없다는 데 문제가 있다. 특히 앞의 〈표 12-1〉에서 보았다시피 러시아 극동지역의 인구가 계속 유출되고 있는 데 반해, 인근 중국으로부터 엄청난 인구 압력을 받아 러시아인들은 이에 혐오를 느끼고 있다.[132] 이런 점 때문에 최근 양국 간에 타결된 국경문제에 대한 강한 불만과 함께 이에 대한 하나의 대안으로서 북한의 노동력이 자주 거론되고 있다.

러시아의 벌목작업에서 북한이 오랜 기간 동안 획득한 많은 작업경험에 한국의 기술과 자본을 합한다면 유용한 결과가 나올 수 있을 것이다. 특히 여기서 강조하고 싶은 것은 임업분야에서 한국과 러시아 극동지역 간의 협력과 교류가 필요하다는 사실이다. 북한과 러시아는 이 임업분야에서 40년 이상의 교류가 있었으나 한국은 이 분야에서 러시아와의 교류가 전무한 형편이다.[133] 이미 전 세계 목재자원보유국들이 자국의 임산업을 육성, 발전시키기 위하여 원목의 수출규제를 강화하고 있으며, 사정이 개선될 것이라는 2050년대에도 우리나라의 총 목재 자급률은 겨우

132) 러시아 극동지역의 러시아 주민들과 인근 중국인들 사이의 상호불신은 서로 교류가 많아질수록 심화되는 느낌을 주고 있다(Борис Резник. “Русский с китайцем … Игра без правил. К то в выигрыше?”(중국인과 러시아인 … 규칙 없는 게임, 누가 이길 것인가?) *Известия* 1996년 11월 11일, p. 4).

133) 북한의 삼림면적은 985만여 정보로, 여기에서 매년 300만 입방미터의 목재를 생산하고 있으나 수요량에는 절대적으로 미치지 못하여 소련에 벌목공을 파견한 직후부터 매년 약 150만 입방미터의 원목을 러시아 극동지역으로부터 들여오는 것으로 알려지고 있다(卞興相 1992:163; 兪炳一 1992:79). 이에 반해서 한국은 현대그룹이 러시아 극동지역의 스베틀라야(Светлая)와 비킨(Викин)지역에서 1991년 연해주목재산업(Примордеспром)과 합작기업으로 산림개발에 참여하였으나 세제와 법규의 잦은 변동 및 환경문제와 소수민족 문제로 많은 어려움을 겪었다(Наталья Островксая, “Концерн ‘Hyundai’ уничтожает уссурийскую таигу”(‘꼰쩨른 현대’가 우수리의 침엽수림을 파괴한다) *Известия*, 1994년 6월 28일, p. 5).

30%에 이를 것으로 전망되므로,[134] 우리는 부족한 목재를 해외로부터 확보해야 하는 어려움에 직면하고 있다. 이를 해결하기 위한 작업의 일환으로 한국정부는 임업협정체결국가들 및 그 외의 15개국과 적극적인 임업협정을 체결하고, 또 30개 산림자원보유국 및 국내 임산업체들이 진출해 있는 국가들로부터 94명의 전문가를 초청하여 조림, 산림경영, 사방 등을 연수교육시킴으로써 임업교류를 확대하고 있으나,[135] 러시아와는 이러한 교류가 전혀 없는 형편이다. 따라서 방대한 산림보유국인 러시아와의 시급한 임업교류도 북한과의 연계를 통해서 추진해 볼 수 있을 것이다. 1990년대 초기, 국내뿐만 아니라 전 세계의 언론이 북한과 러시아 간의 비인도적인 임업협정을 비난하여 비록 규모는 축소되었을지라도 양국 간의 임업협정이 새로운 형태로 존속되고 있는 이면을 깊이 고찰해 볼 필요가 있을 것이다.

임업분야뿐만 아니라 농업에 있어서도 한국에서는 필요한 식량의 40%만을 자급하고 있는데, 그 대부분은 식량과 사료용 및 공업용 곡물로서 러시아 극동지역의 연해주에서 생산이 가능한 품목들이다. 북한 또한 매년 100~200만 톤의 식량이 부족하나 국제시장에서 곡물을 수입할 형편이 못 된다. 따라서 한국의 기술 및 자본과 북한의 노동력을 결합하여 러시아 극동지역에서 곡물을 생산한다면 3국 상호 간에 흥미있는 사업이 될 수 있을 것이다. 구소련의 붕괴 후 러시아 극동지역에서는 농업이 거의 황폐화되어 가고 있는 실정이다. 이를 바로잡기 위해서는 많은 양의 비료, 농약, 농산물 가공시설 및 유통시설이 필요하나, 이를 제대로 운영할 만한 인력 또한 부족한 실정이다. 무엇보다도 현재 소포즈 책임자와 지방정부 농업담당자들이 정미소, 콤바인, 양수장, 축산기자재 등 구소련의 붕괴 이후 농정(農政)의 마비로 인해 녹슬어 가는 대규모 시설과 자재를 살리는 것이 시급하여 이에 대한 한국자본의 진출을 간절히 원하고 있다.[136]

뿐만 아니라 러시아 극동지역의 과일과 채소 부족은 심각한 실정이다.[137] 특히 겨울철과 봄철의 채소 부족현상이 심각하며, 매년 채소와 과일의 절반이 러시아의 서부지역과 중앙아시아공화국 및 동부유럽국가들로부터 수입되고 있다. 따라서 러시아 극동지역에서 콩과 채소를 재배해 본 경험이 있는 북한 노동력의 이용은 한국의 대러시아 극동지역 진출에 매우 중요한 역할을 할 수 있을 것이다.

다음으로 북한의 노동력에 대해서 살펴보기로 한다. 현재 정확한 북한 노동력의 수급상황을

134) 임업연구원, 『林業經濟動向年次報告書』 林業硏究院 硏究資料 第140號(1998), p. 199.
135) Ibid.
136) 구천서 · 이병화, 『연해주: 농업개발과 환경여건』 (서울: 책 만드는 집, 1997).
137) 러시아 극동지역 주민들의 수요로 볼 때 채소, 멜론, 수박의 경우는 56%, 감자는 75%, 과일과 머루류는 10%, 육류는 43%, 우유는 38%, 달걀은 83%만이 자급되고 있다(Bazhanova 1992:88).

추산하기는 어렵지만 아직도 생산가능인구의 비율이 많은 것으로 추정된다. 구체적으로 에버스태트(Nicholas Everstadt)의 추정에 의하면 1995년 북한의 총인구는 23,487,000명으로 노동가능인구를 16세 이상으로 볼 때, 현 인구의 약 65%인 15,180,000명이 노동가능인구라고 할 수 있다. 이를 다시 4개의 연령으로 나누어 볼 때 북한의 노동가능인구는 16~29세(청년)가 6,706,000명, 30~44세(장년)가 5,245,000명, 45~59세(갱년)가 2,661,000, 60~64세(노년)가 568,000명으로 나타난다. 따라서 1995년 현재 북한의 노동가능인구 또는 생산가능인구는 청·장년층이 높은 분포를 보이기 때문에 아직도 젊고 왕성한 노동(생산)가능인구를 갖고 있다고 할 수 있다.[138)]

특히 북한은 과도한 군대 인력을 보유하고 있는데 이것 또한 인근 러시아 극동지역에서의 북한 노동력 이용의 관점에서 고려할 수 있다. 북한에서는 1990~1995년 사이에 총인구의 약 5%가 군 병력으로 활용되고 있다고 한다. 또한 〈표 12-9〉에서 보듯이 군 병력의 비율은 1990년 이후 계속 증가하고 있는데, 그럼에도 불구하고 오히려 경제성장률이 마이너스를 기록하고 있다.

따라서 1970년대 이래 인구증가율이 감소해 왔다는 점을 감안한다면 군 병력의 계속적인 증가는 군 인력의 상당수가 노동현장에 투입되지 않을 수 없는 요인이 되고 있으며, 1990년 초에는 총병력의 약 10%인 10~15%가 노동현장에 투입되었다고 할 수 있다.[139)] 이러한 점을 고려할 때 한반도의 긴장완화는 북한에서 무장 해제된 군 병력을 포함한 수만 명의 잉여 노동력을 창출하게 될 것이며 이들 유휴인력의 이용은 러시아 극동지역개발에 중요한 하나의 변수가 될 수 있을 것이다.

〈표 12-9〉 북한 군 병력의 규모와 경제성장률(단위: 만 명)

연 도	국제전략문제소 (IISS) 추산	대한민국 국방부 추산	경제성장률(%)
1990	111.1	99.0	-3.7
1991	111.1	99.5	-5.2
1992	113.2	101.0	-7.6
1993	113.2	103.0	-4.3
1994	112.8	103.0	-1.7
1995	112.8	104.0	-4.6

자료: 윤황(1996:67)에서 일부 관련 없는 항목을 삭제한 것임.

138) Nicholas Everstadt의 미확인 자료, 윤황, 「북한 노동력의 현황과 구조」『北韓』 9월호(1996), pp. 62-63에서 재인용.

139) 윤황, 「북한 노동력의 현황과 구조」『北韓』 9월호(1996), pp. 60-75.

또한 통일이 될 경우에도 러시아-북한과의 연계전략이 북한의 난민을 흡수하는 데 상당히 효과적인 방안이 될 수 있을 것이다. 만약 남한과 북한이 통일이 된다면, 통일을 전후해서 대량으로 난민이 발생될 가능성이 높을 것이다. 이때 상당수가 남한으로의 이주와 정착을 시도할 것이나 남한이 이들을 모두 수용하기가 곤란할 것이고, 이럴 경우 상당수가 제3국, 특히 만주와 러시아 극동지역으로 이주를 시도할 가능성이 높다고 보여진다.[140] 이들 지역에는 사회주의체제의 잔재가 남아 있으므로 적응이 용이할 것이며, 이들 지역이 경제발전의 초기단계에 있으므로 일자리나 돈벌이의 기회가 상대적으로 많을 수 있다는 추정이 가능하므로, 이들은 이러한 지역으로 이주를 시도할 가능성이 농후하다. 따라서 러시아 극동지역에서 한국・북한・러시아 간의 상호합작은 이들을 흡수할 수 있는 하나의 효과적 장치가 될 수도 있을 것이다.

140) 이종훈, 「중앙아시아 한인의 연해주 재이주현황과 정책과제」 『한민족공영체』 제3호(1995), pp. 75-105.

제13장

러시아인의 관점에서 본 북한 노동력과 중국 노동력

러시아 극동지역은 러시아 전체의 1/3을 차지하는 방대한 면적을 가진 지역이며 풍부한 지하자원을 보유한 지역으로, 과거부터 관심의 대상이 되어 왔다. 특히 부존자원이 부족한 우리나라의 실정을 감안할 때, 러시아 극동지역은 연해주 지역의 풍부한 산림자원, 오호츠크해의 수산자원, 사할린과 야쿠츠크의 천연가스 및 연해주의 방대한 농장개척 등의 측면에서 많은 가능성을 열어주고 있다.

러시아 극동지역은 이러한 경제적인 분야에서 중요한 의미를 가질 뿐만 아니라, 과거 우리 한인이 이주하여 1937년 스탈린에 의해 강제 이주되기 전까지 상당기간 거주하였던 지역이기도 하다. 최근에는 중앙아시아로 강제이주 당했던 상당수의 고려인이 현지의 민족분쟁의 격화로 그들 자신 또는 그들의 선조가 이주하였던 이 러시아 극동지역으로 역이주함으로써 우리에게 새로운 감회를 불러일으키고 있다.

이러한 여러 가지 연유로, 극동지역에 대한 우리의 관심은 자연히 지역연구로 이어져 왔다. 기존 연구의 분야를 좀 더 구체적 살펴보면 러시아 중앙정부와 지방정부의 관계에 관한 연구, 러시아 극동지역의 자원개발과 우리 기업의 진출에 관한 연구, 한인의 역사적인 이주에 관한 연구, 극동지역에서의 한인의 독립운동에 관한 연구, 두만강 개발계획과 관련한 연구 및 극동지역에서 중국과 러시아 간의 관계에 관한 정치적 연구 등을 들 수 있을 것이다.

비록 이렇게 상당히 광범위한 연구가 이루어지긴 하였으나, 아직 러시아 극동지역에 대한 초미의 관심사가 되었던 인력이용, 특히 이 지역의 외국인 노동력에 관한 연구는 많지 않은 것으로 보인다.[1)]

1) 기존의 연구성과 중에서 러시아 극동지역의 북한 노동력과 중국 노동력을 모두 포괄하는 연구는 Захарова, Миндогулов, Рыбаковский(1994)를 제외하면 거의 찾아보기 힘든데, 이 연구는 최근 구소련 붕괴 이후 러시아 극동지역에서의 불법 이주민의 대다수를 차지하는 중국인 노동력과 일부 북한 노동력을 다루고 있다. 다음에서는 이 지역의 북한 노동력과 중국 노동력에 관한 문헌을 분리하여 개괄적으로 살펴볼 것이다.

러시아 극동지역은 방대한 땅이지만 그것을 개발할 수 있는 인력이 항상 부족하였고 외국인 인력에 의존해야 한다는 점에서 러시아 극동지역 연구가 우리에게 시사하는 바는 크다고 생각한다. 따라서 러시아 극동지역에서의 외국인 노동력 문제는 당사자인 러시아뿐만 아니라 이 지역으로의 진출을 바라고 있는 인근국인 한국의 입장에서도, 그리고 상당히 오랜 기간 이 지역으로 노동력이 진출해 있는 북한에도 상당히 중요한 문제로 떠오르고 있다.

특히 2000년 6 · 15 남북공동선언 이후 남 · 북한 관계의 모든 분야에서 많은 변화가 야기되고 있고, 그에 따라서 남 · 북한 협력이 국내뿐만 아니라 해외에서도 엄청난 파급효과를 가져오리라는 점을 고려할 때, 러시아 극동지역의 노동력 문제는 과거 냉전시대와는 달리 남북한 모두에게 화해와 협력을 더욱 가속화시킬 수 있는 새로운 장이 되리라고 본다.

본 장에서는 이러한 남북한 관계 변화의 시대를 고려하고, 러시아 극동지역에 진출한 북한 노동력의 상황을 러시아 극동진출에 있어서 가장 큰 변수의 하나가 되고 있는 극동지역의 중국 노동력과 함께 고찰하고자 한다. 이를 통해 장래 남북한 협력의 무대가 될 수 있는 러시아 극동지역에서의 다양한 가능성을 모색해 보고자 한다.

본 장에서는 첫째, 러시아 극동지역에서의 북한 노동력과 중국 노동력의 과거와 현재의 상황을 살펴본다. 둘째, 북한 노동력과 중국 노동력에 대한 현지 러시아인들의 견해를 정치적 · 경제적 · 사회문화적 · 심리적 그리고 치안의 관점에서 고찰한다. 마지막으로 남북한 협력시대에 있어서 러시아 극동지역의 북한 노동력이 가지는 함의를 제시하고자 한다.

먼저 러시아 극동지역의 북한 노동력에 관한 선구적 연구로는 George Ginsburgs(1997, 1992, 1990, 1989)가 쓴 논문들이 돋보이나, 이들의 연구는 대부분 구소련 붕괴 이전의 북한 노동력을 주로 다루고 있다. 그 다음 구소련 붕괴 이후의 시기를 모두 포함한 종합적 연구로는 본 서의 제12장에서 다루어진 논문이 있으며, 심의섭 · 김종일(1999:33-53)은 북한의 벌목공과 관련하여 북한의 대러시아 인력에 관하여 간략하게 언급하고 있다. 본 서의 제2장에서는 러시아 극동지역에서의 중국인의 역사와 현 실태를 황화론과 관련한 중국 노동력에 대한 편견의 관점에서 설명하면서 북한 노동력에 관해 간략히 소개하고 있다. 그 외에 Bazhanova(1992)는 북한과 소련의 경제협력을 연구하면서 일부 소련 주재 북한 노동력에 관해 언급하고 있다. 다음으로 러시아 극동지역의 중국 노동력에 관한 연구는 구소련 붕괴 이후 최근 러시아 극동지역의 중국인 노동력에 대한 우려와 편견을 다루는 연구가 대부분인데, 대표적인 것으로서는 大津定美(2000:67-87), 岩下明裕(1999), Kim Won-bae(1994), Hyer(1996:289-308), Hao(1991:230-258), Lukin(1998)과 본 서의 제12장 등이 있다. 그 외 소련 성립 이전의 제정 러시아시대 러시아 극동지역에서 활동하던 중국인에 대한 연구로는 何萍(1998:273-318)과 Siegelbaum(1978:307-330) 등이 있다.

I. 러시아 극동지역의 북한 노동력과 중국 노동력의 약사(略史)

1. 이주의 역사적 배경(1860년대~1937년)

한인과 중국인의 러시아 극동지역에 대한 이주는 깊은 역사적 연원을 갖고 있다. 따라서 이러한 역사적인 맥락을 무시하고 현재의 러시아 극동지역 외국인 이주문제를 고찰하는 것은 불가능할 정도다.

한인과 중국인의 러시아 극동지역 이주는 대략 1860년을 전후로 하여 시작되었다. 즉 1858년의 아이훈 조약과 1860년 베이징 조약을 통하여 러시아는 아무르주와 연해주를 차지하였다. 기록에 의하면 당시 아무르주에는 이미 약 10,500명의 중국인이 44개의 촌락을 형성하면서 거주하고 있었고, 연해주의 우수리강 유역에서는 약 900명의 중국토착민이 생활하고 있었다. 그 외에도 수렵, 어업 및 인삼과 사금을 채취하는 중국인들이 있었으나 이들의 수는 모두 합해도 2,000명 내지 3,000명을 넘지 않았다.[2] 한편 이와 비슷한 시기에 한인들도 러시아 극동지역으로 이주를 시작하였는데, 문헌에 따라 약간 차이가 있기는 하나 처음 한인의 이주가 시작된 시기를 대략 1863년으로 보고 있다.[3]

〈도표 13-1〉 러시아 극동지역 전도

2) Граве(1912), p. 4.

3) Граве(1912); Ким Сын Хва(1965); 뒤바보(1920); И. Киммангем, "Советское строительство среди корейского населения, Советское Приморье Январь – Февраль № 1-2 Вдадивосток 1926". 國史編纂委員會(1997), 『韓國獨立運動史』(資料 35, 러시아篇 II) pp. 457-461.

중국인과 한인 이주자 수는 러시아 극동지역의 형성시기에 있었던 이 지역의 정치적・경제적 상황에 따라 상당한 기복을 보였다. 가장 대규모로 중국인과 한인이 이주한 첫 번째 시기는 19세기 말과 20세기 초였는데, 이 시기는 러시아인 이주도 상당히 증가하던 시기였다. 첫 번째 이주보다 규모는 좀 작지만 중국인과 한인이 두 번째로 대규모 이주를 한 시기는 1920년대였다. 당시 중국인과 한인들 가운데는 일자리를 찾아 이주하는 사람이 많았고[4] 이들에게 러시아 시민권도 비교적 쉽게 주어졌다.

그러나 외국인 근로자들을 제한하려는 움직임도 자주 있었다. 예를 들어 외국인 노동력의 비율이 압도적으로 많았던 러시아 극동지역의 사금장(砂金場)의 경우 황인종의 비율을 줄이려는 러시아 당국의 방침에 따라 1910년 외국인 국적자 제한법이 통과되어 사금장에서 한인과 중국인 근로자의 수가 격감한 일도 있었다.[5]

중국인과 한인의 러시아 극동지역 이주역사에서의 차이점은 한인의 경우 영구거주를 목적으로 하였으나, 중국인의 경우는 경제적 이익을 얻기 위해 일시적으로 거주하였다는 점이다.[6] 따라서 전반적으로 볼 때 당시 중국인 이주자들은 극동지역의 상주인구 증가에는 별로 기여하지 않았으나, 한인들은 주로 상주할 거주지를 찾는 것이 목적이었으므로 러시아 시민권을 취득하고자 하였다.

1917년 러시아 혁명 이후에도 중국인들의 이주는 주로 불법적이고 범죄적 성격을 띠고 있어서 소련의 국경강화조치에 따라 자주 중단되었다. 중국인 이주자들 중 5%만이 극동지역의 상주민이 되었고, 모든 중국인 이주자 중 2%만이 소련시민권을 취득하였다. 당시 중국인 이주자들의

---

4) 한인의 러시아 극동지역 이주에 대한 개괄서로는 Ким Герман(1999), Кан и другие(1997), 이상근(1996), 현규환(1967), 임계순(1987), 권희영(1993), Ким Сын Хва(1965), Граве(1912) 등이 있고, 구체적인 사회학적 분석에 대해서는 본 서의 제2부를 참조할 수 있으며, 중국인의 경우는 Граве(1912)와 Захарова и другие(1994)를 참조할 것.

5) 당시 사금장의 러시아 노동력과 외국인 노동력(주로 한인과 중국인으로 구성)의 비율은 약 85% 대 15%로, 외국인 노동자들의 수가 압도적이었다. 이러한 압도적인 황인종 노동자의 사용을 제한하기 위해서 총독 운테르베르게르는 극동에서 주지사와 상공업 및 농업 대표자 회의를 소집하여 "연해주총독 관할지역과 자바이깔의 이르쿠츠크총독 관할지역에서의 외국인 국적자 제한법"(Закон об установлении в пределах Приамурского генерал-губернаторства и Забайкальской области Иркутского генерал-губернаторства некоторых ограничений для лиц, состоящих в иностранном подданстве)을 발의하였고, 이 법은 1910년 6월 1일에 러시아 황제에 의하여 인가되었다(Хроленок, 1995:74).

6) 이러한 견해는 러시아인 학자들이 강력하게 주장하고 있는데, 특히 러시아와 중국 간의 국경문제와 관련하여 현재의 러시아 극동지역의 영토에 관한 중국의 소유권 주장을 일축하는 중요한 근거로 제시되고 있기도 하다. 즉 당시의 중국인들은 이곳에서 거주한 것이 아니라, 주로 계절노동자(сезонник)로 봄에 이곳으로 와서 일을 하고 가을이면 다시 중국으로 되돌아가는 왕복적인 성격(челночный характер)을 띠고 있었으므로 중국이 이 러시아 극동지역에 대한 소유권을 주장할 근거가 없다는 것이다(Захарова, Миндогулов и Рыбаковский, 1994:12; Хроленок, 1995).

총수는 대략 50,000명에서 70,000명 사이였다.[7)]

스탈린에 의하여 한인과 중국인이 러시아 극동지역에서 중앙아시아로 강제이주를 당하기 직전 1937년의 인구조사에 의하면 극동지역의 한인 수는 168,300명이었고,[8)] 중국인의 수는 38,500명이었다.[9)] 1937년 이들 한인과 중국인 모두는 중앙아시아로 강제 이주되었고 그 후부터 1980년대 말까지 중국인이나 한인이 러시아로 이주한 일은 거의 없었다.[10)] 따라서 역사적으로 볼 때 1980년대 말부터 시작된 중국인들의 극동지역으로의 이주추세는 아주 새롭고 강력한 성격을 띠고 있었다고 볼 수 있다.

2. 제2차 세계대전 이후 구소련의 북한 노동력과 중국 노동력(1945~1992년)

북한 근로자들이 소련으로 진출한 것은 제2차 세계대전이 끝난 1945년 이후부터였는데 당시 소련에는 전전(戰前)부터 거주하던 상당수의 한인들이 있었다.[11)] 해방이 되자 이들 한인들 중

---

7) О. Д. Захарова, В.В. Миндогулов и Л.Л. Рыбаковский, "Нелегальная иммиграция в приграничных районах дальнего востока." *Социологические исследования* № 12(1994), стр. 12.

8) 그러나 이 수치가 정확하지 않다는 것은 강제이주 완료 후 내무인민위원부 위원장이자 국가안전위원회 의장인 예조프가 스탈린과 연방공화국 인민위원회 의장인 몰로토프에게 보낸 보고서를 보면 잘 알 수 있다. 이 서한에 따르면 1937년 10월 25일 극동지방에서의 한인 이주가 종결될 때까지 총 36,442가구 171,781명을 124대의 수송열차로 이송했다고 하였다. 남은 한인들은 캄차카 및 오호츠크의 특별이주자 700명 정도라고 적고 있다(Ли У Хе & Ким Ен Ун, 1992:158). 따라서 당시 러시아 극동지역 한인 수는 이보다 훨씬 많았음을 짐작할 수 있다.

9) Захарова, Миндогулов и Рыбаковский(1994), p. 13. 러시아 극동지역 이주자의 수는 자료에 따라서 많은 차이를 보이고 있다. 1860년대부터 1937년까지의 러시아 한인 이주자 수의 추이에 관해서는 이 책의 제4장을 참조할 것.

10) 이와 관련하여 러시아 극동지역의 한인에 관한 최근 통계를 간략히 살펴보면, 1990년대 초기에는 극동지역 거주 한인의 대부분이 사할린(62% 이상), 연해주(15%), 하바로프스크 지역(15%)에 거주하고 있었다. 그리고 전체적인 수로 본다면 1970년대 초기와 비교했을 때 약 13%가 감소했고, 특히 하바로프스크 지역에서는 두 배 이상 감소하였다. 전후 러시아 극동지역 전체를 볼 때 한인의 수는 지속적으로 감소하여, 1989년 인구조사에 의하면 러시아 극동지역 한인의 총수는 56,600명으로 나타나고 있다(Захарова, Миндогулов и Рыбаковский, 1994:14). 현재 구소련에 거주하는 한인의 수는 대략 43만 명으로, 주요 거주 지역으로는 연해주와 하바로프스크 지역 외에 사할린(약 36,000명), 우즈베키스탄(약 160,000명), 카자흐스탄(약 150,000명), 키르기즈(약 12,000명) 등으로 나타나고 있다(Г. Чародеев, "Сеул положил глаз на наших корейцев" *Известия* 9. 3. 1999). 1999년 외교통상부 산하 재외동포재단의 통계에 의하면, 독립국가연합 고려인 총수는 486,000명으로 그중 153,000명이 러시아에 거주하고 있으며 이는 1995년 108,000명에서 45,000명이 증가한 것이다. 이는 중앙아시아에 거주하던 고려인들의 재이주로 인한 것으로 보이며, 반면에 우즈베키스탄 고려인 수는 220,000여 명에서 181,000명으로, 그루지야 고려인 수는 250명에서 50명으로, 아제르바이잔 고려인 수는 100명에서 20명 수준으로 감소하였다(조선일보 2000. 3. 26. http://www.chosun.com/w21data/html/news, 검색일 2001. 2. 9.).

약 300명이 북한을 점령한 소련군의 고문관으로 북한에 건너와 초기 북한정권 내의 '소련파'를 형성하였다.[12] 이러한 북・소 간의 긴밀한 관계 속에서, 구소련시대에 처음 소련으로 진출한 북한 근로자들은[13] 어업노동자들로 시작하여, 이후에 벌목노동자, 건설노동자, 농업노동자 및 광업노동자 등으로 종사하였다.[14]

최초로 어업노동자들이 파견된 것은 1946년이었는데,[15] 그 후 12,000명의 북한의 어업노동자들은 소련의 캄차카, 사할린, 쿠릴열도 등지에서 어업노동력의 공백을 메우기 위해 1년 내지 3년간 계약을 맺고 1948년부터 본격적으로 파견되었다.[16] 그리고 1950년대와 1960년대에는 북한과 소련의 합작사업의 일환으로 수산물 가공공장이 운영되었다. 여기서 배와 장비는 소련이 제공하였으나 노동력은 북한에서 제공하기로 한 것이 계기가 되어 북한의 어업근로자들이 이곳으로 진출하였다.[17] 초기에 송출된 북한 근로자들은 대부분 단기계약을 맺고 있었기 때문에, 계약이 만료된 후에는 대부분 북한으로 돌아갔다. 그러나 그중 일부는 러시아 극동지역으로 흩어져 임업노동자나 건설노무자로 일하였고, 일부는 소련공민증을 받아 소련국적을 취득하거나 북한공민증을 취득한 경우도 있었다.

그 다음 벌목노동자는 러시아 극동지역의 북한 노동자들 가운데 한때 가장 많은 인력을 점하고 있었던 부류였는데, 1990년대 구소련의 붕괴와 더불어 이들 벌목공에 대한 북한 당국의 인권유린으로 관심의 초점이 되었다. 북한 벌목공은 1953년 하바로프스크 지역에서 150만 입방미터의 침엽수 벌채권을 소련이 북한에게 이양하는 것을 내용으로 하는 소련-북한 간의 임업협정에

---

11) 2차 대전 이후 처음 실시된 1959년의 인구조사에 따르면 구소련에 거주하는 한인 수는 313,735명이었고, 이는 전전(戰前)에 행해진 1937년의 인구조사시기에 밝혀진 한인 총수 168,300명과 비교해 볼 때, 20년간의 인구추이를 보면 한인의 수는 약 1.9배 증가하였다. 1970년 소련의 인구조사 결과에 의하면 한인의 수는 약 357,507명으로 전체 소련인구의 약 0.14%를 차지하고 있었으며 1959년보다 14%가량 증가하였다(Ginsburgs and Ginsburgs, 1977:953).

12) John J. Stephan, "The Korean Minority in the Soviet Union" *MIZAN* vol. 8, no. 3(1971). 「蘇聯內 韓國少數民族」『北韓』(1972년, 12월호), pp. 221-231.

13) 북한 근로자들이 소련에 진출하는 근로형태의 하나는 근로실습(work-study)인데 1948년 8월 4일에 조인된 북소 간의 합의에 의해 실시되었다. 이러한 형태로 소련에 파견된 학생들은 소련대학의 교과과정에 따라 교실 내에서 수업을 받을 뿐만 아니라, 본 서의 제12장에서 보듯이 도제제도 등을 통하여 학업과 실습을 병행하면서 일정의 급료를 받았는데, 1953년부터 1960년까지 소련에서 근로실습을 받은 대학생과 대학원생의 수는 2,000명이 넘는다(Bazhanova, 1992:157).

14) 이 책의 제12장 참조.

15) 김춘경, 「러시아 사할린 한인들: 생활과 운명」『교민논총』 제1집(1997), pp. 150-166.

16) North Korea: A Case Study in the Techniques of Takeover, Department of State Publication 7118, Far Eastern Series 103, released Jan. 1961, pp. 107-108 Ginsburgs(1989:400; 1990:6)에서 재인용.

17) 나고시(名越健郎, 1992:99)에 의하면 캄차카에 파견된 북한 근로자의 수효가 약 1만 명이나 되었다고 한다.

따라 처음으로 소련에 파견되었는데, 이를 필두로 하여 1995년에 이르기까지 15차례의 임업협정이 있었다.[18] 러시아 극동지역의 북한벌목공의 수효는 정확히 알려진 공식적인 통계는 없으나 1989년 하바로프스크 지역과 아무르 지역의 벌목공을 포함하여 약 20,550명이 있었다고 추산되며,[19] 많을 때는 30,000명가량의 북한 벌목공들이 4년마다 돌아가며 15개 벌목장에서 작업을 하였다고 한다.[20]

그러나 1990년대 초에 들어와서는 벌목장의 열악한 인권상황과 생활환경을 견디다 못해 탈출하는 북한 벌목공에 관한 기사가 보도되면서, 1993년에 만료된 임업협정이 정식으로 체결되지 못한 채 6개월마다 가계약에 의해 지속되어 오다 1995년 2월 24일 평양에서 정식임업협정을 맺었다. 이 협정에 따라 이전의 임업협정에 명시되었던 15,000명 내지 20,000명의 벌목공의 수를 7,000명으로 줄이기로 하였다.[21] 또한 1일 8시간의 근무 조건을 분명히 하고, 이들에게 임시거주권을 주어 외출을 허용하였으며, 러시아의 당국자들이 인권유린을 조사하기 위하여 북한이 운영하는 벌목장을 마음대로 출입하도록 하였다. 이러한 연유로 1994년 7,000명의 북한벌목공이 러시아에 있다고 알려졌으며[22] 1995년 이후에는 더욱 감소한 것으로 알려졌다.

소련의 북한 건설노무자들은 1948년 이후 어업노무자로 소련에 파견된 노동자들이 어업노무 계약기간이 만료된 후 건설노무 계약을 맺어 건설노무자가 된 경우가 대부분이었는데, 그것은 소련에서 건설노무자들에 대한 대우가 좋았고 또한 건설노무자가 되면 건축과 관련된 모든 일을 다 할 수 있었기 때문이었다.[23]

마지막으로 극히 소수의 부류이기는 하지만 북한의 농업노무자도 일부 있는 것으로 보도되고 있는데, 연해주의 우수리 지역과 항카호 주위에 100여 명의 북한 근로자들이 농사를 짓고 있고, 연해주의 여타 지역에서도 농사를 짓는 북한인이 있는 것으로 알려지고 있다.[24]

한편 제2차 세계대전 이후 소련에 거주하는 중국인들의 상황에 관해서는 자세히 알려져 있지 않다. 이는 중국인들의 수가 적은 데도 기인하겠으나, 1960년대 양국의 이념노선과 국경문제를

18) 이러한 러시아 - 북한 간의 임업협정의 구체적인 날짜와 내용은 이 책의 제12장을 참조할 것.

19) Minakir, Pavel A.(ed.), *The Russian Far East: An Economic Handbook*, trans. by Gregory L. Freeze(Armonk, N.Y.: M.E. Sharpe, 1994), p. 183.

20) G. Ginsburgs(1990), pp. 7–8; G. Ginsburgs(1992), p. 192.

21) Yakubovsky(1996), p. 461.

22) Akaha(1995), p. 103. 그러나 러시아의 유력지 이즈베치야는 1994년 약 15,000명의 벌목공이 러시아 극동지역에 있다고 보도하고 있다(Борис Резник, "Корейцы расконсервировали в тайге старый урановый рудник" *Известия*, 1993년 7월 23일).

23) 정혜정(1995), p. 71.

24) Hegelson(1990), p. 78.

둘러싸고 발생된 긴장 때문이기도 하다.

구소련에 거주하는 중국인 수는 1959년 인구조사에 의하면 25,800명이었으며 러시아공화국에 거주하는 중국인은 전체 구소련 거주자의 74.1%인 19,100명이었다. 따라서 전전(戰前)의 인구조사 시기(1937년의 인구조사와 비교해 볼 때)로부터 20년간의 인구추이를 보면 중국인의 경우는 1/3이 감소한 것을 알 수 있다.[25)]

그 후 구소련과 현재의 러시아에서 중국인들이 주로 어디에 많이 거주하는지에 대해서는 거의 알려져 있지 않다. 다만 이들 중국인들이 처음 강제 이주된 우즈베키스탄과 카자흐스탄, 그리고 러시아 극동지역에 주로 집중적으로 거주할 것이라는 추정만이 가능하다. 전후 중국과 소련 간의 특별한 관계로 인해 이들 중국인들은 소련의 민족별 인구조사에는 포함이 되었으나, 1969년 다만스키 섬에서 양국 간의 무력충돌 이후 격화된 중소국경분쟁으로 1989년에 실시한 소련 인구조사 시기까지 재소 중국인들의 수나 분포에 대한 통계는 거의 알려져 있지 않다.[26)]

중국인들이 러시아 극동지역으로 다시 본격적으로 몰려들기 시작한 것은 1980년대 후반이었는데, 그 원인으로는 중국의 성공적인 경제개혁, 중·소 간의 국경문제를 해결하지 못한 채 구소련이 붕괴한 것, 러시아의 경제적 혼란과 주권국가로서의 러시아의 지정학적·외교적인 개념의 미정립 등을 들 수 있다. 그 외에도 러시아와 중국 간의 관계개선으로 중국인들이 비자 없이 러시아 극동지역과 주요 도시를 드나드는 것에 대해 합의가 이루어져 중국인들의 대규모 입국에 중요한 계기가 되었다.

그리하여 1989년 인구조사에 의하면 러시아 극동지역에 거주하는 중국인의 공식적인 수는 1,742명으로 전체의 45%가 하바로프스크 지역에 거주하고, 그 다음으로 중국과 국경을 이루고 있는 연해주와 아무르주에 각각 9%와 11.5%의 중국인이 거주하고 있는 것으로 나타났다.[27)] 그러나 1990년 러시아 극동지역 중국인의 수는 15,000명으로 증가하였고 1993년에는 약 100,000명으로 급속히 증가하여, 1989년부터 최근 5년간 약 50배 이상 증가하였다.[28)] 중국인들이 많이 이주하는 지역은 주로 중국과 러시아의 국경지역, 극동 러시아의 농촌지역과 대도시지역 등이다.

---

25) О.Д. Захарова, В.В. Миндогулов и Л.Л. Рыбаковский, "Нелегальная иммиграция в приграничных районах дальнего востока." *Социологические исследования* № 12(1994), стр. 13.

26) 이는 러시아에 거주하고 있는 다른 여러 민족들과 비교될 수 있도록 하나의 민족으로서 분류가 되어 있는 한인의 경우와는 상당히 대조적이다.

27) Захарова, Миндогулов и Рыбаковский(1994), p. 14.

28) Ibid., p. 15.

3. 러시아 연방 시기의 북한 노동력과 중국 노동력(1992~2000년)

현재 러시아 극동지역 전체의 북한 근로자의 수효에 관해서는 정확히 알려져 있지 않다. 먼저 통계에 의하면 1997년 현재 연해주에는 4,149명의 북한 근로자가 있는데 이들의 대부분은 블라디보스토크 주변에서 일하고 있으며, 그중 약 300명은 츠카노보, 오프치노프카, 슬라반카, 자루비노 그리고 북한 인근의 하산 등에서 농업과 건설업에 종사하고 있다. 이 외에도 하바로프스크 지역에서 약 3,500명이 산림벌채작업에 종사하고 있고, 사할린의 북한 노동자는 대략 500명 정도로 알려져 있다.[29)]

또 다른 통계에 의하면 1997년 연해주의 북한 근로자들의 수는 공식적으로 3,000명이었으며, 당시 이는 연해주 전체 외국인 근로자의 30.3%에 해당하는 것으로, 이러한 노동력 수출의 대가로 북한은 연간 1,000만 달러의 외화를 벌어들였다.[30)] 이들 북한 노동자들은 봄에 집단적으로 건너와서 일하고 가을에는 북한으로 돌아갔다.[31)]

또한 최근 국가정보원의 통계에 의하면[32)] 1996~1997년 20,000여 명에 달하였던 러시아 지역 북한 근로자의 총수가 1999년에는 12,000여 명으로 줄었고, 2000년 현재 대략 3,000여 명 내지 5,000여 명으로 추산되고 있다. 이는 러시아 정부가 북한인 및 중국인에 의해 이루어지고 있는 불법월경, 밀수, 마약, 무기밀매를 단속하기 위해 불법체류자에 대한 대대적인 색출작업을 벌이고, 또 벌목장 내의 구조조정을 실시한 여파로 보인다. 2000년 현재 블라디보스토크 소재 북한 건설대표부와 농업대표부에 각각 1,000여 명과 500여 명, 그리고 하바로프스크에 3,000여 명 등, 모두 5,000여 명의 북한 근로자들이 러시아 극동지역에서 벌목작업과 건설노무에 종사하고 있다고 한다.

최근 북한과 러시아 극동의 연해주 지역 간의 경제협력이 눈에 띄게 늘었다. 구체적으로 연해주와 북한 간의 협력은 건설업분야에서 가장 많이 이루어지고 있고 그 다음이 농업분야이다. 1999년 현재 연해주에는 북한과의 합작기업이 5개 등록되어 있고, 북한 측에서 100% 투자한 기업은 3개가 등록되어 활동하고 있다.[33)] 연해주에서 활동하고 있는 북한 노동자는 대부분이

---

29) 이 통계는 러시아 극동지역 정치학자인 자브로프스카야(Лариса В. Забровская)가 1997년 10월에 발간된 Океанские Вести 제6호에 기고한 것이다(中澤孝之(1998:51) 재인용).

30) 극동문제연구소(1999), pp. 136-137.

31) 동아일보 1997. 12. 31.(http://www.donga.com/fbin/searchview, 검색일 2001. 2. 9.)

32) 디지털조선일보 2000년 10월 26일(http://www.chosun.com/w21data/html/news/200010/200010260061.html, 검색일 2000. 10. 26.).

33) 극동문제연구소(1999), pp. 136-137.

단순노무자이고, 그 외에 일부 전문기술자로 구성되어 있으며 이들은 대부분 겨울철 비수기에는 북한으로 돌아갔다가 해빙이 되면 다시 연해주로 되돌아와서 일을 하고 있다. 이들은 블라디보스토크를 비롯한 연해주의 주요 도시에서 각종 건설공사, 신축건물 개・보수공사를 맡고 있는데, 9개의 북한 건설 총공사가 건설노동자를 파견하고 있다.

연해주에서 건설업 다음으로 많은 근로자가 일하고 있는 분야는 농업분야인데, 1995년 4월 25일 연해주정부와 북한 농업위원회 간에 체결된 협정에 따라 농업협력사업이 활발하게 이루어지고 있다. 북한 근로자들이 참여하고 있는 대표적인 분야로는 종묘사업, 콩과 채소재배, 가축사육 및 가축가공산업, 농촌지역의 주택건설 및 보수공사, 각종 농기계류 점검 및 각종 농업자재수송 등이 있다.[34)]

연해주 북한 근로자들은 원칙적으로 매월 임금의 일정액을 북한으로 송금하여야 하는데, 월정액을 초과한 임금은 개인소득으로 인정되므로 이들은 토요일이나 일요일 같은 휴무에도 일거리를 찾아 헤매는 것으로 알려지고 있다.[35)]

한편 러시아 극동지역 중국인의 정확한 수는 알려져 있지 않다. 다만 1989년 러시아에 체류하는 중국인의 수는 11,335명이라는 통계가 있다.[36)] 그리고 1994년 630개 단체에서 17,845명의 중국인이 러시아로 입국하여 10,587명이 출국한 것을 보면, 7,258명이 불법 체류자로 러시아 극동지역에 남아 있을 것이라 추정할 수 있다.[37)] 그리고 1998년 러시아 이민국의 문서에 의하면 26,528명의 중국인 건설노동자, 농업노동자, 운전기사 등이 러시아 극동지역으로 입국하였다.[38)] 1999년을 기준으로 할 때, 최근 10년간 러시아 체류 중국인의 수가 20배 이상 증가하였으며 현재의 추산으로는 약 10만 명에서 200만 내지 300만 명이 러시아 전체에 체류하고 있는 것으로 추정하고 있다.[39)]

러시아 극동지역이 중국인들에게 이렇게 인기가 있는 것은 중국과 인접한 지역이라 쉽게 드나들 수 있고, 중국산의 값싼 경공업 제품이 경쟁력을 가질 수 있으며, 우수리 지역의 타이가와 같은 천연자원을 마음대로 이용할 수 있고, 부족한 토지를 중국과 인접한 지역에서 합법적으로 소유할 수 있다는 점 등의 이유 때문이다.

---

34) Ibid.

35) Ibid.

36) Юрий Савенков, “Ходоки из Поднебесной” *Известия* 2. 1. 1997.

37) 岩下明裕(1995), 「從遠東俄羅斯看中國(1992~1996)」(http://www.cis.yamauchi-pu.ac.jp/~iwachita/page/index/fore.../01.htm, 검색일 1999. 7. 23.), p. 5.

38) Юрий Савенков, ibid.

39) “Китайцы в России: Второе пришествие” *Известия* 9. 30. 1999.

중국인의 활발한 러시아 진출은 등소평의 남순강화(南巡講話)를 계기로 하여 흑룡강성에서 시작되었다. 중국에서 적극적인 시장경제발전의 신호탄이 된 1992년 등소평의 남순강화 이후, 흑룡강성은 남련북개(南聯北開)의 전략을 취하여 중국의 남부지역으로부터 상품을 구매하여 인접한 러시아 극동지역과 적극적으로 교역하는 전략을 택하였다.[40] 이에 러시아는 시장경제체제로 급속한 전환을 꾀한 중앙정부의 정책에 따라 극동지역 경제의 낙후성을 탈피하기 위해 블라디보스토크 항의 개방과 함께 극동지역 개방을 추진하였다. 중국과 러시아의 이러한 정책이 맞물리면서 양국의 출입자 수와 교역량이 급증하였다.

Ⅱ. 북한 노동력과 중국 노동력에 대한 러시아인의 성향

과거 구소련시대에는 여론과 행정적인 필요성이 상충될 경우, 행정적인 필요성이 절대 우위에 있었다. 따라서 일반대중의 여론이나 감정은 거의 무시되는 것이 보통이었다. 특히 여기서 무시할 수 없었던 것은 사회주의 국가들이 소련에 지고 있었던 많은 빚을 이들 외국인력의 도입으로 상계하는 경제적인 문제였다. 또한 전 세계의 사회주의권 국가들의 종주국으로서 사회주의 국가들의 잉여인력을 도입하여 그들에게 일자리를 부여함으로써 개발도상국들의 필요성에 부응하고 있다는 소련식의 모델을 제시해야 하는 정치적인 논리가 중요한 위치를 점하였다.[41]

그러나 고르바쵸프가 집권하던 개방(гласность)과 개혁(перестройка)의 시절에는 행정적인 필요성만을 주장할 수 없었다. 즉 행정과 여론, 양자 간의 타협이 주로 이루어진 시기였다고 할 수 있다. 따라서 여론의 행방도 함께 고려하여야 했다. 특히 행정적 개발계획이 필요로 하는 외국 인력을 도입할 경우, 그 지역주민을 자극하지 않도록 주의하여야 했다. 이러한 경우에는 앞서 설명한 중국인력 도입의 경우와 같이 주로 러시아와 인접하는 국가의 왕복노동자(челночние рабочие)가 주로 이용되었는데,[42] 이들 외국인들이 러시아 내의 지역에서 현지주민의 감정을 자극하지 않도록 외국인에 대한 엄격한 행정적인 규제가 있어야만 하였다. 이러한 상황에서는 외국 인력의 도입과 현지주민의 감정 간에 미묘한 균형을 이루는 것이 이상적이나, 자칫 이러한 균형은 무너지기가 십상이었다. 옐친이 집권하면서 지방분권이 강화되고, 주지사 등 지역의

40) 岩下明裕(1999).
41) Ginsburgs(1990), pp. 43-44.
42) Ginsburgs(1990), pp. 43-44.

주요관료들이 선거에 의해 선출되기 시작하면서 행정적인 필요성은 여론의 동향에 가장 민감하게 반응하여야 했다.

본 절에서는 이러한 점을 감안하여 러시아인들이 가지고 있는 러시아 극동지역의 중국 노동력과 북한 노동력에 대한 관점을 정치적, 경제적, 사회 문화적 · 심리적 및 치안의 측면에서 살펴보고자 한다.

1. 정치적 관점

지정학적 관점에서 볼 때 러시아 극동지역으로의 외국인 이주는 매우 중요한 문제라고 할 수 있는데 구체적으로 다음과 같은 점에서 더욱 그러하다. 첫째, 러시아 극동지역은 엄청나게 많은 인구를 가진 중국 북동지역과 인접하고 있다는 점, 둘째, 최근까지만 해도 인접하는 러시아와 중국 간의 영토문제를 해결할 수 있는 법적인 측면에서의 합법적인 기준이 존재하지 않았다는 점, 셋째, 러시아 극동지역에 대한 이주자들의 경제적인 관심, 넷째, 인접한 인구유출국으로부터 제기되는 이 지역에 대한 지정학적 관심과 영토에 대한 관할권의 주장 등이다.[43]

특히 러시아 극동지역의 정치가들이 북한 노동력이나 중국 노동력에 대해 취하는 입장은 주로 지역주의적 관점이다. 지역주의는 1980년대 말 공산당의 권력 및 공식적인 이데올로기의 약화에 따라 중앙정부가 해결하지 못하는 경제문제를 비롯한 지역민의 요구를 지방정부가 스스로 해결할 수 있도록 지방정부에게 더 많은 권한을 부여함으로써 가속화되었는데, 이러한 흐름에 따라 지방정부의 권한은 급속하게 신장되었다.[44]

이러한 배경 속에서 러시아 극동지역에서는 외국인 노동력, 특히 중국인 노동력 유입문제를 객관적인 관점에서 고려하기보다는, 지역주민의 민중주의적 감정에 호소하여 각종 선거 등에서 유리한 입장에 서고자 하는 경향이 연해주 엘리트층 사이에서 자주 등장하였다. 연해주를 장악하고 있는 엘리트층은 거의 구소련시대의 공산권 관료들로서, 이들은 기득권을 고수하기 위해 모스크바 중앙정부의 시장개혁정책에 강력히 반발하면서, 중앙정부의 간섭을 배제하고 강력한 지방자치를 실현하기 위해 중국인 노동자 문제를 끊임없이 거론하고 있다.[45]

또한 선거 시에도 중국인에 대해 좋지 않은 감정을 가진 연해주 주민들의 배외감정,[46] 특히

43) Захарова, Миндогулов и Рыбаковский(1994), p. 11.

44) 이 책의 제12장 참조.

45) 이 책의 제2장과 12장 참조. 岩下明裕(1999), pp. 7-8.

46) 이러한 입장은 러시아 극동지역 방첩대장 뻬로즈니야끄(В. Пирожняк)의 진술에 의해서도 잘 대변되고

반(反)중국적 감정[47]을 이용하여 연해주 고위관료 등이 주도하는 권위주의 정권의 정당성을 홍보하는 수단으로 활용하고 있다. 즉 러시아 극동지역의 중국인 노동력은 중국정부가 연해주 지역에 자치정부를 수립하기 위한 전략이라는 주장을 예로 들면서 중국과의 유화정책을 취하는 중앙정부를 비난하고 있다.[48] 이러한 움직임의 선두에 있는 관료들은 연해주의 과거 주지사였던 나즈드라쩬코(Евгений Наздратенко)와 하바로프스크 주지사인 이샤예프(Виктор Ишаев) 등이다.

뿐만 아니라 중・소국경분쟁의 종식을 위해 중・소 양국 정부의 최종합의를 위한 협상과정에서 연해주의 우수리 지역에서 약 1,500헥타르를 중국에 양보하는 대신 타 지역의 영토를 받도록 되어 있었는데, 이를 일컬어 모스크바 중앙정부가 러시아 영토를 포기한 것이라고 주장하고, 중국인 노동력에 대해 강한 혐오감을 보이는 지역주민의 환심을 사기 위해 중앙정부를 고소하겠다는 선언까지 한 일도 있었다.[49] 이와 같은 맥락에서 1999년 12월 러시아 하원 선거를 앞두고 보수적인 이 지역의 주민들에게 선거운동을 하면서 러시아 자유민주당(ЛДПР) 당수였던 극우주의자 지리노프스끼(Владимир Жириновский)도 중국을 러시아가 경계해야 할 적으로 지목하였다.[50]

그러나 러시아 극동지역의 관료들의 중국정부와 중국인 노동력에 대한 배타적인 성향은 북한 노동자에 대해서는 상당히 달리 나타난다. 실제로 연해주 주지사 나즈드라쩬코는 경제침체에 빠진 북한과의 관계회복에 적극적인 의욕을 보이고 있는데, 그 대표적인 예로서 1995년 봄 나즈드라쩬코가 북한을 방문하면서 건설업, 농업 또는 경공업 등에서 북한의 값싼 노동력을 이용하기 위한 여러 가지 합의에 서명한 일을 들 수 있다.[51] 이는 중국 노동력에 대한 적대감이

있다: "中國人正在靜靜地擴張. 中國人故意促使公司合同失敗以獲取違約金. 把手中的俄羅斯現金一擧拋出造成經濟混亂. 另外還在政府的支持下購買軍事技術"(岩下明裕, 1999:5).

47) 대표적인 것으로 국경지방에서의 전염병 감염의 원천으로서 중국을 지목하는 예도 있다: Владимир Михеев, Геннадий Чародеев, "Авилов подверг Китай двойной проверке, но кто даст гарантии, что ящур из-за Великой стены не гуляет по Сибири и Дальнему Востоку?" *Известия*, 14 марта 1997г. стр. 1.

48) Moltz(1995); Kirkow(1995).

49) Сегодняб 22 Марта 1996г. стр. 2. Борис Резник, "Русский с китайцем... Игра без правил. Кто в выигрыше?" *Известия*, 11 ноября 1996г. стр. 4.

50) 지리노프스키는 러시아의 3대 적으로서 극동지역에서는 중국, 카프카즈 지역에서는 터키, 그리고 서구에서는 미국을 지목하였다("У нас с вами три врага. Здесь, на Дальнем Востоке, это Китай, на Кавказе – Турция, на Западе – США. Все три мечтают о гибели России, все три мечтают разделить нашу страну. Они ничем не отличаются от Бонапарта или Гитлера" *Владивосток-новости*, "Жаркие речи Влаимира Жириновского" 12. 8. 1999(http://vl.vladnews.ru/9908/641_12/polit/polit01.asp, 검색일 1999. 8. 14.)).

51) Moltz(1995).

깊은 연해주 주민들의 감정과, 과거 옐친 대통령이 추구하였던 시장개혁 조치에 대한 반발로 간주될 수 있을 것이다.[52)]

또한 연방정부의 일각에서도 러시아 인권단체로부터 상당한 반발이 있었음에도 불구하고 러시아 내의 벌목장을 북한이 유지하도록 하는 것은 북한-러시아 간의 형제국의 중요성이 여전히 비중있게 고려된 것으로 보인다.[53)] 이러한 흐름에 따라 1996년 북한-러시아 간의 경제협력을 재활성화하기 위해 러시아 극동지역 내의 벌목작업 정상화와 러시아의 농업, 건설 및 광산채굴 등에 북한 근로자를 활용하는 문제 등이 포함되었다. 이는 1990년대 중반부터 러시아는 이제까지 전개해 왔던 "북한을 해체하는 정책"(политика отторжения Северной Корей)에서 한걸음 물러나서 구소련의 붕괴 이후 한동안 소원했던 북한과의 관계를 지양하고 러시아가 한반도에서 균형 있는 정책을 유지하려는 방향전환과 궤를 같이한다고 볼 수 있다.

2. 경제적 관점

북한과 중국의 노동력에 대한 러시아인의 경제적 관점을 살펴보기 전에 고려해야 할 점은 러시아 극동지역의 노동력과 관련한 인구의 상황이다. 러시아 극동지역의 경우 1989년과 1995년 간의 인구변화에서 절대적인 인구수는 상당히 감소하였다.[54)] 이는 구소련 시대 인구유인정책에 의하여 극동지역 이주자에게 부여되었던 여러 가지 특권이 구소련 붕괴 후 더 이상 존재하지 않고, 구소련 붕괴와 함께 나타난 여러 가지 정치 · 경제적 변화로 인한 것이라 볼 수 있다. 따라서 러시아 극동지역의 자체노동력만으로는 이 지역개발에 필요한 인력을 충당할 수 없게 되었다. 더욱이 문제가 되는 것은 이러한 노동력의 부족에도 불구하고 여전히 러시아 극동지역의 러시아인들에게 상당한 실업이 존재한다는 것이다. 그 이유는 러시아인들이 비록 실업의 상태로 있다고 하더라도, 저임금의 힘든 육체노동을 필요로 하는 직종에는 취업하기를 꺼리기 때문이다. 그리하여 이러한 직종에는 주로 외국인들이 종사하고 있다. 러시아 기업경영자들도 높은 임금을 받고 좋은 생활수준을 유지하기 바라는 이러한 러시아 근로자들을 고용하는 데 전혀 흥미가

52) 이 책의 제12장 참조.

53) George Ginsburgs, "Cooperation in Extradition Matters between Moscow and Pyongyang," *Journal of East Asian Affairs* 11(2)(Summer/Fall, 1997), pp. 384-386.

54) 블라디보스토크의 인구이동에도 부정적인 조짐이 나타나고 있는데, 감소한 인구의 2/3는 사망 등의 자연감소로 인한 것이고, 나머지 1/3은 이주 등으로 인한 감소에 기인한 것이다. 이러한 인구감소의 결정적인 요인은 출생률의 감소와 사망률의 증가인데, 1992년과 비교할 때, 1993년 블라디보스토크 출생인구는 645명이 감소했고 사망인구는 1,459명이 늘어났다(Казаков, 1996:112).

없는데, 그 이유는 외국인 노동자를 고용하는 것이 훨씬 쉽고 임금도 저렴하기 때문이다.[55)]

러시아 극동지역에서 저임금의 육체노동시장은 외국인 근로자들, 그중에서도 중국인이나 북한인들에 의해서 채워지는 경우가 많다.[56)] 중국인들은 주로 건설노동에 종사하며 그 외에도 오끼안스끼 합판공장(Океанский Фанерный завод)과 같은 곳에서 일하고 있는데 여기서도 주로 힘든 육체노동에 종사하고 있다. 중국인이나 북한인 등의 외국인들을 고용하여 거주시키는 데는 많은 비용이 필요하지 않다. 일반적으로 이들에게는 위생상태가 형편없는 주거설비의 부엌이 딸린 주택이 제공된다. 예를 들어 수산물 회사인 '달리모리에쁘로둑뜨(Дальморепродукт)'에서는 중국인 근로자들을 빈 영화관에 수용하였고 또 오끼안스끼 합판공장(Океанский Фанерный завод) 같은 회사에서는 비어있던 임시막사를 중국인 근로자들의 거처로 제공하였다. 1992년 6개월간 150명의 중국인들을 고용하는 데 1,198,080루블이 소요되었으나, 이들이 생산한 상품의 가치는 그보다 월등히 많은 57,732,000루블에 달하였다.[57)]

외국인, 특히 중국인 노동자들은 건설업 중에서도 특히 상당한 수준의 작업을 요구하는 석공(石工: каменщик)으로 일하는 경우가 많다.[58)] 이처럼 중국인들이 건설업에 몰리는 데는 몇 가지 이유가 있다. 1970년대와 1980년대에 주택건설업이 붐을 이루자 석공이 부족하게 되었고, 또 1992년경에는 건설을 전문으로 하는 직종에서 240개의 일자리가 부족하게 되었다. 건설청부업체를 찾기 어려웠던 이때를 틈타 중국인 건설청부업체가 급격하게 증가하였다. 러시아 측은 중국업체와 하청계약을 통해 상호 간의 손해배상 청구에 이르기까지 모든 구체적인 건설사업의 조건에 합의하였다. 당시 러시아 극동지역에는 러시아 청부회사들, 예를 들어 '사유즈리프뜨몬따즈(Союзлифтмонтаж)', '빠드젬스뜨로이(Подземстрой)' 등이 독점하고 있었는데 계약을 이행하지 못하는 것에 대해서 이들 러시아 회사들은 아무런 책임을 지지 않는 상태에 있었기 때문에, 상대적으로 조건이 유리한 중국인 건설청부업체와의 이런 합의가

---

55) 상당수의 외국인 노동자에 의해서 채워지고 있는 블라디보스토크 노동시장의 경우, 이 도시의 기업에서 근무하고 있는 외국인 수는 3,154명으로 그 자세한 내역은 다음과 같다: 중국인(2,146명), 북한인(842명), 베트남인(60명), 유고슬라비아인(8명), 남한인(45명), 일본인(9명), 캐나다인(5명), 미국인(2명), 뉴질랜드인(2명), 몽고인(2명), 영국인(2명)(Казаков, 1996:113-114).

56) 특히 실업문제가 심각한 러시아 극동지역의 중심도시인 블라디보스토크에서도 러시아 전체의 상황과 맞물려서 취업문제에 있어서 위기가 나타나고 있는데도 아직 저임금으로 육체노동에 종사하는 외국인들이 상당히 존재한다는 사실은 놀랍다. 그리하여 1995년 말, 일자리는 1994년과 비교할 때 약 5%가 감소하였고, 생산이 정지됨으로써 무급휴가 중에 있는 노동인구가 약 6,000명 내지 7,000명이었으며, 공식적인 실업률은 0.21%이지만 실제적으로 실업률은 5%에 달하였다(Казаков, 1996).

57) Ю.Н. Казаков, "Рынок труда во Владивосток" *Социологические исследования* no. 7(1996), p. 113.

58) Ibid.

쉽게 이루어질 수 있었다.[59)]

그러나 일시적인 인력부족을 해소하기 위해서 외국인 건설인력의 도입이 정당화된다고 하더라도 러시아인의 취업에 문제가 발생하는 한 현지의 러시아인들에게 외국인 노동력의 도입은 결코 정당화되기 힘든 것처럼 보인다. 예를 들어 블라디보스토크에 있는 오끼안스끼 합판공장(Океанский Фанерный завод)에서는 중국인 근로자들과 동일한 자격을 가지고 작업장에서 함께 일하던 68명의 러시아인들이 중국인들의 대규모 유입의 영향으로 무급휴가가 주어지자 이에 대한 반발이 발생한 일도 있기 때문이다.[60)]

이러한 값싼 외국인 노동력의 확보라는 측면과 러시아인들의 실업문제와 관련하여 북한 노동자들에 대한 러시아인들의 반응은 다음과 같이 나타나고 있다:

> "타관 사람 노동자들 때문에 연해지방 고장사람들이 애먹고 있다. 이곳에서는 실업자 수가 늘고 있는데(1996년의 실업률은 약 16%) 어째서 우리에게 그들이 필요하단 말인가. 이렇게 된 것은 우선 생활수준이나 임금 면에서 연해지방 실업자가 메우지 못하는 간격을 북한 노동자들이 메우고 있기 때문이다. 연해지방 경제에 저임금 분야가 존재하는 한 거기서 일하려는 외국인 노동자에게 우리가 참는 수밖에 없다."[61)]

일반적으로 북한 노동자의 질은 중국이나 베트남 근로자들보다는 높은 것으로 평가되고 있으나, 현지 러시아인들의 노동의 질보다는 낮게 평가되고 있다. 예를 들어 벌목공의 경우 북한 근로자들의 노동생산성이 중국인들보다 높게 나타나고 있으나, 북한 근로자들이 벌목한 목재는 러시아인들이 벌목한 목재보다 질이 떨어져 러시아 근로자들이 생산한 목재보다 약 25% 싸게 해외에서 팔렸다.[62)]

특히 노동의 질적인 측면에서 북한 노동력은 러시아 극동지역에서 중국인 노동력과 비교되는 경우가 자주 있다. 이와 관련한 예를 보면 1994년 러시아 극동지역의 유태인 자치구(Еврейская автономная область)에서 이 지역의 공터를 외국인 근로자들에게 임대하여 부족한 농산물의 공급을 원활하게 하고자 하였다. 이 자치구에서는 처음에 값싼 중국인 노동력을 수입하는 문제를 검토하였으나, 중국인들의 노동력의 질이 많이 떨어지고 나태하다는 점 때문에 중국인들

59) Казаков(1996), p. 113.

60) Ibid.

61) 中沢孝之, 「극동러시아에서 본 북한」『극동문제』 10월호(1998), p. 52.

62) Minakir(1994), p. 183; Wishnick(1995), p. 267; Lilley(1993), p. 23; Kim(1994), pp. 1066-1067.

과의 계약이 무산되었다. 그 대신 대안으로서 북한 노동력과의 계약을 검토한 경우가 있었다.[63] 비록 유태인자치정부가 북한 측 근로자들에게 제공하는 농업기구, 비료 및 근로자 주거시설에 소요되는 비용을 검토하는 마지막 과정에서 계약이 무산되기는 하였지만, 이는 러시아인들이 바라보는 북한 근로자들의 질이 중국 근로자들에 비해 결코 뒤지지 않는다는 것을 보여주는 예이다.

또한 러시아 극동지역에서 북한 노동자를 고용할 경우 러시아로서 고려해야 할 측면은 빚 상환의 문제이다. 러시아는 북한 근로자를 고용하는 것이 북한으로부터 채무를 상환 받는 유일한 방법의 하나라고 믿고 있다.[64] 실제로 1949년 이후 북한이 소련에 진 채무의 규모는 엄청난 것으로 1980년대 중반의 환율을 기준으로 할 때 낮추어 잡아도 매년 8억 루블이 넘는 것으로 추산되었다.[65]

러시아에 대한 채무의 변제와 북한 근로자의 임금문제에 관해 살펴보면, 1989년 8월 2일 모스크바에서 조인된 북한-러시아 간의 합작건설사업에서 건축물자와 장비는 소련이, 그리고 노동력은 북한이 제공하는 것으로 되어 있었다. 이때 수익의 50%는 소련이 북한에 제공한 차관의 변제에 사용되었고, 20%는 소련 측이 제공한 건축시공기술에 대한 대가로 지불되었으며, 20%는 소련 측의 물자로 북한에 제공되었고, 남은 10%는 소련의 루블화로 북한에 제공하기로 되어 있었다.[66]

1992년의 경우 북한 근로자 1인당 임금은 1,400루블로 이는 러시아 근로자 1인이 받은 임금의 1/10밖에 되지 않는다. 북한 측과의 공사대금의 지불에 있어서 절반은 과거 소련에 진 빚을 갚은 데 사용되며 나머지 절반은 러시아 측의 수산물로 대금결제가 이루어진다.[67] 수산물 이외에도 비료나 러시아산 자동차 그리고 목재 등이 임금 지불에 이용되기도 하는데 이러한 물자는 모두 러시아내의 타 지역으로부터 가져온 것들이다.

---

63) Борис Резник, "Северокорейские крестьяне рвуця на поля Еврейской автономной области," *Известия*, 12. 27. 1994.

64) 바자노프(1997).

65) Ginsburgs(1989), p. 420.

66) 1989년 8월 2일 모스크바에서 조인된 〈Соглашение между Правительством Союза Советских Социалистических Республик и Правительством Корейской Народно-Демократической Республики о принципах сотрудничества в строительстве объектов на территории СССР〉(소비에트 사회주의 연방공화국 대표와 조선 인민민주주의 공화국 대표 간에 체결된 蘇聯領內의 건설사업협력의 원칙에 관한 합의)(*Внешняя торговля*, 1990, no. 5, p. 42.).

67) Казаков(1996), p. 114.

3. 사회 문화적·심리적 관점

러시아 극동지역에서 중국 노동력에 대한 심리적 우려는 중국인에 의한 인구 압력 우려에서 비롯되고 있다. 즉 바이깔 호수에서 태평양 연안까지 중국과 국경이 맞닿아 있는 지역을 기준으로 할 때, 이 경계선의 중국지역 인구는 약 3억 명이나 러시아 지역 인구는 8백만 명 정도이다. 더욱이 2040년경에는 러시아 노동력이 현재 수준에서 약 1/4 정도 감소할 것으로 예측돼,[68] 만약 이러한 예측이 사실이라면 부족한 러시아 극동지역의 노동력 수요를 충당하기 위해 중국인의 이주가 더욱 가속화되리라 전망할 수 있다.

중국인의 러시아 극동지역 유입상황을 분석해 볼 때 주목할 만한 것은 현재의 중국인이 지금까지 러시아가 러시아 극동지역을 획득한 이후 수적으로 가장 많은 소수민족이 되리라는 점이다. 구체적인 근거로서 최근 10년간 러시아 체류 중국인의 수가 20배 이상 증가하였으며 현재 약 10만 명에서 200만 내지 300만 명이 러시아에 체류하고 있는 것으로 추정되는데, 21세기 중엽이 되면 중국인의 수가 러시아인 다음으로 많은 2번째 최다인구를 점하게 될 것이라는 우려를 하고 있다.[69]

예를 들어 블라디보스토크 인근의 소도시 나홋카에 등록된 외국인 근로자 820명 가운데 659명이 중국인으로 압도적인 다수를 점하고 있고,[70] 뽀그라니쯔니 같은 지역에서는 18,000여 명의 주민들 가운데 8,000명이 중국인이며,[71] 어떤 지역은 중국인 거주자의 수가 러시아인의 수와 비슷한 곳도 있다고 한다.[72] 심지어 지역에 따라서는 중국인의 수가 현지 러시아 주민의 수를 능가하는 곳도 있는데, 연해주의 파르티잔스크는 러시아 주민의 수가 7,000명인 데 비해 중국인 이주자의 수는 15,000명이나 된다고 한다. 또한 라죠 지역의 한 농장에서는 50명의 중국인 노동자를 고용하고 있으나 러시아인 노동자는 단 3명밖에 없어 이 지역의 100여 명의 러시아주민들은 중국인의 정착을 두려워한다고 한다.[73]

---

68) Юрий Савенков, “Ходоки из Поднебесной” *Известия* 2. 1. 1997.

69) “Китайцы в России: Второе пришествие” *Известия* 9. 30. 1999

70) Алексей Распутный, “‘Железный занавес’ в Находке”, *Владивосток*, 29 июля 1999г.(http://vl.vladnews.ru/9907/current/news/news01.asp).

71) 일설에 의하면 뽀그라니쯔니 지역의 중국인 수가 15,000여 명이라고 하기도 한다(Захарова, Миндогулов и Рыбаковский, 1994:16).

72) 戴万欽, 「對俄羅斯「中國政策」的展望」 『問題與研究』 第35卷 第2期 2月(1996), p. 72.

73) Известия, 14 мая 1994г., стр. 2. 중국인들에 대한 극동지역 러시아인들의 두려움이 얼마나 큰 것인가는 다음에서 잘 나타나 있다: “中共在俄羅斯的非法移民問題, 也另凸顕出中共与俄羅斯長程関係的矛盾. 俄羅斯方面估計, 目前共有一百多万的中国大陸人民居留在俄羅斯境内, 其中多数係非法入境. 拠伝在俄羅斯遠

또 하나는 중국과 인접하고 있는 러시아의 국경지역, 예를 들면 아무르 지역과 같은 곳에 많은 중국인 마을(китайские деревни)이 생겨나고 있다는 것인데, 이 계획의 추진자들은 이것이 러시아 극동지역의 식량조달문제를 해결하기 위해 값싼 중국인 노동력을 쉽게 동원할 수 있도록 하기 위한 것이라고 주장하지만[74] 현지의 러시아인들은 수긍하지 않고 있다. 오히려 1989년 러시아의 아시아-태평양지역 개발의 문제점과 전망에 관한 TV 토론회를 본 대다수의 러시아 시청자들은 중국인을 비롯한 아시아 지역 근로자 및 기업인들을 러시아 극동지역에서 활동하도록 하느니 차라리 이 지역을 황무지로 내버려두겠다는 반응을 보였다.[75]

중국인에 대한 이러한 러시아인들의 견해는 최근 러시아와 중국 간의 경제관계에서 볼 수 있었던 두 가지 사건에서도 잘 나타나고 있다. 하나는 러시아 '슬라브석유공사'의 주식매각과 관련하여 유력한 매수자로 여겨졌던 중국석유총공사(CNPC)가 마지막 순간에 러시아 정부의 압력으로 주식매수 시도를 포기하여야 했던 것이다. 물론 주식매각의 규정에 따르면 외국회사에도 러시아 국내회사와 동일한 자격이 부여되었다. 당초 '슬라브석유공사'의 주식가격은 총 20억~25억 달러로 평가되었지만, 중국 측은 이보다 훨씬 높은 37억 달러를 매수금액으로 제시하려 한 것으로 보도되었다.[76] 그러나 중국 측이 유력한 매수자라는 소문이 나돌자 러시아 국회에서는 '중국위협론'을 내세우며 중국 측이 매수에 참여하는 것을 금지하는 법안을 통과시키기도 하였다. 더욱이 장쩌민이 러시아 측의 배려를 촉구하면서 보내 친서를 통해, 장차 중국 측은 시베리아와 러시아 극동지역의 원자재산업에 대규모 투자를 할 용의가 있음이 알려지자, 러시아 국내에서는 러시아가 현재 급속도의 경제발전을 이루어가고 있는 중국에 필요한 원자재를 공급하는 속국으로 전락할 수 있다는 데 대한 엄청난 우려가 나타났다.[77] 이로 인해 급기야 '슬라브 석유공사'의 주식은 16억 8천만 달러의 헐값에 옐친시대 석유재벌이었던 아브라모비치 회사에 매각되면서도 중국 측은 매각협상에서 제외되었다.

또 하나는 시베리아 지역과 중국을 잇는 송유관 사업이다.[78] 이것은 시베리아의 대표적인

東及西伯利亜的某些城鎮和村荘, 来自中国大陸的人口甚至超過当地俄羅斯人. 俄羅斯在一九九四年秋曾発起駆逐非法入境中国人的取締行動. 俄羅斯方面的確担心, 来自中共的非法移民潮, 如果不加以取締, 中共遅早会覬覦俄羅斯的領土 …"(戴万欽, 1996: 72-73).

74) Захарова, Миндогулов и Рыбаковский(1994), p. 16.

75) Hauner(1992), p. 252.

76) 白嗣宏, 「俄羅斯朝野懼中國崛起」, 『亞洲週刊』, 2003年 1月 27日 ~ 2月 2日, p. 32.

77) "俄方有媒體報道說, 江澤民曾親自要求莫斯科關照, 俄國領導人曾收到中方來信, 信中稱北京準備大量投資西伯利亞和遠東的原材料工業. 此信在俄國引起一片恐慌. 俄國評論界認爲一旦出現這種局面, 俄國將變成中國經濟蓬勃發展的原材料附屬地; 還說到 '另外一個國家' 强勢出現在西伯利亞, 會對俄國形成壓力." 白嗣宏, 「俄羅斯朝野懼中國崛起」, 『亞洲週刊』, 2003年 1月 27日 ~ 2月 2日, p. 32.

유전인 안가르스크(Ангарск)에서 2,400km 떨어진 중국 헤이룽장성(黑龍江省) 다칭(大慶)유전으로 석유를 수송하는 초대형 사업으로 러·중 양국 간에 수 년간의 협의를 통해 송유관을 건설하기로 결정하였다. 그러나 2002년 11월 러시아 국가안전보장회의에서 러시아 극동지역의 안보문제를 논의하면서, 안가르스크-다칭 송유관을 제쳐두고 훨씬 더 장거리인 안가르스크-하바로프스크-나홋카 사이를 연결하는 4,000km의 송유관을 먼저 건설하기로 하였다. 이러한 결정의 배경에는 중국의 다칭을 연결하는 대형 송유관 사업을 하게 되면 많은 중국인들이 러시아 극동지역으로 몰려들 것이며 이는 필연적으로 러시아 극동지역의 정치상 엄청난 변화를 야기할 뿐만 아니라 석유를 수입하는 중국 측이 독점할 것을 우려하였기 때문이다. 반면 안가르스크-하바로프스크-나홋카 송유관은 거리상으로는 훨씬 더 멀지만 중국영토를 거치지 않고 러시아영토 내에 건설 가능하고, 잠재적 석유의 고객으로서 한국, 일본, 미국, 중국 등 여러 국가들과의 협상이 가능하므로 중국 측의 독점을 방지하여 "중국위협"에 대항할 수 있다는 것이 그 이유였다.[79]

그러나 중국과 중국 노동력에 대한 러시아인의 이러한 우려의 감정은 러시아 극동지역의 북한 근로자에게 그대로 적용되기는 어려울 것 같다. 다음 절에서 언급하겠지만 비록 마약밀수, 인권문제와 관련하여 북한 노동자들이 극동지역의 러시아인들의 눈살을 찌푸리게 한 일은 있으나 러시아인들은 이들을 중국인과는 조금 다른 시각으로 보는 듯하다. 다시 말해서 현재 중국 노동력과 북한 노동력을 비교할 때 과거 구소련시대 시베리아 개발을 위해 중국인 노동력 대신 북한 노동력을 쓸 것을 검토한 일이 있었던 것과 상당히 유사한 것으로 보인다. 특히 러시아 극동지역의 엘리트인 구소련의 관료들과 공산당 성향의 러시아 하원의원들이 옐친 정부의 북한경시정책을 비판하고 북한과 러시아의 경제적 상호보완성의 가능성에 강한 기대감을 표시한 것[80]

---

78) 시베리아 송유관 사업에 대해서는 이채문, "시베리아 송유관 건설의 정치경제학적 고찰,"『한국지역지리학회지』 제10권 제1호(2004) 참조.

79) "俄國安全戰略考慮是: 通向霍納特卡全線在俄國境內, 俄國可以全面控制; 同時還可以將石油賣給多國客商, 包括日本, 韓國, 美國和中國, 不受中國的買方壟斷; 另外, 工程可帶動油管經過的俄國地方經濟發展, 但這條線路對中國不利. 而俄國的 '中國威脅論'人士也提出, 爲了保護和經營油管和産地, 中方勢必會把大量中國人派到俄國遠東地區. 大片遠東地區的政治生態可能發生變化." 白嗣宏,「俄羅斯朝野懼中國崛起」,『亞洲週刊』, 2003年 1月 27日 ~ 2月 2日, p. 33.

80) 러시아 하원의 동남아시아와 태평양 지역의 세부 지정학적 문제에 관한 소위원회 의장(председатель подкомитета по Юго-Восточной Азии и Тихоокеанскому региону Комитета по вопросам геополитики Государственной думы Российской Федерации)인 모나스티르스키(Михаил Монастырский)는 다음과 같이 북한과 러시아의 유망한 경제적인 협력가능성에 대해서 언급하고 있다: "Северная Корея, напротив, имеет с Россией взаймодополняющие экономики. При этом в КНДР готовы закупать российское оборудование, технику, адаптированную к северокорейскому потребителю(а не только сырье, как на Юге), и продавать нам не только готовые изделия, но и необходимые

또한 같은 맥락에서 고려될 수 있을 것이다.

이러한 성향은 러시아 극동 지방정부가 북한 탈북자를 대하는 태도에서도 그대로 나타난다. 최근 러시아 극동 지방정부는 탈북자가 체포되거나 사회문제를 일으키지 않는 한 과거처럼 이들을 북한으로 되돌려 보내기보다는 자신들의 필요성에 의해서 묵인하는 경향이 나타나고 있다.[81] 그 이유는 러시아인이 꺼리는 열악한 조건의 노동을 탈북자들이 담당하고 있기 때문에 이들 탈북자들의 노동력을 자신들의 필요에 따라 활용하기 위해서이다.[82]

4. 치안의 관점

러시아 전문가들은 1989년 이후 증가하고 있는 러시아 출입 중국인들을 다음의 여섯부류, 즉 ① 잠재적 투자가(потенциальные инвесторы), ② 공장이나 정부기업체의 대표자(представители заводов, государственных фирм), ③ 도매상인(оптовики), ④ 왕복노동자(китайцы-челноки), ⑤ 학생, 성직자 및 통역사(студенты, клерки, переводчики), ⑥ 범죄자(китайские криминалы) 등으로 나누고, 이들 중 특히 범죄자들에 대해 항상 신경을 곤두세우고 있는 실정이다.[83] 이와 관련하여 최근 러시아로 이주하는 중국인들은 유입의 성격에 따라 불법적 또는 반합법적인 성격을 띠는 경우가 많다.

중국인 근로자들에 의한 불법 활동의 종류는 다양하다. 일부 러시아인들은 과거 러시아 혁명 이전 중국인들의 이주 때와 마찬가지로 중국인들이 러시아로 오는 목적은 목재와 같은 자원의 획득 및 불법적인 수출과 수입, 다양한 범법활동 등을 하는 데 있다고 보고 있다. 현재 중국인 이주자들의 대부분은 남성이고, 나이로 볼 때 주로 30세 미만이며, 여성은 1/3도 되지 않는다는 특징들도 이러한 점을 뒷받침한다고 주장한다.[84]

нашей стране сырьевые товары. Это тем более актуально, что около 80 предприятий, построенных в КНДР при техническом содействии нашей страны, целиком завязаны на российский рынок. Так что экономический интерес России в Северной Корее налицо. И это отнюдь не вопрос далеких перспектив: есть все предпосылки добиться немедленной отдачи от восстановления крупномасштабного российско-северокорейского сотрудничества," "Михаил Моностырский: Развитие отношений с Пхеньяном отвечает коренным геополитическим интересам России на Дальнем Востоке" *Известия* 6. 26. 1997. стр. 3.

81) 윤여상(1999:200), 최창동(2000:84) 재인용.

82) 최창동(2000), pp. 84-85.

83) Юрий Савенков, "Ходоки из Поднебесной" *Известия* 2. 1. 1997.

84) Захарова, Миндогулов и Рыбаковский(1994), p. 16.

예를 들어 인구 210만 명의 우수리스끄는 연해주에서 2번째로 큰 도시이며 가장 큰 중국시장이 형성되는 곳으로, 러시아 극동 전체 지역에 중국 상품을 공급하는 공급지의 역할을 하고 있다. 현재 중국인의 지하범죄는 주로 이곳을 무대로 전개되고 있으며 살인 · 강도 · 절도 등 외국인 관련 범법 행위의 80%는 중국인, 16%는 북한인 그리고 나머지 4%는 베트남인들에 의해 저질러지고 있다.[85)]

먼저 현재 중국인들의 대규모 불법적인 러시아 이주는 러시아가 직면하고 있는 법적 · 경제적 혼란에 기인하는 바가 크다. 그리고 외국인 이주자들에 대한 규제조치가 없는 상태에서 러시아 국경을 개방한 것과, 여러 가지 형태의 사업, 무역 및 조세에 대한 법적 기반이 없는 상태에서 경제를 자유화한 것 등이 중국인들이 사업가, 학생 및 관광객의 형태로 러시아 극동지역으로 몰려들고 있는 중요한 원인이 된다고 할 수 있다. 중국인에 의한 러시아로의 사업상의 여행과 관광여행의 95%가 왕복무역(челночная торговля)을 위한 것이다. 특히 이러한 대규모 이주의 부수적인 원인으로는 충분한 사전작업이 없이 중국인들을 러시아 극동지역과 러시아의 주요 도시에 무비자로 입국할 수 있도록 한 조치를 들 수 있다.[86)]

그 외에도 중국인이 러시아 토지를 합법적으로 취득할 수 있는 방법의 하나로 토지소유권을 장기간 임대하는 방법이 인정되고 있다. 이를 통해 중국인들이 주로 모여사는 중국인 촌의 건립이 가능하게 되고, 또한 중국인들이 채소를 재배할 수 있는 부지도 획득할 수 있게 되었다. 러시아 극동지역으로의 중국인 이주를 더욱 자극하는 요인들에는 자원이용허가에 대한 심사가 엄격하지 않아 러시아의 풍부한 침엽수림(тайга), 하천 및 지하자원을 합법적으로 이용할 수 있다는 점, 일부 러시아 영토에 대해 중국 측이 소유권을 주장할 수 있다는 점, 값싼 중국산 소비재를 유입함으로써 이익을 얻고, 러시아의 외화를 밀반출할 수 있다는 점 등을 들 수 있다.[87)]

반면 북한 노동자들은 중국인들보다 엄격한 노동의 규율을 유지하며 법을 잘 준수하고 상업활동에 종사하는 일은 거의 없다. 북한 근로자들의 경우, 이들을 통제하기 위해 따로 건립된 임시 숙소촌이 있고, 이 숙소촌은 조립식가옥과 이동야외주택으로 되어 있으며 여기에는 식당, 목욕실 및 사우나가 설치되어 있다. 또한 이들 근로자들은 북한에서 가져온 물자로 완전 자급자족

85) 이러한 외국인에 의한 범죄율은 이 지역에 거주하는 외국인의 수적인 비율과 거의 비슷한 추세를 보이고 있다. 실제로 우수리스끄에 거주하는 외국인의 수를 보면 전체 외국인 8,200여 명 가운데 중국인이 가장 많은 6,086명이고, 북한인이 2,040명 그리고 베트남인이 114명이다(Anatoly Medetsky, "Cops fight foreign drugs, gangsters," Vladivostok News, 1999. 5. 14.(http://vn.vladnews.ru/1999/current/text/news2.htp)).

86) Захарова, Миндогулов и Рыбаковский(1994), p. 16.

87) Ibid., p. 17.

하며 생활한다. 이들 건설기술자와 건설노무자 외에도 근로자들의 규율만을 담당하는 특별(감시) 요원들이 이들과 같이 생활하기 때문에[88] 규율위반의 문제는 있을 수가 없다. 특히 1990년대 초에는 러시아의 북한 근로자들이 감시요원들의 끊임없는 감시하에 있었다는 점을 고려한다면 노동자의 규율문제에 있어서는 북한 근로자들이 훨씬 선호될 수 있다고 생각된다. 즉 주어진 작업 이외의 여러 가지 상업활동에 종사함으로써 현지 러시아인의 눈살을 찌푸리게 하였던 중국인근로자들과는 매우 달리 취급될 수 있으리라는 것이다.[89]

따라서 북한 근로자와 중국인 근로자에 대한 러시아인의 관점은 양국 노동자의 규율문제와도 상당한 관련이 있는 것처럼 보인다. 일부의 주장에 의하면 중국 노동력보다 북한 노동력을 선호하는 것은 양국 노동력의 질적인 차이에 기인한다는 설이 있으나 이는 오히려 노동력의 질보다는 노동자들에 대한 규율의 문제로 보여야 할 것이다. 1992년부터 중국인 노동자들의 규율이 상당히 느슨해졌다.[90] 중국인 노동력의 경우 이들을 감시할 감시원이 러시아로 파견된 경우가 거의 없지만, 북한 노동력의 경우 현재 북한의 국가체제상의 문제로 이들을 감시할 인력이 함께 파견되므로 북한 근로자들에게 작업을 맡기면 좀 더 안심할 수 있기에 북한 노동력을 선호한다고 받아들여야 할 것이다.

한 예로 1994년 12월 러시아 극동지역 유태인자치지구에서 이 지역의 농산물의 안정적인 공급을 위하여 이 지역의 유휴지를 경작할 외국인으로 중국 노동력을 수입하는 문제가 검토되기도 하였지만, 중국인들의 노동의 질이 떨어지고 나태하며 심지어 농산물을 훔치는 등 규율이 극히 무질서하다는 이유 때문에 북한 노동자를 고용할 것을 검토한 경우가 있었을 정도이다.[91]

그러나 러시아 극동지역에서 가끔 보도되고 있는 북한 근로자들에 의한 밀수문제는 현지 러시아인들에게 많은 분노를 불러일으키고 있다. 특히 북한에서 마약이나 아편 등을 러시아 국내로 반입하여 판매하거나[92] 러시아를 거쳐 유럽 및 아시아 지역으로 밀반출하는 도중 적발되는 경우가 빈발하였다.[93] 이와 관련하여 소련에 오랫동안 거주한 북한의 고위관료가 모스크바의

---

88) Казаков(1996), p. 114.

89) 이 점과 관련하여 1995년 2월 24일 북한-러시아 간에 합의된 새로운 임업협정에 의하면 러시아 내의 북한벌목작업장의 인권문제를 비롯한 질서와 범죄퇴치를 위해서는 러시아 사법당국이 개입할 결정권을 가지며 북한 측은 이에 협조해야 한다고 규정하고 있다(*Дипломатический вестник* № 4(1995), стр. 72).

90) Казаков(1996), p. 113.

91) 이 계약은 나중에 북한 근로자들에 대한 주거시설의 제공을 둘러싼 문제로 무산되었다(Борис Резник, "Северокорейские крестьяне рвуця на поля Еврейской автономной области," *Известия*, 1994. 12. 17.).

92) 1996년에는 치약 속에 아편을 숨긴 것이 발각되기도 하였다(Анна Феофилактова, "На дальневосточном наркотическом фронте" *Сегодня* 8. 28. 1996).

한 언론기관에 폭로한, 밀수를 통한 북한당국의 달러벌이는 러시아인들에게 충격을 주기 충분한 것이었다.[94]

또한 중국인 노동자들은 겉으로는 건설업에 종사한다고 하면서도 이것을 빌미로 이곳 러시아에서 암암리에 상업활동을 하는 경우가 많아졌다. 그리하여 러시아 어업회사 우픽스 달리븨(УПИКС 〈Дальрыбы〉)는 중국 노동자와 계약을 하지 않고 아랍 국가들과 아프리카에 등에서 경험을 쌓은 북한의 건설회사와 청부계약을 맺는 일이 늘어나고 있다.[95]

다음으로 북한당국은 러시아 극동지역 외국인 근로자들에 대한 인권문제와 관련하여 많은 비난을 받았다. 과거 러시아 극동지역의 목재 벌목장에서 벌목공들의 인권을 유린하는 실상이 탈출한 북한 벌목공들에 의해 언론에 보도됨으로써 1993년 만료된 러시아와 북한 간의 임업협정은 재합의에 이르지 못하고 지속되어 오다 1995년 2월 24일에야 정식 임업협정을 맺게 되었다. 이 새로운 협정에 따라 북한 벌목공들에게 외출이 허용되도록 임시거주권이 주어지고, 러시아 근로자들과 동일한 대우를 받도록 하여, 1일 8시간 근무시간을 준수하도록 하였다.[96] 이와 관련하여 러시아의 인권단체들은 러시아 영내에서 북한에 의해 운용되는 벌목장의 감옥소는 도저히 있을 수 없는 일이라고 주장하면서 북・러 간의 임업협정이 폐기되어야 한다고 주장한 일도 있었다.[97]

---

93) Георгий Безыменский, "Перебежчик обвиняет Пхеньян в наркобизнесе" Сегодня 11. 12. 1996. 이 외에도 러시아에서의 북한 당국에 의한 마약밀수에 관해서는 다음을 참조하라: "Court jails N. Korean drug dealers," *Vladivostok News*, 6. 11. 1999(http://vn.vladnews.ru/1999/current/text/news4.html, 검색일 1999년 6월 16일); The Current Digest of the Post-Soviet Press, 4. 12. 1995, vol. 47, no. 11, pp. 27-28(http://web2.searchbank.com/itw/session, 검색일 1999년 7월 2일); "북, 마약 밀수로 헬기 구입" 디지털조선일보(www.chosun.com/w21data/html/news, 검색일 1999년 6월 9일); "Opiate of the party:North Korea fuels opium boom in Russia," *Far Eastern Economic Review* Dec 5, 1996, vol. 159, no. 49, pp. 28-30(http://web2.searchbank.com/itw/session, 검색일 1999년 7월 2일).

94) 이러한 밀수의 대상은 마약뿐만 아니라, 금, 사슴의 뿔과 사향 및 웅담, 그리고 심지어 러시아 극동의 벌목지역에서 생산된 목재도 포함되어 있었다("… the (North) Korean side is involved in smuggling gold and musk deer glands. But that's not all. They have been smuggling black bear bile and axis deer antlers worth hundreds of thousands of dollars annually. Chegdomyn taiga produce has been marketed throughout South-East Asia, yet the USSR hasn't received any profit."(Alexander Makhov, "Pyongyang's Long Hand," *Moscow News*, 1991 no. 11, p. 11).

95) Казаков(1996), p. 113.

96) 본 서의 제12장 참조.

97) Stanislav Glukhov, "Better in Jail than at Home," *Moscow News*, no. 11(1991), p. 11.

Ⅲ. 소결

지금까지 러시아 극동지역의 북한 노동력과 중국 노동력에 대하여 살펴보았다. 러시아 극동지역에서 러시아인을 제외하고 가장 많은 노동력의 비율을 점하고 있는 부류가 바로 이 중국인 노동자이며 그 다음이 북한 노동자들이다. 따라서 우리는 먼저 러시아 극동지역에서 북한 노동자와 관련하여 여러 가지 계획을 추진할 경우, 현지 러시아인들을 고려하는 것이 가장 중요한 일이지만 그에 못지않게 중국 노동력이 하나의 중요한 변수가 될 수 있음을 인식할 필요가 있다.

요약한다면 러시아인의 경제적 관점과 치안의 관점에서 볼 때 러시아 극동지역의 북한인과 중국인에 대한 러시아인의 태도는 거의 비슷하다고 할 수 있다. 노동의 질적인 측면에서는 북한 근로자가 중국 노동자에 비해 다소 유리하다. 반면 중국 근로자들은 러시아 극동지역에 값싼 생필품을 공급한다는 측면에서 이점을 가지는 것으로 보인다. 치안의 관점에서는 양국 노동자들 모두 러시아 극동지역 내부에서 발생하는 사회문제에 빈번하게 관련됨으로써 좋은 반응을 얻지는 못한다고 생각된다.

그러나 러시아인들은 정치적 측면과 사회문화적·심리적 측면에서 중국 노동력에 비해 북한 노동력을 훨씬 선호한다는 것을 알 수 있다. 특히 중국과는 4,300km나 되는 긴 국경을 공유하면서 1990년대를 전후로 하여 중국인의 심각한 인구 압력에 시달린 러시아로서는 중국인들보다 "평화적인 점령"(мирная оккупация)의 위협이 없는 북한인에게 좀 더 호의적일 것이라고 생각된다. 또한 이러한 점은 중국인에 대해서 가지는 정치지도자들의 비판적 성향을 좀 더 강화시켜 줄 수도 있다.

이러한 관계를 고려하여 이 3자 간의 상호관계를 나타내 보면 다음의 〈도표 13-2〉와 같이 될 것이다. 〈도표 13-2〉 속의 3자 간의 관계를 보면, 러시아인과 북한 노동력 간의 관계는 상호 보완적이라 할 수 있고, 중국 노동력과 북한 노동력 간의 관계는 상호 경쟁적이 될 것이며, 러시아인과 중국 노동력 간의 관계는 보완적인 측면이 있는 반면에 또 한편으로는 중국 노동력에 대한 러시아인의 우려가 혼재한다고 볼 수 있을 것이다.

이러한 3자 간의 역학관계를 고려한다면 다가올 남북한 협력시대에는 러시아 극동지역에 진출하는 한국의 기업체나 민간단체 또는 정부가 북한관련 계획을 추진함에 있어서 중국인 노동력의 존재를 고려하는 것이 중요함을 알 수 있다.

이는 러시아 극동지역에서 북한의 노동력만 이용할 수 있는 것이 아님을 의미하며, 따라서 중국 노동력과의 경쟁적인 측면에서 북한 노동력의 효율성도 상당히 중요하게 고려되어야 한다는 것을 의미한다. 동시에 본문에서 언급한 것처럼 중국 노동력에 대한 극동지역 러시아인의 우려를 감안한다면, 북한 노동력의 이용이 상당히 유리할 수도 있음을 알 수 있다.

또한 중국 노동력과 비교하여, 상대적으로 러시아인이 가지고 있는 북한 근로자에 대한 호의적인 이미지를 고려한다면, 한국의 진출에 있어서 북한 노동력의 이용이 가지는 의미는 더욱 중요할 수도 있을 것이다.[98]

덧붙여서 사회주의 잔재가 아직도 많이 남아 있는 러시아 극동지역에서 북한 노동력을 이용하여 남북한 협력사업을 할 경우, 북한 측이 오랜 기간 쌓아온 소중한 경험은 장차 남한 측이 북한에 진출했을 경우에도 많은 도움이 될 수 있을 것이며, 앞으로 올 남북협력시대에 있어서 더 없이 중요한 의미를 가지게 될 것이다.

〈도표 13-2〉 러시아 극동지역의 북한 노동력, 중국 노동력 및 러시아인 상호 간의 역학관계

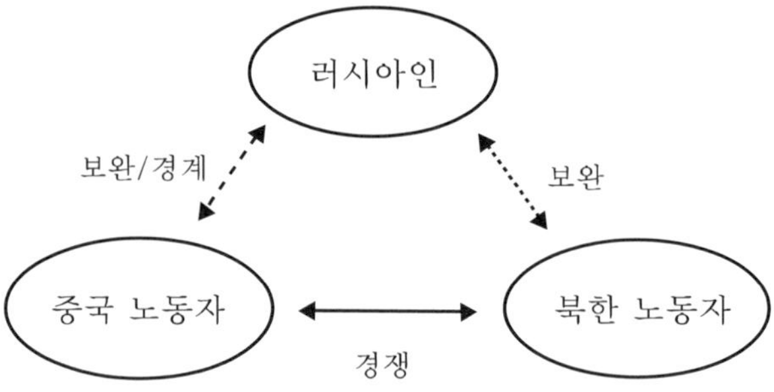

98) 러시아 극동지역에서 북한 노동력의 구체적 이용방안에 대한 논의는 본 연구의 범위를 벗어난 것으로 생각되지만, 여기서 간략히 언급한다면 두 가지로 요약할 수 있을 것이다. 하나는 북한 노동력을 직접 이용하는 방안과 또 하나는 북한이 오랜 기간 동안 러시아와의 긴밀한 관계 속에서 쌓아 온 노하우를 이용하는 방안이 있을 수 있을 것이다. 현재 국내에서는 주로 북한 노동력을 러시아 극동지역에서 직접 이용하는 문제에 대해서는 논의가 되고 있으나(구천서 · 이병화, 1997), 그에 못지않게 북한이 가지고 있는 러시아와의 관계에 대한 노하우에 대해서도 진지하게 생각해 볼 필요가 있다. 한 예로서 북한은 소련에 벌목공을 파견한 직후부터 매년 약 150만 입방미터의 원목을 러시아 극동지역으로부터 들여온다고 알려지고 있다(변흥상, 1992:163; 유병일, 1992:79). 이에 반해서 한국은 현대그룹이 러시아 극동지역의 스베틀라야(Светлая)와 비킨(Викин) 지역에서 1991년 연해주목재산업(Приморлеспром)과 합작기업으로 산림개발에 참여하였으나 세제와 법규의 잦은 변동 및 환경문제와 소수민족 문제로 많은 어려움을 겪었다(Наталья Островксая, "Концерн 'Hyundai' уничтожает уссурийскую таигу" Известия, 6. 28. 1994, стр. 5.). 따라서 한국 측의 자본과 기술이, 임업분야에서 러시아 측과 40년 이상 교류하면서 습득된 북한 측의 다년간의 노하우와 합쳐진다면, 예를 들어 한국 측이 러시아 극동지역의 풍부한 임업자원 개발에 접근하는 것과 같은 사업은 훨씬 용이하게 진행될 수 있을 것이다.

표 · 도표 목차

참고문헌

〈국문 참고문헌〉

강원식. 2001. “한인의 항일투쟁과 스탈린,” 서대숙 편 『한국과 러시아 관계: 평가와 전망』, 경남대 극동문제 연구소, pp. 83-121.

강태훈. 1988. 「일제하 조선의 농민층분해에 관한 연구」 『한국근대농촌사회와 농민운동』 장시원 외. 열음사, pp. 153-218.

고려대학교 세계문화사연구실. 1993. 『世界文化史槪說』. 고려대학교 출판부.

고려대학교 아세아문제연구소. 1969. 『舊韓國外交文書』 第十七卷 俄案 1.

고상두. 1997. 「러시아의 동아시아 정책과 중국」 『한국과 국제정치』 13(1): 299-320.

고송무. 1984. 『소련 중앙아시아의 한인들』, 한국국제문화협회.

________. 1990. 『쏘련의 한인들: 고려사람』. 이론과실천.

高承濟. 1968. 「간도이민사의 사회경제적분석」 『白山學報』 제5호, pp. 213-241.

________. 1971. “沿海州移民의 社会史的分析,” 『白山学報』 第11号, pp. 149-168. 국사편찬위원회(1967), 『한국독립운동사』 2.

________. 1973. 「沿海州의 國際的 紛爭과 韓國人移民의 獨立運動」 『韓國移民史硏究』, pp. 51-80, 서울: 章文閣.

________. 1990. “연해주 이민사 연구(1853-1945)” 『國史館論叢』 제11집, pp. 1-32.

고재남. 1996. ‘구소련지역 고려인 사회의 형성과정과 현황’ 『구소련 지역 민족분쟁의 해부』 경남대학교 출판부, pp. 416-446.

구벨, 알렉산도르. 1989. 「소련 極東과 대외경제협력: 곤란한 출발」 今日のソ連邦 1989년 6월15일호/ 1989년 7월호 『共産圈硏究』(極東問題硏究所), pp. 51-61에서 번역 전재.

구천서 · 이병화. 1997. 『연해주: 농업개발과 환경여건』 서울: 책 만드는 집.

국사편찬위원회. 1997a. 『韓國獨立運動史 - 資料』(자료 35, 러시아편 Ⅰ).

____________. 1997b. 『韓國獨立運動史 - 資料』(35 - 러시아 편 II).

권희영. 1993. “한민족의 노령이주사 연구(1863～1917),” 『国史館論叢』(国史編纂委員会) 第41輯,

pp. 153-186.

________. 1996. "독립국가연합 한민족의 역사와 현황" 『세계의 한민족: 독립국가연합』, 통일원.

________. 1998. "한민족의 중앙아시아 이주의 배경과 과정" '중앙아시아 거주 한민족 관련연구를 위한 Workshop'(중앙대학교 민족발전연구원 해외민족연구소 주최) (http://web.korea.ac.kr/~yoonin/koreans/재외동포법/중앙아시아워크숍.htm, 검색일 2001. 6. 27).

________. 1999. 『한국과 러시아: 관계와 변화』 국학자료원.

극동문제연구소. 1999. 「극동이모저모」 『극동문제』 3월호, pp. 136-137.

김 게르만. 1994. "카자흐스탄 한인사회 민속과 문화," 『역사민속학』 4:291-307.

김경동. 1997. 『현대의 사회학』. 박영사.

김남섭. 1991. 「소련 공산당과 농업 집단화의 배경」 『西洋史硏究』 제12집(서울대 서양사 연구회), pp. 221-280.

김동진. 1932. "在露同胞의 過去現在," 『新東亜』, 7月号.

김동진(譯). 1931. "外眼에빛인朝鮮: 千八百九十八年 露文豪가린의 朝鮮紀行," 『東光』(3号), pp. 496-501.

김명기. 1997. 「在러 탈북자에 대한 강제송환의 위법성」 『北韓』 2월호, pp. 121-135.

김부기. 1994. 「러시아의 대북한 정책」 『統一問題硏究』 6(2): 63-83.

金世鎔. 1935. 「西伯利亞의 朝鮮人活動」, 金東煥(編) 『自由와 平和』, 京城: 三千里社, pp. 261-278.

김수희. 1995. "러시아의 극동・시베리아 지역 개발사," 『러시아연구』(대륙연구소) 2(1):20-47.

金 淵. 1930. 「勞農露國의 農地集合耕作化計劃: 武斷的農村共産政策」 『新民』 第58號, pp. 12-15.

김연수. 1989. 「재소한인의 중앙아시아 강제이주사」 『歐洲論叢』(대구대 동서구문제연구소) 제4권 제1호, pp. 147-156.

김 완. 1984. 「한국의 농민층 분해에 관한 사례연구」 『한국농업문제의 새로운 인식』. 박현채 외. 돌베개, pp. 165-212.

김종섭. 1986. 『農民層分解의 階級論的 考察』, 중앙대학교 사회개발대학원 석사논문.

김종채. 1986. 「농민층 분해론의 동향과 과제: 농민층의 계급적 성격 이해를 위한 예비적 고찰」 『제3세계와 한국의 사회학: 현대한국사회론』, 김진균 외, 돌베개, pp. 169-201.

________. 1990. 「한국사회 농민층 분해에 관한 일연구: 분해의 양상과 계층별 존재 조정」 『현대한국의 농업문제와 노동운동: 한국사회사연구회 논문집 제21집』, 한국사회연구회 편, 문학과지성사, pp. 61-113.

김준엽・김창순. 1967. 『韓國共産主義運動史』(제1권). 高大亞細亞問題硏究所.

김진균 · 임영일. 1986.「한국 농민층에 대한 계급론적 접근」『한국사회의 계급연구 I』. 김진균 외, 한울, pp. 177-194.

김춘경. 1997.「러시아 사할린 한인들: 생활과 운명」『교민논총』 제1집, pp. 150-166.

김 텔미르. 1999. "러시아 연해주 한인사회의 현황,"『극동문제』 9월호, pp. 66-69.

김 피오트르 게르노비치 · 방상현. 1993.『재소 한인이민사: 스탈린의 강제이주』, 탐구당.

김필동. 1996.「구소련 해체 후 중앙아시아 농촌 사회의 변화와 농민 생활」『중앙아시아한인의 의식과 생활』(한국사회사학회 논문집 제48집)(한국사회사학회), pp. 55-86. 문학과지성사.

김홍철. 1997.『국경론』, 민음사.

남창룡. 2000.『만주제국 조선인: 일제동북침략사』, 신세림.

노영돈. 1998. "구소련의 고려인 정책과 현CIS내 한인의 실태"『남북한 관계와 러시아』, 한국정치외교사학회 제19집, pp. 265-296.

대외경제정책연구원 지역정보센타. 1994.『러시아 極東地域 便覽』.

뒤바보. 1920.「俄領實記」『獨立新聞』(上海版). 윤병석(1979),『韓國近代史料論』. 일조각, pp. 152-200.

라린, V. L. & E. A. 플락센. 1994. "재소한인의 연해주 이주에 대한 연구: 여론조사 결과 분석,"『러시아연구』 제1권 2호, pp. 166-182.

레프첸코, 겐나디 Y. 1994.「러시아와 북한간의 경제관계: 現況과 展望」『中蘇硏究』 18(1):41-45.

류한배. 1999.『한민족 러시아이민사 연구서설: 한민족공동체 구상과 관련하여』, 세종연구소.

리정문. 1985.「동북의 벼농사」, 현룡순 · 리정문 · 호룡구 편저『朝鮮族100年史話』(제1집), 심양: 료녕인민출판사, pp. 51-74.

마뜨베이 찌모피예비치 김. 1990.『일제하 극동시베리아의 한인 사회주의자들』, 이준형 옮김, 역사비평사.

먀스니코프, V.S. 1996.「러시아 중앙정부와 극동지방정부관계의 최근 변화」『中蘇硏究』 7 (1996년 여름), pp. 101-124.

민경현. 1999.「19세기 중엽 러시아의 극동진출 배경에 관한 연구」『史叢』 제49권, pp. 143-162.

바자노프, 예프게니. 1997.「러시아의 대북한 정책」『평화논총』 제1권 제1호, pp. 191-205.

박명규 외. 1996.『중앙아시아 한인의 의식과 생활』, 한국사회사학회 논문집 제48집, 문학과 지성사.

박 보리스. 1997. "러시아 한인, 19세기 중반~1930년대 말"『교민논총』(경북대 한국교민 연구소) 제1집, pp. 135-147.

박영석. 1979.「일제하 한국인만주이주에 관한 연구: 일제의 한국인이민정책을 중심으로」『성곡논총』 제10집, pp. 83-114.

________. 1982.「일제하 만주 · 노령지역에서의 항일민족독립운동(상 · 하)」『동방학지』(34 · 35) (연세대 국학연구소).

________. 1982.『韓民族獨立運動史硏究: 滿洲地域을 중심으로』, 일조각.

________. 1984.「노령지역의 항일민족독립운동」『한로관계100년사』 한국사연구협의회.

박원배. 1990.「鄭周永의 승부수, 소련진출 내막」『新東亞』 7월호, pp. 298-308.

박진도. 1984.「독점자본주의하의 농민층분해론의 전개: 중농표준화론에 대한 비판을 중심으로」『현대자본주의의 이론적 인식』(역사와 사회 2). 김진균 편, 한울, pp. 277-411.

박진환. 1998.『극동러시아의 벼농사, 국영농장, 그리고 조선족-러시아인들』, 농협대학 농촌개발연구소.

________. 2002. "극동 러시아의 경제실정과 연해주 고려인들의 고용기회,"『제2회 고려인 문화의 날 기념 동북아평화연대 창립 1주년 기념 학술토론회 논문집』(2002. 10. 23), pp. 21-48 [http://www.wekorean.or.kr, 검색일 2002. 12. 3].

박태성. 2003. "러시아의 시베리아 식민화 과정,"『국제지역연구』 제7권 2호, pp. 139-159.

박 환. 1994.『러시아한인민족운동사』, 탐구당.

반병률. 2003. "러시아 한인의 발자취를 찾아서,"『新東亞』 2003년 6월호(pp. 538-550), 7월호(pp. 506-607), 8월호(pp. 588-599), 9월호(pp. 642-650) 및 10월호(pp. 614-625).

배규성. 2001. "러시아 극동 · 연해주 지역 고려인의 역이주와 생활실태,"『동포논총』 제5집, pp. 73-93.

白 光. 1930. "社會主義建設의大轉換期에直面한 소벳트遠東朝鮮人努力者群衆의鬪爭課業,"『太平洋勞働者』 第四 · 五號(上海, 1930년 4월 20일), pp. 175-178.

백태현. 2001. "카자흐스탄 '고려인' 농촌사회의 변화와 그 정체성 문제: 우쉬토베 지역(까라탈 라이온)을 중심으로,"『韓民族共同體』 제9호, pp. 94-130.

백태현 · 이애리아. 2000. "중앙아시아의 고본질,"『비교문화연구』 제6집 1호, pp. 63-131.

변홍상. 1992.「북한의 林業실태」『北韓』 1월호, pp. 162-169.

부가이(Бугай, И. Ф.). 1996.『재소한인들의 수난사: 해설 및 관계 공문서』(최정운 역; 류한배 감수), 세종연구소.

석현호. 2000. "국제이주이론: 기존이론의 평가와 행위체계론적 접근의 제안,"『한국인구학』 제23권 제2호, pp. 5-37.

석현호 · 정기선 · 장준오 공저. 1998.『外國人 勞動者의 勞使關係와 社會的 適應』, 集文堂.

설동훈. 2000.『노동력의 국제이동』, 서울대학교 출판부.

________. 1998.『외국인노동자와 한국사회』, 서울대학교 출판부.

신범식. 1998. "고전적 유라시아주의의 두 측면에 대한 일 고찰,"『러시아연구』(서울대 러시아연구소).

심헌용. 1999. "강제이주의 발생 메카니즘과 민족관계의 특성연구: 소련 강제이주 사례를중심으로"『국제정치논총』 제39집 제3호, pp. 198-218.

_______. 2001. "조선인의 러시아 이민사: 이민 초기의 쟁점과 현대적 의미," 서대숙(편),『한국과 러시아관계: 평가와 전망』, 경남대학교 극동문제연구소, pp. 53-82.

오세창. 1970.「在滿韓人의 사회적 실태(1910-1930): 중국의 대한인 정책을 중심으로」『白山學報』 제9호, pp. 99-166.

와다 하루끼(和田春樹). 1999.「연해주로 강제이주된 중앙아시아의 조선족: 집단정착촌에서농업을 개시」『극동문제』 10월호, pp. 62-72.

우덕찬. 1998.『중앙아시아史 槪說』부산: PUFS.

유광렬. 1933.『間島小史』, 太華書館.

유병일. 1992.「'새땅찾기운동'으로 황폐화된 북한의 山林실태」『北韓』 5월호, pp. 68-81.

유승주. 1978.「朝鮮後期 西間島移住民에 대한 考察: 江北日記의 解題에 붙여」『亞細亞硏究』 21-1, pp. 300-301.

유정춘. 1976.『在滿韓國流移民硏究(1860-1945)』. 연세대학교 교육대학원 석사논문.

윤병석. 1979.『韓國史料論』. 一潮閣.

_______. 1986.「1910年代 沿海州地方에서의 韓國獨立運動」『韓國史學』 8(韓國精神文化硏究院), pp. 131-183.

_______. 1989.「연해주에서의 민족운동과 신한인촌」『한국민족운동사연구』(3) (한국민족운동사연구회).

_______. 1990.『國外韓人社會와 民族運動』 一潮閣.

_______. 1994.『한국독립운동의 해외사적 탐방기』 서울: 지식산업사.

윤여상. 1999.「재러시아 북한난민의 실태 및 보호방안」『북한 인권·난민 문제 국제회의자료집』, (사)북한인권시민연합(1999년 12월).

윤영천. 1986. "한국 현대시에 나타난 시베리아 流移民 문제의 재인식,"『韓國學報』 제45집, 一志社, pp. 149-181.

윤인진·장원창·이광규·이종훈·심헌용. 2001. "독립국가연합의 정치경제적 상황과 고려인의 당면과제,"『亞細亞硏究』, 제44권 2호, pp. 145-252.

윤 황. 1996.「북한 노동력의 현황과 구조」『北韓』 9월호, pp. 60-75.

이광규. 1993. "연해주에 한인 자치주를 세워야 한다,"『월간조선』 10월호, pp. 606-609.

_______. 1995. "러시아 극동지역 한인사회의 제문제,"『재외한인연구』 제5호, pp. 5-95.

_______. 1998. 『러시아 연해주의 한인사회』, 집문당.

이광규 · 전경수. 1992. 『재소한인: 인류학적 접근』, 집문당.

이광수. 1990. 『蘇聯經濟史』, 숭실대학교 출판부.

이기백. 1990. 『韓國史新論』(新修版), 一潮閣.

이동언. 1991. "露領地域 初期 韓人社会에 관한 研究," 『한국독립운동사연구』 5, pp. 205-232.

이동원 · 박옥희. 2000. 『사회심리학』, 학지사.

이명화. 1989. 「露領地方에서의 韓人 民族主義教育運動」 『한국독립운동사연구』 제3집, 독립기념관 한국독립운동사연구소, pp. 119-163.

이문웅. 1981. "中央아시아의 韓国人 社会: 文化接変의 연구," 『社会科学과政策研究』 서울대 사회과학연구소, 제3권 제1호, pp. 195-236.

이상근. 1996. 『한인 노령이주사 연구』, 탐구당.

이시연. 1996. 「황량한 러시아 벌판에서의 비운의 한민족」 『北韓』 8월호, pp. 62-67.

이 애리아. 1999. "타지키스탄의 민족분쟁과 고려인," 『연구총서』, 전남대 사회과학연구소.

이영기. 1984. 「고도 경제성장하의 농민층 분해」 『한국농업문제의 새로운 인식』, 박현채 외, 돌베개, pp. 129-164.

_______. 1988. 「농민층분해의 동향과 계층구성」 『한국농업 · 농민문제 연구 I』, 한국농어촌사회연구소 편, 연구사, pp. 193-217.

이인호. 1980. 『러시아知性史研究』, 서울: 지식산업사.

이재영. 1997. 「러시아의 대외경제정책 변화와 한 · 러 경제협력의 미래」 中蘇研究 통권74호(여름), pp. 116-117.

이재진. 1990. 『1960년대 이후 한국농민층 분해의 연구』, 충북대 경제학과 석사학위논문.

이정우. 1997. 「북한 이탈주민 지원법의 문제점과 개선방향」 『北韓』 2월호, pp. 136-145.

이정식. 2001. "연해주 농업개발과 고려인," 『한민족공동체』 제9호, pp. 182-213.

이종훈. 1995. 「중앙아시아 한인의 연해주 재이주현황과 정책과제」 『한민족공영체』 제3호, pp. 75-105.

이준규. 2001. "소련의 해체와 중앙아시아 고려인," 『민족연구』 제7호, pp. 139-152.

이지택. 1971. 「시베리아의 3 · 1운동」 『월간중앙』 3월호, pp. 186-197.

이채문. 1998. 「移行經濟體制下에서의 러시아 中央政府와 地方政府간의 權力關係: 沿海州의 경우, 1991-1997」 『국제지역연구』(한국외국어대 외국학 종합연구센터) 제2권 제4호:93-129.

_______. 1998. 「黃禍論이 러시아 極東地域의 發展에서 가지는 含意」. 1998년 후기한국사회학회 발표논문.

________. 2000. “한인의 러시아 극동지역 이주: 歷史와 理論,”『슬라브학보』, 제15권 제1호, pp. 349-384.

________. 2000. “러시아 극동지역 韓人農業移民에 관한 社會史的 分析: 農民層分化를 중심으로”『한국동북아논총』 제17집, pp. 59-90.

________. 2000. “한인의 러시아 極東地域移住와 滿洲移住의 比較: 이주에 영향을 미친 요인들을 중심으로”『우리사회연구』 제7집, pp. 81-122.

________. 2002. “러시아/소련 극동지역 한인이주문제에 대한 정치지리학적 고찰(1860-1937),”『슬라브학보』, pp. 323-353.

________. 2004. “시베리아 송유관 건설의 정치경제학적 고찰,”『한국지역지리학회지』제10권 제1호.

이 철. 1990.『시베리아 개발사』, 서울: 민음사.

이혜경. 1998. “외국인 노동자의 사회경제적 상황,”『한국사회와 외국인 노동자: 그 종합적 이해를 위하여』, pp. 13-101, 이혜경・정기선・강수돌・설동훈・석현호 공저, 미래인력연구센터.

이훈구. 1932.『滿洲와 朝鮮人』, 平壤: 崇實專門學校經濟學硏究室.

이홍탁. 1983.『사회학원론: 사회학의 제이론 및 방법론』, 법문사.

이희연. 1996.『인구지리학』, 법문사.

임계순. 1987.「만주・노령 동포사회(1860-1910)」『한민족독립운동사 2』, 국사편찬위원회, pp. 569-651.

임덕순. 1997.『政治地理學原論: 이론과 실제』, 법문사.

________. 1999.『地政學: 이론과 실제』, 법문사.

임업연구원. 1998. “林業經濟動向年次報告書”『林業硏究院 硏究資料』第140號.

임현진. 1992.「역사로 되돌아가자: 비교사회학의 방법론적 전략」. 한국비교사회연구회 편저,『비교사회학: 방법과 실제(II)』, 열음사, pp. 15-44.

全洪燦. 1993/4.「蘇聯의 對北韓 經濟・軍事援助政策에 관한 연구」『中蘇硏究』 통권 60권, pp. 183-228.

정동주. 1995.『까레이스끼, 또 하나의 민족사』, 우리문학사.

정철수. 1995.『社會心理學』, 법문사.

정혜정. 1995.「在러동포가 본 소련 벌목현장의 人權」『北韓』 12월호, pp. 70-77.

제성호. 1994.「북한 탈출동포의 처리방안: 國際法的 考慮를 중심으로」『北韓』 6월호, 50-63.

조정남. 1996.『러시아 민족주의 연구』, 고려대학교 출판부.

주정식. 1994.「외국인범죄의 발생실태」『형사정책연구소식』 23(5・6):20-24.

진장철. 1987.「소련의 초기 아시아정책형성의 배경과 동기에 관한 연구」, 고려대 대학원박사학위논문.

최보식. 1993.「북방의 프론티어 - 大平原에서」『월간조선』 9월호, 556-589.

최창동. 2000. 『탈북자, 어떻게 할 것인가: 탈북자의 법적지위와 해결방안』, 두리.

최 협 · 이광규. 1998.《多民族国家의 民族問題와 韓人社会》, 集文堂.

현규환. 1967. 『韓國流移民史』(上卷) 蘇聯篇(極東地方), 서울: 語文閣, pp. 740-976.

홍종필. 1990. 「만주 소선인 이민수전 개척소고: 1920년대 만주 조선인 이민사 이해를 위하여」『明知史論』 제3호, pp. 73-115.

________. 1993. 「만주(중국동북부지방) 조선인이민의 전개과정 小考」『明知史論』 제5호, pp. 63-94.

〈인터넷문서〉

『동아일보』 2001. 2. 7. (http://www.donga.com/fbin/searchview, 검색일 2001. 2. 9.)

『동아일보』 1997. 12. 31. (http://www.donga.com/fbin/searchview, 검색일 2001. 2. 9.)

『동아일보』 1997. 4. 26. (http://www.donga.com/fbin/searchview, 검색일 2001. 2. 9.)

『동아일보』 1997. 9. 8. (http://www.donga.com/fbin/searchview, 검색일 2001. 2. 9.)

『동아일보』 1997. 12. 31 (http://www.donga.com/fbin/searchview, 검색일 2001. 2. 9.)

『동아일보』 1999. 2. 4. (http://www.donga.com/fbin/searchview, 검색일 2001. 2. 9.)

〈기타 참고자료〉

디지털조선일보, 2000. 3. 26. (http://www.chosun.com/w21data/html/news)

디지털조선일보, 2000. 10. 26. (http://www.chosun.com/w21data/html/news/200010/200010260061.html)

디지털조선일보(http://www.chosun.com/w21data/html/news)

露領朝鮮農民의 反抗運動: 荒坪에 突發된 小作問題」『新民』 第26號(1927年 6月), pp. 57-58.

『東亞日報』 1926년 11월 20일.

『東亞日報』 1928년 3월 29일.

《勧業新聞》 1912. 12. 29.

《大東共報》 1909. 3. 21.; 1909. 3. 22.; 1909. 4. 4.

《大東新報》 1910. 8. 18.

《東亜日報》 1929. 7. 7.

『조선일보』. 2000. 3. 3.(http://www.chosun.com/w21data/html/news/200003. 검색일 2001. 2. 9.)

『영남일보』, "동북아 한민족을 찾아서"(이윤기). 2001. 5. 17., p. 13.

『내외통신』 1991. 7. 31. 보도판 7405호.

『내외통신』(綜合版)(65), 1997. 7. 1. - 9. 30., p. 170.

『시민의 신문 지킴이』 1999. 6. 7. - 6. 13.

〈영문 참고문헌〉

Abelmann, Nancy and John Lie. 1995. Blue Dreams: Korean-Americans and the Los Angeles Riots. Cambridge, Mass.: Harvard University Press.

Akaha, Tsuneo. 1995. "Russia in Asia in 1994," Asian Survey 35(1):100-110.

Akbarzadeh, Shahram. 1996. "Why Did Nationalism Fail in Tajikistan?" Europe-Asia Studies, vol. 48, issue 7, pp. 1105-1129.

Aldrich, Howard. 1975. "Ecological Succession in Racially Changing Neighborhoods: A Review of the Literature," Urban Quarterly 10:327-45.

Alexseev, Mikhail. 2002. "Chinese Migration in the Russian Far East: Security Threats and Incentives for Cooperation in Primorskii Krai," pp. 319-347 in Russia's Far East: A Region at Risk (Seattle: The National Bureau of Asian Research, 2002), edited by Judith Thornton and Charles E. Ziegler.

Appadurai, A. 1996. Modernity at Large: Cultural Dimensions of Globalization. Minneapolis: University of Minnesota Press.

Azarael, Jeremy R., Patricia A. Brukoff, Vladimir D. Shkolnikov. 1992. "Prospective Migratioin and Emigration from the Former USSR: A Conference Report." Slavic Review, vol. 51, no. 2, pp. 322-331.

Bakich, Olga. 2000. "Emigre identity: The case of Harbin," The South Atlantic Quarterly, vol. 99, issue 1. 51-73 [http://proquest.umi.com/pqdweb, 2002-5-31].

Banton, Michael. 1995. "Rational Choice Theories(Theories of Ethnicity)," American BehavioralScientist38(3) : 47 [On-line: http://web7.infotrac.apla.galegroup.co.0048&dyn=5!xrn].

Barth, F. 1969. Ethnic Groups and Boundaries. Bergen: Universitetsforlaget.

Bartram, David V. 1998. "Foreign workers in Israel: History and theory," International Migration Review32(2):303-32 [On-line:http://proquest.umi.com/pqdweb?TS=9405].

Basch, L., N. Glick Schiller and C. Szanton Blanc. 1994. Nations Unbound: Transnational Projects, Postcolonial Predicaments and Deterritorialized Nation-States. Basle: Gordon & Breach.

Bassin, Mark. 1999. Imperial Visions: Nationalist Imagination and Geographical Expansion in the Russian Far East, 1840-1865. United Kingdom: Cambridge University Press.

Bartram, David V. 1998. "Foreign workers in Israil: History and theory," International Migration Review vol. 32, no. 2, pp. 303-325 [http://proquest.umi.com/pdqweb?TS=9405].

Bazhanova, Natalia. 1992. Between Dead Dogmas and Practical Requirements: External Economic Relations of North Korea, 1945-1990, Moscow, Russia. 梁浚容 譯(1992), "北韓과 蘇聯과의 經濟協力"(pp. 1-169) 『기로에 선 北韓經濟: 對外經協을 통해 본 實相』, 서울: 韓國經濟新聞社.

Beck, Ulrich. 1999. What is Globalization?. Cambridge: Polity.

Becker, Gary. 1975. Human Capital, Chicago: University of Chicago Press.

Belov, Fedor. 1998. The History of a Soviet Collective Farm. London: Routledge.

Belov, Michail. 1991. The Experience of the Russian Orthodox Church among Koreans, 1865-1914. Unpublished Master's Thesis, Graduate School of International Studies, Yonsei University.

Bishop, Isabella Bird(1898), Korea and Her Neighbours, London, 이인화 역(1994). 《한국과 그 이웃나라들》, 서울: 살림.

Blalock, Hubert M., Jr. 1967. Toward a Theory of Minority-Group Relations. N.Y.: Capricorn Books.

Blumer, Herbert. 1958. "Race Prejudice as a Sense of Group Position." Pacific Sociological Review 1:3-7.

Bobo, Lawrence. 1983. "Whites' Opposition to Busing: Symbolic Racism or Realistic Group Conflict?" Journal of Personality and Social Psychology 45:1196-1210.

Bonacich, Edna. 1972. "A Theory of Ethnic Antagonism: The Split Labor Market," American Sociological Review 37:547-59.

Bonacich, Edna, and John Modell. 1980. The Economic Basis of Ethnic Solidarity, Berkeley and Los Angeles: University of California Press.

Breuillard, Sabine. 2000. "General V. A. Kislitsin: From Russian monarchism to the spirit of Bushido," The South Atlantic Quarterly, vol. 99, issue 1. 121-142 [http://proquest.umi.com/pqdweb, 2002-5-31].

Brubaker, W. Rogers. 1992. "Citizenship Struggles in Soviet Successor States," International Migration

Review, vol. 26, issue 2, pp. 269-291.

________. 1998. “Migrations of ethnic unmixing in the ‘New Europe’,” International Migration Review, vol. 32, issue 4 [http://proquest.umi.com/pqdweb].

Bugai, Nikolai. 1992. “The 'Korean Issue' in the Soviet Far East and the Deportation of 1937.” Far Eastern Affairs, no. 3, pp. 96-103.

Burles, Mark. 1999. Chinese Policy Toward Russia and the Central Asian Republics. RAND.

Case, Charles, Andrew Greely, and Stephen Fuchs. 1989. “Social Determinants of Racial Prejudice.” Sociological Perspectives 32:469-83.

Carey, Jane Perry Clark. 1946. “Some Aspects of Statelessness Since World War I,” The American Political Science Review, vol. 40, no. 1(Feb., 1946). 113-123.

Carter, James. 2001. “Struggle for the soul of a city: Nationalism, imperialism, and racial tension in 1920s Harbin,” Modern China, vol. 27, no. 1. 91-116 [http://proquest.umi.com/pqdweb, 2002-5-31].

Chen, Hsiang-Shui. 1992. Chinatown No More: Taiwan Immigrants in Contemporary New York, Ithaca, N.Y.: Cornell University.

Chinn, Jeff and Robert Kaiser. 1996. Russians as the New Minority: Ethnicity and Nationalism in the Soviet Successor States. Boulder, Colorado: Westview Press.

Chiswick, Barry R. 1978. “The Effect of Americanization on the Earning of Foreign-born Men,” Journal of Political Economy 86(5):897-921.

________. 1983. “An Analysis of Earnings and Employment of Asian-American Men.” Journal of Labor Economics 1(2):197-214.

Cho, Wujung. 2000. Dynamics of Elite Bargaining in Russia′s Center-Periphery Relations: The Case of Primorskii Krai. M.A. Thesis, Korea University.

Clubb, O. Edmund. 1971. China and Russia: The “Great Game”. N.Y.: Columbia University Press.

Cohen, Ariel. 1996. Russian Imperialism: Development and Crisis. Westport, CT: Praeger.

Dallin, David J. 1949. The Rise of Russia in Asia. New Haven: Yale University Press.

Davidson-Houston, J. V. 1960. Russia and China: From the Huns to Mao Tse-tung. London: Robert Hale Limited.

Dawisha, Karen and Bruce Parrott. 1994. Russia and the New States of Eurasia. Cambridge: Cambridge

University Press.

Deker, Nikolai K. and Andrei Lebed (eds.), 1958. Genocide in the USSR: Studies in Group Destriction. N.Y.: The Scarecrow Press, Inc.

Dmytryshyn, Basil (ed.). 1974. Imperial Russia: A Source Book, 1700-1917. Hinsdale, IL: The Dryden Press.

Doeringer, Peter, and Michael Piore. 1971. Internal Labor Markets and Manpower Analysis, Lexington, MA: Heath.

Dollard, John, Leonard Doob, Neal E. Miller, O.H. Mowrer, and Robert R. Sears. 1939. Frustration and Aggression. New Haven, CT: Yale University Press.

Espenshade, J. Thomas. 1995. "Unauthorized immigration to the United States." Annual Review of Sociology 21:195-216 [On-line: http://web4.infotrac.apla.galegroup.co].

Fawcett, J. and E. Arnold. 1987. "Explaining Diversity: Asian and Pacific Immigratio Systems." In Pacific Bridges: The New Immigration from Asia and Pacific Islands, edited by J. Fawcett and B. Carino. New York: Center for Migration Studies, pp. 453-473.

Forsyth, James. 1992. A History of the Peoples of Siberia: Russia's North Asian Colony, 1581-1990. United Kingdom: Cambridge University Press.

Frazier, Franklin. 1957. Black Bourgeoisie. N.Y.: Free Press.

Freedman, Marrice. 1959. "The Handling of Money: A Note on the Background to the Economic Sophistication of the Overseas Chinese," Man 59:64-5.

Gelb, Michael. 1995. "An Early Soviet Ethnic Deportation: The Far-Eastern Koreans" The Russian Review 54:389-412.

German, Tracey C. 2003. Russia's Chechen War. London and N.Y.: RoutledgeCurzon.

Ginsburg, Norton S. 1949. "Manchurian Railway Development," The Far Eastern Quarterly, vol. 8, issue 4. pp. 398-411.

Ginsburgs, George. 1957. "The Soviet Union and the Problem of Refugees and Displaced Persons, 1917-1956," American Journal of International Law, vol. 51, no. 2 (Apr., 1957). 325-361.

________. 1989. "Labor Policy and Foreign Workers: The Case of North Korean Gastarbeiter in the Soviet Union." pp. 399-424 in Soviet Administrative Law: Theory and Policy, edited by George Ginsburgs. Boston: Dordrecht.

_______. 1990. “Imported Asian Labor in the USSR.” Asian Perspective 14(2):5-45.

_______. 1992. “North Korea and International Cooperation in Penal Matters.” Journal of East Asian Affairs 6(1):169-201.

_______. 1997. “Cooperation in Extradition Matters between Moscow and Pyongyang.” Journal of East Asian Affairs 11(2) (Summer/Fall):378-416.

Ginsburgs, George and Herta Ginsburgs. 1977. “A Statistical Profile of the Korean Community in the Soviet Union.” Asian Survey 17(10):952-966.

Glukhov, Stanislav. 1991. “Emulating the CIA?” Moscow News, no. 28, p. 3.

_______. 1991. “Better in Jail than at Home,” Moscow News, no. 11, p. 11.

Gmelch, George. 1980. “Return Migration,” Annual Review of Anthropology, vol. 9, pp. 135-159.

Goss, Jon, Bruce Lindquist, Nocholas Van Hear, Rebeca Raijman, Moshe Semyonov. 1995. “Conceptualizing international labor migration: a structuration perspective.” International Migration Review 29(2):317-351.

Gregory, Paul R. and Robert C. Stuart. 1998. Russian and Soviet Economic Performance and Structure. Reading, MA: Addison-Wesley Educational Publishers, Inc.

Grigor′yev, Aleksey. 1994. “Forced Labor Logging Russia's Forests,” Taiga News no. 4.

Hannerz, Ulf. 1998. “Transnational Research,” Handbook of Methods in Cultural Anthropology, H. Russell Bernard(ed.). London: Sage Publications, Inc., 235-256.

Hao, Yufan. 1991. “The Development of the Soviet Far East.” Korea and World Affairs 15(2):230-58.

Hauner, Milan. 1992. WHAT IS ASIA TO US?: Russia's Asian Heartland Yesterday and Today. London and New York: Unwin Hyman, Inc.

Hausladen, Gary. 1990. “Settling the Far East: Russian conquest and consolidation.” pp. 5-35 in Allan Rogers(ed.) The Soviet Far East: Geographical perspectives on development. New York: Routledge.

Hechter, Michael. 1976. “Ethnicity and Industrialization: On the Proliferation of the Cultural Division of the Labor.” Ethnicity 3:214-24.

Heleniak, Timothy. 1995. “Economic Transition and Demographic Change in Russia, 1989-1995.” Post-Soviet Geography 36(7):446-458.

Helgeson, Ann C. 1990. “Population and Labor Force.” pp. 58-82 in The Soviet Far East: Geographical

Perspectives on Development, edited by Allan Rogers. N.Y.: Routledge.

Helton, Authur C. 1996. "Forced Migration in the Newly Independent States of the Former Soviet Union," MIGRATIONWORLD, vol. 24, no. 5, pp. 33-35.

Hernandez-Alvarez, J. 1967. Return Migration to Puerto Rico. Berkeley: University of California Institute of International Studies.

Hoffman, Curt and Nancy Hurst. 1990. "Gender Stereotypes: Perception or Rationalization?" Journal of Personality and Social Psychology 58:197-208.

Holborn, Louise W. 1939. "The Legal Status of Political Refugees, 1920-1938," American Journal of International Law, vol. 32, no. 4(Oct., 1939). 680-703.

Houten, Pieter Van. 1998. "The Role of a Minority's Reference State in Ethnic Relations." European Journal of Sociology 39(1):110-146.

Hyer, Eric. 1996. "Dreams and Nightmares: Chinese Trade and Immigration in the Russian Far East." Journal of East Asian Affairs 10(2):289-308.

Ilya, Yugai. 1998. "National Identity of the Koreans in Uzbekistan,"『1998 통일문제 국제학술회의논문집(전남대 사회과학연구소)』, pp. 25-42.

Kabysh, Simon. 1958. "The Belorussians." Nikolai K. Deker and Andrei Lebed (eds.), Genocide in the USSR: Studies in Group Destruction. N.Y.: The Scarecrow Press, pp. 77-88.

Kantorovich, A. J. 1935. "The Sale of the Chinese Eastern Railway," Pacific Affairs, vol. 8, issue 4(Dec., 1935). 397-408.

Karlusov, Viacheslav V. 2001, "Chinese Presence in the Russian Far East: An Economic Perspective" ([http://gsti.miis.edu/CEAS-PUB/200104Karlusov.pdf], 2003. 11. 18. 검색).

Kerr, David. 1996. "Opening and Closing the Sino-Russian Border: Trade, Regional Development and Political Interest in Northeast Asia." Europe-Asia Studies 48(6):931-957.

KHM. 1925. "露領朝鮮人農村情形의 今昔," 《開闢》 7月號, pp. 100-104.

Kim, German. 2000. "Deportation of 1937 as Product of Russian and Soviet National Policy."『한국슬라브학회 연례학술대회 논문집』(2000. 11. 17-18). 한국외국어대 용인캠퍼스.

________. 2002. "Korean Diaspora in post-Soviet Central Asia: Relations with and Attitudes toward North and South Korea," Proceedings of the International Conference on The Korean Diaspora and Strategies of Global Network, Korea University(October 11, 2002), pp. 27-43.

Kim, Won Bae. 1994. "Sino-Russian Relations and Chinese Workers in the Russian Far East: A Porous Border" Asian Survey 34(12):1064-1076.

_______. 1995. "Migration." pp. 65-86 in The Russian Far East in Transition: Opportunities for Regional Economic Cooperation, edited by Mark J. Valencia. Boulder, CO: Westview Press.

King, Ross. 2001. "Blagoslovennoe: Korean Village on the Amur, 1871-1937." The Review of Korean Studies vol. 4, no. 2, pp. 133-176.

Kirby, Stuart. 1985. "Siberia: Heartland and Framework," pp. 140-158 in Curtis Keeble(ed.), The Soviet State: The Domestic Roots of Soviet Foreign Policy. Aldershot, England: Gower.

Kirkow, Peter. 1995. "Regional Warlordism in Russia: The Case of Primorskii Krai." Europe-Asia Studies 47(6):923-947.

Kirkow, Peter and Philip Hanson. 1994. "The Potential For Autonomous Regional Development in Russia: The Case of Primorskiy Kray." Post-Soviet Geography 35(2):63-88.

Kohn, Hans. 1946. Prophets and Peoples: Studies in Nineteenth Century Nationalism. N.Y.: The Macmillan Company. 長谷川松治 譯(1953),『民族的使命』. 東京: みすず書房.

_______. 1955. The Mind of Modern Russia. New Brunswick, N.J.: Rutgers University Press.

_______. 1957. Basic History of Modern Russia, Princeton, N.J.: Anvil Book. 金種心 역(1981),『近代 러시아: 그 갈등의 歷史』. 심설당.

Kolarz, Walter. 1954. The Peoples of the Soviet Far East. N.Y.: Praeger.

Kortunov, Andrei and Andrei Shoumikhin. 1998. "Russia and Central Asia: Evolution of Mutual Perceptions, Policies, and Independence." Yongjin Zhang and Rouben Azizian (ed.) Ethnic Challenges beyond Borders: Chinese and Russian Perspectives of the Central Asain Conundrum. London: Macmillan Press ltd.

Lahusen, Thomas. 2000. "Introduction," The South Atlantic Quarterly, vol. 99, issue 1 [http://proquest. umi.com.pdqweb, 2002-5-31].

_______. 1998. "A place called Harbin: Reflections on a centennial," The China Quarterly 154: 400-410 [http://proquest.umi.com/pqdweb, 2002-5-31].

Larin, Victor L. 1995. "'Yellow Peril' Again?: The Chinese and the Russian Far East." pp. 290-301 in Rediscovering Russia in Asia: Siberia and the Russian Far East, edited by Stephen Kotkin & David Wolff. Armonk, N.Y.: M.E. Sharpe.

Lee, Chaimun. 2002. "A Study about the Origins of The Forced Deportation of Soviet Koreans: Focusing on Ethnic Conflicts over Land Issues." Journal of Korean Studies Vol. 2, pp. 17-44.

________. 2003. "The Lost Sheep: The Soviet Deportations of Ethnic Koreans and Volga Germans." The Review of Korean Studies 6(1):219-250.

________. 2002. "The Applicability of Sociological Theories to Ethnic Conflicts in Central: The Case of Kazakhstan," International Area Review vol. 5, no. 2 (2002). 39-63.

Lee, Everett S. 1966. "A Theory of Migration." Demography 3(1):47-57.

Lee, Rose Hum. 1960. The Chinese in the United States of America, Hong Kong: Hong Kong University Press.

Light, Ivan. 1981. "Ethnic Succession," in Ethnic Change, ed. by Charles Keyes, pp. 53-86. Seattle: University of Washington Press.

Light, Ivan and Carolyn Rosenstein. 1995. Race, Ethnicity, and Entrepreneurship in Urban America, N.Y.: Aldine de Gruyter.

Lilley, Jeff. 1993. "Great Leader's Gulag: Siberian timber camps are relics of the Cold War," Far Eastern Economic Review, Sep. 9, pp. 21-22.

Lukin, Alexander. 1998. "The image of China in Russian border regions." Asian Survey 38(9):821-35.

Lyman, Stanford. 1974. Chinese Americans, New York: Random House.

Makhov, Alexander. 1991. "Pyongyang's Long Hand," Moscow News, no. 11, p. 11.

Malozemoff, Andrew. 1958. Rissian Far Eastern Policy 1881-1904: With Special Emphasis on the Causes of the Russo-Japanese War. Berkeley, CA: University of California Press.

Marshall, Monty D. 1993. "States at Risk: Ethnopolitics in the Multinational States of Eastern Europe," Ted R. Gurr(ed.), Minorities at Risk: A Global View of Ethnopolitical Conflicts. Washington: United States Institute of Peace Press.

Martin, Terry. 1998. "The Origins of Soviet Ethnic Cleansing" The Journal of Modern History vol. 70, no. 4.

Massey, Douglas S. 1990. "Social Structure, Household Strategies, and the Cumulative Causation of Migration." Population Index 56(1):3-26.

Massey, Douglas S., Joaquin Arango, Graeme Hugo, Ali Kouaouci, Adela Pellegrino and J. Edward Taylor. 1994. "An Evaluation of International Migration Theory: The North American Case,"

Population and Development Review, vol. 20, no. 4 [http://web4.infotrac.apla.galegroup.co].

Mei, June. 1984. “Socioeconomic Origins of Emigration: Guangdong to California, 1850 to 1882.” pp. 219-247 in Labor Immigration under Capitalism: Asian Workers in the United States before World War II, edited by Lucie Cheng and Edna Bonacich. Berkeley, CA: University of California Press.

Menon, Rajan. 1997. “The strategic convergence between Russia and China.” Survival 39(2):101-125 [On-line: http://global.umi.com/pqdweb?TS=925779].

Middleton, Russell. 1976. “Regional Differences in Prejudice.” American Sociological Review 41:94-117.

Mikheev, Vasily V. 1997. “Russian Policy towards Korean Peninsula after Yeltsin's Re-election as President.” Journal of East Asian Affairs 11(2)(Summer/Fall):348-77.

Mill, John Stuart. 1888. A System of Logic. New York: Harper & Row, pp. 278-283. 차종천 역, 「비교의 두 방법」 『비교사회학: 방법과 실제 I』(서울: 열음사, 1990), pp. 217-221.

Minakir, Pavel A. (ed.) 1994. The Russian Far East: An Economic Handbook, trans. by Gregory L. Freeze. Armonk, N.Y.: M.E. Sharpe.

Moltz, James Clay. 1994. “Breaking with Moscow: The Rise of Trade and Economic Activity in Former Soviet Border Regions.” Pp. 96-114 in Russia and the NIS in the World Economy: East-West Investment, Financing & Trade, edited by Deborah A. Palmieri. Westport, CT: Praeger.

________. 1995. “Regional Tension in Russo-Chinese Rapprochement.” Asian Survey 35(6):511-527.

________. 1998. “Russia in Asia in 1997: Moving beyond the "Strategic Partnership.” Asian Survey 38(1):91-98.

Moon, David. 1997. “Peasant Migration and the Settlement of Russia's Frontiers, 1550-1897,” The Historical Journal 40(4): 859-893.

Moore, Barrington. 1959. Soviet Politics: The Dilemma of Power, the Role of Ideas in Social Change. Cambridge: Harvard University Press.

Moskalenko, Yuri. 1996. “External Economic Cooperative Between the Amur Region and Countries of Northeast Asia.” Проблемы дальнего востока (Far Eastern Affairs), no. 1, pp. 46-53.

Nove, Alec. 1992. An Economic History of the USSR 1917∼1991. London: Penguin Books, Inc. 김남섭 역, 1998, 『소련경제사』, 창작과비평사.

Onegina, Svetlana V. 1995. “The Resettlement of Soviet Citizens from Manchuria in 1935-36: A Research

Note," Europe-Asia Studies, vol. 47, no. 6. 1043-1050.

Ostrom, E. R. 1998. "A Behavioral Approach to the Rational Choice Theory of Collective Action." American Political Science Review 92(1):1-22.

Ostrom, E, R. Gardner and J. Walker. 1994. Rules, Games, and Common-Pool Resources. Ann Arbor: University of Michigan Press.

Pak, Mikhail N. 1998. "Reasons for the Forced Deportation of Soviet Koreans from the Far East to the Central Asia." 『제5회 조선학 국제학술토론회 논문집』(역사). Vol. 2, pp. 263-75.

Papademetriou, Demetrios G. 1985. "Emigration and Return in the Mediterranean Littoral," Comparative Politics, vol. 18, Issue 1, pp. 21-39.

Patrikeef, Felix. 2002. Russian Politics in Exile: The Northeast Asian Balance of Power, 1924-1931. Oxford, England: Palgrave.

Patsiorkovsky, Valery, Stephen S. Fugita, and David J. O'Brien. 1995. "Asians in Small Business in the Russian Far East: A Historical Overview and Comparison with Asians on the American West Coast," International Migration Review 29(2):566-75.

Peterson, Domosthenes James. 1995. "Russia′s Environment and Natural Resources in Light of Economic Regionalization." Post-Soviet Geography 36(5):291-309.

Piore, Michael J. 1979. Birds of Passage: Migrant Labor and Industrial Society. Cambridge: Cambridge University Press.

Pohl, J. Otto. 1997. The Stalinist Penal System: A Statistical History of Soviet Repression and Terror, 1930-1953. Jefferson, North Carolina: McFarland & Company, Inc.

Portes, Alejandro. 1987. "One Field, Many views: Competing Theories of International Migration." pp. 53-70 in Pacific Bridges: The New Immigration from Asia and Pacific Islands. Edited by J. Fawcett and B. Carino. New York: Center for Migration Studies.

Portes, Alejandro and Robert L. Bach. 1985. Latin Journey: Cuban and Mexican Immigrants in the United States. Berkeley, CA: University of California Press.

Portes, Alejandro, and Min Zhou. 1992. "Gaining the Upper Hand: Economic Mobility among Immigrant and Domestic Minorities," Ethnic and Racial Studies 15:491-522.

Przeworski, A. and H. Teune. 1990. The Logic of Comparative Social Inquiry. New York: Wiley.

Quested, R. K. I. 1982. "Matey" Imperialists? The Tsarist Russians in Manchuria, 1895-1917. Hong

Kong: University of Hong Kong Centre of Asian Studies (Occasional Papers and Monographs, No. 50).

Quillian, Lincoln. 1995. "Prejudice as a Response to Perceived Group Threat: Population Composition and Anti-Immigrant and Racial Prejudice in Europe." American Sociological Review 60:586-611.

Reilly, W. J. 1976. "Methods for Study of Retail Relationships," in Urban Economics: Theory and Policy, edited by K.J. Button, London.

Riechers, Maggie. 2001. "Fleeing revolution," Humanities, vol. 22, issue 3 (May/June, 2001). 24-27 [http://proquest.umi.com/pqdweb, 2002-5-31].

Rhoades, R. 1978. "Intra-European Return Migration and Rural Development: Lessons from the Spanish Case," Human Organization, vol. 37, no. 2, pp. 136-47.

Safran, William. 1991. "Diasporas in modern societies: myths of homeland and return," Diaspora, vol. 1, no. 1. 83-4.

Sassen, Saskia. 1988. The Mobility of Labor and Capital: A Study in International Investment and Labor Flow. New York: Cambridge University Press.

________. 1991. The Global City: New York, London, and Tokyo. Princeton, NJ: Princeton University Press.

Sears, David O. and Carolyn L. Funk. 1991. "The Role of Self-Interest in Social and Political Attitudes." Advances in Experimental Social Psychology 24:1-91.

Shain, Yossi. 1999. Marketing the American Creed Abroad: Diasporas in the U.S. and Their Homelands. N.Y.: Cambridge University Press.

________. 1994-1995. "Ethnic Diaspora and U.S. Foreign Policy," Political Science Quarterly, vol. 109, issue 5(Winter). 811-841.

Shevtsova, Lilia. 1992. "Post-Soviet Emigration Today and Tomorrow," International Migration Review, vol. 26, issue 2. pp. 241-257.

Shiller, Nina Glick, Linda Basch, and Cristina Blanc-Szanton (eds.). 1992. Towards a Transnational Perspective on Migration, vol. 645, New York: Annals of the New York Academy of Sciences.

Shlapentokh, Dmitry V. 1995. "Russia, China, and the Far East: Old Geopolitics or a New Peaceful Cooperation?" Communist and Post-Communist Studies 28(3):307-318.

________. 1994. "Regionalization in Russia: An Uncertain Future." International Journal of Politics, Culture, and Society 7(3):401-417.

Siegelbaum, Lewis H. 1978. "Another'Yellow Peril': Chinese Migrants in the Russian Far East and the Russian Reaction before 1917," Modern Asian Studies vol. 12, no. 2, pp. 307-330.

Simpson, G. E. and J. M. Yinger. 1958. Racial and Cultural Minorities. New York: Harper & Row.

Siu, Paul. 1987. The Chinese Laundryman: A Study of Social Isolation, N.Y.: New York University Press.

Skocpol, Theda and Margaret Somers. 1980. "The Uses of Comparative History in Macrosocial Inquiry," Comparative Studies in Society and History 22:174-197. 임현진 역, 「거시사회연구에 있어서 비교사의 유용성」『비교사회학: 방법과 실제 I』(서울: 열음사, 1990), pp. 175-198.

Skran, Claudena. 1995. Refugees in Inter-War Europe: The Emergence of a Regime. Oxford University Press.

Solzhenitsyn, Aleksandr I. 1973. The Gulag Archipelago 1918-1956: An Experiment in Literary Investigation I-II, translated by Thomas P. Whitney. N.Y.: Harper & Row.

Sowell, Thomas. 1975. Race and Economics, N.Y.: David McKay Co., Inc.

Stephan, John J. 1971. "The Korean Minority in the Soviet Union" MIZAN 8(3); 「蘇聯內 韓國少數民族」『北韓』(1972년, 12월호), pp. 221-231.

________. 1994. The Russian Far East: A History. Stanford, CA: Stanford University Press.

Sterling, Claire. 1990. Octopus. New York: W.W. Norton.

________. 1994. Thieves' World: The Threat of the New Global Network of Organized Crime. New York: Simon & Schuster.

Stinchcombe, A. L. 1978. Theoretical Models in Social History, New York: Academic Press.

Suh, Dae-Sook. 1987. "Soviet Koreans and North Korea." pp. 101-128 in Koreans in the Soviet Union, edited by Dae-Sook Suh. Honolulu, HI: The Center for Korean Studies.

Thomas, Brinley. 1961. International Migration and Economic Development: A Trend Report and Bibliography. Paris: UNESCO.

Thornton, Judith. 1996. "Structural change in the Russian Far East: the implications for trade and factor markets," Atlantic Economic Journal, Sep., vol. 24, no. 3, pp. 208-217.

Todaro, Michael. 1969. "A Model of Labor Migration and Urban Unemployment in Less Developed

Countries." American Economic Review 59(1):138-148.

Toren, Nina. 1975. "The Effect of Economic Incentives on Return Migration," International Migration, vol. 13, no. 3

________. 1976. "Return to Zion: Characteristics and Motivations of Returning Emigrations," Social Forces, vol. 54, issue 3, pp. 546-558

Tsebelis, G. 1990. Nested Games: Rational Choice in Comparative Politics. Los Angelis: University of California Press.

Tsygankov, Andrei. 1998. "Hard-line Eurasianism and Russia's contending geopolitical perspectives." East European Quarterly 32(3):315-334 [http://global.umi.com/pqdweb?=925441].

Tumin, M. M. 1958. "Readiness and Resistance to Desegregation," Social Forces 36:256-63.

Turner, Jonathan. 1978. The Structure of Sociological Theory. 김진균 외 옮김 『사회학이론의 구조』(1988). 한길사.

Vardomsky, Leonid. 1992. "Blagoveshchensk and Heihe Engage in Across-the-border Cooperation." Проблемы дальнего востока(Far Eastern Affairs), no. 2, pp. 81-86.

Wada, Haruki. 1987. "Koreans in the Soviet Far East, 1917-1937," pp. 24-59 in Dae-Sook Suh(ed.), Koreans in the Soviet Union, Honolulu, HI: Center for Korean Studies, Univ. of Hawaii.

Wahlbeck, Osten. 2002. "The Concept of diaspora as an analytical tool in the study of refugee communities." Journal of Ethnic and Migration Studies, vol. 28, issue 2 [http://infotrac.apla.galegroup. com/itw/infomark /153/227/27364532w6, 2002-10-25].

Waldinger, Roger David. 1986. Through the Eye of the Needle: Immigrants and Enterprise in New York's Garment Trades, N.Y.: New York University Press.

Wallimann, Isidor. 1974. "Toward a Theoretical Understanding of Ethnic Antagonism: The Case of the Foreign Worker in Switzerland," Zeitschrift fur Soziologie 3:84-94.

Warner, W. Lloyd, and Leo Srole. 1945. The Social Systems of American Ethnic Group, New Haven, Conn.: Yale University Press.

Wishnick, Elizabeth. 1995. "Whose Environment?: A Case Study of Forestry Policy in Russia's Maritime Province." pp. 256-268 in Rediscovering Russia in Asia: Siberia and the Russian Far East, edited by Stephen Kotkin & David Wolff. New York: M.E. Sharpe.

Wittfogel, Karl A. 1957. Oriental Despotism: A Comparative Study of Total Power. New Haven,

Connecticut: Yale University Press.

Wolff, David. 1995. "Russia Finds Its Limits: Crossing Borders into Manchuria." pp. 40-54 in Rediscovering Russia in Asia: Siberia and the Russian Far East, edited by Stephen Kotkin and David Wolff. Armonk, N.Y.: M.E. Sharpe.

Wu, Aitchen K. 1950. China and The Soviet Union: A Study of Sino-Soviet Relations. N.Y.: The John Day Company.

Yakubovsky, Vladimir B. 1996. "Economic Relations between Russia and DPRK: Problems and Perspectives." Korea and World Affairs 20(3):451-73.

Yoon, In-Jin. 1997. On My Own: Korean Businesses and Race Relations in America, Chicago, IL: University of Chicago Press.

Asia Times Online, 2003. 5. 7. "Russian pipeline agency master of the game" [http://www.atimes.com].

Asia Times Online 2003. 5. 9. "Kremlin decides China pipeline on new terms," [http://www.atimes.com].

Far Eastern Economic Review 1993. March 11, "Russia: Pacific reunion - Ethnic Koreans seek return of Siberian 'homeland'" (Jeffrey Lilley).

Far Eastern Economic Review 1996. Dec 5, vol. 159, no. 49, pp. 28-30 "Opiate of the party: North Korea fuels opium boom in Russia"(http://web2.searchbank.com/itw/session).

Kyodo News, 2003. 1. 30 [http://asia.news.yahoo.com/030130/kyodo/d7oseeqo2.html].

Lincoln Heritage Institute Weekly Magazine [http://www.lincolnheritage.org, 2003-05-09], "Political Concerns Don't Favor Proposed Russia-China Pipeline"

"Manchoukuo-Union of Soviet Socialist Republic: Agreement for the Cession to Manchoukuo of the Rights of the Union of Soviet Socialist Republics Concerning the North Manchuria Railway (Chinese Eastern Railway)," American Journal of International Law, vol. 30, issue 2, Supplement: Official Documents (Apr., 1936). 85-104.

Moscow News, 1991 no. 11, p. 11. "Better in Jail than at Home"(Stanislav Glukhov)

Moscow News, 1991 no. 11, p. 11. "Pyongyang's Long Hand,"(Alexander Makhov)

New York Times, 2003. 2. 19. "If Trees are Family, an Oil Pipeline is Ungodly"(Sabrina Tavernise) [http://www.cdi.org/Russia/Johnson/7071-12.cfm]

People's Daily Online, 2003. 2. 24. "Will Russian Oil Pipeline Lead to China or Japan?"[http://fpeng.peopledaily.com.cn/200302/24].

People's Daily Online, 2003. 5. 23. "'Angarsk -Daqing' Adopted for Priority Construction"[http://English.peopledaily.com.cn/200305/23].

The Current Digest of the Post-Soviet Press, 4. 12. 1995, vol. 47, no. 11, pp. 27-8, (http://web2.searchbank.com/itw/session).

Vladivostok News, 1997. Issue 149. "Coming Home"[http://vn.vladnews.ru/1997/iss149/focus.htm].

Vladivostok News, 1999. May 14. "Cops fight foreign drugs, gangsters"(Anatoly Medetsky)(http://vn.vladnews.ru/1999/current/text/news2.htp).

Vladivostok News, 1999. June 11. "Court jails N. Korean drug dealers,"(http://vn.vladnews.ru/1999/current/text/news4.html).

"A Test of Russian Environmental Laws," Environment, vol. 45, no. 2, p. 6(March 2003).

"Baikal Watch: Siberian parks in peril," Earth Island Journal, vol. 17, no. 4, p. 19(Winter, 2003-2003).

〈노문 참고문헌〉

Алматинский Центр просвещения Республики Корея. 1998. История Корейцев Казахстана: Сборник архивных докоментов (Том I). Алматы.

Аметистов, Е.М. 1977. "правове регулирование труда иностранных грждан в СССР," Советское государство и право, no. 7.

Анасов, Д. 1928. Корейцы в уссуриском крае. Хабаровск: Книжное дело.

Арацкий, Ю. 1994. "Зачем России чужая рабсила?" Юридический вестник, Nos. 36-37.

Аурилене, Е. 1998. "Жалкая судьба," Россия и АТР no. 1.

Бабичев, И. 1959. Участие Китайскских и Корейских Трудящихся в Гражданской Войне на Дальнем Востоке, Ташкент.

Багрянская, Л. С. 1965. "ЭКОНОМИЧЕСКОЕ СОТРУДНИЧЕСТВО СОВЕТСКОГО СОЮЗА С КОРЕЙСКОЙ НАРОДНО-ДЕМОКРАТИЧЕСКОЙ РЕСПУБЛИКОЙ," Народы Азии и АФрики, № 1, стр. 19-25.

Бе, Гю Сонг. 1997. Концепция евразийства в России: истоки и современность Кандидатская диссертация, Московский государственный университет имени М.В. Ломоносова РФ, Москва.

Ваис, Т. 1975. "Проблемы сотрудничества стран СЭВ в использовании трудовых ресурсов" Вопросы экономики, No. 9.

Ваксберг, А. 1991. Советская Мафия, translated by S. Giordano. New York: St. Martin's Press.

Витте, Сергей Юльевич. 2002. Воспоминания Мемуары (Том I). Минск, Белоруссия: Издательство АСТ.

Гаврилов, Н. А., Н. С. Норкин & В. П. Волков. 1914. Пути Сообщения-Железные Дороги, Переселенческое Управление Главного Управления Землеустройства и Земледелия, Азиатская Россия, Том. II., Петербург.

Галкина, Татяна. 1994. Сибирская газета, No. 3, 21-27 января.

Ганг, Г.В., Ан В.И.(фотограф), Ким Г.Н., Мен Д.В. 1997. Корейцы Казахстана: Иллюстрированная История. Фирма "STC", Корея.

Ганг, Евгений. 2002. "Настоящее и будущее приморских корейцев" [http://www.wekorean.or.kr, 2002. 12. 3.].

Граве, В. 1912. Труды Командированной по Высочайшему повелению Амурской Экспедиции: Выпускъ XI. Китайцы Корейцы и Японцы въ Приамурье. Санкт-Петербург: В.Ф. Киршбаум. (「極東露領に於ける黃色人種問題」. 露・亞經濟調査叢書　第49. pp. 1-214 南滿洲鐵道株式會社 庶務部調査課編譯. 昭和四年. 大阪: 大阪毎日新聞社).

Гребенщиков, Эдуард. 1993. "Тихоокеанская региональная интеграция," Мировая экономика и международные отношения, no. 1, pp. 86-96.

Дадашев, А. 1995. "Региональный рынок труда в России: формирование и эффективность управления" Вопросы экономики 38(8):63-70.

Данилов, В. П. 1991. "소련의 농업집단화." В. П. Дмитенко и другие(1991). История СССР, Наука. 서울대학교 러시아 연구소 이인호 외 편역(1993)『다시 쓰는 소련 현대사』, pp. 203-250. 열린책들.

Джонг, Хи Сок. 1996. Идея славянской интеграции в российской общественно-политической мысли xIx в., Москва: Институт российской истории российской академии наук.

Долгова, А.И. 1989. Организованная Преступность. Москва: Юридическая Литература.

Дьяконова, Ф.В. 1990. Фомирование народнохозяйственного комплекса Дальнего Востока. Москва: Наука.

Забровская, Л. В. 1995a. "Проект "Туманган": Взгля из Приморья" Проблемы Дальнего Востока 1:34-38.

______. 1995b. "Проект "Туманган": Планы и Проблемы" Россия и АТР 4:93-98.

Захарова, О.Д., В.В. Миндогулов и Л.Л. Рыбаковский. 1994. "Нелегальная иммиграция в приграничных районах дальнего востока." Социологические исследования № 12, стр. 11-21.

Казаков, Ю.Н. 1996. "Рынок труда во Владивосток" Социологические исследования no. 7, pp. 112-115.

Ким В.Д. 1994. Туманган - Пограничная река. Ташкент: Узбекистон.

Ким, Герман. 1999. История иммиграции корейцев: Книга первая (Вторая половина XIX в. ~1945 г.). Алматы: Издательство Дайк-Пресс.

Ким Ён Ун. 1998. "Корейцы России: Судьбы и перспективы." 『러시아, 중국, 일본 교민의 어제와 오늘』(건국 50주년 기념 경북대학교 한국교민연구소 제5회 국제학술회의 논문집), pp. 14-28.

Ким, Сын Хва. 1965. Очерки по истории советских корейцев. Алма Ата: Наука. 鄭泰秀 편역 (1989), 『소련韓族史』, 대한교과서주식회사.

Киммангем, И. 1926. "Советское строительство среди корейского населения, Советское Приморье Январь - Февраль № 1-2 Вдадивосток 1926". 國史編纂委員會(1997), 『韓國獨立運動史』(資料 35, 러시아篇 II) pp. 457-461.

Кюнер, Н.В. 1912. Статистико-географический и экономический очерк Кореи, ныне японского генерал-губернаторства Циосен. Владивосток: Восточный институт.

Клингера, Г. К. (Составитель), Лазовский, И. и Бибин, И. (Редакторы). 1928. СОВЕТСКАЯ ПОЛИТИКА ЗА 10 ЛЕТ ПО НАЦИОНАЛЬНОМУ ВОПРОСУ В РСФСР (Систематический сборник действующих актов правительств Союза ССР и РСФСР по делам национальностей РСФСР) (「ソビエト政府の民族政策に關する法規集成(第一巻)」, 『露・亞經濟調査叢書』第17巻. 南滿洲鐵道株式會社 庶務部調査課編譯. 昭和5年. 大阪: 大阪每日新聞社).

Коммиссаров, В.С. 1990. "О некоторых проблемах борьбы с организованной преступностью." In Борьба с организованной преступностью: проблемы теорий и практики, edited by Г. Миньковский. Москва: Академия наук СССР.

Кучин, Николай. 1997. “Тихоокеанский гамбит: Россия, Китай, США и Япония начинают и выигрывают“ Новое время, no. 46, p. 24 (1997. 11. 23).

Ларин, В.Л. 1994. “Россия в Восточной Азии.” Вестник ДВО РАН 3:14-24.

______. 1995. “Дальний Восток России и проблемы безопасности в Восточной Азии.“ Вестник ДВО РАН 6:12-25.

Лексин, В. & Андреева, Е. 1992. “Территориальная дезинтеграция России,” Российский экономический журнал, no. 8, p. 40.

Ли У Хе & Ким Ен Ун (Авторы-составители). 1992. Белая книга о депортации корейского населения России в 30-40х годах (книга первая), Москва: Интерфакс.

김명호(역), 『스탈린 체제의 한인 강제이주: 구소련 국립중앙문서보관서 공개 극비문서』(1994), 건국대 출판부.

Малашенко, Алексей и Дмитрий Тренин. 2002. Время Юга: Россия в Чечне, Чечня в России. Москва: Гендальф.

Мен Дмитрий Вольбонвич. 1991. “Численность, расселение и языковая ситуация советских корейцев,” 『二重言語學會誌』, vol. 8. pp. 336-355.

Мещеряков, М. 1975. "СССР-КНДР, Торгово-экономические связи" Внешняя торговля, No. 8.

Мильнер, Г. 1979. “Проблемы обеспеченности трудовыми ресурсами районов Сибири и Дальнего Востока.” Экономические науки, no. 2, pp. 61-68.

Нестеренко, Андрей. 1993. “Государство и рынок в посткоммунистической экономике,” Мировая зкономика и международные отношения, no. 10, pp. 27-38.

Пак, Борис Д. 1992. “УЧАСТИЕ КОРЕЙСКОЙ ЭМИГРАЦИИ В РОССИИ В АНТИЯПОНСКОЙ БОРЬБЕ(1906-1917)” 《水邨 朴永錫教授華甲紀念 韓民族獨立運 動史論叢》, 探究堂, pp. 1061-1151.

________. 1993. Корейцы в Российской Империи. Москва.

Пак, Дмитрий Николаевич. 1992. “КАК ЭТО БЫЛО” 『水邨 朴永錫教授華甲紀念 韓民族獨立運動史論叢』, 探究堂, pp. 1269-1290.

Панарин, А. С. 1994. “Россия и Евразии: геополитические вызовы и цивилизационные ответы” Вопросы и Философии № 12, pp. 19-31.

Папава, В. 1992. “Роль государства в современной зкономической системе” Вопросы экономики, no. 11, pp. 33-41.

Песоцкий, В. 1913. Корейский вопрос в Приамурье. Хабаровск.

Петров, Виктор. 1996. Россия на Дальнем Востоке, Tenafly, N.J.: Hermitage Publishers.

Позднеев, Д. М. 1925. "Вокерское движение как етап освободительной борьбы в Китае," Звезда, 10, no. 4, pp. 156-172.

Пржевальский, Н. М. 1870. Путешествие в Уссурийском Крае, 1867-1869 гг., Санкт-Петербург.

Распутный, Алексей. 1999. "Железный занавес в Находке," Владивосток, 29 июля 1999г.[On-line: http://vl.vladnews.ru/9907/current/news/news01.asp].

Романов, Борис Александрович. 1928. Россия в Маньчжурии (1892-1906). Ленинград: Издание Ленинградского Восточного Института (日譯版, 滿洲に於ける露國の利權外交史).

Романова, Г.Н. 1995. "Россиаского-китайская торгобля на Дальнем Востокие и влияние на него КВЗД" Вестник ДВО РАН 6:35-44.

Сим Енг Соб・Ким Герман (редакторы). 1998. История Корейцев Казахстана: Сборник архивных документов(TOM I). Алматы-Сеул: Алматинский центр просвещения Республики Корея с Ассоциация Корееведов Казахстана Институт Востоковедения МН-АН Республики Казахстан.

________. 1999. История Корейцев Казахстана: Сборник архивных документов (TOM II). Алматы-Сеул: Алматинский центр просвещения Республики Корея с Ассоциация Корееведов Казахстана Институт Востоковедения МН-АН Республики Казахстан.

Смородин. 1925. "Экономическая жизнь Дальнего Востока, Издание Дальне-Восточного Краевого экономического совещания № 11 Ноябрь. Хабаровск 1925". 國史編纂委員會(1997), 『韓國獨立運動史』(資料 35, 러시아篇 II) p. 453.

Станкевичъ, В. 1921. Судьбы народовъ России (Белоруссия, Украина, Литва, Латвия, Эстония, Армения, Грузия, Азербейджанъ, Финляндия, Польша. - Издание И. П. Ладыжникова, Берлинъ). 「露西亞諸民族の硏究」, 『露・亞經濟調査叢書』 第1卷. 南滿洲鐵道株式會社 庶務部調査課編譯. 昭和5年. 大阪: 大阪每日新聞社).

Стронгина, М. 1994. "Местное самоуправление и развитие территорий" Вопросы экономики, no. 5, pp. 133-40.

Ткаченко, Б.И. 1995. "Курильская проблема: История и право" Россия и АТР 3:24-29.

Трубецкой, Н.С. 1993. "Россия между Европой и Азией," Евразийский соблазн. Москва.

Угланов, А. 1994. "Преступность и Власть" Аргументы и Факты, no. 27, pp. 1-2.

Унтербергер, П. Ф. 1912. Приамурский край, 1906-10 гг. Санкт-Петербург: В.Ф. Киршбаум

Усова, Л.А. 1997. Корейское коммунистическое движение 1918-1945 гг.: Американская историография и документы Коминтерна. Москва: Восточная литература РАН.

Ушкалов, И. 1989. "Человеческий фактор интеграции" Экономическое сотрудничество стран-членов СЭВ, no. 6.

Хисамутдинов, А. А. 1998. "Русские в Дальнем - Дайрене," Вопросы истории, № 1. 145-151

Хроленок, С.Ф. 1995. "Китайские и корейские отходники на золотых приисках русского дальнего востока(конец XIX - начало XX в.)." Восток, № 6, стр. 70-81.

Че, Сергей. 1999. "Китайское наводнение," Ежедневные Новости, 28 июля 1999г. [On-line: http://www.novosti..../query.pl?sub=sreport&text=280799sr0].

Чичканов, В. & В. Орлов. 1983. "Биологические ресурсы океана" Плановое хозяйство 1:62-69.

Шакиров, Мумин. 1998. "Таинственные острова" Литературная газета, 11 февраля 1998г., стр. 8.

Шликевичъ, С.П. 1911. Труды командированной по ВЫСОЧАЙШАЙШЕМУ повеления в ПРИАМУРЬЕ. Выпускъ V. КОЛОНИЗАЦИОННОЕ ЗНАЧЕНИЕ ЗЕМЛЕДЕЛИЯ в ПРИАМУРЬЕ. Составилъ Начальикъ отряда земледельческой колонизации.(「極東露領の農業と植民問題」.『露・亞經濟調査叢書』第8卷. pp. 1-175 南滿洲鐵道株式會社 庶務部調査課 編譯. 大正15年. 大阪:大阪每日新聞社).

"Все Харбин на 1923 год," стр. 94-99, Харбин, 1923[http://www.rootsweb.com/~rusharbi/history/kharbin_history.htm, 2002-10-19]

'ДАЛЬНЕВОСТОЧНАЯ ПОЛИТИКА СОВЕТСКОЙ РОССИИ (1920-1922 гг.): Сборник документов Сибирского бюро ЦК РКП(б) и Сибирского революционного комитета (Новосибирск: Сибирский хронограф, 1996) "Внутренний фронт ДВР и белогвардейцы в Маньчжурии и Монголии" 29 июля 1922 г. Секретно. Экз. № 8.

Красный архив, Исторический журнал (Москва, 1922-1941). 日譯版『19世紀末におけるロシアと中國:'クラースヌイ・アルヒーフ'所收史料により』佐佐木 揚 編譯(東京: 巖南堂書店, 1993).

Отношения Советского Союза с народной Кореей 1946-1980: документы и материалы, Москва 1981, pp. 407-408.

"Соглашение между Правительством Союза Советских Социалистических Республик и Правительством Корейской Народно-Демократической Республики о принципах сотрудничества в строительстве объектов на территории СССР," Внешняя торговля, 1990, no. 5, p. 42.

Аргументы и факты, 1993. No. 3

Аргументы и факты, 2001. No. 7(1060).

Владивосток 1999. July 29. ""Железный занавес" в Находке"(Алексей Распутный), (http:// vl.vladnews.ru /9907/current/news/news01.asp).

Владивосток 1999. August 12. "Жаркие речи Владимира Жириновского"(Марина Лобода, Мальцев Александ, Вячеслав Воякин) [http://vl.vladnews.ru/9908/641_12/polit/polit01.asp].

Газета 2003. 11. 4. "Россия вышла на первое место по добыче нефти"[http://www.gzt.ru].

ГазетаСНГ 2003. 3. 7. "Остановится ли "поезд Баку-Джейхан"?"[http://www.gazetasng.ru]

ГазетаСНГ 2003. 6. 4. "Казахстанская нефть потечет в Китай"[http://www.gazetasng.ru]

ГазетаСНГ 2003. 10. 24. "Арбатов: Ситуация в Керченском проливе может привести к военному конфликту" [http://www.gazetasng.ru]

Деловая Неделя 2003. 9. 22. "Ангарск-Дацин не будет построен к 2005 году" [http:// dn.kiev.ua /economics/world/dazin_0922.html]

Дипломатический вестник, 1995. No. 4, p. 72.

Известия, 1993. June 23. "Корейцы расконсервировали в тайге старый урановый рудник"(Борис Резник)

Известия 1993. September 3. "Сеул положил глаз на наших корейцев"(Геннадий Чародеев).

Известия, 1994. June 28. "Концерн 'Hyundai' уничтожает уссурийскую таигу"(Наталья Островксая).

Известия, 1994. December 27, "Северокорейские крестьяне рвуця на поля Еврейской автономной области"(Борис Резник).

Известия 1996. November 11, "Русский с китайцем... Игра без правил. Кто в выигрыше?"(Борис Резник).

Известия 1997. January 23, p. 3

Известия, 1997. January 28. "Теплый прием в холодном Пхеньяне" (Геннадий Чародеев).

Известия 1997. February 1. "Ходоки из Поднебесной" (Юрий Савенков).

Известия, 1997. March 14, "Авилов подверг Китай двойной проверке, но кто даст гаранти, что ящур нз-за Великой стены не гуляет по Сибири и Дальнему Востоку?"(Владимир Михеев & Геннадий Чародеев).

Известия 1997. June 26, "Михаил Моностырский: Развитие отношений с Пхеньяном отвечает коренным геополитическим интересам России на Дальнем Востоке"(Беседовал Мельниченко).

Известия, 1997. September 12. "Мафия победила рыбоохрану: Смогут ли пограничники победить мафию?"(Алимов, Гаяз & Геннадий Чародеев).

Известия, 1997. October 21, Oct. 22, Oct. 23, "Мафия и море: Незаконый сбыт за границу морепродуктов приносит преступным сообществам миллиарды долларов"(Борис Резник).

Известия, 1998. April 2. 1998. "Москва пробует поставить заслон рыбной мафии"(Юрий Снегирев).

Известия, 1998. June 16. "Большинство корейцев хотят остаться на Сахалине"(Геннадий Чародеев).

Известия, 1999. February 3. 1999. "В Приморье корейцы занимают военные городки: Больше в родных местах им жить негде"(Владимир Демченко & Константин Завражин).

Известия, 1999. March 4, "Китайские туристы хотели бы остаться в России."

Известия 1999. September 30. "Китайцы в России: Второе пришествие."

Известия 2002. 1. 21. "Приморье может оказаться без топлива"[http://www.izvestia.ru/community/article13076].

Известия 2002. December 9. "Нефть пойдет другим путем: Маршрут крупнейшего трубопровода Восточной Сибири может быть изменен"[http://www.izvestia.ru/economics/article27560].

Коммерсанть, 1994. May 26, p. 14.

Независимая газета. 1996. September 18, "Диалог на новой основе: Москва и Пхеньян обменялись проектами межгосударственного договора"(Юрий Владимиров).

Независимая газета. 2002. 10. 22. "Кучма готовится к войне с россией: До пограничного столкновения двух стран в Керченском пролив осталось 400 метров"[http://www.ng.ru]

Независимая газета. 2003. 6. 5. "Китай заинтерсовался Казахстанской нефтью"[http://www.ng.ru]

Правда 1937. April 23. "ИНОСТРАННЫЙ ШПИОНАЖ НА СОВЕТСКОМ ДАЛЬНЕМ ВОСТОК,"(И. Володин).

правда 2002. 6. 12. "Ресурсы Дальнего Востока предложили корейцам: Россия, КНДР и

Республика Корея – партнеры навек?"[http://economics.pravda.ru/economics].

Правда 2002. 6. 20. "Оскверненный Аршан: Растопчет ли Юкос в погоне за нефтедолларами бурятского народа"[http://science.pravda.ru]

Правда 2002. 12. 18. "Равноудаленность от Родины: Судьба России по-прежнему зависит от удовлетворения амбиций доморощенных олигархов?"[http://economics. pravda.ru/economics]

Правда 2002. 12. 18. "Без лица: Китайская CNPC отказалась от Славнефти в обмен на нефтепровод Ангарск-Дацин?"[http://economics.pravda.ru/economics]

Правда 2002. 12. 18. "Четыре минуты национального позора: 〈Славнефть〉: Приватизация по сговору"[http://economics.pravda.ru/economics]

Правда 2002. 12. 25. "Россию обойдут по 〈Великому шелковому пути〉?: Нефтегазопровод в Китай будет строить из Казахстана"[http://economics.pravda.ru/economics].

Правда 2002. 12. 27. "Японцы купят Находку?: Лишь бы не покупать российскую нефть у китайцев!"[http://economics.pravda.ru/economics/2002/7/21/64/4989_Japan.html].

Правда 2003. 1. 7. "Экономика России 2002. Нефтяная экспансия: Прыжок в никуда"[http://economics.pravda.ru/economics]

Правда 2003. 1. 9. "Уместен ли торг?"[http://www.pravda.ru/world]

Правда 2003. 1. 13. "Не отказывай государству. Или пожалеешь. Чатные нефтепроводы – не для России. Касьянов сказал."[http://www.pravda.ru]

Правда 2003. 2. 22. "Благая весть"

Правда 2003. 2. 26. "Юкос наращивает экспорт нефти в Китай и без нефтепровода Ангарск-Дацин"[http://economics.pravda.ru/economics]

Правда 2003. 3. 11. "Эх, налетай – и Япония, и Китай!: 'Двуглавый' нефтепровод на Восток рискует 〈пересохнуть〉 из-за нехватки нефти"[http://economics.pravda.ru/economics/2003/7/21]

Правда 2003. 4. 24. "Russia for sale: Укрупнив нефтяные компании, российские олигархи неизбежно продадут свой бизнес транснациональным корпорациям"[http://economics.pravda.ru].

Правда 2003. 9. 29. "Японцы гнут свою линию" [http://economics.pravda.ru/economics/2003/09/29/55424.html]

Правда 2003. 10. 21. "Керченский кризис: Кучма обьявлен дезертиром" [http://www.pravda.ru]

Сегодня, 1996. November 12. “Перебежчик обвиняет Пхеньян в наркобизнесе"(Георгий Безыменский).

Сегодня, 1996. August 28. “На дальневосточном наркотическом фронте”(Анна Феофилактова)

СТРАНАРУ 2003. 4. 22. “ЮКОС-Сибнефть будет добывать около 2,3 млн баррелей нефти в день” [http://www.strana.ru]

СТРАНАРУ 2003. 5. 14. “Сибнефть и ЮКОС подписали соглашение об обьединении”[http://www.strana.ru]

СТРАНАРУ 2003. 10. 22. “Дмитрий Рогозин: Украинское руководство ищет повод к войне, хотя бы виртуальной“ [http://www.strana.ru]

Финансовые известия 1995. November 30, “Страны Северо-Восточной Азии ищут пути к экономическому сотрудничеству”(Андрей Родионов).

Финансовые известия 2003. 9. 3. “Проект трубопровода Ангарск-Дацин не прошел экспертизы”[http://www.finiz.ru/cfin/tmpl-art/id_art-630570].

〈일문 참고문헌〉

李盛煥. 1991.『近代東アジアの政治力學: 間島をめぐる日中關係の史的展開』, 東京: 錦正社.

石川年(譯). 1943.《黒竜江外記》(西清), 東京: 滿洲日日新聞社東京支社出版部.

石渡貞雄. 1955.『農民分解論』. 有斐閣. 박현채 역(1985),『자본주의의 형성과 농민층 분론』, 도서출판 한울.

岩下明裕. 1999.「從遠東俄羅斯看中國(1992-1996)」(http://www.cis.yamauchi-pu.ac.jp/~iwachita/page/index/fore.../01.htm, 검색일 1999. 7. 23.).

越澤 明. 2000.『植民地滿洲の都市計劃』(亞細亞經濟研究所), 張俊鎬 編譯『中國의 計劃都市: 滿洲의 都市論』. 泰林出版社.

大庭景秋. 1909.「韓人の露領移住由來」,『外交時報』145(1909年 12月), pp. 35-41.

大崎平八郎. 1960.『ソビエト農業政策史』. 東京: 有斐閣

大津定美. 2000. “ロシア極東への中國人勞動力の流入は威脅か: 北東アジア國際勞動力移動の一側面,” Journal of International Cooperation Studies, vol. 8, no.2, pp. 67-87

岡奈津子. 1998.「ロシア極東の朝鮮人: ソビエト民族政策と强制移住」『スラブ연구』(제45호), 1998年 3月. 北海島大學スラブ研究センタ(http://src-home.slav.hokudai.ac.jr/publictn/45/oka/oka.html, 검색일 1999. 7. 20.)

恩田久雄. 1993.「環日本海經濟圈構想をめぐって(上): フィールドサーベイ報告を中心に」『世界經濟評論』6

月, pp. 25-33.

木村英亮. 1987. "ソ連極東地方一九三七年: 朝鮮人强制移住と日本"『歷史評論』(拔萃本) 第11卷, pp. 18-29.

惠谷 治. 1996. "옛 소련겨주 고려인 인구통계,"『極東問題』 3월호, pp. 60-1.

小島晋治・丸山松幸. 1997.『中國近現代史』. 朴元熇 譯. 知識産業社.

佐口 透. 1966.『ロシアとアジア草原』. 東京:吉川弘文館.

佐野正人, 2001. "一九三0年代東アジア文學とデイアスポラ: 滿州, ハルビンを中心に"『日本語文學』 第11卷. 327-346.

澤田和彥. 2000. "日本における白系ロシア人史の斷章:プーシキン沒後100年祭(1937, 東京)"『スラブ硏究』 47号. 327-353,

大日本文明協會. 1912.『歐美人の極東硏究』. 東京: 報文社.

田川孝三. 1944.「近代北鮮農村社會と流民問題」『近代朝鮮史硏究』(朝鮮史編修會硏究彙纂 第一輯), 朝鮮總督府朝鮮史編修會, pp. 407-625.

朝鮮總督府. 1910.「沿黑龍總督管區內在住朝鮮人에 對한 露國政府의 方針에 관한 件」(總督府文書 1910년 在外朝鮮人會設立關係), 국사편찬위원회 편(1966),『한국독립운동사(2)』, pp. 499-509.

________. 1918, "西伯利に関する調査,"《朝鮮彙報》, 「西伯利號」(1918. 4). 京城: 高麗書林.

________. 1915.「國境地方視察復命書」(其三)『白山學報』第11號, pp. 168-239.

________. 1923.『滿洲及西比利亞地方に於ける朝鮮人の事情』, 京城印刷所.

朝鮮總督府 拓植局. 1918.「朝鮮外에서의 朝鮮人狀況一般(祕): 卷末資料・日帝高等警察이內査한 韓國獨立運動에 關한 祕密情報」『新東亞』(1967년, 6월호) pp. 473-497.

朝鮮總督府 內務局 社會課. 1927. "滿洲及西比利亞地方二於ケル朝鮮人事情",『朝鮮統治史料(第十卷): 在外韓人』, 東京:韓國史料硏究所(1971), pp. 370-682.

東支鐵道經濟調査局 (編), 1922.『北滿洲と東支鐵道 (上)』. 大阪: 大阪每日新聞社.

中澤孝之. 1998.「극동러시아에서 본 북한」『극동문제』 10월호, pp. 50-55.

名越健郎. 1992.「시장경제에 기대가 부픈 캄차카」『극동문제』 12월호, pp. 96-102.

成家克德. 1991.「現代國際勞動力移動の條件: 經濟の國際化と民族集團に着目して」『社會學評論』48 (4): 392-405.

野田正彰. 1992.「사할린의 한국인」『北韓』11월호, pp. 84-96.

花房征夫. 1996.「극동시베리아 경제기행」『極東問題』 8月号, pp. 65-81.

ハンデルマン, S. 1994.「威脅のロシア・マフィア」『中央公論』 6月号, pp. 397-408.

半谷史郎. 2000. "ヴォルガ・ドイツ人の强制移住"『スラブ硏究』No. 47(http://src-home.slav.hokudai.ac.jr/publictn/47/hanya/hanya.html, 검색일 2000. 7. 7.)

藤本和貴夫. 1993.「現代ロシアにおける地方政治:沿海地方の場合」日本國際政治學會編『國際政治』第104号, 10月, pp. 136-150.

平凡社. 1989.『ロシア・ソ連を知る事典』. 한길사 역(1992),『러시아와 독립국가연합을 아는 사전』.

堀江典生. 1997.「ロシア極東經濟發展再考」『世界經濟評論』1月号, pp. 75-83, 63, 85.

宮本勝浩. 1993.「ロシア極東の經濟と日本」『世界經濟評論』12月号, pp. 36-42, 65.

毛里和子. 1989.『中國とソ連』岩波書店. 김하림 역,『중국과 소련:그 300년의 역사 그리고 사회주의는 재생할 것인가』서울: 사민서각, 1990.

橫手愼二. 1999. "ロシア國境觀の歷史的檢討,"『ポスト冷戰時代のロシア外交』伊東孝之・林忠行 編. 東京: 有信堂. pp. 69-125

橫田高明. 1994.「社會主義市場經濟を目ざす中國」『世界經濟評論』2月号, pp. 36-43.

吉成大志. 1995.「極東ロシアが中ロの國境劃定に異議: 關係改善図るモスクワ外交に大きな障害」『世界週報』. 8月 8日. pp. 22-27.

勞農露國の極東地方の勞動統計局. 1923. Состав Профсоюзов Дальнего Востока (極東露領にける職業組合の組成). 露・亞經濟調査叢書　第67卷. pp. 54-60, 194-224. 南滿洲鐵道株式會社 庶務部調査課編譯. 昭和四年. 大阪: 大阪每日新聞社.

〈중문참고문헌〉

江振昌, 1989.「大陸社會的民工'盲流'問題」『中國大陸硏究』民國78年 第31卷 第12期, pp. 47-53.

高 長. 1994.「論東北亞區域經濟合作及基發展前景」『問題與硏究』第33卷 第4期, pp. 1-19.

郭蘊深. 1991.「淸末民初蒙古地區的中俄貿易」『中國邊疆史地硏究』第2期, pp. 55-59.

國永春. 1996.「沙俄在遠東的擴張與日俄戰爭」『社會科學戰線』(吉林省社會科學院) 第4期, pp. 224-231.

戴萬欽. 1996.「對俄羅斯「中國政策」的展望」『問題與硏究』第35卷 第2期 2月, pp. 65-77.

東 安. 1994.「東北圖們江計劃」『中國大陸』民國 83年 2月, pp. 38-40.

白拉都格其. 1996.「1840年之前蒙古在中俄關係中的地位和作用」『中國邊疆史地硏究』第1期, pp. 57-70.

白嗣宏. 2002. "穆斯林英雄還是狗熊?"『亞洲週刊』. 1月 7日-1月 13日, p. 21.

羅肇鴻. 1998. "斯大林對外部世界認識的誤區", 宮達非(主編)『中國著名學者:蘇聯劇變新探』. 北京: 世界知識出版社, pp. 446-473.

呂一燃. 1992.「清俄合作開采外蒙古金鑛初探」『中國邊境史地研究』 第4期, pp. 1-9.

盧明輝. 1994.『東北亞硏究:北方民族史硏究(三)』. 鄭州市:中州古籍出版社.

孟繁策. 1996.「中俄黑龍江邊境貿易的歷史回顧與展望」,『中國邊境史地硏究』, 第1期, pp. 106-112.

孫長雄・婉睿. 1996.「中俄經貿應走開發性結構互補合作之路:對中俄經貿發展戰略的探索與硏究」『國際經濟合作』 第9期, pp. 16-20.

楊昭全・李鐵環. 1992.『東北地區朝鮮人革命鬪爭資料匯編』 遼寧民族出版社.

王承宗. 1996.「俄羅斯民族及其問題」『問題與硏究』 第35卷 第8期, pp. 13-25.

________. 1996.「國際動態述評-俄總統葉爾欽訪問中共」『問題與硏究』 第35卷 第5期, p. 73.

于文生. 1994.「東北亞次區域經濟合作的現狀及發展模式」『社會科學戰線』第3期, pp. 13-19.

魏安福. 1996.「中國現代化的俄國觀點: 讀朱浤源教授<從變亂到軍省>」『近代中國史硏究通訊』 第22期, pp. 69-82.

李邁先. 1969.「俄國對西伯利亞的拓展」『東亞季刊』 第2期, pp. 24-36

李 峰. 1986.「延辺略史」『延辺歷史硏究』 第一輯, 延辺歷史硏究所 編, pp. 1-33.

張偉垣・曹長盛・楊陰滋 (主編). 1998.『蘇聯興亡和社會主義前景』, 北京: 新華出版社.

朝鮮族簡史 編寫組. 1986.『朝鮮族簡史』, 延吉: 延辺人民出版社.

趙連鈞. 1996.「沿邊地區開放的若干重要問題」『國際經濟合作』第2期, pp. 27-30.

周保中. 1992.「東北地區的政治, 經濟特點和與朝鮮民族的關係」, 楊昭全・李鐵環『東北地區朝鮮人革命鬪爭資料匯編』, pp. 36-42. 遼寧民族出版社.

畢英賢. 1993.「俄羅斯與中共關係的建立與發展」『問題與硏究』 第32卷民國82年 第4期 pp. 1-11.

何 萍. 1998.「二十世紀初俄國遠東地區的華商活動概況」『中國歷史學會史學集刊』 第三十期, pp. 273-318.

찾아보기